clv

C.H. Spurgeon

Besser als Gold

Tägliche Andachten mit den Psalmen

Zusammengestellt
von James M. Renihan

clv

Christliche
Literatur-Verbreitung
Postfach 110135 • 33661 Bielefeld

1. Auflage 2006

© der englischen Ausgabe 2000
by Evangelical Press, Darlington, Großbritannien
Originaltitel: Daily Treasure – 366 daily readings on the Psalms
from *The Treasury of David* by C.H. Spurgeon
© der deutschen Ausgabe 2006 by
CLV • Christliche Literatur-Verbreitung
Postfach 110135 • 33661 Bielefeld
CLV im Internet: www.clv.de
Übersetzung: Hermann Grabe
Satz: CLV
Umschlag: OTTENDESIGN.de, Gummersbach
Druck und Bindung: GGP Media GmbH, Pößneck

ISBN-10: 3-89397-676-0
ISBN-13: 978-3-89397-676-8

Vorwort

Charles Haddon Spurgeons *Schatzkammer Davids* wird durch ihren Titel sehr schön beschrieben: Es ist eine wahre Schatzkammer. Der Leser wird nicht nur durch den gesamten Psalter geführt, um ihm dort den Reichtum des göttlichen Wortes zu eröffnen – das Werk liefert ihm außerdem eine Überfülle an Stoff für tiefgründige geistliche Betrachtungen. Das ganze Spektrum geheiligter Empfindungen kann in den Psalmen entdeckt werden, und Spurgeon hat dazu beigetragen, diese jedem Gläubigen zugänglich zu machen. Sowohl aufgrund seiner einzigartigen Weisheit und Erfahrung als auch wegen seiner außergewöhnlichen Gabe als Ausleger hat er eine nahezu unerschöpfliche Segensquelle für alle eröffnet, die über Gott und Sein Wort nachdenken wollen, zumal er sein Werk durch eine erstaunliche Sammlung von Kommentaren anderer Prediger bereichert hat.

Bei der Bearbeitung seiner Texte für dieses Andachtsbuch hatte ich häufig die Qual der Wahl. Alles ist Gold, Silber und edles Gestein – wenn es aber in solchem Überfluss zur Verfügung steht, wie soll man sich dann entscheiden? Was soll man übernehmen, was auslassen? Dies war das andauernde Dilemma. Ich bin sicher, dass wenn ein anderer diese Arbeit übernommen hätte, das Ergebnis anders, vielleicht besser, ausgefallen wäre. Ich hoffe, dass alle, die das Werk kennen, nicht zu sehr enttäuscht darüber sind, wie ich das Material zusammengedrängt habe.

Meine Bearbeitungsmethode war einfach. Gewöhnlich bin ich der von Spurgeon vorgenommenen Einteilung der Psalmen gefolgt. Außerdem habe ich in den meisten Fällen die Reihenfolge seiner Vers-für-Vers-Auslegungen der Psalmen beibehalten. Bei einigen Gelegenheiten allerdings ordnete ich das Material neu. Das gilt sowohl für Redewendungen und Sätze als auch für ganze Absätze, damit eine in sich zusammenhängende Andacht entstehen konnte. Charles Spurgeon verfügte über ein enorm abwechslungsreiches Vokabular, wozu auch altmodische und volkstümliche Ausdrücke gehörten. Manche davon habe ich verändert, um den Stoff dem modernen Leser zugänglicher zu machen. Die ergänzenden Schriftlesungen auszuwählen, fiel nicht leicht. Bei manchen lag es auf der Hand, wenn der Psalm in einer besonderen, durch die Schrift mitgeteilten Situation entstanden war. Bei anderen Gelegenheiten war meine Auswahl sehr subjektiv. Ich habe versucht, keine Lesungen zu wiederholen – außer in ganz wenigen Fällen.

Ich bete dafür, dass viele gesegnet werden und durch diese Texte Hilfe erfahren. Für mich selbst habe ich den allergrößten Nutzen aus dieser Arbeit gezogen. Oft hat sie mich zum Beten gebracht oder zum Danken oder zu einem Sündenbekenntnis oder zur Anbetung des lebendigen Gottes. Möge das geistliche Vermächtnis des »Fürsten unter den Predigern« durch diesen Auszug aus seinem wunderbaren Werk weiterleben!

Dieses Buch habe ich meiner Mutter, Lillian Renihan, gewidmet. Sie wird in Liebe Grammie genannt, nicht nur von ihren vielen Enkeln, sondern auch von den Mitgliedern ihrer »geistlichen Familie«, der Heritage Baptist Church in Worcester, Massachusetts. Zwei ihrer Söhne sind Prediger, und ihre Enkel bekennen ihren Glauben; so ist sie ein wunderbares Zeichen dafür, wie der Herr das schlichte Gebet einer Mutter erhört.

Soli Deo Gloria!

James M. Renihan
Escondido, Kalifornien

Leben und Vermächtnis Charles Haddon Spurgeons (1834-1892)[1]

Charles Haddon Spurgeon wurde am 19. Juni 1834 in einem frommen Elternhaus mitten im ländlichen Essex (England) geboren, nur zehn Tage nach dem Tod des baptistischen Missionspioniers William Carey (1761-1834). Spurgeons Vorfahren kamen aus den Niederlanden, die dieses Land im 16. Jahrhundert aufgrund von religiöser Verfolgung verlassen hatten. Sowohl Spurgeons Vater, John Spurgeon (1811-1902), als auch sein Großvater, James Spurgeon (1776-1864), waren kongregationalistische Prediger. Während einer Reihe von Jahren besuchte er jeweils für längere Zeit seinen Großvater. Dort begegnete er auch zum ersten Mal den Schriften der Puritaner. James Spurgeon war Pastor der kongregationalistischen Gemeinde im nahe gelegenen Stambourne. Hier im Pfarrhaus entdeckte der junge Spurgeon eine ganze Reihe puritanischer Folianten. Sie waren von Henry Havers (1620-ca. 1712) zusammengetragen worden. Dieser war in Stambourne Pastor geworden, nachdem ihn die Kirche von England ausgeschlossen hatte, weil er die Uniformitätsakte nicht unterschreiben wollte.

Trotz seines zarten Alters und obwohl er deshalb große Mühe hatte, die riesigen und schweren puritanischen Bände zu handhaben, sollte er später schreiben, er sei als Kind nie glücklicher gewesen als in Gesellschaft der puritanischen Schreiber.[2] Schon frühzeitig wurde Spurgeon davon überzeugt, dass die Hinwendung zum Calvinismus und zu puritanischer Spiritualität lebenswichtig für das Wohlbefinden baptistischer Gemeinden und Vereinigungen sei.

Dort, im Hause seiner Großeltern, fand 1844 ein bemerkenswertes Ereignis statt. Ein Pastor, Richard Knill mit Namen (gestorben 1857), war zu Besuch gekommen und hatte anstelle von Spurgeons Großvater gepredigt. Danach verbrachte er einige Zeit mit dem jungen Spurgeon, wobei er versuchte, wie Spurgeon es später ausdrückte, »ihn zum Heiland zu führen«. Als Knill das Haus der Großeltern verließ, nahm er den Jungen auf den Schoß und sagte im Beisein mehrerer Menschen: »Ich glaube, dieser kleine Mann wird eines Tages ein Prediger des Evangeliums werden, und wie ich hoffe, ein erfolgreicher. Ich denke, er wird auch in der Kapelle von Rowland Hill predigen, und wenn du das tust, sage den Menschen: ›Gott geht auf geheimen Wegen usw.‹« Laut einem Brief Spurgeons an Knill aus dem Jahr 1853 wurden diese Worte von Spurgeons Freunden »beinahe als eine Weissagung« angesehen.[3] Tatsächlich erfüllten sich Knills Vorhersagen über Spurgeon, und er hat dieses Erlebnis nie vergessen.[4]

Bekehrung und Taufe

Und doch dauerte es trotz dieser frommen Umgebung noch bis zum Januar 1850, dass Spurgeon eine echte Bekehrung erlebte. Zu dieser Zeit war er sich seines verlorenen Zustands voll bewusst, und heimlich wünschte er, lieber ein Frosch oder eine Kröte als ein menschliches Wesen zu sein, das ein Gewissen hat und sich der Existenz eines heiligen Gottes sicher ist. »Ich meinte, die elendste Kreatur sei besser dran als ich, denn ich hatte gegen den allmächtigen Gott gesündigt.«[5]
Damals ging Charles zu der Gemeinde seines Vaters in Tollesbury, fast fünfzehn Kilometer südlich von Colchester, wo seine Eltern wohnten. Eines Sonntags im Januar 1850 empfahl John Spurgeon seinem Sohn, in die Nonkonformisten-Kirche in Colchester zu gehen – höchstwahrscheinlich die Baptistenkirche am Ort –, weil der Schneesturm draußen so schrecklich tobte.[6] Allerdings fiel der Schnee so stark, dass Spurgeon die von seinem Vater vorgeschlagene Nonkonformisten-Kirche nicht er-

reichen konnte. Er sah sich gezwungen, eine andere Kapelle aufzusuchen, die damals den Methodisten gehörte und Artillery Street Chapel genannt wurde (heute Spurgeon Memorial Evangelical Church). Hier hatten sich ungefähr ein Dutzend Leute zum Gottesdienst eingefunden.[7] »Ich hatte von dieser Gruppe von Methodisten gehört«, schrieb Spurgeon später in seinem unnachahmlichen Bericht über seine Bekehrung, »sie sängen so laut, dass man Kopfschmerzen davon bekam; aber das interessierte mich nicht. Ich wollte wissen, wie man errettet wird, und wenn sie mir das sagen konnten, wollte ich mir um meine Kopfschmerzen keine Gedanken machen.« Als klar wurde, dass der Prediger durch den Schneesturm verhindert war, »kam ein dünnes Männchen, ein Schuster oder Schneider – er sprach in dem breiten Dialekt, der im ländlichen Essex üblich ist – nach vorn zur Kanzel, um zu predigen. Sein Text stand in Jesaja 45,22: »Wendet euch zu mir und lasst euch retten, alle Enden der Erde!« (In der englischen Bibel steht: »Look unto Me« – »Seht auf Mich«). Er begann mit seiner Predigt so:

> Meine lieben Freunde, dies ist wirklich ein ganz einfacher Text. Es heißt hier: »Seht!« Nun, Sehen macht keine große Mühe. Man braucht nicht den Fuß zu heben, nicht mal einen Finger, man braucht nur zu *sehen*. Gut, der Mensch muss nicht auf die Universität gehen, um sehen zu lernen. Er mag der größte Dummkopf sein; aber sehen kann er doch. Ein Mensch muss nicht tausend Jahre alt werden, um sehen zu können. Jeder kann sehen; jedes Kind kann sehen. Aber dann sagt der Text: »Seht auf Mich!« O ja! Viele von euch sehen auf sich selbst, aber dahin zu sehen, bringt nichts. Ihr werdet niemals Trost in euch selbst finden. Manche sehen auf Gott, den Vater. Nein, seht unablässig auf Ihn. Jesus Christus sagt: »Seht auf Mich!« Einige von euch sagen: »Wir müssen warten, bis der Geist wirkt.« Aber darauf kommt es

heute gar nicht an. Seht auf *Christus*! Der Text sagt: »Seht auf Mich!«

Nachdem der Prediger ungefähr zehn Minuten lang ausgeführt hatte, was »Sehen auf Christus« bedeutet, war der arme Mann »mit seinem Latein am Ende«. In diesem Augenblick bemerkte der Prediger Spurgeon unter der Galerie, und weil nur so wenig Menschen anwesend waren, erkannte er ihn als einen Fremden. Die Augen auf Spurgeon gerichtet, sagte er zu ihm: »Junger Mann, du siehst sehr unglücklich aus.« Es war, als hätte er in Spurgeons Herz gelesen, denn so stand es tatsächlich um ihn, sobald es um geistliche Fragen ging. Der Prediger fuhr fort: »Und du wirst unglücklich bleiben – unglücklich in diesem Leben und unglücklich im Sterben –, wenn du nicht meinem Text gehorchst; doch wenn du ihm gehorchst, ist dies der Augenblick deiner Errettung.« Dann hob er seine Hände auf und rief – so Spurgeon –, wie nur ein solcher Methodist rufen kann: »Junger Mann, sieh auf Jesus Christus! Sieh! Sieh! Sieh! Du brauchst nichts zu tun, als zu sehen und zu leben!«

Sobald der Prediger diese Worte aussprach, sah Spurgeon – wie er selbst sagt – auf einmal den Weg zur Erlösung. »Als ich das Wort hörte: ›Sieh!‹, wie wundersam erschien es mir! Ach! Ich sah hin, bis mir fast die Augen vergingen. Da und dann zerriss die Wolke, die Dunkelheit war fort, und in diesem Augenblick sah ich auf einmal die Sonne; und ich hätte dort sogleich mit dem Enthusiastischsten unter ihnen von dem kostbaren Blut Christi singen mögen und von dem einfachen Glauben, der allein auf Ihn sieht.«

Vier Monate später wurde Spurgeon am 3. Mai unter Einwilligung seiner kongregationalistischen Eltern im Fluss Lark getauft, nicht weit von Isleham in Cambridgeshire entfernt. Seine spätere Beschreibung seiner Taufe ist besonders bemerkenswert, weil sie in hohem Maß die biblische Bedeutung dieser

Handlung widerspiegelt. Spurgeon sagte, nachdem er einige Schritte in den Fluss getan hatte: »Ich gewahrte die Menschen im Fährboot und in anderen Schiffen und auch am Ufer und hatte das Gefühl, als ob Himmel und Erde und Hölle auf mich herabblickten; denn ich schämte mich dann und dort nicht, mich als Nachfolger des Lammes darzustellen.«[8] Später bemerkte seine Mutter ihm gegenüber, sie habe zu Gott oft um seine Bekehrung gefleht, doch nie habe sie Ihn gebeten, aus ihrem Sohn einen Baptisten zu machen. Charles konnte der Versuchung nicht widerstehen, ihr zu antworten, Gott habe nicht nur ihr Gebet erhört, sondern nach Seiner üblichen Großzügigkeit mehr gegeben, als sie erbeten hatte!

In Christi Dienst

Nach seiner Taufe empfand Spurgeon ein unbändiges Verlangen, Christus zu dienen. »Ich konnte es keine fünf Minuten lang aushalten, ohne etwas für Christus zu tun«, schrieb er später im Hinblick auf diesen Lebensabschnitt.[9] Jeden Samstag besuchte er rund siebzig Menschen, verbrachte mit jedem Einzelnen einige Zeit und »versuchte, deren Aufmerksamkeit auf geistliche Wirklichkeiten zu lenken«.[10]

Er begann auch mehr in der Öffentlichkeit zu sprechen, und sein »zwingender und packender Predigtstil«[11] führte bald zu der Einladung, in einer Baptistenkirche in Waterbeach zu arbeiten, einem kleinen Dörfchen wenige Kilometer nordwestlich von Cambridge. Hier arbeitete Spurgeon vom Herbst 1851 bis zum April 1854. In diesen zweieinhalb Jahren stieg die Mitgliederzahl auf mehr als das Doppelte an, nämlich von 40 auf 100. Darüber hinaus gelangte Spurgeon in Waterbeach zu der Überzeugung, Gott habe Sein Siegel auf seinen Dienst gelegt, denn in diesem Dörfchen geschah es zum ersten Mal, dass sich ein Mensch – die Frau eines armen Landarbeiters – unter seiner Predigt bekehrte.

Als Dorf war Waterbeach wohlbekannt für Trunksucht und Gottlosigkeit, Schlägereien und Unrecht. Spurgeons Predigtdienst aber veränderte das gesamte Ansehen des Ortes. Er sagte es so: »Es gefiel dem Herrn, in unserer Mitte Zeichen und Wunder zu wirken. Er zeigte die Kraft des Namens Jesu und machte uns zu Zeugen des Evangeliums, das Seelen gewinnen, widerstreitende Herzen anziehen, Leben umgestalten und neue Menschen schaffen kann.«[12]

Der Ruf nach London

Im November 1853 war Spurgeon einer der drei Sprecher auf dem Jahrestreffen der Cambridge Sunday School Union. Ein gewisser George Gould, ein Diakon der Baptistenkirche in Loughton in Essex, war bei dem Treffen in Cambridge anwesend und tief beeindruckt von der offensichtlichen Gabe Spurgeons zum öffentlichen Reden. Kurz darauf traf Gould einen Freund mit Namen Thomas Olney, einen Diakon der Park Street Chapel, einer historischen Baptistengemeinde in London. Als dieser erwähnte, seine Gemeinde sei ohne Pastor und sehr niedergedrückt, drängte Gould seinen Freund, Spurgeon zu bitten, dort einmal zu predigen. Daraufhin wurde Spurgeon eingeladen und predigte dort am 11. September 1853.
Die Versammlung, die ihn an jenem Sonntag hörte, war sehr von seiner Predigt angetan, und schnell arrangierten die Diakone für Spurgeon drei weitere Predigttermine im Januar 1854. Daraufhin wurde er eingeladen, die Kanzel für einige Monate zu übernehmen, und im April dieses Jahres, im jugendlichen Alter von neunzehn Jahren, wurde er zum Pastor dieser Gemeinde berufen.
In dem Brief vom 28. April, der seine Zusage enthielt, betonte er, sich nach einer Pastorenstelle in London nicht gesehnt zu haben. Stattdessen – so schrieb er – habe er »bei dem Gedanken

Leben und Vermächtnis Spurgeons

gezittert, in London zu predigen«. Doch schrieb er auch, er sei davon überzeugt, Gott habe ihn in die Londoner Gemeinde geschickt, was er angesichts der »herrlichen Namen« seiner Vorgänger für eine hohe Ehre hielt. Er erwähnte diese Namen nicht ausdrücklich, dachte jedoch zweifellos an drei hervorragende Männer, die in den vergangenen Jahrzehnten in dieser Gemeinde gedient hatten: Benjamin Keach (1640-1704), ein profilierter Autor, der dort von 1668 bis 1704 Pastor war; John Gill (1697-1771), der herausragende baptistische Theologe des 18. Jahrhunderts, der von 1720 bis zu seinem Tod dort Pastor war; und John Rippon (1750-1836), einen einflussreichen Prediger, Liederdichter und Historiker, der dort nicht weniger als 63 Jahre als Pastor wirkte (von 1773 bis 1836). »Gepriesen sei der Name des Allerhöchsten«, so fuhr er fort, »wenn Er mich zu diesem Dienst berufen hat, wird Er mir dazu beistehen – wie sollte sonst ein Knabe, ein Jüngling, sich in den Kopf setzen, ein Werk zu unternehmen, das allein Jesu Herz und Hände tun können?«[13]

Göttlicher Segen

Innerhalb weniger Monate war es völlig klar, dass Gott in der Tat diesen »Burschen aus Cambridgeshire« auf die Kanzel jener historischen Versammlung berufen hatte. Die Kirche bot 1.200 Menschen Platz, doch schon bald erwies sie sich als zu klein, um die Scharen zu fassen, die sich zu Spurgeons Predigten drängten. Daraufhin erweiterte man die Kirche auf 1.500 Sitzplätze. Ein Jahr später allerdings war auch die renovierte Kirche zu klein. So entschloss man sich, das später als Metropolitan Tabernacle bekannte Bauwerk zu errichten. Vollendet im Jahr 1861, bot das Tabernacle 5.000 Menschen Sitzplätze, während weitere 1.000 Menschen stehen konnten. Für den Rest von Spurgeons Zeit als Prediger nahmen an gewöhnlichen Sonntagen morgens und abends jeweils 5.000 Menschen an den Got-

tesdiensten im Tabernacle teil. Spurgeon und seine Mitarbeiter legten Wert darauf, sich nicht große Mitgliederzahlen zum Ziel zu setzen – Spurgeon hatte stattdessen ein gesundes Misstrauen gegenüber allen solchen Statistiken. Trotzdem kamen während seines Dienstes dort 14.691 Personen zur Gemeinde hinzu, etwa 10.800 davon durch Bekehrung und Taufe.
Spurgeons Erfolg als Prediger lag gewiss nicht an seinem äußeren Erscheinungsbild; denn er war von mittlerer Statur. Er wurde mit zunehmendem Alter ziemlich stämmig und hatte zwei unpassend hervorstehende Schneidezähne. Ein gewisser Monckton Milnes drückte es so aus: »Wenn er zur Kanzel ging, hätte er auch ein Friseurgeselle sein können; wenn er sie verließ, war er ein inspirierter Apostel.«[14]
Augustine Birrell berichtet, dass, als er Spurgeon predigen hören wollte, er nur auf der höchsten Galerie einen Platz finden konnte, zwischen einer Frau, die eine Apfelsine aß, und einem Mann, der Pfefferminzbonbons kaute. Weil er diese Duftmischung für unerträglich hielt, wollte er fortgehen, doch dann – so sagte er – »hörte ich eine Stimme und vergaß alles andere«.[15]
In seiner neuen Biographie betont Mike Nicholls die Bedeutung der Stimme Spurgeons für seinen Erfolg als Prediger. Er besaß – wie Nicholls schreibt – »eine der großartigsten Sprecherstimmen seiner Zeit, sehr musikalisch, eine Vereinigung von Volumen, Flexibilität und Kraft«.[16]
Spurgeon selbst blickte auf eine ganz andere Quelle des Segens, der seinen Dienst begleitete. In der Rede, die er 1884 bei der Ehrung anlässlich seines fünfzigsten Geburtstags hielt, erklärte der Baptistenprediger geradeheraus, die Segnungen, deren er sich während seines Pastorendaseins erfreute, »müssen ausschließlich der Gnade Gottes und dem Wirken des Heiligen Geistes zugerechnet werden. ... Lasst uns dies als eine Sache betrachten, die wir nicht nur für selbstverständlich halten, sondern auch als eine Tatsache, die wir deutlich wahrnehmen.«[17]

Leben und Vermächtnis Spurgeons

Ein »energischer Aktivist«

Spurgeon war nicht nur Pastor der damals größten protestantischen Gemeinde der Welt, er hatte auch noch eine Reihe anderer Eisen im Feuer. Während der Woche wurde er häufig als Redner eingeladen, weil er in englischen Nonkonformistenkreisen noch weitere Ämter übernommen hatte außer denen im Tabernacle. 1856 gründete er ein Pastorencollege, in dem zwanzig Jahre später 110 Männer zum Predigtdienst ausgebildet wurden. Außerdem studierte eine beträchtliche Anzahl von Menschen in seinen »Abendklassen«.[18]

Spurgeon nahm auch die Verpflichtung der Kirche gegenüber den Armen und Bedürftigen sehr ernst. Zum Beispiel gründete er 1869 ein Waisenhaus, in dem schließlich 500 Kinder wohnten, die er regelmäßig besuchte. Sein offensichtliches väterliches Interesse am leiblichen und geistlichen Wohl der Kinder machte ihn vielen der Kinder lieb und wert. 1887 schrieb er ihnen zum Beispiel aus Menton in Frankreich und wünschte ihnen ein frohes Weihnachtsfest, dabei drückte er sein Bedauern aus, bei einer solchen Gelegenheit so weit von ihnen entfernt zu sein. »Ich hoffe«, fuhr er fort, »ihr werdet trotzdem Freude haben und vergnügt wie die kleinen Kätzchen sein.«[19] Ein weiterer Beweis für die Anteilnahme an diesen Kindern ist sein Wunsch, auf dem Gelände des Waisenhauses begraben zu werden – ein Wunsch, der sich nicht erfüllen sollte.

Spurgeon unterstützte auch eine Anzahl weiterer sozialer Unternehmungen und Aktivitäten. Er predigte gegen die offensichtliche Unmoral der Prostitution, die im London jener Zeit um sich griff, und drängte darauf, die Männer, die in die Bordelle gingen, genauso zu bestrafen wie die Frauen, die ihren Körper verkauften.[20]

Auch ließ er nicht nach, die Sklaverei in den Vereinigten Staaten vor deren Bürgerkrieg zu verdammen. In höchst deutlichen

Besser als Gold

Worten erklärte er öffentlich, er betrachte »die Sklaverei als das schlimmste aller Verbrechen, als seelenverderbende Sünde und als Ungerechtigkeit, die laut nach Rache schreit«. Als man ihn aufforderte, einen Brief zu diesem Thema zu schreiben, verfasste er einen »rot glühenden Brief« an den *Watchman and Reflector*, in dem er feststellte: »Aus tiefster Seele muss ich die Sklaverei, wo auch immer sie geschieht, verabscheuen, und obwohl ich am Tisch des Herrn mit Menschen aller Glaubensrichtungen Gemeinschaft habe, lehne ich jegliche Gemeinschaft mit Sklavenhaltern rigoros ab.«[21] So überrascht es nicht, dass solche Haltung auf erbitterten Widerstand in den Südstaaten der USA stieß. Dort kam es zu Zorn- und Hassausbrüchen gegen Spurgeon. Man boykottierte seine Bücher und verbrannte sie auf Scheiterhaufen.

Zu den weiteren Unternehmungen Spurgeons gehörte ein Bücher-Fonds – eine wohltätige Einrichtung für christliche Arbeiter, die von seiner Frau Susannah betrieben wurde –, außerdem eine Gesellschaft zur Verbreitung der Bibel und die Veröffentlichung der Monatszeitschrift *The Sword and the Trowel*, die 1865 erstmals erschien und sich weiter Verbreitung erfreute. Wie viele andere Evangelikale jener Tage und getreu seinem frühesten Verlangen nach seiner Bekehrung, dem Herrn zu dienen, war Spurgeon ein »energischer Aktivist«. Doch zuallererst und vor allem war Spurgeon ein Prediger, und zwar einer, der während des gesamten Viktorianischen Zeitalters seinesgleichen suchte.

Christuszentriert

Vier Charakteristika herrschen in allen Predigten Spurgeons vor. Erstens sind sie christuszentriert und wollen Christus erheben. Spurgeon war seinen Absichten dermaßen treu, dass er bei der Eröffnung des Tabernacle erklärte:

Ich möchte vorschlagen, dass der Gegenstand des Dienstes in diesem Haus, solange diese Möglichkeit besteht und solange dieses Haus von Gläubigen besucht wird, die Person Jesu Christi sein soll. Ich habe mich nie geschämt, mich zum Calvinismus zu bekennen; ich zögere nicht, mich einen Baptisten zu heißen; doch wenn man mich fragt, was mein Glaubensbekenntnis ist, so antworte ich: »Es ist Jesus Christus!« Mein verehrter Vorgänger, Dr. Gill, hat uns ein in seiner Art bewundernswertes und ausgezeichnetes Gebäude der Gottesgelehrtheit hinterlassen; doch das Gebäude der Gottesgelehrtheit, an dem ich mich selbst für immer festmachen will, ist – wenn Gott mir hilft – kein System, noch irgendeine menschliche Abhandlung, sondern Jesus Christus. Er ist die Summe und der Inhalt des Evangeliums. Er ist in Sich selbst alle Theologie, die Inkarnation jeder kostbaren Wahrheit, die ganz und gar herrliche Verkörperung des Weges, der Wahrheit und des Lebens.[22]

Wir finden das ebenso nachdrücklich in einer Predigt, die er am 24. April 1891 vor Absolventen seines Colleges hielt, die sich zu einer Jahreskonferenz unter der Schirmherrschaft des Tabernacle zusammengefunden hatten: »Ach Brüder! Der Heilige Geist kommt niemals, um uns zu verherrlichen, oder um eine Denomination zu verherrlichen, oder – so denke ich – um eine systematische Lehrsammlung zu verherrlichen. Er kommt, um Christus zu verherrlichen. Wenn wir mit Ihm in Einklang sein wollen, müssen wir predigen, um Christus zu verherrlichen.«[23] Spurgeon war sich dessen bewusst, dass man die Lehren der Gnade wertschätzen und sich den Grundsätzen der Baptisten hingeben kann, ohne das innerste Wesen des Christentums, nämlich die Hingabe an den Herrn Jesus, zu kennen. Es ging ihm bei seinen Predigten in erster Linie darum, dass der Herr Jesus vor allem anderen erhoben werde. Wie Nigel Lacey, ein englischer Baptistenpastor, bemerkte, verabscheute Spurgeon jeglichen Predigtdienst, der sich nicht auf den Erlöser konzentrierte.[24]

Zugleich sollte klar sein, dass er nie seine lehrmäßigen Überzeugungen als calvinistischer Baptist zu verbergen suchte. In einer bemerkenswerten Ansprache, die er am 19. August 1861 zur Hundertjahrfeier der Geburt von William Carey hielt, erklärte er vor den 6.000 Zuhörern im Tabernacle, Careys Theologie sei zutiefst von dem beeinflusst gewesen, was er »die edelste Form der Theologie« nannte, »die je die Welt gesegnet hat«. Er meinte damit die theologischen Überzeugungen von Jonathan Edwards (1703-1758), des großen amerikanischen Theologen des 18. Jahrhunderts.

Daraufhin betonte er, »Carey war das lebendige Beispiel Edwards'scher Theologie, oder schlicht des reinsten Christentums. Seiner Theologie fehlte nicht das Rückgrat und die Kraft des Glaubens – andererseits bestand sie nicht nur aus Knochen und war kein bloßes Skelett ohne Leben. Seine Theologie war Calvinismus im besten Sinn, also hohe, aber praktische Frömmigkeit, die so demütig war, dass manche sie für gesetzlich hielten.« Darüber hinaus bekannte Spurgeon, er »bewundere Carey umso mehr, weil er ein Baptist war; er wusste nichts von falscher Frömmigkeit, die sich genötigt sehen kann, ihre Überzeugungen abzuschwächen, weil man fürchtet, dadurch andere zu ärgern. Aber gleichzeitig war er ein Mann, der alle liebte, die den Herrn Jesus Christus lieb haben.«[25]

Seine Leidenschaft für die Errettung Verlorener

Spurgeons Predigten und Bücher brachten viele Menschen dazu, den lebendigen Gott anzubeten und Ihn zu verehren. Sie hatten eine entschiedene evangelistische Ausrichtung. In seiner Predigt mit dem Titel »Vom Seelengewinnen« sprach er

Leben und Vermächtnis Spurgeons

1869 über Sprüche 11,30: »Der Weise gewinnt Seelen für sich« (in Spurgeons Bibel: »Wer Seelen gewinnt, ist weise«). Darin offenbarte er sein ganzes Herz.

> Selbst wenn ich nur an mich dächte und nichts als mein Vergnügen im Sinn hätte, würde ich – mit Gottes Hilfe – erwählen, ein Seelengewinner zu werden; denn nie habe ich vollkommenere, überfließendere und unaussprechlichere Freude der reinsten und erhebendsten Art erfahren als damals, als ich zum ersten Mal erlebte, dass durch meine Bemühungen jemand den Heiland gesucht und gefunden hatte. Ich erinnere mich an den Freudenschauer, der mich durchzog! Ach diese Freude, zu wissen, dass ein einst feindlicher Sünder nun mit Gott versöhnt war durch den Heiligen Geist und durch das Wort, das von meinen schwachen Lippen kam! Seitdem habe ich durch die mir verliehene Gnade – der Gedanke daran wirft mich in Selbsterniedrigung zu Boden – gesehen und gehört, dass nicht nur Hunderte, sondern sogar Tausende von Sündern durch das Zeugnis Gottes in mir den Irrtum ihrer Wege verließen. Mag Anfechtung kommen, mögen sich die Trübsale mehren, wenn Gott es so will, trotzdem überwiegt die Freude alles andere, die Freude, Gott ein Wohlgeruch Christi an jedem Ort zu sein, und darüber, dass immer, wenn wir predigen, Herzen aufgeschlossen und mit neuem Leben erfüllt werden. Wohl weinen Augen wegen der Sünden, doch werden die Tränen abgewischt, wenn sie den großen Stellvertreter für Sünde erkennen – und leben.[26]

Spurgeons Predigten offenbaren so viel Leidenschaft für die Errettung der Verlorenen, dass Hyper-Calvinisten in London ihn oft als Arminianer kritisierten, obwohl Spurgeon niemals in seinem Widerstand gegen den Arminianismus wankend wurde. William Williams, ein guter Freund Spurgeons, erinnert sich an einen Fall, bei dem Spurgeon den führenden Kritiker unter den Hyper-Calvinisten traf, den Prediger der »Strict Baptists«, James Wells (1803-1872). Spurgeon sagte ihm, er würde sich gern einmal Wells' Kirche ansehen. Dieser antwortete, er freue sich, ihm seine Kirche zeigen zu dürfen, allerdings müsse er am Montag kommen. Dann habe Wells noch Zeit genug, bis zum nächsten Sonntag das Gebäude auszuräuchern und es so von allem, was nach Arminianismus riecht, zu säubern![27] Wenn einerseits dieser Gesprächsfetzen nichts als eine freundliche Stichelei darstellt, so zeigt er andererseits sehr deutlich, wie Spurgeons hyper-calvinistische Kritiker ihn sahen, und dies vor allem deshalb, weil er nie aufhörte, darauf zu drängen, dass alle seine Hörer Buße tun und dem Evangelium glauben sollten.[28]

Der Bibel verpflichtet

Genauso wichtig für Spurgeons mündliche und schriftliche Äußerungen war seine Ehrfurcht vor der Heiligen Schrift, und das führte bei seinen Hörern zu einer ähnlichen Haltung. »Bibel-Hörer«, notierte Spurgeon 1891, »werden – wenn sie wirklich hören – Bibel-Liebhaber.«[29] Nun werden viele Bewunderer Spurgeons überrascht sein zu hören, dass er nie eine zusammenhängende Serie von Predigten über ein Buch der Bibel gehalten hat. Er fürchtete, ein solcher Predigtstil könne den Heiligen Geist dämpfen; deshalb wählte er den Text für seine Sonntagmorgen-Predigten am Abend davor aus. Die Sonntagabend-Predigt entstand meistens am Sonntagnachmittag. Doch muss dazu gesagt werden, dass gewöhnlich die ganze Woche damit angefüllt war, etwas zu lesen, was mit der Bibel und den verschiedenen Zweigen der Theologie zu tun hatte. Oft dehnte sich sein Arbeitstag bis nach Mitternacht aus, manch-

mal arbeitete er 18 Stunden lang. So hatte er dann am Wochenende mehrere Texte, die um seine Aufmerksamkeit wetteiferten. Doch Spurgeon musste sicher sein, dass der ausgewählte Text vom Heiligen Geist ausgesucht war. Hatte er sich für einen entschieden, so verbrachte er einige Zeit mit Nachdenken darüber, dann machte er sich einige kurze Notizen, mit deren Hilfe er meistens frei predigte.[30]
Nigel Lacey hat außerdem angemerkt, dass Spurgeons Predigten fast immer reine Schriftauslegung sind. Seine Predigten offenbaren, wie nahe er sich an den von ihm ausgelegten Text hielt.[31] Was Spurgeon einmal von John Bunyan, dem Baptisten aus dem 17. Jahrhundert (1628-1688), sagte, galt auch für ihn selbst: »Und wenn das, was er geschrieben hat, auch eine faszinierende Dichtung ist, so fühle ich doch, wenn wir seine *Pilgerreise* – die beste aller Prosadichtungen – in die Hand nehmen, jedes Mal: ›Dieser Mann ist ja eine lebende Bibel!‹ Wo immer du ihn auch anzapfst, wirst du feststellen: Sein Blut ist *Biblin*, die Essenz der Bibel selbst. Er kann nicht sprechen, ohne ein Bibelwort zu zitieren, denn seine Seele ist voll des Wortes Gottes.«[32]

Von Gottes Geist anerkannt

Das letzte Kennzeichen von Spurgeons Predigen und Schreiben, das wir hervorheben müssen, ist dies: Es war vom Geist gesalbt. So sagte einer seiner Hörer einmal: »Wenn er predigte, fiel das Feuer von Pfingsten auf alle Hörer.«[33]
Nun, gewiss war einer der Hauptgründe für die Salbung, die auf seinen Predigten lag, die Tatsache, dass sich all sein Predigen nur um den Herrn Jesus drehte, um die Herrlichkeit Seiner Person und um das Wunderbare Seines Werkes. So warnte Spurgeon Absolventen seines Predigerseminars, die sich 1891 zu ihrer jährlichen Konferenz versammelt hatten: »Wenn wir nicht den Herrn Jesus herrlich machen, wenn wir Seine Wert-

schätzung bei den Menschen nicht vergrößern, wenn wir nicht daran arbeiten, dass Er König der Könige und Herr der Herren wird, haben wir den Heiligen Geist nicht auf unserer Seite. Umsonst ist dann alle Rhetorik, Musik, Architektur, Mühe und jeglicher Sozialstatus; wenn wir nicht vorhaben, den Herrn Jesus zu erheben, arbeiten nur wir allein, und das ist vergebens.«[34] Spurgeon drückte das in seiner Predigt »Empfang des Heiligen Geistes« vom Juli 1884 etwas volkstümlicher aus: »Der Heilige Geist lebt allezeit in innigster Gemeinschaft mit Jesus Christus.«[35]

Die »Downgrade Controversy« (Die Kontroverse über den Niedergang [des Baptismus])

In seinen letzten Jahren litt Spurgeon an einer Nierenkrankheit. Dieses körperliche Problem hat sich sicher durch die Verwicklungen verschlimmert, in die er als einer der Hauptbeteiligten bei der so genannten Downgrade Controversy hineingezogen wurde. Während der 1880er Jahre bedrückte ihn sehr, was er richtigerweise als Einbruch der liberalen Theologie in den britischen Baptismus erkannte. So fühlte er sich gerufen, etwas Grundlegendes zu diesem Thema zu sagen, und veröffentlichte 1887 in *Sword and Trowel* eine Reihe von Artikeln, in denen er seine Baptisten-Brüder drängte, das Problem bei den Hörnern zu packen und öffentlich und rückhaltlos das Festhalten an evangelikaler Orthodoxie zu bekunden. Als Spurgeon die Predigten einiger seiner baptistischen Zeitgenossen geprüft hatte, musste er feststellen, dass die »Buße beargwöhnt, die Inspiration der Schrift verspottet, der Heilige Geist zum bloßen Einfluss degradiert, die Strafe für Sünden zur Einbildung und die Auferstehung zum Mythos erklärt wurde«.[36] Spurgeons Protest stieß größtenteils auf taube Ohren, und im Oktober dieses Jahres blieb ihm keine andere Wahl, als das Tabernacle aus der Baptisten-Vereinigung herauszuführen.

Leben und Vermächtnis Spurgeons

Während des Winters 1887/88 machte eine naive Gruppe wohlmeinender, zum Frieden neigender Einzelner in der Vereinigung gemeinsame Sache mit einigen von Spurgeons Gegnern, um eine Versöhnung zwischen dem Pastor des Tabernacle und der Vereinigung herbeizuführen. Doch Spurgeon entschied sich zu Recht für das Festhalten an der Schrift und an dem Gott, der sie gegeben hat. Das galt ihm mehr als die Bewahrung der denominationellen Einheit. So mussten diese Versöhnungsversuche scheitern. Der Höhepunkt wurde bei dem Jahrestreffen der Baptisten-Vereinigung im April 1888 erreicht. Spurgeon war nicht anwesend, jedoch sein Bruder James Archer Spurgeon (1837-1899), der ebenfalls Pastor am Tabernacle war. Spurgeons Anhänger und die, die für Versöhnung innerhalb der Vereinigung eintraten, hatten jeweils ihre lehrmäßigen Standpunkte zu Papier gebracht; doch schon vor der Debatte am 23. April wurde ein Vermittlungsvorschlag gemacht und von der überwältigenden Mehrheit der Delegierten angenommen. Diejenigen der Anhänger Spurgeons – darunter auch sein Bruder James –, die für den Vorschlag gestimmt hatten, meinten tatsächlich, einen großen Sieg errungen zu haben. Spurgeon war anderer Meinung, und die folgenden Jahrzehnte zeigten, wie sehr er Recht hatte. So schreibt Willis B. Glover: »Spurgeons Einsicht in die Zustände des religiösen Lebens seiner Zeit erwies sich durch die Ereignisse der Folgezeit als richtig. Tatsächlich stand er am Vorabend einer großen Notzeit des Evangelikalismus, und zweifellos haben die theologische Verwirrung seiner Zeit und die Verunsicherung der religiösen Traditionen durch die ›höhere Kritik‹ wesentlich zum Niedergang des Evangelikalismus beigetragen.«[37]
Spurgeon erkannte, dass die Evangelikalen ohne klare und entschiedene lehrmäßige Festlegungen den Angriffen der liberalen Theologie hilflos ausgeliefert waren. Viele der »Freunde des Friedens« in der Vereinigung meinten, die Annahme der

Besser als Gold

neuen theologischen Ansichten, wie sie durch die »Bibelkritik« in die Welt gesetzt wurden, könnte der christlichen Spiritualität in Wirklichkeit keinen Schaden zufügen. Spurgeon sah die Torheit dieser Haltung: »Das Feuer der Frömmigkeit ist auf die Kohlen der Orthodoxie angewiesen.«[38]
Die Mühsal dieser Kontroverse forderte einen hohen Zoll von Spurgeon und hat ganz sicher zum raschen Verfall seiner Gesundheit im Jahre 1891 beigetragen. Er starb in Menton, einem Kurort an der französischen Riviera, nicht weit von der Grenze zu Italien entfernt, wo er seit der Mitte der 1870er jährlich seine Ferien verbrachte. Spurgeon war Mitte Oktober zusammen mit seiner Frau dorthin gereist. Er hoffte, ein Ortswechsel und das dortige Wetter könnten seine Gesundheit wieder aufrichten. Es sollte nicht so sein. Der Fürst der Prediger starb in den letzten Stunden des 31. Januar 1892.
Nicht lange vor seinem Tod hat er seinem Sekretär, Joseph W. Harrald, zugeraunt: »Denk dran: Ein schlichter Stein, C.H.S., sonst nichts; kein Trara!«[39] Seine Wünsche blieben unerfüllt. Nachdem sein Sarg in England angekommen war, wurde Spurgeon im Tabernacle aufgebahrt, und etwa 50.000 Trauernde kamen, um »ihm die letzte Ehre zu erweisen«. Am Tag seines Begräbnisses säumten Tausende die Straßen, die der Leichenzug benutzte. Die Geschäfte, sogar die Gastwirtschaften, hatten an diesem Tag geschlossen. Sein Leib wurde in einem ansehnlichen Grab beigesetzt. Auf seinem Sarg lag eine offene Bibel, die dort aufgeschlagen war, wo der Text stand, der vor so vielen Jahren zu seiner Bekehrung geführt hatte: »Seht auf Mich und lasst euch retten, alle Enden der Erde! Denn ich bin Gott und keiner sonst« (Jesaja 45,22).[40]

Sein wahres Denkmal

Sein bleibendes Denkmal allerdings sind die zahllosen Menschen, die durch sein Leben und Wirken vom Geist Gottes berührt wurden. Ich will nur ein Beispiel nennen: Im Oktober 1889 verließ ein junger Mann, D.C. Davidson, seine Heimat Michigan, um in Übersee seine theologischen Studien fortzusetzen. Seine Mutter wollte, dass er in Yale studierte, doch er hatte sich entschlossen, in lebendigen Kontakt mit denen zu kommen, die er »die führenden Köpfe Europas« nannte. Nach einem viermonatigen Aufenthalt in Edinburgh kam er 1890 nach Deutschland. Seine letzte Station war Berlin. Doch statt an einem Ort zu sein, wo sein Glaube vertieft und gefestigt wurde, erwies sich die deutsche Hauptstadt als ein wahrer Feuerofen, in dem sein Glaube beinahe restlos verzehrt wurde. Von seiner Berliner Zeit sagte er, dass »ein Schrecken großer Finsternis« über seine Seele kam, als er sich dort der liberalen Theologie aussetzte. »Ich habe viele grausame Versuchungen erlebt«, schreibt er später, »doch nie ist mir eine so hinterhältige und gefährliche Versuchung begegnet wie der destruktive deutsche Kritizismus.«[41]

Mit seinem beinahe zerstörten Glauben kehrte er nach England zurück, wo er drei Monate lang regelmäßig Charles Haddon Spurgeon predigen hörte. Es müssen einige seiner letzten Predigten gewesen sein. Dieses Hören auf das, was Spurgeon sagte, brachte ihm eine geistliche Wiederbelebung, und seine Seele wurde heil.
»Wenn Spurgeon die schlichten alten Lehren vom Kreuz verkündigte, war es, als fiele das Feuer von Pfingsten auf die Hörer. Ich habe gesehen, wie die Scharen im Tabernacle vom Hauch Gottes bewegt wurden, wenn dieser Mann sprach, wie wenn die Bäume im Wald vom Wind bewegt werden. Es war mir, als sei ich im dritten Himmel, verglichen mit der Jauchegrube des deutschen Kritizismus, in der ich mich gewälzt hatte. Was konnte ich anderes tun, als

Besser als Gold

> mich vor meinem Schöpfer niederzuwerfen und zu rufen: »Der Herr, Er ist Gott! Der Herr, Er ist Gott!« ... Die Herrlichkeit Gottes schien Mr. Spurgeons Tabernacle zu erfüllen. ... Die Giftwirkungen des destruktiven Kritizismus, die in mein Herz gedrungen waren, wurden durch das heilige Feuer Gottes wie Stoppeln verbrannt. Ich sah die Bibel mit neuen Augen. Sie wurde mir unaussprechlich wertvoll, und mit ihr der Christus, den sie offenbart.«[42]

Als Davidson in die Vereinigten Staaten zurückgekehrt war, blieb er seinem Entschluss treu: »Solange ich lebe, will ich ›das Wort predigen‹ und die Posaune des Evangeliums so blasen, dass sie keine unsicheren Töne von sich gibt.«[43]

Obwohl Spurgeons Stimme 1892 zum Schweigen gebracht war, fährt der Heilige Geist fort, ihn durch die immer neuen Veröffentlichungen seiner Predigten zu ehren. Noch heute werden durch sie Sünder dazu geführt, den dreieinigen Gott anzubeten.

Michael Haykin
Professor für Kirchengeschichte
Heritage Baptist College and Theological Seminary
Cambridge, Ontario, Kanada

Fußnoten

[1] Vieles aus dieser Kurzbiographie erschien schon früher in *The Evangelical Baptist*, 40, Nr. 1 (November 1992), S. 6-7, 9-10; 40, Nr. 2 (December 1992), S. 10-12, und erscheint hier mit freundlicher Genehmigung.

[2] C.H. Spurgeon: *The Early Years 1834-1859* (London: The Banner of Truth Trust, 1962), S. 11.

[3] *Letters of Charles Haddon Spurgeon*, ausgewählt von Iain H. Murray (Edinburgh: The Banner of Truth Trust, 1992), S. 39.

[4] Mike Nicholls, *C.H. Spurgeon: The Pastor Evangelist* (Didcot: Baptist Historical Society, 1992), S. 2-3. Bzgl. Knill s. W.Y. Fullerton, *Spurgeon* (Chicago: Moody Press, 1966), S. 37-38.

[5] Zitiert bei Arnold Dallimore, *Spurgeon* (1984 veröffentlicht; Nachdruck: Edinburgh: The Banner of The Truth Trust, 1985), S. 17.

[6] Zum Beweis dafür, dass die Kirche, zu der Spurgeon am Morgen seiner Bekehrung gehen wollte, die Colchester Baptist Church war, siehe Henry Spryvee, *Colchester Baptist Church – The First 300 Years, 1689-1989* (Colchester: Colchester Baptist Church, 1989), S. 59.

[7] Wegen des folgenden Berichts über Spurgeons Bekehrung siehe Susannah Spurgeon and J.W. Harrald, *C.H. Spurgeon, The Early Years, 1834-1859* (1897-1899 veröffentlicht; überarbeitete und gekürzte Fassung: London: The Banner of Truth Trust, 1962), S. 87-88.

[8] Spurgeon, *The Early Years*, S. 149.

[9] Nicholls, *Spurgeon*, S. 5.

[10] *Letters*, S. 27

[11] Nicholls, Spurgeon, S. 5.

[12] Zitiert bei Earnest W. Bacon, *Spurgeon: Heir of the Puritans* (London: George Allen & Unwin Ltd., 1967), S. 32.
[13] *Letters*, S. 50-51.
[14] Zitiert bei E.J. Poole-Connor, *Evangelicalism in England* (London: The Fellowship of Independent Evangelical Churches, 1951), S. 226.
[15] Zitiert ebd., S. 226-227.
[16] *Spurgeon*, S. 37.
[17] *C.H. Spurgeon's Autobiography*, zusammengestellt von Susannah Spurgeon and J.W. Harrald (London: Passmore and Alabaster, 1900), Bd. IV, S. 243.
[18] Nicholls, *Spurgeon*, S. 82. Nicholls widmete in seiner Biographie Spurgeon als »innovativem Erzieher« ein ganzes Kapitel (S. 69-96).
[19] *Letters*, S. 109.
[20] Zitiert bei Nicholls, *Spurgeon*, S. 61. Nicholls geht in dem Kapitel »Energetic Activist« detailliert auf Spurgeons soziale Aktivitäten ein (S. 55-68). Über seine Aktivitäten siehe auch James M. Gordon, *Evangelical Spirituality* (London: SPCK, 1991), S. 167-168.
[21] Zitiert bei Nicholls, *Spurgeon*, S. 120. Über seine Haltung zur Sklaverei siehe ebd., S. 61, 118-121.
[22] *C.H. Spurgeon's Autobiography*, zusammengestellt von Susannah Spurgeon and J.W. Harrald (London: Passmore and Alabaster, 1899), Bd. III, S. 1.
[23] »Honey in the Mouth!«, *The Metropolitan Tabernacle Pulpit*, 37:381.
[24] »Spurgeon – The Preacher«, *Grace Magazine* (January 1992), S. 6. Über die Christuszentriertheit in Spurgeons gesamtem Leben siehe Richard Ellsworth Day, *The Shadow of the Broad Brim. The Life Story of Charles Haddon Spurgeon: Heir of the Puritans* (Philadelphia: The Judson Press, 1934), S. 217-227.

[25] »C.H. Spurgeon's Tribute to William Carey«, Beilage zur *Baptist Times* (16. April 1992), [1].
[26] *The Metropolitan Tabernacle Pulpit*, 15:27.
[27] *Personal Reminiscences of Charles Haddon Spurgeon* (London: The Religious Tract Society, 1895), S. 60. Es sagt viel über Spurgeons Charakter aus, dass als er 1871 von Wells' nahendem Tod hörte, ihm einen Trostbrief schrieb und ihn einen »Vater im Evangelium« nannte und erwähnte, dass er den Herrn, »den freundlichen Liebhaber unserer Seelen«, bitte, »Er möge Seine tragenden Arme unter ihn legen«. »Möge dein Krankenzimmer«, so fuhr er fort, »deiner Seele eine rechte Pforte zum Himmel werden, dass die Gegenwart des Herrn das Haus mit Herrlichkeit erfülle.« (*Letters*, S. 73-74).
[28] Lacey, »Spurgeon«, S. 6-7. Für eine gute Beschreibung von Spurgeon als Evangelist siehe W.E. Payne, »C.H. Spurgeon and Soul Winning«, *The Fellowship for Reformation and Pastoral Studies*, 19, Nr. 4 (Januar 1991). Über Spurgeons Beziehung zu den Hyper-Calvinisten siehe besonders Iain H. Murray, *Spurgeon v. Hyper-Calvinism. The Battle for Gospel Preaching* (Edinburgh: The Banner of Truth Trust, 1995).
[29] *The Greatest Fight in the World* (London: Passmore and Alabaster, 1891), S. 24.
[30] William R. Estep, »The Making of A Prophet: An Introduction to Charles Haddon Spurgeon«, *Baptist History and Heritage*, 19, Nr. 4 (Oktober 1984), S. 10.
[31] »Spurgeon«, S. 6.
[32] Zitiert bei Iain H. Murray: *The Forgotten Spurgeon* (London: The Banner of Truth Trust, 1966), S. 42.
[33] D.C. Davidson, »In the Furnace of Unbelieving Theology«, *The Banner of Truth*, 293 (Februar 1988), S. 18.
[34] *Greatest Fight in the World*, S. 64.
[35] *The Metropolitan Tabernacle Pulpit*, 30:395.

[36] »Another Word concerning the Downgrade«, *The Sword and the Trowel* (August 1887), S. 397.
[37] *Evangelical Nonconformists and Higher Criticism in the Nineteenth Century* (London: Independent Press Ltd. 1954), S. 166-167.
[38] Zitiert bei David P. Kingdon: »C.H. Spurgeon and the Downgrade Controversy« in *The Good Fight of Faith* (London: The Westminster Conference/Evangelical Press, 1971), S. 48.
[39] Zitiert aus *Letters*, S. 211.
[40] Eric Hayden, »The day my father saw Spurgeon buried«, *Baptist Times* (30. Januar 1992), S. 7.
[41] »In the Furnace of Unbelieving Theology«, S. 16-18.
[42] Ebd., S. 18-19.
[43] Ebd., S. 19.

1. Januar

Psalm 1,1-3

Weitere Lesung: Matthäus 5,1-12

Seht, wie dieses Buch der Psalmen mit einer Seligpreisung beginnt, genauso wie die bekannte Bergpredigt unseres Herrn! Das mit »glücklich« übersetzte Wort ist äußerst nachdrücklich, und weil es im Plural steht, müssten wir lesen: »Oh, diese Glückseligkeiten!« Dann merken wir etwas von dem Jubel über das Glück eines so gesegneten Menschen. Möge doch dieselbe Seligpreisung auf uns ruhen!

Hier wird dieser gesegnete Mensch beschrieben, nach dem, was er nicht tut (Vers 1), und nach dem, was er tut (Vers 2). Beachtet die Steigerung im ersten Vers: Er wandelt nicht im Rat der Gottlosen, noch steht er auf dem Weg der Sünder, noch sitzt er, wo die Spötter sitzen. Wenn Menschen in der Sünde leben, sinken sie immer tiefer. Sie haben es in der Bosheit zu etwas gebracht, sie sind wohlbestallte Doktoren der Verdammnis und stehen bei anderen als Meister der Verruchtheit in hohen Ehren. Aber der gesegnete Mensch, der Mensch, dem alle Segnungen Gottes gehören, kann mit solchen Leuten keine Gemeinschaft haben. Er hält sich rein von solchen Aussätzigen, er entfernt das Böse von seinen Kleidern, die vom Fleisch befleckt sind (Judas 23). Er geht von den Bösen hinaus, außerhalb des Lagers, und trägt die Schmach Christi. Welche Gnade ist es, auf diese Weise von den Wegen der Sünder abgesondert zu sein!

Betrachtet nun die positive Seite: »Er hat seine Lust am Gesetz des HERRN.« Es ist das tägliche Brot des wahren Gläubigen. Und wie schmal war doch zu Zeiten des Psalmisten das inspirierte Buch! Er hatte wohl kaum mehr als die fünf Bücher Mose! Wie viel mehr sollten wir das ganze geschriebene Wort Gottes schätzen, das in unseren Häusern zu besitzen wir das Vorrecht

Psalm 1,1-3

haben! Aber leider wird dieser Himmelsbote sehr schlecht behandelt! Wir sind nicht alle solche Schriftforscher wie die in Beröa. Wie wenige von uns können die Seligpreisung unseres Textes für sich in Anspruch nehmen! Vielleicht können einige von euch eine gewisse »negative Reinheit« für sich reklamieren, weil sie nicht auf den Wegen der Gottlosen gehen; aber lasst mich euch fragen: Habt ihr eure Freude an Gottes Wort? Habt ihr es zu eurem Begleiter gemacht, eurem besten Freund und stündlichen Führer? Wenn nicht, dann gilt diese Seligpreisung euch nicht.

»Er ist wie ein Baum, gepflanzt an Wasserbächen, der seine Frucht bringt zu seiner Zeit.« Der Mensch, der sich an Gottes Wort erfreut und dadurch belehrt wird, ist geduldig in Leidenszeiten, bleibt treu in Trübsalen und zeigt geheiligte Freude, wenn es ihm gut geht. Fruchtbarkeit ist die wesentliche Eigenschaft eines gesegneten Menschen, und diese Fruchtbarkeit sollte sich zur rechten Zeit erweisen.

Zum Nachdenken: Ich finde nur Ruhe, wenn ich in einer stillen Ecke mit dem Buch sitze. (Thomas von Kempen)

2. Januar

Psalm 1,4-6

Weitere Lesung: 2. Petrus 2,4-11

Wir kommen jetzt zum zweiten Teil dieses Psalms. In Vers 4 wird der schreckliche Zustand der Bösen entfaltet, um die Farben des hellen und erfreulichen Bildes aus Vers 3 noch mehr zum Leuchten zu bringen. Die Vulgata und die Septuaginta wiederholen nachdrücklich das »nicht so« in Bezug auf die Gottlosen. Dadurch soll uns klar werden, dass alles, was jemals Gutes über den Gerechten gesagt wurde, für den Gottlosen nicht gilt. Wie schrecklich ist es doch, wenn diese doppelte Verneinung auf den Verheißungen liegt, und doch: So steht es um die Gottlosen! Beachtet auch den Ausdruck »die Gottlosen«; denn zu Anfang des Psalms waren sie die Anfänger im Übeltun und die am wenigsten anstößigen Sünder. Ach, wenn dies schon der traurige Zustand derer ist, die ruhig und anständig sind, Gott aber ablehnen, wie muss es dann um die offensichtlichen Sünder und schamlosen Ungläubigen stehen! Der erste Satz ist eine negative Aussage über die Gottlosen, während der zweite ihr wirkliches Wesen wiedergibt. Ihr Wesen gleicht der Spreu. Sie ist wirklich wertlos, tot, unbrauchbar, inhaltsleer und leicht fortzublasen. Darum betrachtet das Urteil über sie: »Der Wind verweht« sie. Der Tod wird sie mit seinem schrecklichen Atem in das Feuer treiben, in dem sie gänzlich umkommen. Die Gottlosen stehen vor Gericht, nicht um freigesprochen, sondern um verdammt zu werden. Furcht wird sie ergreifen, sie werden nicht standhalten können, sie werden fliehen, sie werden sich nicht verteidigen können; denn sie werden sich schämen und mit ewiger Schande bedeckt werden.

Mit Recht sehnen sich die Heiligen nach dem Himmel; denn dort wird kein Böser zu finden sein. Alle unsere Versamm-

Psalm 1,4-6

lungen auf der Erde sind vermischt; Sünder befinden sich unter den Heiligen, wie Schlacke am Gold hängt. Die gerechten Lots werden diesseits des Himmels beständig von den Sodomiten gequält. Lasst uns deshalb jubeln, dass in der »Festversammlung, in der Gemeinde der Erstgeborenen« droben keine einzige unwiedergeborene Seele jemals Zutritt hat. Sie wäre dort gar nicht in ihrem Element. Besser könnte ein Fisch auf einem Baum leben als ein Böser im Paradies. Der Himmel erschiene dem Unbußfertigen als unerträgliche Hölle, wenn er denn hineingehen könnte. Gebe Gott, dass wir ein Anrecht und eine Wohnung in Seinen Höfen haben möchten! Der Herr schaut beständig auf die Wege der Bösen, und Er weiß um sie, wenn sie auch oft durch Nebel und Finsternis wandern. Nicht nur sie werden vergehen, auch ihre Wege werden mit ihnen umkommen. Der Gerechte aber graviert seinen Namen in den Felsen ein, während der Böse sein Gedächtnis in den Sand schreibt. Alles, was der Gottlose war und tat, wird vergehen.

Möge der Herr unsere Herzen und Wege reinigen, damit wir dem Gericht über die Gottlosen entfliehen und die Segnungen der Gerechten genießen möchten!

Zum Nachdenken: Der Gerechte geht einen Weg, den Gott kennt, und der Gottlose geht einen Weg, den Gott zerstört; und wenn man sieht, dass sich diese Wege niemals kreuzen, wie sollten sich die Menschen auf diesen beiden Wegen je begegnen? (Sir Richard Baker)

3. Januar

Psalm 2,1-6

Weitere Lesung: Offenbarung 4

Der Psalm beginnt sehr abrupt, und das ist verständlich: Es ist doch wahrlich kein Wunder, dass der Anblick der Geschöpfe im bewaffneten Aufruhr gegen ihren Schöpfer den Geist des Psalmisten in Staunen versetzt. Wir sehen die Nationen wie das wilde Meer rasen, das von ruhelosen Wellen hin- und hergeworfen wird wie der Ozean im Orkan. So sehen wir, wie die Leute »Eitles sinnen« gegen Gott. Wo viel Zorn ist, ist meistens eine Menge Torheit, und in diesem Fall gibt es von beidem ein Übermaß. Es geht hier nicht um eine vorübergehende Aufwallung, sondern um einen tief sitzenden Hass, denn sie haben sich vorgenommen, mit aller Kraft gegen den Fürsten des Friedens vorzugehen. Der Frechheit ihrer Verräterei und ihrem Vorsatz zur Rebellion fügen sie hinzu:»Lasst uns zerreißen ihre Bande«, als sei dies leicht zu bewerkstelligen. Wie töricht der Entschluss, gegen Gott zu revoltieren, auch ist, so verharren die Menschen doch schon von ihrer Erschaffung an darin und halten daran bis zum heutigen Tag fest. Dem unbekehrten Hals ist das Joch Christi etwas Unerträgliches, während es einem erretteten Sünder sanft und leicht erscheint. Wir können uns daran leicht selbst prüfen: Lieben wir dieses Joch, oder werfen wir es von uns?

Lasst uns nun unsere Augen von den Ratskammern der Bösen und von dem tobenden Aufruhr der Menschen zu dem geheimen Ort wenden, wo die Majestät in der Höhe thront. Was sagt Gott? Was wird der König mit den Menschen tun, die Seinen eingeborenen Sohn verwerfen, den Erben aller Dinge? Man beachte die ruhige Würde des Allmächtigen und die Verachtung, die Er für die Fürsten und ihre tobenden Völker hat. Er

Psalm 2,1-6

hat sich nicht die Mühe gemacht, aufzustehen und mit ihnen zu streiten; Er verachtet sie; Er weiß, wie widersinnig, wie unvernünftig, wie nutzlos ihre Anschläge gegen Ihn sind, darum lacht Er sie aus. Nachdem Er gelacht hat, wird Er mit ihnen reden. In dem Augenblick, wenn ihre Macht am größten und ihre Wut am heftigsten ist, dann wird Sein Wort gegen sie ergehen. Und was sagt Er zu ihnen? Es ist ein sehr bitteres Wort für sie: »Trotz eurer Bosheit, trotz eurer wilden Verschwörung, trotz der Klugheit eurer Überlegungen, trotz der Listigkeit eurer Gesetzgeber ›habe doch Ich Meinen König geweiht auf Zion, Meinem heiligen Berg!‹« Ist das keine großartige Proklamation? Er hat längst getan, was Seine Feinde zu verhindern suchen. Der Wille des HERRN ist geschehen, und der Wille des Menschen ärgert sich und wütet vergebens. Gottes Gesalbter ist eingesetzt, und niemand kann Ihn absetzen. Blickt zurück auf alle Zeitalter des Unglaubens, hört die hochmütigen und harten Dinge, die Menschen gegen die Majestät in den Himmeln vorgebracht haben, und bedenkt dann, dass Gott die ganze Zeit schon gesagt hat: »Ich habe Meinen König auf dem heiligen Berg Zion eingesetzt!« Auch jetzt im Augenblick regiert Er in Zion, und von unseren frohen Lippen erschallt das Lob gegenüber dem Fürsten des Friedens. Er ist Zions beste Schutzwehr. Mögen ihre Bürger sich in Ihm erfreuen!

Zum Nachdenken: Was immer die Intrigen der Hölle und der Erde dagegen zu tun versuchen: Christus regiert, weil Sein Vater Ihn dazu eingesetzt hat. (Stephen Charnock)

4. Januar

Psalm 2,7-12

Weitere Lesung: Offenbarung 5

Dieser Psalm hat etwas von einem Drama; denn nun tritt eine weitere Person als Sprecher auf. Wir haben in die Ratskammer der Bösen und zum Thron Gottes geschaut. Jetzt erblicken wir den Gesalbten, wie Er Seine souveränen Rechte erklärt und die Verschwörer vor ihrem Verderben warnt.

Christus, der Gesalbte selbst, tritt hervor als der auferstandene Erlöser und »als Sohn Gottes eingesetzt dem Geiste der Heiligkeit nach aufgrund der Toten-Auferstehung« (Römer 1,4). Wie der Gesalbte in die zornigen Gesichter der rebellierenden Könige blickt, scheint Er zu sagen: »Wenn dies noch nicht genügt, euch zum Schweigen zu bringen, werde Ich euch die Anordnung des HERRN bekannt geben.« Denn diese Anordnung steht im direkten Widerspruch zu den Anschlägen der Menschen, weil ihr Inhalt die Aufrichtung ebenjener Herrschaft ist, gegen die die Nationen wüten. Die Worte »Du bist Mein Sohn« sind der großartige Beweis für die Göttlichkeit unseres Immanuels. Welch eine Barmherzigkeit, einen göttlichen Erlöser in der Gottheit unseres Herrn zu haben! Lasst uns nicht versuchen, dies zu ergründen; denn diese Wahrheit ist zu groß für uns. Sie ist eine Wahrheit, die wir ehrfürchtig annehmen, aber nicht unehrerbietig ergrübeln dürfen.

Bei mächtigen Königen war es Brauch, den Günstlingen zu geben, um was sie auch baten. So braucht Jesus nur zu bitten, und Er hat es. Er erklärt, dass ebendiese Seine Feinde Sein Erbteil sind, und Er proklamiert diese Anordnung ihnen ins Angesicht. Es ist, als riefe der Gesalbte: »Seht her!« Und dabei hält Er in Seiner einst durchbohrten Hand das Zepter seiner Macht: »Er hat Mir nicht nur das Recht gegeben, König zu sein, sondern auch die Macht zum Herrschen.«

Psalm 2,7-12

Wieder wechselt die Szene. Denen, die sich beraten hatten zu rebellieren, wird jetzt guter Rat gegeben. Sie werden zum Gehorsam ermahnt und dazu, den in Unterwürfigkeit zu küssen und zu lieben, den sie gehasst hatten. »Handelt verständig«, zögert nicht, euer Feldzug kann nicht gelingen; darum seht davon ab und unterwerft euch freiwillig dem, der euch zur Beugung zwingen kann, wenn ihr euch weigert, Sein Joch anzunehmen. Ehrfurcht und Demut beseele euren Gottesdienst! Er ist ein großer Gott, und ihr seid nur schwache Geschöpfe; darum müsst ihr Ihm in Niedrigkeit anbeten. Furcht ohne Freude ist Schrecken, und Freude ohne heilige Furcht ist Vermessenheit. Beachtet die Seligpreisung, mit der der Psalm endet. Haben wir teil an dieser Glückseligkeit? Vertrauen wir Ihm? Unser Glaube mag schwach wie ein Spinnfaden sein, doch wenn er wirklich ist, sind wir in entsprechendem Maß glücklich. Je mehr wir vertrauen, umso völliger erkennen wir unser Gesegnetsein. Wir dürfen daher die Betrachtung über diesen Psalm mit dem Gebet der Apostel schließen: »Herr, mehre unseren Glauben!«

Zum Nachdenken: Die Furcht Gottes fördert geistliche Freude; sie ist der Morgenstern, der uns hinüberleitet ins Sonnenlicht der Tröstung. (Thomas Watson)

5. Januar

Psalm 3,1-5

Weitere Lesung: 2. Samuel 15,13-17

Gebrochenen Herzens klagt der Beter über die Menge seiner Feinde. »Ach Herr, wie sind meiner Feinde so viele!«, ruft der verwirrte und bestürzte Flüchtling aus. »Ihr Heer ist weit größer als meines, und es wird immer größer!« David klagt seinem Gott, der ihn lieb hat, wie schrecklich die Waffen seiner Feinde sind, mit denen sie ihn angreifen, und wie bitter sein Elend ist. Alle Drangsale, die der Himmel schickt, alle Versuchungen, die aus der Hölle aufsteigen, und alle Kreuze, die der Erde erwachsen, zusammen genommen, verursachen nicht solche Trübsal wie die, die in Vers 3 beschrieben wird. Es ist die bitterste Anfechtung, wenn man fürchtet, bei Gott sei keine Hilfe für uns zu finden. Und doch, denkt daran, dass unser über alles gepriesener Erretter gerade dies durchlitten hat, als Er rief: »Mein Gott, Mein Gott, warum hast Du Mich verlassen?« Er wusste ganz genau, was es heißt, in Dunkelheit zu sein und kein Licht zu sehen. Dies war der Fluch über alle Flüche; vom Vater getrennt zu sein, war schlimmer, als von den Menschen verachtet zu werden. Ganz gewiss, wir müssen Ihn lieben, der diese bittersten Versuchungen und Leiden um unseretwillen erduldet hat! Für Herzen, die Ihn lieben, wird es eine froh machende und lehrreiche Übung sein, zu erkennen, wie der Herr hier in Seinen schweren Kämpfen beschrieben wird; denn wir sehen hier wie in vielen anderen Psalmen viel mehr von Davids Herrn als von David selbst.

Als Antwort darauf bekennt David sein Vertrauen auf Gott. »Du, HERR, bist ein Schild um mich her.« Das Wort meint mehr als einen Schild; es beschreibt einen den ganzen Menschen umgebenden Schutz; von oben, von unten, ringsumher und von in-

Psalm 3,1-5

nen und außen. Ja, welch ein Schild ist Gott für seine Leute! Er wehrt alle feurigen Pfeile Satans von unten her und die Stürme der Trübsal von oben her ab, während er gleichzeitig den Orkan in unserer Brust zum Schweigen bringt. David wusste: Er war zwar mit Hohn und Spott aus seiner Hauptstadt vertrieben, doch würde er im Triumph zurückkehren, und im Glauben sah er auf Gott, der ihn ehren und verherrlichen werde. Welche Gnade ist es, in der gegenwärtigen Schande unsere zukünftige Herrlichkeit zu sehen! Tatsächlich liegt schon eine gegenwärtige Herrlichkeit auf unseren Anfechtungen – wenn wir sie doch nur erkennen könnten! Es ist keinesfalls eine Kleinigkeit, mit Christus in Seinen Leiden Gemeinschaft zu haben.

Gute Menschen haben oft erfahren, dass sie auch im Verborgenen besser beten können, wenn sie es laut tun, als wenn sie keine Laute äußern. Es gibt Einen, der im Heiligtum des höchsten Himmels Acht hat, und »Er antwortet mir von Seinem heiligen Berg.« Gebetserhörungen sind eine große Freude für unsere Seele. Wir brauchen die drohende Welt nicht zu fürchten, solange wir uns eines Gottes erfreuen, der Gebete erhört.

Zum Nachdenken: Überzeuge dich selbst, zusammen mit David, dass der Herr dein Verteidiger ist, der dich von allen Seiten umgibt und wirklich ein »Schild« ist, das dich von jeder Seite beschützt. (Thomas Tymme)

6. Januar

Psalm 3,6-9

Weitere Lesung: 2. Samuel 16,5-14

Davids Glaube gibt ihm die Kraft, sich hinzulegen; Angst hätte ihn sicher auf den Beinen gehalten, um vor seinen Feinden auf der Hut zu sein. Er konnte mitten in der Aufregung schlafen, die durch die ihn umgebenden Feinde verursacht wurde. Es gibt einen Schlaf der Überheblichkeit möge Gott uns davor bewahren! Es gibt aber auch einen Schlaf des heiligen Vertrauens; möge Gott ihn uns schenken! Aber David sagt auch, dass er erwachte. Manche schlafen den Schlaf des Todes; er aber, obwohl vielen Feinden ausgesetzt, lehnte sein Haupt an die Brust Gottes und schlief ruhig und in schönster Sicherheit unter den Flügeln der Vorsehung. Dann erwachte er friedlich in dem Bewusstsein, dass der Herr ihn behütet hatte.
Indem sich unser Held für den Kampf des Tages rüstet, singt er: »Ich fürchte nicht Zehntausende Kriegsvolks!« Beachten wir: Er war nicht versucht, die Anzahl und die Klugheit seiner Feinde zu unterschätzen. Er rechnete mit Zehntausenden und betrachtete sie als listige Jäger, die ihm mit all ihrer grausamen Geschicklichkeit nachstellen. Doch er zittert nicht, sondern blickt seinen Feinden ins Gesicht; er ist zum Kampf bereit. Doch ist er zu klug, um den Streit ohne vorheriges Gebet zu eröffnen, darum fällt er auf die Knie und ruft laut zu dem HERRN. Seine einzige Hoffnung ist sein Gott, doch ist sein Vertrauen so groß, dass er weiß: Der Herr braucht nur aufzustehen, dann ist schon alles gut. Er vergleicht seine Feinde mit wilden Tieren und erklärt, Gott habe ihre Kiefer zerbrochen, so dass sie ihm nichts anhaben können. Freut euch, ihr Gläubigen, ihr habt es mit einem Drachen zu tun, dessen Haupt zerschmettert ist, und mit Feinden, denen die Zähne ausgebrochen sind!

Psalm 3,6-9

Der Schlussvers enthält die Summe und das Wesen der calvinistischen Lehre. Durchsucht die ganze Heilige Schrift, und ihr müsst – wenn ihr sie redlichen Herzens lest – davon überzeugt sein, dass die Lehre von der Errettung allein aus Gnaden die große Lehre des Wortes Gottes ist: »Bei dem HERRN ist die Rettung.« Dies ist ein Punkt, um den wir täglich zu ringen haben. Unsere Gegner sagen: »Errettung gehört dem freien Willen des Menschen«; aber wir glauben und lehren, dass die Errettung von Anfang bis Ende und bis zu ihrem letzten Jota allein dem Allerhöchsten zukommt. Gott ist es, der Seine Leute erwählt. Er beruft sie durch Seine Gnade, Er belebt sie durch Seinen Geist und erhält sie durch Seine Kraft. Es kommt nicht von Menschen, noch durch Menschen. »So liegt es nun nicht an dem Wollenden, auch nicht an dem Laufenden, sondern an dem sich erbarmenden Gott.« Möchten wir doch alle diese Wahrheit an uns selbst erfahren! Denn unser stolzes Fleisch und Blut wird es auf keinem anderen Weg lernen.

Zum Nachdenken:
Auf, mein Herz, bet an und staune,
Frag: Warum schenkst Du Dich mir?
Gnade hat dich auserkoren
Zu des Heilands Ruhm und Zier.
Halleluja!
Dank, ja, ewig Dank sei Dir!

7. Januar

Psalm 4,1-6

Weitere Lesung: 1. Mose 50,15-21

Dies ist ein Beispiel dafür, wie David so oft vergangene Gnaden als Grund für neue Gunsterweise anzuführen pflegt, ist es doch unvorstellbar, dass der, der uns aus sechs Drangsalen errettet hat, uns in der siebten im Stich lassen wird. Gott macht nie halbe Sachen, und Er wird nie aufhören zu helfen, solange wir Hilfe nötig haben. Beachtet, dass David erst mit Gott und dann mit den Menschen redet! Ganz sicher würden wir mutiger zu den Menschen sprechen, wenn wir eine beständigere Verbindung mit Gott hätten. Wer seinem Schöpfer ins Angesicht zu blicken wagt, wird nicht vor den Söhnen der Menschen zittern.

Der Name, mit dem der Herr hier angeredet wird, verdient Beachtung, weil er an keiner anderen Stelle der Bibel vorkommt. Er bedeutet: »Du bist der Urheber, der Zeuge, der Bewirker, der Richter und der Belohner meiner Gerechtigkeit; an Dich appelliere ich wegen der Verleumdungen und der hasserfüllten Urteile der Menschen.« Hierin liegt Weisheit, lasst uns das genauso machen und unsere Angelegenheiten nicht vor die armseligen Gerichtshöfe menschlicher Meinung bringen, sondern vor das höchste Gericht des himmlischen Königs. Dann werden wir mit David sagen: »Gott hat mein Herz weit gemacht durch Freude und Trost, als ich einem in Sorgen und Kummer Gefangenen glich.« Der beste unter den Menschen hat Barmherzigkeit genauso nötig wie der schlechteste. Jedes Mal, wenn ein Heiliger befreit wird oder wenn ein Sünder Vergebung empfängt, ist es die freie Gabe der himmlischen Gnade. Gott ist der nie versagende Tröster.

Als Nächstes werden wir aus der Gebetskammer auf das Schlachtfeld geführt. Beachtet wieder den unerschrockenen

Psalm 4,1-6

Mut des Mannes Gottes. Er gibt zu, dass seine Feinde großmächtige Leute sind, doch hält er sie für töricht, und darum tadelt er sie, wie man es mit Kindern tut. Er sagt ihnen, sie »liebten Eitles und suchten Lüge«. Toren werden nichts lernen, und darum muss ihnen dasselbe immer wieder gesagt werden, insbesondere, wenn es um eine so bittere Wahrheit geht wie nämlich die Tatsache, dass die Frommen von Gott erwählt sind und durch die Gnade beiseite gesetzt und von den anderen Menschen ausgesondert wurden. Erwählung ist eine Lehre, die nicht wiedergeborene Menschen nicht ertragen können; sie ist aber nichtsdestoweniger eine herrliche und gut bezeugte Wahrheit, und eine, die den angefochtenen Gläubigen wohl zu trösten vermag. Auserwählung ist die Garantie für die Vollendung unseres Heils und ein Argument, das vor dem Thron der Gnade gilt. Der uns für sich selbst auserwählt hat, erhört ganz gewiss unsere Gebete. Ach, ihr Lieben, wenn wir auf unseren Knien sind, sollte uns die Tatsache, als Gottes auserwählter Schatz »ausgesondert« zu sein, Mut machen und uns mit Feuereifer und Glauben erfüllen. Weil es Ihm gefiel, uns zu lieben, kann Ihm auch nur gefallen, uns zu erhören.

Zum Nachdenken: Lasst uns daran denken, dass die Erfahrung *eines* der Heiligen in Bezug auf die Wahrheit der göttlichen Verheißungen und die Zuverlässigkeit der biblischen Vorrechte für das Volk Gottes ein ausreichender Beweis für das Anrecht *aller* Kinder Gottes auf dieselben Gnadengaben ist. Außerdem ist sie ein Grund zur Hoffnung, dass sie ebenso an ihr teilhaben werden, wenn sie in Notzeiten geraten. (David Dickson)

8. Januar

Psalm 4,7-9

Weitere Lesung: Jesaja 9,1-7

Selbst unter Davids eigenen Nachfolgern waren viele, die lieber sehen als glauben wollten. Leider neigen wir alle dazu! Manchmal stöhnen selbst die Wiedergeborenen und wollen äußeren Erfolg sehen und werden trübselig, wenn Finsternis alles Gute vor ihren Augen verbirgt. Wie Weltleute hören sie nicht auf zu schreien: »Wer wird uns Gutes schauen lassen?« Niemals zufrieden schnappen sie mit ihrem Mund in alle Richtungen, ihre leeren Herzen sind bereit, jede schöne Illusion in sich hineinzutrinken, die ihnen von Betrügern angeboten wird, und wenn alle Hoffnungen scheitern, geben sie sich schnell der Verzweiflung hin und erklären, es gebe nirgends etwas Gutes, weder auf Erden noch im Himmel. Der wahre Gläubige ist von anderem Schlag. Sein Angesicht ist nicht wie das der Tiere nach unten gewandt, sondern aufwärts, wie das der Engel. Er trinkt nicht aus den schlammigen Tümpeln des Mammon, sondern aus den Quellen des Lebens aus Gott. Das Licht des göttlichen Angesichts genügt ihm. Es ist sein Reichtum, seine Ehre, seine Gesundheit, seine Wonne. Gebt es ihm, und er begehrt nichts mehr. Es ist seine unaussprechliche Freude, voller Herrlichkeit. Ach, wären wir doch mehr mit dem Heiligen Geist erfüllt, damit wir in beständiger Gemeinschaft mit dem Vater und Seinem Sohn Jesus Christus leben möchten!

»Es ist besser«, so hat einmal jemand gesagt, »Gottes Gunst in der bußfertigen Seele nur eine Stunde lang zu empfinden, als jahrhundertelang im wärmsten Sonnenschein zu sitzen, den diese Welt zu bieten vermag.« Christus im Herzen ist besser als Korn in der Scheune oder Wein im Fass. Korn und Wein sind nur Früchte dieser Welt; aber das Licht des göttlichen Ange-

Psalm 4,7-9

sichts ist die reife Frucht des Himmels. »Du bist bei mir!« ist ein weit besserer Ausruf als: »Die Ernte ist eingefahren!« Bleibt auch mein Speicher leer, so habe ich doch Segen in Fülle, wenn Jesus Christus mich freundlich ansieht; aber wenn ich die ganze Welt hätte, wäre ich doch arm ohne Ihn.

Welch schönes Abendlied steht in Vers 9! Wer die Flügel Gottes über sich weiß, braucht keinen weiteren Schutz. Die Bewahrung des Herrn ist sicherer als Schlösser und Riegel. Das Bett Salomos bewachten bewaffnete Männer; aber wir glauben nicht, dass er besser schlief als sein Vater, dessen Bett die harte Erde war, während er von blutgierigen Feinden gehetzt wurde. Wie viele unserer schlaflosen Nächte können wir unserer ungläubigen und ungeordneten Gemütsverfassung zuschreiben! Der kann gut schlafen, den der Glaube in den Schlummer wiegt. Kein Kissen ist weicher als die Verheißungen Gottes, keine Decke so warm wie die Gewissheit des Heils in Christus. O Herr, gib uns diese sanfte Ruhe, dass wir uns wie David zu der uns festgelegten Zeit freudig niederlegen und auch im Todesschlaf in Gott ruhen!

Zum Nachdenken: Während Weltmenschen von dieser Welt alles erhoffen, lasst uns Christi Gunst suchen, die unendlich besser ist als Korn und Wein und all die guten Dinge, die durch den Gebrauch zunichte werden. (Robert Hawker)

9. Januar

Psalm 5,1-8

Weitere Lesung: Matthäus 6,5-15

Es gibt zwei Arten von Gebeten – jene, die in Worten ausgedrückt werden, und die anderen, die ungesagten Wünsche stiller Andacht vor Gott. Worte sind nicht das Wesen, sondern die Kleider des Gebets. Mose schrie am Roten Meer zu Gott, obwohl er nichts sagte. Doch der Gebrauch der Worte mag das Herz vor Ablenkung bewahren und die Kraft der Seele unterstützen und die Anbetung steigern. Wie wir sehen, gebraucht David beide Formen des Gebets und fleht einmal um Erhörung und ein anderes Mal um Aufmerksamkeit. Welch ein ausdrucksstarkes Wort: »Merke auf mein Seufzen!« »Habe ich um das Richtige gebetet, dann gib es mir; habe ich versäumt, um etwas höchst Notwendiges zu bitten, so fülle den Mangel meines Gebets aus! Lass Deine heilige Seele alles so ansehen, wie es mein überaus herrlicher Mittler vor Dich gebracht hat, und dann gedenke daran nach Deiner Weisheit, wäge es auf Deiner Waage, beurteile meine Aufrichtigkeit und den wahren Zustand meiner Bedürfnisse und antworte zur rechten Zeit um Deiner Barmherzigkeit willen!« Lasst uns den Geist des Gebets kultivieren, was sogar noch besser ist als das gewohnheitsmäßige Beten. Wir sollten anfangen zu beten, bevor wir niederknien, und nicht aufhören, wenn wir uns erheben.
Der Morgen ist die passendste Zeit zum Umgang mit Gott. Eine Morgenstunde ist so viel wert wie zwei Stunden am Abend. Während noch der Tau auf dem Gras liegt, lass die Gnade auf deine Seele herabkommen. Das hebräische Wort, das David für »rüsten« verwendet, hat eine tiefe Bedeutung. Es ist das Wort, das man verwendete, wenn man in rechter Weise das Holz und das Opferfleisch auf den Altar schichtete, und es wurde für die

Psalm 5,1-8

Anordnung der Schaubrote auf dem Tisch gebraucht. Ich will Ordnung in meine Gebete bringen, oder – wie der alte Master Trapp es ausdrückte – »meine Gebete zum Appell antreten lassen«.

Nachdem der Psalmist seinen Entschluss zum Beten gefasst hat, hören wir ihn beten. Er spricht mit Gott über seine grausamen und hinterhältigen Feinde; er bittet Gott, sie von ihm zu entfernen, weil sie doch Gott selbst missfallen. Lasst uns hier die ernste Wahrheit lernen, dass ein gerechter Gott die Sünde hassen muss. Er bietet dem Bösen nicht den geringsten Unterschlupf. Wie töricht sind wir doch, wenn wir zwei so einander verhasste Gäste wie Jesus Christus und den Teufel gemeinsam beherbergen wollen! Seid versichert, Christus wird in den Räumen unseres Herzens nicht wohnen, wenn wir den Teufel im Keller unserer Gedankenwelt bewirten. Irdische Könige hielten sich gewöhnlich einen Hofnarren in ihrem Gefolge; aber der allweise Gott wird keine Narren in Seinem himmlischen Palast dulden.

Nachdem er das Wesen und das Schicksal der Bösen beschrieben hat, wendet sich David der Stellung der Gerechten zu. Sie werden in Gottes Haus eintreten – nicht aufgrund ihrer eigenen Verdienste, sondern wegen der zahllosen Barmherzigkeiten Gottes. Sie gehen mit großer Zuversicht hinein wegen der Unermesslichkeit der göttlichen Gnade.

Zum Nachdenken: Gottes Gerichte sind alle gezählt; aber Seine Barmherzigkeiten sind unzählig. (C.H. Spurgeon)

10. Januar

Psalm 5,9-13

Weitere Lesung: Römer 3,9-20

Nun kommen wir zum zweiten Teil, in dem der Psalmist die Argumente wiederholt, den Pflug aber noch tiefer durch die gleiche Furche zieht. Wie ein kleines Kind von seinem Vater und ein Blinder von seinem Freund geleitet wird, so sicher und fröhlich kann er seinen Weg gehen, wenn Gott ihn führt. Wenn wir gelernt haben, unsere eigenen Wege dranzugeben, und in Gottes Wegen zu gehen trachten, ist das ein erfreuliches Zeichen Seiner Gnade, und es ist keine kleine Barmherzigkeit, wenn wir Gottes Weg klar vor unseren Augen haben dürfen.
Die Beschreibung des verdorbenen Menschen ist vom Apostel Paulus übernommen worden, weil es die richtige Beschreibung des gesamten Menschengeschlechts ist, nicht nur die der Feinde Davids, sondern aller natürlichen Menschen. Das Bild ist bemerkenswert: »Ein offenes Grab ist ihre Kehle« – voll Verwesung, Pestilenz und Tod. Aber schlimmer noch: Sie ist ein offenes Grab mit all seinen üblen Ausdünstungen, die Tod und Verderben rings um sich her verbreiten. Außerdem sind ihre Zungen voll von Heuchelei. Eine glatte Zunge ist ein großes Übel; viele sind dadurch verführt worden. Es gibt unzählige menschliche Ameisenbären, die mit ihren langen Zungen und mit öligen Worten die Unachtsamen betrügen, einfangen und zu ihrer Beute werden lassen. Wenn der Wolf das Lamm leckt, bereitet er seine Zähne darauf vor, sich in dessen Blut zu baden. Im elften Vers spricht der Psalmist wie ein Richter, von Amts wegen; er spricht als der Mund Gottes, indem er die Bösen verdammt; aber damit gibt er uns keinerlei Entschuldigung dafür, wenn wir eine Verwünschung über solche aussprechen sollten, die uns persönlich Unrecht getan haben. O, ihr unbuß-

Psalm 5,9-13

fertigen Menschen, nehmt es doch zur Kenntnis, dass alle eure frommen Freunde einmal feierlich dem schrecklichen Urteil Gottes zustimmen werden, das der Herr am Tag des Gerichts über euch aussprechen wird!

Freude ist das Vorrecht der Gläubigen. Wenn die Sünder umgekommen sind, wird die Freude vollkommen sein. Die zuerst weinen, werden am Ende lachen; wir weinen jetzt, aber wir werden ewig jubeln. Dieses unser heiliges Glück, hat eine feste Grundlage; denn »wir frohlocken in Dir«. Der ewige Gott ist die Quelle unseres Glücks. Wir lieben Gott, darum erfreuen wir uns in Ihm. Der HERR hat uns zu Erben der Seligkeit eingesetzt, und nichts wird uns unser Erbteil rauben. Mit der ganzen Fülle Seiner Kraft wird Er uns segnen, und alle Seine Eigenschaften werden sich dazu vereinen, uns mit göttlicher Glückseligkeit zu sättigen. Dies gilt schon jetzt; aber der Segen reicht in die unendliche, unbekannte Zukunft hinein. »Du segnest den Gerechten, HERR.« Das ist eine Verheißung von unendlicher Dauer, grenzenloser Weite und unaussprechlicher Herrlichkeit.

Zum Nachdenken: Wo anders können wir uns bergen als bei unserem Schöpfer? Wenn der Löwe des Waldes zu brüllen beginnt, wie wird er uns erschrecken und verwirren! Aber nur so lange, bis es dem gefällt, ihn wieder an die Kette zu legen, der es erlaubte, uns dadurch für eine Weile zu betrüben. (Timothy Rogers)

11. Januar

Psalm 6,1-8

Weitere Lesung: Jesaja 54,1-10

Dieser Psalm ist gewöhnlich als der erste Bußpsalm bekannt, und ganz sicher ist er in einer Sprache geschrieben, die von den Lippen eines Bußfertigen kommt; denn er spricht gleichzeitig von Trauer (Verse 4,7,8), von Demut (Verse 3 und 5) und vom Hass gegen die Sünde (Vers 9). Dies sind untrügliche Kennzeichen eines betrübten Geistes, wenn er sich zu Gott wendet. Der Psalmist ist sich deutlich bewusst, dass er Strafe verdient hat, und er empfindet darüber hinaus, dass die Zurechtweisung in der einen oder anderen Form über ihn kommen muss, wenn nicht zur Verdammnis führend, dann doch zu tieferer Sündenerkenntnis und zur Heiligung.

Dies ist die rechte Weise, mit Gott zu reden, wenn wir etwas erreichen wollen. Bringe nicht deine Güte oder Vortrefflichkeit vor, sondern rede von deiner Sünde und deiner Kleinheit. Rufe: »Ich bin schwach, darum, o Herr, gib mir Kraft und zerbrich mich nicht ganz und gar.« Wenn die Seele ein Gefühl für Sünde hat, zittern nicht nur unsere Gebeine, dann stehen uns die Haare zu Berge, wenn wir die Flammen der Hölle unter uns und einen zornigen Gott über uns und Schrecken und Zweifel rings um uns her erblicken. Allerdings hatte der Psalmist noch ein wenig Hoffnung; doch ruhte diese nur auf seinem Gott. Darum schreit er: »HERR, bis wann?« Die Ankunft Christi in der Seele, wenn er Seine priesterlichen Kleider der Gnade trägt, ist die großartige Hoffnung des bußfertigen Herzens; und tatsächlich ist das Erscheinen Christi in der einen oder anderen Art zu aller Zeit die Hoffnung der Heiligen gewesen.

Weil die Abwesenheit Gottes der Hauptgrund des Elends des Gläubigen ist, reicht Gottes Rückkehr aus, um ihn von allem

Psalm 6,1-8

Elend zu befreien. Er weiß, wonach er auszuschauen hat und mit welcher Hilfe er rechnen darf. Er beruft sich nicht auf Gottes linke Hand des Gerichts, sondern auf seine rechte Hand der Barmherzigkeit. Er ist sich seiner Ungerechtigkeit nur allzu gut bewusst, als dass er an Verdienste denken oder auf irgendetwas anderes vertrauen könnte als nur auf die Gnade Gottes. Wenn wir uns an die Gerechtigkeit wenden, auf was könnten wir uns berufen? Doch wenden wir uns der Gnade zu, können wir auch bei der allergrößten Schuld noch rufen: »Rette mich um Deiner Gnade willen!« Armer zitternder Sünder, gebe dir der Herr, dass du dieses mächtige Argument anzuwenden weißt. Es dient der Herrlichkeit Gottes, dass Sünder gerettet werden. Wenn wir Vergebung suchen, bitten wir nicht um etwas, was Seine Fahnen besudelt oder was Seinem Schild Schaden zufügt. Barmherzig zu sein, ist Seine Freude. Sie ist Seine Ihm besonders wohlgefällige Eigenschaft. Barmherzigkeit ehrt Gott. Sagen wir nicht selbst: »Barmherzigkeit segnet den, der sie gibt, und den, der sie empfängt«? Und ganz gewiss: In weit höherem Sinn trifft dies auf Gott zu; denn wenn Er barmherzig ist, verherrlicht Er sich selbst.

Zum Nachdenken: Es ist kein Kinderspiel, sich als Sünder zu fühlen, der vom Gericht Gottes verurteilt ist. (C.H. Spurgeon)

12. Januar

Psalm 6,9-11

Weitere Lesung: Matthäus 25,31-46

David hat Frieden gefunden, und nachdem er sich von den Knien erhoben hat, fängt er an, sein Haus von den Bösen zu reinigen. Das beste Schutzmittel gegen einen bösen Menschen ist ein großer Abstand zu ihm. Buße ist eine praktische Angelegenheit. Es reicht nicht aus, die Entweihung des Herzenstempels zu beklagen, wir müssen die Käufer und Händler austreiben und die Tische der Geldwechsler umstoßen. Ein begnadigter Sünder wird stets die Sünde hassen, die den Erlöser Sein Blut gekostet hat. Gnade und Sünde sind unverträgliche Nachbarinnen, und die eine oder die andere muss das Feld räumen.
Hat das Weinen eine Stimme? In welcher Sprache äußert es seine Meinung? Nun, es spricht eine universale Sprache, die auf der ganzen Erde verstanden wird, und sogar oben im Himmel. Weinen ist die Beredsamkeit des Kummers. Es ist ein unmissverständlicher Bittsteller und braucht keinen Dolmetscher, sondern wird von allen verstanden. Ist es nicht schön, glauben zu können, dass unsere Tränen verstanden werden, selbst wenn die Worte versagen? Lasst uns lernen, von Tränen als von flüssigen Gebeten zu sprechen und vom Weinen als dem steten Tropfen eindringlichen Flehens, der sich seinen Weg direkt ins Herz der Barmherzigkeit bahnt, einerlei, wie hart die Steine sind, die sich ihm in den Weg stellen. Mein Gott, ich will »weinen«, wenn ich nicht flehen kann; denn Du hörst die Stimme meines Weinens.
Der Heilige Geist hat im Herzen des Psalmisten das Vertrauen gewirkt, seine Gebete seien erhört. Das ist häufig das Vorrecht der Heiligen. Wenn wir das Gebet des Glaubens sprechen, werden wir oft unfehlbar versichert, dass es von Gott erhört wurde.

Psalm 6,9-11

Von Luther lesen wir, er habe einmal hart im Gebet mit Gott gerungen, dann kam er springend aus seiner Kammer und rief: »Vicimus, vicimus!«, d.h.: Wir haben gesiegt! Wir haben bei Gott obsiegt!« Solch sicheres Vertrauen ist kein närrischer Traum; denn wenn es vom Heiligen Geist in uns gewirkt wurde, wissen wir um seine Realität und können es nicht bezweifeln, selbst wenn alle Welt unsere Zuversicht belächelt.

David weiß, dass das Verderben über seine Feinde plötzlich hereinbrechen wird. Der Todestag ist der Tag der Verdammnis, und beide sind gewiss und können plötzlich kommen. Die Römer kannten die Redensart: »Die Füße der Rachegottheit sind mit Wolle umwickelt.« Mit geräuschlosen Schritten nähert sich die Rache dem Opfer, und ihr vernichtender Schlag wird plötzlich und zerschmetternd erfolgen.

So zeigt dieser Psalm genauso wie die vorhergehenden den unterschiedlichen Zustand des Frommen und des Gottlosen. O Herr, lass uns zu Deinem Volk gezählt werden, sowohl jetzt als auch in Ewigkeit!

Zum Nachdenken: Davids Tränen waren Musik in Gottes Ohren. Es ist ein Anblick, auf den Engel mit Freuden Acht haben, wenn Tränen wie Perlen aus den Augen bußfertiger Sünder fallen. (Thomas Watson)

13. Januar

Psalm 7,1-8

Weitere Lesung: 2. Korinther 1,8-14

David erscheint vor Gott, um mit Ihm wegen seiner Verkläger zu sprechen, die ihn der Treulosigkeit und des Verrats beschuldigt hatten. Er beginnt mit einem Bekenntnis seines Vertrauens zu Gott. Wie dringend auch unsere Angelegenheiten sein mögen, sollten wir es nie für unwichtig halten, unserer Beziehung zu unserem Gott zu gedenken.

Unter Davids Feinden war einer stärker als alle anderen, der wegen seines Ansehens, seiner Macht und seiner Grimmigkeit als »Löwe« bezeichnet wird. Vor diesem Feind errettet zu werden – darum bittet er dringend. Vielleicht war das Saul, sein königlicher Gegner; aber was uns angeht, kennen wir einen, der umhergeht wie ein Löwe und zu verschlingen sucht; seinetwegen sollten wir immer rufen: »Erlöse uns von dem Bösen!« Wir müssen uns auf solche Angriffe einstellen; denn sie werden sicher über uns kommen. Wenn Gott im Garten Eden verlästert wurde, wird es uns in diesem Land der Sünder sicher nicht an Feindseligkeiten fehlen.

Im zweiten Teil dieses rasch wechselnden Liedes beteuert der Sänger seine Unschuld und ruft den Zorn auf sein eigenes Haupt herab, sollte er nicht von dem ihm angelasteten Unrecht frei sein. David war so fern davon, verräterische Absichten zu verbergen oder das Wohlwollen eines Freundes mit Undank zu vergelten, dass er selbst seinem Feind erlaubte zu entkommen, als er ihn völlig in der Gewalt hatte. Aus diesen Versen können wir lernen, dass keine noch so große Unschuld vor den Verleumdungen der Gottlosen schützt. David hatte mit peinlicher Sorgfalt jeden Schein der Auflehnung gegen Saul vermieden, den er stets den »Gesalbten des HERRN« nannte; doch

Psalm 7,1-8

das konnte ihn nicht vor den Lügenzungen bewahren. Wie der Schatten dem Körper, so folgt der Neid der Tugend. Nur nach dem von Früchten schweren Baum werfen die Menschen mit Steinen. Wenn wir ohne Verleumdung leben wollen, müssen wir warten, bis wir im Himmel sind. Hüten wir uns, die umherschwirrenden Gerüchte zu glauben, die stets den redlichen Menschen belästigen. Gäbe es niemand, der Lügen glaubt, hätte die Falschheit einen flauen Markt, und der gute Ruf der Frommen bliebe unangetastet. Böser Wille hat noch nie Gutes gesprochen, und Sünder sind gegen die Heiligen immer bösen Willens, und daher kann man sicher sein, dass sie nichts Gutes von ihnen sagen.

Davids Kummer lässt ihn den Herrn als Richter sehen, der den Richterstuhl verlassen und sich zurückgezogen hat. Der Glaube möchte den Herrn bewegen, die Mühsal Seiner Heiligen zu rächen. Er schläft aber nicht, auch wenn es oft so scheint, denn die Bösen haben die Oberhand, und die Heiligen werden in den Staub getreten. Gottes Schweigen ist die Geduld Seiner Langmut, und währt sie den bedrückten Heiligen auch zu lange, so sollten sie doch alles freudig in Hoffnung ertragen, weil Sünder dadurch zur Buße geleitet werden.

Zum Nachdenken: Der Applaus der Bösen weist gewöhnlich auf etwas Böses hin, und wenn sie etwas ablehnen, geht es meistens um etwas Gutes. (Thomas Watson)

14. Januar

Psalm 7,9-18

Weitere Lesung: Johannes 3,31-36

David hat jetzt mit den Augen des Herzens gesehen, wie der Herr aufgestanden ist, um sich auf den Richterstuhl zu setzen, und wie er Ihn dort in königlicher Majestät sitzen sieht, bringt er aufs Neue seine Sache vor Ihn. Unser Bittsteller beginnt sofort, mit ganzem Ernst, doch in Demut, zu bitten: »Richte mich, HERR, nach meiner Gerechtigkeit und nach meiner Lauterkeit.« Seine Hand liegt auf einem redlichen Herzen, und sein Schreien gilt einem gerechten Richter. Er erkennt ein mitfühlendes Lächeln auf dem Gesicht des Königs, und im Namen der versammelten Gemeinde ruft er laut: »Ein Ende nehme die Bosheit der Gottlosen; aber dem Gerechten gib Bestand.« Ist dies nicht das allgemeine Sehnen der Auserwählten?
Der Richter hat den Fall aufgegriffen, hat den Schuldlosen freigesprochen und die Stimme gegen die Verfolger erhoben. Lasst uns herzutreten, damit wir die Ergebnisse des großen Gerichtstages erfahren. Da steht der Geschmähte mit der Harfe in seiner Hand, wie er die Gerechtigkeit des Herrn besingt und sich laut über seine Rettung freut. Die schlauen Sünder werden mit all ihrer Durchtriebenheit vor dem Gerechten zuschanden. Gott verteidigt das Recht. Der Schmutz haftet nicht lange an den reinen, weißen Kleidern der Heiligen. Die göttliche Vorsehung wird ihn abbürsten, zum Verdruss derer, die ihn mit ruchlosen Händen auf die Frommen geworfen haben. Wenn Gott unseren Fall in die Hand nimmt, geht uns die Sonne auf, und die Sonne der Gottlosen geht für immer unter. Du Mensch des Glaubens, fürchte dich nicht vor all dem, was dein Feind gegen dich sagen oder tun mag; denn dem Baum, den Gott gepflanzt hat, kann kein Sturm etwas anhaben. Er hat dich nicht den Lip-

Psalm 7,9-18

pen deiner Verfolger preisgegeben. Deine Feinde können sich nicht auf Gottes Thron setzen, noch deinen Namen aus Seinem Buch löschen. Darum lass sie nur machen! Gott wird die rechte Zeit zur Vergeltung finden.

Er verabscheut nicht nur die Sünde, sondern ist auch zornig über die, die daran festhalten. Wir haben es nicht mit einem gefühllosen und gleichgültigen Gott zu tun; Er ist heute und alle Tage zornig auf euch gottlose und unbußfertige Sünder! Auch der beste Tag, den ein Sünder erlebt, bringt einen Fluch mit sich. Sünder mögen viele Festtage haben, aber keine sicheren Tage. Vom Anfang des Jahres bis zu seinem Ende gibt es keine Stunde, in der Gottes Ofen nicht glüht und bereitsteht, die Bösen zu verbrennen, die dann wie Stoppeln sein werden.

Wie wohltuend sticht davon der Schlussvers ab. Darin stimmen alle diese Psalmen überein: Sie preisen alle die Glückseligkeit der Gerechten und bringen deren Farben zum Leuchten, indem sie im Gegensatz dazu das Unglück der Gottlosen beschreiben. Lobsingen ist der Beruf der Frommen, ihre ewige Beschäftigung und ihre gegenwärtige Freude.

Zum Nachdenken: Gott für Seine Barmherzigkeiten zu loben, ist der Weg, diese zu vermehren; Ihn für unser Elend zu preisen, ist der Weg, von ihm befreit zu werden. (William Dyer)

15. Januar

Psalm 8,1-5

Weitere Lesung: 1. Korinther 1,26-31

Unfähig, die Herrlichkeit Gottes zu beschreiben, bricht der Psalmist in den Ruf aus: »HERR, unser Herr!« Wir brauchen uns darüber nicht wundern, denn kein Herz kann auch nur die Hälfte der Größe Gottes ermessen, und keine Zunge ist in der Lage, die Großartigkeit des HERRN auch nur halbwegs auszudrücken. Die ganze Schöpfung ist voll Seiner Herrlichkeit und erstrahlt von Seiner wunderbaren Kraft; und Seine Güte und Weisheit offenbaren sich überall. Die unzählbaren Myriaden der irdischen Wesen, vom Menschen als dem Haupt bis zu dem kriechenden Wurm zu unseren Füßen, alle werden durch die göttliche Freigebigkeit erhalten und versorgt. Das feste Weltgebäude stützt sich auf Seine ewigen Arme. Er ist allgegenwärtig, und allerorten ist Sein Name wunderbar. Seine Herrlichkeit übertrifft die des gestirnten Himmels; über den Sternen hat Er Seinen ewigen Thron errichtet, und dort wohnt Er in einem unzugänglichen Licht. Kehren wir zum Text zurück, so stellen wir fest, dass dieser Psalm an Gott gerichtet ist; denn niemand außer Gott kennt Seine ganze Herrlichkeit. Das gläubige Herz ist hingerissen von dem, was es sieht; doch nur Gott kennt die Herrlichkeit Gottes. Keine Worte können die Vortrefflichkeit des göttlichen Namens ausdrücken, und darum lässt es der Dichter bei diesem Ausruf bewenden. Schon der Name des HERRN ist herrlich, wie muss dann erst Sein innerstes Wesen sein!

Nicht nur in den Himmeln über uns ist der Herr zu sehen, sondern auch die Erde unter uns berichtet von Seiner Majestät. Im Weltraum sind die riesigen Sonnen, die in Staunen erregender Großartigkeit ihre Bahnen ziehen, Zeugen seiner Kraft in den großen Dingen, während hier unten das Lallen der Säuglinge Sei-

Psalm 8,1-5

ne Macht in den kleinen Dingen offenbart. Wie oft erinnern uns die Kinder an einen Gott, den wir vergessen haben! Wie stark widerlegt ihr einfältiges Geplapper jene gelehrten Narren, die Gott leugnen! Vielen wurde schon der Mund verschlossen, weil kleine Kinder die Herrlichkeit des Gottes des Himmels bezeugten.

Wenn andere Argumente wenig Eindruck auf gewisse Herzen machen, scheint nichts stärker der bedauerlichen Neigung zum Hochmut entgegentreten zu können als Beispiele aus der Astronomie. Sie zeigen uns, wie unbedeutend wir sind – tatsächlich nur Atome verglichen mit der Unermesslichkeit der Schöpfung! Obwohl wir der Gegenstand der väterlichen Barmherzigkeit des Allerhöchsten sind, so sind wir doch nur Sandkörner verglichen mit der ganzen Erde, und erst recht, wenn man uns an den unzähligen Myriaden von Himmelskörpern misst, die die Weiten der Schöpfung bevölkern.

Zum Nachdenken: Der Leser muss Acht geben, nicht die Absicht des Psalmisten zu übersehen. Er will uns durch diese Vergleiche die unendliche Güte Gottes vor Augen führen; denn es ist tatsächlich wundersam, dass der Schöpfer des Himmels, dessen Herrlichkeit so unübertrefflich groß ist und uns zu höchster Bewunderung hinreißt, sich in Gnaden so weit herablässt, um für das Menschengeschlecht Sorge zu tragen. (Johannes Calvin)

16. Januar

Psalm 8,6-10

Weitere Lesung: Hebräer 2,5-9

Diese Verse zeigen uns sicher die Stellung des Menschen in der Schöpfung, bevor er in Sünde fiel; aber wie sie durch den Apostel Paulus angewendet werden, treffen sie nur auf den Herrn Jesus als Repräsentanten des Menschengeschlechts zu. Und daher sollten auch wir sie in erster Linie so lesen. An Würde stand der Mensch den Engeln am nächsten, wenn auch ein wenig niedriger; das wurde in dem Herrn Jesus erfüllt, denn Er wurde wegen der Leiden des Todes ein wenig unter die Engel erniedrigt. Der Mensch hatte in Eden das volle Sagen über alle Geschöpfe, und sie kamen zu ihm, um als Akt der Unterwerfung von ihm ihre Namen zu empfangen. Er war der Vertreter Gottes. Jesus ist nun in Seiner Herrlichkeit nicht nur der Herr über die lebendigen Wesen, sondern über alles Geschaffene. Mit Ausnahme dessen, der Ihm alles unterworfen hat, ist Er Herr über alles, und Seine Auserwählten sind in Ihm zu ausgedehnterer Herrschaft gelangt, als sie der erste Adam innehatte, was bei Christi Kommen noch deutlicher zu sehen sein wird. Wohl mochte sich der Psalmist über die einzigartige Erhöhung des Menschen in der Rangfolge des Seienden gewundert haben, wo ihm doch sein gänzliches Nichts im Vergleich zum gestirnten Universum bewusst war.

»Du hast ihn ein wenig niedriger gemacht als die Engel« – ein wenig niedriger dem Wesen nach; denn sie sind unsterblich, aber nur ein wenig, weil die Zeit kurz ist; und wenn sie vorüber ist, sind die Heiligen nicht mehr niedriger als die Engel. Einige Handschriften lesen: »Eine kleine *Zeit* niedriger gemacht als ...« »Du krönst ihn.« Die Herrschaft, mit der Gott den Menschen betraut hat, bedeutet für ihn große Herrlichkeit und Ehre; denn

Psalm 8,6-10

alle Herrschaft ist Ehre, und die höchste Ehre hat, wer die Krone trägt. Eine ganze Liste der dem Menschen unterworfenen Geschöpfe zählt der Psalmist auf, um zu zeigen, dass die durch die Sünde verloren gegangene Herrschaft in Jesus Christus wiederhergestellt wurde. Nie sollten wir einem irdischen Besitz erlauben, uns zum Fallstrick zu werden, sondern immer daran denken, dass wir über alles irdische Geschaffene herrschen sollen und darum nicht erlauben dürfen, dass es uns beherrscht. Wir müssen die Welt unter unseren Füßen behalten, und wir müssen jenen niedrigen Geist von uns weisen, der damit zufrieden ist, wenn weltliche Sorgen und Vergnügungen das Reich der unsterblichen Seele beherrschen.

Im Schlussvers kehrt der Dichter wie ein guter Komponist zum Anfangsthema zurück, indem er sozusagen in den anfänglichen Zustand anbetender Bewunderung zurückfällt. Was er im ersten Satz behauptet hat, stellt er uns am Ende als gut bewiesenes Ergebnis vor. Welch eine Gnade ist es, würdig des erhabenen Namens zu leben, der über uns genannt worden ist und den zu erhöhen wir verpflichtet sind!

Zum Nachdenken: Wahrhaftig, so steht es um den Christen: Alle Geschöpfe sind seine Diener, und solange er sein Herz in heiliger Distanz zu ihnen hält und seine Herrschaft über sie ausübt und nichts ins Herz schließt, was Gott ihm »unter die Füße« gegeben hat, ist alles gut; er kommt seiner Verpflichtung zur Anbetung Gottes in rechter Weise nach. Er hat privaten Umgang mit Gott, und nichts wird sich trauen, dort hineinzustürmen und ihn zu beunruhigen. (William Gurnall)

17. Januar

Psalm 9,1-7

Weitere Lesung: Jesaja 11,1-5

Der Sänger beginnt sein Lied mit einem heiligen Entschluss. Manchmal gehört all unsere Entschlossenheit dazu, dem Feind entgegenzutreten und den Herrn angesichts Seiner Feinde zu preisen und zu geloben, Seinen Namen zu erheben, wenn auch alle anderen schweigen. Hier wird allerdings die Überwindung des Feindes als vollendet betrachtet, so dass der Gesang von heiliger und jubelnder Freude überströmt. Freude und Fröhlichkeit, das ist die richtige Haltung, in der wir die Güte des Herrn preisen sollen. Vögel erhöhen den Schöpfer mit Liedern überquellender Freude, die Kälber äußern Sein Lob, indem sie vor Freude hüpfen, und die Fische springen aus dem Wasser, um Gott jubelnd zu ehren. Moloch mag man mit Schmerzensschreien und indische Götter mit dem Stöhnen Sterbender und durch unmenschliches Gebrüll ehren; doch der, dessen Name Liebe ist, wird am meisten erfreut mit heiliger Fröhlichkeit und der Ihm geweihten Freude Seines Volkes. Täglicher Jubel schmückt das Wesen eines Christen und ist das passende Gewand für Gottes Sängerschar.

Gottes Gegenwart reicht jederzeit aus, um unsere wütendsten Feinde niederzustrecken. Legt der Herr Hand an sie, ist ihr Untergang so vollständig, dass auch Flucht sie nicht mehr retten kann; sie fallen, um nie wieder aufzustehen, wenn Er ihnen nachjagt. Wir müssen aufpassen, dass wir, wie David, alle Ehre dem geben, dessen Gegenwart uns den Sieg verleiht. Wie in diesem Text der siegreiche Feldherr gepriesen wird, so lasst uns die Siege des Erlösers zu den Triumphliedern Seiner Erlösten machen und uns mit Ihm an der völligen Verwirrung aller Seiner Feinde erfreuen!

Psalm 9,1-7

Solange Gott lebt, wird niemand mein Recht von mir nehmen. Wenn wir danach trachten, die Ehre des Herrn hochzuhalten, mögen wir Widerspruch erfahren und falsch verstanden werden; doch liegt ein reicher Trost in dem Gedanken, dass Er, der auf dem Thron sitzt, unsere Herzen kennt. Er wird uns nicht dem törichten und unbarmherzigen Urteil irrender Menschen überlassen.

Gott warnt, bevor er zerstört; aber wenn Er dann kommt, um die Bösen zu vernichten, hört Er nicht auf, bis Er sie in so kleine Stücke zerhauen hat, dass man sich an ihre Namen nicht mehr erinnern kann. Der Psalmist freut sich über den gefallenen Feind. Er beugt sich sozusagen über seine hingestreckte Gestalt und schmäht seine einst gerühmte Stärke. Er nimmt dem Stolzen das Lied aus dem Mund und singt es ihm zum Spott, genauso wie unser herrlicher Erlöser den Tod fragt: »Wo ist dein Stachel?«, und das Grab: »Wo ist dein Sieg?« Der Zerstörer ist zerstört, und der, der Gefangene machte, ist selbst gefangen. Mögen die Töchter Jerusalems hinausziehen, um ihren König einzuholen, und Ihn mit Zimbeln und Harfen preisen!

Zum Nachdenken: Wie ein Gefäß durch seinen Geruch verrät, welche Flüssigkeit es enthält, so sollte unser Mund beständig nach jener Barmherzigkeit riechen, die unsere Herzen erfreut hat; denn man nennt uns Gefäße der Barmherzigkeit. (William Cowper, 1612)

18. Januar

Psalm 9,8-15

Weitere Lesung: Apostelgeschichte 17,22-31

Im Licht der Vergangenheit ist die Zukunft nicht zweifelhaft. Weil derselbe allmächtige Gott den Thron der Macht einnimmt, können wir uns ohne Zögern und vertrauensvoll unserer Sicherheit rühmen, auch für alle kommenden Zeiten. Das ewige Sein und die beständige Herrschaft unseres HERRN bilden das feste Fundament unserer Freude. Der Feind und seine zerstörerischen Wege werden für alle Zeit ein Ende finden, Gott aber und Sein Thron werden immer bestehen bleiben. Die Ewigkeit der göttlichen Herrschaft bietet einen nie versagenden Trost.
Was immer irdische Gerichte tun mögen, der Thron im Himmel handhabt ein gerechtes Gericht. Parteilichkeit und das Ansehen der Person sind dem Heiligen Israels unbekannt. Wie sollte uns doch das unparteiische Tribunal des Großen Königs als Prüfstein dienen, wenn die Sünde uns versucht, und als Trost, wenn wir geschmäht oder verfolgt werden! Er, der dem Gottlosen am Tag des Gerichts keinen Ausweg lässt, ist der Verteidiger und die Zuflucht Seiner Heiligen am Tag der Trübsal. Es gibt viele Arten der Verfolgung, und sie kommen sowohl von den Menschen als auch vom Satan, und für alle Arten ist uns in dem HERRN, unserem Gott, eine Zuflucht bereitet. Unwissenheit ist am schlimmsten, wenn sie zur Unwissenheit in Bezug auf Gott wird, und Erkenntnis ist am besten, wenn sie sich auf den Namen Gottes bezieht. Die allerhöchste Erkenntnis führt zu der allerhöchsten Gnade des Glaubens. Ach, wenn wir doch die Wesensmerkmale Gottes besser kennen würden! Unglaube, jener heulende Nachtvogel, kann im Licht der Gotteserkenntnis nicht existieren; er flieht vor der Sonne des großen und wunderbaren Gottesnamens.

Psalm 9,8-15

Die Erinnerung an Vergangenes und das Vertrauen in Bezug auf die Zukunft führten den Mann Gottes zum Gnadenthron, um wegen der Nöte der Gegenwart zu bitten. Er teilte seine ganze Zeit zwischen Loben und Bitten auf. Wie hätte er seine Zeit nutzbringender verbringen können? Sein erstes Gebet »Sei mir gnädig, HERR!« passt für alle Menschen und alle Lebenslagen; es kommt aus einen demütigen Geist, ist von Selbsterkenntnis gekennzeichnet und wendet sich an den richtigen Helfer. In Krankheit, Sünde, Verzweiflung und Versuchung werden wir sehr klein gemacht, und das finstere Tor sieht so aus, als würde es sich öffnen, um uns gefangen zu setzen; aber unter uns sind ewige Arme, und darum werden wir zu den Toren des Himmels emporgehoben. Wir dürfen nicht übersehen, worum es David ging, wenn er um Gnade bat. Es war Gottes Verherrlichung. Heilige sind nicht so selbstsüchtig, dass sie nur an sich denken. Sie begehren den Diamanten der Barmherzigkeit, damit auch andere ihn strahlen und funkeln sehen, um auch den zu bewundern, der Seinen Geliebten solche unschätzbaren Schmuckstücke gibt. Wenn David sagt, er werde all das Lob Gottes verkünden, dann meint er, in seiner Errettung würde die Gnade in ihrer ganzen Höhe und Tiefe verherrlicht werden.

Zum Nachdenken: Wer Gott allezeit preist, ist ein gutes Stück auf dem richtigen Weg vorangekommen. Ein gelegentliches »Gott, ich danke Dir!« ist keine passende Antwort auf den unablässigen Strom reichster Wohltaten. (William S. Plumer)

19. Januar

Psalm 9,16-21

Weitere Lesung: 5. Mose 8,11-20

Im Hinblick auf das schreckliche Bild von dem alles zermalmenden Gericht des Herrn über Seine Feinde werden wir durch zwei Worte (Higgajon [übersetzt: Denke nach] und Sela [Pause; in rev. Elberfelder durch »//« ersetzt) aufgefordert, innezuhalten und ernstlich darüber nachzudenken: Überlegt und stimmt eure Instrumente! Bedenkt euch und bereitet eure Herzen mit allem Ernst, wie es der feierlichen Sache geziemt, die wir betrachten. Lasst uns diese Verse in demütiger Gesinnung anschauen und daran denken, dass das Wesen Gottes die Bestrafung der Sünde erfordert. »Der HERR hat sich zu erkennen gegeben, Er hat Gericht ausgeübt.« Seine Heiligkeit und Sein Abscheu vor der Sünde tun sich darin kund. Ein Herrscher, der gegenüber dem Bösen ein Auge zudrückt, wird bald von all seinen Untertanen als Böser erkannt werden, und andererseits wird einer, der das Böse mit ganzer Strenge richtet, ebenfalls sein Wesen offenbaren. Solange unser Gott Gott ist, wird Er nicht und kann Er nicht den Schuldigen verschonen, außer auf dem herrlichen Weg, auf dem Er gerecht bleibt und dabei den rechtfertigt, der an Jesus glaubt.

Die Gerechtigkeit, die den Bösen bestraft und den Gerechten gerettet hat, bleibt dieselbe, und darum wird auch in den kommenden Zeiten einem jeden gerechte Vergeltung zuteil werden. Wie ernst ist der achtzehnte Vers, besonders in seiner Warnung an die, welche Gott vergessen. Die äußerlich ehrbaren Menschen, die aber nicht Gott gehorchen, die Aufrichtigen, die aber nicht beten, die Wohltätigen, aber Ungläubigen, die Liebenswerten, aber Unbekehrten, sie alle werden mitsamt den offensichtlich Bösen in die Hölle fahren, die dem Teufel und

Psalm 9,16-21

seinen Engeln bereitet wurde. Es gibt ganze Völker, auf die das zutrifft. Von denen, die Gott vergessen, gibt es viel mehr, als es gemeine und offenbare Sünder gibt. Und gemäß dem starken hebräischen Ausdruck ist es die unterste Hölle, wohin sie alle hinabgestürzt werden. Vergesslichkeit scheint eine kleine Sünde zu sein; aber sie bringt ewigen Zorn über solche Menschen, die mit ihr leben und mit ihr sterben.

Gebete sind die Waffenrüstung des Gläubigen. Wenn der Kampf für uns zu schwer wird, rufen wir nach unserem großen Verbündeten, der sozusagen im Hinterhalt liegt, bis der Glaube das Signal gibt, indem er ruft: »Steh auf, HERR!« Obwohl unsere Sache beinahe verloren zu sein scheint, so wird sie doch bald wieder gewonnen sein, wenn der Allmächtige sich aufmacht. Er wird nicht dulden, dass der Mensch Gott gegenüber siegreich bleibe, sondern wird mit schnellem Einschreiten seiner Prahlerei ein Ende bereiten. Allein der Anblick Gottes ist die Strafe für die Gottlosen, und Er, der jetzt die Langmut selbst ist, wird kein Erbarmen mit ihnen haben, weil sie keine Tränen der Reue hatten, solange ihre Gnadenzeit andauerte.

Zum Nachdenken: Bevor wir den Psalm verlassen, wäre es von großem Gewinn, wenn der Betrachter ihn noch einmal lesen würde, diesmal als Siegeslied des Erlösers, wie Er in Liebe die Herrlichkeit Seiner Siege dem Vater zu Füßen legt. Lasst uns in Seinen Jubel einstimmen; dann wird unsere Freude vollkommen sein. (C.H. Spurgeon)

20. Januar

Psalm 10,1-11

Weitere Lesung: 2. Petrus 2,12-22

Dem weinenden Auge des Leidenden scheint es, als stehe der Herr still, als blicke Er unbeteiligt umher und habe kein Mitleid mit dem Angefochtenen. Nein, noch mehr, der Herr scheint versteckt und nicht länger »eine Hilfe, reichlich gefunden in Drangsalen« zu sein, vielmehr ein unbesteigbarer Berg, den niemand erklimmen kann. Seine Gegenwart ist die Freude Seines Volkes, aber das Vermuten Seiner Abwesenheit beunruhigt über alle Maßen. Lasst uns daher immer daran denken, dass der Herr uns nahe ist. Der Schmelzer ist nie weit von dem Ofen, wenn sein Gold darin ist, und der Sohn Gottes wandelt mitten in den Flammen, wenn Seine Heiligen hineingeworfen werden. Doch Er, der die Zerbrechlichkeit des Menschen kennt, wundert sich wohl kaum, wenn wir bei harten Prüfungen die vermeintliche Vernachlässigung durch den Herrn schwer ertragen können, wenn Er mit unserer Befreiung zögert. Es ist nicht der Kummer, sondern das Verbergen des väterlichen Angesichts, was uns bis ins Mark trifft. Wenn unsere Sonne untergeht, wird es in der Tat dunkel. Wenn wir eine Antwort auf die Frage brauchen: »Warum verbirgst Du Dich?«, so ist sie in der Tatsache zu finden, dass es eine Notwendigkeit nicht nur für die Trübsal, sondern auch für die Traurigkeit des Herzens in der Trübsal gibt. Wie aber sollte es dazu kommen, wenn der Herr uns freundlich ansieht, während Er uns züchtigt? Ein freundliches Gesicht und eine Rute passen nicht zusammen. Gott entblößt unseren Rücken, damit wir die Schläge spüren; denn nur empfundene Züchtigung ist gesegnete Züchtigung. Wenn wir in Gottes Armen über jeden Strom getragen würden, wo wäre da die Drangsal und wo die Erfahrung, die wir durch die Drangsal machen sollten?

Psalm 10,1-11

Die Tatsache, dass der Mensch stolz und anmaßend ist, lässt auch vermuten, dass er rachsüchtig und grausam ist. Hamans Stolz war der Vater seines grausamen Plans, alle Juden zu ermorden. Nebukadnezar errichtete ein Götzenbild; in seinem Stolz gebot er den Menschen, sich davor zu verneigen; und dann stand er grausam entschlossen bereit, den Ofen siebenmal heißer zu machen für jene, die sich seinem königlichen Willen nicht unterwerfen wollten. Jeder stolze Gedanke hat einen grausamen Gedanken zum Zwillingsbruder. Wer sich selbst erhöht, verachtet andere, und mit dem nächsten Schritt wird er zum Tyrannen.

Dieser grausame Mensch tröstet sich mit dem Gedanken, Gott sei blind oder zumindest vergesslich: Welch alberne und törichte Einbildung! Die Menschen bezweifeln die Allwissenheit, wenn sie die Heiligen verfolgen. Hätten sie das Bewusstsein von der Gegenwart Gottes, wäre es ihnen unmöglich, Seine Kinder schlecht zu behandeln. Es gibt in der Tat kaum eine größere Bewahrung vor dem Sündigen als den beständigen Gedanken: »Du, Gott, siehst mich!«

Zum Nachdenken: Es gibt meiner Meinung nach keinen Psalm, der das Herz, das Verhalten, die Werke, die Worte, die Empfindungen und das Schicksal der Gottlosen so treffend und vollkommen beschreibt wie dieser Psalm. (Martin Luther)

21. Januar

Psalm 10,12-18

Weitere Lesung: 2. Petrus 3,1-9

Das Gericht wird also fortgesetzt. Der Fall ist eindeutig geklärt; daher verwundert es kaum, dass der unterdrückte Bittsteller nach Bestrafung schreit, die wir in Vers 12 finden. Wie mutig darf doch der Glaube seinen Gott ansprechen! Doch wie viel Unglaube mischt sich auch unter unser stärkstes Vertrauen. Furchtlos wird der Herr gebeten, aufzustehen und Seine Hand zu erheben, und doch bittet man Ihn in verzagtem Ton, den Elenden nicht zu vergessen, so als könnte der HERR jemals Seine Heiligen vergessen. Dieser Vers zeigt den fürbittenden Ruf der Gemeinde, und sie wird nie damit aufhören, bis der Herr in Herrlichkeit erscheint, um sie an all ihren Feinden zu rächen.

In den folgenden Versen wird die Beschreibung des Gottlosen kurz zusammengefasst und die Bosheit seines Charakters auf deren Wurzel zurückgeführt, nämlich die atheistischen Vorstellungen in Bezug auf das Regiment der Welt. Wir merken sofort, dass dies als ein weiterer dringender Appell an den Herrn zu verstehen ist, Seine Macht zu zeigen und Gerechtigkeit zu offenbaren. Zieht der Gottlose Gottes Gerechtigkeit in Zweifel, dürfen wir Gott wohl bitten, ihn in Gerechtigkeit schreckliche Dinge zu lehren. In Vers 13 werden die Hoffnungen des Ungläubigen und seine Herzenswünsche aufgedeckt. Er verachtet den Herrn, weil er nicht glauben will, dass Sünde Strafe nach sich zieht. Gäbe es auch für andere keine Hölle, so müsste es doch eine für solche geben, die bezweifeln, dass es sie zu Recht gibt. Diese boshafte Haltung bekommt in Vers 14 ihre Antwort. Gott ist ganz Auge, um zu sehen, und ganz Hand, um Seine Feinde zu strafen. Vor dem göttlichen Durchblick gibt es kein Verstecken, und vor der göttlichen Gerechtigkeit kann niemand entrinnen.

Psalm 10,12-18

Im fünfzehnten Vers hören wir, worum es dem Psalmisten in seinem Gebet geht: »Möge der Sünder seine Kraft zum Sündigen verlieren, halte den Tyrannen auf, nimm den Unterdrücker gefangen, lass die Lenden der Mächtigen wanken und zerbrich die Übeltäter. Sie leugnen Deine Gerechtigkeit, so lass sie diese in ganzer Härte spüren!« Und in Wahrheit, sie werden sie spüren; denn Gott wird die Sünder ewig umhertreiben; solange auch nur ein Körnchen Sünde in ihnen ist, wird es aufgedeckt und bestraft.

Der Psalm endet mit einem Danklied für den großen und ewigen König, weil Er das Begehren Seiner Elenden und Bedrückten erfüllt hat. Er hat die Waisen verteidigt und die Heiden bestraft, die auf Seinen armen und angefochtenen Kindern herumgetrampelt haben. Lasst uns das lernen, damit wir Erfolg haben, wenn wir unsere Klagen vor den König der Könige bringen. Dem Recht wird vor Seinem Thron zum Sieg verholfen, und das Unrecht wird beseitigt. Seine Herrschaft übergeht die Ansprüche der Bedürftigen nicht, auch wird sie die Unterdrückung der Mächtigen nicht dulden. Großer Gott, wir geben uns ganz in Deine Hand, Dir vertrauen wir unsere Gemeinde aufs Neue an. Stehe auf, o Gott, und lass den Menschen von dieser Erde zerbrochen werden vor der Majestät Deiner Kraft. Komm, Herr Jesus, und verherrliche Dein Volk. Amen, ja, Amen!

Zum Nachdenken: Wer dem Staub am nächsten sitzt, sitzt auch dem Himmel am nächsten. (Andrew Gray)

22. Januar

Psalm 11,1-3

Weitere Lesung: Nehemia 6,10-14

Diese Verse berichten von einer Versuchung, Gott zu misstrauen. Durch sie wurde David zu einer uns nicht bekannten Zeit in höchstem Maß geprüft. Es mag sein, dass man ihm damals, als er noch an Sauls Hof war, geraten hatte zu fliehen, was man ihm als Pflichtverletzung gegenüber dem König oder als persönliche Feigheit hätte auslegen können. Sein Fall glich dem Nehemias, dem seine Feinde unter dem Deckmantel der Freundschaft eine Falle zu stellen hofften, indem sie ihm rieten, um seines Lebens willen zu fliehen. Hätte er dies getan, wäre das für sie ein Grund zur Anklage gewesen. Nehemia antwortete mutig: »Sollte ein Mann wie ich fliehen?«, und David lehnte das in gleichem Geiste mit dem Ausruf ab: »Bei dem HERRN habe ich mich geborgen. Wie sagt ihr zu meiner Seele: ›Flieh in die Berge wie ein Vogel‹?« Wenn Satan uns nicht durch Mutmaßungen überwinden kann, wie schlau wird er dann versuchen, uns durch Misstrauen zu verderben! Er wird unsere engsten Freunde benutzen, unser Vertrauen zu hinterfragen, und er wird eine solch plausible Logik anwenden, dass wenn wir nicht ein für alle Mal unser unerschütterliches Vertrauen auf den HERRN gesetzt haben, er uns zu einem ängstlichen Vogel macht, der in die Berge flieht, sobald sich eine Gefahr zeigt. Wie eindringlich wird diese Sache beschrieben! Der Bogen ist gespannt, der Pfeil liegt schon auf der Sehne: »Flieh, flieh, du wehrloser Vogel, dein Heil liegt in der Flucht, mach dich davon, denn deine Feinde werden ihre Pfeile in dein Herz senden; eile, eile, denn sonst bist du bald erledigt!« David scheint die Macht dieses Rates gespürt zu haben, denn er hat seine Seele zutiefst berührt; doch wollte er ihm nicht folgen, sondern

Psalm 11,1-3

lieber der Gefahr standhalten, als dem HERRN, seinem Gott, zu misstrauen. Ganz sicher, die David umgebenden Gefahren waren groß und drohend: Es stimmte nur zu genau, dass seine Feinde bereitstanden, »im Finstern« auf ihn zu schießen. Zweifellos war genauso auch, dass unter Sauls ungerechtem Regiment »die Grundpfeiler« von Gesetz und Recht »umgerissen« waren; doch was bedeutete das alles für den Menschen, dessen Zuversicht Gott allein ist? Er konnte den Gefahren mutig entgegentreten, den Feinden entkommen und der ihn umgebenden Ungerechtigkeit trotzen. Seine Antwort auf die Frage: »Was richtet der Gerechte aus?«, war stets die Gegenfrage: »Was richtet er nicht aus?« Wenn das Gebet Gott einlädt, auf unsere Seite zu treten, und wenn der Glaube sich der Erfüllung Seiner Verheißungen sicher ist, welchen Grund zur Flucht könnte es da geben, einerlei wie grausam und mächtig die Feinde sein mögen? Mit Schleuder und Stein hatte David den Riesen gefällt, vor dem die Heere Israels gezittert hatten. Und der Herr, der ihn von dem unbeschnittenen Philister errettet hatte, konnte ihn auch vor König Saul und dessen Häschern bewahren. Die Sprache des Glaubens kennt das Wort »unmöglich« nicht. Die streitbare Gnade weiß zu kämpfen und zu siegen; aber sie weiß nicht zu fliehen.

Zum Nachdenken: Böse Zeiten sind stets Gebetszeiten der Heiligen gewesen. (William Gurnall)

23. Januar

Psalm 11,4-7

Weitere Lesung: Jesaja 66,1-4

David offenbart hier die Quelle seines unerschrockenen Mutes. Er borgt sich sein Licht aus dem Himmel – von dem großen Zentralgestirn der Gottheit. Der Gott des Gläubigen ist ihm niemals fern; Er ist nicht nur der Gott der Bergfestungen, sondern auch der gefährlichen Täler und Schlachtfelder. Warum sollte man sich also fürchten? Welche Ränke könnten Menschen schmieden, die Jesus nicht entdeckte? Satan geht es zweifellos darum, uns zu fangen, damit er uns wie den Weizen sichten kann; aber Jesus ist im Heiligtum und betet für uns. Warum sollte dann der Glaube versagen? Welche Anschläge könnte der Gottlose unternehmen, die der HERR nicht wahrnähme? Und weil Er in Seinem heiligen Tempel ist und sich an dem Opfer Seines Sohnes erfreut, wird er sicher jeden Anschlag abwehren und uns gewiss Befreiung senden!
Nichts kann geschehen im Himmel, auf der Erde oder in der Hölle, was Er nicht anordnet oder in der Hand hat. Er ist der große Herrscher der Welt. Er sieht jeden einzelnen Menschen so deutlich und so genau, als gäbe es im ganzen Weltall kein anderes Geschöpf. Er sieht uns allezeit; Er wendet keinen Blick von uns; Er sieht uns durch und durch und liest in den tiefsten Schlupfwinkeln der Seele genauso leicht wie in dem Ausdruck unserer Augen. Ist das nicht Grund genug, Ihm zu vertrauen, und eine ausreichende Antwort auf das dringendste Flehen der Verzagtheit? Meine Angst ist Ihm nicht verborgen; Er kennt meine Begrenzungen, und ich kann mir sicher sein: Er wird nicht erlauben, dass ich umkomme, wenn ich mich auf Ihn allein verlasse.
Den erfreulichen Kontrast zwischen dem vorletzten und dem

Psalm 11,4-7

letzten Vers gilt es wohl zu betrachten, bietet er doch einen weiteren überwältigenden Grund dafür, standhaft und unbeweglich zu bleiben und nicht von Furcht umgetrieben zu sein oder sich verführen zu lassen, menschliche Mittel zu ergreifen, um den Schwierigkeiten zu entgehen. Es ist nicht nur Sein Amt, Gerechtigkeit zu verteidigen, sondern Er hat von Seiner Natur aus Wohlgefallen daran. Er würde sich selbst verleugnen, verteidigte Er den Gerechten nicht. Es gehört einfach zum Wesen Gottes, gerecht zu sein; darum fürchte dich nicht vor dem Ausgang all deiner Prüfungen, sondern »Sei gerecht und fürchte dich nicht!« Gott erkennt das an, und wenn Menschen dagegen aufstehen, was tut's? Wir brauchen niemals aus der Fassung zu geraten; denn Gott umfasst uns. Er beobachtet und bestätigt uns, Er freut sich an den Aufrichtigen. Er erkennt darin Sein eigenes Bild, ein Bild, das Er selbst gestaltete, und darum blickt Er auf sie mit Wohlgefallen herab.

Dürften wir es wagen, der Gottlosigkeit die Hand zu reichen, um Anfechtungen zu entgehen? Nein, wir wollen ein für alle Mal auf alle Nebenwege und krummen Pfade verzichten. Lasst uns auf dem geraden Weg der Gerechtigkeit bleiben, auf dem uns das freundliche Angesicht des HERRN leuchten wird. Da gibt es weder Raum noch Grund zum Rückzug. Vorwärts! Lasst die Vorhut aufbrechen! An die Front! Mit aller Kraft und Hingabe der Seele! Weiter, weiter! In Gottes Namen weiter! Denn »der HERR der Heerscharen ist mit uns; der Gott Jakobs ist unsere Zuflucht«.

Zum Nachdenken: Beziehe Gott in deine Pläne ein. Der Himmel durchschaut die Hölle. Gott kann dir zu aller Zeit sagen, welche Pläne dort gegen dich ausgeheckt werden. (William Gurnall)

24. Januar

Psalm 12,1-6

Weitere Lesung: 1. Könige 19,9-18

»Rette, HERR!« Ein kurzes, aber schönes, eindringliches, passendes und nutzbringendes Gebet; eine Art Engelsschwert, das wir immer wieder und zu jeder Gelegenheit anwenden sollten. Der Psalmist erkennt die schreckliche Gefährlichkeit seiner Lage; denn ein Mensch würde unter Löwen sicherer sein als unter Lügnern. Er empfindet seine eigene Unfähigkeit, mit solchen Teufelskindern umzugehen, und darum wendet er sich an den allgenugsamen Helfer, den HERRN, der Seinen Knechten nie die Hilfe versagt und dessen Beistand für alle ihre Nöte ausreicht. »Rette, HERR!« ist ein sehr wirksamer Hilfeschrei, den wir in allen Notlagen zum Himmel emporsenden dürfen, sei es bei der Arbeit, beim Lernen, Leiden, Kämpfen, Leben oder Sterben.

Wenn gottesfürchtige Menschen sterben, von uns gehen und weniger werden, so sollte das ein Trompetensignal sein, das uns zu intensiverem Gebet ruft. Allerdings sollten wir an dieser Stelle kein zu schnelles Urteil fällen; denn Elia irrte sich, als er meinte, der einzige lebende Knecht des Herrn zu sein, wo Gott doch Tausende in Reserve hielt. Die Gegenwart erscheint uns immer besonders gefährlich, weil sie unserem ängstlichen Blick am nächsten ist; und die herrschenden Übel sind jedermann offensichtlich, während die Fehler vergangener Zeiten weiter entfernt liegen und leicht unterschätzt werden. Doch wir erwarten das für die letzten Tage, »weil die Gesetzlosigkeit überhand nehmen und die Liebe in vielen erkalten wird«, und dann müssen wir uns umso eindeutiger von den Menschen abwenden und uns dem Herrn der Gemeinde zuwenden, durch dessen Hilfe die Pforten des Hades daran gehindert werden, uns zu überwältigen.

Psalm 12,1-6

Der Herr wird Seine Auserwählten zur rechten Zeit erhören, die Tag und Nacht zu Ihm schreien, und wenn Er auch ihre Unterdrückung eine lange Zeit zulässt, wird Er sie doch plötzlich rächen. Beachtet, dass die Unterdrückung der Heiligen als solche ein Schrei zu Gott ist, selbst wenn sie diese Unterdrückung still erdulden. Nichts erregt einen Vater mehr, als wenn seine Kinder schreien. Das lässt ihn aufspringen und seine Kräfte sammeln. Er wirft den Feind zu Boden und setzt seine Geliebten in Sicherheit. Der Arme wagte nicht zu sprechen und konnte nur im Verborgenen seufzen; aber der Herr hörte es und konnte nicht länger stillhalten, sondern gürtete Sein Schwert zur Schlacht. Das ist ein Tag des Heils, wenn unsere Seele Gott in unsere Kämpfe mit einbezieht. Philistäa wird diesen Tag verwünschen. Die dunkelsten Stunden in der Nacht der Gemeinde sind jene, die der Morgendämmerung vorausgehen. Der Menschen Verlegenheiten sind Gottes Gelegenheiten. Jesus wird gerade dann kommen, wenn Seine Bedrängten seufzen, als sei alle Hoffnung für immer dahin. Er, der verspricht, uns in Sicherheit zu bringen, meint damit Bewahrung hier auf Erden und ewige Errettung im Himmel.

Zum Nachdenken: Wenn die Menschen aufhören, Gott die Treue zu halten, wird jemand, der meint, sie seien untereinander treu, bitter enttäuscht werden. (George Horne)

25. Januar

Psalm 12,7-9

Weitere Lesung: Psalm 119,105-112

Welch ein Unterschied besteht zwischen den leeren Worten der Menschen und dem zuverlässigen Wort des HERRN! Menschenworte bedeuten sowohl Ja als auch Nein; aber die Verheißungen des Herrn sind Ja und Amen. In Wahrheit und ebenso gewiss in Heiligkeit und Zuverlässigkeit gleichen die Worte des Herrn geläutertem Silber. Damit wird auf den gründlichsten Reinigungsprozess angespielt, den man im Altertum kannte, um dem Silber die größtmögliche Reinheit zu verleihen. Die Schlacke wird dabei völlig verzehrt, und nur das leuchtende, kostbare Metall bleibt übrig. So klar und frei von allen Beimengungen des Irrtums und der Unzuverlässigkeit ist das Buch der Worte des HERRN. Die Bibel ist durch den Schmelzofen der Verfolgung gegangen, durch Literaturkritik, philosophische Zweifel und wissenschaftliche Erkenntnisse, und hat nichts als jene menschlichen Deutungsversuche verloren, die wie Schlacke an dem kostbaren Metall klebten. Die Erfahrung der Heiligen hat sie in jeder erdenklichen Weise erprobt, und nicht eine einzige Lehre oder Verheißung ist selbst in der größten Anfechtungshitze zuschanden geworden. Wie Gottes Wort ist, so sollten auch Seine Kinder sein. Wären wir doch Gott ähnlich in unseren Unterhaltungen! Wir müssen auf unser Reden aufpassen und sorgfältig darauf achten, dass unsere Gespräche ganz lauter und ganz heilig sind.
In die Hände eines bösen Geschlechts zu fallen, etwa durch dessen Grausamkeit gehetzt oder durch dessen Einfluss verunreinigt zu werden, ist ein Übel, das man über alle Maßen fürchten sollte; aber es ist ein Übel, welches in dem Text vorhergesehen wird und gegen das Vorsorge getroffen ist. Wir sollten täglich

Psalm 12,7-9

darum bitten, über unser Zeitalter so hoch erhoben zu werden wie die Bergspitzen über die Wolken, damit wir dastehen als himmelragende Gipfel hoch über den Nebeln der Unwissenheit und Sünde, die rings um uns wabern. O Herr, schenke, dass dieser Vers in uns wahr werde!

Wenn die Mächtigen nichts taugen, werden ihre Untergebenen nicht besser sein. Wie die Sonnenwärme giftige Fliegen bringt, so fördert der Sünder in hoher Stellung überall Bosheit. Unser Pferderennsport würde nicht von so vielen Abscheulichkeiten wimmeln, wenn solche, die dem Namen nach für vornehm gelten, dieses Treiben nicht unterstützen würden. Möge Gott schenken, dass die Herrlichkeit und der Triumph des Herrn Jesus uns ermutigt, »ringsum« (Vers 9) zu wandeln und zu wirken. Gleiches wirkt auf Gleiches. Wenn schon ein berühmter Sünder andere Sünder ermutigt, wie viel mehr muss dann unser erhabener Erlöser Seine Heiligen erwecken, erfreuen und anspornen. Gestärkt durch das Anschauen Seiner Herrschermacht werden wir dem Bösen rings um uns her im Geiste heiliger Entschiedenheit begegnen und dann noch hoffnungsvoller beten: »Rette, HERR!«

Zum Nachdenken: Es ist tatsächlich wahr, dass die Verächter sowohl Gott als auch Sein Wort als lächerlich abtun; und doch, welche ungeahnten Schätze enthält dieses Wort mit seinen Verheißungen und der Bundesbeziehung, die wir durch Jesus haben! (Robert Hawker)

26. Januar

Psalm 13,1-3

Weitere Lesung: Hiob 13,20-27

»Bis wann?« Diese Frage wird nicht weniger als viermal wiederholt. Das weist auf das höchst intensive Verlangen nach Befreiung und auf große Herzensangst hin. Oder sollte auch einige Ungeduld darunter gemischt sein? Wäre es dann nicht ein noch genaueres Bild unserer eigenen Erfahrungen? Es ist nicht leicht, das Verlangen davor zu bewahren, in Ungeduld abzugleiten. O, welche Gnade ist es, wenn wir beim Warten auf Gott davon abgehalten werden, einen murrenden Geist zuzulassen!
»Wie lange, o HERR? Willst Du mich vergessen immerdar?« Ach, David, du redest wie ein Tor! Kann Gott vergessen? Kann die Allwissenheit an Gedächtnisschwäche leiden? Viel mehr noch: Kann das Herz des HERRN Sein eigenes geliebtes Kind vergessen? O, Brüder, lasst uns solche Gedanken vertreiben! »Immerdar?« Welch finsterer Gedanke! Eine zeitweilige Vergesslichkeit anzunehmen, wäre gewiss schlimm genug; aber sollten wir die schreckliche Frage aufwerfen und uns vorstellen, der Herr werde Sein Volk für immer verwerfen? Nein, Sein Zorn mag eine Nacht dauern; aber Seine Liebe bleibt ewiglich. »Bis wann willst Du Dein Angesicht vor mir verbergen?« Das ist eine weit vernünftigere Frage; denn Gott kann Sein Angesicht verbergen und doch unser gedenken. Ein verborgenes Angesicht ist nicht ein Zeichen für ein vergessliches Herz. Aus Liebe verbirgt Er Sein Angesicht; doch ist es für ein wirkliches Kind Gottes schrecklich, wenn sein Vater das Angesicht verbirgt, und es wird sich nie mehr wohlfühlen, bis Gott ihm wieder zulächelt. »Bis wann soll ich Sorgen hegen in meiner Seele?« Im Hebräischen liegt darin der Gedanke an ein Anhäufen der sorgenvollen Gedanken, so als seien die Sorgen unzählig und

Psalm 13,1-3

gleichwohl vergeblich. Indem wir so denken, gleichen wir oft David, der immerzu und Tag und Nacht überlegte und doch kein passendes Mittel fand, seinem Kummer zu entfliehen. »Bis wann soll sich mein Feind über mich erheben?« Kaum etwas tut den Ohren eines bekümmerten Menschen mehr weh als das Gelächter der Feinde. Denn dass sich der Teufel über uns lustig macht, gibt uns den Rest und lässt unsere Geduld zusammenbrechen; darum lasst es uns zu einem Hauptthema bei unserem Flehen um Barmherzigkeit machen!

Der sorgfältige Leser wird merken, dass die Frage: »Bis wann?« vier Ebenen hat. Der Kummer des Schreibers wird dargestellt, wie er zu sein scheint, wie er ist, wie er sich auf ihn selbst und wie er sich auf seine Feinde auswirkt. Wir neigen alle dazu, auf der schlechtesten Saite zu spielen. Wir bauen Gedenksteine über den Gräbern unserer Freuden. Wer aber denkt daran, Denkmäler des Lobes für die empfangenen Barmherzigkeiten zu errichten? Wir schreiben vier Bücher voller Klagelieder und eins über Lobgesänge und kennen uns viel besser aus mit dem Herausjammern eines *Miserere* als mit dem Singen eines *Te Deum*.

Zum Nachdenken: Es ist wohl richtig, unser eigenes Herz zu kennen, damit wir überführt werden; doch werden wir, wenn wir von dieser Seite her Trost erwarten, jämmerlich enttäuscht werden. Dies scheint zeitweise bei David der Fall gewesen zu sein. Offenbar steckte er in großem Elend; und wie es in solchen Fällen oft vorkommt, wandten sich seine Gedanken nach innen. Solange er das tat, hatte er täglichen Kummer; doch als er sich um Rettung an Gott wandte, bekam er Zuversicht. Er vertraute auf Gottes Barmherzigkeit, und sein Herz freute sich seiner Rettung. Es gibt viele Menschen, die in Trübsalen David im ersten Teil seiner Erfahrungen nachahmen. Ich wünschte, wir folgten ihm auch im zweiten. (Andrew Fuller)

27. Januar

Psalm 13,4-6

Weitere Lesung: Hebräer 4,14-16

Der Gnadenthron bedeutet Leben für die Hoffnung und Tod für alle Verzweiflung. Der düstere Gedanke, Gott habe ihn verlassen, liegt immer noch auf der Seele des Psalmisten, und daher ruft er: »Schau her, antworte mir!« Plötzlich erinnert er sich an die Wurzel seines Wehs und ruft laut, Gott möge sie entfernen. Beachtet, wie der Glaube ruft: »HERR, mein Gott!« Ist es nicht eine überaus herrliche Tatsache, dass unser Anrecht auf unseren Gott nicht durch die Trübsale und Schmerzen zerstört wurde? Wenn doch mein Glaubensauge klar wäre, damit ich meinen Gott in der Finsternis sehen könnte; möchte mein Auge wachsam und weit geöffnet sein, damit ich nicht in eine Falle gerate, und möchten die Augen meines Verständnisses erleuchtet sein, den richtigen Weg zu erkennen! David fürchtete, die Drangsale könnten sein Leben beenden, und zu Recht benutzt er diese Furcht in seinen Gebeten als Argument vor Gott; denn tiefem Leid wohnt eine Art Anspruch auf Mitleid inne, nicht ein Rechtsanspruch, aber ein Appell, der bei der Gnade etwas ausrichtet.

Ein weiteres Argument wird in Vers 5 vorgebracht, und zwar eins, das angefochtene Gläubige auf ihren Knien benutzen dürfen. Es ist nicht Gottes Wille, dass der große Feind unserer Seelen Gottes Kinder überwindet. Das würde Gott entehren und brächte dem Bösen Ruhm ein. Wie gut ist es, dass unsere Errettung und Gottes Ehre so eng miteinander verbunden sind, so dass sie beide gemeinsam stehen oder fallen. Unser Gott wird die Verwirrung aller unserer Feinde vollständig machen, und wenn wir ihnen eine Zeit lang zum Gespött sind, so kommt gewiss der Tag, an dem die Rollen vertauscht werden

Psalm 13,4-6

und Scham und Schande sich über die ergießen, die es verdient haben.

Welch eine Veränderung finden wir im sechsten Vers! Der Regen hat sich gänzlich verzogen, und die Zeit des Vogelgesangs ist gekommen. Der Gnadenthron hat den tief Betrübten erfrischt; nun kann er mit klarer Stimme singen. Und dies ist seine Zuversicht: »Ich habe auf Deine Gnade vertraut.« Seit vielen Jahren war David gewohnt, den Herrn zu seiner Burg und Zufluchtsstätte zu machen, und noch immer lächelt er von diesem Bollwerk herab. Hätte er an der Wirksamkeit seines Gottvertrauens gezweifelt, so würde er gewiss eines der Fenster zugehängt haben, durch das die Himmelssonne scheinen will.

Der Psalm endet mit einem Satz, der den Vorwurf der Vergesslichkeit zurücknimmt, den David in Vers 2 erhoben hatte. So wird es auch uns ergehen, wenn wir eine Weile warten. Die Klage, die wir in der Bedrängnis äußerten, wird mit Freuden zurückgenommen, und wir werden bezeugen, dass der Herr uns wohlgetan hat.

Zum Nachdenken: Niemand lebt so leicht und so fröhlich wie solche, die durch Glauben leben. (Matthew Henry)

28. Januar

Psalm 14,1-3

Weitere Lesung: 2. Chronik 33,1-9

Weil der Psalm keine Überschrift trägt, schlage ich als Gedächtnisstütze vor, ihn »das Lied von der praktizierten Gottlosigkeit« zu nennen. Der Gottlose ist der Tor im Besonderen und ein Tor im Allgemeinen. Er würde Gott nicht leugnen, wenn er nicht seinem innersten Wesen nach ein Tor wäre, und weil er Gott leugnet, ist es kein Wunder, dass er auch in seinem praktischen Handeln ein Tor wird. Sünde ist stets Narrheit, und da es der Gipfel der Sünde ist, die Existenz des Allerhöchsten selbst anzugreifen, so ist dies auch die denkbar größte Narrheit. Wer sagt, es gebe keinen Gott, widerspricht den klarsten Beweisen, und das ist Halsstarrigkeit; wer der übereinstimmenden Erkenntnis der Menschheit widerspricht, ist dumm; und wer das Gewissen unterdrückt, ist wahnsinnig.

Ist es das Herz, wo der Mensch zum Ungläubigen wird, oder ist es der Kopf? Und wenn er gottlose Reden führt, ist es dann ein törichtes Herz, das versucht, durch Lärm die Stimme des Gewissens zu übertönen? Wir nehmen das an. Ginge es dem Menschen um Wahrheit und Gerechtigkeit, hätte der Verstand keine Mühe, die Frage nach einem gegenwärtigen und persönlichen Gott zu beantworten. Aber dem Herzen missfallen Güte und Recht, darum ist es kein Wunder, dass es den Gott los sein will, der der große gerechte Herrscher ist, der das Recht beschützt und der die Gesetzlosigkeit bestraft. Es ist ein ernster Gedanke, dass viele, die Gott mit den Lippen ehren mögen, in ihren Herzen sprechen: »Es ist kein Gott.« Auch ist bemerkenswert, dass der Tor nicht sagt, es gebe den HERRN nicht, sondern, es gebe keinen Elohim. Es geht nicht nur um den Gott, der sich Seinem Volk offenbart hat und den man bekämpft, sondern

Psalm 14,1-3

ganz allgemein um den Gott, der verbindlich, persönlich und beherrschend in der Welt gegenwärtig ist. Gott als Herrscher, Gesetzgeber, Wirker und Retter ist das Ziel, auf das die Pfeile des menschlichen Zorns gerichtet sind. Welch ohnmächtige Bosheit! Welch schrecklicher Wahn, der den Menschen dazu bringt, dem Gott, dem er alles verdankt, entgegenzuschreien: »Dich gibt es nicht!« Wie furchtbar ist das Verderben, da sich das gesamte Menschengeschlecht diesen Herzenswunsch zu Eigen gemacht hat: »Es soll keinen Gott geben!«

Ohne Ausnahme sind alle Menschen von dem Herrn, ihrem Schöpfer, von Seinen Gesetzen und von den ewigen Grundsätzen des Rechts abgefallen. Wie starrköpfige Bullen haben sie sich hartnäckig geweigert, das Joch auf sich zu nehmen, wie irrende Schafe haben sie ein Loch im Zaun gefunden, um von dem richtigen Feld zu entweichen. Der Schlusssatz von Vers 3 verneint grundsätzlich, dass irgendein Mensch von sich aus etwas Gutes tut. Was könnte beschämender sein? Dies ist das Urteil des allwissenden HERRN, der weder etwas übertreibt noch etwas übersieht. Was sagen die Gegner der Lehre von der natürlichen Verdorbenheit dazu? Vielmehr: Was empfinden wir dabei? Bekennen wir nicht, dass wir von Natur aus verdorben sind und preisen wir nicht die souveräne Gnade, die den Geist unserer Gesinnung erneuert hat, damit die Sünde nicht mehr Gewalt über uns hat, sondern die Gnade herrsche und regiere?

Zum Nachdenken: Wer in aller Welt ist ein größerer Narr, ein törichterer Ignorant und ein erbärmlicherer Mensch als ein Atheist? (Jeremy Taylor)

29. Januar

Psalm 14,4-7

Weitere Lesung: Psalm 126

Hass auf Gott und die Verdorbenheit des Lebens sind die Antriebskräfte für Verfolgungen. Menschen, die keine rettende Erkenntnis über göttliche Dinge besitzen, versklaven sich selbst, um Böses zu tun, und haben keinerlei Neigung, den Herrn um Errettung anzurufen, sondern machen sich ein Vergnügen daraus, das arme und verachtete Gottesvolk zu verschlingen. Es ist eine harte Knechtschaft, Böses tun zu müssen. Wie Hechte im Teich kleine Fische fressen, wie Adler kleinere Vögel fangen und Wölfe die Schafe auf der Weide reißen, so selbstverständlich und ihrem Wesen entsprechend lästern und verhöhnen die Sünder die Nachfolger des Herrn Jesus. Während sie ihre Beute schlagen, schwören sie allem Gebet ab und bleiben auch dabei; denn wie könnten sie auf Erhörung hoffen, wenn ihre Hände voller Blut sind?

Es läuft für die Unterdrücker nicht immer nach Wunsch. Sie kennen Zeiten der Angst und Gelegenheiten, die sie zu Boden werfen. Die verstocktesten Menschen haben Zeiten, in denen ihr Gewissen dafür sorgt, dass ihnen der Angstschweiß ausbricht. Wie Feiglinge oft grausam sind, so haben alle Grausamen ein feiges Herz. Der Anblick der Geister vergangener Sünden ist schrecklich genug, um einen Menschen umzutreiben. Mögen sich die Ungläubigen rühmen so viel sie wollen, sie haben ein Geräusch in ihren Ohren, das ihnen alle Ruhe nimmt. Gottes Gegenwart in Seinem Volk macht den Umgang mit den Frommen für die Gottlosen so widerwärtig, weil sie merken, dass Gott bei ihnen ist. Mögen sie ihre Augen auch noch so fest verschließen, sie müssen doch das Bild Gottes im Wesen wahrhaft Begnadeter wahrnehmen, auch gelingt es ihnen nicht zu übersehen, dass Er an ihrer Befreiung wirkt.

Psalm 14,4-7

Obwohl sie eigentlich feige sind, ziehen sich die Gottlosen Löwenfelle über und spielen sich zu Herren über die Armen des Herrn auf. Selbst sind sie Narren, und doch verspotten sie die wahrhaft Weisen, als sei die Torheit auf deren Seite: »Was kann dein Gott jetzt für dich tun? Wer ist ein solcher Gott, dass Er dich aus unseren Händen erretten könnte? Wo ist der Lohn für all dein Beten und Flehen?« So schleudern sie den schwachen Gotteskindern höhnische Fragen dieser Art ins Gesicht und wollen, dass sie sich ihrer Zuflucht schämen. Wir wollen uns aber durch ihr Gelächter nicht unser Vertrauen rauben lassen. Lasst uns ihren Spott missachten und ihren Hohn verhöhnen! Wir werden nur eine kurze Zeit warten müssen, dann wird der HERR, unsere Zuflucht, Seine von Ihm Erwählten rächen und sich Seiner Feinde entledigen, die sich einst über Ihn und Sein Volk keine Gedanken machten.

Das Abschlussgebet ist nur allzu verständlich; denn was könnte Atheisten gründlicher überzeugen, die Verfolger gründlicher zu Boden schlagen, der Sünde gründlicher wehren und die Frommen gründlicher in Sicherheit bringen als die offenbare Erscheinung der großen Rettung Israels? O, wäre Er doch schon gekommen! Welch glückliche, heilige, friedfertige, himmlische Tage würden wir dann erleben! Doch wollen wir Ihn nicht zögerlich nennen, denn siehe, Er kommt, Er kommt schnell! Gesegnet sind alle, die auf Ihn warten.

Zum Nachdenken: Die Gottlosen haben Ursache genug, die zu fürchten, an denen Gott Freude hat. (Joseph Caryl)

30. Januar

Psalm 15

Weitere Lesung: Jesaja 42,1-4

Der erste Vers stellt die Fragen, und die anderen Verse beantworten sie. O Heiliger und Erhabener, wem ist Gemeinschaft mit Dir gestattet? Die Himmel sind in Deinen Augen nicht rein, und Deinen Engeln legst Du Irrtum zur Last. Wer von den Sterblichen kann dann bei Dir wohnen, Du schrecklich verzehrendes Feuer? Ein Bewusstsein von der Herrlichkeit des HERRN und von der Heiligkeit, die Seinem Haus, Seinem Dienst und Seinen Dienern geziemt, erschreckt das demütige Herz, so dass es sich diese ernsten Fragen stellt. Wenn schon Engel ihre verhüllten Angesichter neigen, wie könnte da ein Mensch überhaupt Gott wohlgefällig anbeten? Der große Haufen der Gedankenlosen hält es für eine einfache Sache, vor dem Allerhöchsten zu erscheinen, und wenn sie sich äußerlich damit beschäftigen, befragen sie ihre Herzen nicht, ob diese dazu in der Lage sind. Wahrhaft gedemütigte Seelen allerdings schrecken oft im Gefühl der Unwürdigkeit zurück und wagen es nicht, vor dem Thron des Gottes der Heiligkeit zu erscheinen, wenn es nicht unseren Herrn gäbe, unseren Anwalt, der im himmlischen Tempel sein darf, weil Seine Gerechtigkeit ewig währt. Die Frage wird gestellt, weil es wirklich eine Frage ist. Die Fragen in dem Text sind an den Herrn gerichtet, weil niemand als nur der Unendliche Geist sie so beantworten kann, dass ein beunruhigtes Gewissen zufrieden gestellt ist. Wir müssen von dem Herrn des Heiligtums erfahren, was zu Seinem Dienst qualifiziert, und wenn Er uns belehrt hat, begreifen wir deutlich, dass nur unser fleckenreiner Herr Jesus jemals wohlgefällig vor der Majestät in der Höhe stehen darf – und alle, die in Sein Bild verändert wurden.

Psalm 15

Als Antwort auf unsere Frage unterrichtet uns der Herr durch Seinen Heiligen Geist über das Wesen des Menschen, der allein auf Seinem heiligen Berg wohnen darf. In Vollkommenheit ist diese Heiligkeit nur in dem Mann der Schmerzen zu finden, doch hat sie der Heilige Geist in gewissem Maße in Seiner ganzen Gemeinde bewirkt. Glaube und Gaben des Geistes werden nicht erwähnt, weil hier der äußerliche Charakter beschrieben wird, und wo Frucht zu finden ist, braucht man die Wurzel nicht zu sehen, obwohl sie ganz sicher vorhanden ist. Alle, die sich rühmen, dass ein anderer, nämlich der Herr Jesus, alles für sie tut, und die darum Gesetzlichkeit hassen, sind die besten Täter des Gesetzes, jedoch nach den Grundregeln des Evangeliums.

Wie der Herr Jesus, der eine ewige Herrschaft innehat, wird auch der wahre Christ niemals seine Krone verlieren. Er wird nicht nur in Zion sein, sondern wie Zion, sicher und fest. Er wird im Heiligtum des Höchsten wohnen, und weder Tod noch Gericht werden ihn aus der Stellung der Vorrechte und der Segnungen zu rücken vermögen.

Zum Nachdenken: Lasst uns ernsthaft beten und uns selbst erforschen; denn dieser Psalm ist wie Feuer für das Gold und wie der Schmelzofen für das Silber. Können wir die prüfende Kraft ertragen? (C.H. Spurgeon)

31. Januar

Psalm 16,1-5

Weitere Lesung: Johannes 17,1-11

Wir sind wegen des Schlüssels zu diesem goldenen Geheimnis nicht auf menschliche Ausleger angewiesen, weil uns Petrus durch den Heiligen Geist sagt: »David sagt über IHN …« (Apg 2,25). Gewöhnlich nehmen sich die Kommentatoren vor, den Psalm sowohl auf David als auch auf die Heiligen sowie auf den Herrn Jesus anzuwenden, doch wir wollen es zu glauben wagen, dass es hier nur um Christus geht, zumal wir in den Versen 9 und 10 wie die Apostel auf dem Berg niemand sehen können »als Jesus allein«.

In allem versucht wie wir, bedurfte das Menschsein Jesu der Bewahrung vor der Macht des Bösen. Obwohl in sich rein, vertraute der Herr Jesus nicht auf die Reinheit der Natur, sondern blickte als Beispiel für Seine Nachfolger auf den HERRN, Seinen Gott, dass Er Ihn bewahre. In Seinem tiefsten Herzen beugte sich der Herr Jesus zum Dienst für Seinen himmlischen Vater, und vor dem Thron des HERRN gelobte Seine Seele um unseretwillen dem Herrn Untertanentreue. Wir gleichen Ihm, wenn unsere Seele wahrhaft und beständig in der Gegenwart des die Herzen erforschenden Gottes ihre völlige Übereinstimmung mit den Gesetzen und der Herrschaft des unendlichen HERRN erklärt und sagt: »Du bist mein Herr.« Welche Wunder schaut die göttliche Liebe, wo die Hände der unendlichen Macht gnädig am Werk sind! Es war diese Scharfsicht der Liebe, die Jesus dazu brachte, in uns einen Lohn für Sein Todesringen zu erblicken. So stärkte Ihn bei all Seinen Leiden die Freude darüber, uns davor erretten zu können, in den Scheol hinabzufahren.

Mit welchem Vertrauen und mit welch grenzenloser Freude wendet sich Jesus zu dem HERRN, dem Seine Seele gehörte

Psalm 16,1-5

und an dem Er sich erfreute! Überaus zufrieden mit dem Teil in Seinem Gott, hatte Er kein weiteres Begehr, anderen Göttern nachzujagen. Sein Becher war gefüllt, und Sein Herz ebenfalls; selbst in Seinen größten Schmerzen hielt Er sich mit beiden Händen an Seinem Vater fest und rief: »Mein Gott, Mein Gott!« Nie kam ihm auch nur der Gedanke, vor dem Fürsten der Welt in Anbetung niederzufallen, obwohl dieser Ihn versuchte, indem er Ihm »dies alles« geben wollte. Auch wir dürfen uns des Herrn rühmen. Er ist Speise und Trank für unsere Seelen. Er ist unser Teil, das alle Bedürfnisse befriedigt, und unser Becher, der königliche Köstlichkeiten enthält – alles, was wir in diesem Leben brauchen, und auch, was unser Erbteil in dem Zukünftigen betrifft. Als Kinder unseres himmlischen Vaters erhalten wir aufgrund unserer Erbberechtigung, die wir durch Jesus haben, alle Reichtümer des Bundes der Gnade, und das uns zufallende Erbteil stellt das Brot des Himmels und den neuen Wein des himmlischen Reiches auf unseren Tisch. Wer wäre nicht zufrieden mit einer so köstlichen Speise? Unseren flachen Sorgenbecher können wir dann auch mit Ergebung trinken; denn gleich daneben steht der Becher der Liebe, und der wird nie leer werden.

Zum Nachdenken: Hier können wir, kurz gesagt, sehen, dass alle, die auf Gott vertrauen, bewahrt werden. (Richard Greenham)

1. Februar

Psalm 16,6-11

Weitere Lesung: Apostelgeschichte 2,25-32

Jesus fand heraus, dass der Weg des Gehorsams in ein »liebliches Land« führt. Trotz aller Leiden, die Seinen Seelenfrieden bestürmten, konnte Er ausrufen: »Siehe, Ich komme; in der Rolle des Buches steht über Mich geschrieben. Dein Wohlgefallen zu tun, Mein Gott, liebe Ich, und Dein Gesetz ist tief in Meinem Innern.« Es mag seltsam erscheinen, aber obwohl kein anderer Mensch so sehr mit Leiden vertraut war, glauben wir, dass auch kein anderer Mensch so viel Freude und Glück in seinem Dienst erfuhr; denn niemand sonst diente so treu, und niemand erwartete so großen Lohn dafür. Die vor Ihm liegende Freude muss einige ihrer glänzenden Strahlen auf die rauen Orte gesandt haben, an denen Er das Kreuz erduldete, so dass Er die Schande nicht achtete. Sie wurden dadurch in mancher Hinsicht zu »lieblichen« Orten für das gnadenreiche Herz des Erlösers. Bei einer Gelegenheit warf der Tod seine dunklen Schatten über die Seele des Heilands; aber Er »ist um Seiner Gottesfurcht willen erhört worden«. Ein Engel erschien Ihm, der Ihn stärkte. Vielleicht erquickte der himmlische Bote Ihn mit dem Gedanken, dass Er als Bürge Seines Volkes herrlich auferstehen werde, und an die ewige Freude, in die Er Seine durch Blut erkaufte Herde hineinführen würde. Da leuchtete die Hoffnung hell in der Seele unseres Heilands auf, und wie in den Versen 8-11 beschrieben wird, überschaute Er in heiliger Zuversicht, was vor Ihm lag, weil Sein Auge beständig auf den HERRN gerichtet war und Er allezeit dessen Gegenwart genoss. Er wusste: Auf diese Weise gestärkt, konnte Er durch nichts von dem großartigen Ziel Seines Lebens abgebracht werden. Welch unendliche Gnade bedeutet das für uns! In dieser Unbeirrbarkeit, verursacht durch

Psalm 16,6-11

schlichten Glauben an die Durchhilfe Gottes, ist Jesus uns ein Vorbild; denn sich der Gegenwart Gottes bewusst zu sein, ist die Pflicht jedes Gläubigen: »Ich habe den HERRN stets vor Augen.« Und auf den Herrn Jesus als unseren Anführer und Beschützer zu vertrauen, ist das Vorrecht aller Heiligen: »Weil Er zu meiner Rechten ist, werde ich nicht wanken.«

Dieser Weg wurde zuerst Jesus gezeigt; denn Er ist der Erstgeborene aus den Toten und der Erstgeborene aller Schöpfung. Er selbst hat durch Sein Fleisch den Weg frei gemacht, den Er dann als Vorläufer für seine Erlösten ging. Der Gedanke, der »Weg des Lebens« für sein Volk zu werden, erfreute Jesu Seele. »Fülle von Freuden ist vor Deinem Angesicht.« Christus stand von den Toten auf und erhob sich in die Herrlichkeit, um in beständiger Nähe Gottes zu sein, wo für ewig vollkommene Freude herrscht. Diese Voraussicht drängte Ihn vorwärts bei Seinem herrlichen, aber so schmerzensreichen Werk. Seine Auserwählten zu ewiger Glückseligkeit zu bringen, war Sein hohes Ziel, das Ihn antrieb und wofür Er sein Blut vergoss. O Gott, wenn die Freuden der Weltkinder längst vergangen sind, werden wir für ewig »zu Deiner Rechten« wohnen und diese »Lieblichkeiten immerdar« genießen!

Zum Nachdenken: Die verherrlichte Seele wird sich ewig in den Flüssen der Freude baden. Dies macht den Himmel zum Himmel: »Wir werden allezeit bei dem Herrn sein.« (Thomas Watson)

2. Februar

Psalm 17,1-6

Weitere Lesung: 1. Samuel 24,1-7

Das geängstigte Herz ruft ungestüm den Großen Richter an in der Überzeugung, dass bei Ihm Hören so viel wie Helfen ist. Wenn unser Gott uns nicht hören könnte oder wollte, sähe es in der Tat traurig für uns aus. Und doch halten manche, die sich Christen nennen, so wenig von dem Gnadenthron, dass Gott sie aus dem einfachen Grund nicht erhört, weil sie es versäumen, zu Ihm zu beten. Wer kann einem Schrei widerstehen? Ein wirklich von Herzen kommendes bitterliches, flehentliches Weinen könnte fast einen Felsen schmelzen; und da ist nicht zu fürchten, dass es bei unserem himmlischen Vater nichts ausrichte. Ein Schrei ist unsere erste Lautäußerung und in vieler Hinsicht der natürlichste menschliche Laut. Sollte unser Gebet wie das Schreien eines Säuglings mehr natürlich als überlegt und mehr ernsthaft als elegant sein, so ist es darum nicht weniger wichtig für Gott.

Der Psalmist war verleumdet worden, gemein und boshaft verleumdet; und nachdem er seinen Fall vor das höchste Gericht gebracht hat, sieht er wie alle ehrlichen Menschen keinen Grund, der Untersuchung auszuweichen, sondern fleht dringend um ein Urteil. Er bittet nicht um Geheimhaltung, sondern möchte das Ergebnis vor aller Welt bekannt machen. Gläubige wollen keinen anderen Richter als Gott, sie wollen auch nicht dem Urteil entgehen oder gar nach den Grundsätzen der Parteilichkeit gerichtet werden. Nein, unsere Hoffnung beruht nicht darauf, von Gott bevorzugt zu werden, oder dass für uns das Gesetz außer Kraft gesetzt wird. Wir wollen nach denselben Grundsätzen wie alle Menschen gerichtet werden, und durch das Blut und die Gerechtigkeit unseres Erlösers werden wir das

Psalm 17,1-6

Urteil unbeschadet überstehen. Es ist in höchstem Maß beruhigend, wenn wir uns gleichzeitig auf den Herrn berufen können und unseren Richter auffordern können, für uns als Zeuge aufzutreten.

In der Anfechtung ist es nicht leicht, die richtige Haltung zu bewahren. Es ist nicht leicht, eine Kerze brennend zu erhalten, wenn viele Neider sie ausblasen wollen. In bösen Zeiten ist das Gebet besonders nötig; darum nimmt, wer weise ist, sofort seine Zuflucht zum Beten. »Du hast mich stets erhört, mein Gott, und darum nahe ich Deinem Altar wieder mit der größten Zuversicht!« Erfahrung ist ein gesegneter Lehrer. Wer die Treue Gottes in Zeiten der Not erprobte, legt seine Angelegenheiten mutig vor Gottes Thron. »Neige Dein Ohr zu mir, höre meine Rede!« Er bittet den Herrn, ihm Sein volles Gehör zu leihen, wie es Menschen tun, wenn sie sich hinüberlehnen, um jedes Wort des Freundes zu verstehen. Der Psalmist kommt hier auf sein erstes Gebet zurück und gibt uns damit ein Beispiel, wie wir immer und immer wieder unsere Sache vorbringen sollen, bis wir ganz sicher sind, dass wir erhört wurden.

Zum Nachdenken: Beten ist die beste Problemlösung. (William Gouge)

3. Februar

Psalm 17,7-15

Weitere Lesung: 1. Samuel 24,8-15

Gott ist ein Gott der Rettung. Es ist jetzt und zu aller Zeit Seine Gewohnheit, die Gläubigen zu erretten. Der Herr setzt Seine beste, herrlichste Kraft ein; Er gebraucht Seine rechte Hand der Weisheit und der Macht, um alle zu retten, die ihre Zuflucht zu Ihm nehmen, wer sie auch sein mögen. Welch seliger Glaube, der uns des allmächtigen Schutzes des Himmels versichert! Gepriesen seist Du, Gott, der Du so gnädig gegenüber unwürdigen Sterblichen bist, wenn sie nur die Gnade erlangten, auf Dich zu vertrauen! Gott hält Seine rechte Hand zwischen die Heiligen und allem, was ihnen schaden könnte. Gott ist nie um Mittel verlegen; Seine bloße Hand reicht aus. Er wirkt ohne Werkzeuge genauso gut wie mit ihnen.

Kein Körperteil ist kostbarer, empfindlicher und besser behütet als das Auge; und vom Auge wiederum wird kein Teil mehr beschützt als der Augapfel mit der Pupille. Der allweise Schöpfer hat dem Auge eine wohlgeschützte Stellung gegeben. Es wird von schützenden Knochen umgeben, wie Jerusalem von Bergen umringt ist. Dazu hat es der große Schöpfer mit mancherlei Hüllen innerer Bedeckung versehen, neben dem Wall der Augenbrauen mit dem Vorhang der Lider und dem Zaun der Wimpern. Darüber hinaus hat Er jedem Menschen eine so hohe Wertschätzung für sein Auge eingegeben, dass er sehr schnell jede Gefahr erkennt. Kein Glied des Körpers wird so sorgfältig bewacht wie das Sehorgan. Genauso sorgsam, Herr, bewahre mich, der ich mein Vertrauen auf Jesus setze und darum ein Glied Seines Leibes bin.

Je wütender er angegriffen wird, umso dringlicher betet der Psalmist. Sein Auge ist nur auf den Allmächtigen gerichtet, und

Psalm 17,7-15

er ist sich sicher, Gott brauche sich nur von dem Thron Seiner Geduld zu erheben, dann ist alles Werk augenblicklich getan. Mag der Löwe uns anspringen, wenn der HERR dazwischentritt, brauchen wir keinen anderen Schutz. Wenn Gott unserem Feind von Angesicht zu Angesicht begegnet, ist der Kampf schnell vorüber. David stellt das Schwert des Herrn menschlichen Hilfsmitteln gegenüber und ist sich sicher, dass er unter der Schutzherrschaft des Himmels ganz und gar sicher ist.

Gottes Angesicht zu schauen und durch dieses Anschauen in Sein Bild verändert zu werden, um an Seiner Gerechtigkeit teilzuhaben, ist mein hohes Ziel; und im Hinblick darauf gebe ich freudig alle gegenwärtigen Vergnügungen auf. Meine Befriedigung liegt in der Zukunft, ich erwarte sie nicht in der Gegenwart. Ich werde eine Weile schlafen, doch werde ich von dem Klang der Posaune erwachen, erwachen zu ewiger Freude; denn ich erwache in Deinem Bild. O, mein Gott und König! Hier unten erleben die Frommen Lichtblicke dieser Herrlichkeit, um ihren heiligen Hunger zu stillen, doch das volle Fest erwartet sie in der oberen Heimat. Verglichen mit dieser tiefen, unveränderlichen und ewigen Fülle an Seligkeit sind die Freuden der Weltkinder wie Glühwürmer im Unterschied zur Sonne oder wie der Tropfen am Eimer im Vergleich zum Ozean.

Zum Nachdenken: Wenn so viel Seligkeit in Gott ist, wenn wir Ihn nur im Glauben sehen, wie groß wird dann die Freude sein, wenn wir Ihn von Angesicht zu Angesicht schauen! (Thomas Watson)

4. Februar

Psalm 18,1-4

Weitere Lesung: 2. Samuel 22,1-4

Hier ist der Entschluss gefasst, ganz nahe und so innig wie möglich mit dem Allerhöchsten verbunden zu sein. Unser dreieiniger Gott verdient die brennendste Liebe unserer Herzen. Vater, Sohn und Heiliger Geist haben einen Anspruch auf unsere Liebe. Der feierliche Vorsatz, nie von dieser Liebe zu lassen, entspringt wie von selbst der gegenwärtigen innigen Zuneigung. Es ist falsch, zu schnell Entschlüsse zu fassen; doch wenn wir in der Kraft Gottes zu ihnen gelangt sind, sind sie das Klügste und Richtigste, was wir tun können.

David war der Bosheit Sauls entgangen, indem er sich in den Klüften und Felsenfestungen Judäas verborgen hatte, und hier vergleicht er nun seinen Gott mit einem solchen Ort der Bewahrung und Sicherheit. Die Gläubigen werden oft in ihrem Gott beschirmt vor den Angriffen der Zunge und vor dem Toben der Trübsalsstürme. Die Klüfte des ewigen Felsens sind sichere Zufluchtsorte. Oft schon fast gefangen, werden Gottes Leute aus der Hand der Mächtigen durch den errettet, der mächtiger ist als sie. Unser Gott ist die Kraft unseres Lebens, unserer Gaben, unseres Wirkens, unserer Hoffnung, unserer Kämpfe und unserer Siege.

Der Glaube muss erprobt werden, wenn wir die Vortrefflichkeit Gottes wirklich kennen lernen wollen; und Gott muss das Ziel unseres Glaubens sein, sonst ist unser Glaube nur Vermessenheit. Der Herr rüstet Seine Kämpfer sowohl mit Schutz- als auch mit Angriffswaffen aus. Unser Waffenarsenal ist gut gefüllt, und niemand braucht unbewaffnet in den Krieg zu ziehen. Mit vielen, aber niemals zu vielen Worten, preist David seinen Gott, und wir könnten mit Gewinn jedes einzelne untersuchen, hät-

Psalm 18,1-4

ten wir die Zeit dazu; doch zusammenfassend können wir mit Calvin sagen: David hat hier den treuen Kämpfer von Kopf bis Fuß ausgerüstet.

Im vierten Vers stimmt der frohe Dichter ein freudiges Lied zur Ehre des Herrn an, indem er glaubt, sein Gott werde ihm auch in den künftigen Kämpfen so beistehen wie in den vergangenen. Es ist gut, wenn wir Gott als den anbeten, der es verdient, gepriesen zu sein, weil wir dann auf fröhliche und vertrauensvolle Weise beten. Dankbarkeit für die bisherigen Gnadenerweise Gottes macht mich kühn, große Dinge von Ihm zu erbitten. Das Wort »so« hat uns daher viel zu sagen. Wer als Erretteter singt, ist wirklich errettet. Viele sind errettet und klagen und zweifeln; aber David hatte einen Glauben, mit dem er singend kämpfen konnte, und wenn er siegte, war sein Lied noch immer auf seinen Lippen. Welch Glück ist es für ein von Freude erfülltes Herz, wenn es neue Gnaden empfängt. So kann es auch den nächsten Trübsalen in dem festen Vertrauen entgegensehen, das auf der vergangenen Erfahrung der göttlichen Liebe beruht.

Zum Nachdenken: Wer zu Gott kommt, wie er kommen sollte, wird nicht vergeblich bitten. Die rechte Art zu beten ist das mächtigste Hilfsmittel, das uns auf Erden bekannt ist. (William S. Plumer)

5. Februar

Psalm 18,5-20

Weitere Lesung: 2. Samuel 22,5-20

Es war, als läge der Tod wie ein grausamer Sieger seine qualvollen Fesseln um ihn. Von allen Seiten bellten die wütenden Hunde der Hölle. Eine Meute von Teufeln umzingelte den Mann Gottes. Nirgends gab es ein Entrinnen. Immer enger wurde das Netz um den armen Gefangenen gezogen, das ihm jede Möglichkeit des Entkommens nahm. So war seine Lage hoffnungslos, so hoffnungslos, wie sie nur sein konnte, und so verzweifelt, dass nur der Arm des Allmächtigen noch Hilfe zu bringen imstande war.

Gebet ist der Weg nach oben aus der Grube der Verzweiflung, den der geistliche Bergmann sofort einschlägt, wenn die Fluten von unten hervorbrechen. Beachtet: Zuerst ruft er Gott unter dem Namen des HERRN an, schreitet dann aber fort zu dem vertrauten Wort »mein Gott«. So wächst der Glaube durch Übung, und den er zuerst als HERRN angerufen hat, erkennt er nun als den Gott, der zu ihm gehört. Es gibt nie eine unpassende Zeit zum Beten, kein Kummer sollte uns davon abhalten, das göttliche Hilfsmittel des Flehens zu gebrauchen. Trotz des Lärms der tobenden Wellen des Todes, trotz der bellenden Höllenhunde wird das schwächste Rufen wahrer Gläubiger im Himmel gehört.

Es dauerte nicht lange, bis auf den Notschrei die Antwort kam. Der Herr verzieht die Verheißung nicht; Er eilt Seinen bedrängten Kindern schnell zur Hilfe. Vor Davids geistigem Auge stehen die herrlichen Erscheinungen Gottes in Ägypten, am Sinai und zu verschiedenen Gelegenheiten zur Zeit Josuas und der Richter; und er meint, in seinen eigenen Erlebnissen sei dieselbe Herrlichkeit der Macht und Güte Gottes sichtbar

Psalm 18,5-20

geworden, und darum dürfe er die Beschreibung früherer Offenbarungen der göttlichen Majestät mit eigenen Erfahrungen vergleichen und diese in sein Loblied einweben.

Als Josef eine Weile im Kerker geschmachtet hatte, gelangte er in den Palast, und David kam aus der Höhle Adullam zum Thron. Nach Leiden sind Freuden besonders schön. Bedrängte Seelen erfreuen sich an den weiten Feldern der Verheißung, wenn Gott den Feind vertreibt und die Tore der einst belagerten Stadt öffnet. Dem allen liegt die freie Gnade zugrunde. Seid gewiss: Wir werden, wenn wir nur tief genug graben, immer die Wahrheit von der souveränen Gnade als Quelle aller Barmherzigkeit entdecken. Wer sein Netz in die Tiefen des Ozeans des göttlichen Reichtums senkt, wird immer die Perlen der auserwählenden, zielgerichteten Liebe ans Licht bringen. Warum der HERR an uns Gefallen findet, bleibt eine unbeantwortbare Frage und ein Geheimnis, das auch Engel nicht zu lüften vermögen; doch dass Er Wohlgefallen an den Geliebten hat, ist sicher und bildet die fruchtbare Wurzel Seiner ebenso zahlreichen wie kostbaren Wohltaten. Kind Gottes, geh in die Stille und verarbeite die lehrreiche Wahrheit, die jetzt vor dir liegt, und lerne die grundlose Liebe Gottes als den Grund aller Freundlichkeit kennen, die uns zuteil wird!

Zum Nachdenken: Was Gott festhält, kann nicht verloren gehen. Niemand reißt Ihm Seine Auserwählten aus Seiner Hand. (William S. Plumer)

6. Februar

Psalm 18,21-25

Weitere Lesung: 2. Samuel 22,21-25

Betrachten wir diesen Psalm als Weissagung auf den Messias, so werden die starken Worte verständlich, mit denen der Schreiber auf seiner Gerechtigkeit besteht; denn die Kleider des Herrn waren weiß wie Schnee – auf David angewendet, haben sie manchen irritiert. Doch die Sache ist klar. Wenn man die Worte nicht über den von David beabsichtigten Sinn hinaus strapaziert, gibt es keine Schwierigkeiten. Wenn Gott auch die Austeilung Seiner Gnade ganz und gar souverän handhabt und menschliche Verdienste völlig unberücksichtigt bleiben, so ist im Handeln der Vorsehung doch oftmals eine Regel der Gerechtigkeit erkennbar, nach der die Unrecht Leidenden am Ende gerächt und die Gerechten schließlich errettet werden. Davids Leiden in seiner Jugend entsprangen der Bosheit des neidischen Saul, der zweifellos seine Verfolgungen mit Anklagen gegen den Charakter des »Mannes nach dem Herzen Gottes« zu rechtfertigen suchte. Diese Anschuldigungen, sagt David, seien völlig falsch, und er versichert, ihm sei dank göttlicher Gnade und allen Verleumdern zum Trotz eine Gerechtigkeit zuteil geworden, die Gott gnädig belohnt habe. Vor Gott war der »Mann nach dem Herzen Gottes« ein demütiger Sünder; aber vor seinen Schmähern konnte er ohne rot zu werden behaupten, reine Hände zu haben und gerecht zu leben. Wer sich vor menschlichen Gerichten nicht auf seine Unschuld berufen kann, weiß noch wenig von der heiligenden Macht göttlicher Gnade. Es liegt keine Selbstgerechtigkeit darin, wenn ein ehrlicher Mensch weiß, dass er ehrlich ist, nicht einmal darin, dass er glaubt, Gott werde in Seiner Vorsehung diese Ehrlichkeit belohnen; denn dies geschieht in der Tat sehr häufig. Aber

Psalm 18,21-25

es wäre gewiss Selbstgerechtigkeit, wenn wir solche Gedanken aus dem Gebiet der göttlichen Weltregierung auf das des geistlichen Reiches übertragen würden; denn da teilt die Gnade nicht nur unumschränkt, sondern auch ganz ausnahmslos alle göttlichen Wohltaten aus. Wenn ein begnadeter Mensch, der verleumdet wird, fest auf seiner Rechtschaffenheit besteht und mit aller Kraft seinen Ruf verteidigt, so steht das keinesfalls im Gegensatz zu der Lehre von der Errettung aus Gnaden, noch weist dies auf einen pharisäischen Geist hin. Ein Gottesfürchtiger hat ein reines Gewissen und weiß um seine Aufrichtigkeit. Muss er sein eigenes Gewissen verleugnen und das Werk des Heiligen Geistes gering achten, indem er sich heuchlerisch schlechter macht, als er ist? Ein frommer Mensch schätzt seine Lauterkeit sehr hoch, sonst wäre er überhaupt kein frommer Mensch. Soll man ihn etwa stolz nennen, weil er nicht gern den Schatz eines guten Namens verlieren will? Ein Gottesfürchtiger kann erkennen, dass nach der Vorsehung Gottes Aufrichtigkeit und Wahrheit letztendlich ihren eigenen Lohn erhalten. Kann er nicht, wenn ihm Lohn zuteil wird, den Herrn dafür preisen? Ja, muss er nicht die Treue und Güte seines Gottes vor allen rühmen? Lest die vielen Aussagen in diesen Versen als ein Lied des guten Gewissens, das nach sicher überstandenem Sturm, nach überwundener Verfolgung und Niedertracht gesungen wurde, und es besteht nicht die Gefahr, den Schreiber zu verurteilen, er habe eine zu hohe Meinung von seinem sittlichen Charakter gehabt.

Zum Nachdenken: Unseren guten Namen zu bewahren, ist eine wichtige und notwendige Pflicht. (Joseph Caryl)

7. Februar

Psalm 18,26-29

Weitere Lesung: 2. Samuel 22,26-29

Die Art, wie der Herr gegenüber dem Sänger gehandelt hat, bringt diesem die allgemeine Regel der sittlichen Weltregierung Gottes in Erinnerung. Gott ist gerecht in Seinem Handeln mit den Menschen und misst jedem das Seine zu. Jedem wird sein Brot auf dessen eigener Waage abgewogen, sein Getreide mit seinem eigenen Scheffel und sein Land mit seinem eigenen Maßstab zugemessen. Kein Gesetz könnte gerechter sein, keins für die Gottlosen schrecklicher und für die Frommen herrlicher. Aber auch die Besten bedürfen der Gnade; denn kein Grad der Freigebigkeit gegenüber den Armen und der Vergebungsbereitschaft gegenüber den Feinden kann uns über die Abhängigkeit von Gottes Gnade erheben.
Die Verkehrtheit der Gottlosen ist Sünde und Auflehnung. Wenn auch dem allerheiligsten Gott »Verdrehtheit« zugeschrieben wird, dann nur in dem Sinn, dass der Richter der ganzen Erde in gerechter Opposition und mit allem Ernst Seinen Gegnern widerstehen und ihnen zeigen wird, dass durchaus nicht alles ihren boshaften Launen und mutwilligen Anschlägen preisgegeben ist. So sehen wir denn, was die Halsstarrigen am Ende mit ihrer Verstockung gewinnen, nämlich dies: Gott verhärtet sich ihnen gegenüber ebenfalls immer mehr, bis sie zerschmettert sind, und sind sie aus Stein, so lässt Er sie fühlen, dass Er aus Eisen ist. Nach jüdischer Tradition hatte das Manna für jeden den ihm liebsten Geschmack; so zeigt sich Gott auch gewiss jedem, wie es eines jeden Wesen entspricht.
In Vers 28 finden wir eine trostreiche Versicherung für geistlich Arme, die für ihre tiefen Kümmernisse jeden anderen als göttlichen Trost zurückweisen. Sie können sich selbst nicht helfen,

Psalm 18,26-29

noch vermögen andere es; aber Gott wird sie retten. Wer dagegen verächtlich auf andere herabblickt, wird am Ende selbst verachtet werden. Der Herr verabscheut stolze Blicke. Welch Grund zu Buße und Demütigung! Wie viel besser ist es, demütig zu sein, als von Gott in Seinem Zorn gedemütigt zu werden!

Das Bild, das den 29. Vers bestimmt, zeigt uns, wie Finsternis niederdrückt und das Licht erfreut: Wahrlich, das Licht ist schön, und es ist eine Freude für die Augen, die Sonne zu schauen. Und genauso vertreibt die Gegenwart des Herrn die Finsternis des Kummers und macht den Gläubigen fähig, vor überströmender Freude zu jubeln. An Winterabenden ist es ein schöner Augenblick, wenn das Licht angezündet wird; aber die Augen zu dem Licht Gottes zu erheben, ist eine weit größere Freude. Von den armen Menschen in Ägypten wird berichtet, sie versagten sich das Brot, um Öl für ihre Lampen kaufen zu können, um nicht im Dunkeln sitzen zu müssen; wir könnten wohl auf alle irdischen Bequemlichkeiten verzichten, wenn das Licht der Liebe Gottes beständig unsere Seelen erfreute.

Zum Nachdenken: Gott ist nicht der Urheber der Sünde – Er straft den Sünder in gerechter Weise. (Augustinus)

8. Februar

Psalm 18,30-46

Weitere Lesung: 2. Samuel 22,30-46

Manche Wiederholungen sind kein leerer Wortschwall. Nachgedanken über Gottes Güte sollten die besten sein und sind es oft auch. Unsere Dankbarkeit gewinnt an Kraft und erfreut uns immer mehr, wenn wir die Güte Gottes betrachten. Die Verse, die wir nun vor uns haben, sind die reife Frucht eines dankbaren Gemüts; es sind goldene Äpfel in silbernen Schalen. Sie beschreiben den Siegeslauf des Gläubigen und die Verwirrung seiner Feinde.

Gottes Wege mit Seinen Kindern sind fern von allem Makel und Irrtum; alle Seine Taten erstrahlen im Glanz von Gerechtigkeit, Wahrheit, Güte, Barmherzigkeit und Heiligkeit. Alles, was Gott tut, ist in sich vollkommen, und alle Seine Wege sind miteinander in unvergleichlicher Harmonie. Ist es nicht überaus tröstlich, glauben zu können, dass Er, der angefangen hat, uns zu segnen, Sein Werk auch vollenden wird, weil alle Seine Wege vollkommen sind? Auch darf das göttliche Wort nicht ungelobt bleiben; denn »das Wort des Herrn ist zuverlässig« wie im Feuer erprobtes Silber. Die Lehren Seines Wortes sind herrlich, Seine Vorschriften sind rein, Seine Verheißungen sind zuverlässig, und die gesamte Offenbarung ist über alle Maßen voller Gnade und Wahrheit. David hat sie ausprobiert wie Tausende nach ihm, wir haben sie erprobt, und niemals hat sie versagt. Es gehört sich so, dass wenn das Wort gerühmt worden ist, der Herr selbst erhöht wird; darum heißt es: Er ist »ein Schild allen, die sich in Ihm bergen«. Keine noch so gute Rüstung, kein eherner Schild, bewahrt den Kämpfer so gut, wie der Bundesgott Israels Seine kämpfenden Leute schützt. Er selbst ist der Schild derer, die Ihm vertrauen. Welch ein Gedanke ist das! Welchen Frieden kann jede vertrauensvolle Seele genießen!

Psalm 18,30-46

Der Psalmist hat seinen Gott erwähnt, darüber entbrennt sein Herz aufs Neue und seine Worte strahlen; er fordert Himmel und Erde heraus, ein anderes Wesen zu finden, das der Anbetung oder des Vertrauens genauso würdig wäre wie der HERR. Die Götzen der Heiden sind David zu verächtlich, um sie auch nur zu erwähnen; er rümpft über sie die Nase, weil sie zu nichts werden, wenn von Gott die Rede ist. Wer außer Ihm schafft, erhält, durchschaut und regiert alles? Wer sonst ist in allem Wesen vollkommen und verherrlicht sich mit jeder Tat? Vor wem als nur vor dem HERRN sollten sich alle Geschöpfe niederbeugen? Wer sonst dürfte ihren Dienst und ihre Liebe beanspruchen? An wem sonst können beständige Hoffnungen festgemacht werden? Wo sonst könnte die Seele Ruhe finden? Wo sonst wäre Sicherheit? Wo sonst ist Kraft zu finden? Ganz gewiss: Nur in dem HERRN, unserem Gott, gibt es Ruhe und Zuflucht.

Gleich dürrem Laub und welken Bäumen werden unsere Feinde und die Feinde Christi saft- und kraftlos, und ihr Mut wird ihnen vergehen. Wem Jesus fremd ist, dem wird auch dauerndes Glück fremd bleiben; wer sich weigert, sich durch den Strom des Lebens bewässern zu lassen, muss bald ermatten. So beschließt der großartige Sänger die Beschreibung vergangener Kämpfe und künftig zu erwartender Siege und geht zu einer unmittelbareren Anbetung des gnadenreichen Gottes über.

Zum Nachdenken: David schreibt seine Siege Gott zu. Wir sehen also: Obwohl er ein tüchtiger Krieger war, der mit seinen Waffen umzugehen wusste, maßte er sich die Siege nicht selbst an. (Johannes Calvin)

9. Februar

Psalm 18,47-51

Weitere Lesung: 2. Samuel 22,47-51

Der Herr verfügt über das ursprüngliche, das eigentliche, freie und ewige Leben. Wir dienen nicht einem leblosen Gott, einem Produkt unserer Einbildung oder gar einem sterbenden Gott. Er allein hat Unsterblichkeit. Wie treue Untertanen lasst uns rufen: »Es lebe der HERR! Lang lebe der König der Könige! In der Kraft Deiner Unsterblichkeit weihen wir uns Dir aufs Neue.« Der HERR, unser Gott, lebt; lasst uns für Ihn leben! Er ist der Grund unserer Hoffnung, lasst Ihn den Gegenstand unseres Lobpreises sein! In unseren Herzen preisen wir den Herrn, beten Ihn an in heiliger Liebe.

Weil der Herr unser Retter ist, sollten wir Ihn mehr denn je verherrlichen. Wir sollten die Botschaft von Seinem Bund und vom Kreuz überallhin ausbreiten und die Erwählung durch den Vater, die Erlösung durch den Sohn und die Wiedergeburt durch den Heiligen Geist verkündigen. Der uns vom verdienten Verderben errettet hat, sollte uns über alles wertvoll sein. Im Himmel singen sie: »Dem, der uns gewaschen hat in Seinem Blut ...«, da sollte das gleiche Lied doch in den Versammlungen der Heiligen hier auf der Erde zu hören sein.

Sich persönlicher Rache zu erfreuen, ist böse. Aber David sah sich als Werkzeug göttlichen Strafgerichts an den Feinden Gottes und Seines Volkes, und hätte er sich nicht des Erfolges gerühmt, der ihm zuteil wurde, hätte er tadelnswert gehandelt. Dass Sünder untergehen, ist an sich eine schmerzliche Sache; doch dass dem Gesetz Gottes Recht verschafft wurde gegenüber denen, die es gebrochen haben, ist dem gottgeweihten Herzen ein Grund zur Dankbarkeit. Wir dürfen allerdings nicht vergessen, dass die Rache niemals unsere Sache ist, sondern

Psalm 18,47-51

dem Herrn zusteht; denn Er ist so gerecht und so langmütig in der Ausführung, dass wir die Angelegenheit ruhig Seinen Händen überlassen dürfen.

In den Schlussvers hat der Dichter eine große Ausdrucksfülle gelegt, weil er von höchster Begeisterung und Dankbarkeit erfasst ist. Das Wort »Rettung« steht im Hebräischen in der Mehrzahl, um die Heilsfülle, die Mannigfaltigkeit der Errettung und ihre Vollkommenheit auszudrücken. Alle diese Gnaden sind uns in unserem König, dem Gesalbten des HERRN, geschenkt worden; und alle sind in der Tat gesegnet, die zu Seinem »Samen« gehören und darum Gnade und Auferbauung für alle Ewigkeit erwarten dürfen. Der Herr war David treu, und Er wird Seinen Bund mit dem Nachfolger Davids nicht brechen, da dieser Bund die Ehre Seiner Krone und Seines Wesens noch viel mehr mit einschließt.

Der Psalm schließt in demselben von Liebe erfüllten Geist, mit dem er auch begann. Wohl denen, die immerdar von Liebe singen können, so wie die Pilger von Kraft zu Kraft gehen.

Zum Nachdenken: Manchmal erfreut und tröstet der Herr die Herzen Seiner Leute, indem Er sie viel Freundliches und Belebendes erfahren lässt, sowohl in der Öffentlichkeit als auch im Persönlichen. (John Flavel)

10. Februar

Psalm 19,1-7

Weitere Lesung: Römer 10,16-21

Das Buch der Natur hat drei Blätter: Himmel, Erde und Meer. Von ihnen steht der Himmel an erster Stelle und ist das Herrlichste. Mit seiner Hilfe sind wir in der Lage, die Schönheiten der beiden anderen zu erkennen. Jedes Buch wäre ohne seine erste Seite ziemlich unvollkommen, ganz besonders das großartige Buch der Natur-Bibel, weil doch von seiner ersten Seite, von Sonne, Mond und Sternen, das ganze übrige Buch erleuchtet wird. Hier liegt also der Schlüssel, ohne den der folgende Text dunkel und unerkennbar bliebe. Der Mensch geht offensichtlich deshalb aufrecht, weil er den Himmel betrachten soll, und wenn er die Schöpfung betrachten will, indem er bei den Sternen anfängt, beginnt er an der richtigen Stelle.

Jeder Teil der Schöpfung enthält mehr Belehrung, als der menschliche Geist je auszuschöpfen vermag; aber der Himmel ist ein an geistlichen Erkenntnissen besonders reiches Gebiet. Die Himmel erzählen ohne Unterbrechung, das wird im Hebräischen durch das Partizip ausgedrückt. Fort und fort verkünden die oben über uns stehenden himmlischen Herolde Gottes Dasein, Seine Macht und Seine Weisheit. Wer Gottes Erhabenheit erahnen möchte, der blicke zu dem sternübersäten Himmelsgewölbe empor; wer die göttliche Weisheit zu sehen begehrt, erwäge die wunderbaren Gesetzmäßigkeiten im Lauf der Planeten; wer Gottes Treue und Seine Macht, Größe und Majestät bedenken will, der betrachte die Schwerkraft, die riesigen Ausmaße der Fixsterne und die erhabene Schönheit des gesamten Himmelsheeres. Die Himmel verkünden nicht nur Herrlichkeit, sondern die Herrlichkeit Gottes; denn sie liefern uns so unumstößliche Beweise für einen intelligenten, pla-

Psalm 19,1-7

nenden, alles kontrollierenden und beherrschenden Schöpfer, dass jeder, der nicht in Vorurteilen befangen ist, davon überzeugt werden muss. Das himmlische Zeugnis ist nicht nur ein Hinweis, sondern eine schlicht unmissverständliche Proklamation der vollkommensten und beständigsten Art. Aber welchen Nutzen hat das lauteste Zeugnis für den geistlich tauben Menschen und die deutlichste Darstellung für den geistlich Blinden? Gottes Heiliger Geist muss uns erleuchten, sonst erreichen alle Sonnen der Milchstraße nichts.

Am Himmelszelt lässt Gott ein Sternenbanner flattern, das uns zeigen soll: Der König ist zu Hause und hat Sein Wappenschild ausgehängt, damit alle Gottesleugner sehen, wie sehr Er ihr Leugnen verachtet. Wer zum Himmel aufblickt und sich dann als Atheist ausgibt, brandmarkt sich selbst im selben Augenblick als Irren oder Lügner. Weil sich viele, die Gott lieben, scheuen, die Gottesoffenbarung in der Natur zu untersuchen, haben sie leider dem Geschwätz der Gottesleugner einen Anstrich von Berechtigung gegeben. Die weisesten Menschen sind die, welche mit frommem Eifer den Fußspuren des Ewigen sowohl im Reich der Schöpfung als auch im Reich der Gnade nachgehen. Nur Toren fürchten, ein ehrliches Erforschen der Natur könne dem Glauben an die Bibel schädlich sein.

Zum Nachdenken: Himmel, Sonne, Mond und Sterne sind sozusagen die Bühne für Gottes Weisheit und Macht und Herrlichkeit. (Obadiah Sedgewick)

11. Februar

Psalm 19,8-15

Weitere Lesung: 1. Petrus 2,1-3

Die von Gott offenbarte Lehre erklärt David für vollkommen, obwohl er nur einen sehr kleinen Teil der Heiligen Schrift kannte. Wenn schon ein Bruchstück, und zwar der dunkelste und geschichtlichste Teil, vollkommen ist, was muss dann erst das ganze Werk sein? Wie hochvollkommen ist das Buch, welches die denkbar klarste Darstellung der göttlichen Liebe enthält und uns einen freien Einblick in die erlösende Gnade gewährt! Das Evangelium ist die vollständige Darstellung der gnadenvollen Errettung und bietet dem bedürftigen Sünder alles, was er so bitter nötig hat. Nichts ist überflüssig, nichts fehlt in Gottes Wort und am Plan der Gnade. Warum versuchen dann die Menschen, diese Lilie anzumalen und dieses reine Gold zu vergolden? Das Evangelium ist in allen Teilen vollkommen; es ist eine Schandtat, dazu etwas hinzuzufügen, ein Verrat, daran etwas zu ändern, und ein Verbrechen, davon etwas wegzunehmen. Die praktische Wirkung des Wortes Gottes ist, die Menschen wieder zu sich selbst sowie zu Gott und zur Heiligkeit zurückzubringen. Und diese Umkehr ist nicht nur eine äußerliche; die Seele wird erreicht und erneuert. Das große Mittel zur Bekehrung von Sündern ist das Wort Gottes, und je näher wir uns in unserem Dienst daran halten, umso wahrscheinlicher ist der Erfolg; denn es ist Gottes Wort selbst und nicht die menschliche Auslegung, was sich an Menschenherzen mächtig erweist.

Gottes Vorschriften und Gesetze gründen sich auf Gerechtigkeit und sind genau das, was für den vernünftigen Menschen richtig und geeignet ist. Wie ein Arzt die richtige Medizin und ein Berater den richtigen Hinweis gibt, so macht es das Buch

Psalm 19,8-15

Gottes auch. Schmutz bringt Verderbnis; aber Reinheit ist der große Feind des Verderbens. Die Gnade Gottes im Herzen ist ein reiner Grundsatz, ein bleibender und unvergänglicher Grundsatz, der eine Zeit lang unterdrückt, aber nicht gänzlich zerstört werden kann.

Biblische Wahrheit bereichert die Seele in höchstem Maße, das sich immer mehr steigert, wenn wir Gebrauch davon machen: Gold – viel Gold – gediegenes Gold, gut – besser – am besten. Und darum sollten wir sie nicht nur mit der Gier eines Geizhalses, sondern noch viel intensiver zu gewinnen suchen. Da geistliche Schätze doch so viel edler sind als materieller Reichtum, sollten wir uns umso eifriger darum bemühen. Die Menschen sprechen von solidem Gold; aber was ist so solide wie solide Wahrheit? Aus Liebe zum Gold schwört man dem Vergnügen ab, sagt der Bequemlichkeit Ade und bringt sein Leben in Gefahr; sollten wir nicht bereit sein, dasselbe aus Liebe zur Wahrheit zu tun?

Unser Goel oder Erlöser gibt dem Psalm ein gesegnetes Ende. Er fing mit den Himmeln an; aber er endet mit dem, dessen Herrlichkeit Himmel und Erde erfüllt. Gepriesener Erlöser, gewähre uns, dass wir nun so über Deine wunderbare Liebe und Freundlichkeit nachdenken, wie es Dir wohlgefällt!

Zum Nachdenken: Alte Menschen sind immer hinter dem Profit her, junge hinter dem Vergnügen. Hier ist Gold für die einen, wahrhaft das beste Gold in großer Menge, und hier ist Honig für die anderen, wahrhaft lebendiger Honig, der schon aus den Waben tropft! (John Trapp)

12. Februar

Psalm 20,1-5

Weitere Lesung: Hebräer 5,1-10

Wir haben hier eine Nationalhymne, die vor Ausbruch eines Krieges gesungen werden sollte, wenn der Herrscher das Schwert zur Schlacht anlegt. Wäre David nicht mit Kriegen belästigt worden, hätten wir nie das Vorrecht erhalten, solche Psalmen zu besitzen. Die Verse 2-5 sind ein Gebet um Erfolg für den König. Es bedarf nur kurzen Überlegens, dann begreifen wir, dass dieses Gebetslied prophetisch auf unseren Herrn Jesus hinweist. Es ist also ein bittendes Rufen der Gemeinde wegen ihres Herrn, weil sie zuschaut, wie Er einen großen Kampf der Anfechtungen ihretwegen zu bestehen hat. Die Kämpfer des Volkes Gottes mit dem großen »Urheber ihrer Errettung« an ihrer Spitze sollten auch heute noch ernstlich bitten, das Wohlgefallen des HERRN möge doch durch Seine Hand gedeihen.

Es mag viel in einem königlichen Namen liegen, oder im Namen eines Gelehrten oder in dem eines Hochgeehrten; aber es wird das Thema himmlischer Gelehrsamkeit sein, zu entdecken, was alles in dem göttlichen Namen enthalten ist. Die herrliche Kraft Gottes verteidigte und bewahrte den Herrn Jesus im Kampf Seines Lebens und Sterbens und erhob Ihn über alle Seine Feinde. Sein Kämpfen hat nun ein Ende gefunden, was Ihn persönlich angeht; doch in Seinem Leib, in Seiner Gemeinde, ist Er immer noch von Gefahren bedroht, und nur der ewige Arm unseres Gottes kann die Soldaten des Kreuzes verteidigen und sie erhöhen und der Reichweite ihrer Feinde entziehen. Der Tag der Anfechtung ist noch nicht vorüber, der bittende Erlöser schweigt noch nicht, und der Name des Gottes Israels ist immer noch die Zuflucht der Getreuen.

Psalm 20,1-5

Aus dem himmlischen Heiligtum kam der Engel, um den Herrn zu stärken, und durch die kostbare Erinnerung an Gottes Werk in Seinem Heiligtum wurde unser Herr erquickt, als Er am Holz hing. Es gibt keine Hilfe, die mit der göttlichen zu vergleichen wäre, und keine Erlösung gleicht der, die aus dem Heiligtum kommt. Das Heiligtum ist für uns die Person des gepriesenen Herrn, von dem der Tempel ein Bild ist. Er selbst ist das wahre Heiligtum, das Gott errichtet hat und nicht der Mensch. Lasst uns in allen Zeiten der Not zum Kreuz fliehen, damit wir bewahrt werden, dann wird uns Hilfe zuteil. Weltmenschen verachten die Hilfe aus dem Heiligtum, doch unsere Herzen haben sie zu schätzen gelernt, mehr als alle materielle Hilfe.

Christi Begehren und Sinnen waren beide auf die Rettung Seines Volkes gerichtet; und die Gemeinde in diesen späten Tagen ersehnt von ganzem Herzen die vollständige Erfüllung Seiner Absichten. In Christus Jesus geheiligte Seelen dürfen Vers 5 als Verheißung verstehen; sie werden erhalten, was sie begehren, und ihre Pläne, den Meister zu verherrlichen, gehen in Erfüllung. Wir bekommen unseren Willen, wenn unser Wille Gottes Wille ist. Das war bei dem Herrn immer der Fall, und doch sagte Er: »Nicht wie Ich will, sondern wie Du willst!«

Zum Nachdenken: Wie nötig haben wir die Unterordnung! Wenn sie für Ihn nötig war, wie viel mehr dann für uns! (C.H. Spurgeon)

13. Februar

Psalm 20,6-10

Weitere Lesung: Jesaja 2,1-4

Wir sollten, komme, was da will, mit aller Entschiedenheit darauf bestehen, dass wir uns der rettenden Arme des Herrn Jesus rühmen. Die Menschen in diesem Psalm waren sich des Sieges sicher, bevor der König in die Schlacht gezogen war, und darum begannen sie schon vorher mit dem Freudengesang. Wie viel mehr sollten wir das tun, wo wir doch den völlig errungenen Sieg gesehen haben! Der Unglaube beginnt wegen der Beerdigung zu weinen, bevor der Mensch gestorben ist; warum sollte der Glaube nicht schon mit dem Pfeifen beginnen, bevor der Siegestanz anfängt?

Hier, in Vers 7, wird überzeugend bewiesen, dass sowohl Gottes Heiligkeit als auch Seine Macht den Heiland aus Seinen Konflikten retten würden, und gewisslich fanden diese beiden herrlichen Eigenschaften eine ihrer würdige Betätigung als Antwort auf die Schreie des Leidenden. Weil Jesus erhört wurde, werden wir es auch. Gott ist im Himmel, aber unsere Gebete erreichen jene wunderbaren Höhen; diese Himmel sind zwar heilig, aber Jesus reinigt unsere Gebete, und so finden sie Erhörung. Unsere Nöte sind groß; aber der göttliche Arm ist stark, und alles, was Er für uns tut, sind »Heilstaten«. Und diese Heilstaten sind in der am meisten gebrauchten und darum in der geschicktesten Hand, in Seiner Rechten. Welche Ermutigungen sind das für betende Heilige!

Die schrecklichsten Kriegsmaschinen in Davids Zeiten waren die Streitwagen. Sie hatten Sensen an den Rädern, von denen die Menschen wie Gras niedergemäht wurden. Und sie waren der Stolz und der Ruhm der Nachbarvölker; doch die Heiligen betrachteten den Namen des HERRN als weit bessere Verteidi-

Psalm 20,6-10

gung. Weil die Israeliten keine Pferde halten sollten, war es natürlich, dass sie die Kavallerie der Feinde in besonderem Maß fürchteten. Es ist darum ein umso größerer Glaubensbeweis, wenn die mutigen Sänger hier sogar die Rosse aus Ägypten für nichts hielten im Vergleich zu dem Herrn der Heerscharen. Leider sind heute so viele, die bekennen, zum Herrn zu gehören, so erbärmlich abhängig von ihren Zeitgenossen und vom »Arm aus Fleisch« in dieser oder jener Form, als hätten sie den HERRN niemals kennen gelernt. Jesus, Du allein bist unser Fels und unsere Zuflucht, möchten wir doch nie die Einfalt unseres Glaubens verlieren!

Der Name unseres Gottes ist der HERR; das sollten wir nie vergessen. Er ist der aus sich existierende, unabhängige, unwandelbare, stets gegenwärtige, alles erfüllende ICH BIN. Lasst uns diesen unvergleichlichen Namen anbetend verehren und ihn nie durch Misstrauen entehren, oder indem wir auf Geschöpfe vertrauen. Lieber Leser, du musst ihn kennen, bevor du dich an ihn erinnern kannst. Möge der gepriesene Geist es deiner Seele offenbaren!

Auch solche, die in dem HERRN Ruhe gefunden haben, werden oft beim ersten Angriff niedergeworfen; aber der allmächtige Arm hebt sie wieder auf, so dass sie voller Freude aufrecht stehen. Der Sieg Jesu ist das Erbteil Seines Volkes. Welt, Tod, Satan und Sünde werden unter die Füße dieser Glaubenshelden getreten werden, während alle, die sich auf einen »Arm aus Fleisch« verlassen, beschämt und für ewig zuschanden werden.

Zum Nachdenken: Die Heere, die Dir in den Himmel folgen, haben selbst keine Waffen und keine Kraft, außer wenn sie Dir nachfolgen. (Isaac Williams)

14. Februar

Psalm 21,1-7

Weitere Lesung: Offenbarung 19,11-16

Der König ist das beherrschende Thema dieses Psalms, und wir werden den größten Nutzen aus dem Gelesenen ziehen, wenn wir in Freude über Ihn nachdenken. Lasst uns Ihm als unserem herrlichen Retter huldigen, Seine Liebe besingen und Seine Macht rühmen! Der nächste Psalm wird uns an den Fuß des Kreuzes bringen; dieser führt uns zu den Stufen Seines Throns.

Jesus ist dieser König. Die Frage »Also bist Du doch ein König?« erfuhr ihre volle Beantwortung von den Lippen des Heilands: »Du sagst es, dass Ich ein König bin. Ich bin dazu geboren und dazu in die Welt gekommen, dass Ich für die Wahrheit Zeugnis gebe.« Er ist nicht nur *ein* König, sondern *der* König; der König über den Verstand und über das Herz, der durch die Liebe regiert. Verglichen mit Ihm sind alle anderen Herrschaften nichts als brutale Gewalt. Selbst am Kreuz wurde Er als König ausgerufen; denn dort regierte Er für das Auge des Glaubens tatsächlich wie auf einem Thron und segnete mit mehr als imperialer Großherzigkeit die bedürftigen Erdensöhne. Jesus hat die Erlösung Seines Volkes erwirkt; doch als Mensch fand Er Seine Kraft in dem HERRN, Seinem Gott, an den Er Seine Gebete in der Bergabgeschiedenheit und in der düsteren Einsamkeit des Gartens am Ölberg richtete. Dass Ihm in so reichem Maße Kraft zuteil wurde, wird hier dankbar anerkannt und zum Gegenstand der Freude gemacht. Der Mann der Schmerzen ist nun mit dem Öl der Freude gesalbt, mehr als Seine Gefährten. Darin sollte jeder Untertan des Königs Jesus diesen König nachahmen: Lasst uns doch uns auf die Kraft des HERRN stützen! Lasst uns in festem Glauben voller Freude sein! Lasst uns Ihn

Psalm 21,1-7

in dankbaren Liedern erheben! Jesus hat sich nicht nur auf diese Weise gefreut, sondern wird es auch tun, wenn Er sieht, wie die Gnade solche Seelen aus ihren Sündenverstecken holt, für die Er das Lösegeld bezahlt hat. Auch wir werden uns mehr und mehr freuen, wenn wir durch Erfahrung in immer größerem Umfang die Kraft unseres Gottes kennen lernen. Unsere Schwachheit lockert die Saiten unserer Harfe; aber Seine Kraft stimmt sie aufs Neue. Können wir auch keinen Ton über unsere eigene Kraft singen, so sind wir jedenfalls in der Lage, unseren allmächtigen Gott zu rühmen.

Jesus ist Gott über alles, gepriesen in Ewigkeit. Aber dieser Text bezieht sich auf Ihn als unseren Mittler, und in dieser Eigenschaft wird auch uns durch Seinen Verdienst Segnung zuteil. Genau wie der Herr dem Abraham geschworen hatte, wurde der verheißene Same zu einer ewigen Quelle des Segens für alle Völker der Erde. Dazu ist Er eingesetzt und verordnet; Er wurde zu diesem Zweck Mensch, dass Er die Söhne der Menschen segne. Ach, hätten doch die Sünder so viel Verstand, den Erlöser als den anzunehmen, wozu Er bestimmt ist, nämlich als Erlöser verlorener und schuldiger Seelen!

Zum Nachdenken: Wären auch tausend Millionen Himmel über den höchsten Himmeln erschaffen, und noch einmal so viele oben drauf, und so viele darüber, dass die Engel müde würden, sie zu zählen, so wäre das noch immer ein zu niedriger Platz, den fürstlichen Thron des Herrn Jesus (dem du gehörst) darüber zu errichten. (Samuel Rutherford)

15. Februar

Psalm 21,8-14

Weitere Lesung: Offenbarung 19,17-21

Der Mittlerthron Jesu versichert uns ewiger Barmherzigkeit. Gott, der in jeder Beziehung der Allerhöchste ist, verwendet alle Seine unendlichen Vollkommenheiten dazu, den Thron der Gnade aufrechtzuerhalten, auf dem unser König in Zion regiert. Er wurde weder durch Seine Leiden noch durch Seine Feinde von Seinem Ziel wegbewegt, noch wird Er von der Erfüllung Seines Plans abgehalten. Er ist derselbe gestern, heute und in Ewigkeit; andere Könige versagen, weil sie sich auf einen »Arm aus Fleisch« stützen; aber unser Herrscher regiert prächtig immer weiter, weil Er auf den HERRN vertraut. Es ist ein großer Gnadenerweis Gottes gegenüber den Menschen, dass der Thron des Königs Jesus noch bei ihnen ist. Nichts als göttliche Barmherzigkeit konnte ihn aufrechterhalten, denn menschliche Bosheit hätte ihn morgen schon umgestoßen, wenn das möglich wäre. Wir sollten Gott vertrauen, Er werde das Reich des Erlösers bewahren; denn der König selbst vertraut auf den HERRN. Alle Handlungen des Unglaubens und besonders das Vertrauen auf menschliche Fähigkeiten sollten für immer aus einem Reich verschwinden, dessen König allen ein gutes Vorbild ist, indem Er selbst auf Gott vertraut.

Der Untergang der Gottlosen ist ein passender Grund zum Jubel für die Freunde der Gerechtigkeit; darum wird sie hier wie in den meisten Liedern der Bibel mit ruhiger Danksagung bedacht. Wir bedauern die Verlorenen, weil sie Menschen sind; aber als Feinde Christi können wir sie nicht bedauern. Niemand kann dem Zorn des siegreichen Königs entrinnen, noch wäre es wünschenswert, dass sie es täten. Der HERR selbst wird den Feinden Seines Sohnes im Zorn begegnen. Der Herr Jesus

Psalm 21,8-14

wird sozusagen Richter in Gottes Auftrag sein, dessen ernste Zustimmung und Mitwirkung wird Ihn begleiten, wenn Er den unbußfertigen Sündern das Urteil spricht. Hiermit ist eine gänzliche Zerstörung von Seele und Leib gemeint, so dass beide von Jammer verschlungen und von Angst verzehrt werden. Wie schrecklich wird dieser Zorn sein! Wie schrecklich! Wer könnte ihn ertragen? Herr, rette uns davor, um Jesu willen!

Es ist immer gut, den HERRN zu preisen, wenn wir an die Güte Seines Sohnes und an die Überwindung Seiner Feinde denken. Die Erhebung des Namens Gottes sollte die Beschäftigung jedes Christen sein; aber weil so Elende wie wir darin versagen, Ihm die gebührende Ehre zu geben, dürfen wir Seine eigene Kraft zur Hilfe rufen. Eine Zeit lang mögen die Heiligen klagen; doch die herrliche Erscheinung ihres göttlichen Helfers erweckt ihre Freude, und Freude sollte immer in den Kanal des Lobens einmünden. Alle Eigenschaften Gottes können und sollten mit der Musik unseres Herzens und unseres Mundes gefeiert werden; und wenn wir eine Entfaltung Seiner Macht erleben, müssen wir Ihn dafür preisen. Er bewirkte unsere Befreiung ganz allein, so gebührt auch Ihm allein der Lobgesang.

Zum Nachdenken: Allen, für die Christus zum Herrn und Retter hätte werden können, die Ihn aber verwarfen und bekämpften, wird allein der Gedanke daran ausreichen, für sie in Ewigkeit zu einem glühenden Feuerofen zu werden. (Matthew Henry)

16. Februar

Psalm 22,1-11

Weitere Lesung: Markus 15,33-39

Dieser Psalm ist mehr als alle anderen der Psalm des Kreuzes. Wegen der herzerschütternden Klagerufe, die aus den unergründlichen Tiefen Seiner Schmerzen aufsteigen, können wir sagen: »Keiner ist ihm gleich.« Er ist die fotografisch genaue Wiedergabe der traurigsten Stunden unseres Herrn, der Bericht von Seinen Sterbensworten und das Denkmal Seiner Freude, als Er das Leben aushauchte. Wir mögen hier in gewisser Weise auch Davids Anfechtungen finden; aber wie der Stern verblasst, wenn die Sonne aufgeht, so wird jeder, der auf Jesus sieht, höchstwahrscheinlich weder auf David blicken, noch nach ihm fragen. Vor uns haben wir sowohl die Beschreibung der Dunkelheit des Kreuzes als auch dessen Herrlichkeit, sowohl die Schilderung der Leiden Christi als auch der nachfolgenden Herrlichkeit. O, welche Gnade ist es, herzutreten zu dürfen, um dieses große Wunder zu betrachten! Wir sollten diesen Psalm mit aller Ehrfurcht lesen und wie Mose bei dem brennenden Dornbusch die Schuhe von unseren Füßen nehmen; denn wenn es in der Bibel heiligen Boden gibt, dann hier.

Die Juden spotteten, aber die Engel beteten an, als Jesus diesen furchtbar bitteren Schrei ausstieß. Wir erblicken unseren großen Erlöser ans Kreuz genagelt in Seiner höchsten Not, und was sehen wir? Lasst uns mit heiligem Staunen hinschauen und auf die Lichtstrahlen achten inmitten der schrecklichen Finsternis jener mittäglichen Mitternacht. Der Glaube unseres Herrn leuchtet auf und verdient es, demütig nachgeahmt zu werden; Er hält sich mit beiden Händen an Seinem Gott fest und ruft zweimal: »Mein Gott, Mein Gott!« Der Geist der Sohnschaft war stark in dem leidenden Menschensohn, und Er fühlte keiner-

Psalm 22,1-11

lei Zweifel in Bezug auf Seine Anrechte an Seinem Gott. Ach, könnten wir uns so fest wie Er an Gott klammern, wenn Er uns Anfechtungen schickt!

Der Mann der Schmerzen hat gebetet, bis Ihm die Stimme versagte und Er nur noch stöhnen und klagen konnte, wie es Schwerkranke tun, wie das Brüllen verwundeter Tiere. In welch äußerstes Leid wurde unser Herr getrieben! Wie stark waren Sein Geschrei und Seine Tränen, dass Er zum Sprechen zu heiser war! Wie groß muss Seine Angst gewesen sein, als Er merkte, dass Sein Gott, auf den Er vertraute, so weit von Ihm entfernt war und Ihm weder Hilfe gewährte, noch sein Gebet zu erhören schien! Dies war in der Tat Grund genug, Ihn »stöhnen« zu lassen. Doch es bestand Ursache für all dies, wie jeder, der in Jesus als seinem Stellvertreter ruht, sehr wohl weiß.

Wir dürfen Gott an Seine früheren Freundlichkeiten gegenüber Seinem Volk erinnern und Ihn bitten, es weiterhin so zu machen. Das ist wahres Ringen; lasst uns diese Kunst erlernen. Seht, die früheren Heiligen schrien und wurden gerettet, und wir sollten in Bedrängnissen dasselbe tun. Das Ergebnis war ausnahmslos, dass sie mit ihrer Hoffnung nicht beschämt wurden; denn die Errettung kam zur rechten Zeit; und uns wird dasselbe glückliche Los zufallen. Das Gebet des Glaubens kann vollbringen, was sonst nichts kann. Lasst uns staunen, wenn wir sehen, dass Jesus dieselben Bitten vorbringt wie auch wir, wo Er doch in viel tiefere Leiden versank, als sie uns je begegnen könnten.

Zum Nachdenken: Ach, wie müssen doch unsere Herzen in Liebe hinschmelzen, wenn wir daran denken, dass wir betrübt werden wegen unserer Sünden gegen Ihn, und Er um unseretwillen in viel härteren Kämpfen war! (Timothy Rogers)

17. Februar

Psalm 22,12-22

Weitere Lesung: Markus 15,21-25

Der gekreuzigte Sohn Davids fährt fort, Seine Klagen und Gebete vorzutragen. Wir benötigen viel Gnade, damit wir beim Lesen Gemeinschaft mit Seinen Leiden haben können. Möge der gesegnete Heilige Geist uns zu dem klarsten und herzbewegendsten Anblick der Schmerzen unseres Erlösers führen!
Unser Stellvertreter litt in tiefster Seele, denn Er sagte: »Die Wasser sind bis an die Seele gekommen«; da mochte Er wohl rufen: »Sei nicht fern von Mir!« Das Fehlen aller sonstigen Helfer ist ein sprechender Appell. Im Fall unseres Herrn konnte und wollte niemand helfen; es war nötig, dass Er die Kelter allein trat; doch wurden Seine Leiden dadurch entsetzlich verschlimmert, dass Ihn Seine Jünger alle verlassen hatten. Freunde und Gefährten waren fern von Ihm. Es ist etwas Schreckliches, völlig ohne Freunde zu sein; das erdrückt das Menschenherz; denn der Mensch ist nicht erschaffen, um allein zu sein, und gleicht einem abgetrennten Glied, wenn sein Herz völlig einsam ist. Denkt über den Herrn Jesus nach, wie Er als hilf- und schutzloser, nackter Mensch mitten in eine Herde aufgehetzter, wilder Stiere gestoßen worden war. Sie glichen an Rohheit den Stieren, und es waren viele und starke Feinde, und der von allen Verworfene war ganz allein, an ein Holz genagelt. Diese Seine Situation gibt seinem Flehen tiefen Nachdruck: »Sei nicht fern von Mir!« Der Glaube unseres Herrn muss durch schwere Anfechtungen gegangen sein, als Er sich auf Gnade und Verderb den Gottlosen ausgeliefert sah; doch Er ging siegreich daraus hervor, indem Er betete. Gerade die Gefahren, denen Er ausgesetzt war, dienten dazu, dass Seine Gebete die Oberhand gewannen.

Psalm 22,12-22

Dann wendet sich der Herr von Seinen Feinden weg und beschreibt Seinen eigenen, persönlichen Zustand mit Worten, die allen, die Ihn lieben, die Tränen in die Augen treiben müssten. Er war völlig aufgezehrt, wie auf die Erde geschüttetes Wasser; Sein Herz war zerschmolzen und hatte nicht mehr Festigkeit als fließendes Wasser. Alles an Ihm war zu einem Opfer geworden, wie ein vor Gott ausgegossenes Trankopfer. Schon lange war Er ein Tränenquell geworden; in Gethsemane trat blutiger Schweiß auf Seine Stirn, und am Kreuz strömte Sein Blut hervor. Er schüttete Seine Kraft und Seinen Geist aus, so dass Er nur noch völlig schwach und ganz erschöpft war.

Weil Er schon früher die Errettung von mächtigen Feinden erfahren hatte, die stark wie Stiere waren, ruft der Erlöser am Schluss nach Rettung vom Tod, der wie ein wütender und reißender Löwe über Ihn kam. Dieses Gebet wurde erhört, und die Finsternis des Kreuzes schwand. So erringt der Glaube am Ende den Sieg, auch wenn er hart geschlagen und sogar dem Feind unter die Füße gegeben war. So war es bei unserem Haupt, und so wird es bei allen Seinen Gliedern sein. Wir haben die wilden Stiere überwunden und werden auch den Löwen besiegen, und von beiden, von dem Löwen und den Stieren, werden wir die Kronen wegnehmen.

Zum Nachdenken: Wie sehr verändert sich doch der Blick des erweckten Sünders, wenn er ihn nach Golgatha richtet, wenn der Glaube die Augen zu dem erhebt, der für Schuldige rang und blutete und starb! (John Morison)

18. Februar

Psalm 22,23-32

Weitere Lesung: Hebräer 2,10-15

Die Veränderung ist überdeutlich: Von einem furchtbaren Orkan hat sich alles in Stille gewandelt. Endlich war die Finsternis Golgathas vom Angesicht der Natur und von der Seele des Erlösers gewichen, und indem Er das Licht Seines Triumphes und die künftigen Ergebnisse sah, lächelte der Heiland. Wir sind Ihm durch die Dunkelheit gefolgt, lasst uns nun bei Ihm sein, wenn das Licht zurückkehrt.

Jesu Freude ist zu aller Zeit Seine Gemeinde; und so kehren Seine Gedanken nach so viel Kampf und Streit bei der ersten Erleichterung wieder in die alten Bahnen zurück: Er macht neue Pläne zum Nutzen Seiner Geliebten. Er schämt sich nicht, sie Brüder zu nennen. Eines Seiner ersten Worte nach der Auferstehung lautet: »Gehe hin zu Meinen Brüdern!« Jesus blickt voraus auf die Freude, Gemeinschaft mit Seiner Gemeinde zu haben; Er hat vor, ihr Lehrer und Hirte zu sein, und richtet Seine Gedanken auf den Inhalt Seiner Unterhaltung. Nicht nur in kleinen Familienzusammenkünften nimmt sich der Herr Jesus vor, die Liebe Seines Vaters zu verkünden, sondern auch in den großen Versammlungen Seiner Heiligen und in der allgemeinen Versammlung der Erstgeborenen. Dies tut der Herr Jesus überall durch Seine dazu Beauftragten, die die Herolde der Errettung sind und zum Preise Gottes arbeiten. In der großen, universalen Gemeinde ist Jesus der autoritative Lehrer, und alle anderen, sofern man sie Lehrer nennen darf, sind nur das Echo Seiner Stimme. Jesus offenbart Sein Thema: Er will den Namen Gottes verkündigen, damit Er gelobt wird. Die Gemeinde erhebt beständig den HERRN, weil Er sich in der Person Jesu selbst gezeigt hat. Und Jesus selbst leitet den Gesang und ist somit sowohl Kantor als auch Prediger in

Psalm 22,23-32

Seiner Gemeinde. Es sind herrliche Zeiten, wenn Jesus sich mit unseren Herzen über göttliche Wahrheiten unterhält. Dann ist freudiges Lob das sichere Ergebnis.

Der Leser muss sich Vers 24 so vorstellen: Der Heiland redet die Versammlung der Heiligen an. Er fordert die Gläubigen auf, sich mit Ihm in der Danksagung zu vereinen. Das Kennzeichnende des Evangeliums ist der Lobpreis. Alle, Juden wie Heiden, die durch die souveräne Gnade erlöst wurden, sollten eifrig das gesegnete Werk betreiben, den Gott unserer Errettung zu verherrlichen. Alle Heiligen müssten sich zu diesem Gesang vereinen, keine Zunge sollte schweigen, kein Herz kalt bleiben. Christus ruft uns zur Verherrlichung Gottes auf, wie dürften wir uns verweigern? Von dem innersten Kreis der bestehenden Gemeinde aus soll sich der Segen mit wachsender Kraft immer weiter ausbreiten, bis sich die entferntesten Gebiete der Erde ihrer Götzen schämen und den wahren Gott erkennen. Dann werden sie wegen ihrer Übertretungen Buße tun und einmütig und mit ganzem Ernst die Versöhnung mit dem HERRN suchen. Dann wird aller falsche Gottesdienst aufhören.

Die souveräne Gnade wird die Bluterkauften aus der Menschheit herausführen. Nichts wird den göttlichen Plan durchkreuzen. Die Erwählten gelangen zum Leben, zum Glauben, zur Vergebung und zum Himmel. Darin findet der sterbende Erlöser eine heilige Befriedigung. Das herrliche Werk der Erlösung ist vollbracht, Frieden ist auf Erden und Herrlichkeit in der Höhe. »Es ist vollbracht!« Dies waren die Worte, mit denen der Herr Jesus Sein Leben gab, und es sind auch die letzten Worte dieses Psalms. Möchten wir durch den lebendigen Glauben sehen können, dass unsere Errettung durch den Tod des Herrn Jesus vollbracht ist! Er hat es getan!

Zum Nachdenken: Wer wirklich zu Christus bekehrt ist, wird Ihn auch anbeten. (Andrew Fuller)

19. Februar

Psalm 23

Weitere Lesung: Johannes 10,11-16

Welche Erniedrigung liegt darin, dass der unendlich große HERR Seinem Volk gegenüber das Amt und die Haltung eines Hirten einnimmt! Es sollte uns zu dankbarer Bewunderung führen, dass der große Gott erlaubt, mit etwas verglichen zu werden, das Seine wunderbare Liebe und Fürsorge gegenüber Seinem Eigentumsvolk beschreibt. David selbst hatte Schafe gehütet und kannte beides: die Bedürfnisse der Schafe wie auch die vielen Mühen des Hirten. Er beschreibt sich selbst als schwaches, wehrloses und törichtes Geschöpf, und er will Gott als seinen Versorger, Bewahrer, Leiter und letztlich als sein Alles haben. Das schönste Wort von allen hier ist das einsilbige »mein«. Er sagt nicht: »Der HERR ist der Hirte der ganzen weiten Welt und leitet Seine unzählbare Herde«, sondern: »Der HERR ist mein Hirte.« Wäre Er auch sonst niemandes Hirte, so wäre Er doch der Hirte für mich; Er sorgt für mich, behütet mich und erhält mich. Die Worte stehen in der Gegenwart. In welcher Lage sich der Gläubige auch befindet, er steht gerade jetzt unter der Hirtenfürsorge des HERRN.

Das Christenleben besteht aus zwei Elementen: Es ist besinnlich und aktiv. Für beides ist reichlich gesorgt. Zuerst das Besinnliche: »Er lagert mich auf grünen Auen.« Was sind diese »grünen Auen« anderes als die Heilige Schrift der Wahrheit? Sie ist immer frisch, immer reichlich und niemals auszuschöpfen. Herzerfreulich und reichhaltig sind die Lehren des Evangeliums, die rechte Seelennahrung, so wie zartes Gras das natürliche Futter für Schafe ist. Der zweite Teil eines gesunden Christenlebens besteht aus gesegneter Aktivität. Wir denken nicht nur nach, wir handeln auch. Wir ruhen nicht nur und essen,

Psalm 23

sondern wir befinden uns auf der Reise zur Vollkommenheit. Darum lesen wir: »Er führt mich zu stillen Wassern.« Was sind diese »stillen Wasser« anderes als die Einflüsse und Gaben Seines gesegneten Heiligen Geistes? Wie Wasser (hier im Plural) hilft uns Sein Geist bei den verschiedenen Tätigkeiten, die uns reinigen, erfrischen, fruchtbar machen und erfreuen. Wenn die Seele mit Kummer beladen ist, belebt Er sie wieder; wenn sie gesündigt hat, heiligt Er sie wieder; wenn sie schwach wurde, stärkt Er sie wieder.

Dies ist die Freude des Christen! »Du bist bei mir.« Während ich mich hier befinde, bin ich gleichzeitig zu Hause bei meinem Gott; die ganze Welt wird mir zu Seinem Haus; und wenn ich in den »Obersaal« steige, wird sich an meiner Gesellschaft nichts ändern, nicht einmal das Haus. Ich werde nur gehen, um für immerdar in den oberen Stockwerken des Hauses des HERRN zu wohnen. Möge der Herr uns die Gnade gewähren, in der himmlischen Atmosphäre dieses überaus gesegneten Psalms zu wohnen!

Zum Nachdenken: Durch die dem David von Gott verliehenen Gnaden wurde er von der Dauerhaftigkeit der göttlichen Gunst ihm gegenüber überzeugt. (William Perkins)

20. Februar

Psalm 24,1-6

Weitere Lesung: Jesaja 25,6-12

Wie sehr unterscheidet sich dies von den törichten Gottesvorstellungen der Juden, die in den Tagen unseres Heilands vorherrschten. Die Juden sagten: »Das Heilige Land gehört Gott, und der Same Abrahams ist Sein einziges Volk.« Doch hatte sie ihr Großer Herrscher schon vor langer Zeit belehrt: »Des HERRN ist die Erde und ihre Fülle.« Das gesamte Erdenrund ist das Eigentum des HERRN.

Im zweiten Vers finden wir den Grund, weswegen die Welt Gott gehört. Er hat sie nämlich erschaffen. Das ist ein Besitzanspruch, dem niemand widersprechen kann. Die Welt ist des HERRN, der sie von Geschlecht zu Geschlecht bewahrt und erhält, nachdem Er ihre Grundlagen gelegt hatte. Bewahrung und Schöpfung sind zwei rechtmäßige Siegel auf der Besitzurkunde des großen Eigentümers aller Dinge. Er, der das Haus erbaute und seine Fundamente errichtete, hat unbestreitbar das erste Recht darauf.

In den Versen 3-6 werden uns die wahren Gläubigen beschrieben. Menschen, die als Pagen im Palast des lebendigen Gottes stehen, werden nicht durch die Rasse, sondern durch den Charakter von anderen unterschieden. Es sind nicht nur Juden, nicht nur Heiden, noch irgendein besonderer Zweig der Menschheit, sondern Menschen, die gereinigt und geeignet gemacht wurden, um auf dem heiligen Berg des HERRN zu wohnen. Um den Schöpfer zu erreichen, muss das Geschöpf hoch hinaufsteigen. Wo sind die gewaltigen Kletterer, die diese alles überragende Höhe ersteigen können? Und nicht allein deren Höhe, auch deren Herrlichkeit? Wessen Augen werden den König in Seiner Schönheit sehen, und wer wird in Seinem

Psalm 24,1-6

Palast wohnen? Er regiert im Himmel in höchster Herrlichkeit. Wem wird erlaubt sein, in Seine königliche Gegenwart zu treten? Gott hat alle geschaffen, aber Er wird nicht alle retten. Es gibt eine Gruppe der Auserwählten, denen die einmalige Ehre zuteil wird, in Seinem erhabenen Haus zu wohnen. Diese edlen Geister verlangen nach der Gemeinschaft mit Gott, und ihr Wunsch wird in Erfüllung gehen. Wer ist es, der den Heiligen anschauen darf und in den Feuerflammen Seiner Herrlichkeit bestehen wird? Gewiss sollte es keiner wagen, mit Gott aufgrund des Gesetzes Gemeinschaft zu pflegen. Doch die Gnade kann uns befähigen, dem Anblick der göttlichen Gegenwart standzuhalten. Ein Werk der Gnade muss im innersten Herzen geschehen sein, sonst ist unsere Frömmigkeit eine Selbsttäuschung. Möge Gott uns schenken, dass die inneren Kräfte der Seele durch den heiligenden Geist gereinigt werden, damit wir Heiligkeit lieben und Sünde hassen. Wer reinen Herzens ist, wird Gott schauen, alle anderen sind blind wie Fledermäuse; stockblinde Augen entstehen durch ein steinhartes Herz. Und Schmutz im Herzen wirft Staub in die Augen.

Wir dürfen aber nicht annehmen, dass die in diesem Psalm nach ihrer inneren und äußeren Heiligkeit beschriebenen Personen durch ihre Werke gerettet wurden. Ihre Werke sind die Beweise ihrer Errettung, durch die sie erkannt werden. Vers 5 zeigt, dass in den Heiligen die Gnade regiert, nichts als die Gnade. Solche Menschen tragen die heilige Amtstracht des Großen Königs, weil Er sie aus freier Liebe damit bekleidet hat.

Zum Nachdenken: Der wahre Heilige trägt das Hochzeitskleid; aber er ist sich bewusst, dass der Herr des Festes es für ihn bereitet hat, ohne Geld und ohne Kaufpreis. (C.H. Spurgeon)

21. Februar

Psalm 24,7-10

Weitere Lesung: Jesaja 12,1-6

Diese Verse offenbaren uns den großen Repräsentanten des Menschengeschlechts, der als Einziger alles erfüllte, was Gott von uns erwartet, und dadurch von sich aus das Recht hat, auf den heiligen Berg Zion hinaufzusteigen. Unser Herr, Jesus Christus, durfte den heiligen Berg des HERRN ersteigen, weil Seine Hände unschuldig waren und Sein Herz rein war; und wenn wir durch den Glauben in Sein Bild verändert wurden, werden auch wir dort einziehen. Wir haben hier ein Bild von der glorreichen Himmelfahrt unseres Herrn. Wir sehen, wie Er aus der Mitte der kleinen Gruppe auf dem Ölberg aufsteigt, wie die Wolken Ihn aufnehmen und Engel Ihn ehrfurchtsvoll zu den Toren des Himmels begleiten. Mögen alle Dinge ihr Äußerstes dazu beitragen, einen so großen Fürsten zu ehren; mögen die höchsten Himmel ihre festlichste Erhabenheit anlegen, um den »König der Herrlichkeit« zu ehren! Er, der gerade vom Kreuz und aus dem Grab gekommen ist, reitet nun durch die Tore des Neuen Jerusalems und ist höher als die Himmel geworden. Er ist größer und ewiger als diese Perlentore, die Seiner nicht wert sind; denn vor Ihm »erscheinen die Himmel nicht rein, und Seinen Engeln legt Er Irrtum zur Last«.

»Wer ist dieser König der Herrlichkeit?« Das ist eine höchst bedeutungsvolle Frage, die wert ist, eine Ewigkeit lang überdacht zu werden. Wer ist Er der Person, dem Wesen, der Stellung und dem vollbrachten Werk nach? Welches ist Sein Stammbaum? Welches Sein Rang, welches Sein Geschlecht? Die Antwort kommt wie ein mächtig wogender Gesang: »Der HERR, stark und mächtig, der HERR, mächtig im Kampf!« Wir kennen die Macht Jesu durch die Kämpfe, die Er ausgefochten hat, und

Psalm 24,7-10

durch die Siege, die Er über Sünde, Tod und Hölle errungen hat, und wir jauchzen Ihm zu, wenn wir sehen, wie Er die Gefangenschaft gefangen führt in der Majestät Seiner Stärke. Mächtiger Held, wir erheben Dich! Du bist auf ewig König der Könige und Herr der Herren!

Lieber Leser, könnte es sein, dass du sagst: »Ich werde nie in den Himmel eingehen, weil ich weder unschuldige Hände noch ein reines Herz habe«? Blicke dann doch auf Christus, der den heiligen Berg schon erstiegen hat. Tritt in Seine Fußspuren und vertraue auf Seine Verdienste. Er zieht triumphierend in den Himmel ein, und du wirst auch dort einziehen, wenn du Ihm vertraust. »Aber wie kann ich die hier verlangten Wesensmerkmale erlangen?«, fragst du. Der Geist Gottes wird sie dir geben. Er wird in dir ein neues Herz und einen Ihm wohlgefälligen Geist schaffen. Der Glaube an Jesus ist das Werk des Heiligen Geistes. Er umfasst alle Tugenden. Der Glaube steht an der Quelle des Blutes, und alle, die sich darin waschen, erhalten unschuldige Hände und ein reines Herz, eine heilige Seele und eine wahrhaftige Zunge.

Der Schlussvers ist unaussprechlich großartig. Der HERR der Heerscharen, der Herr über Menschen und Engel, der Herr des Universums, der Herr der Welten ist der König der Herrlichkeit. Alle wahre Herrlichkeit vereinigt sich in dem wahren Gott; denn alle andere Herrlichkeit ist nur vorübergehend, wie gemalte Pracht und von kurzer Dauer. Der aufgestiegene Erlöser wird hier zum Haupt und zur Krone des Universums, zum König der Könige, ausgerufen.

Zum Nachdenken: Jesus von Nazareth ist der HERR der Heerscharen. (C.H. Spurgeon)

22. Februar

Psalm 25,1-7

Weitere Lesung: 2.Mose 33,12-23

Wenn die Sturmwinde losbrechen, kehren die Schiffe des Herrn um und eilen in den ihnen wohlbekannten Zufluchtshafen. Welch eine Gnade, dass sich der HERR zu uns herabneigt, um auf unsere Schreie in Zeiten der Not zu hören, selbst wenn wir Ihn in den Stunden eingebildeten Wohlseins beinahe vergessen haben.
Es ist nichts als Spott, wenn wir unsere Hände und Augen zu Ihm erheben, solange die Seele nicht an der Anbetung beteiligt ist. Wahres Beten heißt, die Seele von der Erde zu erheben, um mit dem Himmel Gemeinschaft zu haben; es gleicht einer Reise auf der Jakobsleiter, indem man Furcht und Sorgen unten zurücklässt und oben einem Gott begegnet, der mit uns einen Bund geschlossen hat. Sehr oft kann sich die Seele nicht erheben; sie hat ihre Flügel verloren, ist schwer und erdgebunden; sie gleicht eher einem Maulwurf in seinem Loch als einem sich aufschwingenden Adler. Aber auch in solchen dunklen Zeiten dürfen wir das Beten nicht aufgeben, sondern sollen, mit Gottes Hilfe, alle Kräfte mobilisieren, um unser Herz zu erheben. Mache den Glauben zum Hebel und die Gnade zum Hebelarm; dann wirst du den toten Klotz doch noch in Bewegung setzen. Und wie hoch wurden viele schon auf diese Weise erhoben!
Leiden macht das Herz weit, indem es Mitgefühl bewirkt. Wenn wir eifrig für uns beten, sollten wir nie über längere Zeit unsere Mitgenossen in der Drangsal vergessen. Niemand bedauert die Armen wie solche, die selbst arm waren oder es noch sind. Niemand kann so mit den Kranken fühlen, wie solche, denen es lange Zeit selbst schlecht ging. Wir sollten für zeitweilige Drangsal dankbar sein, wenn sie uns von chronischer

Psalm 25,1-7

Herzenshärtigkeit bewahrt; denn von allen Übeln ist ein gefühlloses Herz das schlimmste. Es ist eine Last für den Besitzer und eine Qual für alle ringsumher. Gebet, das der Heilige Geist uns lehrt, ist niemals selbstsüchtig; der Gläubige bittet nicht um Sonderrechte für sich selbst, sondern möchte, dass alle, die in der gleichen Lage sind, mit ihm zusammen an der Barmherzigkeit Gottes teilhaben.

In Anfechtungszeiten sind wir gewöhnlich versucht zu fürchten, Gott habe uns vergessen oder gedenke nicht mehr Seiner üblichen Freundlichkeit uns gegenüber. Darum erinnert die Seele tatsächlich den HERRN daran und fleht darum, doch Seiner Liebestaten zu gedenken, die Er ihr einst erwiesen hatte. Es gibt eine Art heilige Kühnheit, die es wagt, mit dem Allerhöchsten so umzugehen; lasst sie uns einüben! Aber es gibt auch einen unheiligen Unglauben, den uns unsere Befürchtungen einreden; lasst uns ihn mit aller Macht bekämpfen! Bei einem unwandelbaren Gott ist es ein wirkungsvolles Argument, Ihn an Seine früheren Gnadenerweise und an Seine ewige Liebe zu erinnern. Indem wir alles, was wir bisher an Gutem genossen haben, auf die wahre Quelle ewiger Liebe zurückführen, wird unser Herz überglücklich werden.

Zum Nachdenken: Göttliche Liebe ist eine nie versiegende Quelle, während ein Gefäß leer sein kann oder doch nur eine begrenzte Menge zu fassen vermag. (Elisha Coles)

23. Februar

Psalm 25,8-15

Weitere Lesung: 2.Mose 34,1-9

Dies nun ist genauso wahr wie wunderbar: Durch die Versöhnung tritt Gottes Gerechtigkeit ebenso stark für die Errettung des erlösten Sünders ein wie Seine Gnade. Ja, wie ein guter Mensch natürlicherweise versucht, andere genauso gut zu machen, wie er selbst ist, so wird der HERR, unser Gott, in Seinem Erbarmen Sünder auf den Weg der Heiligung bringen und sie in Sein Bild umgestalten. Somit berechtigt uns die Güte Gottes dazu, anzunehmen, dass Er sündige Menschen zum Eigentum haben will. Wir dürfen nicht aus Gottes Güte ableiten, Er wolle solche Sünder retten, die weiterhin in ihren eigenen Wegen wandeln wollen; aber wir können sicher sein, dass der HERR die Herzen von Übertretern neu machen und sie auf den Weg der Heiligung führen will. Damit dürfen sich alle trösten, die von ihren Sünden erlöst sein möchten. Gott selbst will sich erniedrigen, um die Sünder zu belehren. Welch eine Armenschule ist das, in der Gott Unterricht hält!
»Wer ist nun der Mann, der den HERRN fürchtet?« Diese Frage sollte uns zur Selbstprüfung aufrufen. Die Vorrechte des Evangeliums gelten nicht allen, die sie für sich in Anspruch nehmen. Solche aber, deren Herz richtig steht, werden nicht irregehen – denn ihnen fehlt es nicht an himmlischer Wegweisung. Wo Gott das Herz heiligt, erleuchtet Er den Verstand. Wir alle möchten uns unseren Weg aussuchen; aber welche Gnade ist es, wenn der HERR unsere Wahl lenkt und unseren Willen dazu befreit, das Gute zu wollen! Wenn wir Gottes Willen zu dem unseren machen, lässt Gott uns unseren Willen. Gott bedrängt unseren Willen nicht, sondern lässt uns die Wahl; trotzdem belehrt Er unseren Willen, und so wählen wir, was in Seinen Augen rich-

Psalm 25,8-15

tig ist. Der Wille sollte dem Gesetz untertan sein; da wird uns gesagt, wie wir wählen sollen; aber wir sind so unwissend, dass wir Belehrung nötig haben, und so eigenwillig, dass niemand außer Gott allein uns wirkungsvoll belehren kann.

Wer Gott fürchtet, braucht vor sonst niemand Angst zu haben. Er wird in Zufriedenheit leben. Nicht der Überfluss, sondern die Zufriedenheit gibt wahres Wohlsein. Gerade weil wir durch die Gnade gelernt haben, Überfluss und Mangel zu ertragen, fühlt sich der Glaube wohl. Aber wie tief und voll wird das Glück der Seele in Ewigkeit sein! Die Heiligen haben den Schlüssel zu den Hieroglyphen des Himmels; sie können die göttlichen Rätsel lösen. Sie sind in die himmlische Gemeinschaft eingeführt worden; sie haben Worte gehört, die sie nicht einmal ihren nächsten Bekannten weitersagen können.

Das ehrwürdige Alter, die Sicherheit, Gerechtigkeit, Fülle, Freundlichkeit und Erhabenheit des göttlichen Bundes wird ihren Herzen und ihrem Verständnis offenbart, und, vor allem, ihr eigener Anteil daran wird in ihren Seelen durch den Heiligen Geist versiegelt. Es hat Gott wohlgefallen, Seine Liebesabsichten gegenüber Seinem begnadeten Volk zu offenbaren und sie den Gläubigen in dem Buch der Inspiration zu zeigen. Er leitet uns durch seinen Geist in diese Geheimnisse, selbst in das verborgene Geheimnis der Erlösung.

Zum Nachdenken: Fürchte Gott, der über allem steht, dann brauchst du den Menschen überhaupt nicht zu fürchten. (Augustinus)

24. Februar

Psalm 25,16-22

Weitere Lesung: 1. Petrus 1,3-9

Davids Augen waren auf Gott gerichtet, aber er fürchtete, der Herr habe Sein Angesicht im Zorn von ihm abgewandt. Der Unglaube meint oft, Gott habe uns den Rücken zugekehrt. Wenn wir uns aber zu Ihm umwenden, brauchen wir nicht zu fürchten, dass Er sich von uns abkehrt, sondern können mutig rufen: »Wende Dich zu mir!« Der Grund der Mühsal liegt immer in uns selbst, und wenn dieser beseitigt ist, steht einem vollen Genuss der Gemeinschaft mit Gott nichts im Wege. Wenn das Herz in die Enge getrieben ist, so bedeutet das wahrlich Kummer. Im vorliegenden Fall war das Herz so sehr von Leid erfüllt wie ein See, der von gewaltigen Fluten überströmt wurde, und das wird als Argument für Errettung angeführt – ein sehr wirkungsvolles Argument. Wenn die dunkelsten Nachtstunden angebrochen sind, dürfen wir das Morgengrauen erwarten; wenn das Meer die tiefste Ebbe erreicht hat, muss die Flut gewiss bald kommen, und wenn unsere Ängste ihre gewaltigsten Ausmaße erreichen, dann dürfen wir hoffnungsvoll rufen: »Führe mich heraus aus meinen Bedrängnissen!«

Beachtet die vielen Trübsale der Heiligen! Hier finden wir nicht weniger als fünf Worte, die das Weh beschreiben: einsam und elend, Enge des Herzens, Bedrängnisse und Mühsal. Aber achtet auch auf den unterwürfigen und gläubigen Geist des wahren Heiligen! Alles, was er bittet, ist dies: »Sieh mein Elend an und meine Mühsal!« Er stellt keine Forderungen, ja, er klagt nicht einmal. Ein Blick Gottes würde ihm genügen, und wird ihm dieser gewährt, so bittet er um nichts mehr. Noch beachtenswerter ist es, wie der Gläubige unter Drangsalen die wahre Quelle allen Unglücks entdeckt und die Axt an die Wurzel

Psalm 25,16-22

legt: »Vergib alle meine Sünden!« ist der Schrei einer Seele, die mehr unter der Sünde als unter den Schmerzen leidet und eher Vergebung als Heilung begehrt. Gesegnet ist der Mensch, dem Sünden unerträglicher als Krankheiten sind. Es wird nicht lange dauern, und der Herr wird sowohl seine Ungerechtigkeiten vergeben als auch die Krankheiten heilen. Die Menschen sind träge, die innige Verbindung von Sünde und Schmerz zu erkennen, nur ein von der Gnade belehrtes Herz weiß darum.

Der Schmerz hat den Psalmisten Mitleid gelehrt und ihn in Gemeinschaft mit dem bedrängten Volk Gottes gebracht; darum erwähnt er es in seinen Gebeten: »Israel«, der angefochtene, ringende und überwindende Held, ist ein passender Repräsentant aller Heiligen; Israel – in Ägypten, in der Wüste, in den Kriegen Kanaans, in der Gefangenschaft – ist ein passendes Bild für die kämpfende Gemeinde auf Erden. Jesus ist der Erlöser sowohl von Schmerzen als auch von Sünden, Er ist der vollkommene Erlöser, und Er wird alle Heiligen aus allen Übeln in Sicherheit bringen. Die Erlösung durch das Blut ist vollkommen: O Gott, sende Deine Erlösung in Macht. Amen, ja, Amen!

Zum Nachdenken: Wir sollen nicht über Gott klagen; aber wir dürfen Ihm alles klagen. (William Plumer)

25. Februar

Psalm 26,1-5

Weitere Lesung: 2. Könige 20,1-7

Gequält und völlig erschöpft von der Ungerechtigkeit der Menschen flieht der unschuldige Geist von seinen falschen Verklägern zu dem Thron des ewigen Rechts. Wer es wagt, seinen Rechtsstreit vor die Schranken des himmlischen Königs zu bringen, muss sich seiner Sache sicher sein. Eine solche Berufung darf auf gar keinen Fall unüberlegt vorgenommen werden, und auf all unseren Wandel und unsere Reden hin sollte man es überhaupt nicht tun, es sei denn, wir sind in Christus Jesus gerechtfertigt. Ein weit passenderes Gebet für sündige Sterbliche ist die Bitte: »Gehe nicht ins Gericht mit Deinem Knecht!« Davids Grundsatz war, unsträflich zu wandeln, und er richtete sich im Alltag danach. Er hatte keinen Verrat und keine ungerechten Mittel angewendet, um die Krone zu gewinnen oder sie zu behalten; er war sich bewusst, dass ihn im Umgang mit Saul und dessen Familie nur die edelsten Grundsätze geleitet hatten. Welch ein Trost liegt darin, die Zustimmung des eigenen Gewissens zu haben! Hat man Frieden in seiner Seele, braucht man den wild heulenden Stürmen der Verleumdung nur geringe Beachtung zu schenken.

Der Psalmist war so frei von all dem, was ihm zur Last gelegt wurde, dass er sich bedingungslos jeder Art von Prüfung durch den HERRN unterwarf, die dieser ihm auferlegen mochte. All dies ist eine sehr mutige Aufforderung von David, der den HERRN sehr fürchtete, und zeigt, dass er sehr ernsthaft und gänzlich von seiner Unschuld überzeugt war. Die hier verwendeten Ausdrücke sollten uns lehren, wie durchdringend das göttliche Gericht und wie nötig eine gründliche Aufrichtigkeit in allen Dingen ist, wenn wir am Ende nicht Schwierigkeiten

Psalm 26,1-5

bekommen wollen. Dass unsere Feinde harsch und voll bitteren Hasses gegen uns sind, erträgt ein tapferer Mensch mit gutem Gewissen ohne Furcht; aber Gottes Strenge vollzieht sich nach unverbrüchlichen Rechtsgrundsätzen. Wer kann einem solchen Gericht standhalten?

Das Bewusstsein, Gnade erlangt zu haben, eröffnet dem gläubigen Herzen selbst in den traurigsten Umständen einen freundlichen Ausblick; denn es weist ihn auf künftige Gnaden hin; dabei träumt er nicht, sondern schaut die Wirklichkeit. Lieber Leser, verweile ein wenig bei dem himmlischen Wort »Gnade«. Es duftet nach dem Himmel. Ist es nicht ein unvergleichliches, unübertreffliches, unüberbietbares Wort? Die Gnade und Güte des HERRN sollte uns vor Augen stehen und uns motivieren und leiten bei allem, was wir tun. Wir stehen nicht unter der Knechtschaft des Gesetzes, sondern unter den freundlichen Antrieben der Gnade, die viel stärker und doch so viel sanfter sind.

Ein Mensch, der das Böse nicht schrecklich hasst, liebt auch das Gute nicht von Herzen. Menschen müssen wir als Menschen immer lieben; denn sie sind unsere Nächsten. Darum haben wir sie so zu lieben wie uns selbst. Doch Übeltäter üben als solche Verrat an dem Großen König, und kein loyaler Untertan kann Verräter lieben. Was Gott hasst, müssen auch wir hassen. Es ist besser, mit den Blinden, Lahmen und Krüppeln am Tisch der Gnade zu sitzen als mit den Gottlosen bei ihren Festtafeln der Gottlosigkeit. In der Tat, es ist besser, auf Hiobs Misthaufen zu sitzen als auf dem Thron des Pharao.

Zum Nachdenken: Möge jeder Leser zusehen, mit wem er Gesellschaft pflegt; denn der Umgang in dieser Welt wird wahrscheinlich auch der in der zukünftigen sein. (C.H. Spurgeon)

26. Februar

Psalm 26,6-12

Weitere Lesung: 2. Korinther 6,11 - 7,1

Das Waschen der Hände ist ein deutliches Zeichen dafür, dass man mit einer Sache nichts zu schaffen habe. David nimmt hier nicht völlige Sündlosigkeit für sich in Anspruch, sondern bezeugt nur seine Unschuld in den ihm verleumderisch vorgeworfenen Verbrechen. Allerdings ist es auch wahr, dass wir ganz und gar rein und ohne Schuld sind durch das Blut der Versöhnung, das uns völlig rein macht. Niemals sollten wir uns mit weniger zufrieden geben als mit der vollen Überzeugung, ganz und gar durch das kostbare Blut Jesu gereinigt zu sein.

Die Gesellschaft der Sünder ist uns hier so unausstehlich, dass wir den Gedanken nicht ertragen können, mit ihnen in alle Ewigkeit verbunden sein zu müssen. Unser Trost ist, dass der Herr die Spreu vom Weizen zu scheiden vermag und für beide Sorten einen getrennten Ort finden wird. In den vorigen Versen sahen wir, dass der Psalmist sich von gemeinen Menschen fern hielt, und dies sollte als Grund verstanden werden, warum er auch am Ende nicht mit ihnen in einen Topf geworfen werden wird. Lasst uns an die Verdammnis der Gottlosen denken, dann wird das Gebet des Textes mächtig von unseren Lippen strömen.

Der Psalmist vertraut auf Gott und entschließt sich, den geraden Weg der Gerechtigkeit zu wählen, und wer will, mag die qualvollen Pfade der Gewalt und des Betrugs vorziehen. Doch rühmt er keinesfalls sich selbst, noch prahlt er selbstgerecht mit seiner eigenen Kraft, denn er ruft nach Erlösung und fleht um Gnade. Unsere Rechtschaffenheit ist weder absolut, noch uns angeboren, sie ist das Werk der Gnade in uns und wird durch menschliche Schwächen beeinträchtigt. Wir müssen da-

Psalm 26,6-12

her zu dem erlösenden Blut und zu dem Thron der Gnade Zuflucht nehmen und bekennen, dass wir zwar Heilige unter den Menschen sind, uns aber doch vor Gott als Sünder zu beugen haben.

Das Lied begann in Moll, hat sich aber jetzt in Dur gewandelt. Heilige singen sich oft selbst in Fröhlichkeit hinein. Der »ebene Boden«, auf dem unser Fuß steht, ist die sichere Bundestreue, die ewige Verheißung und der unwandelbare Eid des HERRN der Heerscharen. Es besteht keinerlei Gefahr, auf dieser soliden Grundlage zu Fall zu kommen – oder dass sie unter uns weggezogen wird. Weil wir in lebendiger Verbindung mit Jesus Christus stehen, sind wir sicher und brauchen unsere Gedanken mit nichts anderem als mit dem Lob unseres Gottes zu beschäftigen. Lasst uns unser Zusammenkommen nicht versäumen, und wenn wir versammelt sind, lasst uns nicht träge sein, unseren Teil zum Dank beizutragen. Jeder Heilige ist ein Zeugnis der göttlichen Treue und sollte bereit sein, das auch zu bestätigen. Was die Verleumder angeht, so mögen sie draußen heulen, während die Kinder drinnen singen.

Zum Nachdenken: Wie ein Mensch, dessen Füße auf ebenem Boden stehen, eigentlich nicht fallen kann, so braucht sich auch ein wahrer Anbeter des HERRN nicht zu fürchten, seine Feinde könnten am Ende über ihn triumphieren. (William Walford)

27. Februar

Psalm 27,1-6

Weitere Lesung: 2. Mose 14,19-31

Die Erlösung findet uns in der Finsternis; aber sie lässt uns nicht dort; sie gibt denen Licht, die im Tal des Todesschattens sitzen. Nach der Bekehrung ist unser Gott unsere Freude, unser Trost, unser Führer und Lehrer, kurz, in jeder Beziehung unser Licht. Er ist das Licht in uns und um uns herum; Er ist das Licht, das von uns reflektiert wird, und das Licht, welches uns offenbart wird. Beachtet, dass es nicht nur heißt, der HERR gebe uns Licht, sondern dass Er unser Licht ist; auch nicht, dass Er das Heil gebe, sondern dass Er unser Heil ist. Wer sich nun im Glauben auf Gott verlässt, dem gehören alle verheißenen Segnungen.

Unterschiedliche Zielsetzungen führen zu Ablenkung, Schwächung und Enttäuschung. Ein Mensch, der nur ein Buch hat, ist etwas Besonderes; ein Mensch, der nur eins im Sinn hat, ist erfolgreich. Möge all unsere Liebesfähigkeit in einer Liebe vereint sein und sich diese Liebe auf die himmlischen Dinge richten! Gott beurteilt uns weitgehend nach den Wünschen unseres Herzens. Er ist das richtige Ziel für unser Verlangen. Unser Verlangen nach dem HERRN sollte geheiligt, demütig, beständig, unterwürfig und brennend sein, und es wäre schön, wenn alles, wie bei dem Psalmisten, in einer Masse zusammengeschmolzen wäre. Weil David in so schmerzlichen Umständen war, möchten wir erwarten, er verlange nach Erholung, Sicherheit und tausend anderen guten Dingen; aber nein, er hatte sein ganzes Herz auf diese kostbare Perle gerichtet und dafür alles andere zurückgelassen. »Die Freundlichkeit des HERRN anzuschauen« ist eine Übung für irdische und himmlische Anbeter. Wir dürfen die Versammlungen der Heiligen nicht aufsu-

Psalm 27,1-6

chen, um zu sehen und gesehen zu werden oder nur um den Redner zu hören; wir müssen uns zu den Versammlungen der Gerechten mit der Absicht halten, mehr über den liebenden Vater, mehr über den verherrlichten Sohn, mehr über den geheimnisvollen Geist zu lernen, damit wir unseren herrlichen Gott mit immer größerer Liebe bewundern und Ihn in immer höherer Ehrfurcht anbeten können. Welch ein Wort ist das: »die Freundlichkeit (oder Schönheit) des HERRN«! Denke darüber nach, lieber Leser – besser noch: Begreife es im Glauben! Welch ein Anblick wird das sein, wenn jeder gläubige Nachfolger Jesu »den König in Seiner Schönheit« sehen wird! Ja, welch ein gesegneter Anblick wird das sein!

Die Gottesfürchtigen früherer Zeiten beteten im Glauben und zweifelten nicht. Sie sprachen von der Erhörung ihrer Gebete als von einer Gewissheit. David war durch den Glauben des herrlichen Sieges über alle Bedränger so sicher, dass er in seinem Herzen schon plante, was er tun würde, wenn alle seine Feinde zu seinen Füßen lagen, und dieser Plan wurde durch Dankbarkeit bestimmt.

Mag wer da will, schweigsam bleiben – der Gläubige, wenn sein Gebet erhört wurde, wird und muss auch seinen Lobgesang hören lassen. Mag wer da will, die Eitelkeiten der Welt besingen – der Gläubige reserviert seine Lieder für den Herrn allein.

Zum Nachdenken: Himmlische Gesinnung entdeckt in sich nur einen Wunsch und keinen weiteren. (Jeremy Taylor)

28. Februar

Psalm 27,7-14

Weitere Lesung: Jesaja 49,14-21

Das geistliche Pendel schwingt vom Bittgebet zum Lobgesang. Die in Vers 6 zum Lob gestimmte Musik ist hier in Geschrei verwandelt. Als guter Krieger wusste David seine Waffen zu gebrauchen und konnte mit der Waffe des beständigen Gebets umgehen. Beachtet die Angst in seiner Stimme. Pharisäer interessiert es keinen Pfifferling, ob der Herr sie erhört, solange sie von Menschen angehört werden oder sie ihrem Stolz mit ihren wohlklingenden Gebeten schmeicheln können; doch für einen Aufrichtigen bedeutet das Ohr des HERRN alles.

In Vers 8 werden wir belehrt, dass wenn der HERR unsere Stimme hören soll, wir darauf achten müssen, Seiner Stimme zu entsprechen. Das wahrhaftige Herz sollte ein Echo auf den Willen Gottes bilden, wie die Felsen der Alpen die schönsten Töne beim Klang des Alphorns wiederholen. Beachtet, dass der Befehl im Plural steht, also allen Heiligen gilt; aber der Mann Gottes wendet ihn in den Singular, indem er ihn persönlich anwendet: »Dein Angesicht, HERR, suche ich.« Die Stimme des HERRN ist sehr wirkungsvoll, wenn auch alle anderen Stimmen versagen. Der Befehl, das Angesicht des HERRN zu suchen, wäre sehr schmerzlich, wenn der HERR sich abwendete und es dadurch dem Suchenden unmöglich machte, Ihm zu begegnen. Ein Lächeln des HERRN ist der größte Trost, Sein Stirnrunzeln das schrecklichste aller Übel.

David bittet nicht, er möge seine eigenen Wege gehen dürfen, sondern über den Pfad belehrt zu werden, den der gerechte HERR für ihn bestimmt hat. Dieses Gebet offenbart ein demütiges Bewusstsein persönlicher Unwissenheit, große Belehrbarkeit des Geistes und freudigen Gehorsam des Herzens. Hier

Psalm 27,7-14

wird sowohl Hilfe als auch Wegweisung gesucht. Wir brauchen nicht nur eine Landkarte für den Weg, sondern auch einen Führer, der uns auf der Reise beisteht. Hier wird ein Pfad begehrt, der offen, ehrlich und gerade ist und sich unterscheidet von den Wegen eigener Klugheit, die kompliziert und voller Plagen und Gefahren sind. Gottes Leute haben selten Erfolg in schlauen Spekulationen und zweifelhaften Unternehmungen; klare Schlichtheit ist die beste Denkungsart für einen Himmelserben. Lasst uns die unberechenbaren Tricks und politischen Nützlichkeitserwägungen der Bürger dieser Welt nicht anwenden – das Neue Jerusalem braucht geradlinige Menschen als Bürger.

Wartet an der Tür des HERRN mit Gebet; wartet zu Seinen Füßen in Demut; wartet an Seinem Tisch als Diener; wartet an Seinem Fenster in Hoffnung. Bittsteller erreichen oft nach langem, untertänigstem Warten nichts als die kalte Schulter ihrer irdischen Herrschaften; dagegen gewinnt am meisten der, dessen Schutzherr im Himmel wohnt. David setzt sein persönliches Siegel unter die Worte, die er als inspirierter Mensch zu schreiben bewegt wurde. Es ist sowohl sein Zeugnis als auch das Gebot Gottes: »Harre auf den HERRN!«

Zum Nachdenken: Denke nicht, Christus sei das Regiment aus der Hand genommen, wenn die Menschen viele traurige Dinge tun und dem Werk Gottes manch heftigen Schlag versetzen. (Ralph Erskine)

29. Februar

Psalm 28,1-5

Weitere Lesung: Psalm 143,1-4

Wir schreien ganz von selbst, wenn wir in Not geraten und wenn alle anderen Formen des Hilfesuchens vergeblich sind; doch muss der Schrei auf den HERRN allein gerichtet sein; denn zu Menschen zu schreien hieße, unser Flehen ins Leere zu senden. Wenn wir die Bereitwilligkeit Gottes zum Erhören und Seine Fähigkeit zum Helfen betrachten, werden wir gute Gründe erkennen, unsere Bitten sofort an den Gott unserer Rettung zu richten, und eine genauso fest entschlossene Sprache gebrauchen wie die in unserem Text. Wer nur förmlich betet, mag ohne Gebetserhörungen zufrieden sein; aber echte, demütige Beter können das nicht. Sie sind nicht mit den Ergebnissen des Gebets als solchem zufrieden, wenn es das Gemüt beruhigt und man dadurch seinen Willen Gott unterwirft – sie müssen weitergehen und tatsächliche Antworten aus dem Himmel erhalten, sonst können sie nicht zur Ruhe kommen; und solche Antworten möchten sie, wenn's geht, sofort bekommen; ein wenig fürchten sie sogar das Schweigen Gottes. Wir strecken unsere leeren Hände aus, denn wir sind Bettler. Wir erheben sie zum Gnadenthron Jesu, denn dort wohnt unsere Erwartung.

Die Besten der Gottlosen sind in der Gegenwart eine gefährliche Gesellschaft und würden in der Ewigkeit zu schrecklichen Begleitern werden; wir müssen sie mitsamt ihren Freuden meiden, wenn wir nicht mit ihnen in ihrem Elend umkommen wollen. Sie haben die Manieren des Ortes angenommen, zu dem sie gehen werden; die Verdammnis der Lügner ist ihr ewiges Teil, und Lügen sind ihre Unterhaltung auf dem Weg dorthin. Es ist ein sicheres Zeichen niedriger Gesinnung, wenn Zunge und Herz nicht auf den gleichen Ton gestimmt sind. Betrüge-

Psalm 28,1-5

rische Menschen sind mehr zu fürchten als wilde Tiere. Es wäre besser, in einer Grube voller Schlangen eingeschlossen zu sein, als gezwungen zu werden, bei Lügnern zu leben.

Gottes Schöpfungswerke wimmeln von Beweisen für Seine Weisheit und Güte, doch weigern sich die blinden Atheisten, Ihn zu sehen. Seine Werke in der Vorsehung, Sein Herrschen und Überwachen und Seine Hand sind in der Menschheitsgeschichte sehr deutlich zu erkennen; doch die Ungläubigen werden Ihn nicht wahrnehmen. Seine Gnadentaten – bemerkenswerten Bekehrungen begegnet man überall – werden von den Gottlosen nicht als das Werk Gottes anerkannt. Wo Engel staunen, spotten fleischliche Menschen. Gott lässt sich herab, um uns zu unterrichten, und die Menschen weigern sich zu lernen. Aber wenn sie die Hand des Gerichts auch nicht auf anderen wahrnehmen, so werden sie diese doch an sich selbst verspüren. Sie sind wie alte, verrottete und verfaulte Holzhäuser geworden, die für den Besitzer unbrauchbar geworden sind und alle möglichen Arten von Übeln enthalten – und darum wird der Große Baumeister sie gänzlich abreißen. Unbelehrbare Missetäter können mit baldiger Vernichtung rechnen: Wer sich nicht korrigieren lässt, wird bald als wertlos weggeworfen. Lasst uns sehr aufmerksam alle Lektionen des Wortes Gottes bedenken, sonst werden wir dem göttlichen Willen gegenüber als ungehorsam erfunden und müssen den göttlichen Zorn erleiden.

Zum Nachdenken: Er betet gegen seine Feinde, aber nicht aus einem privaten Rachegelüst heraus, sondern weil ihn der unfehlbare Geist der Weissagung leitet, in diesen Menschen die Feinde Christi und Seines Volkes aller Zeiten zu erblicken. (David Dickson)

1. März

Psalm 28,6-9

Weitere Lesung: Kolosser 1,9-12

Heilige sind voll Lob und Dank; sie sind ein gesegnetes Volk und ein segnendes Volk; aber vor allem preisen sie ihren herrlichen Gott. Ihm gehört das Fett ihrer Opfergaben. Bis zu diesem Augenblick war unser Psalm eine Bitte; jetzt wandelt er sich in einen Lobgesang. Die gut bitten, werden bald gut loben: Bitte und Lob sind die beiden Lippen der Seele.
Wirkliches Lob beruht auf hinreichenden und zwingenden Gründen und nicht auf irrationalen Gefühlen. Wenn Gott Gebete erhört, sollten wir Ihm dafür danken. Versagen wir nicht oft bei dieser Pflicht? Würden nicht andere sehr dadurch ermutigt und wir selbst gestärkt werden, wenn wir treu von der göttlichen Güte berichteten und sie mit unseren Zungen zu einem Gegenstand des Ruhmes machten? Gottes Barmherzigkeit ist keinesfalls so unbedeutend, dass wir ungestraft wagen dürften, sie ohne Dank in Empfang nehmen zu dürfen. Wir müssten Undankbarkeit schändlich finden und täglich in der himmlischen Atmosphäre dankbarer Liebe weilen.
Der HERR setzt unseretwegen Seine Stärke ein, ja, noch mehr, Er flößt uns in den Stunden unserer Kraftlosigkeit Kraft ein. Der Psalmist macht in einem Akt besitzergreifenden Glaubens die Allmacht des HERRN zu seiner eigenen. Abhängigkeit von dem unsichtbaren Gott gibt einen sehr unabhängigen Geist und erfüllt uns mit einem Vertrauen, das wir von uns aus nicht haben könnten. Die himmlische Erfahrung dieses einen Gläubigen ist ein Muster für unser aller Leben. Für Seine gesamte kämpfende Gemeinde ist der HERR ohne Ausnahme derselbe wie gegenüber Seinem Diener David: »Der Stürzende unter ihnen wird wie David sein« (Sach 12,8). Sie benötigen dieselbe Hilfe,

Psalm 28,6-9

und sie wird ihnen zuteil; denn sie werden mit derselben Liebe geliebt, sind in dasselbe Buch des Lebens eingetragen und sind mit demselben gesalbten Haupt vereint.

Der Schlussvers ist ein Gebet für die kämpfende Gemeinde, zwar von wenigen Worten, aber von tiefer Bedeutung. Wir müssen für die ganze Gemeinde beten und nicht für uns allein: Erlöse Dein Volk von seinen Feinden, bewahre es vor Sünden, hilf ihm in seinen Nöten, rette es aus Versuchungen und halte jegliches Übel von ihm fern! In dem Ausdruck »Dein Volk« steckt ein verborgener Appell; denn man darf daraus ruhig schließen, dass Gott großes Interesse an Seiner Gemeinde hat, da es doch Sein Eigentum ist. Darum wird Er sie vor dem Untergang bewahren. Großartige Segnungen wie Frieden, Fülle, Wachstum, Glück führen dazu, dass Dein gesamtes teuer erkauftes, kostbares Erbteil durch Deinen Geist getröstet wird. Belebe, erfrische, vermehre und heilige Deine Gemeinde. Sei der Hirte Deiner Herde, und mögen ihre leiblichen und geistlichen Bedürfnisse reichlich gestillt werden. Durch Dein Wort und Deine Anordnungen lenke, regiere, unterstütze und sättige alle, die Schafe in Deiner Hand sind. Trage sie hier auf Erden in Deinen Armen, und zieh sie dort im Himmel an Dein Herz. Erhebe ihre Herzen und Gedanken, gib ihnen, sich an Geistlichem zu erfreuen, mache sie himmlisch gesinnt, Christus ähnlich und mit Dir selbst erfüllt! O Herr, erhöre unser Flehen um Jesu willen!

Zum Nachdenken: Das Gebet ist die beste Arznei im Unglück. Tatsächlich ist es das Universalheilmittel gegen jede Krankheit. (William Gouge)

2. März

Psalm 29,1-4

Weitere Lesung: Hiob 37,1-13

Weder Engel noch Menschen können dem HERRN etwas verleihen, doch sollten sie Seine Herrlichkeit und Kraft anerkennen und sie Ihm in ihren Liedern und in ihren Herzen zuschreiben. Ihr Großen der Erde und des Himmels, Könige und Engel, vereint euch darin, dem gepriesenen und alleinigen Machthaber Anbetung darzubringen. Ihr Herren unter den Menschen habt es nötig, auf diese Weise daran erinnert zu werden; denn ihr versagt oft, wo demütigere Menschen voller Eifer sind. Doch versäumt es nicht länger, beugt eure Häupter jetzt gleich und ehrt den König der Könige in Aufrichtigkeit. Wann wird der Tag kommen, an dem Könige und Fürsten es für Freude halten, ihren Gott zu verherrlichen?

Dreimal wird die Ermahnung ausgesprochen, weil Menschen träge sind, Gott zu verherrlichen, besonders die Großen, die allzu oft zu sehr von ihrer eigenen Herrlichkeit aufgeblasen sind, als dass sie Gott das Ihm zukommende Lob geben, obwohl nichts von ihnen verlangt wird, was nicht in höchstem Maße recht und billig ist. Wahrlich, die Menschen sollten es nicht nötig haben, so eindrücklich aufgefordert zu werden, das zu geben, was ihre Pflicht ist, besonders wenn die Bezahlung so froh machend ist. »Gebt dem HERRN Herrlichkeit!« Beugt euch vor Ihm in demütiger Ehrerbietung und heiliger Ehrfurcht und ehrt Ihn so, wie Er es haben will. In vergangenen Zeiten war die Anbetung durch Zeremonien erschwert, und die Menschen kamen in geweihten Stätten zusammen, deren feierlicher Pomp auf die »Schönheit der Heiligkeit« hinweisen sollte. Jetzt aber ist unsere Anbetung geistlich, und die Architektur des Gebäudes und die Kleidung der Anbeter spielen keine Rolle mehr. Die

Psalm 29,1-4

geistliche Schönheit innerer Reinheit und nach außen sichtbarer Heiligkeit sind vor den Augen unseres dreimal heiligen Gottes weit kostbarer. Welche Gnade ist es, überhaupt anbeten zu dürfen mit heiligen Beweggründen und auf heilige Weise, wie es den Heiligen geziemt! In den Versen 3 und 4 klingt die Anbetung mit einem laut schallenden Donner zusammen, der die Kirchenglocke des Universums ist, die Könige und Engel und alle Menschensöhne zu ihren Andachten zusammenruft.

Der Donner wird nicht nur poetisch, sondern auch belehrend als »Stimme des HERRN« bezeichnet, weil sie von oben her erschallt. Sie übertrifft alle anderen Klänge, sie weckt Ehrfurcht, sie ist von Menschen gänzlich unabhängig und wurde zu manchen Anlässen als großartige Begleitung benutzt, wenn Gott zu den Adamssöhnen sprach. Eine unwiderstehliche Kraft liegt in dem von Donnern begleiteten Blitz. In einem Augenblick erzeugt die elektrische Kraft, wenn der HERR es will, staunenerregende Ergebnisse. Thompson spricht zu Recht von dem »unbezwingbaren Blitz«, denn er ist die mächtigste Kraft, die Gott benutzt, um Sein Handeln zu demonstrieren.

Weil die Stimme Gottes in der Natur so mächtig ist, ist sie es auch in der Gnade; und der Leser tut gut daran, hier eine Parallele zu ziehen. Dann wird er im Evangelium vieles entdecken, was dem Donner im Gewittersturm gleicht. Seine Stimme erschüttert sowohl in der Natur als auch in der Offenbarung Erde und Himmel; seht also zu, dass ihr den nicht abweist, der da redet. Wenn Seine Stimme so gewaltig ist, wie mächtig muss dann Seine Hand sein! Hütet euch davor, sie zum Schlag herauszufordern!

Zum Nachdenken: Wo der König spricht, da ist Macht; aber welchen Herrschers Stimme könnte man mit dem majestätischen Donnern des HERRN vergleichen? (C.H. Spurgeon)

3. März

Psalm 29,5-11

Weitere Lesung: Hiob 37,14-24

Stattliche Bäume fallen vor dem geheimnisvollen Geschoss (dem Blitz) zu Boden oder stehen als zersplitterte Wahrzeichen seiner Kraft da. Die großartigsten der Bäume oder Menschen dürfen nicht damit rechnen, unversehrt zu bleiben, wenn der HERR Seinen Zorn loslässt. Das Evangelium Jesu übt eine vergleichbare Herrschaft über die Unnahbarsten unter den Sterblichen aus. Und wenn der HERR Sein Wort aussendet, zerbricht es die Herzen viel heftiger als die Zedern. Nicht nur die Bäume, sondern auch die Berge selbst bewegen sich, als hüpften und sprängen sie wie Kälber und Zicklein. Das herrliche Evangelium des gepriesenen Gottes hat mehr als vergleichbare Kraft über die felsenharte Verstocktheit und den bergehohen Stolz der Menschen. Die Stimme unseres sterbenden Herrn zerriss die Felsen und öffnete die Gräber, und Seine lebendige Stimme wirkt noch heute die gleichen Wunder. Gepriesen sei Sein Name! Wenn Seine fürbittende Stimme erschallt, sinken die Berge unserer Sünden ins Grab und werden im roten Meer Seines Blutes begraben!

Feuerflammen sprühen und begleiten die Stimme Gottes im Evangelium. Sie erleuchten und schmelzen die Herzen der Menschen. Sie verzehren unsere Begierden und entfachen in uns eine heilige Flamme immer neu belebter Liebe und Heiligkeit. Gott legt keinen Wert auf den Applaus der Menschen – Seine großartigsten Taten werden da vollbracht, wo der forschende Blick des Menschen völlig unbekannt ist. Wo kein Ton von einem Menschen vernommen wurde, war die Stimme Gottes sehr deutlich zu vernehmen. Die weiten, schweigenden Wüsten zitterten vor Furcht. Sie schwiegen in Ehrfurcht vor

Psalm 29,5-11

des Allmächtigen Stimme. Niedrige Ebenen müssen die Stimme Gottes genauso wahrnehmen wie erhabene Berge; sowohl Arme als auch Reiche haben die Herrlichkeit des HERRN anzuerkennen. Dem Sturm folgt die Flut; aber der HERR steht bereit, um zu helfen. Seinen Thron kann keine Überschwemmung untergraben. Er bleibt ruhig und unbewegt, mögen auch die Tiefen brüllen und in Unruhe sein; Seine Herrschaft regiert die unbeständigsten und ungestümsten Geschöpfe. Jesus trägt die Herrschaft für ewig auf Seinen Schultern – so sind unsere Angelegenheiten auch in den stürmischsten Zeiten sicher in Seinen Händen. Nicht Satan ist der König, sondern der HERR, Jesus Christus. Darum lasst uns Ihn anbeten und Ihm ewig zujubeln!

Warum sind wir schwach, wo wir doch Zuflucht zu göttlicher Kraft nehmen können? Warum sind wir besorgt, wenn der Friede des Herrn unser ist? Jesus, der mächtige Gott, ist unser Friede – welch ein Segen ist das heute! Welche Segnung wird uns an jenem Tag des Herrn zuteil, der in Dunkelheit kommt und kein Licht auf die Gottlosen scheinen lässt!

Lieber Leser, ist das nicht ein prächtiger Psalm, um bei stürmischem Wetter gesungen zu werden? Kannst du unter Donnerschlägen singen? Wirst du singen können, wenn die letzten Donner losbrechen und Jesus die Toten und die Lebendigen richten wird? Wenn du gläubig bist, ist der letzte Vers dein Erbteil und wird dich ganz sicher zum Singen bringen!

Zum Nachdenken: Im Donner des Wortes Gottes liegt weit mehr königliche Kraft als im Wort des Donners. (Joseph Caryl)

4. März

Psalm 30,1-6

Weitere Lesung: 2. Samuel 7,1-11

Ich will Dich erheben, Dein Wesen, Deine Eigenschaften, Deine mir erwiesene Barmherzigkeit, Deine große Geduld mit Deinem Volk; aber vor allem will ich Gutes von Dir reden, o HERR! Dies soll meine freudevolle und beständige Beschäftigung sein. Das Lob des Psalmisten war verständlich. Er war wie ein Gefangener aus einem Kerker gezogen worden, wie Josef aus der Grube, und darum liebte er den Befreier. Gnade hat uns aus der Grube der Hölle geholt, aus dem Schlamm der Sünde, aus dem Morast der Verzagtheit, aus dem Bett der Krankheit, aus den Fesseln von Zweifel und Furcht: Haben wir kein Lied, das wir für all dies darbringen können? Wie hoch hat uns der HERR emporgezogen! Er hat uns in die Stellung von Kindern versetzt und in Seine Familie aufgenommen. Er erhob uns in die Gemeinschaft mit Christus und hat uns »mitsitzen lassen in der Himmelswelt in Christus Jesus«. Erhebt den Namen unseres Gottes so hoch ihr könnt, denn Er erhob uns über die Sterne. David hat für sich selbst und für das Volk gefleht, als die Pest sie heimsuchte. Er ging gleich zum »Oberkommando« und versuchte es nicht erst bei Mitteln, die versagen mussten. Gott ist der beste Arzt, selbst für unsere körperlichen Schwachheiten. Wir handeln sehr gottlos und töricht, wenn wir Gott vergessen. Dreimal glücklich ist der, welcher behaupten kann, Gott selbst sei sein Teil. Beachtet, wie Davids Glaube wächst: Im ersten Vers sang er: »HERR!«, doch im zweiten heißt es: »HERR, mein Gott!« Himmlische Herzensmusik ist etwas, was aufsteigt wie die Rauchsäule, die sich vom Räucheraltar erhob. Ich konnte kaum beten, aber geschrien habe ich; ich schüttete meine Seele aus, wie ein kleines Kind seine Bitten vorbringt. Ich rief zu

Psalm 30,1-6

meinem Gott, denn ich wusste, zu wem ich rief; ich rief weder meine Freunde an noch irgendeinen anderen fleischlichen Arm. Daher kommt das sichere und völlig zufrieden stellende Ergebnis: Du hast mich geheilt. Ich weiß es. Ich bin mir dessen sicher. Ich trage die Beweise geistlicher Gesundheit jetzt in mir. Ehre sei Deinem Namen! Jeder, der Gott demütig um Befreiung von der Sündenkrankheit bittet, sollte schnell so handeln, wie es der Psalmist tat. Wer sich aber nicht die Mühe macht, Heilung zu suchen, braucht sich nicht zu wundern, wenn seine Wunden eitern und seine Seele stirbt.

Er hatte das Empfinden, allein Gott nicht genügend preisen zu können, so hätte er gern die Herzen anderer angeworben. David wollte seinen Chor nicht mit bösen Menschen auffüllen, sondern mit geheiligten Menschen, die von Herzen singen können. Er ruft euch auf, Gottes Volk, denn ihr seid Heilige; und wenn Sünder aus Bosheit schweigen, so möge euch eure Heiligkeit zum Singen drängen. Ihr seid Seine Heiligen, ihr seid Auserwählte, Bluterkaufte, Berufene und für Gott beiseite Gestellte; geheiligt zu dem Zweck, täglich Opfer des Lobes darzubringen. Seid überströmend in dieser himmlischen Pflicht! Das Weinen dauert nur bis zum Morgen. Wenn die Nacht vorüber ist, wird die Finsternis verschwinden. Dies sehen wir als Grund für geheiligtes Singen an, und welch ein zwingender Grund ist es! Kurze Nächte und fröhliche Tage rufen einfach nach Psalter und Harfe.

Zum Nachdenken: Niemand als nur ein Heiliger kann von Heiligkeit singen, vor allem was Gottes Heiligkeit betrifft, aber erst recht, was das Singen geheiligter Lieder angeht. (Sir Richard Baker)

5. März

Psalm 30,7-13

Weitere Lesung: 2. Samuel 7,12-17

Weil es mir heute gerade einmal gut geht, muss ich nicht annehmen, dass ich morgen noch auf dieser hohen Stufe stehe. Wie bei einem Rad sinken die höchsten Speichen zu ihrer Zeit auf den tiefsten Punkt. So geht es unter den Bedingungen der Sterblichen. Es findet eine beständige Umwälzung statt; viele, die heute im Staub sind, werden morgen hoch erhoben sein, während andere, die heute erhaben sind, morgen über den Grund schleifen werden. Der Wohlstand hatte offenbar dem Psalmisten den Kopf verdreht, sonst hätte er nicht so viel Selbstvertrauen entwickelt. Er stand aufrecht durch Gnade, aber vergaß sich selbst, so kam er zu Fall. Lieber Leser, ist nicht in unser aller Herzen viel von diesem törichten Stolz? Lasst uns aufpassen, sonst vernebelt der Rauch des Erfolgs unseren Verstand und macht uns auch zu solchen Toren.

Er schrieb seinen Wohlstand der Gunst des HERRN zu – so weit, so gut. Es ist richtig, in all unserer Standhaftigkeit und in all unserem Vermögen die Hand des Herrn zu erkennen. Aber man muss bedenken, dass das Gute in einem guten Menschen nicht unvermischte Güte ist. Hier war sie mit fleischlicher Sicherheit vermengt. Er vergleicht seinen Zustand mit einem Berg; ein Maulwurfshügel hätte besser gepasst. Wir denken niemals zu gering von uns. Ach, alles ist nur leerer Wahn, der uns allen nur zu bekannt ist! Wie schnell platzt der Luftballon, wenn Gottes Leute sich etwas einbilden und meinen, sie genössen Unverwundbarkeit hier unter den Sternen und könnten standhaft bleiben auf diesem umherwirbelnden Erdenball.

Gebet ist die nie versagende Hilfsquelle des Volkes Gottes. Wenn wir mit unserer Weisheit am Ende sind, können wir im-

Psalm 30,7-13

mer noch zum Gnadenthron gehen. Bringt ein Erdbeben unseren Berg zum Zittern, steht der Gnadenthron unerschütterlich fest, und wir dürfen zu ihm kommen. Lasst uns das Beten nie vergessen und niemals an dem Erfolg des Gebets zweifeln! Die Hand, die verwundet, kann auch heilen. Lasst uns zu dem hingehen, der uns schlägt, und Er wird unser Flehen erhören. Fröhlichkeit und fleischliche Belustigungen sind ein armseliges Rezept gegen ein zerschlagenes und verzweifelndes Herz; doch Gebet wird helfen, wo alles andere versagt. Davids Gebet war für Gott bedeutsam; es überzeugte durch Gründe und plädierte zu seinen Gunsten. Es war keine Darstellung lehrmäßiger Ansichten, auch kein Bericht über seine Erfahrungen, noch viel weniger wollte er listig anderen eins auswischen, während er vorgab, zu Gott zu beten, obwohl all das und Schlimmeres in gewissen Gebetsversammlungen das wirkliche heilige Ringen verdrängt hat. Jakob kämpfte mit dem Engel des Bundes, indem er inständig flehte, und darum obsiegte er. Kopf und Herz, Urteilsvermögen und Liebe, Gedächtnis und Verstand wirkten alle zusammen, um das Anliegen in rechter Weise vor den Herrn der Liebe zu bringen.

Wenn Gott Gebete erhört, so ist das ein großer Gnadenakt; unser Bitten hat keinen Anspruch auf Antwort. So wäre es ein schändliches Verbrechen, wenn wir, nachdem wir Gottes Barmherzigkeiten erfuhren, Ihn zu preisen vergäßen. Gott will nicht, dass unsere Zungen träge sind, während sich ringsumher so viele Gründe anbieten, dankbar zu sein. Er will keine stummen Kinder in Seinem Haus. Sie werden im Himmel alle singen, und darum sollten sie es auch auf der Erde tun.

Zum Nachdenken: Was ist Lobpreis? Die Pacht, die Gott zukommt; und je größer der Bauernhof, umso größer sollte die Pacht sein. (G.S. Bowes)

6. März

Psalm 31,1-14

Weitere Lesung: 1. Samuel 23,1-5

Der Psalmist hat eine Zuflucht, und zwar die beste, die es gibt. In stürmischen Zeiten wirft er seinen großen Notanker des Glaubens aus. Anderes mag zweifelhaft sein, aber dass David sich auf den HERRN verlässt, macht er sehr deutlich, und er fängt auch damit an, sonst könnte er es unter Druck und in Bedrängnis am Ende vergessen. Dieses Bekenntnis seines Glaubens ist der Dreh- und Angelpunkt, den er benutzt, um seinen Kummer aufzuheben und fortzuschaffen. Er beschäftigt sich damit, um sich selbst zu trösten und um sich bei Gott Gehör zu verschaffen. Wie könnte der HERR es zulassen, dass ein Mensch, der einzig von Ihm abhängig ist, am Ende zuschanden wird? Das entspräche nicht dem Gott der Wahrheit und der Gnade. Es brächte Unehre auf Gott selbst, wenn Glaube am Ende nicht belohnt würde. Tatsächlich wäre es ein böser Tag für das Christentum, wenn das Vertrauen auf Gott keinen Trost und keine Hilfe brächte.

Der Angefochtene bekennt sein völliges Vertrauen auf Gott. Wenn der Glaube immer wieder dasselbe sagt, ist das nicht vergebens. Das Bekenntnis, in Zeiten der Anfechtung auf Gott zu vertrauen, ist die entscheidende Methode, Ihn zu verherrlichen. Davids Feinde waren sowohl schlau als auch mächtig – wenn sie ihn nicht mit Gewalt überwinden konnten, versuchten sie es mit List. Unsere geistlichen Feinde sind von gleicher Art: Sie stammen aus der Brut der Schlange und suchen uns in ihrer Tücke Fallen zu stellen. Das vorliegende Gebet geht von der Möglichkeit aus, dass der Gläubige wie ein Vogel gefangen werden kann. Und in der Tat sind wir so töricht, dass dies oft geschieht. Der Vogelfänger geht so geschickt zu Werke, dass jeder

Psalm 31,1-14

Unaufmerksame bald von ihm umgarnt ist. Der Text bittet um Befreiung des Gefangenen direkt aus den Maschen des Netzes. Das ist eine passende Bitte – und eine, die erhört werden kann; denn die ewige Liebe kann die Heiligen selbst aus dem Rachen des Löwen und aus dem Bauch der Hölle befreien.

Die Gottlosen arbeiten zusammen bei ihren Angriffen auf die »Heiligen und Herrlichen, die auf Erden sind«. Es ist erstaunlich, wie oft Sünder besser übereinstimmen als Heilige, und wie sie im Allgemeinen mit mehr Sorgfalt und Vorsicht zu Werke gehen als die Gerechten bei deren heiligen Unternehmungen. Betrachtet die Grausamkeit der Feinde des guten Menschen! Sie geben sich mit nichts weniger als mit seinem Blut zufrieden – das ist es, was sie planen und worauf sie hinarbeiten. Es ist besser, der Gewalt eines Löwen als der Willkür böswilliger Verfolger ausgesetzt zu sein. Das Raubtier mag seine Beute verschonen, wenn es satt ist; aber die Bosheit ist unersättlich und grausam wie Wölfe. Von allen Teufeln ist der Neid der grausamste. In welch schrecklicher Lage befand sich der Psalmist, als die vergifteten Pfeile von tausend Bögen auf sein Leben zielten! Doch in all diesem versagte sein Glaube nicht, auch hatte Gott ihn nicht verlassen. Darin liegt für uns eine Ermutigung.

Zum Nachdenken: Wenn David darum bittet, nicht beschämt zu werden, lasst uns auch darum ringen. Wer Jesus liebt, sollte sich schämen, beschämt zu sein. (C.H. Spurgeon)

7. März

Psalm 31,15-25

Weitere Lesung: 1. Samuel 23,6-13

Trotz aller belastenden Umstände zeigte Davids Glauben Standhaftigkeit und wurde nicht von seinem Ziel abgelenkt. Welch eine gesegnete, rettende Aussage ist das! Solange unser Glaube als unser Schild heil ist, ist es keine Frage, wie die Sache am Ende ausgehen wird, mag die Schlacht auch noch so heftig toben. Wird er uns aber entrissen, so erschlägt man uns so sicher wie Saul und Jonatan auf den Höhen von Gilboa. David verkündete entschieden seine Untertanentreue zu dem HERRN. Er war kein Schönwetter-Gläubiger. Er konnte auch bei scharfem Frost an seinem Glauben festhalten. Dann wickelte er sich in ihn ein wie in ein Gewand, das in der Lage war, alle Übel der Zeit von ihm fern zu halten.

Der souveräne Gebieter des Schicksals hat alle unsere Lebensumstände in Seiner Hand. Wir sind weder Strandgut noch treiben wir planlos auf dem Ozean des Schicksals umher. Vielmehr werden wir durch unendliche Weisheit zu dem erwünschten Hafen geleitet. Gottes Vorsehung ist ein sanftes Ruhekissen für ängstliche Gemüter, ein Beruhigungsmittel gegen Sorgen und ein Grab für alle Verzweiflung. Es ist richtig, dass man der Verfolgung entrinnt, wenn es des Herrn Wille ist; und wenn Er es uns nicht in der Art gewährt, die wir gern hätten, wird uns die helfende Gnade auf eine andere Weise Befreiung schenken, und wir werden über den Spott und die Wut der Feinde lachen können.

Das Leben des Glaubens ist wahrlich ein Wunder. Als der Glaube David zu Gott führte, brachte er ihn sofort zum Singen. Er sagt uns nicht, wie groß Gottes Güte ist; denn das konnte er nicht. Es gibt kein Maß, mit dem die unermessliche Güte des

Psalm 31,15-25

HERRN festgelegt werden könnte, weil Er die Güte selbst ist. Heiliges Erstaunen verwendet Ausrufezeichen, wo Beschreibungen kläglich versagen. Können wir nicht messen, so können wir doch staunen. Können wir auch nichts Genaues berechnen, so können wir doch inbrünstig anbeten. Himmlische Gnade ist nicht gänzlich im himmlischen Speicher verborgen, sie hat sich schon tausendfach zugunsten derer erzeigt, die den Mut hatten, ihr Gottvertrauen zu bekennen. Die Güte des HERRN hat sich gegenüber den Menschen entfaltet, um ein glaubensloses Geschlecht zurechtzuweisen. Die Beweise für die Gunst des HERRN sind überwältigend. Die Geschichte wimmelt von erstaunlichen Beispielen. Und unser eigenes Leben ist voller Wunder der Gnade. Wir dienen einem guten Herrn. Der Glaube erhält auch jetzt schon großen Lohn, erwartet sein volles Erbteil aber erst in der Zukunft. Wer wollte nicht begehren, das Los der Diener eines solchen Herrn zu teilen, der in Seiner unergründlichen Liebe alle geheiligten Herzen mit Staunen erfüllt? Wenn die Frommen den HERRN nicht lieben, wer dann? Liebe ist die universelle Schuld der gesamten Familie der Erlösten. Wer möchte von ihrer Bezahlung entbunden sein? Gründe zum Lieben sind vorhanden; denn gläubige Liebe ist nicht blind. Jeder von euch erhebe das Haupt und singe mit Herzensfreude! Gott ist treu, der nicht einmal die Allerkleinsten versäumt, die auf Ihn hoffen. Warum sollten wir dann bange sein?

Zum Nachdenken: Wenn uns die Wolken der Trübsal die Gunst des Herrn verbergen, weiß der Glaube, dass sie wieder leuchten wird, und darum bittet er durch die Wolken hindurch, dass sie sich auflösen mögen. (David Dickson)

8. März

Psalm 32,1-5

Weitere Lesung: Römer 4,1-8

Wie die Bergpredigt beginnt auch dieser Psalm mit Seligpreisungen. Dies ist der zweite Psalm, der so anfängt. Der 1. Psalm beschreibt die Ergebnisse heiligen Gesegnetseins, und der 32. zeigt, wie es dazu kommt. Psalm 1 zeigt den Baum in voller Größe, und Psalm 32 redet von seiner anfänglichen Pflanzung und Bewässerung. Der im ersten Psalm in Gottes Buch liest, liegt hier als Angenommener und Erhörter flehend vor Gottes Thron. Beachtet die Worte, mit denen unser Ungehorsam so oft bezeichnet wird: Übertretung, Sünde und Schuld. Sie sind der dreiköpfige Hund am Tor zur Hölle; aber unser herrlicher Herr hat dessen Bellen gegen Seine Heiligen für ewig zum Schweigen gebracht. Die Dreieinheit der Sünde wurde von der Dreieinheit des Himmels überwunden. Der ist in Wahrheit glückselig, der einen Stellvertreter hat, der für ihn eintritt, dem alle unsere Schulden in Rechnung gestellt werden können.

Welch ein Mörder ist die Sünde! Es ist eine epidemische Krankheit, ein Feuer in den Gebeinen. Wenn wir unsere Sünde verbergen, tobt sie in unserem Inneren, und wie eine schwärende Wunde schwillt sie schrecklich an und schmerzt furchtbar. David schwieg, was sein Bekenntnis anging, aber nicht in Bezug auf seine Schmerzen. Das Erschrecken über seine große Schuld ließ ihn unentwegt klagen, bis seine Stimme nicht mehr der artikulierten Rede eines Menschen glich, sondern mit seinem Seufzen und Stöhnen dem heiseren Gebrüll eines verwundeten Tieres ähnelte. Niemand kennt die Schläge eines überführten Gewissens, als wer sie erlitten hat. Die spanische Inquisition mit all ihren Folterungen ist nichts im Vergleich zu dem Gericht, welches das Gewissen in unseren Herzen ausübt.

Psalm 32,1-5

Gottes Finger kann uns zerbrechen – wie schwer und unablässig muss Seine Hand uns niederdrücken! Unter den Schrecken der Gewissensqualen finden die Menschen in der Nacht selten Ruhe, weil die grausamen Gedanken des Tages sie in ihren Kammern hetzen und sie bis in ihre Träume verfolgen, oder sie liegen in kaltem Angstschweiß gebadet wach in ihren Betten. Gottes Hand ist sehr hilfreich, wenn sie uns aufhebt; aber sie ist furchtbar, wenn sie uns niederdrückt. Besser eine Welt auf den Schultern, wie bei Atlas, als Gottes Hand auf dem Herzen, wie bei David.

Nach langem Dahinsiechen erinnert sich das Herz an das, was es gleich zu Anfang hätte tun sollen, und hält vor Gott nichts mehr zurück. Das Skalpell muss in die eiternde Wunde dringen, bevor wir auf Erleichterung hoffen dürfen. Das Wenigste, was wir tun können, um Vergebung zu erlangen, ist die Anerkennung unseres Versagens. Sind wir dafür zu stolz, haben wir doppelte Strafe verdient. Wir müssen unsere Schuld eingestehen und die Tatsache, gesündigt zu haben, zugeben. Etwas verbergen zu wollen, ist zwecklos, weil Gott alles sehr wohl weiß. So ist es äußerst nützlich, dies anzuerkennen; denn ein volles Bekenntnis macht das Herz weich und demütig. Wir müssen so weit wie möglich die Geheimnisse der Seele offen legen, die verborgenen Schätze Achans ausgraben und unsere Sünden in ihren vollen Ausmaßen herausholen. David wurde nicht nur die Sünde vergeben, sondern auch die damit verbundene Übertretung. Der Virus der Schuld verschwand augenblicklich, sobald sie zugegeben war.

Zum Nachdenken: Gottes Vergebung ist tief und gründlich: Das Messer der Gnade schneidet alle bösen Wurzeln der Sünde ab. (C.H. Spurgeon)

9. März

Psalm 32,6-11

Weitere Lesung: Jesaja 55,1-7

Bemerkenswerte Gebetserhörungen beleben sehr die Gebetsfreudigkeit bei anderen Frommen. Wo jemand einen Goldklumpen findet, wollen andere auch gern graben. Der Nutzen unserer Erfahrung für andere sollte uns damit aussöhnen. Kein Zweifel: In Davids Fall wurden Tausende dazu gebracht, den Herrn mit Hoffnungsmut zu suchen, die ohne dieses ermutigende Beispiel in Verzweiflung umgekommen wären. Der Gnadenthron ist der Weg zum Himmel für alle, die einmal dort hinkommen werden.

Im achten Vers ist der Herr der Sprecher und beantwortet das Gebet des Psalmisten. Unser Erretter ist auch unser Lehrer. Der Herr selbst lässt sich herab, um Seine Kinder den Weg der Rechtschaffenheit zu lehren; Sein heiliges Wort und die Ermahnungen des Heiligen Geistes lenken den täglichen Umgang des Gläubigen. Es ist uns nicht gestattet, nach unseren eigenen Lüsten zu leben, sondern wir sollen zur Heiligkeit erzogen werden und uns in der Vervollkommnung üben. Ein himmlisches Training ist eine der Bundessegnungen, die uns durch unsere Annahme als Kinder zuteil wurden. »Alle deine Kinder werden von dem HERRN gelehrt sein.« Verständnis unterscheidet uns von dem Vieh; lasst uns nicht handeln, als hätten wir keins. Menschen sollten Rat und Hilfe annehmen und bereit sein, den Weg zu gehen, den die Weisheit zeigt. Leider müssen wir vor dem Stumpfsinn unserer Herzen gewarnt werden; denn wir neigen dazu, ihm zu verfallen. Wer Sünden sät, wird in vollen Garben Schmerzen ernten. Schmerzen des Gewissens, der Enttäuschung und des Schreckens sind das sichere Erbteil des Sünders in dieser Zeit, und Schmerzen der Reue und der Ver-

Psalm 32,6-11

zweiflung wird er in aller Ewigkeit haben. Mögen alle, die sich in der Gegenwart sündiger Freuden rühmen, daran denken, dass die Schmerzen unausweichlich kommen werden, und sich warnen lassen!

Der Glaube wird der Gottlosigkeit gegenübergestellt, weil er die Quelle der Tugenden ist. Der Glaube an Gott ist der große Verwandler der Lebenssorgen, und wer ihn besitzt, lebt in einer Atmosphäre der Gnade, umgeben von dem Leibwächter der Barmherzigkeiten. Möge der Herr uns allezeit schenken, dass wir in der Gnade Gottes leben. Selbst wenn wir keine Spur ihrer Wirksamkeit wahrnehmen, umgibt die Gnade den Gläubigen genauso von allen Seiten wie die Allwissenheit, und jeder Gedanke, jede Tat Gottes ist von diesem Duft der Gnade durchtränkt. Die Gottlosen sind von einem Wespennest umgeben; aber für uns sammelt ein Schwarm Bienen Honig ein.

Wir sollten uns nicht über Sünde freuen, noch Trost bei Korn, Wein oder Öl suchen; den Garten unseres Seelenglücks sollten wir in Gott finden. Dass es einen Gott gibt, und zwar einen solchen, und dass Er zu uns gehört, auf ewig zu uns, und dass Er unser Vater und unser Herr ist, sollte Grund genug für einen nie endenden Psalm und jubelnde Freude sein. Weil Gott Seine Sänger in weiße Kleider hüllte, dürfen sie ihre freudigen Stimmen nicht schweigen lassen, sondern sollen laut singen und rufen wie solche, die große Beute gemacht haben.

Zum Nachdenken: Lieber Leser, dies ist ein froh machender Psalm! Hast du beim Studieren ein großes Stück guten Landes gewinnen können? Wenn ja, dann mache auch anderen den Weg zur Erlösung kund! (C.H. Spurgeon)

10. März

Psalm 33,1-11

Weitere Lesung: Hiob 26,1-14

Freude ist die Seele des Lobgesangs. Sich an Gott zu erfreuen, heißt, Ihn in Wahrheit zu erheben, auch wenn kein Ton des Gesangs über unsere Lippen kommt. Dass Gott da ist und dass Er solch ein Gott ist und für ewig zu uns gehört, sollte in uns eine überströmende, nie endende Freude auslösen. Sich zeitlichen Wohlstands zu rühmen, ist gefährlich, sich selbst zu bejubeln, ist Torheit, sich an der Sünde zu erfreuen, ist tödlich; aber sich Gottes zu rühmen, ist himmlisch. Selbst die Gerechten sind nicht immer glücklich und müssen wachgerüttelt werden, sich ihrer Vorrechte zu freuen.

Was Gott tut, ist immer richtig, sei es natürlicher, moralischer oder geistlicher Art. Das gilt besonders für Sein Fleisch gewordenes Wort. Er ist der Herr, unsere Gerechtigkeit. Was immer Gott anordnet, muss gut, gerecht und vollkommen sein. In Gottes Universum gibt es nichts Unvollkommenes, außer, was die Sünde verursacht hat; Sein befehlendes Wort hat alles gut erschaffen. Wenn wir auf Sein Verheißungswort blicken und uns an Seine Treue erinnern, wie viel Grund zu Freude und Dank haben wir da! Sein Werk ist das Ergebnis Seines Wortes und stimmt damit überein. Auch sagt Er nichts Schlechtes; in Tat und Wort stimmt Er mit sich selbst und der reinsten Wahrhaftigkeit überein. In Gottes Wort gibt es keine Unwahrheit und in Seinen Taten keine Täuschung: Schöpfung, Vorsehung und Offenbarung, alles ist voller ungetrübter Wahrheit. Wahrheit zu wirken und davon zu reden, ist göttlich; möchten doch die Kinder Gottes ihre Grundsätze niemals durch die Umstände, sondern durch ihr Herz bestimmen lassen! Welch einem Gott dienen wir! Je besser wir Ihn kennen lernen, umso mehr weiß

Psalm 33,1-11

unsere neue Natur Seine alles überragende Vortrefflichkeit zu schätzen. Selbst Seine uns betrübenden Werke geschehen gemäß Seinem vertrauenswürdigen Wort.

Die Schöpfung war das Ergebnis eines Wortes. Gott sprach: »Es werde Licht!« Und es wurde Licht. Die Werke des HERRN sind erhaben in ihrer Einfachheit. Die Schöpfung kam aus dem Nichts zu dauerndem Dasein. Dieselbe Kraft, die anfangs das Universum schuf, erhält es jetzt. Obwohl wir es vielleicht nicht wahrnehmen, entfaltet sich eine gleich großartige Kraft bei der Bewahrung wie beim Schöpfungsakt. Glückselig der Mensch, der sich ganz und gar auf das sichere Wort dessen zu stützen lernte, der die Himmel erbaute!

Gottes Sache ist nie in Gefahr: Höllische List wird durch unendliche Weisheit überwunden, und satanische Bosheit wird durch grenzenlose Kraft in Schranken gehalten. Gott ändert Seine Absichten nicht, Seine Entscheidungen werden nie vereitelt, und Seine Pläne kommen stets zustande. Menschliche Absichten wehen hin und her wie ein Spinnfaden oder die reifen Samen der Distel; aber die ewigen Entschlüsse sind stabiler als die Erde. Menschen kommen und gehen, Söhne folgen ihren Vätern ins Grab; aber der nie aus der Ruhe zu bringende Geist Gottes bewegt sich in ununterbrochener Ruhe und bewirkt alles, was Er sich vorgenommen hat, mit irrtumsloser Sicherheit.

Zum Nachdenken: Es ist keine Kleinigkeit, Gott in rechter Weise zu preisen; es muss mit dem Besten des Besten getan werden. (John Trapp)

11. März

Psalm 33,12-22

Weitere Lesung: Hiob 28,20-28

Israel war glücklich, weil es den einzig wahren Gott anbetete. In der Tat, das auserwählte Volk war gesegnet, weil es eine Offenbarung des HERRN erhalten hatte. Während sich andere vor ihren Götzen auf der Erde wälzten, war das auserwählte Volk durch eine geistliche Religion erhoben, die ihm Zugang zu dem unsichtbaren Gott gewährte und es dazu brachte, allein auf Ihn zu vertrauen. Alle, die sich dem HERRN anvertrauen, sind im tiefsten und weitesten Sinn gesegnet, und niemand kann diese Segnungen rückgängig machen. Auserwählung ist der Grund für alles. Die göttliche Erwählung bestimmt das Geschehen. Niemand kann den HERRN als seinen Gott annehmen, bevor Er ihn nicht zu Seinem Volk gezählt hat. Welch eine ehrenvolle Erwählung ist das! Wir sind nicht zu einem niedrigen Stand oder zu einem unwürdigen Zweck auserkoren: Wir sind das besondere Besitztum und die Freude des HERRN, unseres Gottes. So gesegnet sollten wir uns unseres Erbes freuen und der Welt durch unser Verhalten zeigen, dass wir einem herrlichen Herrn dienen.

Der HERR wird hier als einer dargestellt, der in der Höhe wohnt und nach unten blickt und alles sieht. Besonders aber beobachtet und umsorgt Er solche, die auf Ihn vertrauen. Es gehört zu unseren erlesensten Vorrechten, immer unter den Augen unseres Vaters, nie außer Sichtweite unseres besten Freundes zu sein. Alle Adamssöhne werden ebenso bewacht wie Adam selbst, ihr einsamer Vorfahr im Garten Eden. Ob wir an den frostigen Polen oder am heißen Äquator wohnen, ob auf Bergen oder in Tälern, ob in Hütten oder Palästen – das göttliche Auge nimmt alle Mitglieder der menschlichen Familie wahr.

Psalm 33,12-22

Alle Menschen verdanken dem Schöpfer in gleicher Weise ihr Leben. Darum gibt es keinen Anlass, sich selbst zu rühmen. Welchen Grund hätte das Gefäß, sich in Gegenwart des Töpfers zu rühmen? Gott betrachtet die Taten der Menschen nicht umsonst. Er wertet und richtet sie. Er liest die heimlichen Pläne hinter dem äußerlichen Verhalten und führt das scheinbar Gute auf seine wirklichen Bestandteile zurück. Diese Betrachtung ist ein Hinweis auf das kommende Gericht, wenn die Ergebnisse der göttlichen Gedanken zugemessen werden, sei es in Glück oder Weh. Bedenkt eure Wege, ihr Menschen; denn Gott bedenkt sie!
Mit besonderer Sorgfalt sind die Augen Gottes auf die Verherrlichung und Verteidigung des Volkes Gottes gerichtet. Niemand kann ihm unvermutet etwas antun, weil der himmlische Wächter im Voraus die Pläne der Feinde weiß und etwas dagegen unternimmt. Wer Gott fürchtet, braucht sich vor sonst nichts zu fürchten. Mögen wir alle unsere Augen des Glaubens fest auf Ihn gerichtet halten; dann wird Sein Auge der Liebe auf uns ruhen. Unsere Seele, unser Leben muss an Gott hängen. Wir dürfen Ihm nicht nur in einigen Nebensächlichkeiten vertrauen, sondern müssen dies mit allem tun, was wir sind und haben. Wir, die Ihm vertrauen, können eigentlich nur ein frohes Herz haben, unser Innerstes muss sich unseres treuen Gottes rühmen. Die Wurzel des Glaubens wird zu ihrer Zeit die Blüte des Jubels hervorbringen. Zweifel brüten Schmerzen aus, Vertrauen schafft Freude.

Zum Nachdenken: Damit wir nicht der Idee verfallen, die Menschen erlangten ein so hohes Gut durch eigene Anstrengungen und durch ihren Fleiß, lehrt der Psalmist uns ausdrücklich, dass es aus der Quelle der gnädigen, auserwählenden Liebe Gottes kommt, zum Volk Gottes gezählt zu werden. (Johannes Calvin)

12. März

Psalm 34,1-11

Weitere Lesung: 1. Samuel 21,10-15

David weiß, wem das Lob gebührt, und wofür und wann. Dem HERRN und nicht einer zweitrangigen Ursache muss unsere Dankbarkeit erwiesen werden. Der HERR hat das alleinige Recht auf das Lob Seiner Geschöpfe. Selbst wenn ein Gnadenerweis uns an unsere Sünde erinnert, wie es die Errettung Davids von dem Philisterkönig mit Sicherheit getan hat, dürfen wir Gott nicht der wohlverdienten Ehre berauben, weil unser Gewissen unseren Anteil bei dieser Angelegenheit missbilligt.

Die vertrauensvollen Aussprüche von erfahrenen Gläubigen sind ein reicher Trost für ihre weniger geübten Brüder. Wir sollten besonders deshalb viel von der Güte des HERRN reden, weil andere dadurch in ihrem Vertrauen auf einen zuverlässigen Gott bestärkt werden. Es ist gut, wenn die Seele ihre eigene Unfähigkeit spürt, Gott angemessen zu verherrlichen, und darum andere zu diesem schönen Werk anregt. Das ist für diesen Menschen selbst gut – und auch für seine Gefährten. Gemeinsame Anbetung in der Versammlung ist die Auswirkung der natürlichen Instinkte des neuen Lebens. Im Himmel wird dies in ganzer Fülle genossen, und die Erde ist dort fast so schön wie der Himmel, wo die Anbetung reichlich zu finden ist.

David muss in sehr wirrer Weise gebetet haben, auch muss sehr viel Selbstgerechtigkeit in seinem Gebet gesteckt haben, sonst hätte er nicht zu Methoden von dermaßen zweifelhafter Moral gegriffen, sich wahnsinnig zu stellen und sich wie ein Mondsüchtiger zu benehmen. Doch sein elend kraftloses Gebet wurde erhört und brachte ihm Rettung. Wie viel mehr Grund war das für ihn, die überquellende Gnade des HERRN zu rühmen.

Psalm 34,1-11

Wir dürfen Gott sogar suchen, wenn wir gesündigt haben. Wenn Sünde den Weg zum Gnadenthron versperren sollte, wäre es mit uns allen zu Ende. Aber die Gnade macht, dass selbst für Widerspenstige Gaben da sind und es einen Anwalt für sündige Menschen gibt. Der Psalmist bekennt, dass sein Fall keineswegs eine Ausnahme war und im Leben der Getreuen immer wieder vorkommt; doch jeder von ihnen konnte strahlend aufblicken, wenn er auf den HERRN sah. Ihre Angesichter begannen zu leuchten, und ihr Geist wurde aufgerichtet. Welch ein Segen kann in einem Blick auf den Herrn liegen! Leben, Licht, Freiheit, Liebe, tatsächlich alles liegt in einem Hinschauen auf den Gekreuzigten.

Der Glaube ist der Geschmacksnerv der Seele; wer durch gläubiges Vertrauen den HERRN prüft, wird Ihn immer lieben und selbst dabei gesegnet werden. Der HERR wird nicht dulden, dass Seine treuen Diener Hunger leiden. Er mag ihnen keine Luxusgüter geben; doch bindet Ihn Sein Versprechen daran, sie mit allem Nötigen zu versorgen, und Er wird nicht hinter Seinem Wort zurückbleiben. Manches, was einem plötzlich einfällt, und viele Wünsche mögen unerfüllt bleiben; aber wirkliche Mängel wird der Herr beseitigen. Nichts, was tatsächlich gut für sie ist, wird Er denen versagen, deren erster und wichtigster Lebenszweck es ist, den HERRN zu suchen. Viele mögen sie Toren nennen; aber der Herr wird zeigen, dass sie weise sind.

Zum Nachdenken: Lass deine Blicke über Himmel und Erde schweifen und über alles, was darin ist, und was davon den sicheren Beweis des Guten trägt, darfst du vertrauensvoll von Christus erbitten. (David Clarkson)

13. März

Psalm 34,12-23

Weitere Lesung: Sprüche 1,7-19

Obwohl er ein Kriegsmann und ein König war, schämte sich David nicht, Kinder zu belehren. Bei Kindern darf man die größten Hoffnungen haben, ihnen etwas beibringen zu können. Kluge Menschen, die ihre Grundsätze weiterverbreiten wollen, achten darauf, das Ohr der Jugend zu gewinnen. Soweit man sie mündlich belehren kann oder sie in der Lage sind, durch das Ohr etwas aufzunehmen, sollen wir ihnen den Glauben und die Furcht Gottes mitteilen und der nachwachsenden Generation die Grundsätze und Handlungsweisen der Frommen einprägen. Wir müssen sie fortziehen von Tändelei und Spiel und versuchen, ihren Herzen bessere Ziele zu zeigen. Aber wir können sie nicht richtig erziehen, wenn ihre Herzen voll von anderen Dingen sind. Vor allem müssen wir stets darauf achten, dass wir die Gottesfurcht an die erste Stelle unserer Belehrung stellen, und wenn wir das tun, dürfen wir einfühlsam unsere eigene Person in die Waagschale werfen und von unseren Erfahrungen und Überzeugungen berichten.

Das Leben glücklich zu verbringen, ist der Wunsch aller, und wer den jungen Menschen ein Rezept für ein glückliches Leben verraten kann, verdient es, von ihnen geliebt zu werden. Bloßes Existieren ist kein Leben; aber die Kunst, wahrhaftig, wirklich und fröhlich zu leben, ist nicht allen Menschen geschenkt. Die Menschen zu lehren, wie sie leben und wie sie sterben können, ist das Ziel aller christlichen Unterweisung. Der Lohn der Tugend ist der Köder, der die jungen Menschen für die Moralität gewinnt. Während wir Frömmigkeit Gott gegenüber lehren, sollten wir auch viel über moralisches Verhalten gegenüber Menschen sprechen.

Psalm 34,12-23

Der HERR beobachtet die Gerechten mit Wohlgefallen und gedenkt ihrer in Liebe. Sie sind Ihm so wertvoll, dass Er seine Augen nicht von ihnen wenden kann. Jeden von ihnen beobachtet Er so intensiv, als gäbe es nur ein Geschöpf im ganzen Universum. Augen und Ohren sind auf Seine Heiligen gerichtet; Sein ganzes Herz beschäftigt sich mit ihnen. Selbst wenn alle sie verachten, vernachlässigt Er sie nicht. Er hört ihr Schreien sofort, wie eine Mutter ganz sicher ihr krankes Baby hört. Das Geschrei mag in stockenden Lauten geschehen, es mag klagend, unglücklich, schwach, kleingläubig sein, und doch nimmt des Vaters waches Ohr jeden Klagelaut und alle Bitten wahr, und Er zögert nicht, der Stimme Seines Kindes zu antworten. Derselbe Herr, der die Anfechtung schickte, wird sie aufheben, sobald Seine Pläne sich erfüllt haben. Doch wird Er selbst den schwierigsten von ihnen nie erlauben, Seine Geliebten zu zerreißen oder zu verschlingen.

Göttliche Liebe wacht über jeden Gläubigen, wie sie über Jesus wachte. Kein Unrecht vermag uns tödlich zu verletzen. Wir werden auch nicht verkrüppelt oder lahm im Reich Gottes sein, sondern werden alle nach den Drangsalen des Lebens ohne Flecken oder Runzeln oder etwas dergleichen in Christus Jesus dargestellt und werden durch die Kraft Gottes im Glauben bewahrt. Gläubige, ihr werdet niemals einsam, verlassen oder dem Verderben ausgeliefert sein. Gott, ja, unser Gott ist unser Wächter und unser Freund, und darum ist das Glück auf unserer Seite.

Zum Nachdenken: Obgleich unsere Nöte sehr zahlreich, ungewöhnlich und über alle Maßen schwer sind, so sind doch die Barmherzigkeiten Gottes zahlreicher, Seine Weisheit erstaunlicher und Seine Kraft wunderbarer; Er wird uns aus allem erretten. (Thomas Adams)

14. März

Psalm 35,1-10

Weitere Lesung: 2. Timotheus 4,14-18

Tritt, HERR, gegen die auf, die gegen mich auftreten! Streite mit denen, die gegen mich streiten! Kämpfe gegen die mich Bekämpfenden! Wenn sie auf ein Gerichtsurteil drängen, HERR, tritt ihnen entgegen und schlage sie mit ihren eigenen Waffen! Jeder Heilige Gottes wird dieses Vorrecht haben, denn dem Verkläger der Brüder wird der Anwalt der Heiligen entgegentreten. Wenn meine Feinde versuchen, Gewalt oder List anzuwenden, komme ihnen zuvor, widerstehe ihrer Macht mit Deiner Macht! Jesus tut das für alle Seine Geliebten; Er ist sowohl Fürsprecher als auch Vorkämpfer für sie. Welche Hilfe sie auch benötigen, sie werden sie von Ihm erhalten, und worin sie auch angefochten werden mögen, wird Er sie wirkungsvoll verteidigen. Lasst uns darin nicht versagen, dass wir unsere Angelegenheiten in Seinen Händen lassen. Menschliche Hilfe taugt nichts; doch das Eingreifen des Himmels ist überaus wirkungsvoll. Was hier als besondere Wohltat erbeten wird, darf als Verheißung für alle Heiligen betrachtet werden: Im Gericht haben sie einen göttlichen Fürsprecher und im Kampf einen göttlichen Beschützer.

In lebhaften Bildern wird der HERR beschrieben, wie Er in den Kampf zieht und sich zwischen Seine Knechte und Seine Feinde stellt. Diese poetische Schilderung zeigt, wie deutlich der Psalmist die Gegenwart und Macht Gottes wahrnimmt und Ihn als reale und handelnde Person betrachtet. Bei Gott gibt es ein Gesetz der Vergeltung, das oft erstaunlich funktioniert. Die Menschen stellen Fallen und fangen ihre eigenen Finger. Sie werfen Steine, und diese fallen ihnen selbst auf den Kopf. Wie oft hat sich Satan selbst ein Bein gestellt und sich die Finger

Psalm 35,1-10

an den eigenen Kohlen verbrannt! Das wird zweifellos eine der Verschlimmerungen der Hölle sein, dass Menschen sich selbst mit den törichten Plänen ihrer rebellischen Herzen peinigen werden. Sie fluchen und werden verflucht; sie treten gegen den Stachelstock und verletzen sich selbst; sie schütten Feuergluten aus und geraten dadurch innerlich und äußerlich in Brand.

Nach seiner Rettung schrieb David alle Ehre dem gerechten Richter zu; seinen eigenen mutigen Armen weihte er keine Ruhmeslieder. Er kehrt sich von den Feinden weg, hin zu seinem Gott, und findet tiefe, ununterbrochene Freude im HERRN, und diese Freude genießt sein Geist in vollen Zügen. Wir rühmen uns nicht der Vernichtung anderer, sondern der Rettung, die Gott uns verschafft hat. Erhörte Gebete sollten allezeit Lob und Dank hervorrufen. Es wäre schön, wenn wir unserem heiligen Jubel deutlicheren Ausdruck verliehen würden – denn wir berauben Gott, wenn wir dankbare Gefühle unterdrücken.

Gott ist der Sieger, der wahre Nothelfer für alle Elenden und Unterdrückten. Bei so viel Erniedrigung, Gerechtigkeit, Freundlichkeit, Macht und Mitgefühl sollten die erhabensten Lieder dargebracht werden. Komm, lieber Leser, bist du nicht von Sünde, Satan und Tod errettet worden und willst du nicht den Erlöser preisen? Du warst arm und schwach; aber zu Seiner Zeit hat Christus dich gesucht und dich befreit. Ach, mache heute den Herrn groß und rede Gutes von Seinem Namen!

Zum Nachdenken: Was immer an Kraft und Energie in mir ist, soll verwendet werden, um Dich zu loben. (John Trapp)

15. März

Psalm 35,11-18

Weitere Lesung: Apostelgeschichte 7,54-60

David war ein mitfühlender Mensch; er hatte getrauert, als Saul krank war. Er trug seinetwegen Trauerkleider, als sei er ihm ein naher, lieber Freund. Sein Herz trug Leid um seinen kranken Herrn. Er betete für seinen Feind und machte die Sache des Erkrankten zu seiner eigenen. So flehte und bereute er, als hätte seine persönliche Sünde das Übel hervorgerufen. Dies zeigt bei David einen noblen Geist und verschlimmert die Gemeinheit jener, die ihn so grausam verfolgten.
Fürbitte ist niemals umsonst. Wenn sie nicht denen zum Segen gereicht, für die man bat, so segnet sie doch die Betenden selbst. Wolken regnen sich nicht immer da ab, wo der Wasserdampf aufsteigt, sondern ergießen sich irgendwo sonst. Und auf die gleiche Weise bewirken Fürbitten Segensergüsse an verschiedenen Orten. Findet unsere Taube unter unseren Feinden keine Ruhe für ihren Fuß, so fliegt sie auf unseren Schoß zurück und bringt den Ölzweig des Friedens im Schnabel mit. – Wie scharf ist der Kontrast zwischen dem Gerechten und seinen Feinden überall in diesem Psalm! Wir müssen uns ernsthaft bemühen, diese Demarkationslinie immer deutlich einzuhalten. Den stärksten natürlichen Schmerz empfand David, als seine früheren Genossen in Schwierigkeiten geraten waren. Eine Mutter hat gewöhnlich die tiefste Liebe und empfindet einen Verlust am schmerzlichsten. So erging es David in seinem Gram. Wie wenige Bekenner haben heute ein so mitfühlendes Herz, wo es doch unter dem Evangelium viel zartere Liebe geben sollte als unter dem Gesetz. Hätten wir mehr herzliche Liebe für die Menschheit und mehr Kummer wegen ihrer unzähligen Krankheiten, so wären wir viel brauchbarer. Ganz sicher

Psalm 35,11-18

aber wären wir unendlich mehr Christus ähnlich. Wer am besten liebt, betet am besten.

David rief aus: »Herr, wie lange willst Du zusehen?« Warum nur ein Zuschauer? Warum so gleichgültig wegen Deines Knechtes? Ist es Dir gleich, wenn ich verderbe? Wir dürfen so mit dem Herrn reden. Er gestattet uns diese Vertrautheit. Für unsere Rettung ist ein Zeitpunkt festgesetzt; aber unserer Ungeduld scheint er viel zu lange fortzubleiben; doch die Stunde ist in Weisheit bestimmt, und nichts wird ihr Kommen verzögern. Seine Feinde waren grimmig, schlau und stark wie junge Löwen; nur Gott konnte ihn aus ihrem Rachen retten, und darum wendet er sich direkt an Ihn.

Spektakuläre Befreiungen müssen berichtet werden und gute Nachrichten groß herausgestellt werden. Alle Heiligen sollten die Güte des Herrn erfahren. Solche Themen sind die größten Versammlungen wert. Die Erfahrung *eines* Gläubigen taugt genug, um dem versammelten Universum zu Ohren gebracht zu werden. Die meisten Menschen reden über ihre Schmerzen; gute Menschen sollten empfangene Barmherzigkeit verkünden. Unter Freunden und Feinden will ich den Gott meiner Rettung verherrlichen! Lob, persönliches Lob, öffentliches Lob, anhaltendes Lob sollte dem König des Himmels als Seine »Staatseinnahmen« dargebracht werden. So endet Davids Gebet zum zweiten Mal mit Lob und Preis, wie es in der Tat alle Gebete tun sollten.

Zum Nachdenken: Die Gottlosen würden die Gerechten nackt bis auf die Seele ausziehen; sie kennen kein Erbarmen. Für die menschliche Bosheit besteht nur eine Grenze, wo Gott es für richtig hält, sie zu ziehen. (C.H. Spurgeon)

16. März

Psalm 35,19-28

Weitere Lesung: Lukas 20,20-26

David wäre ein normaler Bürger gewesen, aber seine Feinde arbeiteten daran, ihn zu einem Rebellen zu machen. Er konnte ihnen nichts recht machen; alles, was er tat, wurde ihm falsch ausgelegt. Es ist ein alter Trick des Feindes, gute Menschen ein A.S. auf die Wange zu brennen. Aufruhr-Stifter nennt man sie, obwohl sie harmlose Leute sind, wie Schafe unter Wölfen. Wenn man Ursachen sucht, sind Ursachen schnell gefunden. Skrupellose Ankläger brachten es fertig, sogar Jesus anzuklagen, Er wolle den Kaiser stürzen. Wie viel mehr werden sie Seine Hausgenossen auf diese Weise böser Taten bezichtigen!
Unser himmlischer Vater kennt alle unsere Schmerzen. Hierin liegt der Trost. Allwissenheit ist das Licht des Heiligen, das nie erlischt. Ein Vater wird nicht lange zuschauen, wenn sein Kind misshandelt wird. Wird nicht auch Gott Seine Auserwählten rächen? Weise Deine und meine Feinde in ihre Schranken, o HERR, ein Wort genügt. Schaffe mir Recht und tröste mein Herz. Geh mit mir durch den Feuerofen, stehe am Pranger an meiner Seite! Die wunderbare Gegenwart Gottes ist das göttliche Mitleid mit den Verfolgten; seine schmerzliche Abwesenheit würde sie in tiefstes Elend stürzen. David beruft sich auf seine Nähe zu Gott und hält sie mit beiden Händen fest. So überlässt er seinen Fall dem gerechten Richter. Er bittet darum, dass sein Prozess beginnt und er verhört, befragt und verurteilt wird. Es ist gut für einen Menschen, wenn sein Gewissen so rein ist, dass er es wagen darf, so zu bitten.
Was ist das ewige Ergebnis aller Mühe und aller schlauen Pläne der Feinde des Herrn? Gott wird sie beschämt machen, obwohl sie sich selbst »groß getan« haben. Gott wird sie beschämen,

Psalm 35,19-28

weil sie Sein Volk beschämt haben, und sie verwirren, weil sie Verwirrung stifteten. Er wird ihre feinen Kleider ausziehen und sie mit Bettlergewändern der Unehre bekleiden und ihre Freude in Weinen und Heulen und Zähneknirschen verwandeln. Wahrlich, die Heiligen können sehr wohl abwarten.

Für solche, die selbst keine aktive Hilfe leisten konnten, ihm aber in ihren Herzen Gutes wünschten, bittet David, der Herr möge es ihnen reichlich vergelten. Menschen mit einfühlsamen Herzen gewinnen einen großen Schatz an guten Wünschen durch die Gebete des Gottesvolkes. Auch Jesus preist die Herzen derer, die für Ihn schlagen. Der Tag kommt, an dem alle, die auf Christi Seite sind, ihre Siegesrufe erschallen lassen; denn das Schlachtenglück wird sich wenden, und alle Feinde der Wahrheit werden vertrieben werden. David will, dass die Freude der Gläubigen mitwirkt, den HERRN zu verherrlichen; sie sollen nicht Davids Ruhm verkünden, sondern dem HERRN Ehre geben. Es ist richtig, wenn solcher Beifall anhält, jetzt und in Ewigkeit. Unaufhörlicher Lobgesang gebührt dem gerechten und gnädigen Gott. Vom Morgen bis zum Abend sollte die dankbare Zunge zur Verherrlichung des Herrn reden und singen. Ach, würden wir alle doch diesen Entschluss fassen und ausführen!

Zum Nachdenken: In deinem schlichten Tun stelle dich darauf ein, Gott den ganzen Tag über zu preisen! (Augustinus)

17. März

Psalm 36,1-5

Weitere Lesung: Sprüche 4,14-19

Die Sünden der Menschen haben für unsere Ohren eine klare Botschaft. Sie sind das äußerliche Anzeichen für ein innerliches Übel. Wenn wir die unheiligen Taten der Ungerechten sehen, werden unsere Herzen trotz ihrer Lippenbekenntnisse zu dem Schluss gedrängt, dass sie überhaupt keinen Glauben haben. Unheiligkeit ist der klare Beweis von Gottlosigkeit. Widergöttliches Handeln ist die Frucht einer atheistischen Wurzel. Das kann man ehrlichen Köpfen mit zwingender Logik klar machen; aber frommen Herzen ist es ganz intuitiv schon längst deutlich. Wenn Gott überall ist und ich Ihn fürchte, wie kann ich dann in Seiner Gegenwart wagen, Seine Gesetze zu übertreten? Das muss ein verzweifelter Verräter sein, der im Thronsaal des Herrschers eine Revolte beginnt. Welche theoretischen Ansichten böse Menschen auch vorbringen mögen: Man kann sie nur zu den Gottlosen zählen, was sie auch wirklich sind. Wer nicht die Furcht Gottes vor Augen hat, wird in Ewigkeit die Schrecken der Hölle vor sich sehen.

David setzt seinen Klärungsprozess fort, durch den er überzeugt wurde, dass die Gottlosen keine rechte Vorstellung von Gott und keine Ehrfurcht vor Ihm haben. Gottesfürchtige erkennen ihre Sünden und beklagen sie; geschieht das nicht, können wir sicher sein, dass keine Gottesfurcht vorhanden ist. Der Sünder findet sich nett und erwartet gebührenden Respekt. Er beschwichtigt sein Gewissen und betrügt sein Urteilsvermögen, bis er sich für ein Vorbild an Vortrefflichkeit hält, wenn auch nicht in moralischer Hinsicht, so doch, weil er ein Gefühl dafür entwickelt hat, sich nicht durch Gebote versklaven zu lassen, an die andere sich gebunden wissen. Er ist der Freidenker,

Psalm 36,1-5

der Mann des starken Geistes, der Philosoph; und die Knechte Gottes sind seiner Meinung nach kleingeistig und beschränkt. Von allen Schmeicheleien ist dies die unsinnigste und gefährlichste. Man kann so schnell ins ewige Verderben geraten, da braucht man gar keine waghalsigen Schritte zu machen, wie es der Selbstschmeichler tut. Am Ende findet er sich draußen und verabscheut trotz seines Selbstbetrugs. Es gibt eine Grenze für das Eigenlob des Menschen; dann findet er sich dem allgemeinen Spott preisgegeben und kann die Posse nicht länger durchhalten, die er so gut gespielt hatte. Geschieht das nicht in diesem Leben, wird die Hand des Todes Licht auf den sich stets bedeckt haltenden Schauspieler werfen und den Sünder der Scham und Schande aussetzen.

Die fortschreitende Selbstschmeichelei beweist nur den Atheismus des Sünders; denn allein der Gedanke, dass Gott alles sieht, würde solche Selbstschmeicheleien äußerst schwierig, wenn nicht unmöglich erscheinen lassen. Der Glaube an Gott macht alles deutlich wie das Licht; und dann wird uns unsere Sünde und Bosheit bewusst; aber die Gottlosen sind im Finsteren. Sie können nicht erkennen, was ihnen aus ihrem Inneren und um sie herum ins Angesicht starrt.

Welch ein Porträt des verworfenen Menschen bieten uns diese wenigen Verse! Sein leichtfertiges Gewissen, seine unzüchtige Rede, seine Neigung zum Bösestun, sein absichtliches und beständiges Vorziehen der Ungerechtigkeit wie auch sein gottloses Herz, alles wird hier sehr lebendig wiedergegeben. Herr, bewahre uns davor, so wie dieser zu sein!

Zum Nachdenken: Der Gottlose achtet nicht auf die Aussprüche Gottes; er hat einen in seinem Herzen wohnen, der ihm nichts anderes als Rebellion diktiert. (Zachary Mudge)

18. März

Psalm 36,6-13

Weitere Lesung: Johannes 8,12-20

Weit, weit jenseits aller Vorstellungen sind die Wahrheit und die Treue Gottes. Gott versagt nie. Er vergisst nichts, noch schwankt oder trügt Sein Wort. Anfechtungen sind wie Wolken; doch sie werden von der göttlichen Treue umschlossen. Auch während wir unter der Wolke sind, befinden wir uns im Bereich der Treue Gottes. Steigen wir über sie hinaus, brauchen wir solche Versicherungen nicht. Gott steht ganz genau zu jeder Drohung, jeder Verheißung oder Weissagung und zu Seinem Bund; denn »nicht ein Mensch ist Gott, dass Er lüge, noch der Sohn eines Menschen, dass Er bereue«. Wer könnte den Richter der ganzen Erde bestechen, oder wer könnte Ihn durch Drohungen zwingen, das Recht zu beugen? Nicht einmal um Seine Auserwählten zu retten, würde Gott der Gerechtigkeit erlauben, beiseite gesetzt zu werden. All die Myriaden von Geschöpfen, ob sie es verstehen oder nicht, werden durch die Hand Gottes versorgt. Die zahllosen Tiere, die endlos vielen Vögel, der unbegreifliche Überfluss an Fischen, das schier unendliche Insektenheer, alle verdanken sie die Erhaltung ihres Lebens der ununterbrochenen Wirksamkeit der göttlichen Macht. Welch ein Gottesbild wird uns hier dargeboten! Wie weit muss ein Geschöpf heruntergekommen sein, wenn es keine Spuren eines solchen Gottes entdecken kann und keine Ehrfurcht vor Ihm empfindet!

Wohltat und Barmherzigkeit und Recht finden wir überall. Doch die ganze Vortrefflichkeit dieser Barmherzigkeit ist nur denen bekannt, deren Glaube den Vorhang hochgehoben und in die noch herrlichere Gegenwart des Herrn eingetreten ist. Sie schauen die Vortrefflichkeit der göttlichen Barmherzigkeit. Kein Edelstein, keine Perle kann jemals auch nur annähernd

Psalm 36,6-13

dem Wert der Liebe des Herrn gleichkommen. Königliche Kronjuwelen sind eine armselige Ansammlung wertloser Kieselsteine im Vergleich zu der Gnade des HERRN. David konnte sie nicht gebührend würdigen, und nachdem er seine Bewunderungen ausgedrückt hat, überlässt er es nun unseren Herzen und unserer Vorstellungskraft, oder besser, unserer Erfahrung, das Übrige hinzuzufügen.

Licht ist die Herrlichkeit des Lebens. Leben in der Finsternis ist elend und eher Tod als Leben. Der Herr allein kann natürliches, intellektuelles und geistliches Licht geben; Er allein kann es hell und glänzend machen. In geistlichen Dingen wirft die Erkenntnis Gottes Licht auf alle anderen Gegenstände. Wir brauchen keine Kerze, um die Sonne sehen zu können; wir sehen sie wegen ihres eigenen Leuchtens, und alles andere sehen wir auch durch diesen Glanz. Wir sehen Jesus nie durch Selbsterleuchtung, sondern wir erkennen uns selbst im Lichte Jesu. Keine uns innewohnende Intelligenz führt uns zu Erkenntnis des Lichtes des Heiligen Geistes, vielmehr hilft sie oft dazu, den heiligen Lichtstrahl auszulöschen. Einzig und allein durch Seine eigene Erleuchtung erhellt der Heilige Geist die finsteren Schlupfwinkel der Gottlosigkeit unserer Herzen. Vergeblich mühen sich jene ab, die nach Gelehrsamkeit und menschlicher Weisheit Ausschau halten. Ein Strahl vom Thron Gottes ist besser als das volle Mittagslicht geschöpflicher Weisheit. Herr, gib mir die Sonne! Mögen sich alle, die es wünschen, an den Wachskerzen des Aberglaubens und an dem Phosphorisieren verdorbener Philosophien erfreuen. Der Glaube empfängt sowohl Licht als auch Leben von Gott, und darum kann er weder sterben noch dunkel werden.

Zum Nachdenken: Das Licht der Natur ist wie ein Funke, das Licht des Evangeliums wie eine Lampe, das Licht der Gnade gleicht einem Stern; doch das Licht der Herrlichkeit ist die Sonne selbst. (Thomas Adams)

19. März

Psalm 37,1-8

Weitere Lesung: Psalm 73,1-9

Es kommt leider allzu oft vor, dass Gläubige in Stunden der Anfechtung sich grob behandelt vorkommen, wenn sie sehen, dass Menschen, die allen Glaubens und jeder Redlichkeit entblößt sind, sich reichlichen Wohlstands erfreuen. Sich darüber aufzuregen, bringt Kummer, lässt das Herz brennen, macht es dunkel und verwirrt. Von Natur aus neigen wir dazu, das Feuer des Neids anzufachen, wenn wir sehen, wie Gesetzesbrecher hoch zu Ross reiten, während gehorsame Untertanen durch den Schlamm waten. Nur in der Schule der Gnade lernt man die Lektion, diese widersprüchlichen Führungen mit der ergebenen Gelassenheit eines Menschen zu betrachten, der sich sicher ist, dass der Herr gerecht ist in allen Seinen Werken. Der Glaube heilt den Verdruss. Unsere natürlichen Augen schielen und sehen die Dinge nur wie sie erscheinen, daher kommt der Neid. Der Glaube hat einen klareren Durchblick und sieht, wie alles wirklich ist, daher kommt der Frieden. Wahrer Glaube übt aktiven Gehorsam aus. Das Gute zu wirken, ist eine prächtige Befreiung vom Gram. In heiligem Tun liegt eine Freude, die den Rost der Unzufriedenheit entfernt. Der, dem zunächst angeordnet wurde, sich nicht zu entrüsten, bekommt als Nächstes den Befehl, aktiv zu vertrauen, und dann wird ihm gesagt, er solle seine heilige Lust an dem HERRN haben. Lass Gott deine Freude und den Jubel deines Geistes sein! Böse Menschen vergnügen sich an fleischlichen Dingen; beneide sie nicht, wenn ihnen gestattet wird, ihr Genüge an solchen leeren Götzen zu finden; blicke auf deine besseren Freuden und nähre dich bis zur Sättigung an deinem besseren Teil. In gewisser Weise solltest du die Gottlosen nachahmen; sie haben Freude an ihrem Teil – sieh zu, dass du dich

Psalm 37,1-8

an dem deinen freust. Dann wirst du – weit davon entfernt, sie zu beneiden – Mitleid mit ihnen haben. Es bleibt kein Raum für Ärger, wenn wir daran denken, dass Gott unser ist, stattdessen liegt darin jede nur denkbare intensive, geheiligte Freude der erhabensten und beseligendsten Art. Jeder Name, jede Eigenschaft, jedes Wort, jede Tat des HERRN sollte uns Freude bereiten, und wenn wir darüber nachsinnen, sollten wir darüber so froh werden wie der Epikuräer, der herrliche Speisen zu sich nimmt und diese Köstlichkeiten auch zu schätzen weiß.

Was unser persönliches Ansehen betrifft, sollte es besonders darum gehen, zufrieden zu sein, wenn wir in Ruhe leben können, und unsere Rechtfertigung sollten wir dem Richter der ganzen Erde überlassen. Je mehr wir uns in solchen Dingen entrüsten, umso schlimmer ist es für uns. Unsere Stärke liegt im Stillesein. Der Herr wird dem Verleumdeten sein Recht zusprechen. Achten wir auf Seine Ehre, wird Er sich um die unsere kümmern. Den Geist zu beruhigen, still vor dem HERRN zu sein, in heiliger Geduld auf die Zeit zu warten, wenn alle schwer verständlichen Führungen aufgeklärt sind – das ist es, wonach jedes begnadete Herz streben sollte. Eine schweigende Zunge zeigt nicht nur in vielen Fällen einen klugen Kopf, sondern auch ein geheiligtes Herz. Zeit zählt bei Ihm nicht, so sollte es auch bei dir sein. Gott ist es wert, dass man auf Ihn wartet.

Entrüstung liegt auf der Schwelle zu großer Sünde. Viele, die sich eine murrende Haltung erlaubten, gerieten am Ende in Sünden, indem sie ihre eingebildeten Rechte erstreiten wollten. Anstatt andere zu kritisieren, pass auf, dass du auf dem rechten Weg bist; und wie du dich vor nach außen sichtbaren Sünden in Acht nimmst, fürchte dich vor innerlicher Nörgelei.

Zum Nachdenken: Die Wünsche Gottes und die Wünsche der Gerechten stimmen überein. Ihre Wünsche entstammen der gleichen Gesinnung. (John Bunyan)

20. März

Psalm 37,9-15

Weitere Lesung: Hebräer 10,26-31

Alle, die in geduldigem Glauben ihr Teil in einem anderen Leben erwarten, »werden das Land besitzen«. Selbst in diesem Leben haben sie mehr als andere wahre Freude, und in den kommenden Zeitaltern wird ihnen Triumph und Herrlichkeit zuteil. Leidenschaft hat nach Bunyans Gleichnis zuerst sein Gutes, das aber bald vorübergeht. Geduld hat ihr Gutes am Ende, und das währt in Ewigkeit. Selbst wenn Gläubige leiden, werden ihre Tröstungen ihre Trübsale übertreffen. Mit dem Besitz des Landes ist der Empfang der Bundesvorrechte und des Heils Gottes gemeint. Wer wirklich demütig ist, wird sein Los mit den übrigen Erben der Gnade empfangen, denen alles Gute durch ein heiliges Geburtsrecht zugefallen ist.

Warum kann der Gottlose den Gerechten nicht in Ruhe lassen? Weil Feindschaft zwischen dem Samen der Schlange und dem Samen der Frau besteht. Warum greift er nicht offen an? Warum List und Tücke? Weil es dem Wesen der Schlange entspricht, listig zu sein. Der Fromme braucht sich nicht zu grämen, sondern kann die wohlverdiente Rache dem Herrn überlassen, der die Bosheit der Feinde des Gerechten gänzlich lächerlich machen wird. Mag der stolze Spötter mit den Zähnen knirschen und der Schaum vor seinem Mund stehen; er hat es mit einem zu tun, der auf ihn und sein Wüten mit heiterer Verachtung herabsieht. Der Böse nimmt nicht wahr, wie nahe ihm die Zerstörung auf den Fersen folgt; er rühmt sich, andere vernichtet zu haben, während der Fuß des Gerichts schon erhoben ist, um ihn in den Kot der Straßen zu treten. Sünder, die in der Hand eines zornigen Gottes sind, schmieden trotzdem Pläne gegen Seine Kinder! Arme Seelen! Sie laufen auf diese Weise in das gezogene Schwert des HERRN.

Psalm 37,9-15

Die Ungerechten holen ihre Waffen aus der Scheide und lauern auf eine Gelegenheit, sie zu benutzen. Eine Waffe ist nicht genug. Sie tragen noch eine andere, die einsatzbereit ist. Der Elende und der Arme, sie sind ihr Ziel, das Objekt ihrer verfluchten Bosheit. Diese Feiglinge greifen nicht ihresgleichen an, sondern suchen sich solche edlen Herzen aus, die wegen ihres freundlichen Geistes und ihres armseligen Besitzes nicht in der Lage sind, sich selbst zu verteidigen. Aber sie werden wie Haman an den Galgen gehängt, den sie selbst für Mordechai errichteten. Das war schon hundertmal der Fall. Saul, der David erschlagen wollte, fiel in sein eigenes Schwert, und der Bogen, seine Lieblingswaffe, die er Israel zu gebrauchen lehrte, konnte ihn auf Gilboa nicht retten. Ihre bösen Anschläge werden sich als nutzlos erweisen. Bosheit sticht sich selbst aus. Sie trinkt den vergifteten Becher, den sie anderen bereitet hatte, und verbrennt in dem Feuer, das sie für den Nächsten entzündete. Warum sollten wir uns über das Wohlergehen der Gottlosen entrüsten, wenn sie so fleißig dabei sind, sich selbst zugrunde zu richten, während sie sich einbilden, sie täten den Heiligen Schaden an?

Zum Nachdenken: Wenn die Gottlosen ganz nahe daran sind, dem Volk Gottes ein Unglück zuzufügen, dann ist ihnen selbst ein Unglück ganz nahe. (David Dickson)

21. März

Psalm 37,16-24

Weitere Lesung: Sprüche 15,14-19

Diese neun Verse beschreiben in der Hauptsache das Wesen und das Gesegnetsein der Gottesfürchtigen. Dieses Licht erstrahlt noch deutlicher wegen einiger dunkler Flecken durch die Darstellung der Gottlosen und ihrer Verdammung.
Das Wenige eines Gerechten wird dem Reichtum vieler Gottloser gegenübergestellt. Dadurch erhält die Sache eine größere Wirkung. Die Gemüsesuppe eines Frommen macht glücklicher als der gemästete Ochse der Gottlosen. In der Originalsprache wird auf den Krach angespielt, den große Menschenmengen verursachen. Dadurch soll die durch den Reichtum der Widersacher Gottes verursachte Unruhe und das Durcheinander herausgestellt werden, ganz im Gegensatz zu dem schlichteren Teil der Gottesfürchtigen. Wir würden lieber mit Johannes dem Täufer hungern, als mit Herodes Festmahl zu halten; lieber die schmale Kost der Propheten in Obadjas Höhlen zu uns nehmen, als mit den Baalspriestern Orgien zu feiern. Das Glück eines Menschen ist nicht von den Goldbarren abhängig, die er im Tresor hat.
Gottes Vorwissen lässt Ihn über die Stolzen lachen; doch für die Rechtschaffenen sieht Er eine hellere Zukunft voraus, und Er behandelt sie als Erben der Errettung. Darin liegt ja unser Trost, dass Gott alles weiß, was kommt, und dass Ihn nichts in unserer Zukunft überraschen kann. Kein Pfeil kann uns per Zufall treffen, kein Dolch uns heimlich ermorden. Nicht in Zeit und Ewigkeit wird uns etwas Unvorhergesehenes begegnen. Das Zukünftige wird sich nur als die fortgesetzte Entfaltung all des Guten herausstellen, das der HERR für uns vorbereitet hat. Gottes Segnungen sind schließlich der wahre Reichtum. Wirk-

Psalm 37,16-24

liches Glück, das der Bund allen Auserwählten des Himmels zusichert, ist eingewickelt in die Gunst unseres Gottes. Seine Missbilligung ist Tod, ja, noch mehr, sie ist die Hölle.

Der gesamte Lebenslauf des Gottesfürchtigen ist gnädig vorherbestimmt, und in Liebe und Freundlichkeit ist alles festgelegt, geregelt und aufbewahrt. Nicht sinnloses Schicksal, nicht schwankendes Glück bestimmen uns; denn jeder unserer Schritte ist Gegenstand göttlicher Anordnung. Alles, was einen Heiligen angeht, interessiert seinen himmlischen Vater. Gott gefällt es, das heilige Ringen einer Seele zu betrachten, wie sie eifrig dem Himmel zustrebt. In Trübsalen und Freuden der Getreuen hat Jesus Gemeinschaft mit ihnen und freut sich darüber, ihr mitfühlender Begleiter zu sein. Kein Heiliger wird für immer fallen oder zuschanden werden. Schmerzen mögen uns zu Boden werfen, und der Tod mag uns ins Grab bringen; aber tiefer können wir nicht sinken, und aus dem Allertiefsten werden wir zum Allerhöchsten aufsteigen. Gott hält die Heiligen mit Seiner eigenen Hand aufrecht: Er überlässt sie nicht irgendeinem Bevollmächtigten, sondern bietet persönlichen Beistand. Selbst wenn wir straucheln, gibt der HERR uns noch eine gewisse Bewahrung. Wo uns die Gnade nicht vor dem Fallen bewahrt, wird sie uns doch davor retten, liegen zu bleiben. Hiob war am Ende doppelt so reich, Josef regierte über Ägypten, und Jona kam sicher ans Land.

Zum Nachdenken: Die Heiligen stehen nicht deshalb nach jedem Fall wieder auf, weil sie stark oder weise wären oder es verdient hätten, sondern weil Gott ihr Helfer ist; nur darum kann sie niemand besiegen. (C.H. Spurgeon)

22. März

Psalm 37,25-33

Weitere Lesung: 2. Samuel 23,1-7

So wie sie dasteht, ist Davids Beobachtung nicht die meinige; denn ich habe Kindern von zweifellos gottesfürchtigen Menschen aus der Not geholfen, die mich wie gewöhnliche Bettler darum baten. Doch lässt mich dies keinesfalls an Davids Beobachtung zweifeln. Er lebte in einer Epoche von Segnungen, die mehr äußerlich waren, die mehr mit dieser Welt zu tun hatten als die Segnungen in der gegenwärtigen Zeit, wo sie sich stärker auf den persönlichen Glauben beziehen. Die Gerechten sind nie verlassen; das ist eine Regel ohne Ausnahme. Wirklich, ihre Nachkommen betteln selten um Brot, und obwohl es tatsächlich manchmal durch die Zügellosigkeit und Faulheit oder etwas anderes geschieht, was die Kinder zu verantworten haben, so ist es sicherlich so selten, dass heute viele leben, die es noch nicht erlebt haben. Die Kinder armer Diener des Herrn werden oft reich. Ich bin noch nicht alt; aber ich habe die Familien armer Frommer reich werden sehen und habe erlebt, wie der Herr die Treue des Vaters mit dem Erfolg des Sohnes belohnt hat. So dachte ich oft, der beste Weg, seine Kinder mit Reichtum auszustatten, ist, um Christi willen arm zu werden.

Den Gerechten kommt beständig Großzügigkeit in den Sinn; sie gedeihen nicht, weil sie knauserig, sondern weil sie freigebig sind. Wie der großherzige Geber alles Guten, dessen geliebte Kinder sie sind, haben sie Freude am Gutestun. Wie geizige, begehrliche äußerliche Bekenner auf Errettung hoffen können, ist für jeden ein Wunder, der solche Verse in der Bibel liest. Gott zahlt der nächsten Generation mit Zinsen zurück. Wenn die Kinder der Frommen nicht gottesfürchtig sind, so muss es an elterlichen Versäumnissen oder an anderen schuldhaften

Psalm 37,25-33

Gründen liegen. Der Freund des Vaters ist der Freund der Familie. Der Gott Abrahams ist der Gott Isaaks und Jakobs.
Wir dürfen die Unrechtstäter nicht beneiden, sondern sollen uns völlig von ihrem Geist und Beispiel absondern. Wie Lot Sodom verließ, ohne einen Blick zurückzuwerfen, so müssen wir die Sünde zurücklassen. Mit der Sünde darf man weder Burgfrieden noch Waffenstillstand schließen, wir müssen uns ohne Zögern von ihr abwenden und in der entgegengesetzten Richtung anfangen, tatsächlich fleißig zu arbeiten. Wer versäumt, das Gute zu tun, wird bald ins Böse fallen. Demjenigen Ehre zu verleihen, der Ehre verdient, ist Gottes Freude, besonders wenn der Gerechte von seinen Mitmenschen verleumdet wurde. Es muss ein göttliches Vergnügen sein, Falsches gerade zu rücken und die Machenschaften der Ungerechten zu vereiteln.
Gott erscheint oft, um Seine Diener zu erretten, und wenn Er es in Bezug auf ihren Leib in diesem Leben nicht tut, so gibt Er ihren Seelen doch Freude und Frieden, die sich triumphierend über die Macht ihrer Folterer erheben. Wir mögen wie Hiob eine Zeit lang in der Hand des Feindes sein; aber Gott lässt uns dort nicht. Die Zeit wird schnell gefällte Urteile abändern, und sonst wird die Ewigkeit alles Verdammen dieser Zeit hinwegfegen. Wenn die Zeit gekommen ist, wird der Gerechte gerechtfertigt werden.

Zum Nachdenken: Ein guter Mensch mag in Mangel geraten; aber gute Menschen werden selten, wenn überhaupt, darin stecken gelassen. (Joseph Caryl)

23. März

Psalm 37,34-40

Weitere Lesung: 1. Könige 21,17-26

»Harre auf den HERRN!« Hier finden wir eine weitere Vorschrift, und es ist von sehr großer Bedeutung, ihr nachzukommen. Halte fest am Gehorsam, wie ein Knecht, der die Hoffnung hat, einmal Erbe zu werden, was ja die Erwartung des Gläubigen ist. Dies kleine Wörtchen »harre!« ist leicht gesagt und schwer ausgeführt; doch der Glaube muss es tun. Bleibe auf dem schmalen Pfad; niemals darf die Gier nach Reichtum oder Bequemlichkeit uns zu unheiligen Handlungen veranlassen. Mache dir das Motto »Weiter, weiter, weiter!« zum Grundsatz. Ermatte nie und träume nicht davon, dich abzuwenden. Du wirst auf Erden alles Gute haben, was wirklich gut ist, und die himmlischen Güter werden grenzenlos sein. Ruhm und Ehre sind das Los der Vortrefflichen.

Falls uns die Neugier plagen sollte, fragen wir nach den Gottlosen; aber sie haben keine Spuren hinterlassen, wie bei Unglückszeichen besteht kein Verlangen danach, sich an sie zu erinnern. Einige der Demütigsten und Frömmsten werden niemals vergessen werden; ihre Namen strömen in der Gemeinde einen unvergänglichen Duft aus, während sich an die Namen der tüchtigsten Ungläubigen und Lästerer nach ein paar Jahren kaum noch jemand erinnern wird. Menschen, die gestern noch jedermann im Mund führte, sind morgen vergessen; denn nur die Tugend ist unsterblich. Nachdem wir mit Erstaunen den Untergang der Gottlosen beobachtet haben, wollen wir unsere Aufmerksamkeit den ernsthaft Rechtschaffenen zuwenden und den gesegneten Unterschied betrachten. Gottes Leute sind bemerkenswerte Leute und unserer Aufmerksamkeit wert. Aufrechte Menschen sind Wunder der Gnade und verdienen unse-

Psalm 37,34-40

re Aufmerksamkeit. Der Mann des Friedens nimmt ein friedliches Ende. Und Friede ohne Ende kommt am Ende auf den Mann Gottes. Sein Weg mag rau sein, aber er führt nach Hause. Bei den Gläubigen mag es morgens regnen, mittags gewittern und am Nachmittag in Strömen gießen; aber es wird aufklären, bevor die Sonne untergeht. Bis zur letzten Stunde mag der Krieg andauern; aber dann hören wir das letzte Mal davon. »Die Hilfe des Gerechten kommt von dem HERRN.« Das ist gesunde Lehre, das wahre Mark des Evangeliums der freien Gnade. Mit »Hilfe« ist jegliche Errettung gemeint, nicht nur die Erlösung, die uns schließlich in die Herrlichkeit bringt, sondern auch alle kleineren Rettungen unterwegs; sie alle werden dem HERRN zugeschrieben, Ihm allein. Möge Er die Ehre von denen erhalten, denen Er die Rettung gewährt!

Der Glaube wird für die Sicherheit der Erwählten sorgen. Er ist das Kennzeichen, das die Schafe von den Böcken scheidet. Nicht ihre Verdienste, sondern ihr Glaube wird sie unterscheiden. Wer würde da nicht versuchen, im Glauben zu wandeln? Jeder, der wirklich an Gott glaubt, wird nicht mehr ärgerlich über die offensichtlichen Ungereimtheiten dieses Lebens sein, sondern in der Sicherheit Ruhe finden, dass Unverständliches nichtsdestoweniger richtig ist und dass alles Harte ganz ohne Zweifel von der Gnade angeordnet wurde. So endet der Psalm auf einem Ton, der die Totenglocke für die unheilige Ängstlichkeit ist, mit der der Psalm begann. All die sind glücklich dran, die sich ebenso aus solcher ungesunden Geisteshaltung in eine freundlichere Verfassung hinaussingen können.

Zum Nachdenken: Während wir warten, lasst uns darauf achten, nicht schwankend zu werden. Weiche keinen Schritt von Gottes Wegen ab! (Thomas Watson)

24. März

Psalm 38,1-9

Weitere Lesung: Hiob 6,1-7

David fühlte sich von seinem Gott verlassen, und darum zählte er seine Schmerzen auf und rief mit aller Kraft, Gott möge ihm in seiner Not helfen: »Zurechtgewiesen werden muss ich; denn ich bin ein irrendes Kind, und Du bist ein treu sorgender Vater; aber lege nicht zu viel Zorn in Deine Stimme; handle sanft an mir, obwohl ich schwer gesündigt habe. Den Zorn anderer kann ich ertragen, aber Deinen Zorn nicht. Wie Deine Liebe das Schönste für mein Herz ist, so bedrückt Dein Missfallen mein Gewissen aufs Tiefste. Züchtige mich, wenn Du willst; denn das ist das Vorrecht eines Vaters, und es geduldig zu ertragen, ist die Pflicht eines Kindes; aber ach, vertausche nicht die Rute mit einem Schwert, schlage mich nicht, dass ich sterbe. Es stimmt: Meine Sünden können Dich wohl erzürnen; doch mögen Deine Gnade und Deine Langmut die glühenden Kohlen des Zorns auslöschen. Ach, behandle mich nicht wie einen Feind und gehe mit mir nicht wie mit einem Empörer um. Gedenke Deines Bundes, Deiner Vaterschaft und meiner Schwachheit. Schone Deinen Knecht!«

Gottes Gesetz verwundet tief und schmerzt lange Zeit, wenn es durch den Heiligen Geist die Seele von der Sünde überführt. Es ist wie ein Pfeil, den man nicht leichthin durch sorglose Fröhlichkeit wegwischen oder durch die schmeichlerische Hand der Selbstgerechtigkeit herausziehen kann. Der Herr weiß so zu schießen, dass die Pfeile nicht nur streifen, sondern stecken bleiben. Er kann unser innerstes Herz so tief überführen, als wäre ein Pfeil bis zum Ende eingedrungen. Es scheint sonderbar, dass der Herr auf Seine Geliebten schießen sollte; aber Er schießt in Wirklichkeit nicht auf sie, sondern auf ihre Sünden,

Psalm 38,1-9

und die Seine sündentötenden Geschosse in diesem Leben zu spüren bekommen, werden nicht von den Blitzen der nächsten Welt erschlagen. Der Heilige Geist erinnert uns immer wieder an diese demütigende Wahrheit, reißt den Boden für den Selbstruhm fort und lässt uns wissen, dass in uns, das ist in unserem Fleisch, nichts Gutes wohnt.

Die Stimme des Leidens ist leise und rau und oft unartikuliert und gar nicht schön. Das Herz lernt das unaussprechliche Seufzen, und der Stimme versagt der Klang menschlicher Sprache. Wenn unsere Gebete eher tierisch als geistlich klingen, werden sie doch von dem Mitleid habenden Vater der Barmherzigkeit vordringlich behandelt. Er hört das Jammern des Herzens und das Stöhnen der Seele wegen der Sünde, und darum kommt Er zur rechten Zeit, um Seine Angefochtenen zu befreien.

Je eingehender wir das vorliegende Porträt einer erwachenden Seele im Licht der Erfahrung studieren, umso deutlicher wird, wie überaus richtig es ist. Es kann nicht nur die Beschreibung äußerlichen Durcheinanders sein, einerlei wie anschaulich es geschildert wird; wir finden hier eine Tiefe, der nur der geheimnisvolle und schreckliche Kampf der Seele völlig entspricht.

Zum Nachdenken: Christus ist das Zentrum der Seele; die Kompassnadel zittert, bis sie zum Nordpol zeigt. (Thomas Watson)

25. März

Psalm 38,10-16

Weitere Lesung: Hiob 6,14-23

Gepriesen sei der Herr, Er nimmt alle Sehnsucht der Herzen wahr; nichts kann vor Ihm verborgen bleiben. Was wir Ihm nicht sagen können, versteht Er trotzdem vollkommen. Der Psalmist weiß, dass er nicht übertrieben hat, und darum bittet er den Himmel, seine Worte zu bestätigen. Der Gute Arzt erkennt die Symptome unserer Krankheit und sieht das verborgene Übel, das sie offenbaren. Darum ist unser Fall bei Ihm in sicheren Händen. Sorgen und Ängste verbergen sich vor der Beobachtung durch den Menschen; aber Gott erspäht sie. Es gibt keinen einsameren Menschen als den zerbrochenen Sünder; aber er hat den Herrn als seinen Begleiter.
Vers 11 beginnt mit einer weiteren Wehklage. David schmerzte die Unfreundlichkeit seiner Freunde dermaßen, dass sein Herz dauernd heftig pochte. Im Schmerz sucht die Seele Mitleid, und wenn sie keins findet, schlägt das Herz in Erregung. Auch wenn seine Bekannten Freundschaft vorgaben, so mieden sie doch seine Gesellschaft. Wie sinkende Schiffe oft andere Boote mit sich nach unten ziehen, mögen sie gefürchtet haben, sie würden auch in sein Unglück hineingezogen werden. Es ist grausam, wenn diejenigen, die uns als Erste helfen müssten, die Ersten sind, die uns im Stich lassen. In Zeiten tiefster Seelennot können sich die liebevollsten Freunde nicht in die Lage des Leidenden versetzen; so gern sie es auch wollten, sie können die Wunden eines zarten Gewissens nicht verbinden. Ach, welche Einsamkeit durchlebt doch eine Seele unter der überführenden Macht des Heiligen Geistes!
Ganz schlimm wird es für uns, wenn zu den inneren Schmerzen äußere Versuchungen auf uns einstürmen. Davids Feinde

Psalm 38,10-16

wagten die Niedertracht, ihm Schlingen zu legen. Wenn er mit ehrlichen Mitteln nicht zu überwinden war, wollte man es mit gemeinen versuchen. Dieses Fallenstellen ist ein schmutziges Geschäft. Des Teufels eigene Wilderer nur geben sich dazu her; aber das Gebet zu Gott befreit uns; denn die gesamte List der versammelten Versucherschar kann von denen ausgeschaltet und überwunden werden, die sich durch den Heiligen Geist leiten lassen. Lügen und Verleumdungen fließen aus den Versuchern heraus wie das Wasser aus der Leitung. Konnten sie nichts unternehmen, dann redeten sie, und konnten sie nichts sagen, so erfanden sie etwas und planten und heckten etwas aus. Unser Trost ist, dass unser herrliches Haupt die hartnäckige Bosheit unserer Feinde kennt und ihr zu seiner Zeit ein Ende bereiten wird. Und auch jetzt schon setzt Er ihr Grenzen. David übergab sich dem, der recht richtet, und hatte so in Geduld seine Seele unter Kontrolle. Die Hoffnung auf das Eingreifen Gottes und der Glaube an die Macht des Gebets sind zwei gesegnete Stützen in Zeiten der Anfechtung. Indem wir uns direkt vom Geschöpf zum souveränen Herrn über alles wenden und Ihn als unseren Bundesgott ansehen, werden wir im Warten auf Ihn den reichsten Trost finden. Ein guter Ruf mag wie eine schöne Perle in den Schmutz getreten werden; aber zu Seiner Zeit, wenn der Herr den Glanz Seiner Juwelen wiederherstellt, wird der gottesfürchtige Charakter in wolkenloser Pracht erstrahlen. Sei darum ganz ruhig, du, den man verleumdet hat, und lass deine Seele nicht von Ängsten hin- und hergezerrt werden.

Zum Nachdenken: Heimliche Tränen wegen heimlicher Sünden sind ein ausgezeichnetes Kennzeichen für ein geheiligtes Herz und Balsam für einen zerbrochenen Geist. (Samuel Lee)

26. März

Psalm 38,17-23

Weitere Lesung: Hiob 6,24-30

Bei den Heiligen stellt man auch die kleinsten Fehler fest; lange bevor es zu einem Fall kommt, beginnt der Feind zu lästern; der kleinste Fehltritt des Fußes lässt alle Hunde der Hölle laut bellen. Wie sorgsam sollten wir sein, und wie unablässig müssen wir um Gnade bitten, um nicht zu straucheln! Wir möchten nicht wie der blinde Simson unseren Feinden zur Belustigung dienen; darum müssen wir uns vor der treulosen Delila der Sünde hüten, derentwegen uns bald die Augen ausgestochen werden könnten.

Einigen von uns ist schmerzlich bewusst, was es bedeutet, trockenem Zunder für die Funken des Kummers zu gleichen, bereit zu zaudern, bereit, zu klagen und bei jeder Gelegenheit und zu jedem Anlass zu seufzen und zu heulen. David brauchte nicht aus dem Fenster zu blicken, um Kummer zu finden; er fühlte ihn bei sich drinnen und stöhnte unter einer Last von Sünden, die ihm zu einer immer schwereren Plage wurden. Tiefes Überführtsein hört nicht auf, das Gewissen zu martern; es ist nicht mit einem Scheinfrieden zu beruhigen, sondern wehrt sich wild gegen das Messer, bis die Feindschaft bezwungen ist. Bevor der Heilige Geist nicht das kostbare Blut Jesu auf den wahrhaft erweckten Sünder anwendet, bleibt er mit offenen Wunden bedeckt und kann weder geheilt noch verbunden werden, noch besänftigt eine Salbe seinen Schmerz.

Ein offenes Bekenntnis tut der Seele wohl. Wenn Schmerz zu bußfertiger Anerkennung der Sünde führt, ist es ein gesegneter Schmerz, etwas, wofür man Gott von ganzem Herzen danken kann. Mein Bekenntnis wird dann mit bitteren Tränen gesalzen sein. Es ist gut, nicht so sehr unsere Schmerzen zu beklagen,

Psalm 38,17-23

als vielmehr die Sünden zu benennen, die den Grund dafür bilden. Über Sünden Leid zu tragen, bringt keine Versöhnung; aber es ist die richtige Gesinnung, um sich zu Jesus zu wenden; Er ist die Versöhnung und der Erlöser. Ein Mensch ist dem Ende seines Kummers nahe, wenn er auch mit seinen Sünden zu einem Ende kommt.

Der arme Bettler war weit gegangen und nahe daran zu sterben; nur schnelle Hilfe konnte seine Umkehr sicherstellen. Seht, wie Schmerzen die Hartnäckigkeit des Gebets beleben! Hier erkennen wir eines der schönen Ergebnisse von Anfechtung: Es verleiht unserem Flehen neues Leben und treibt uns mit Ernst zu unserem Gott. »Herr, meine Rettung!« Er ist nicht nur mein Erlöser, sondern auch meine Rettung. Wer den Herrn auf seiner Seite hat, ist auch im Besitz beständiger Rettung. Der Glaube sieht die gesegneten Ergebnisse des Flehens voraus und beginnt im letzten Vers, Gott die Ehre für die erwartete Barmherzigkeit zuzuschreiben. Der Herr wird uns nicht allein lassen. Seine Gnade wird uns bestimmt zur rechten Zeit helfen, und im Himmel werden wir sehen, dass wir nicht eine Trübsal zu viel erfuhren oder zu harte Schläge empfingen. Die Last der Sünden wird in der Freude der Errettung zerschmelzen, Leid wird zu Dankbarkeit und Dankbarkeit zu unaussprechlicher und verherrlichter Freude.

Zum Nachdenken: Nur ein Herz, das von gottgewirktem Schmerz zerbrochen wurde, ist zu einem wahren Bekenntnis fähig. (Nathanael Hardy)

27. März

Psalm 39,1-7

Weitere Lesung: Jakobus 3,5-12

In seiner großen Bestürzung fürchtete sich David am meisten davor zu sündigen. So sah er sich nach der sichersten Methode um, dies zu vermeiden, und beschloss zu schweigen. Es ist etwas Wunderbares, wenn ein Mensch sich auf einem richtigen Weg dadurch stärken kann, dass er sich an einen guten und weisen Entschluss erinnert. Um Sünden zu vermeiden, muss man sehr umsichtig handeln und sein Tun wie mit einer Schutztruppe bewachen. Unbewachte Wege sind in der Regel unheilige Wege.

Seinen Lippen entschlüpfte weder Böses noch Gutes. Vielleicht fürchtete er, wenn er überhaupt zu sprechen begänne, würde er etwas Falsches sagen, und darum ließ er es völlig sein. Eine gesunde Verhaltensweise kann übertrieben und dadurch zu einem Fehler werden. Man erlaubt dann innerem Leid, zu wühlen und alles zu durchdringen, weil man sich nicht äußert. Die aufgestauten Fluten steigen höher und höher und wirken sich aus. Sprachliche Äußerungen sind das natürliche Ventil der Ängste des Herzens, und so steigert das Schweigen das Übel und hindert dessen Heilung. In solchem Fall braucht der Entschluss, still zu sein, mächtige Rückendeckung, und selbst da ist es am besten, man redet, wenn Leiden die Seele überströmen. Die stärksten Ufer können von einer Flut weggespült werden, die immer mächtiger wird und schäumend einen Ausweg sucht. Unsere Natur mag ihr Bestes tun, um Unzufriedenheit und Missfallen zu unterdrücken; doch wenn ihr nicht die Gnade zur Hilfe kommt, wird sie sicher zuschanden werden.

Die Reibung der inwendig tobenden Gedanken erzeugte eine intensive Hitze des Gemüts. Die Tür des Herzens war ver-

Psalm 39,1-7

schlossen, und weil drinnen das Feuer der Schmerzen brannte, wurde es in der Herzenskammer unerträglich heiß. Schweigen ist etwas Schreckliches für einen Leidenden; es ist die sicherste Methode, wahnsinnig zu werden. Als er über das gute Leben der Gottlosen und über seine täglichen Anfechtungen nachdachte, konnte er das Geheimnis der Vorsehung nicht entwirren, und dadurch wurde er schrecklich erregt.

Es ist gut, dass David seine Seele Gott gegenüber öffnete – und nicht den Menschen gegenüber. Er scheint gereizt, als er wissen will, wann dieses elende Leben aufhören möchte, damit er die Tage bis zum Tod, der seinen Leiden ein Ende machen würde, berechnen konnte. Ungeduld mag gern die Nase zwischen zusammengefaltete Blätter stecken. Als wenn kein anderer Trost zu haben wäre, möchte sich der Unglaube ins Grab verstecken und schlafen und alles vergessen. David war weder der Erste noch der Letzte, der unweise gebetet hat. Leider! Der armen menschlichen Natur ist das Leben lieb, und doch streitet sie mit Gott auf dieser Ebene, dass sie lieber aufhören möchte zu bestehen, als Gottes Fügungen zu ertragen. So kläglich sind Heilige? Lasst uns abwarten, bis wir in ähnlicher Lage sind – wir werden es nicht besser machen. Das Schiff im Dock wundert sich, warum ein anderes leckschlug; doch wenn es selbst mit dem Meer Bekanntschaft gemacht hat, staunt es, wie die Planken bei einem solchen Sturm zusammenhalten konnten.

Zum Nachdenken: Davids Erfahrung wird uns nicht zur Nachahmung, sondern zur Lehre berichtet. (C.H. Spurgeon)

28. März

Psalm 39,8-14

Weitere Lesung: Hebräer 11,32-40

Der Psalmist wendet sich, aller anderen Dinge überdrüssig, an seinen Gott. Er hat über die Welt mit allem, was darin ist, nachgedacht und war erleichtert, als er erkannte, dass solche eitlen Dinge allesamt nicht bleibender Natur sind. So zerschnitt er alle Bande, die ihn an die Erde fesselten. Der Herr besteht aus sich heraus und ist wahrhaftig; darum verdient Er das Vertrauen des Menschen. Er wird immer noch leben, wenn alle Geschöpfe gestorben sind, und Seine Fülle wird noch existieren, wenn alle sekundären Gründe aufgehört haben zu sein. Auf Ihn also lasst uns unsere Erwartungen richten, auf Ihm sollte unser Vertrauen ruhen. Möchten sich doch alle weisen Baumeister vom Sand weg dem Felsen zuwenden; denn wenn es auch nicht heute geschieht, so wird es doch nicht lange dauern, dass ein Sturm losbricht, vor dem nichts zu stehen vermag, das nicht das bleibende Element des Glaubens an Gott hat, um sich darin einzuzementieren. David hatte nur eine Hoffnung, und diese Hoffnung reichte bis innerhalb des Vorhangs; so brachte er sein Schiff in den sicheren Ankerplatz, und nach wenigem Umhertreiben kehrte Frieden ein.

Welch ein schönes Zeichen ist es, wenn der Psalmist aufhört, dauernd von seinem Kummer zu reden, sondern um Befreiung von seinen Sünden bittet! Was ist Kummer verglichen mit Sünden! Ist einmal das Gift der Sünde aus unserem Kelch gebracht, brauchen wir die Galle nicht mehr zu fürchten; denn das Bittere wird als Arznei wirken. Niemand kann einen Menschen von seinen Übertretungen befreien als nur der Gesegnete, der Jesus heißt; denn Er errettet Sein Volk von seinen Sünden. Und wenn Er erst diese große Befreiung des Menschen von der Ursache

Psalm 39,8-14

bewirkt hat, werden die Folgen auch bald verschwinden. Die hier gewünschte gründliche Reinigung ist sehr zu beachten: Von einigen Übertretungen befreit zu sein, bringt wenig Nutzen. Wir haben die gänzliche und völlige Befreiung nötig.

Gott spaßt nicht mit der Rute; Er wendet sie wegen der Sünde an mit dem Ziel, sie von uns abzufegen. Darum will Er, dass die Schläge fühlbar sind. So wie die Motte den Stoff zerfrisst, alle Schönheit zunichte macht und ihn verdorben und wertlos zurücklässt, so offenbart die Züchtigung Gottes unsere Torheit und Schwäche und unser Nichtssein und macht, dass wir uns wie zerlumpte Kleider wert- und nutzlos vorkommen.

»Höre mein Gebet, HERR!« Übertöne meine Bitten nicht mit dem Donner Deiner Schläge. Du hast die Klage über meine Sünde gehört, nun höre das Schreien meines Gebets. Hier finden wir eine Steigerung der Intensität: Ein Schrei ist dringlicher, kläglicher und mitleiderweckender als ein Gebet. Die Hauptsache war, Gottes Ohr und Herz zu erreichen. Wenn unser Schmerz die Schleusen unserer Augen öffnet, wird Gott in Kürze eingreifen und unser Klagen in Freude verwandeln. Er mag eine lange Zeit schweigen, als seien wir Ihm einerlei; aber die Stunde der Befreiung wird kommen wie der Morgen, wenn alles voller Tautropfen ist.

Zum Nachdenken: Wir dürfen in aller Demut auf unser Herzeleid und unser Weinen verweisen bei unserem Schreien um Barmherzigkeit, auch auf unser Hungern und unser ohnmächtiges Verlangen danach. (Thomas Cobbett)

29. März

Psalm 40,1-6

Weitere Lesung: Matthäus 26,36-46

Offensichtlich finden wir Jesus hier; und wenn es auch der Sprache keine Gewalt antut, beide, sowohl David als auch seinen Herrn, sowohl Christus als auch Seine Gemeinde hier zu sehen, so mag doch diese Doppelanwendung die Sache selbst verdunkeln, und darum werden wir die Sonne scheinen lassen, selbst wenn dadurch die Sterne verbleichen. Selbst wenn das Neue Testament es nicht so deutlich ausspräche, hätten wir geschlossen, dass David in den Versen 7 bis 10 von unserem Herrn redet. Immerhin entzieht der Autor von Hebräer 10,5-9 allen weiteren Vermutungen den Boden und bestätigt, dass sich dies auf den bezieht, der in die Welt kam, um des Vaters Willen zu tun.

Beharrliches Warten auf Gott war eine spezielle Eigenschaft unseres Herrn Jesus. Nie befand sich in Seinem Herzen Ungeduld, viel weniger auf Seinen Lippen. In jeder Situation, während Seines Ringens in Gethsemane, während Seiner Leiden unter dem grausamen Spott bei Herodes und Pilatus und während Seinen Leiden am Kreuzesstamm, immer wartete Er mit allmächtiger Geduld. Kein Zornesblick, kein Klagewort, keine Rachetat kam von Gottes geduldigem Lamm, Er harrte immerzu aus und war geduldig in vollkommener Geduld, die alle anderen übertraf, die in ihrem Maß Gott in den Drangsalen verherrlicht haben. Der Christus Gottes trägt die Herrscherkrone unter den Leidenden. Wenn der eingeborene Sohn ausharrt, sollten wir dann gereizt und rebellisch reagieren? Weder Jesus, das Haupt, noch irgendein Glied an Seinem Leib wird jemals vergeblich auf den HERRN warten.

Als unser Herr an Seinem Leib den schrecklichen Fluch trug,

Psalm 40,1-6

der der Sünde entsprach, glich Er einem Gefangenen, der in einen tiefen, dunklen, tränenreichen Kerker geworfen wurde, in dessen furchtbarer Finsternis der Gefangene das Geräusch von Wassergüssen und über ihm das Trampeln wilder Feinde vernahm. Lieber Leser, bete in demütiger Dankbarkeit den Heiland an, der um deinetwillen allen Trostes entblößt war, während Ihn jede Art des Elends umgab. Beachte Seine Dankbarkeit, weil Er aus diesen schrecklichen Mühen und Leiden herausgeholt wurde; wenn auch du die göttliche Hilfe erfahren hast, unterlass es nicht, in Sein Danklied einzustimmen. Das Werk des Erlösers ist getan. Er ruht nun auf dem festen Boden Seines vollendeten Werkes; Er kann niemals wieder leiden; Er regiert nun für alle Ewigkeit.

Dieser Abschnitt lenkt unsere Aufmerksamkeit besonders auf die Wunder, die mit dem Kreuz zusammenhängen und von ihm herabstrahlen. Die vollbrachte Erlösung hat vieles zustande gebracht und umfasst eine Menge von Zielen. Was die Versöhnung bewirkt hat, ist unermesslich, der Einfluss des Kreuzes reicht weiter als die Strahlen der Sonne. Unzählige Wunder der Gnade gehen vom Kreuz aus: Sohnschaft, Vergebung, Rechtfertigung und die lange Reihe göttlicher Wunder der Liebe, alles hat dort seinen Ursprung. Beachtet, dass unser Herr den HERRN »unseren Gott« nennt. Der Mensch Jesus Christus beansprucht für sich und uns eine Beziehung mit dem HERRN. Möge unser Anrecht an unserem Gott uns allezeit kostbar sein!

Zum Nachdenken: Die Geduld unseres Herrn im Leiden war eine der vielen Vollkommenheiten in Seinem Werk. Wir haben allen Grund zum Jubeln, dass Er mitten in den Versuchungen und im heißesten Kampfgetümmel gegen Satan und Sünde geduldig blieb und bereit war, das Werk zu vollenden, das Sein Vater Ihm zu tun aufgetragen hatte. (James Frame)

30. März

Psalm 40,7-11

Weitere Lesung: Hebräer 10,5-10

Unser Herr war schnell bereit, zu hören und Seines Vaters Willen auszuführen. Daraus lernen wir, dass der HERR den Gehorsam des Herzens weit höher schätzt als imposante Darbietungen ritualistischer Gottesdienste und dass die Sühnung unserer Sünden nicht das Ergebnis sorgfältig durchdachter Zeremonien ist, sondern uns zuteil wurde, weil unser Großer Stellvertreter dem Willen des HERRN gehorsam war.
Seht doch her, ihr Himmel und du Erde und was unter der Erde ist! Setzt euch und betrachtet es mit Fleiß; denn der unsichtbare Gott kommt in Gleichheit des Fleisches der Sünde, und der Unendliche hängt als kleines Kind an der Jungfrau Brust! Immanuel sandte niemanden, sondern kam selbst. Er kam in Seiner ganzen Persönlichkeit, mit allem, was Sein gesamtes göttliches Sein ausmachte, aus den »Palästen von Elfenbein« in die Behausungen des Elends. Er kam genau zur festgesetzten Stunde; Er kam mit der heiligen Bereitwilligkeit, sich selbst als Opfer darzubringen. Denn so war es in dem ewigen Entschluss angeordnet. Die geheimnisvolle Buchrolle der Prädestination, welche die Vorsehung nach und nach entfaltet, enthielt auch, wie der Heiland wusste, einen geschriebenen Bund, nach dem in der Fülle der Zeit der Göttliche zur Erde hinabsteigen sollte, um das zu erfüllen, was Hunderte von Schlachtopfern nicht erreichen konnten. Welch ein Vorrecht ist es, unsere Namen im Buch des Lebens zu finden, und welch eine Ehre ist dies, seit der Name Jesu oben auf der Seite steht! Unser Herr respektierte die alten Bundesabmachungen, und wir lernen daraus, dass wir ebenfalls peinlich genau unser Wort halten sollen. Haben wir etwas versprochen, was im Buch des Gedächtnisses fest-

Psalm 40,7-11

gehalten wird, dann lasst uns nie unsere Verpflichtung versäumen.

Nur unser gepriesener Herr konnte den Willen Gottes völlig ausführen. Das Gesetz ist viel zu umfangreich, als dass so armselige Geschöpfe wie wir hoffen könnten, es gänzlich zu erfüllen. Jesus hingegen tat nicht nur des Vaters Willen, sondern fand auch Vergnügen daran, ihn zu tun. Von aller Ewigkeit her hat er danach verlangt, das vor Ihm liegende Werk auszuführen. In Seinem irdischen Leben drängte es Ihn dazu, bis er die Taufe des Todeskampfes erlebte und das Gesetz verherrlichte, und sogar in Gethsemane selbst erwählte Er des Vaters Willen und setzte Seinen eigenen beiseite. Hier liegt das eigentliche Wesen des Gehorsams, in der freudigen Unterwerfung der Seele unter Gott. Und dem Gehorsam unseres Herrn, der unsere Gerechtigkeit ist, mangelte es keineswegs an dieser so bedeutsamen Qualität. Trotz Seines unermesslichen Schmerzes fand der Herr Wohlgefallen an Seinem Werk, wegen der »vor Ihm liegenden Freude erduldete Er das Kreuz und achtete dabei die Schande nicht«. Christus brachte niemals äußerliche, formale Anbetung dar. Sein Herz war immer dabei; Heiligkeit war sein Wesensmerkmal, des Vaters Wille Seine Speise und Sein Trank. Jeder von uns muss darin unserem Herrn gleichen, oder uns fehlt der Beweis dafür, Sein Jünger zu sein. Wo das Herz nicht dabei ist und keine Freude und kein Wohlgefallen an Gottes Gesetz da ist, kann es keine Annahme geben. Möge jeder Leser, der den Herrn liebt, den Retter anbeten für die Freiwilligkeit und die Freude, mit der Er das große Erlösungswerk in Angriff nahm.

Zum Nachdenken: Der wahre Weg der Rechtfertigung des Sünders durch Glauben ist so kostbar, aber auch so nötig für arme Seelen, dass er nicht verschwiegen werden darf. (David Dickson)

31. März

Psalm 40,12-18

Weitere Lesung: Lukas 22,39-46

Jesus war von allen Seiten von Bösem bedrängt; unzählige Schmerzen umringten den Großen Stellvertreter wegen unserer Sünden. Unserer Sünden waren unendliche viele, und dementsprechend war Sein Schmerz. Es gab kein Entrinnen für uns wegen unserer Ungerechtigkeiten, und es gab für Ihn kein Entrinnen von dem Weh, das wir verdient hatten. Das Böse brandete von allen Seiten her um den Gepriesenen auf, wo doch das Böse in Seinem Herzen keinen Raum hatte. Er hatte keine Sünden begangen; aber Ihm wurden sie auferlegt, und Er nahm sie wie die Seinen an. »Er wurde für uns zur Sünde gemacht.« Die Übertragung der Sünden auf den Heiland war Wirklichkeit und bewirkte in Ihm als Menschen die Schrecken, die Ihm untersagten, ins Angesicht Gottes zu schauen, und die Ihn in zermalmender Angst und unerträglichem Weh zu Boden drückten. Ach, meine Seele, was hätten deine Sünden dir für ewig angetan, wenn nicht der Freund der Sünder sich herabgelassen hätte, um sie alle auf sich zu nehmen? Wie gesegnet ist das Wort: »Der HERR ließ Ihn treffen unser aller Schuld.« Wie bewundernswert ist die Tiefe der Liebe, die den vollkommen Unbefleckten dazu brachte, den Platz des Sünders einzunehmen und den Schrecken der großen Angst zu tragen, welche die Sünde über solche bringt, die sich ihrer bewusst werden.

Im siebzehnten Vers spricht der Herr Segnungen über Seinem Volk aus. Beachtet, wer die gesegneten Gegenstände Seiner Segenswünsche sind: nicht alle Menschen, sondern nur einige. Er bittet für die Suchenden, das sind die Kleinsten in seinem Reich, die Babys in der Familie Gottes. Es sind solche, die wahres Sehnen und erwartungsvolle Gebete und ein beständiges Ver-

Psalm 40,12-18

langen nach Gott kennen. Möchten doch suchende Seelen Mut fassen, wenn sie dies vernehmen. Welch reiche Gnade, dass sich Jesus in Seinen bittersten Stunden an die Lämmer in Seiner Herde erinnern sollte! Und was erfleht Er für sie? Dies: Sie sollen voller Glückseligkeit und voll großer Freude sein; denn dies wird durch die Wiederholung der Begriffe ausgedrückt. Jesus möchte alle Suchenden glücklich sehen, indem sie finden, wonach sie gesucht haben. So tief wie die Schmerzen waren, so hoch würde ihre Freude werden, indem sie durch Seine Leiden Frieden gewinnen. Er seufzte, damit wir singen möchten, und war mit blutigem Schweiß bedeckt, damit wir mit Freudenöl gesalbt würden. Das Leiden des Erlösers führte zur Förderung der Herrlichkeit Gottes durch alle, die sich dankbar Seiner Rettung erfreuen. Der Wunsch unseres Herrn sollte uns Befehl sein, wir lieben die große Errettung von ganzem Herzen. So wollen wir mit allen Zungen die strahlende Herrlichkeit Gottes proklamieren. Möge Sein Lob nie verstummen!

Der Mann der Schmerzen beendet Sein Gebet mit einem weiteren Wort, das sich auf Seine Anfechtung und Sein Elend bezieht. »Der Herr denkt an Mich.« Dies war ein wunderbarer Trost für das heilige Herz des großen Leidenden. Die Gedanken des Herrn über uns sind ein hoch erfreulicher Gegenstand des Nachdenkens; denn sie sind stets freundlich, und das ohne Ende. Seine Jünger verließen Ihn, und Seine Freunde vergaßen Ihn; aber Jesus wusste, dass Gott niemals Sein Herz von Ihm abwenden würde, und dies trug Ihn durch die Stunde der Bedrängnis. Sein unveränderliches Vertrauen ruhte auf Gott allein.

Zum Nachdenken: Herr Jesus, gib, dass wir in unseren Anfechtungen einen genauso kostbaren Glauben haben und wie Du mehr als Überwinder werden! (C.H. Spurgeon)

1. April

Psalm 41,1-7

Weitere Lesung: Jakobus 1,19-27

Dies ist der dritte Psalm, der mit einer Seligpreisung beginnt. Sie weist gegenüber den beiden vorhergehenden Psalmen eine Steigerung auf. Das Forschen in Gottes Wort kommt zuerst, Vergebung der Sünden ist das Nächste, und nun bringt der begnadigte Sünder Frucht für Gott, die anderen zum Guten gereicht. Dies wird wie in den vorhergehenden Fällen deutlich betont, und ebenso auch die darauf folgenden Segnungen.
In mitleidiger Liebe gedachte er der Armut anderer, und darum wird auch Gott seiner gedenken. Gott gibt uns entsprechend unseren Maßstäben. Trübsaltage kommen selbst über den Großherzigsten, doch wer in guten Zeiten anderen ein Dach über dem Kopf anbot, hat damit die klügste Vorbereitung für regnerische Tage getroffen. Die Verheißung lautet nicht, der Edelmütige werde niemals Kummer haben, sondern dass er darin bewahrt und zur rechten Zeit daraus errettet wird. Die Freude am Gutestun, die schöne Reaktion eines Menschen, den man glücklich machte, dass der Himmel dem Herzen anerkennend zulächelt, wenn nicht gar in Bezug auf irdisches Vermögen, all dies kennt die knauserige Seele nicht. Selbstsucht birgt in sich selbst einen Fluch, sie ist wie ein Krebsgeschwür für das Herz, während Freigebigkeit Glück bedeutet und »das Gebein labt«. In dunklen Tagen können wir uns nicht auf vermeintliche Verdienste durch Almosen berufen; aber doch bringt die Musik der Erinnerung keinen geringen Trost, wenn man sich an die Witwen und Waisen erinnert, denen man geholfen hat, und an die Gefangenen und Kranken, denen man gedient hat.
Hier finden wir das Teil all derer, die ihrem Herrn ähnlich wurden: Sie segnen, und sie werden gesegnet, sie bewahren, und

Psalm 41,1-7

sie werden bewahrt, sie wachen über das Leben anderer, und sie selbst sind kostbar in den Augen des Herrn. Der Geizhals ist wie ein Schwein zu nichts nütze, bis es geschlachtet wird – mag er sterben. Der Gerechte ist sein Leben lang nützlich wie der Ochse – möge er leben. Wir dürfen nicht annehmen, die in diesen Versen ausgesprochenen Seligpreisungen gelten allen, die gelegentlich Geld für die Armen spenden oder sie im Testament bedenken oder Hilfsorganisationen unterstützen. Es ist einerlei, ob solche Menschen es nun aufrichtig machen oder nur der Sitte entsprechend handeln – von ihnen ist hier nicht die Rede. Die Segnungen gelten solchen, die von innen heraus ihren Nächsten lieben wie sich selbst, die um Christi willen die Hungrigen speisen und die Nackten bekleiden. Einen Menschen für einen Heiligen zu halten, der nicht wo immer er kann der Armen gedenkt, bedeutet, einen fruchtlosen Feigenbaum als annehmbar anzuerkennen. An diesem Punkt wird es vielen Bekennern schlecht ergehen an jenem Tag, wenn der König wiederkommt in Seiner Herrlichkeit.

Zum Nachdenken: Keine Anfechtung der Gottesfürchtigen wird deren angefangene Segnung hindern oder gar wegnehmen, nicht einmal in dieser Welt. (David Dickson)

2. April

Psalm 41,8-14

Weitere Lesung: Johannes 13,12-20

Judas war ein Apostel, der in der unmittelbaren Nähe des Großen Lehrers weilen durfte. Er hörte Seine geheimen Gedanken, und ihm war tatsächlich gestattet, in Seinem Herzen zu lesen. Der Kuss des Verräters verwundete das Herz des Herrn genauso, wie die Nägel Seine Hände verwundeten. Judas war der Schatzmeister des Apostelkollegiums. Wo wir großes Vertrauen investierten, ist ein unfreundlicher Akt besonders schmerzlich. Judas tauchte in dieselbe Schüssel ein wie sein Herr, und darum war seine Gemeinheit, den Meister für den Preis eines Sklaven zu verkaufen, umso fluchwürdiger. Es ist hart, in der Not einen Fußtritt von denen zu erhalten, die wir früher an unserem Tisch gespeist haben. So ist es bemerkenswert, dass der Heiland nur die letzten Worte dieses Verses auf Judas anwendete; vielleicht, weil Er um dessen Falschheit wusste, hatte Er ihn in vollem Wortsinn nie zu Seinem vertrauten Freund gemacht und eigentlich kein Vertrauen in ihn gesetzt. Höllische Bosheit hatte zum Ziel, dass jeder Umstand beim Tod Jesu weiteren Wermut hinzufügte; und der Verrat war einer der bittersten Gallentropfen dabei. Wir sind tatsächlich elend dran, wenn unser früherer Freund sich zum gnadenlosen Feind wandelt, wenn Vertrauen und Gastfreundschaft missbraucht werden und Undankbarkeit die einzige Antwort auf unsere Freundlichkeit ist. Doch in solch beklagenswerter Lage können wir uns auf die Treue Gottes verlassen. Er hat das Haupt des Bundes erlöst und wird darum gewiss zur rechtzeitigen Hilfe für alle eingreifen, denen dieser Bund gilt.

Wir werden alle durch gute Vorzeichen erfreut, und der Psalmist sah es als ein verheißungsvolles Omen an, dass er trotz all

Psalm 41,8-14

seiner tiefen Depressionen dem Feind nicht völlig ausgeliefert wurde. Was ist, wenn der Gläubige nicht über seine Feinde triumphieren kann? Er muss froh sein, wenn sie nicht über ihn triumphieren. Wenn wir nicht alles haben, was wir wünschen, sollten wir Gott für das preisen, was wir haben. In uns ist vieles, dessen sich die Gottlosen rühmen könnten, und wenn Gottes Barmherzigkeit die Mäuler der Hunde verschließt, wenn sie auch geöffnet sein könnten, haben wir Ihm herzlich dafür zu danken. Welch ein Wunder ist es doch, dass der Teufel den Kampf doch nicht gewinnen kann und am Ende ruhmlos davonschleichen muss, nachdem er mit einem armen, irrenden, bettlägerigen, verlassenen und verleumdeten Heiligen Streit angefangen hat und ihm dabei tausend böse Zungen zur Seite standen!

Der Psalm endet mit einer Art Lobgesang. Die Segnung vom Anfang aus dem Mund Gottes wird als Lobgesang vom Mund des Knechtes zurückgegeben. Wir können dem Gesegnetsein des HERRN nichts hinzufügen; aber wir dürfen unsere dankbaren Wünsche darbringen, und die nimmt Er an, wie wir kleine Blumengeschenke von Kindern annehmen, die uns lieb haben. Der letzte Vers könnte als Gebet der universalen Gemeinde aller Zeiten dienen; aber niemand kann es so schön singen wie solche, die wie David die Treue Gottes in äußerster Not erfahren haben.

Zum Nachdenken: Gott bewahrt die Seinen und macht deren Feinde zunichte – nach der Passionswoche kommt Ostern. (Kommentar von J.P. Lange)

3. April

Psalm 42,1-6

Weitere Lesung: 2. Samuel 15,30-37

Nach langer Dürre lechzt die arme Hirschkuh nach Wasserbächen, oder besser gesagt, ein gejagter Hirsch sucht instinktiv den Fluss auf, um seine dampfenden Flanken zu baden und den Hunden zu entkommen. Genauso lechzt die müde, verfolgte Seele des Psalmisten nach dem Herrn, seinem Gott. Vom öffentlichen Gottesdienst ausgeschlossen zu sein, machte sein Herz krank. Er suchte keine Bequemlichkeit, und nach Ehre stand nicht sein Sinn, sondern sich der Gemeinschaft mit Gott zu erfreuen, war das dringende Bedürfnis seiner Seele. Er betrachtete das nicht nur als schönsten aller Genüsse, sondern als absolute Notwendigkeit, wie der Hirsch das Wasser braucht. Gleich einem ausgedörrten Wanderer in der Wüste, dessen Wasserschlauch leer ist und der den Brunnen ausgetrocknet vorfindet, so musste er trinken oder sterben; er musste Gott haben oder vergehen. Seine Seele, sein gesamtes Sein, sein innerstes Leben hatte unstillbaren Hunger danach, die Gegenwart Gottes zu spüren.

Wer den Herrn liebt, liebt auch die Versammlungen, in denen Sein Name verehrt wird. Vergeblich sind alle Vorspielungen, fromm zu sein, wenn die äußeren Gnadenmittel keine Anziehungskraft ausüben. Der Psalmist war nirgendwo so zu Hause wie im Haus des Herrn; er begnügte sich nicht mit privater Anbetung; er versäumte nicht den Platz, an dem sich die Heiligen versammeln, wie einige es tun. Seht, mit welcher Inbrunst er danach Ausschau hält, wieder an der frohen Versammlung teilhaben zu dürfen. Wie oft wiederholt er doch sein Verlangen! Es wäre gut, wenn alles, was wir im öffentlichen Gottesdienst tun, als ein Erscheinen vor Gott betrachtet werden würde. Dann

Psalm 42,1-6

wäre es ein sicheres Zeichen der Gnade, wenn man sich daran erfreut. Doch leider erscheinen viele vor dem Pastor oder ihren Mitmenschen und meinen, das sei genug!

Der Psalmist redet zu sich selbst, als wäre er zu zweit. Sein Glaube debattiert mit seinen Befürchtungen und seine Hoffnung mit seinen Sorgen. Dieser gegenwärtige Kummer, wird er ewig währen? Der Jubel meiner Feinde, ist er mehr als leeres Geschwätz? Bedeutet meine Abwesenheit von den feierlichen Festen ein dauerndes Exil? Warum diese Depression, diese glaubenslose Schwäche, dieses ängstliche Herz voller Melancholie? Den Grund des Kummers herauszufinden, ist oft das beste Heilmittel gegen das Leid. Sich selbst nicht zu kennen, ist kein Segen; in diesem Fall ist es ein Elend. Rettung kommt durch den Gnadenblick Gottes, und Er will doch Sein Angesicht auf uns richten. Beachtet genau, dass die größte Hoffnung und das Hauptbegehren des Psalmisten das Lächeln Gottes ist. Sein Angesicht ist es, was er sucht und zu sehen hofft. Und das wird seinen niedergedrückten Geist beleben, das wird seine lachenden Feinde zuschanden machen, das wird ihm alle Freuden jener heiligen und glücklichen Tage erneuern, die in seinem Gedächtnis nachklingen. Das erweckt große Freude. Vers 6 sprengt wie beim Singen von Paulus und Silas die Ketten und lässt die Gefängnismauern erzittern. Wer eine solche Heldensprache in seinen trüben Stunden verwenden kann, wird gewiss zum Überwinder. Im Garten der Hoffnung wachsen die Lorbeeren für künftige Siege, die Rosen kommender Freude und die Lilien des nahenden Friedens.

Zum Nachdenken: Zecher, die so oft mit großem Vergnügen die Häuser des Bacchus aufsuchen, können sich kaum vorstellen, dass die Frommen mit viel größerer Freude in die Häuser Gottes gehen. (Zachary Bogan)

4. April

Psalm 42,7-12

Weitere Lesung: Hiob 1,13-22

Hier beginnt das Lied wieder in Moll. Vielleicht hielt die Niedergeschlagenheit des Psalmisten noch an, oder die Lähmung durch die Verzagtheit war zurückgekehrt; aber gerade deshalb will er seine Harfe nehmen und ihre Kraft an sich selbst ausprobieren, weil er in früheren Tagen ihren Einfluss auf Saul gesehen hatte, wenn der böse Geist über ihn kam. Das Lied beginnt beim zweiten Mal noch näher bei Gott als am Anfang. Auch ist der Sänger etwas ruhiger geworden. Äußerlich waren keine Wünsche mehr zu erkennen; sichtbares Lechzen hatte aufgehört, der Kummer war nun auf das Innere beschränkt. Innerlich und auf sich selbst bezogen, fühlte er sich niedergeschlagen; und wahrlich, das kann leicht so sein, wenn unsere Blicke mehr nach innen als nach oben gerichtet sind. Wenn das Ich uns trösten sollte, hätten wir nur armseliges Futter. In den unbeständigen Bedingungen, denen unser Herz ausgeliefert ist, kann es keine solide Grundlage des Trostes sein. Es ist gut, dem Herrn zu sagen, wie uns zumute ist, und je schlichter wir es Ihm bekennen, umso besser ist es. Der Psalmist spricht wie ein krankes Kind mit seiner Mutter, und wir sollten es ihm nachmachen.

Wie sich bei einer Wasserhose die Wogen von oben denen von unten begegnen, so erschien es dem Psalmisten, würden Himmel und Erde sich zusammentun, um einen Wirbelsturm um ihn toben zu lassen. Sein Herzeleid war unerträglich und überwältigte ihn. Woge folgte auf Woge, eine Welle war das Echo des Brüllens der anderen; körperliche Schmerzen erzeugten seelische Ängste, satanische Eingebungen stimmten mit vertrauenslosen Vorahnungen überein; der Donner äußerer Drangsale

Psalm 42,7-12

harmonierte in schrecklicher Weise mit den inneren Befürchtungen. Seine Seele schien in einer universalen Sintflut des Kummers zu ertrinken, über deren Wellen die Vorsehung des Herrn wie eine Wassersäule hinging, die in furchtbarer Majestät den größtmöglichen Schrecken erregte.

Der Tag mag sich zu einer fremdartigen und unzeitigen Mitternacht verdunkeln; aber die Liebe Gottes, die von alters her als das Teil der Auserwählten bestimmt ist, wird ihnen nach souveränem Beschluss zugemessen werden. Er, der lebendige Gott, ist der Gott unseres Lebens, von Ihm empfangen wir es, und mit Ihm verbringen wir es in Bitte und Lobgesang, Ihm weihen wir es, in Ihm werden wir es vollenden. Sicher zu sein, dass unsere Seufzer und unsere Lieder beide freien Zugang zu unserem herrlichen Herrn haben, ist Grund genug, auch in der beklagenswertesten Situation Hoffnung zu haben. Niemals wird ein Tag heraufdämmern, an dem sich ein Erbe der Gnade ganz und gar vom Herrn verlassen findet; der Herr regiert, und als Herrscher wird Er mit Macht befehlen, dass stets ausreichend Gnade für Seine Auserwählten da ist. Als der Herr ihm ins Angesicht schaute, waren seine Ängste nicht so überwältigend, wie sie erschienen, als sie noch in die Nebel der Unklarheit gehüllt waren. Lass den Anker immer fest sitzen. Gott ist treu, Gott ist Liebe; darum besteht Raum und Grund zur Hoffnung.

Zum Nachdenken: Dein Lob und dein Bitten muss zu Gott als dem Gott deines Lebens gerichtet sein. (John Howe)

5. April

Psalm 43

Weitere Lesung: Sprüche 22,22-23

»Schaffe mir Recht, o Gott!« »Andere können meine Beweggründe nicht verstehen und sind nicht willens, mich gerecht zu beurteilen. Mein Herz hat reine Absichten, und darum bringe ich meine Sache vor Dich und bin sicher, Du wirst meinen Charakter unparteiisch prüfen und meine Fehler berichtigen.« Ein solcher Anwalt wie der Herr wird ausreichen, einer ganzen Nation lärmender Ankläger antworten zu können. Sind die Menschen gottlos, so wundert es nicht, dass sie ungerecht sind; ist jemand nicht aufrichtig vor Gott selbst, dann kann man nicht erwarten, dass er gerecht mit Seinem Volk umgeht.

In Vers 2 finden wir einen Punkt, der die wirkliche Kraft des Betens ausmacht. Wenn wir mehr mit dem Herrn die Gründe erforschten, hätten wir mehr Sieg bei unseren Bitten: »Alle meine Stärke gehört Dir – darum will ich sie nicht von mir aus gegen meine persönlichen Feinde richten. Alle meine Stärke kommt von Dir, darum suche ich bei Dir Hilfe; denn Du kannst sie mir geben. Alle meine Stärke ist in Dir. Darum überlasse ich die Aufgabe, mit meinen Feinden zu streiten, gänzlich Deinen Händen.« Ein Glaube, der solche Dinge Gott überlässt, ist weiser Glaube.

Wir wollen kein Licht, damit wir sündigen können, noch Wahrheit, um dadurch erhoben zu werden, sondern damit sie unsere praktischen Wegweiser zu ganz naher Gemeinschaft mit Gott werden. Nur solches Licht und solche Wahrheit, die Gott sendet, können das bewirken. Gewöhnliches Licht ist nicht hell genug, um uns den Weg zum Himmel zu zeigen, noch könnten uns bloß moralische oder physikalische Wahrheiten auf den Heiligen Berg helfen; aber das Licht des Heiligen Geistes und

Psalm 43

die Wahrheit, wie sie in Jesus ist, die heben uns hinauf, heiligen uns und machen uns vollkommen; darum haben sie die Fähigkeit, uns in die herrliche Gegenwart Gottes zu leiten. Es ist wunderbar zu sehen, wie die Sehnsucht des Psalmisten, der Unterdrückung der Menschen zu entfliehen, ihn immer dahin bringt, nur noch intensiver nach der Gemeinschaft mit Gott zu trachten.

Dem Psalmisten ging es nicht um den Altar; er dachte nicht wie Heiden oder Ritualisten; seine Seele verlangte nach geistlicher Gemeinschaft, ja, nach der Gemeinschaft mit Gott selbst. Was sind alle gottesdienstlichen Riten, wenn Gott nicht darin ist? Doch wirklich nichts als leere Schalen und trockene Hülsen! Beachtet das heilige Entzücken, mit dem der Psalmist seinen Herrn betrachtet! Er ist nicht nur seine Freude, sondern seine überströmende Freude, nicht nur die Quelle seiner Freude, der Geber der Freude oder der die Freude aufrechterhält, sondern Er ist die Freude selbst. Wenn Gott uns mit Freude erfüllt, sollten wir sie gleich als Lob zu Seinen Füßen ausschütten und all unsere Geschicklichkeit und all unser Talent anwenden, um der göttlichen Herrlichkeit den gebührenden Tribut darzubringen. Dass Gott unser ist und dies im Glauben zu wissen, macht den Himmel aus – hier liegt die Fülle des Segens. »Was bist du so aufgelöst, meine Seele? ... Harre auf Gott!«

Zum Nachdenken: Harre auf Gott! Je schrecklicher der Sturm, umso nötiger der Anker. (William S. Plumer)

6. April

Psalm 44,1-9

Weitere Lesung: 2. Mose 12,21-28

Bei den frommen Israeliten wurde die Geschichte ihres Volkes in mündlicher Tradition bewahrt, und das in größter Sorgfalt und Genauigkeit. Diese Weise der Bewahrung und Weitergabe der Geschichte hat ihre Nachteile, doch bewirkt sie sicherlich einen lebendigeren Eindruck auf das Gemüt als jede andere Form: Mit den Ohren zu hören, berührt unsere Sinne tiefer, als wenn wir mit den Augen lesen.

»Unsere Väter haben uns erzählt …« Sie konnten keine besseren Informanten haben. Schulmeister sind auch nicht schlecht. Doch nach der Ordnung der Natur und der Gnade sind fromme Väter die besten Lehrer ihrer Söhne. Es steht zu befürchten, dass viele Kinder bekennender Gläubiger wenig vor Gott vorbringen können, was ihre Väter ihnen erzählt haben. Wenn Vätern in geistlicher Hinsicht gegenüber ihren Sprösslingen die Zunge gebunden bleibt, müssen sie sich dann wundern, wenn diese an die Sünde gebunden bleiben? Wie bei allen freien Völkern mögen sich die Menschen gern ums Feuer versammeln und von den Ruhmestaten ihrer Ahnen »in der guten, alten Zeit« berichten. So ermutigten die Leute des Gottesvolkes des Alten Testaments ihre um den Tisch versammelten Familien, indem sie von den Wundertaten des Herrn, ihres Gottes, berichteten. Geistliche Unterhaltung braucht nicht langweilig zu sein, eigentlich geht das auch gar nicht, wenn sie wie in diesem Fall mehr durch Tatsachen als durch Meinungen geprägt ist.

Beachtet, dass die Hauptsache in der vom Vater an den Sohn weitergegebenen Geschichte das Werk Gottes ist; dies ist das Herzstück der Geschichte, und darum kann niemand, der des Herrn Werk nicht kennt, in rechter Weise Geschichte schrei-

Psalm 44,1-9

ben. Es macht Freude, die Fußspuren des Herrn auf dem Meer der wechselnden Ereignisse zu sehen, wahrzunehmen, wie Er auf den Sturmwinden von Krieg, Pest und Hungersnot daherfährt, und vor allem, wie unwandelbar treu Er für sein auserwähltes Volk sorgt. Wer verstanden hat, Gott in der Geschichte zu sehen, hat eine wertvolle Lektion von seinem Vater gelernt, und kein Kind gläubiger Eltern sollte, was diese heilige Kunst angeht, in Unwissenheit bleiben. Ein Volk, das wie Israel über seine eigene, so wunderbare Geschichte belehrt wurde, hatte stets ein Argument zur Hand, wenn es Gott in Notzeiten um Hilfe bat; denn Er, der Unveränderliche, gibt mit jeder Gnadengabe ein Pfand auf künftige Barmherzigkeiten. Die Erinnerung an frühere Erfahrungen ist ein machtvolles Argument für Hilfe in der Gegenwart.

Wir haben überreiche Gründe, uns den ganzen Tag über Gottes zu rühmen, wenn wir uns an Seine mächtigen Taten erinnern. Welch gesegnetes Rühmen ist das! Es ist aber auch die einzig zulässige Art des Rühmens. Wir sollten Gott unablässig preisen. Selbst wenn es keine neuen Liebestaten gäbe, müsste der Herr dennoch gepriesen werden für das, was Er für Sein Volk getan hat. Möge unser Gesang hell erklingen, wenn wir an die ewige Liebe denken, die uns erwählte, uns zu Kindern vorherbestimmte, uns um einen so hohen Preis erlöste und uns dann mit dem ganzen Reichtum Gottes erfüllte.

Zum Nachdenken: Während die Lieder anderer Völker die Heldentaten ihrer Vorfahren besangen, feierten die Gesänge Israels die Werke Gottes. (August F. Tholuck)

7. April

Psalm 44,10-17

Weitere Lesung: 5. Mose 4,25-31

Hier beginnt der patriotische Barde die vergangenen Herrlichkeiten der Geschichte des Volkes dem gegenwärtigen Jammer und Elend gegenüberzustellen, dies schreibt er aber nicht dem Tod eines menschlichen Helden oder dem wechselnden Kriegsglück zu, sondern einzig und allein dem Rückzug des Gottes Israels. Es ist dem Trauernden, als sei der HERR Seines Volkes überdrüssig geworden und habe es voll Abscheu weggetan, wie man das Kleid eines Aussätzigen wegwirft, dessen Anblick man widerlich findet. Um Sein Missfallen zu zeigen, hat Er gemacht, dass Sein Volk bei den Heiden verlacht wurde. Deren leichte Siege über die größeren Heere hatten Israel mit Schande bedeckt. Wie schade ist es für eine Gemeinde oder ein Volk, wenn sich der Herr mit der aktiven Kraft Seines Geistes von ihnen zurückzieht. Keine größere Schande, kein größerer Schmerz könnte ihnen begegnen. Er wird Sein Volk nicht endgültig und völlig verwerfen; aber manche Gemeinde erlitt wegen ihrer Sünden Niederlagen und Schande. Darum sollten alle Gemeinden außerordentlich wachsam sein, damit ihnen nicht das Gleiche passiert. Armut und Elend bringen keine Schande über ein Volk; aber die Abwesenheit des Herrn nimmt einer Gemeinde alles, was ihr Glanz und Ehre bringt.

Das demütigende Bewusstsein, der Herr habe sie verlassen, machte sie sofort zu Feiglingen. Flucht ist das Ende des Kampfes derer, die nicht den Herrn zu ihrem Schutz haben. Auf Niederlage und Rückzug folgt die Zerstörung. Das arme, überwältigte Volk erlitt nach der Niederlage eine schreckliche Strafe: Plünderung und Mord verwüsteten das eroberte Land, und die Eindringlinge beluden sich selbst mit allem Kostbaren, das

Psalm 44,10-17

sie wegtragen konnten. Aus Erfahrung wissen wir, was es heißt, geistlicherweise von den Feinden ruiniert zu werden: Zweifel und Furcht rauben uns allen Trost, und schreckliche Vorahnungen machen unsere Hoffnungen zunichte; und alles, weil der Herr es aus weiser Absicht für gut befindet, uns uns selbst zu überlassen. Wie traurig für die einsame Seele: Kein Unglück ist mit dem Kummer zu vergleichen, vom Herrn verlassen zu sein, und sei es nur für einen Augenblick.

Der Psalmist beschreibt mit vielen Worten die Brutalität des Feindes, um das Mitleid des Herrn zu erregen, dessen gerechtem Zorn er allen Jammer des Volkes zuschrieb. Er gebrauchte die besten Argumente; denn das Leiden Seiner Auserwählten rührt das Herz Gottes viel stärker an als jede andere Begründung. Gepriesen sei Sein Name! Unser großer Fürsprecher droben weiß sich der wirkungsvollsten Bitten zu bedienen; und wenn wir jetzt gerade um der Wahrheit willen Widerspruch erleiden, bringt Er es als dringendes Anliegen vor den ewigen Thron, und wird Gott nicht Seine Auserwählten erretten? Ein Vater wird es nicht lange ertragen, wenn er sieht, dass seine Kinder schmählich behandelt werden. Er mag sich die Sache eine Weile ansehen; aber seine Liebe wird schnell seinen Zorn erregen, und dann wird es dem Verfolger und Schmäher schlecht ergehen.

Zum Nachdenken: Wenn die sichtbare Gemeinde von traurigen Einbrüchen heimgesucht wird, sind die wahren Glieder Teilhaber an dem Kummer, dem Elend und der Schande eines solchen Zustands. (David Dickson)

8. April

Psalm 44,18-27

Weitere Lesung: 5. Mose 6,10-15

Hier bringt der Psalmist die Tatsache zur Sprache, dass er sich nicht von der Nachfolge des Herrn abgewandt hatte. Wenn wir mitten in tiefem Leid uns in liebendem Gehorsam an Gott festhalten können, so muss es gut um uns bestellt sein. Wahre Treue kann raue Behandlung ertragen. Solche, die Gott folgen, weil sie ihren Willen bekommen, verlassen Ihn, wenn sich Verfolgung aufmacht; der ernsthafte Gläubige aber ist anders; er wird seinen Gott nicht vergessen, selbst wenn es zum Schlimmsten kommt.

Es war ein Zeichen der Gesundheit des Volkes, dass der Dichterprophet dessen Aufrichtigkeit vor Gott, sowohl im Herzen als auch im Handeln, bestätigen konnte. Sehr viel häufiger hatte die Sache ganz anders ausgesehen; denn die Stämme waren alle nur allzu leicht geneigt, andere Götter aufzustellen und den Fels ihrer Rettung zu verlassen. – Das Volk wird als in dichte Dunkelheit von Tod und Verzweiflung gehüllt beschrieben, so, als sei es in Hoffnungslosigkeit begraben. Doch konnte es für sich in Anspruch nehmen, dass es sich immer noch bewusst an seinen Gott erinnerte, und das ist ein herrlicher Anspruch. Besser tot sein, als vom Glauben abzuweichen. Wer treu zu Gott hält, wird nie erleben, dass Er trügerisch gegen ihn handelt. Die Überlegung war, dass der Herr doch von der ernsthaften Nachfolge Seines Volkes wusste; darum kam die Heimsuchung nicht der Sünde wegen. Also musste die Anfechtung offenbar aus einem anderen Grund entstanden sein.

»Um Deinetwillen«, nicht wegen unserer Vergehen, sondern weil wir Dir gehorsam waren. Die Drangsale kamen über diese Beter, weil sie treu zu ihrem Gott hielten. Die Verfolgung hörte

Psalm 44,18-27

nicht auf, sie zu Tode zu hetzen; sie fanden nirgendwo Erleichterung und keine Tür zum Entkommen; und all das wegen ihres Gottes, weil sie ihren Bundesgott und König nicht verlassen wollten. In diesem Abschnitt hören wir deutlich das Schreien der Märtyrer. Vom Piedmont und von Smithfield, von der Bartholomäusnacht und von den Metzeleien in Claverhouse steigt dieser Appell zum Himmel empor; denn die Seelen unter dem Altar fahren fort, feierlich nach Rache zu rufen. Die Gemeinde wird nicht lange in dieser Weise flehen. Ihre Schande wird ihr vergolten werden, und ihr Triumph wird kommen wie die Morgenröte.

Warum hast Du, Herr, das Weh Deiner Kinder vergessen? Diese Frage ist viel leichter gestellt als beantwortet. Mitten in der Verfolgung ist schwerlich der Grund einzusehen, warum wir so bitteren Leiden ausgesetzt sind. – Vers 27 bringt die Zusammenfassung: Gottes Gunst zeigt sich in der Erlösung, und der Grund dafür ist Gottes Güte. Das gilt auch für die treuen Leidenden, die ihren Gott nicht verlassen hatten. Um Gottes Güte zu bitten, ist stets das Sicherste, und nie wird ein Mensch etwas Besseres finden. Hier endet dieser bemerkenswerte Psalm; aber seine Kraft ist im Himmel nicht zu Ende, sie bringt dem versuchten Gottesvolk Befreiung.

Zum Nachdenken: Der Gottesfürchtige wagt auch im Verborgenen nicht zu sündigen. Er weiß, dass Gott ins Verborgene sieht. Wie Gott nicht durch List zu betrügen ist, so kann Er auch aus unseren Heimlichkeiten nicht fern gehalten werden. (Thomas Watson)

9. April

Psalm 45,1-10

Weitere Lesung: Lukas 4,16-22

Geistliche Augen, die richtig sehen können, erkennen hier Jesus allein. Dies ist kein Hochzeitslied irdischer Brautleute, sondern der Gesang des himmlischen Bräutigams und Seiner auserwählten Braut.
Als wäre der Große König selbst dem Psalmisten plötzlich erschienen, wendet sich dieser, um, in Bewunderung zerflossen, den Herrn anzureden. Als Person, aber besonders in Geist und Wesen ist der König der Heiligen mit niemand an Schönheit zu vergleichen. Im Hebräischen steht es doppelt: »Schön, schön bist Du.« Jesus ist so überaus schön, dass die Worte verdoppelt werden müssen, ihr Inhalt bis ins Letzte beansprucht und ausgeschöpft werden muss, wenn man Ihn beschreiben will. Anmut der Person und Anmut der Rede erreichen in Ihm ihren Höhepunkt. Anmut ist in reichem Maß über Christus ausgegossen; denn es gefiel dem Vater, in Ihm die Fülle wohnen zu lassen, und nun fließt diese Anmut in reichem Überfluss von Seinen Lippen, um Sein Volk zu erfreuen und es reich zu machen. Christus ist gesegnet, von Gott gesegnet, gesegnet in Ewigkeit, und das ist für uns einer der großen Gründe für Seine Schönheit und die Quelle der Worte der Anmut, die Seinen Lippen entströmen. Diese einzigartigen Gaben wurden dem Menschen Christus Jesus von Seinem Vater verliehen, und durch sie kann Sein Volk mit geistlichen Segnungen in Gemeinschaft mit Ihm selbst gesegnet werden. Wen Gott segnet, den sollten auch wir segnen, und das umso mehr, als uns alle Seine Segnungen zuteil wurden.
Der Psalmist kann seine Bewunderung nicht zurückhalten. Sein erleuchtetes Auge sieht den königlichen Ehemann der Ge-

Psalm 45,1-10

meinde: Gott, den anbetungswürdigen Gott, den herrschenden Gott, der ewiglich regiert. Gesegnetes Schauen! Blind sind alle Augen, die Gott nicht in Jesus Christus erblicken können! Wir werden niemals die freundliche Erniedrigung unseres Königs zu schätzen wissen, der mit Seiner Gemeinde ein Fleisch geworden ist und sie sich zu Seiner Rechten setzte, bis wir uns ganz und gar Seiner innewohnenden Herrlichkeit und Göttlichkeit rühmen. Welch eine Gnade, dass unser Retter Gott ist; denn wer außer Gott könnte das Werk der Erlösung ausführen? Wie froh können wir sein, dass Er auf einem Thron regiert, der nie vergeht; denn wir brauchen beides, souveräne Gnade und ewige Liebe, um unser Glück sicherzustellen. Könnte Jesus aufhören zu herrschen, würden wir aufhören, Gesegnete zu sein, und wäre Er nicht Gott und darum ewig, träte dieser Fall irgendwann ein. Kein Thron besteht für immer, außer dem, auf dem Gott selbst sitzt. Er ist der rechtmäßige Herrscher über alles Existierende. Seine Herrschaft beruht auf Recht, ihre Gesetze sind Recht, ihre Auswirkungen sind Recht. Unser König ist kein Tyrann. Selbst wenn Er Seine Feinde mit eiserner Rute zerschlägt, tut Er niemandem Unrecht. Seine Rache und Seine Gnade sind in Übereinstimmung mit der Gerechtigkeit. Darum vertrauen wir Ihm ohne Argwohn; Er kann sich nicht irren; keine Anfechtung ist zu schwer, denn Er hat sie gesandt; kein Urteil ist zu hart, denn er hat es gefällt. O, gesegnete Hände Jesu! Die Herrschermacht ist bei euch sicher. Alle Gerechten freuen sich über die Herrschaft des Königs, der in Gerechtigkeit regiert.

Zum Nachdenken: Gott war der Bundesgott Christi, damit Er unser Bundesgott werde. (William Troughton)

10. April

Psalm 45,11-18

Weitere Lesung: Epheser 5,25-32

Der Welt zu entsagen, ist nicht leicht; aber es muss von allen vollzogen werden, die dem König angelobt sind, weil Er ein geteiltes Herz nicht dulden kann. Es wäre sowohl ein Elend für den Geliebten als auch eine Verunehrung des Herrn. Liebe von ganzem Herzen ist in jedem Fall zugleich Pflicht und Glück des ehelichen Standes, besonders aber in dieser erhabenen Verbindung. Die Gemeinde muss alles andere verlassen und sich an Jesus allein binden, sonst wird sie weder Ihm gefallen, noch die volle Offenbarung Seiner Liebe genießen. Was weniger könnte Er fordern, was weniger dürfte sie anzubieten wagen, als völlig Sein Eigen zu sein? Jesus erblickt Schönheit in der Gemeinde, eine Schönheit, die Ihn am meisten erfreut, wenn sie nicht durch Weltförmigkeit beeinträchtigt ist. Er ist immer ganz nah und sehr kostbar für Seine Heiligen gewesen, wenn sie freudig Sein Kreuz auf sich nahmen und Ihm außerhalb des Lagers folgten. Und Sein Geist ist betrübt, wenn sie sich unter die Leute mischen und deren Wege lernen.

Der König hat königliche Rechte; Seine Gnade vermindert nicht Seine Autorität, vielmehr verstärkt sie diese. Unser Retter ist auch unser Herrscher. Der Ehemann ist das Haupt der Frau; die Liebe, die er für sie empfindet, verringert nicht ihre Verpflichtung zum Gehorsam, sondern verstärkt sie. Die Gemeinde muss Jesus verehren und vor Ihm anbetend niederfallen; Seine freundliche Vereinigung mit ihr erlaubt ihr Freiheit, aber nicht Zügellosigkeit, sie befreit sie von allen anderen Lasten, doch legt sie Sein sanftes Joch auf ihren Nacken. Wer wollte es anders haben? Unser Dienst, vollkommen ausgeübt, ist der Himmel auf Erden. »Jesus, Du bist es, den Deine Gemeinde in

Psalm 45,11-18

nie verstummenden Liedern preist und in ihrem ununterbrochenen Dienst anbetet. Lehre uns, ganz Dein Eigen zu sein. Trage uns und wirke durch Deinen Geist in uns, bis Dein Wille von uns getan wird auf der Erde wie im Himmel!«

Der Ruhm des Messias ist nicht der Bewahrung durch Menschen überlassen; der Ewige garantiert ihn, und Seine Verheißungen trügen nie. Durch alle Geschlechter hindurch wird das Gedächtnis an Gethsemane und Golgatha in unauslöschlichem Licht erstrahlen; selbst der Ablauf der Zeit, der Rauch des Irrtums oder die Bosheit der Hölle können die Herrlichkeit des Ruhmes des Erlösers nicht verdunkeln. Jedes Herz ist dem Lob schuldig, der uns geliebt und durch Sein Blut erlöst hat; dieses Lob wird niemals ausreichen, sondern für ewig eine ständige und sich vergrößernde Schuld bleiben. Seine täglichen Wohltaten verstärken unsere Verpflichtungen, mögen sie die Zahl unserer Lieder vermehren! Von Geschlecht zu Geschlecht wird Seine Liebe mehr offenbar. Möge von Jahr zu Jahr die Musik auf Erden und im Himmel lauter erklingen und der Donnerhall der Lieder in vollen Chören zu dem Thron dessen aufsteigen, der lebendig ist und der tot war und nun lebt in alle Ewigkeit und die Schlüssel der Hölle und des Todes besitzt.

Zum Nachdenken: Wenn sich die Kinder Gottes ihrer herrlichen und himmlischen Abstammung bewusst sind, versuchen sie, andere zu übertreffen, sowohl in Schönheit der Seelenhaltung als auch in der Lebensführung. (Hermann Witsius)

11. April

Psalm 46,1-4

Weitere Lesung: Jesaja 43,1-7

Israel rühmt sich des Herrn, des einen lebendigen und wahren Gottes. Andere brüsten sich mit ihren uneinnehmbaren Burgen, die auf unbesteigbaren Felsen stehen und mit eisernen Toren geschützt sind; aber Gott ist eine bessere Zuflucht in der Not als diese alle. Wenn die Zeit kommt, den Krieg in die feindlichen Länder zu tragen, ist der Herr Seinem Volk ein besserer Beistand als die Tapferkeit von Legionen oder die vermeintliche Stärke von Wagen und Rossen. Soldaten des Kreuzes, denkt daran, fühlt euch sicher und stärkt euch in Gott. Vergesst nicht das besitzanzeigende Fürwort »uns«; jeder von euch muss seine Stellung in Gott festmachen, damit ihr sagen könnt: »Er ist meine Zuflucht und Stärke.« Vergesst auch nicht die Tatsache, dass Gott jetzt, in diesem Augenblick, genauso unsere Zuflucht ist wie damals, als der Psalmist dies niederschrieb. Bei jeder anderen Zuflucht nimmt man Zuflucht zur Lüge, alle andere Stärke ist Schwachheit; denn Gottes ist die Kraft. Aber weil Gott allgenugsam ist, entspricht auch unsere Verteidigung allen Notwendigkeiten. Er entzieht sich niemals Seinen Angefochtenen. Er ist ihre Hilfe, und das wahrhaftig, wirkungsvoll und beständig. Er ist gegenwärtig oder ihnen nahe, dicht an ihrer Seite und zu ihrem Beistand bereit. Das drückt unsere Übersetzung mit dem Wort »reichlich« aus. Er ist gegenwärtiger, als ein Freund oder Verwandter es sein könnte, tatsächlich ist Er uns näher als die Schwierigkeit selbst. Zu all diesen trostreichen Wahrheiten kommt noch die Überlegung hinzu, dass Sein Beistand zur rechten Zeit kommt. Er macht es nicht wie die Schwalben, die uns im Winter verlassen. Er ist ein Freund in der Not, ein wahrhaftiger Freund.

Psalm 46,1-4

Die zwei in Vers 3 genannten Ereignisse stellen die schrecklichsten Erschütterungen dar, die wir uns vorstellen können, einschließlich des Untergangs von Dynastien, der Vernichtung von Völkern, des Ruins von Familien, der Verfolgung der Gemeinde, der Herrschaft des Irrglaubens und all dessen, was zu irgendeiner Zeit den Glauben der Getreuen auf die Probe stellen mag. Auch wenn der schlimmste aller Fälle eintritt, sollte sich ein Gotteskind nicht dem Misstrauen hingeben; weil Gott treu bleibt, kann es weder für Seine Sache noch für Sein Volk gefährlich werden. Wenn die Elemente vor rasender Hitze schmelzen und Himmel und Erde im letzten allgemeinen Brand untergehen, werden wir in großer Ruhe die Zerstörung der Dinge und das Zerbrechen der Welten beobachten; denn selbst dann wird uns unsere Zuflucht vor allem Übel bewahren, unsere Stärke wird uns auf das Allerbeste vorbereiten.

Wenn alles zu höchster Wut erregt ist und seine ganze Zerstörungsmacht offenbart, lächelt der Glaube in tiefster Ruhe. Er fürchtet nicht den Lärm, nicht einmal die Macht, die dahinter steckt; er weiß, dass der Herr das tobende Meer beruhigen wird und die Wellen in Seiner hohlen Hand hält. Große Menschen, die Bergen gleichen, mögen in Zeiten schrecklicher Katastrophen vor Furcht zittern, der aber, dessen Vertrauen auf Gott gerichtet ist, braucht niemals zu verzagen.

Zum Nachdenken: Wenn es bei uns dunkel wird, sollten tapfere Geister mit Luther sagen: »Komm, Magister Philipp, wir wollen den 46. Psalm singen!« (C.H. Spurgeon)

12. April

Psalm 46,5-8

Weitere Lesung: Offenbarung 22,1-5

Die göttliche Gnade gleicht einem ruhig dahinfließenden, fruchtbar machenden, tiefen und nie versiegenden Fluss, der den Gläubigen Erfrischung und Trost bringt. Es ist der Strom des Wassers des Lebens, an dem die Gemeinde droben wie auch hier unten zu aller Zeit teilhat. Es ist kein ungestümer Ozean, sondern ein sanfter Strom; er wird weder durch Erdbeben noch durch Bergstürze aus seiner Bahn gelenkt; er folgt seinem ruhigen Lauf ohne Unterbrechungen. Glücklich sind alle dran, die aus eigener Erfahrung von der Existenz dieses göttlichen Stroms wissen.
Die besondere Herrlichkeit Jerusalems bestand darin, dass der Herr innerhalb ihrer Mauern einen Wohnort hatte, wo Er sich in besonderer Weise offenbarte. Dies ist das erlesene Vorrecht der Heiligen. Denken wir darüber nach, können wir nur bewundernd ausrufen: »Herr, wie kommt es, dass Du Dich uns offenbaren willst und nicht der Welt?« Der Tempel des Heiligen Geistes zu sein, ist das glückselige Teil jedes Heiligen; der lebendige Tempel des Herrn, unseres Gottes, zu sein, ist ebenfalls die hohe Ehre der Gemeinde in ihrer Gesamtheit. Unser Gott wird hier »der Höchste« genannt. Das ist ein würdiger Titel und weist auf Seine Macht, Majestät, Erhabenheit und Vortrefflichkeit hin, und bemerkenswert ist, dass Er als solcher in der Gemeinde wohnt. Wir haben nicht einen großen Gott in der Natur und einen kleinen in Bezug auf die Gnade; nein, die Gemeinde zeugt von einer genauso klaren und überzeugenden Offenbarung Gottes wie die Werke der Natur. Ja, noch erstaunlicher ist die vollendete Herrlichkeit, die zwischen den Cherubim erstrahlt und den Gnadenthron überschattet, der das Zentrum

Psalm 46,5-8

und der Sammelplatz des Volkes des lebendigen Gottes ist. Dass der Höchste inmitten ihrer Glieder wohnt, macht die Gemeinde auf Erden der Gemeinde im Himmel gleich.

»Der HERR der Heerscharen ist mit uns.« Das ist der Grund für alle Sicherheiten Zions und für die Überwindung der Feinde. Der HERR regiert die Engel, die Sterne, die Elemente und das gesamte Heer des Himmels, und die Himmel der Himmel stehen unter Seinem Zepter. Die Heere der Menschen müssen Seinem Willen dienen, wenn sie es auch nicht wissen. Dieser große Befehlshaber aller Landheere und der Großadmiral über alle Seestreitkäfte ist auf unserer Seite – unser erhabener Verbündeter. Wehe denen, die gegen Ihn Krieg führen; denn sie werden wie Rauch vor dem Wind verwehen, wenn Er befiehlt, sie zu zerstreuen. Immanuel ist der HERR der Heerscharen, und Jakobs Gott ist unsere Festung.

Zum Nachdenken: Es sind die reale Gegenwart Christi und die übernatürliche Kraft des Heiligen Geistes, die der Gemeinde die Macht verleihen, Seelen zu überwinden. Die Gemeinde breitet sich aus, weil Gott in ihrer Mitte ist. (William Binnie)

13. April

Psalm 46,9-12

Weitere Lesung: Jesaja 11,6-10

Die frohen Bürger Jerusalems werden eingeladen, hinauszugehen und anzuschauen, was von ihren Feinden übrig geblieben ist, damit sie die überragenden Fähigkeiten des HERRN wahrnehmen und die Beute sehen können, die Seine Rechte für Sein Volk gewonnen hatte. Es täte uns gut, wenn wir genauso sorgfältig Acht hätten auf das fürsorgliche Verhalten unseres Bundesgottes und wir immer gleich Seine Hand in den Kämpfen Seiner Gemeinde wahrnähmen. Wenn wir in Geschichtsbüchern lesen, sollten uns diese Gedanken in den Ohren klingen. Auch die Zeitung sollten wir in derselben Gesinnung lesen, damit wir erkennen, wie das Haupt der Gemeinde die Nationen zum Guten Seines Volkes regiert, so wie Josef um Israels willen über Ägypten herrschte. Die Vernichter vernichtet Er, die Zerstörer zerstört Er. Welchen Nachdruck legt Vers 10 auf diesen Punkt! Die Trümmer der Städte Assyriens, Babylons, der Nabatäer, Baschans und Kanaans sind unsere Schulmeister und berichten uns auf steinernen Tafeln von den Werken des Herrn. Für jeden Ort, der Gottes Sache und Seine Herrschaft missachtete, kam der sichere Untergang; die Sünde wurde den Nationen zum Fluch und ließ ihre Paläste in Trümmer sinken. In den Tagen des Psalmschreibers hat es sicher einige bemerkenswerte Eingriffe Gottes gegen Israels Feinde gegeben, und als er ihre Vernichtung sah, rief er seine Mitbürger heraus, damit sie die schrecklichen Dinge aufmerksam betrachten sollten, die ihretwegen in Gerechtigkeit gewirkt worden waren. Geschleifte Burgen und Klosterruinen in unserem eigenen Land sind Denkmäler der Siege des Herrn über Unterdrückung und Aberglauben. Möge bald noch mehr solcherlei Zerstörung stattfinden.

Psalm 46,9-12

Das Rühmen der Gottlosen und die furchtsamen Vorahnungen der Heiligen müssten eigentlich weggeblasen sein, wenn sie sehen, was der Herr in früheren Zeiten getan hat. Die Heiden vergessen Gott, sie dienen den Götzen, doch werden sie den Herrn ehren. Lieber Leser, die Aussichten für die Mission sind prächtig, so prächtig wie die Verheißungen Gottes. Möge niemandem der Mut entfallen; die feierlichen Erklärungen des elften Verses müssen sich erfüllen. Das ganze Erdenrund wird noch das Licht Seiner Majestät reflektieren. Und das umso mehr wegen der Sünde, der Widersetzlichkeit und des Hochmuts der Menschen – denn dadurch wird Gott verherrlicht, wenn die Gnade zum ewigen Leben aller Welt Enden regiert.

»Der HERR der Heerscharen ist mit uns; eine Festung ist uns der Gott Jakobs.« Es war richtig, dies zweimal zu singen; denn dies ist eine Wahrheit, der kein Gläubiger überdrüssig wird. Leider oft vergessen, ist sie ein kostbares Vorrecht, das nicht oft genug erwähnt werden kann. Lieber Leser, ist der Herr auf deiner Seite? Ist Immanuel, der »Gott mit uns«, dein Erretter? Besteht zwischen dir und Gott ein solcher Bund wie zwischen Gott und Jakob? Wenn ja, dann bist du dreimal glücklich. Zeige deine Freude in heiligen Liedern, und erweise dich in Trübsalszeiten als ein Mann, indem du deinem Gott trotzdem singst!

Zum Nachdenken: Allein der Gedanke, dass Gott Gott ist, sollte allen Zweifel und jegliche Opposition gegen das göttlich souveräne Walten zum Schweigen bringen. (Jonathan Edwards)

14. April

Psalm 47,1-5

Weitere Lesung: Daniel 7,9-14

Die natürlichsten und ausdrucksstärksten Zeichen des Jubels sollten angesichts der Siege des Herrn und Seiner universalen Herrschaft angewendet werden. Unsere Freude an Gott darf deutlich sichtbar sein; Er wird uns deshalb nicht tadeln. Diese Freude muss auf alle Völker ausgedehnt werden. Wenn sie es nur wüssten! Es ist auch heute noch die beste Hoffnung für alle Völker, den HERRN über sich zum Herrscher zu haben. In späteren Tagen werden alle Menschen vom Herrn regiert und werden sich dieser Regierung rühmen. Wären sie klug, würden sie sich ihr jetzt unterwerfen und würden bei diesem Gedanken vor Entzücken in die Hände klatschen.
Der HERR, der aus sich Existierende, der alleinige Gott, ist der Höchste, der Mächtigste und ganz erhaben in Seinem Regiment. Er ist von großartiger Weisheit und höchster Herrlichkeit und sehr zu fürchten. Niemand kann sich Seiner Macht widersetzen oder Seiner Rache standhalten; doch weil Er diese Schrecken zum Nutzen Seiner Untertanen anwendet, sind sie ein Grund zum Jubel. Allmacht, die schrecklich zerstören kann, ist auch allmächtig, um zu schützen. »Er ist ein großer König über die ganze Erde.« Nicht über Juda allein, sondern bis zu den entferntesten Inseln erstreckt sich seine Macht. Unser Gott ist keine Lokalgottheit, auch nicht der armselige Herr über einen Stamm; in unendlicher Majestät regiert er über die mächtigsten Reiche als der absolute Lenker des Schicksals. Er ist der alleinige Monarch über alle Lande, der König der Könige und der Herr der Herren. Kein Dörfchen und nicht die kleinsten Inseln sind von Seiner Herrschaft ausgeschlossen. Wie herrlich wird die Zeit sein, wenn dies von allen gesehen und verstanden

Psalm 47,1-5

wird, wenn alles Fleisch in der Person Jesu die Herrlichkeit des HERRN schauen wird!

Während wir jetzt noch nicht alles Ihm unterworfen sehen, stellen wir uns selbst mitsamt unserer Habe Ihm froh zur Verfügung. Wir halten Seine Herrschaft für so segensreich, dass wir uns ihr jetzt schon ganz und gar unterwerfen. Wir unterstellen Ihm völlig unseren Willen, unsere Vorlieben und unsere Wünsche; Er soll mit uns tun, wie es Ihm wohlgefällt. Er gab Seinem irdischen Volk ihr Erbteil, und Er wird uns das unsere geben, und etwas Besseres begehren wir nicht. – Dies ist die geistlichste und wirklichste Weise, wegen Seiner Souveränität in die Hände zu klatschen, wenn wir alle unsere Angelegenheiten Seinen Händen überlassen; denn dann sind unsere Hände leer von jeglicher Sorge um unsere Person und frei, um für Seine Ehre gebraucht zu werden. Er war der Ruhm und die Herrlichkeit Israels, und Er ist und wird auch der unsere sein. Er liebte Sein Volk und wurde dessen größter Stolz; Er liebt uns, und Er soll unsere alles übersteigende Freude sein. Für die kommende Zeit können wir nichts Besseres erbitten, als unser zugewiesenes Erbteil einzunehmen; denn wenn wir nur Anteil an unserem Herrn Jesus haben, so befriedigt das auch das größte Verlangen. Unser Schönstes, unser Ruhm, unser höchster Schatz liegt darin, einen solchen Gott zu haben, dem man vertrauen kann, und solch einen Gott zu lieben.

Zum Nachdenken: Die Gemeinde feiert die Himmelfahrt Christi, weil Er dadurch hoch erhoben wurde. Von da an wurde Er schrecklich für Seine Feinde, weil Er alle Macht im Himmel und auf Erden besitzt; und von da an begann sich Seine herrliche Majestät über Sein universales Reich zu entfalten, zu dessen König der Könige und Herr der Herren Er gekrönt wurde. (George Horne)

15. April

Psalm 47,6-10

Weitere Lesung: Sacharja 14,1-11

Der Glaube hört das Volk schon jauchzen. Der Befehl aus Vers 1 wird hier als ausgeführt betrachtet. Der Kampf ist vorüber; der Sieger steigt auf Seinen Triumphwagen und fährt zu den Toren der Stadt hinauf, die über Seine Rückkehr vor Freude strahlt. Diese Worte passen ganz und gar auf die Himmelfahrt des Erretters. Wir zweifeln nicht, dass die Engel und die verherrlichten Geister Ihn mit lautem Beifall willkommen hießen. Er kam nicht ohne Gesang; sollten wir annehmen, Er sei im Schweigen zurückgekehrt?

Welch einen Jubel finden wir hier, wenn die ganze Erde fünfmal aufgerufen wird, Gott zu lobsingen! Er ist es wert, Er ist der Schöpfer, Er ist die Güte selbst. Niemals hört Er auf, gut zu sein. Eigenartig ist es, dass wir so oft zu solch himmlischem Tun gedrängt werden müssen. Ihm allein gebührt all unser Lob; niemand sollte sich auch nur das kleinste Stückchen davon nehmen. Jesus muss alles haben. Möge Seine Souveränität die Quelle der Freude sein! Sie ist eine erhabene Eigenschaft, aber voller Glück für die Gläubigen. Wir wollen unsere Wertschätzung nicht mit Stöhnen, sondern mit Liedern bezeugen. Er verlangt nicht von Sklaven, Seinen Thron zu preisen; Er ist kein Despot; Gesang ist das Richtige, um einem so gesegneten und gnädigen Herrscher zu huldigen. Mögen alle Herzen singen, die Sein Zepter anerkennen, immer nur singen, bis in Ewigkeit; denn es gibt ewigen Grund zur Danksagung, wenn wir unter dem Schatten eines solchen Thrones wohnen.

Jetzt im Augenblick regiert Gott im Geheimen auch über die übelsten Götzendiener; da ist Glaube gefragt. Aber wir sollten uns nach dem Tag sehnen, wenn diese Wahrheit in ganz ande-

Psalm 47,6-10

rem Licht erscheint und wir uns der jetzt unerkannten Herrschaft erfreuen werden! Die großartige Wahrheit, dass Gott »sich auf Seinen heiligen Thron gesetzt« hat, ist die Garantie dafür, dass sich Seine Verheißung im schönsten Sinn des Evangeliums erfüllen und Sein Reich kommen wird. Niemand hindert Ihn, Sein unbestrittenes Thronrecht wahrzunehmen, und Seine Anordnungen, Taten und Befehle sind die Heiligkeit selbst. Welcher andere Thron ist damit vergleichbar? Nie wurde er durch Unrecht befleckt oder von Sünde verunreinigt. Und der darauf Sitzende ist niemals bestürzt oder in Schwierigkeiten. Er sitzt dort in größter Gelassenheit; denn Er kennt Seine Macht und weiß, dass Seine Absichten nicht misslingen. Das ist Grund genug für heiligen Gesang.

Alle Herrschaften und Gewalten müssen dem HERRN und Seinem Christus untertan sein; denn »Er ist sehr erhaben«. Niemand ist Ihm in Seinem Wesen, Seiner Macht, Seinen Tugenden und Seiner Herrlichkeit vergleichbar. Welch eine herrliche Schau auf das kommende Zeitalter! Beeilt euch, ihr Räder der Zeit! Und derweil, ihr Heiligen, »seid fest, unerschütterlich, allezeit überreich in dem Werk des Herrn, da ihr wisst, dass eure Mühe im Herrn nicht vergeblich ist«.

Zum Nachdenken: Einzig ein vom Heiligen Geist erleuchtetes Verständnis ist in vollem Maß in der Lage, ein Gott würdiges Lob darzubringen. (C.H. Spurgeon)

16. April

Psalm 48,1-9

Weitere Lesung: 2. Chronik 20,14-21

Wie groß der HERR Seinem Wesen nach ist, kann niemand begreifen; aber wir alle können sehen, dass Er ein großer Erlöser Seines Volkes ist, groß in der Wertschätzung der Erlösten und groß in den Herzen Seiner Feinde, die Er durch ihre eigene Angst zerstreut. Niemand ist in der Gemeinde groß als nur der Herr. Jesus ist der »große Hirte der Schafe«. Er ist ein großer Erretter, unser »großer Gott und Heiland«, unser großer Hoherpriester. Sein Vater hat Ihm ein Teil mit den Großen gegeben, und Sein Name wird groß sein, bis ans Ende der Erde. Wir sollten Ihn anbeten, wie es Seinem Wesen entspricht; das kann niemals zu andauernd, zu jubelnd, zu ernst, zu ehrfürchtig und zu erhaben sein. Niemand ist dem HERRN gleich, und niemand sollte so wie Er gepriesen werden.

Wir beten keinen unbekannten Gott an. Wir kennen Ihn als unsere Zuflucht in Widerwärtigkeiten, wir freuen uns deshalb über Ihn und eilen in jeder Notlage zu Ihm. Wir wissen von keiner anderen Zuflucht für uns. Obwohl wir zu Königen gemacht wurden und unsere Häuser Paläste sind, so vertrauen wir doch nicht auf uns selbst, sondern auf den Herrn, unseren Beschützer; dessen wohlbekannte Macht ist unser Bollwerk. »Die Könige« kamen, und sie gingen, jetzt aber nicht mehr zusammen, sondern auseinander getrieben. Sie kamen auf einem Weg und flohen auf zwanzig Wegen davon. Stolz nahten die versammelten Heere samt ihren königlichen Führern; doch als verzweifelter Haufe flohen sie samt ihren verwirrten Oberhäuptern. Sie kamen wie der Schaum eines zornigen Meeres, doch wie Schaum schwanden sie dahin. Sie kamen, sahen, aber siegten nicht. Sobald sie feststellten, dass der HERR in Seiner heili-

Psalm 48,1-9

gen Stadt war, ergriffen sie das Hasenpanier. Noch bevor der HERR sie zu schlagen begann, wurden ihre Herzen feige und trieben sie zum Rückzug. Sie hatten Not bereitet, jetzt gerieten sie selbst in Not. Die Eile, mit der sie kamen, war nichts im Vergleich zu der Hast, mit der sie forteilten. Panik ergriff sie; die Rosse waren nicht schnell genug; gern hätten sie die Flügel des Windes ausgeliehen. Sie flohen auf schimpfliche Weise wie ängstliche Kinder. Gott gebührt die Ehre! Ebenso wird es den Feinden der Gemeinde ergehen: Wenn der Herr uns zu Hilfe kommt, werden unsere Feinde zu nichts. Hätten sie ihre schändliche Niederlage vorausgesehen, hätten sie den Angriff nicht gewagt. Wenn der Herr aufsteht, um Seiner Gemeinde zu helfen, werden die stolzesten unter Seinen Feinden wie eine zitternde Frau sein, und doch ist ihr Erschrecken nur der Anfang ihres ewigen Untergangs. Die Gemeinde verlässt sich zu oft auf Menschenweisheit, doch diese menschliche Hilfe wird bald zunichte; die Gemeinde selbst ist unter der Fürsorge ihres Gottes und Königs sicher. Die wahre Gemeinde kann nicht ins Wanken gebracht werden. Was irdische Könige aufbauen, wird stets nur eine Zeit lang Bestand haben; das, was Gott errichtet, besteht in Ewigkeit.

Zum Nachdenken: Das zeitliche Zion liegt im Staub; aber das wahre Zion erhebt sich und schüttelt ihn ab; es zieht seine prächtigen Kleider an, um den König willkommen zu heißen, wenn Er kommt, um über die ganze Erde zu herrschen. (W.M. Thomson)

17. April

Psalm 48,10-15

Weitere Lesung: 2. Chronik 20,22-37

Heilige Menschen sind nachdenkliche Menschen; sie gestatten sich nicht, die Wunder Gottes an ihren Augen vorübergehen zu lassen und sie schnell zu vergessen, sondern denken tief darüber nach. Fromme Herzen werden eines so göttlichen Themas nie müde. Es ist gut, in Zeiten der Not sich an frühere Freundlichkeiten zu erinnern; und genauso nützlich ist es, sich in Tagen der Wohlfahrt daran zu erinnern. Dankbare Erinnerungen versüßen den Kummer und lassen uns in Freudenzeiten nüchtern bleiben.

Wo Gott am bekanntesten ist, wird Er am meisten geliebt. Die versammelten Heiligen bilden einen lebendigen Tempel, und wenn wir so versammelt sind, sollte unser tiefstes Sinnen der Freundlichkeit des Herrn gewidmet sein, die sich in den verschiedenen Erfahrungen der »lebendigen Steine« gezeigt hat. Die Erinnerung an Seine Gnade sollte mit beständigem Lob verbunden sein. Die Großtaten des HERRN überspringen die Grenzen der Erde; Engel erblicken sie mit Staunen, und von jedem Stern verkünden intelligente Wesen Seinen Ruhm bis jenseits der Enden der Erde. Da wäre es nicht gut, wenn die Menschen schwiegen, wo doch Wälder und Meere und Berge mit all ihren unzähligen Bewohnern und den unsichtbaren Geistern, die sie durchwandern, voll des Lobes Gottes sind.

Wir können gar nicht häufig genug und niemals zu genau den Ursprung, die Vorrechte, die Geschichte, die Sicherheit und die Herrlichkeit der Gemeinde betrachten. Einige Dinge verdienen nur kurz bedacht zu werden, doch dies ist der beharrlichsten Betrachtung wert. Ist die Gemeinde von Gott, was ihre Lehre, ihre Kraft und ihre Schönheit angeht? Ihre Feinde zählten ihre Türme

Psalm 48,10-15

zunächst aus Neid, und dann mit Schrecken; lasst uns sie mit heiligem Jubel zählen! Betrachtet höchst aufmerksam, wie stark ihre Schutzwälle sind, wie sicher ihre Einwohner hinter den gestaffelten Verteidigungslinien verschanzt sind. Die Sicherheit des Gottesvolkes ist keine Lehre, der man wenig Beachtung zu schenken braucht; sie sollte gelehrt und häufig bedacht werden. Nur niederträchtigen Herzen wird diese herrliche Wahrheit schädlich erscheinen. Die Söhne des Verderbens machen sogar von dem Herrn Jesus selbst einen Stein des Anstoßes, da ist es kein Wunder, dass sie die Wahrheit Gottes bezüglich der endgültigen Bewahrung der Heiligen verdrehen. Wir sollten uns nicht von der Inspektion der Schutzwälle Zions abhalten lassen, weil auch Nichtsnutze dort herumschleichen. Gebe Gott, dass die Bekenner mehr auf den Zustand der Gemeinde achteten! Aber weit davon entfernt, die Türme zu zählen, wissen einige von ihnen nicht einmal, wo sie sind; sie beschäftigen sich viel zu sehr mit dem Geldzählen und der Betrachtung ihrer Kontobücher.

»Dieser Gott ist unser Gott für immer und ewig.« Das ist ein guter Grund, den Bericht aller Seiner Werke zu bewahren. Israel wird seinen Gott nicht austauschen, weil es Ihn vergessen möchte, und auch Gott wird sich nicht verändern, so dass die Vergangenheit nichts als Geschichte wäre. Er wird für immer und ewig der Bundesgott Seines Volkes sein. Es gibt keinen anderen Gott, und wir wollen keinen anderen, nicht einmal, wenn es einen anderen gäbe. Er wird uns durch unser ganzes Leben bis zu unserem Sterbebett gnädig führen, und selbst nach dem Tod wird Er uns zu den Quellen lebendigen Wassers leiten. Wir erwarten von Ihm Auferstehung und ein ewiges Leben.

Zum Nachdenken: Der herrliche Gott mit allen Seinen göttlichen Vollkommenheiten ist für alle Ewigkeiten mein Gott, und selbst der Tod kann mich nicht von Seiner Liebe scheiden. (George Burder)

18. April

Psalm 49,1-13

Weitere Lesung: Matthäus 16,24-28

Der Mann Gottes blickt auch dunklen Zeiten gelassen entgegen, wenn die ihm auf den Fersen folgenden Übel zeitweise Gewalt über ihn bekommen. Sündige Menschen, hier abstrakt »Sünde« genannt, umringen den Gerechten wie Schlangen, die es auf die Fersen der Reisenden abgesehen haben. Der masoretische Text lautet in Vers 6b: »Die Sünde meiner Fersen umringt mich.« Das ist das Böse, welches uns ein Bein stellen oder uns behindern will. So sagt die alte Weissagung, die Schlange werde die Ferse des Samens der Frau verwunden, und der Feind unserer Seelen brennt darauf, diese Warnung wahr werden zu lassen. An manchen mühsamen Stellen unseres Weges kann es sein, dass diese Übel stärker und dreister werden, uns einholen und uns offen angreifen. Was uns da folgt, kann uns vielleicht wie ein Rudel Wölfe überholen und umringen. Was dann? Sollen wir der Feigheit nachgeben? Werden wir zur Beute ihrer Zähne? Gott bewahre! Nein, wir werden uns nicht einmal fürchten; denn wer sind diese Feinde? Wirklich nichts weiter als Menschen, die verderben und vergehen. Es gibt tatsächlich keinen Grund zur Bestürzung für die Gläubigen. Ihre Feinde sind zu unbedeutend und nicht die geringsten Angstschauer wert.

Was aber, wenn die Feinde des guten Menschen zu denen gezählt werden, die man auf Erden für bedeutend hält? Auch diese braucht er nicht zu fürchten. Arme Narren, die mit einer so morschen Zuversicht, wie irdischer Reichtum ihn bietet, zufrieden sind! Vergleichen wir unseren Felsen mit ihrem, wäre es Torheit, sie zu fürchten. Selbst wenn sie lauthals prahlen, können wir uns ein Lächeln leisten. Manche von ihnen sind

Psalm 49,1-13

stolz »und rühmen sich der Größe ihres Reichtums«. Wenn wir uns aber dann unseres Gottes rühmen, erschrecken wir nicht vor ihrem Drohen. Macht, Stellung und Vermögen machen den Gottlosen dünkelhaft und gleichzeitig tyrannisch gegenüber anderen; doch der Himmelserbe ist von solcher Würde wenig beeindruckt, auch von ihrem Hochmut nicht eingeschüchtert. Er erkennt den geringen Wert des Reichtums und sieht die Hilflosigkeit der Besitzenden in der Stunde des Todes. Darum ist er nicht so jämmerlich, sich vor einer Eintagsfliege, einer Motte oder einer Seifenblase zu fürchten.

Der Mensch ist nur der Pächter einer Stunde und bleibt nicht über Nacht; selbst wenn er in Marmorpalästen wohnt, ist seine Kündigung schon unterschrieben. Er gleicht nicht den Schafen, die der Gute Hirte bewahrt, sondern einem gejagten Wild, das zum Sterben verdammt ist. Er lebt wie ein Tier und stirbt den Tod eines Tieres. Er schwelgte in Reichtum, und übersättigt mit Vergnügungen wurde er für den Schlachttag gemästet, und so stirbt er wie ein Ochse im Schlachthaus. Wie schade ist es, dass ein so edles Geschöpf sein Leben so unwürdig zubringt und so schmachvoll beendet. Soweit es diese Welt betrifft, wie unterscheidet sich der Tod vieler Menschen von dem eines Hundes? Wo gibt es dann einen Grund zur Furcht für den Frommen, wenn er von solchen unvernünftigen Tieren in Menschengestalt angefallen wird? Sollten wir nicht unsere Seele durch Ausharren gewinnen?

Zum Nachdenken: Wer klopft dreister an die Himmelstür, um eingelassen zu werden, als solche, die Christus als Übeltäter verwerfen wird? Wie schrecklich täuschen sie sich doch! (William Gurnall)

19. April

Psalm 49,14-21

Weitere Lesung: Lukas 16,19-31

Die Gnade ist nicht vererblich; aber schmutzige Weltlichkeit überträgt sich von Generation auf Generation. Das Geschlecht der Toren stirbt nie aus. Es bedarf keiner Missionare, die Menschen zu lehren, dass sie Regenwürmer sind, sie kriechen ganz von selbst durch den Staub.
Die Gerechten werden durch den Guten Hirten geleitet; doch die Gottlosen haben den Tod zum Hirten, der sie fort in die Hölle treibt. Da die Macht des Todes sie in dieser Welt regiert, weil sie nicht vom Tod zum Leben durchgedrungen sind, werden die Schrecken des Todes sie in der zukünftigen Welt verschlingen. Wie in alten Geschichten von grausigen Riesen erzählt wird, die Menschen in ihre Höhlen lockten, um sie zu fressen, so verschlingt der Tod, dieses Untier, das Fleisch und das Blut der Mächtigen. Die armen Heiligen waren einst der Schwanz; beim Morgengrauen aber werden sie das Haupt sein. Die Sünder herrschen bis zum Dunkelwerden; ihre Würde welkt am Abend dahin, und am Morgen entdecken sie, dass sich ihre Stellung restlos verkehrt hat. Der schönste Gedanke für den Aufrichtigen ist, dass mit dem hier angesprochenen »Morgen« ein endloser, nie zur Neige gehender Tag gemeint ist. Wie wird der Geist des stolzen Weltlings erschrecken, wenn der Richter der ganzen Erde Seine morgendliche Sitzung abhält. Dann sieht er den von ihm Verachteten bis in den Himmel erhoben, während er selbst verworfen wird! Was immer der Gottlose an Ehren besaß, wird im Grab verschwinden. Gestalt und Anmut wird von ihm weichen, die Würmer werden alle Schönheit jämmerlich verwüsten. Nicht einmal sein letzter Wohnort, das Grab, wird die ihm anvertrauten Reste bewahren können;

Psalm 49,14-21

sein Körper wird zerfallen, nichts wird mehr an seine starken Glieder und sein hoch erhobenes Haupt erinnern, nicht die Spur einer verbleibenden Schönheit wird übrig bleiben.

Die Schönheit der Gerechten ist noch nicht offenbar geworden; sie wartet darauf, öffentlich gezeigt zu werden; doch alle Schönheit, die der Gottlose überhaupt hat, erblüht nur in diesem Leben; sie wird welken, dahinschwinden und vergehen, verrotten und nicht mehr zu finden sein. Wer sollte dann noch den stolzen Sünder beneiden oder fürchten? Am traurigsten ist der Gedanke, dass die Menschen zwar auf allen Stufen des Zerfalls und Vergehens den Tieren gleichen, nur am Ende nicht, da hören die Tiere auf zu existieren. Doch für Menschen ist leider geschrieben: »… indem sie ewigen Feuers Strafe leiden«.

»Gott aber wird meine Seele erlösen von der Gewalt des Scheols.« Wie unser auferstandenes Haupt können auch wir nicht von den Banden des Grabes gehalten werden. Die Erlösung hat uns von der Sklaverei des Todes befreit. Durch Reichtum konnte der Mensch keine Erlösung finden; doch Gott hat sie in dem Blut Seines geliebten Sohnes gefunden. Unser Stellvertreter hat Gott das Lösegeld bezahlt, wodurch wir die Freigekauften des Herrn wurden. Wegen dieses kostbaren Preises für die Errettung werden wir ganz bestimmt durch Seine Kraft aus der Hand des letzten Feindes errettet werden.

Zum Nachdenken: Nimm irgendein wildes Tier, oder alle wilden Tiere, oder das schlimmste von ihnen, immer ist der Mensch ein Bild von ihnen allen; und deren niedrigste Verhaltensweisen finden Beispiele in seinem eigenen täglichen Benehmen. (Joseph Caryl)

20. April

Psalm 50,1-6

Weitere Lesung: 5. Mose 33,1-5

Um die Botschaft eindrucksvoller zu machen, werden drei erhabene Titel angegeben, genauso wie in einem königlichen Erlass die Namen und Würden des Herrschers oben auf dem Briefkopf stehen (El, Elohim, JHWH). Hier wird der wahre Gott als der Allmächtige, als der einzige und vollkommene Gegenstand der Anbetung und als der aus sich selbst Existierende beschrieben. Die Herrschaft des HERRN erstreckt sich über die ganze Erde, und darum richtet sich dieser Erlass an die gesamte Menschheit. Osten und Westen wird befohlen, auf den Gott zu hören, der die Sonne über der ganzen Erde aufgehen lässt. Dürfte die Aufforderung des Großen Königs missachtet werden? Wollten wir es wagen, Seinen Zorn durch unsere Geringschätzung Seines Rufes herauszufordern?

Von dem Herrn wird hier nicht nur gesagt, Er spreche zur ganzen Erde, sondern Er tue dies auch als Einer, der die Herrlichkeit Seiner Gegenwart einem versammelten Universum offenbart. Gott wohnte von alters her in Zion unter Seinem auserwählten Volk; aber hier wird beschrieben, wie die Strahlen Seiner Pracht auf alle Völker fallen. Von der Sonne wird im ersten Vers gesprochen, doch hier ist eine viel hellere Sonne. Die Majestät Gottes ist unter Seinen Auserwählten wohlbekannt, doch beschränkt sie sich nicht auf diese; die Gemeinde ist nicht eine düstere Laterne, sondern ein heller Leuchter. Gott erstrahlt nicht nur in Zion, sondern von ihr aus. Sie ist durch Seine Innewohnung vollkommen schön, und diese Schönheit wird von allen Beobachtern gesehen, wenn der Herr durch sie hindurchleuchtet. Der Psalmist spricht von sich und seinen Brüdern, als stünden sie in der augenblicklichen Erwartung der Erscheinung

Psalm 50,1-6

des Herrn. »Unser Gott kommt«, sagen sie, »unser Bundesgott kommt.« Sie können Seine Stimme von ferne schon vernehmen und sehen die Pracht des Ihn begleitenden Zuges. Auf diese Weise sollten wir die lange verheißene Erscheinung des Herrn vom Himmel her erwarten. Welch ein majestätischer Augenblick, wenn der Allmächtige sich selbst offenbaren will! Wie voll von Ehrfurcht wird die Freude und wie feierlich wird die Erwartung sein, wenn die poetische Szene dieses Psalms an jenem letzten, großen Tag tatsächlich Wirklichkeit wird! Feuer bedeutet Gerechtigkeit in Aktion, und gewaltiger Sturm steht für überwältigende Kraft. Wer wollte nicht in hehrem Schweigen lauschen bei einem solchen Prozess, zu dem der Richter des Himmels und der Erde uns vorlädt?

»Gott ist Richter, Er selbst.« Das ist der Grund, weshalb die Urteile gerecht sind. Die Priester aus alter Zeit und die Gemeinde in späteren Tagen waren leicht hinters Licht zu führen, aber nicht der alles durchschauende Herr. Nicht ein unbeteiligter Richter sitzt auf dem großen weißen Thron, nein, der Herr des Weltalls selbst, der beleidigt wurde, wägt die Beweise und teilt Vergeltung oder Belohnung aus. Die Szene in dem Psalm ist eine großartige poetische Schau; aber sie ist auch inspirierte Prophetie über jenen Tag, der wie ein Ofen brennen wird, wenn der Herr den Unterschied klar machen wird zwischen dem, der Ihn fürchtet, und dem, der Ihn nicht fürchtet.

Zum Nachdenken: Wir sind keine Christen, solange wir uns dem Bund mit Gott nicht unterworfen haben, und das ohne Einschränkung. (William Gurnall)

21. April

Psalm 50,7-15

Weitere Lesung: 1. Samuel 12,19-25

Dieses Wort richtet sich direkt an alle, die sich zu Gottes Volk bekennen. Natürlich ist zuerst Israel gemeint; aber es ist genauso auf jede sichtbare Gemeinde Gottes zu allen Zeiten anwendbar. Hier wird erklärt, wie sinnlos äußerlicher Gottesdienst ist, wenn geistlicher Glaube fehlt und man sich nur auf den Vollzug von Zeremonien verlässt.

Gott hatte Israel vor allen anderen Nationen zu Seinem besonderen Volk gemacht, und sie hatten auf feierlichste Weise Ihn als ihren Gott anerkannt. Das war der besondere Grund, weshalb Er sie zur Rechenschaft zog. Das Gesetz begann mit: »Ich bin der HERR, dein Gott, der Ich dich aus dem Land Ägypten ... herausgeführt habe.« Nun wird die Gerichtssitzung mit der Erinnerung an ihre einzigartige Situation, ihr Vorrecht und ihre Verantwortlichkeit eröffnet. Es geht nicht nur darum, dass der HERR Gott ist, sondern darum, dass Er »dein Gott« ist; aus diesem Grund hast du, Israel, diesen scharfen Tadel verdient.

Sie hatten das Äußerliche an Seinen Gottesdiensten nicht versäumt. Und selbst wenn sie es getan hätten, so wollte Er sie dafür nicht zur Verantwortung ziehen. Es ging Ihm um etwas viel Wichtigeres. Sie meinten, die täglichen Opfer und die zahlreichen Brandopfer seien alles. Er jedoch rechnete sie für nichts, wenn die inneren Opfer eines Ihm ergebenen Herzens übersehen wurden. Was bei ihnen für das Größte gehalten wurde, galt bei Gott als das Geringste. So ist es auch heute noch. So genannte Sakramente und heilige Riten sind für die unbekehrten, aber religiösen Menschen das Wichtigste; dem Höchsten aber geht es allein um die geistliche Anbetung, die sie völlig außer Acht lassen. Mag auch das Äußerliche ganz genau nach

Psalm 50,7-15

den göttlichen Anordnungen gehandhabt werden: Wenn das Verborgene und Geistliche fehlt, sind es alles eitle Opfergaben und tote Rituale, ja, sogar ein Gräuel vor dem Herrn. Die Opfer an sich sind nicht viel wert vor Gott; sondern die inneren Regungen der Liebe, die der Erinnerung an Gottes Güte entspringen, werden als das Wesentliche anerkannt. Sie sind der Inhalt und die Seele des Opfers.

»Rufe Mich an am Tag der Not!« Welch ein gesegneter Vers! Ist denn das nun ein Opfer? Bedeutet es ein Opfer, um Almosen zu bitten? Genauso ist es. Der König selbst sieht es so an. Denn hier wird Glaube offenbar, hier erweist sich Liebe; weil wir in der Stunde der Gefahr zu denen fliehen, die wir lieben. Es scheint etwas Geringes zu sein, zu Gott zu beten, wenn wir im Elend stecken; doch das ist ein Gott wohlgefälligerer Gottesdienst als die gedankenlose Darbringung von Stieren und Böcken. Wir sehen also, was ein wahres Ritual vermag. Hier lesen wir inspirierte liturgische Anweisungen. Geistlicher Gottesdienst ist das Wesentliche, Große, um das es geht. Alles andere, ohne das, erzürnt Gott eher, als dass es Ihn erfreut. Als Hilfe für die Seele waren äußerliche Opfer wunderbar; aber wenn der Mensch nicht darüber hinausgelangt, betrachtet der Himmel selbst seine geheiligten Dinge als gemein.

Zum Nachdenken: Der Herr hat Seinen Kindern verheißen, sie mit allem Guten zu versorgen, doch sie müssen erkennen, dass Er gebeten sein will. (Thomas Adams)

22. April

Psalm 50,16-23

Weitere Lesung: 1. Könige 14,7-16

Jetzt redet der Psalmist mit den Übertretern der zweiten Tafel, wie er zuvor zu denen sprach, die die erste Tafel missachteten. »Ihr verletzt öffentlich Meine Moralgesetze, und doch seid ihr große Eiferer für Meine zeremoniellen Anordnungen! Was habt ihr mit denen zu schaffen? Was liegt euch an ihnen? Wagt ihr es, andere Mein Gesetz zu lehren und es selbst zu entweihen? Welche Unverschämtheit, welche Blasphemie ist das! Selbst wenn ihr beansprucht, Söhne Levis zu sein, was bedeutet das? Eure Bosheit disqualifiziert euch und schließt euch von der Erbfolge aus. Das sollte euch zum Schweigen bringen und täte es auch, wäre Mein Volk so geistlich, wie Ich es gern hätte. Dann würden sie es ablehnen, auf euch zu hören und euch etwas zu geben, was nur Meinen wahren Dienern zusteht. Ihr bildet euch auf eure heiligen Tage etwas ein, ihr kämpft um Rituale, ihr streitet euch um Äußerlichkeiten und verachtet doch die gewichtigeren Dinge des Gesetzes!«

Welch schreckliches Übel, dass wir bis zum heutigen Tag Menschen sehen, welche die göttlichen Vorschriften verachten und sich zu christlichen Lehrern aufschwingen! Sie machen die Gnade zu einem Deckmantel der Sünden und halten sich selbst für gesund im Glauben, während sie ein verkommenes Leben führen. Wir brauchen die Gnade der Lehre genauso wie die Lehre von der Gnade, und ohne sie ist auch ein Apostel nichts als ein Judas, und ein nett daherredender Professor ist ein völliger Feind des Kreuzes Christi.

Die Sünder in Zion hatten ein Gesetz nach dem anderen gebrochen. Unter dem Mantel der Frömmigkeit verbergen sich jene, die ein unreines Leben führen. Selbst wir können das tun,

Psalm 50,16-23

wenn wir über unreine Witze lächeln, auf unfeine Reden lauschen und stillschweigend unzüchtiges Verhalten in unserer Gegenwart dulden. Und wenn wir so handeln, wie können wir es dann wagen, zu predigen oder öffentlich andere im Gebet zu leiten oder auch nur den Namen Christi zu tragen? Seht doch, wie der Herr die Gerechtigkeit zum Senkblei macht! Dies alles erklärt sehr deutlich, dass kein Mensch ohne Heiligkeit den Herrn schauen wird! Noch so viele zeremonielle oder theologische Richtigkeiten können Unehrlichkeit und Hurerei nicht bedecken; diese unreinen Dinge müssen entweder durch das Blut Jesu ausgelöscht werden, oder sie entzünden das Feuer des göttlichen Zorns, der bis in die tiefste Hölle hinab brennt.
»Merkt doch dies!« Das ist eine Bitte; denn der Herr zögert, den Gottlosesten ins Verderben rennen zu lassen. Merkt doch auf, nehmt es zu Herzen, ihr, die ihr auf Rituale vertraut, und ihr, die ihr im Laster lebt; denn beides kommt daher, dass »ihr Gott vergesst«. Überlegt, wie wenig euch Gott anerkennen kann, und wendet euch zu dem Herrn. Seht, wie ihr den Ewigen verhöhnt habt, und tut Buße für eure Ungerechtigkeiten. Ihr habt den Mittler verworfen; seht euch vor, denn ihr werdet Ihn am Tag des Zorns bitter nötig haben, und dann wird niemand für euch eintreten. Wie schrecklich, wie vollständig, wie schmerzlich, wie zerschmetternd wird die Vernichtung der Gottlosen sein! Gott gebraucht keine süßen Worte, auch dürfen Seine Knechte dies nicht tun, wenn sie über den kommenden Zorn sprechen. Liebe Leser, beachtet das!

Zum Nachdenken: Atheisten spotten über Bibelstellen, die uns sagen, wir müssten für alle unsere Taten Rechenschaft ablegen; aber Gott wird ihnen am Tage des Gerichts zeigen, wie wahr diese Worte sind. (William Struther)

23. April

Psalm 51,1-8

Weitere Lesung: 2. Samuel 11,1-13

David appelliert sofort an die Gnade Gottes, sogar bevor er seine Sünde erwähnt. Der Anblick der Gnade ist gut für Augen, die von Reuetränen wund geworden sind. Vergebung der Sünden muss stets ein Akt reiner Gnade sein, und darum flieht der erweckte Sünder zu dieser Eigenschaft Gottes.

Es reicht nicht, wenn die Sünde ausgelöscht ist; seine Persönlichkeit ist beschmutzt und muss gereinigt werden. Er möchte, dass Gott selbst ihn reinigt, weil niemand anders dies wirklich tun kann. Der Heuchler ist zufrieden, wenn seine Kleidung gewaschen ist; aber der wahre Bittsteller ruft: »Wasche mich!« Die sorglose Seele begnügt sich mit einer formalen Reinigung; aber das wahrhaft erweckte Gewissen begehrt eine wirkliche, praktische Waschung, eine, die ganz, vollständig und wirkmächtig ist. Die Sünde wird als eine große Befleckung angesehen, die das ganze Wesen in Mitleidenschaft gezogen hat, so dass nichts so sehr sein Eigen ist wie die Sünde. Die eine Sünde gegen Batseba reichte aus, um dem Psalmisten den gesamten Berg seiner Gottlosigkeit zu zeigen, von der diese schlechte Tat nur ein heruntergefallener Stein war. Er begehrte, von dem Ganzen loszukommen, von seiner Unreinigkeit, die, obwohl einst so gering geachtet, für ihn nun zu einem unheimlichen und seinen Geist umtreibenden Schrecken geworden war.

Gott will nicht nur äußerliche Tugendhaftigkeit, sondern innere Reinheit, und des Büßers Sündenbewusstsein wird sehr vertieft, wenn er erstaunt feststellt, wie weit er von der Erfüllung der göttlichen Forderungen entfernt ist. Wirklichkeit, Ernsthaftigkeit, wahre Heiligkeit und Herzensehrlichkeit – dies sind die Forderungen Gottes. Er legt keinen Wert auf vorgespielte Rein-

Psalm 51,1-8

heit, er blickt unseren Geist, unser Herz, unseren Leib und unsere Seele an. Der Heilige Israels hat die Menschen stets nach ihrem Inneren beurteilt und nicht nach ihren äußerlichen Bekenntnissen. Für Ihn ist das Innere genauso sichtbar wie das Äußere, und Er beurteilt zu Recht, dass das Wesentliche an einer Handlung in den Motiven dessen liegt, der sie ausführt. Der Bußfertige empfindet, dass Gott ihn über seine Natur belehrt, die er leider bisher nicht wahrgenommen hatte: Was sein Herz wirklich liebt, das Geheimnis seines Falles und den Weg zu dessen Reinigung – diese verborgene Weisheit muss er lernen; und es ist ein großer Segen, glauben zu können, dass der Herr sie uns kundtun will. Niemand als der Herr kann unser Innerstes belehren; aber Er kann uns zu unserem Gewinn unterweisen. Der Heilige Geist kann das Gesetz in unsere Herzen schreiben, und das ist die Summe aller praktischen Weisheit. Er kann die Furcht des Herrn hineinlegen, und das ist der Anfang der Weisheit. Er kann Christus in uns offenbaren, und Er ist die Weisheit in Person. Unsere Seelen sind arm, töricht und verwirrt und sollen trotzdem in Ordnung kommen, so dass Wahrheit und Weisheit in uns regieren werden.

Zum Nachdenken: Es gibt eine gottgewirkte Traurigkeit, die den Menschen zum Leben führt; und diese Traurigkeit wird durch den Heiligen Geist in dem Menschen, im Herzen des Gottesfürchtigen, hervorgerufen. Er beklagt seine Sünde, weil er Gott missfallen hat, der ihm ein liebenswerter und guter Vater ist. Selbst wenn er keinen Himmel zu verlieren und keine Hölle zu gewinnen hätte, wäre sein Herz voll Trauer, weil er Gott betrübt hat. (John Welch)

24. April

Psalm 51,9-14

Weitere Lesung: 2. Samuel 11,14-27

Die Heilige Schrift enthält wohl kaum noch einen weiteren Vers, der so voll Glauben ist wie der neunte Vers dieses Psalms. In Anbetracht der Schwere der Sünde und des tiefen Empfindens des Psalmisten von der Schlechtigkeit seiner Tat ist es ein herrlicher Glaube, der in dem Blut ausreichende, ja, allgenugsame Kraft erblickt, diese Sünde völlig hinwegzutun. Blicken wir auch auf das tiefe, uns angeborene Verderben, das David sah und in sich selbst erlebte, ist es ein Wunder des Glaubens, dass er sich der Hoffnung erfreuen konnte, sein Inneres werde völlig gereinigt. Doch muss hinzugefügt werden, dass dieser Glaube nicht weiter geht, als das Wort Gottes uns verspricht, als wozu uns das Blut der Versöhnung ermuntert und Gottes Verheißung es verdient. Ach, möchten doch einige Leser Mut schöpfen und jetzt, in diesem Augenblick, während sie unter der Sünde seufzen, dem Herrn die Ehre geben, indem sie sich so vertrauensvoll auf Ihn verlassen wie David hier, und zwar auf das vollbrachte Opfer von Golgatha und auf die dort offenbarte ewige Barmherzigkeit Gottes.

David war tief beschämt, wenn er auf seine Sünde blickte, und keine ablenkenden Gedanken konnten sie aus der Erinnerung vertreiben; aber er bat den Herrn, das mit der Sünde zu tun, was er selbst nicht tun konnte. – Wenn Gott Sein Angesicht nicht vor unseren Sünden verbirgt, müsste Er es für ewig vor uns verbergen; und wenn Er unsere Sünden nicht austilgt, müsste Er unsere Namen aus Seinem Buch des Lebens löschen. Im neunten Vers bittet er um Reinigung; im zwölften ersucht er Gott um ein Herz, das zu dieser Reinheit passt; aber er sagt nicht: »Mache mein altes Herz rein!« Er hat zu deutlich erfah-

Psalm 51,9-14

ren, wie hoffnungslos es um die alte Natur steht. Lieber sollte der alte Mensch wie etwas Totes begraben werden, damit eine neue Schöpfung seine Stelle einnehmen kann. Außer Gott kann niemand weder ein neues Herz noch eine neue Erde schaffen. Die Errettung ist ein staunenswerter Erweis alles überragender Kraft; das Werk in uns wie für uns kann nur die Allmacht vollbringen. Unsere Neigungen müssen zuerst zurechtgebracht werden, sonst geht alles bei uns in die Irre. Das Herz ist das Ruder der Seele, und wenn der Herr es nicht in die Hand nimmt, steuern wir in eine falsche, verderbliche Richtung. O Herr, der Du mich einst gemacht hast, lass es Dir gefallen, mich neu zu machen, erneuere mich bis in die verborgensten Winkel!

Im Bewusstsein und im Gedenken an seinen kürzlich geschehenen so tiefen Fall bittet David, von einer Macht aufrechterhalten zu werden, die größer ist als seine eigene. Dieser königliche Geist Gottes, dessen Heiligkeit Seine wahre Größe ausmacht, ist in der Lage, uns als Könige und Priester wandeln zu lassen in aller Rechtschaffenheit und Heiligkeit. Und Er wird es tun, wenn wir Seine gnädige Unterstützung suchen. Solch ein Einfluss wird uns nicht versklaven, sondern uns unabhängig machen; denn Heiligkeit ist Freiheit, und der Heilige Geist ist ein freier Geist. Die Bitten um Freude und Unterstützung passen gut zusammen; denn mit der Freude ist es völlig vorbei, wenn der Fuß strauchelt. Und andererseits ist die Freude etwas sehr Unterstützendes und eine große Hilfe zur Heiligung. Allerdings: Der freie, edle, Gott ergebene Geist ist die Grundlage von beidem.

Zum Nachdenken: Er gebraucht das Wort »erschaffen«, ein Wort, das nur für das Wirken Gottes gebraucht wird, und zeigt damit, dass der in ihm bewirkte Wandel nur durch Gott bewerkstelligt werden konnte. (Christopher Wordsworth)

25. April

Psalm 51,15-21

Weitere Lesung: 2. Samuel 12,1-15

David war fest entschlossen, den anderen ein Lehrer zu sein, und ganz sicher unterrichtet niemand andere so gut wie jene, die durch Erfahrung von Gott belehrt wurden. Ehemalige Wilddiebe sind die besten Wildhüter. Der begnadigte Sünder wird sich ordentlich verhalten; denn er hat in der Schule der Erfahrung gelernt, und sein Benehmen wird Wirkung zeigen, weil er einfühlsam sprechen wird, wie einer, der selbst erlebt hat, was er erklärt. Die Hörerschaft, welche der Psalmist sich aussuchen will, ist bemerkenswert; er will die Abgefallenen lehren, solche, wie er selbst einer war. Andere mögen ihn verachten, aber »ein gemeinsames Gefühl verbindet wundersam«. Ist er unwürdig, Heilige zu erbauen, so will er sich zu den Sündern halten und ihnen demütig von der Liebe Gottes erzählen.

Er fürchtet sich dermaßen vor sich selbst, dass er sein ganzes Wesen der göttlichen Bewahrung anbefiehlt und Angst hat, etwas zu reden, bevor der Herr nicht den durch Scham verstummten Mund öffnet. Wie wunderbar kann der Herr unsere Lippen öffnen und welche göttlichen Dinge können wir Einfaltspinsel unter Seiner Inspiration äußern! Diese Bitte eines Bußfertigen ist ein goldenes Gebet für Prediger: »Herr, ich bitte für meine Brüder und für mich!« Doch es sollte bei allen in hohem Ansehen stehen, deren Scham wegen ihrer Sünde sie bei ihren Gebeten stammeln lässt, und wenn es ganz erhört ist, wird die Zunge des Stummen zu singen anfangen.

Der Psalmist war so erleuchtet, dass er weit über das symbolische Ritual hinausblickte. Sein Glaubensauge blickte mit Entzücken auf die tatsächliche Versöhnung. Gerne hätte er Zehntausende von Opfern dargebracht, wenn sie ihm hätten

Psalm 51,15-21

helfen können. Wahrlich, alles, was der Herr vorgeschrieben hatte, würde er gern geopfert haben. Wir sind bereit, alles aufzugeben, wenn wir nur von unseren Sünden befreit werden könnten, und wenn die Sünde vergeben ist, ist unsere freudige Dankbarkeit zu jedem Opfer bereit. Er wusste, dass keine Art von Brandopfern eine ausreichende Versöhnung zur Folge hätte. Seine tiefe Seelennot ließ ihn vom Bild auf das Gegenbild blicken, vom äußerlichen Ritus auf die inwendige Gnade.

Wenn ein Herz wegen der Sünde trauert, gefällt dies Gott besser, als wenn ein Stier unter der Axt blutet. »Ein zerbrochenes Herz« ist der Ausdruck tiefen Schmerzes, der das Leben bitter macht. Darin liegt die Vorstellung einer geradezu tödlichen Angst, eben an der Stelle, die nicht nur lebenswichtig, sondern die Quelle des Lebens selbst ist. So ausgezeichnet ist ein wegen der Sünde gedemütigter und trauernder Geist, dass er nicht nur *ein* Opfer darstellt, sondern noch weitere Vortrefflichkeiten enthält, die zusammen die schönsten »Opfer für Gott« bilden. Ein zerbrochenes Herz ist ein duftendes Herz. Menschen verachten solche, die sich selbst verächtlich vorkommen; aber der Herr sieht nicht so, wie ein Mensch sieht. Er verachtet, was Menschen schätzen, und hält für wert, was Menschen verachten. Niemals aber hat Gott einen demütigen, weinenden Büßer verschmäht, und Er wird es auch niemals tun, weil Er Liebe ist, und weil Jesus der Mann genannt wird, der Sünder annimmt.

Zum Nachdenken: Gott will nicht Stiere und Widder, sondern Er hält Ausschau nach zerbrochenen und zerschlagenen Herzen. In der Tat: Eines von ihnen ist besser als all die verschiedenen Opfer im alten jüdischen Heiligtum. (C.H. Spurgeon)

26. April

Psalm 52,1-7

Weitere Lesung: 1. Samuel 21,1-9

Doeg hatte nur wenig Grund zum Rühmen, weil er die Ermordung einer ganzen Reihe wehrloser Priester zu verantworten hatte. Wahrlich ein Held, der Menschen umbringt, die nie ein Schwert geführt hatten! Er hätte sich wegen seiner Feigheit schämen sollen. Da gab es für ihn nichts zum Rühmen. Ehrentitel sind nichts als Ironie, wenn ihr Träger gemein und grausam ist. Des Tyrannen Wut kann den Strom immer währender göttlicher Gnade nicht austrocknen. Priester wurden zwar erschlagen – aber ihr Herr lebt. Wenn Doeg auch eine Weile triumphiert, wird ihn der Herr doch überleben und das von ihm begangene Unrecht vergelten. Das sollte das stolze Prahlen der Gottlosen dämpfen. Überhaupt: Solange der Herr lebt, hat die Ungerechtigkeit wenig Grund, sich zu rühmen.

David beschreibt die falsche Zunge als genauso wirkungsvoll, Unheil zu stiften, wie ein Rasiermesser, welches, ohne dass die behandelte Person es merkt, ihn kahl schert; so sanft und geschickt üben orientalische Barbiere ihr Handwerk aus. Oder vielleicht meint er, man könne mit einem Rasiermesser die Kehle eines Menschen sehr schnell durchschneiden, während man vorgibt, ihn rasieren zu wollen. Genauso eifrig und niederträchtig, dafür aber wirkungsvoll, habe Doeg an den Priestern von Nob gehandelt. Durchtränkt von Bosheit und schlauer List tat er sein grausames Werk mit verfluchter Gründlichkeit.

Menschen bringen es fertig, viele zornige Dinge zu sagen und sie allesamt unter dem Anschein von Gerechtigkeit zu verbergen. Sie behaupten, für das Recht zu eifern, wo sie doch in Wirklichkeit nichts im Sinn haben, als Wahrheit und Heiligkeit

Psalm 52,1-7

in den Staub zu treten. So gehen sie mit diesen fadenscheinigen Vorwänden schlau ans Werk.

Der Verfolger würde gern die Gemeinde zerstören, und darum wird ihn Gott zerstören, sein Haus niederreißen und seine Wurzeln ausreißen und so ein Ende mit ihm machen. Gott wird seine Kohle auslöschen und ihn wegfegen wie die Asche vom Herd. Er hätte gern die Wahrheit ausgetilgt, darum wird Gott ihn austilgen. Wie eine Pflanze, die von dem Ort, wo sie gewachsen ist, ausgerissen wird, oder wie ein Gefangener, der aus seiner Heimat verschleppt wird, wird Gott ihn »entwurzeln aus dem Land der Lebendigen«. Ahimelech und seine Mitpriester wurden aus ihrem Wohnort entfernt, und so soll es auch dem ergehen, der ihre Ermordung geduldet oder ersonnen hatte. Der Verfolger wird ausgerissen und mit Stumpf und Stiel ausgerottet werden. Er suchte den Tod anderer, und der Tod wird über ihn kommen. Er beunruhigte das Land der Lebendigen, und er wird in jenes Land verbannt, wo die Gottlosen aufhören, Unruhe zu stiften. Wer nicht leben lässt, hat kein Recht zu leben. Gott wird es den boshaften Menschen heimzahlen und ihnen ihr Teil mit ihrem eigenen Maß zumessen.

Zum Nachdenken: Durch die aalglatte, geschickte Art der Ausführung eines bösen Anschlags wird dessen Bosheit weder verdeckt noch gemildert. Mord mit einem »geschliffenen Schermesser« ist genauso böse wie mit einem Schlachterbeil oder einer Keule. Eine Lüge ist auch eine große Sünde, wenn sie schlau verpackt oder auf schleimige Art weitergesagt wird. Aber am Ende wird sie als genauso große Torheit erkannt wie der stümperhafteste Versuch, jemanden hereinzulegen. (William S. Plumer)

27. April

Psalm 52,8-11

Weitere Lesung: 1. Samuel 22,9-23

»Die Gerechten«, gegen die sich der Zorn des Tyrannen richtet, werden seine Feindschaft überleben und mit eigenen Augen das Ende des gottlosen Unterdrückers sehen. Gott erlaubte Mordechai, Haman am Galgen hängen zu sehen. Zu David wurden die Zeichen von Sauls Tod auf Gilboa gebracht. Heilige Furcht wird den Geist des Gottesfürchtigen nüchtern erhalten. Ehrfürchtig wird er den Gott anbeten, der alles so gefügt hat. Umfangreiche Intrigen wurden alle durchkreuzt und noch so gründlich abgesicherte Pläne gänzlich vereitelt. Dies ist ein guter Grund, über ihre Ränke zu lachen, was einem ernsten Geist eher ansteht, als sich darüber lustig zu machen.

Seht her und lest die Grab-Inschrift eines Mächtigen, der sich während seiner kurzen Lebenszeit stolz hervortat und seine Absätze auf die Hälse der Erwählten des Herrn setzte. Betrachtet diesen Menschen, diesen großen, eingebildeten Mann! Er fand seinen Schutz, aber nicht in Gott; er rühmte sich seiner Macht, aber nicht des Allmächtigen. Wo ist er jetzt? Wie erging es ihm in der Stunde seiner Not? Seht seinen Untergang und wie gänzlich er zunichte wurde. Das von ihm zusammengeraffte Vermögen und das Unheil, das er stiftete, waren sein Stolz und sein Ruhm. Reichtum und Gottlosigkeit sind schreckliche Genossen, vereint machen sie aus einem Menschen ein Ungeheuer. Regiert der Teufel über den Geldbeutel, so ist er wirklich teuflisch. Beelzebub und Mammon zusammen heizen den Ofen siebenmal heißer für das Kind Gottes; aber am Ende werden sie damit ihre eigene Vernichtung bewirken. Wo immer wir heute einen Menschen mit großen Sünden und viel Vermögen sehen, tun wir gut daran, sein

Psalm 52,8-11

Ende zu erwarten und Vers 9 als den göttlichen Grabstein für ihn zu betrachten.

»Ich aber«, zwar gejagt und verfolgt, »bin wie ein grüner Olivenbaum.« Ich bin nicht ausgerissen oder zerstört, sondern gleiche einem gedeihenden Ölbaum, der aus dem Felsen Öl herauszieht und mitten in der Dürre lebt und wächst. David gehörte zur göttlichen Familie und konnte nicht daraus entfernt werden; sein Ort war nahe bei Gott, und dort war er sicher und glücklich, trotz aller Machenschaften seiner Gegner. Er trug Frucht und würde es auch dann noch tun, wenn alle seine stolzen Feinde wie abgeschlagene Äste verwelkt sein werden. »Ich vertraue jetzt auf die Gnade Gottes«, sagte David und wusste, dass Gottes Gnade ewig und ohne Unterbrechung ist, und darauf vertraute er. Welch ein Fels, um darauf zu bauen! Welch eine Burg, um dahin zu fliehen!

David betrachtet sein Gebet als schon erhört und die Verheißung Gottes als schon erfüllt; darum beginnt er sofort mit heiligem Psalmgesang. Gott wird auch weiterhin des Psalmisten Hoffnung sein, darum wird er auch in Zukunft auf niemand anderen blicken. Mögen sich die Mächtigen rühmen, wir wollen auf den Herrn warten; und wenn ihnen ihre Hast augenblickliche Ehre einbringt, so wird sich unsere Geduld nach und nach auszahlen und uns schließlich weit höhere Ehren eintragen.

Zum Nachdenken: Während andere auf ihren Reichtum an Eigengerechtigkeit und Werken vertrauen und Christus nicht zu ihrer Stärke machen, verwirf all dieses und vertraue der Barmherzigkeit Gottes in Christus; dann wirst du gleich einem grünen Ölbaum sein, während die anderen welken und verdorren! (William Gurnall)

28. April

Psalm 53

Weitere Lesung: Psalm 14

Weil er ein Tor ist, spricht der Atheist eben wie ein Tor. Weil er ein großer Tor ist, lässt er sich auf etwas Großes ein und kommt zu wilden Resultaten. Er ist moralisch wie geistig ein Tor, ein Tor im Herzen wie im Kopf: ein Tor sowohl in seinen Moralvorstellungen als auch in seiner Philosophie. Weil er bei der Leugnung Gottes beginnt, können wir davon ausgehen, dass der weitere Fortgang des Toren rasend schnell, aufrührerisch, wild und ruinös sein wird. Wer mit der Gottlosigkeit beginnt, ist zu allem fähig. Ohne Gott zu sein, bedeutet im Grunde, kein Gesetz, keine Ordnung, keine Beschränkung für die Lüste, keine Grenzen für die Leidenschaft zu besitzen. Wer, als nur ein Tor, wollte so gesinnt sein?
Schlechte Grundsätze führen bald zu schlechter Lebensführung. Niemand sieht, dass die Tugend durch das Beispiel eurer Voltaires und Paines vorangebracht wurde. Wer dermaßen Abscheuliches redet und seinen Schöpfer leugnet, wird auch abscheulich handeln, wenn es seinen Zwecken dient. Dass man Gott unter den Menschen immer mehr leugnet und vergisst, ist die Ursache für die Ungerechtigkeit und die Zunahme der Verbrechen rings um uns her. Wenn nicht alle Menschen äußerlich lasterhaft sind, ist das auf die Kraft anderer und besserer Grundsätze zurückzuführen; aber sich selbst überlassen wird der in der Menschheit universal verbreitete Geist der Gottlosigkeit nichts als die verabscheuungswürdigsten Handlungen hervorbringen. Der eine hier vorgestellte typische Tor wiederholt sich im ganzen Menschengeschlecht; ohne die geringste Ausnahme haben die Menschen den richtigen Weg vergessen. Die in diesem Psalm zweimal erhobene Beschuldigung, die

Psalm 53

von dem inspirierten Apostel Paulus ein drittes Mal wiederholt wird, ist eine sehr ernste und überwältigende Anklage; doch kann der, der sie erhebt, nicht irren. Er weiß, was der Mensch ist, und Er wird dem Menschen nicht mehr zur Last legen, als Er beweisen kann.

Hätte es *einen* Verständigen gegeben, einen, der in Wahrheit Gott liebt, so hätte das göttliche Auge ihn entdeckt. Jene reinen Heiden und bewundernswerten Wilden, von denen so viel geredet wird, scheinen für das Auge der Allwissenheit unsichtbar geblieben zu sein, was beweist, dass sie nirgends als nur im Reich der Phantasie existieren. Der Herr hat nicht nach großer Anmut und Güte Ausschau gehalten, sondern nur nach Ernsthaftigkeit und nach dem rechten Begehren, aber auch dies fand Er nicht. Er sah alle Völker und alle Menschen in allen Völkern und alle Herzen der Menschen und alle Bewegungen der Herzen; aber er entdeckte unter ihnen allen weder einen klaren Kopf noch ein reines Herz. Wo Gott nichts Anerkennenswertes sieht, können wir sicher sein, dass es auch nichts gibt.

David sieht das Ende der Gottlosen und den endlichen Triumph des geistlichen Samens. Gottes Volk darf wohl mit Spott auf die Feinde blicken; denn sie sind der Gegenstand der göttlichen Verachtung. Sie höhnen uns; aber wir dürfen mit weit größerer Berechtigung über ihre Verachtung lachen, weil der Herr, unser Gott, sie als Nichtigkeit und weniger als nichts betrachtet.

Zum Nachdenken: Gott spricht in diesem Psalm »zum zweiten Mal«, denn er gleicht fast wörtlich Psalm 14. Das geschieht, um uns von unseren Sünden zu überführen, uns schamrot werden zu lassen, und damit wir ihretwegen erzittern. Darum muss es uns wiederholt gesagt werden. (Matthew Henry)

29. April

Psalm 54

Weitere Lesung: 1. Samuel 26,1-4

Beim Beten laut zu sprechen, hilft dem Beter; denn wir halten unseren Verstand wacher, wenn wir unsere Zungen genauso einsetzen können wie unsere Herzen. Aber was ist das Beten wert, wenn Gott nicht hört? Es ist völlig einerlei, ob wir Unsinn plappern oder vernünftig bitten, wenn unser Gott keine Erhörung gewährt. Als die Lage gefährlich wurde, konnte David sich kein gewohnheitsmäßiges Gebet leisten, er musste mit seinem Flehen Erfolg haben, oder er fiel seinem Feind zur Beute.

Könige prägen ihr Bildnis in Münzen, aber auch in ihre Gefolgsleute. Saul fing damit an, Davids Seele, sein Blut, sein Leben, ja, alles, was er war, zu suchen, und andere taten es ihm nach. Grausam und gründlich waren sie in ihrer Bosheit. Sie wollten den Guten ganz und gar zermalmen und sich nicht mit halben Sachen zufrieden geben. Sie nahmen so wenig Rücksicht auf Recht und Gerechtigkeit, als würden sie keinen Gott kennen oder sich nicht um Ihn kümmern. Hätten sie Gott auf der Rechnung gehabt, würden sie den Unschuldigen nicht so gejagt haben wie ein armes, hilfloses Reh. David merkte, dass es Atheismus war, welcher der ihn verfolgenden Feindschaft zugrunde lag. Gottes Leute werden um Gottes willen gehasst, und das ist ein gutes Argument für sie, wenn sie Gott im Gebet bestürmen.

Überall sah er Feinde, und nun, da er auf die Schar seiner Verteidiger blickt, sieht er zu seiner Freude Einen, dessen Hilfe besser ist als alle Hilfe der Menschen. Er ist überwältigt vor Freude, wie er den göttlichen Helden wahrnimmt, und ruft aus: »Siehe!« Und ist dies nicht allezeit ein Grund für geistliche Freudenausbrüche, dass der große Gott uns, Sein Volk, beschützt?

Psalm 54

Was macht die Zahl oder der Hass unserer Feinde, wenn Er den Schild der Allmacht aufhebt, um uns zu beschützen, und das Schwert Seiner Macht, um uns beizustehen?

Unser Bundesgott hat sich verpflichtet, uns aus allem Kummer herauszubringen, und darum lasst uns auch jetzt schon ein Triumphlied für unseren HERRN anstimmen, den treuen Beschützer derer, die ihr Vertrauen auf Ihn setzen. Bis hierher haben wir Seine Verheißungen als zuverlässig erfunden, und Er ändert sich nicht. Darum wird Er auch in aller unbekannten Zukunft genauso unser Bewahrer und Verteidiger sein und »sich mächtig an denen erweisen, deren Herz ungeteilt auf Ihn gerichtet ist«. David wusste, dass er auf seine hochmütigen Gegner noch im Triumph herabblicken würde, wie sie jetzt verächtlich auf ihn schauten. Er begehrte dies aus Gerechtigkeitsgründen, nicht wegen persönlichem, verletztem Stolz. Seine gerechte Seele freute sich, weil er wusste, dass die grundlose und unverdiente Bosheit die gerechte Strafe nach sich ziehen würde. Wenn wir unser Herz so vollkommen von aller persönlichen Feindseligkeit freihalten können, wie der Psalmist es in diesem Psalm tut, dürfen wir mit ihm eine geheiligte Genugtuung und Freude an der göttlichen Rechtsprechung empfinden, welche die Gerechten rettet, die Übeltäter aber zerschmettert.

Zum Nachdenken: Außerordentliche Schwierigkeiten und außerordentliche Rettungen sollten außerordentlich gewürdigt werden. (David Dickson)

30. April

Psalm 55,1-9

Weitere Lesung: 2. Samuel 16,1-8

Wir sind es so sehr gewöhnt, sonst würden wir staunen, wenn wir beobachten, wie universell und beständig die Heiligen in Zeiten der Not zum Gebet Zuflucht nehmen. Von dem Haupt der Gemeinde selbst bis hinab zu dem Allerletzten aus der göttlichen Familie erfreuen sich alle des Gebets. In Zeiten des Kummers eilen sie so selbstverständlich zum Gnadenthron wie kleine Küken zur Glucke, wenn Gefahr droht. Aber beachten wir es wohl: Es ist nie der Akt des Betens an sich, was die Frommen befriedigt. Sie bitten um eine Audienz im Himmel, um eine Antwort vom Thron, und nichts Geringeres wird sie zufrieden stellen.

Welch einen Trost dürfen wir darin finden, mit unserem Gott vertraut zu sein! Wir sollten nicht über Ihn klagen, sondern bei Ihm klagen. Wenn uns der Schmerz ablenkt, dürfen wir Ihm unsere abschweifenden Gedanken bringen, und das auch in Äußerungen, die man eher ein Seufzen als ein Sprechen nennen müsste. Er wird so sorgfältig zuhören, dass Er uns versteht, und Er wird oft Wünsche erfüllen, die wir gar nicht in verständliche Worte kleiden konnten. »Unaussprechliches Seufzen« sind oft Gebete, die nicht abgewiesen werden können. Unser Herr selbst gebrauchte »starkes Geschrei und Tränen«; und wurde in dem erhört, was Er fürchtete.

Sein Geist krümmte sich im Todeskampf wie ein armer Wurm; Er war in so großer seelischer Not, wie eine Frau in den Wehen in körperlicher Not ist. Sein Innerstes war davon ergriffen, und wer kann einen verwundeten Geist ertragen? Wenn dies geschrieben wurde, als David von seinem eigenen Lieblingssohn angegriffen und mit Schimpf und Schande aus seiner

Psalm 55,1-9

Hauptstadt vertrieben wurde, hatte er wahrlich Grund, solche Ausdrücke zu verwenden. Er sagte: »Hätte ich doch Flügel wie die Taube, ich wollte hinfliegen und ruhen!« Wenn er keinen Widerstand leisten konnte wie ein Adler, so wollte er entfliehen wie eine Taube. Flink und unbeobachtet wollte er auf starken und unermüdlichen Schwingen forteilen, fort von den Wohnungen der Verleumdung und der Bosheit. Seine Friedensliebe ließ ihn sich sehnen, dieser Szene des Kampfes zu entkommen. Wir neigen alle dazu, dieses nutzlose Begehren zu äußern; denn nutzlos ist es, weil keine Tauben- oder Adlerflügel uns von dem Kummer eines zitternden Herzens forttragen könnten. Innerer Schmerz der Seele kennt keinen Ort. Außerdem ist es Feigheit, dem Kampf auszuweichen, von dem Gott will, dass wir ihn ausfechten. Wir sollten lieber der Gefahr ins Angesicht blicken; denn für unseren Rücken haben wir keine Waffen. Wer der Verleumdung entfliehen will, braucht ein schnelleres Gefährt als Taubenflügel; wer aber nicht flieht, darf ganz ruhig sein und seine Sache Gott anbefehlen. Selbst die Taube damals fand keine Ruhe, bis sie zu ihrer Arche zurückgekehrt war. So finden wir mitten in all unserem Kummer Ruhe in Jesus. Wir brauchen nicht wegzuziehen; denn alles wird gut, wenn wir auf Ihn vertrauen.

Zum Nachdenken: Ein trauernder Beter wird weder umsonst bitten noch umsonst weinen; denn er klagt aus dem Grund, weil er erwartet, Gott werde aufmerken und ihn erhören. (David Dickson)

1. Mai

Psalm 55,10-16

Weitere Lesung: 2. Samuel 15,10-14

Der Pöbel und seine Anführer rotteten sich zusammen und schmiedeten Pläne, sie tobten und zogen gegen ihren König in den Krieg. Sie waren voll von tausend wilden und verwegenen Ideen. So konnte es nicht ausbleiben, dass sich unter ihnen Anarchie breit machte, und der König hoffte, dass die gleiche Gesetzlosigkeit, die ihn vertrieben hatte, jetzt seine Feinde schwächen würde. »Die Revolution frisst ihre Kinder.« Wer durch Gewalt an die Macht gekommen ist, wird früher oder später erfahren, dass solche Macht den Tod bedeutet. Absalom und Ahitofel können wohl den Pöbel aufreizen; aber zu regieren vermögen sie ihn schwerlich, noch ihre Taktik so abzustimmen, dass sie gute Freunde bleiben. Das Gebet Davids wurde erhört. Die Rebellen waren schon bald unterschiedlicher Meinung. Ahitofel ging daraufhin fort und erhängte sich mit einem Strick, und Absalom erhängte sich ohne Strick in einem Baum. Ahitofel war kein offener Feind, sondern einer, der sich als Freund ausgab. Er lief ins andere Lager über und versuchte, die Ehrlichkeit seines Frontwechsels dadurch zu beweisen, dass er seinen alten Freund verleumdete. Es gibt keine echteren Feinde als falsche Freunde. Angriffe von solchen, die uns vertraut waren, treffen unseren Lebensnerv, und diese Verräter sind gewöhnlich so gut mit unseren besonderen Schwächen vertraut, dass sie uns da anzutasten wissen, wo wir am empfindlichsten sind, und das zu sagen wissen, was uns den meisten Schaden zufügt. Vor offenen Feinden können wir einen Bergungsort finden; doch wer kann der Verräterei entkommen? Wenn sich unsere Feinde stolz gegen uns rühmen, raffen wir uns zum Widerstand auf; aber wenn solche, die vorgeben, uns zu lieben, uns

Psalm 55,10-16

verächtlich angrinsen, wohin sollen wir uns wenden? Unser gepriesener Herr hatte den Betrug und die Treulosigkeit eines bevorzugten Jüngers aufs Schlimmste erfahren. Da dürfen wir uns nicht wundern, wenn wir berufen sind, einen Weg zu gehen, der von seinen durchbohrten Füßen vorgezeichnet ist.

Es war nicht nur die gleiche Meinung, wie sie Menschen in öffentlichen und allgemeinen Themen verbindet, ihre Gemeinschaft war zart und vertrauensvoll. Die Seele des einen tauschte sich mit der Seele des anderen aus, wenigstens von Davids Seite her. Wie sehr vorgetäuscht die Liebe des Verräters auch gewesen sein mag, der verratene Freund hatte ihn nicht gleichgültig behandelt oder sich vor ihm in seinen Reden in Acht genommen. Schande auf den Elenden, der solche Gemeinschaft betrügen und solch Vertrauen verraten konnte! Der Glaube hatte ihre Gemeinschaft geheiligt, sie hatten sich zu gemeinsamer Anbetung vereint und sich über himmlische Dinge ausgetauscht. Wenn jemals Bindungen unbeschädigt erhalten werden sollen, sind es Glaubensbande. Eine abgrundtiefe Pietätlosigkeit der schändlichsten Art ist der Verrat, der die Verbindung von Menschen zerstört, die sich zur Gottseligkeit bekennen. Soll sogar der Altar Gottes durch Heuchelei besudelt werden? Sollen die Tempelversammlungen durch Verräterei verunreinigt werden? All das traf auf Ahitofel zu. Noch heute gibt es Vipern aus dieser Schlangenbrut, welche in die Hand beißen, die sie streichelt, und die für Silber diejenigen verkaufen, die sie in die Stellung erhoben, von der aus ihr scheußlicher Verrat erst möglich war.

Zum Nachdenken: Dieses Gebet ist eine Weissagung auf das äußerste, endgültige und ewige Verderben all jener, die heimlich oder offen dem Messias des HERRN widerstehen und sich gegen Ihn erheben. (Matthew Henry)

2. Mai

Psalm 55,17-24

Weitere Lesung: 1. Petrus 5,5-11

Der Psalmist wollte nicht wagen, den Anschlägen seiner Feinde mit Gegenanschlägen zu begegnen, oder es ihrer unaufhörlichen Gewaltanwendung gleichtun. Stattdessen wollte er sich, in völligem Gegensatz zu ihrem Verhalten, beständig zu Gott wenden. So hat es Jesus auch getan, und es war stets die Weisheit der Gläubigen, es ebenso zu tun. Wie dies den Unterschied zu dem Wesen der Feinde deutlich macht, so sagt es auch den Unterschied zu deren Ende voraus: Die Gerechten werden aufsteigen zu ihrem Gott, und die Gottlosen werden ins Verderben sinken.

Große Notzeiten rufen nach häufigen Gebetszeiten. Die drei hier gewählten sind sehr passend: Den Tag mit Gott anzufangen, fortzuführen und zu beenden, ist höchste Weisheit. Wo die Zeit natürliche Grenzen gesetzt hat, lasst uns Altarsteine errichten! Der Psalmist hat sich vorgenommen, immer zu beten. Er wollte den ganzen Tag über im Gebet verharren und der Sonne mit seinen Bitten folgen. Tag und Nacht sah er seine Feinde bei ihrem Werk (Vers 11), und darum wollte er ihrem Tun mit beständigem Gebet begegnen. Er war sich sicher, Sieger zu bleiben. Ihm war es keine Frage, ob er erhört wurde; er redete, als sei er schon erhört. Wenn unser Fenster zum Himmel hin offen steht, sind auch die Fenster des Himmels für uns geöffnet. Habe nur ein betendes Herz, dann hat Gott auch spendable Hände.

Sein eigenes gottesfürchtiges Empfinden veranlasst ihn, an die verwegene Gottlosigkeit der Bösen zu denken. Er merkt, dass ihn seine Drangsale zu seinem Gott getrieben haben, und er erklärt, ihr ununterbrochener Wohlstand sei die Ursache für ihre dauernde Gottvergessenheit. Es ist eine erwiesene Tatsache,

Psalm 55,17-24

dass lang anhaltendes Wohlsein und Vergnügen mit Sicherheit den schlimmsten Einfluss auf verworfene Menschen haben. Zwar bekehren Sorgen niemanden, doch wenn sie fehlen, entfaltet sich ihr verdorbenes Wesen noch rascher. Stehendes Wasser wird faulig, und die Sommerhitze brütet schädliches Ungeziefer aus. Wer ohne Kummer ist, ist oft auch ohne Gott. Das ist ein kräftiger Beweis für die menschliche Schlechtigkeit, dass sie mit Gottes Güte die Sünde nährt. Der Herr bewahre uns davor!

Für die Gottlosen ist ein sicherer, schrecklicher und tödlicher Absturz vorgesehen. Sie mögen klettern so viel sie wollen, die Grube lauert auf sie. Gott selbst wird sie zwingen, in sie hinabzusteigen, und dort wird ihnen Vernichtung zuteil. Sie waren in ihren Herzen für andere zu Mördern geworden, doch wurden sie in Wirklichkeit zu Selbstmördern. Habt keinen Zweifel daran, dass Tugend das Leben verlängert – und dass Betrug es verkürzt. Ein sehr weiser, praktischer Entschluss wird in den Worten gefunden: »Ich aber will auf Dich vertrauen.« Wir können keine bessere Zuversicht haben. Der Herr ist alles und mehr als alles, was der Glaube je nötig hat als Grundlage für friedevolle Abhängigkeit. Herr, lass unseren Glauben immerfort zunehmen!

Zum Nachdenken: Viele wollten die Heiligen umbringen; aber Gott hat es nicht zugelassen und wird es auch nie tun. Die Gottseligen stehen unbeweglich wie Säulen zu Ehren des Großen Baumeisters. (C.H. Spurgeon)

3. Mai

Psalm 56,1-8

Weitere Lesung: 1. Samuel 21,10-14

Es ist schön zu sehen, wie sich der sanfte, taubengleiche Geist des Psalmisten zu dem sanftesten Ausdruck für seinen Beistand in der Stunde der Gefahr flüchtet – zu der Gnade Gottes. Der offene Mund der Sünder, wenn sie gegen uns wüten, sollte unseren Mund zum Gebet öffnen. Wir dürfen die Grausamkeit der Menschen als Grund dafür anführen, dass Gott eingreift: Ein Vater ist schnell erregt, wenn er seine Kinder schändlich behandelt sieht. David richtet sein Auge auf den Anführer seiner Feinde und seine Klagen gegen ihn an die richtige Adresse. Wenn wir auf diese Weise wegen eines Menschen bitten dürfen, wie viel mehr dann wegen des großen Feindes der Seelen, wegen des Teufels. Wir bitten den Herrn, uns unsere Schulden zu vergeben, was wir auch so ausdrücken können: »Sei mir gnädig, o Gott!« Und dann sagen wir: »Führe uns nicht in Versuchung, sondern erlöse uns von dem Bösen.« Je heftiger die Angriffe Satans sind, umso stärker wird unser Flehen um Erlösung.

David war kein Prahlhans, er gab nicht vor, niemals Angst zu haben, auch war er kein gefühlloser Stoiker, der sich nicht fürchtete, weil es ihm an Empfindsamkeit mangelte. Wegen seiner Intelligenz fehlte es David an der stumpfen Unbedachtsamkeit der Toren. Er erkannte die Größe der Gefahr und fürchtete sich. Wir sind Menschen und können deshalb zu Fall kommen; wir sind schwach und darum unfähig, einen Fall zu vermeiden; wir sind Sünder, und darum haben wir es auch verdient, und wegen all dieser Gründe ist uns bange. Aber der Geist des Psalmisten umschloss noch mehr: Er fürchtete sich, doch füllte diese Furcht nicht sein ganzes Denken aus, und so fügt er hinzu: »Ich vertraue auf Dich.« So ist es möglich, dass Furcht und

Psalm 56,1-8

Glaube gleichzeitig dasselbe Herz besetzt halten. Wir sind eigenartige Wesen, und unsere Erfahrungen mit dem göttlichen Leben sind noch eigenartiger. Wir stehen oft im Zwielicht, wenn beides, Licht und Finsternis, gegenwärtig ist, und es fällt uns schwer zu sagen, was überwiegt. Doch ist es eine gesegnete Angst, die uns ins Vertrauen treibt. Die Furcht der Nichtwiedergeborenen treibt von Gott fort, begnadete Furcht treibt zu Ihm hin. Fürchten wir den Menschen, brauchen wir nur auf Gott zu vertrauen, und Er ist das beste Gegenmittel. Dort zu vertrauen, wo nichts zu fürchten ist, ist nur dem Namen nach Glaube, sich aber an Gott zu halten, wenn überall Gründe zum Erschrecken mit Gewalt auf uns eindringen, das ist der überwindende Glaube der Auserwählten Gottes. Obwohl Vers 4 nur einen Entschluss beschreibt, wurde er doch in Davids Leben Tatsache: Möge er auch bei uns Wahrheit werden. Ob sich die Furcht von innen erhebt oder aus der Vergangenheit, der Gegenwart oder der Zukunft, ob durch Menschen oder durch Teufel: Lasst uns Glauben beweisen, und wir werden schon bald wieder mutig sein.

Alle zusammen und jeder für sich allein sollten wir in Gott ruhen. Praktizierter Glaube vertreibt die Furcht, und darauf folgt heiliger Triumph, so dass die Seele sagt: »Was kann Fleisch mir tun?« Ja, was denn? Es kann mir keinen wirklichen Schaden zufügen; alle Bosheit wird mir zum Guten ausschlagen.

Zum Nachdenken: Der Mensch ist nur Fleisch, und Fleisch ist wie Gras – mit Dir, Herr, trotze ich dem äußersten Hass. (C.H. Spurgeon)

4. Mai

Psalm 56,9-14

Weitere Lesung: Römer 8,31-39

Wie alles beim Beten funktioniert, ist nicht immer einsehbar; aber es wirkt sehr effektiv. Gott neigt uns zum Beten, wir schreien in der Angst unserer Herzen, Er erhört, Er handelt, und der Feind wird zurückgeschlagen. Welch ein Gott ist das, der das Schreien Seiner Kinder hört und sie augenblicklich von ihren mächtigsten Feinden erlöst! Dies ist eine der Gewissheiten des Gläubigen, eines seiner Axiome, seine unfehlbare, unbestreitbare Wahrheit: »Gott ist für mich.« Das wissen wir, und darum wissen wir auch, dass sich uns niemand entgegenstellen kann, der nur einen Augenblick zu fürchten wäre. »Wenn Gott für uns ist, wer gegen uns?« Wer wollte das Gebet zurückhalten, wenn es so mächtig ist? Wer möchte einen anderen Verbündeten suchen als Gott, der sofort zur Stelle ist, so schnell, wie wir das vereinbarte Signal aussenden, durch das wir sowohl unsere Not als auch unser Vertrauen ausdrücken?
Jetzt kommt das Danksagen. Ein Schuft ist, wer Hilfe empfangen hat und vergisst, in dankbarer Anerkennung zu antworten. Das Wenigste, was wir tun können, ist, den zu preisen, von dem wir so deutliche Gunsterweise erhalten haben. Der Herr ist in jeder Hinsicht und in allen Seinen Eigenschaften und Taten zu loben; aber bestimmte Gnaden lenken in besonderer Weise unsere Bewunderung auf besondere Teile des großen Ganzen. Das Lob, das sich nicht auf etwas Bestimmtes richtet, kann nicht sehr durchdacht sein, und man muss fürchten, dass es auch Gott nicht sehr gefällt. David hat Freude daran, Gott zu preisen, darum wiederholt er sein Lied. Die Abänderung, durch die er den herrlichen Namen des HERRN hineinbringt, soll zweifellos anzeigen, dass ihm Gott und Sein Wort in jeder Hinsicht des Rühmens wert ist.

Psalm 56,9-14

Der Glaube verbannt alle Furcht. David betrachtet die Feinde in ihrer schrecklichsten Wesensart und nennt sie nicht »Fleisch« wie in Vers 5; das wäre eine allgemeine Betrachtung. Nein, er identifiziert konkrete »Menschen«, vor denen er sich aber auch nicht fürchtet. Selbst wenn das gesamte Menschengeschlecht sein Feind wäre, würde er sich nicht fürchten, jetzt, wo er sein Vertrauen auf Gott gesetzt hat. Er hat keine Angst vor dem, was sie ihm androhen; denn vieles davon können sie gar nicht tun, und selbst dem, was sie tun können, bietet er wagemutig Trotz. Er spricht schon für seine Zukunft: »Ich werde nicht ...« Denn er ist sich sicher, dass der Schutz in der Gegenwart auch für die kommenden Tage ausreichen wird. Seine Feinde kamen bei ihren Anschlägen auf sein Leben zu Fall, und darum gelobt er, Gott sein Leben zu weihen. Eine Gnade lässt uns um die nächste bitten; denn in der Tat kann die zweite die nötige Ergänzung zu der ersten sein. In Freiheit zu wandeln, in Gott wohlgefälligem Dienst, in geheiligter Gemeinschaft, in beständigem Wachstum in der Heiligung, wobei ich das Lächeln des Himmels genieße – das ist es, wonach ich strebe. Hier liegen die erhabensten Ziele für des Menschen Ehrgeiz, bei Gott zu wohnen, in Gerechtigkeit vor Ihm zu wandeln und Seine Gegenwart zu genießen, und das in dem Licht und in der Herrlichkeit, die daraus erwachsen.

Zum Nachdenken: Mit Gottes Hilfe kann ich Ihn für die Verwirklichung Seiner Verheißungen preisen. (Symon Patrick)

5. Mai

Psalm 57,1-7

Weitere Lesung: 1. Samuel 22,1-5

Die Wiederholung des Ausrufs lässt auf eine bedrängende Not schließen, weil sie eine hohe Dringlichkeit des Begehrens ausdrückt. Es heißt: »Wer schnell gibt, gibt zweimal.« Der Psalmist bittet zuerst um Gnade und merkt dann, dass er dieser Bitte nichts hinzufügen kann, und darum wiederholt er sie. Gott ist ein Gott der Gnade und der Vater der Erbarmungen. Darum ist es sehr angebracht, in der Not dort Gnade zu suchen, wo sie zu Hause ist. Der Glaube bringt sein drängendes Anliegen an die richtige Stelle. Wie könnte der Herr einer vertrauenden Seele ungnädig begegnen? Unser Glaube hat keine Gnade verdient, doch erringt er sie stets wegen der souveränen Gnade Gottes, wenn er so aufrichtig ist, wie in diesem Fall, wo »die Seele« des Menschen an Gott glaubt.

David hat triftige Gründe für sein Gebet; denn er sieht Gottes Handeln zu seinen Gunsten. Saul jagte David; doch David fing ihn mehr als einmal und hätte ihn auf der Stelle erschlagen können. Das Böse ist ein Strom, der eines Tages zu seiner Quelle zurückfließt. Wir dürfen an der Öffnung der Höhle sitzen und die gerechte Vergeltung der Vorsehung bewundern. Wenn die Erde nicht die passenden Werkzeuge hat, wird der Himmel seine Legionen zum Schutz der Heiligen aufbieten. Wir mögen in Zeiten großer Notlagen bemerkenswerte Gnaden erwarten, wie die Israeliten in der Wüste werden wir unser Brot frisch gebacken vom Himmel erhalten, und das jeden Morgen neu. Und zur Überwindung der Feinde wird Gott die himmlischen Batterien auf sie richten und sie in äußerste Verwirrung versetzen. Immer wenn der Kampf heißer als gewöhnlich wird, kommt vom Hauptquartier Hilfe; denn der Oberbefehlshaber sieht al-

Psalm 57,1-7

les. David bat um Gnade, und Wahrheit gab Er ihm dazu. So gibt Gott uns immer mehr, als wir bitten oder erdenken. Seine Eigenschaften gleichen Engeln, die mit ihren Flügeln bereitstehen, Seinen Auserwählten zu Hilfe zu eilen.

Der Gläubige wartet ab, und Gott wirkt. Der Herr hat für uns gehandelt, und Er wird sich nicht zurückziehen. Er wird fortfahren mit dem, was Er nach Seinem Bund für uns tun will. Was der Herr in die Hand nimmt, wird Er auch vollenden; darum sind vergangene Gnaden die Garantie für die Zukunft und liebenswerte Gründe, mit dem Schreien zu Ihm anzuhalten.

Bevor David sein Gebet abschloss, fügte er einen Vers des Lobes ein, eines herrlichen Lobes sogar, weil wir sehen, dass es aus der Löwengrube aufsteigt und mitten aus dem Feuerofen. Höher als die Himmel ist der Allerhöchste, und so hoch müssen unsere Lobgesänge aufsteigen. Was selbst die Cherubim und Seraphim nicht imstande sind auszudrücken, ist uns von der Herrlichkeit Gottes offenbart und bekannt gemacht worden.

Wie droben möge auch hier unten, o großer HERR, Dein Lob überall verkündet werden! Wie die Luft die ganze Natur umgibt, möge Dein Lob die ganze Erde mit Gesang einhüllen!

Zum Nachdenken: Bemerkenswert ist, dass David Gott in der Höhle mit denselben Ausdrücken lobpreist – obgleich er selbst sich verstecken muss, um sein Leben zu retten –, wie er sie beim Triumph über seine Feinde verwendet. (Jeremiah Burroughs)

6. Mai

Psalm 57,8-12

Weitere Lesung: Offenbarung 15,3-4

Man sollte annehmen, David hätte gesagt: »Mein Herz bebt vor Aufregung«; aber nein, er ist ruhig, fest, glücklich, entschieden und tief gegründet. Wenn die Mittelachse gut gelagert ist, läuft das gesamte Rad ruhig. Ich bin fest entschlossen, Dir zu vertrauen, Dir zu dienen und Dich zu preisen. Zweimal verkündet er das zur Ehre des Gottes, der in dieser Weise das Herz Seines Knechtes tröstet. Lieber Leser, es ist bei dir wirklich alles in Ordnung, wenn dein einst umherschweifendes Herz jetzt fest auf Gott und auf die Verkündigung Seiner Herrlichkeit gerichtet ist. David wollte Adullam mit Musik erfüllen, und alle Höhlen sollten von frohem Gesang widerhallen. Ihr Gläubigen, fasst den festen Entschluss, dass eure Seele in allen Lagen den Herrn erhebt!

David sagt: »Ich will aufwecken die Morgenröte« – mit seinen frohen Liedern. Da sollen keine schläfrigen Texte und langweiligen Melodien zu hören sein. Erst will er sich selbst gründlich aufwecken für dieses hohe Amt. Wenn wir es so gut machen, wie wir können, ist es doch viel weniger, als der Herr verdient. Darum lasst uns darauf achten, Ihm unser Bestes zu bringen, und wenn es durch Unfähigkeit beschädigt ist, so sollte es doch nicht durch Trägheit noch mehr verdorben werden. Dreimal ruft der Psalmist sich selbst zu, er möge aufwachen. Müssen wir zu diesem Werk so oft aufgerüttelt werden? Dann wollen wir es daran nicht fehlen lassen, denn diese Verpflichtung ist zu ehrenvoll und zu nötig, um sie ungetan sein zu lassen oder sie schlecht zu machen, weil wir nicht wachgerüttelt wurden.

»Ich will Dich preisen unter den Völkern, Herr.« Die Heiden werden Sein Lob hören. Hier finden wir ein Beispiel dafür, wie der

Psalm 57,8-12

wahrhaft evangelistische Geist die vom blinden Eifer errichteten Mauern überspringt. Der gewöhnliche Jude würde nie wollen, dass die Heidenhunde den Namen des HERRN hören, es sei denn, dass sie vor ihm zittern. Aber der durch die Gnade belehrte Psalmist hat ein missionarisches Herz und wollte gern das Lob und den Ruhm seines Gottes ausbreiten.

Wir können uns nicht vorstellen, wie hoch der Himmel ist, und genauso übersteigt der Reichtum der Gnade unsere höchsten Gedanken. Während der Psalmist an der Öffnung der Höhle sitzt, blickt er zum Firmament auf und jubelt, dass Gottes Güte größer und erhabener ist als das Himmelsgewölbe. In die Wolken setzte Er das Siegel Seiner Wahrheit, den Regenbogen, der Seinen Bund bestätigt. In den Wolken verbirgt Er Regen und Schnee, die Seine Wahrheit bestätigen, indem sie Saat und Ernte, Frost und Hitze ermöglichen. Die Schöpfung ist großartig; aber der Schöpfer ist weit großartiger. Die Himmel können Ihn nicht fassen; Seine Güte überragt die Wolken und die Sterne bei weitem.

»Erhebe Dich über die Himmel, o Gott!« Das ist ein gewaltiges Lied. Nehmt es auf, ihr Engel und ihr vollendeten Gerechten, und stimmt mit ein, ihr Menschensöhne hier unten, wenn ihr sagt: »Über der ganzen Erde sei Deine Herrlichkeit!« Der Prophet sprach im vorigen Vers von der Gnade »bis zu den Himmeln«; hier aber steigt sein Gesang »über die Himmel«; das Lob steigt höher und höher und kennt keine Grenzen.

Zum Nachdenken: Himmel und Erde haben eine ineinander verwobene Geschichte, und das gesegnete, herrliche Ende von allem ist der Sonnenaufgang der göttlichen Herrlichkeit über beiden. (Franz Delitzsch)

7. Mai

Psalm 58,1-6

Weitere Lesung: Jesaja 10,1-4

Die Feinde Davids bildeten eine zahlreiche Schar, die sich einig war, und weil alle einstimmig den Gejagten verdammten, neigten sie dazu, ihre Verurteilung für rechtens zu halten. »Was alle sagen, muss wahr sein« ist eine lügnerische Redensart, die auf der Vermessenheit beruht, dass der große Haufen einem den Rücken stärkt. Dann heißt es: »Haben wir nicht alle eingestimmt, den Mann zu Tode zu hetzen? Und wer traut sich, auch nur anzudeuten, die große Menge könne sich irren?« Doch der so Verfolgte legt die Axt an die Wurzel, indem er die Richter fragt, ob sie dem Recht gemäß handeln oder nicht. Man täte gut daran, manchmal eine Pause einzulegen und sich ehrlich diese Frage zu stellen. Manche aus Sauls Umgebung waren eher passive als aktive Verfolger; sie schwiegen still, wenn das Objekt des königlichen Hasses verleumdet wurde. Schweigen aber gilt als Zustimmung. Wer sich weigert, für das Recht einzutreten, macht sich zum Komplizen des Bösen.

Es ist kein Wunder, dass etliche Menschen den rechtmäßigen »Samen der Frau« verfolgen; weil alle zu der Schlangenbrut gehören, besteht ebendiese Feindschaft zwischen ihnen. Sobald sie geboren sind, weichen sie von Gott ab – in welch einem Zustand befinden wir uns doch! Verlassen wir den rechten Weg so früh? Fangen wir im selben Augenblick an, Menschen und Sünder zu werden? Jeder kann sehen, wie früh kleine Kinder zu lügen beginnen. Bevor sie sprechen können, verstehen sie die Kunst des Hinters-Licht-Führens. Wer frühmorgens losmarschiert, wird bis zum Abend weit kommen. Unwahrhaftigkeit ist einer der sichersten Beweise für unseren gefallenen Zustand, und weil die Falschheit universal ist, gilt das auch für

Psalm 58,1-6

die menschliche Verdorbenheit. Ist der Mensch also ein giftiges Reptil? Ja, und sein Gift gleicht dem der Schlangen. Die Viper hat nur den Tod des Leibes in ihren Giftzähnen; aber der nichtwiedergeborene Mensch hat ein Gift unter der Zunge, das auch die Seele und den Geist zerstören kann. Der Mensch hat in seiner natürlichen Verdorbenheit alle schlechten Eigenschaften der Schlange, nur geht er unbeholfener damit um. O Sünde, was hast du angerichtet!

Gottlose Menschen werden auch nicht durch die vernünftigsten Argumente für das Rechte gewonnen, auch nicht durch die leidenschaftlichsten Appelle. Ihr Prediger des göttlichen Wortes, wendet alle eure Kunst an! Tut euer Möglichstes, um den Vorurteilen oder dem Geschmack der Sünder zu entgegnen, und ihr werdet ausrufen müssen: »Wer hat unserer Verkündigung geglaubt?« Dass die Sache misslingt, liegt nicht an eurer Musik, sondern an den Ohren der Sünder, und nur die Kraft Gottes kann dies ändern. Nein, wir rufen und rufen und rufen immer wieder umsonst, bis sich der Arm Gottes offenbart. Dies ist gleichzeitig des Sünders Schuld und Gefahr. Er sollte hören; aber er will nicht, und weil er nicht hören will, kann er der Verdammnis der Hölle nicht entfliehen.

Zum Nachdenken: Die Grundsätze der Gottlosen sind ebenso schlecht wie ihr praktisches Tun. (George Rogers)

8. Mai

Psalm 58,7-12

Weitere Lesung: 5. Mose 32,36-43

So plötzlich kommt der Untergang über die Gottlosen, ein so großer Misserfolg ist ihr Leben, dass sie niemals Freude erleben. Mitten in seinem Leben und in der Glut seines Zorns gegen den Gerechten wird der Verfolger von einem Tornado überwältigt. Da werden seine Pläne zuschanden, seine Anschläge vereitelt, und er selbst geht zugrunde. Der boshafte Schelm setzt den großen Kessel auf, sammelt das Brennholz und meint, den Kannibalen gegenüber dem Frommen spielen zu können, doch er hat seine Rechnung ohne den Wirt gemacht, besser gesagt, ohne den Herrn der Heerscharen, und der unerwartete Wirbelsturm fegt jede Spur von ihm und seinem Feuer und seinem Festmahl hinweg, und alles in einem Augenblick.
Nirgends in der Schrift finden wir etwas von Sympathie mit Gottes Feinden, mit der sich die modernen Verräter gern schmücken und die sie als höchste Form der Menschenfreundlichkeit ausgeben. Wir werden am Ende »Amen« zu der Verdammung der Gottlosen sagen und uns nicht aufgerufen fühlen, Gottes Wege mit den Unbußfertigen in Frage zu stellen. Bedenkt, wie Johannes, der liebende Jünger, es ausdrückt: »Nach diesem hörte ich etwas wie eine laute Stimme einer großen Volksmenge im Himmel, die sprachen: Halleluja! Das Heil und die Herrlichkeit und die Macht sind unseres Gottes! Denn wahrhaftig und gerecht sind Seine Gerichte; denn Er hat die große Hure gerichtet, welche die Erde mit ihrer Unzucht verdarb, und Er hat das Blut Seiner Knechte an ihr gerächt. Und zum zweiten Mal sprachen sie: Halleluja! Und ihr Rauch steigt auf von Ewigkeit zu Ewigkeit« (Offb 19,1-3). Er wird über sie triumphieren, und sie werden so vollständig überwunden sein, dass ihr Un-

Psalm 58,7-12

tergang endgültig und tödlich ist und Seine Erlösung all Sein Tun vollkommen krönt. Die Verdammung der Sünder wird die Glückseligkeit der Heiligen nicht beeinträchtigen.

Jeder Mensch, auch der Unwissende, wird gezwungen werden zu sagen: »Es gibt Lohn für den Gerechten.« Wenn sonst nichts wahr ist, dies ist es. Die Frommen werden am Ende nicht verlassen dastehen und ihren Feinden ausgeliefert werden; die Gottlosen werden nicht den Sieg davontragen, und Wahrheit und Güte werden schließlich belohnt. Alle Menschen werden angesichts des Endgerichts sehen müssen, dass es einen Gott gibt und dass Er der gerechte Herrscher des Universums ist. Zwei Dinge werden jedenfalls klar sein: Es gibt einen Gott, und es gibt Lohn für den Gerechten. Dann werden die Zweifel beseitigt, die Schwierigkeiten gelöst und die Geheimnisse offenbar sein. Bis dahin blickt der Glaube in die Zukunft. So erkennt er diese Wahrheit jetzt schon und freut sich darüber.

Zum Nachdenken: Der Gerechte wird sich freuen, wenn er die Rache Gottes sieht; denn sie ist die Erfüllung der Drohungen Gottes wegen der Sünden der Menschen und ein Beweis Seiner eigenen Herrlichkeit. (Joseph Caryl)

9. Mai

Psalm 59,1-6

Weitere Lesung: 1. Samuel 19,1-7

Saul war König und saß daher ganz oben (siehe Fußnote Rev. Elberfelder) und benutzte seine Autorität, um David zu vernichten. Darum fleht der Verfolgte zu dem Herrn, Er möge ihn ebenfalls in die Höhe setzen, nur meint er etwas anderes damit. Er bittet, aufgehoben und in den hohen Turm gebracht zu werden, der außerhalb der Reichweite seines Feindes ist. Beachtet, wie er die Anrede »mein Gott« den Worten »meine Feinde« gegenüberstellt. Dies ist die richtige Methode, die feurigen Pfeile des Feindes mit dem Schild des Glaubens einzufangen und auszulöschen. Gott ist unser Gott, und darum gehört uns sowohl die Erlösung als auch die Bewahrung.
Saul behandelte ihn sehr ungerecht, und auch gegen andere verfuhr er tyrannisch und ungerecht. Darum betet David noch heftiger gegen ihn. Böse Leute waren bei Hofe hoch angesehen und dienten als bereitwillige Werkzeuge der Tyrannei – gegen diese betet er. Gegen böse Menschen, die Böses vorhaben, darf man zweifellos beten. Wenn eine Wohnung von Räubern besetzt ist, läutet der gute Mensch die Alarmglocke, die wir in diesen Versen laut vernehmen: »Befreie mich! ... Bring mich in Sicherheit! ... Befreie mich! ... Rette mich!« Saul hatte mehr Grund zum Fürchten als David; denn die unbesiegbare Waffe des Gebets wurde auf ihn gerichtet, und der Himmel wurde bewegt, gegen ihn in den Krieg zu ziehen.
Es ist ein Kennzeichen durchdachten Betens, wenn die auf Gott angewendeten Titel passend sind und tatsächlich dem Inhalt des Gebets entsprechen. Dadurch wird den Argumenten zusätzliche Kraft verliehen. Wird der HERR es ertragen, wenn Sein Volk unterdrückt wird? Wird der Herr der Heerscharen es

Psalm 59,1-6

dulden, wenn Seine Feinde über Seine Knechte triumphieren? Sollte der Gott der Treue uns, Sein auserwähltes Volk, der Vernichtung preisgeben? Der Name Gottes ist selbst im buchstäblichen Sinn ein fester Turm für Sein ganzes Volk. Welch eine machtvolle Bitte liegt in den Worten: »Erwache, heimzusuchen!« Schlage aktiv zu! Richte in Weisheit! Strafe mit Macht! Sei keinem gnädig von den treulos Frevelnden! Sei ihnen gnädig als Menschen, aber nicht als Aggressoren; wenn sie weiterhin verhärtete Sünder sind, lass mit dem Druck gegen sie nicht nach! Die Sünde der Übertreter nicht ernst zu nehmen, hieße, den Gerechten unter ihrer Macht zu belassen, darum lass ihre Vergehen nicht ungestraft, sondern teile den verdienten Lohn aus! Der Psalmist empfindet hier, dass die Beseitigung der Unterdrückung, die er selbst so nötig hatte, genauso wünschenswert für sehr viele Fromme wäre, die sich in ähnlicher Lage befinden. Und darum bittet er für die gesamte Schar der Gläubigen und gegen die ganze Sippschaft der Verräter.

Zum Nachdenken: Sind wir uns selbst unserer Unschuld bewusst, dürfen wir in demütigem Vertrauen zu Gott beten und Ihn bitten, für uns einzutreten, wo man uns Unrecht tut. Das wird Er zur rechten Zeit auch tun. (Matthew Henry)

10. Mai

Psalm 59,7-14

Weitere Lesung: 1. Samuel 19,8-17

David spricht zu Gott wie zu jemandem, der ganz nahe ist. Er weist auf jene, die ihm auflauern, und spricht mit Gott über sie: »Sie lachen über mich und sehnen sich danach, dass ich umkomme; aber Du musst über sie lachen, weil Du weißt, wie Du beschlossen hast, sie ohne ihr Opfer fortzuschicken und sie durch Michal zum Narren zu halten.« Die größten, klügsten und boshaftesten Feinde der Gemeinde sind für den Herrn nur lächerlich. Ihre Anschläge sind ganz und gar nutzlos, sie sollten unseren Glauben nicht in Verlegenheit bringen. Es ist, als hätte David gesagt: »Was sind das für Burschen, die da auf der Lauer liegen? Und was ist der König, ihr Herr, wenn Gott auf meiner Seite ist? Wenn nicht nur diese, sondern alle Heidenvölker das Haus belagerten, würde der HERR sie ganz leicht enttäuschen und mich befreien können.«

Am Ende wird sich herausstellen, wie gänzlich elend und verachtenswert alle Feinde der Sache und des Reiches Gottes sind. Der ist ein tapferer Mann, der das heute schon erkennt, während der Feind noch große Macht hat und die Gemeinde oft einem Menschen gleicht, der in seinem Haus eingeschlossen und belagert ist.

Ist mein Verfolger stark? Dann, mein Gott, will ich mich gerade aus diesem Grund zu Dir wenden und meine Angelegenheiten in Deine Hände legen. Es ist weise, in der Größe unserer Schwierigkeiten einen Grund zu sehen, uns auf den Herrn zu stützen. »Gott ist meine Festung«, der Ort meiner Zuflucht in der Zeit der Gefahr. Ist der Feind zu stark, um es mit ihm aufzunehmen, ziehe ich mich auf meine Festung zurück, wo er mich nicht erreichen kann.

Psalm 59,7-14

Gott, der Geber und die Quelle aller unverdienten Güte, die ich empfangen habe, wird vor mir hergehen und mir den Weg zeigen, auf dem ich voranmarschieren soll. Er kommt mir in Notzeiten entgegen. Ich brauche nicht allein gegen meine Feinde zu streiten, sondern der, dessen Güte ich so lange erfahren und erprobt habe, wird mir freundlich den Weg ebnen und mein treuer Beschützer sein. – Wie oft hat uns die Gnade bewahrt und Vorräte beschafft, ehe die Not hereinbrach, wie oft war die Zuflucht zubereitet, bevor die Gefahr herannahte. Weit im Voraus, in die Zukunft, hat die vorausschauende Gnade des Himmels vorgesorgt und alle Schwierigkeiten beseitigt. Gott wird Seinen Knecht fähig machen, standhaft und ohne Zittern auf den Feind zu blicken; er wird in der Stunde der Gefahr ruhig sein und in sich gefestigt; und dann wird er früher oder später auf dieselben Feinde herabblicken, wie sie geschlagen, überwunden und vernichtet sind. Wenn der HERR den Weg vorangeht, folgt der Sieg Ihm auf den Fersen. Sieh auf Gott, dann brauchst du den Anblick der Feinde nicht zu fürchten. So blickte der gejagte und in seinem eigenen Haus von Verrätern belagerte David nur auf Gott und triumphierte über seine Feinde.

Zum Nachdenken: Jeder Heilige darf sich auf Gott berufen als den Gott jeder Gnade, die er nötig hat. (John Hill)

11. Mai

Psalm 59,15-18

Weitere Lesung: 1. Samuel 19,18-24

Hier wird Vers 7 wiederholt, als ob der Sänger seine Feinde verspottet und in dem Bewusstsein der Nutzlosigkeit ihrer Suche schwelgt und ihrer Bosheit, ihrer Enttäuschung, ihrer Wut, ihrer mangelhaften Wachsamkeit und ihrer verschwendeten Anstrengung spottet. Er lacht bei dem Gedanken, dass die ganze Stadt bald wissen würde, wie sie hinters Licht geführt wurden, und wie man überall in Israel die Geschichte von dem Götzenbild im Bett und dem Geflecht von Ziegenhaar erzählen wird. Nichts erregte im Morgenland größeres Vergnügen als Geschichten, in denen ein Listiger überlistet wurde, und durch nichts machte sich ein Mann lächerlicher, als wenn er von einer Frau hereingelegt wurde, wie in diesem Fall Saul und seine schäbigen Günstlinge. Der Krieger-Poet kann sich das Wutgeheul im Rat der Feinde vorstellen, als sie feststellten, dass ihr Opfer ohne Schaden ihrer Hand entronnen war.

Welch ein gesegneter Morgen wird bald für die Gerechten anbrechen, und welch ein Lied werden sie singen! Söhne des Morgens, ihr mögt heute Abend seufzen; doch wird euch die Freude auf den Flügeln der Morgenröte erscheinen. Stimmt jetzt schon eure Harfen; denn das Zeichen, mit der Musik der Ewigkeit zu beginnen, wird bald gegeben werden. Der Morgen kommt, und die Sonne wird nie mehr untergehen. Das Lied gilt Gott allein, und es ist eins, das niemand singen kann als nur solche, die die Gnade ihres Gottes erfahren haben. Im Rückblick auf eine Vergangenheit voller Gnade werden die Heiligen den Herrn von ganzem Herzen preisen und sich Seiner rühmen als der hohen Festung ihrer Sicherheit. Je stärker unsere gegenwärtige Drangsal, umso lauter wird einmal unser Lied sein

Psalm 59,15-18

und umso intensiver unsere dankbare Freude. Hätten wir keine Trübsaltage erlebt, wofür sollten wir rückblickend dankbar sein? Dass Sauls Bluthunde David in der Falle hatten, schaffte eine Gelegenheit göttlichen Eingreifens und darum auch triumphierenden Lobgesangs.

Kraft wurde durch Kraft überwunden, nicht durch die Kühnheit des Helden selbst, sondern allein durch die Macht Gottes. Seht, wie sich der Sänger mit der Allmacht Gottes umgürtet und sie im Glauben sein Eigen nennt! Schön ist das Lied der Erfahrung; aber es gebührt Gott allein. Auch nicht eine verlorene Note ist für den Menschen, für das eigene Ich und für menschliche Helfer bestimmt. In voller Gewissheit beansprucht er den Unendlichen als Besitz und als seinen Schutz und seine Sicherheit. Er sieht Gott in allem, und Ihm gehört alles. Die Gnade wird ihm groß und deutlich und vielfältig erkennbar, und er empfindet seine Unwürdigkeit, doch steht ihm völlig ungestörte Sicherheit zur Verfügung, die niemand überwinden kann. Er fühlt sich nämlich in der göttlichen Bewahrung sicher. O, welch ein wunderschönes Lied! Meine Seele möchte es jetzt singen und alle Hunde der Hölle damit verspotten. Fort mit euch, Feinde meiner Seele! Der Gott meiner Gnade wird euch mir vom Leibe halten!

Zum Nachdenken: Lieber Leser, hüte dich vor solchen Sünden und pflege einen Geist lebendiger Anbetung, damit, anstatt dein Teil dort zu bekommen, wo Weinen, Heulen und Zähneknirschen ist, du dem Gott deiner Rettung ewig singen mögest. (Benjamin Boothroyd)

12. Mai

Psalm 60,1-7

Weitere Lesung: 2. Samuel 1,17-27

Vor den Tagen Sauls war Israel sehr gering geworden, und während seiner Regierung wurde es von inneren Zwistigkeiten erschüttert, dann endete seine Herrschaft mit jener schauerlichen Katastrophe auf den Höhen von Gilboa. David sah sich selbst als Inhaber eines wankenden Throns, der durch zwei Übel gleichzeitig bedroht war: Zwietracht von innen und Invasion von außen. Er führte sofort das Unglück auf seine wahren Wurzeln zurück und fing bei der Quelle an. Er besaß die Klugheit, die aus der Frömmigkeit erwächst und am Ende das Weiseste und Richtigste ist. Er wusste: Das Missfallen des Herrn hatte das Elend über das Volk gebracht, und er ging mit ernstem Gebet daran, dieses Missfallen zu beseitigen.

David erkennt sehr deutlich die Früchte des göttlichen Zorns. Er führt die Flucht der Kämpfer Israels, die Erschütterungen im ganzen Land und dessen politische Zerrissenheit auf die Hand Gottes zurück. Was auch immer in zweiter Linie diese Katastrophen verursacht hatte – immer sieht er die Hand des Herrn als den auslösenden Anlass und fleht wegen dieser Angelegenheit zu Ihm. Israel glich einer Stadt mit einer durchbrochenen Mauer, weil ihr Gott ihr zürnte. An den ersten Versen mit ihrem niederschmetternden Bekenntnis kann man die Größe seines Glaubens ermessen, der sich in den folgenden Versen besserer Tage rühmt, weil der Herr sich wieder in Gnaden zu Seinem Volk wenden wird. Es war nötiger, dass sich Gott wieder zu ihnen wandte, als dass die Soldaten mutiger oder Joab und die anderen Offiziere klüger wurden. »Gott mit uns« ist wichtiger als starke Bataillone. Gottes Missfallen ist schlimmer als alle Edomiter, die je ins Salztal eingefallen sind, oder als alle Teufel,

Psalm 60,1-7

die der Gemeinde widerstanden haben. Kehrt sich der Herr zu uns, was kümmern uns dann die Syrer von Mesopotamien oder der Tod oder die Hölle? Zieht Er aber Seine Gegenwart zurück, erzittern wir, wenn ein Blatt zu Boden fällt.

Im sechsten Vers klingt ein neuer Ton an. Der Herr hat Seine Knechte zu sich zurückgerufen und sie zu Seinem Dienst bestimmt. Dazu gab Er ihnen ein neues Feldzeichen, das sie im Kampf vorantragen sollten. Ihre Anfechtungen führten sie dazu, heilige Furcht zu zeigen, doch weil sie dadurch für die Gunst des Herrn empfangsbereit waren, gab Er ihnen eine Fahne, um die sie sich als Heer scharen sollten. Sie war der Beweis dafür, dass Er sie in den Kampf geschickt hatte, und garantierte ihnen den Sieg. Mit der Fahne werden gewöhnlich die Tapfersten betraut, und es ist gewiss, dass solche, die Gott fürchten, weniger Menschenfurcht haben als andere. Der Herr hat uns die Fahne des Evangeliums gegeben. Lasst uns sie hoch halten und, falls nötig, für sie sterben, um sie zu verteidigen! Unser Recht, für den Herrn zu kämpfen, und unser Grund, weshalb wir den Sieg erwarten, liegen in der Tatsache begründet, dass der Glaube einmal den Heiligen überliefert wurde, und das von dem Herrn selbst.

Zum Nachdenken: Gott wird gewiss Sein eigenes Land pflügen, was immer aus dem übrigen werden mag; und Er wird Seinen eigenen Garten jäten, wenn auch der Rest der Welt sich selbst und dem Wildwuchs überlassen bleibt. (John Trapp)

13. Mai

Psalm 60,8-14

Weitere Lesung: 2. Samuel 8,3-14

Der Glaube fühlt sich nie glücklicher, als wenn er sich auf die Verheißungen Gottes berufen kann. Diese stellt er allen entmutigenden Umständen entgegen. Mag die Zukunft noch so düster erscheinen, die Stimme eines getreuen Gottes übertönt alle anderen Klänge und trocknet alle Tränen. Gott hatte Israel Sieg und David das Königtum verheißen. Die Heiligkeit Gottes versicherte sie der Erfüllung Seiner eigenen Bundeszusagen, und darum redete der König so zuversichtlich. Das gute Land war den zwölf Stämmen sicher, und zwar nach der dem Abraham gemachten Verheißung, und die göttliche Zusage war eine überreiche Garantie für den Glauben, dass Israels Heere im Kampf siegreich sein würden. Ihr Gläubigen, macht reichlichen Gebrauch davon, jagt den Zweifel fort und haltet an den Verheißungen fest!

Wenn Gott gesprochen hat, wird Sein göttliches »Es wird geschehen« zu unserem »Ich werde es erfahren«. Das ist kein eitles Prahlen, sondern das richtige Echo auf die Ankündigungen des Herrn. Ihr Gläubigen, steht auf und nehmt die Bundesgnaden in Besitz! Lasst weder kanaanitische Zweifel noch Gesetzlichkeit euch von eurem Erbteil der Gnade fern halten. Lebt euren Vorrechten entsprechend, nehmt das Gute an, das Gott für euch bereitet hat. Ach, stolzes Philistäa, wo ist all dein Rühmen? Wo dein hoher Blick und die angedrohten Eroberungen? So dürfen wir auch den letzten Feind verspotten: »Wo ist, o Tod, dein Sieg? Wo ist, o Tod, dein Stachel?« So gänzlich hoffnungslos steht es um die Hölle, wenn der Herr in die Schlacht eingreift, dass selbst die schwächste Tochter Zions ihr Haupt über den Feind schütteln und ihn unter Lachen verspotten mag. Wie herrlich

Psalm 60,8-14

ist das Rühmen des Glaubens! Kein Körnchen Prahlerei ist daran, und doch kann niemand diesen heiligen Triumphgesang dämpfen. Wenn der Herr Verheißungen gibt, wollen wir nicht träge sein, darüber zu jubeln und uns dessen zu rühmen.

Die Züchtigungen Gottes sind unsere einzige Hoffnung. Er liebt uns immer noch. Für einen Augenblick verlässt Er uns; aber in großer Gnade sammelt Er Sein Volk wieder. Er ist stark im Zerschmettern, aber auch stark im Erretten. Er, der bewies, wie nötig wir Ihn haben, indem Er uns zeigte, welch arme Geschöpfe wir ohne Ihn sind, wird jetzt die Herrlichkeit Seiner Hilfe offenbaren, indem Er für ein hohes Ziel Großes vollbringt. Von Gott geht alle Macht aus, und alles, was wir gut machen, geschieht durch göttliche Einwirkung, und doch müssen wir als Soldaten des Großen Königs kämpfen, und zwar tapfer. Göttliches Tun ist keine Entschuldigung für menschliche Untätigkeit, sondern vielmehr die beste Anregung zu mutigem Einsatz. Wie uns in der Vergangenheit geholfen wurde, so wird uns auch in der Zukunft geholfen werden, und weil wir dessen sicher sind, haben wir uns fest entschlossen, unseren Mann zu stehen. Der Herr ist mit uns, die Allmacht stützt uns, und wir wollen nicht zögern; wir wagen es nicht, feige zu sein. Ach, so komme unser König, der wahre David, doch auf die Erde, weil doch das Reich des Herrn und Er der Herrscher unter den Nationen ist!

Zum Nachdenken: Solange wir auf Sichtbares und auf Vernunftgründe setzen, haben weder Glaube noch Hoffnung wirklich Platz; ausreichende menschliche Hilfsmittel stellen die Gnade nicht auf die Probe; die Kraft des Glaubens zeigt sich erst, wenn all diese weggefallen sind. (William Struther)

14. Mai

Psalm 61,1-5

Weitere Lesung: 2. Samuel 21,15-22

David war in schrecklicher Bedrängnis; er rief, er erhob seine Stimme zu Gott. Aber er war durchaus nicht damit zufrieden, seiner Not Ausdruck verliehen und seinen Kummer ausgesprochen zu haben. Nein, er will tatsächlich eine Audienz im Himmel erreichen und als Ergebnis deutliche Hilfe sehen. Pharisäer mögen mit ihrem Beten als solchem zufrieden sein; wahre Gläubige verlangen nach einer Antwort. Ritualisten mögen zufrieden sein, wenn sie ihre Litaneien und formalen Gebete gesungen oder hergesagt haben; aber lebendige Kinder Gottes werden nie Ruhe geben, bis ihr Flehen die Ohren Gottes, des Herrn der Heerscharen, erreicht hat.
Beachtet, dass David nicht einmal im Traum eingefallen ist, irgendeinen anderen Gott zu suchen. Er hatte nicht die Vorstellung, der Herrschaftsbereich des HERRN sei räumlich begrenzt. David befand sich am Ende des verheißenen Landes; aber er wusste sich noch immer auf dem Gebiet des Großen Königs; nur an Ihn richtet er seine Bitten. Es ist schwer zu beten, wenn das Herz kurz vor dem Ertrinken ist, doch begnadete Menschen beten dann am besten. Drangsale bringen uns zu Gott und bringen Gott zu uns. Die größten Triumphe feiert der Glaube in seinen schwersten Anfechtungen. Achtet darauf, wie der Psalmist mit dem Herrn redet – so, als wüsste er, dass Er hört. Darum war er entschlossen, sich auf Ihn zu verlassen. Wenn wir in großem Leid stecken, mag unser Gebet einer Aufforderung an einen weit entfernten Freund gleichen; aber tief in unserem Inneren flüstert unser Glaube leise mit dem Herrn wie zu jemandem, der uns jetzt, im Augenblick, helfen kann.

Psalm 61,1-5

Wie unendlich viel höher ist Gottes Rettung als wir selbst. Wir sind ärmlich und kriechen am Boden; sie aber überragt uns weit wie eine steile Klippe. Das ist ihre Herrlichkeit und unser Entzücken, wenn wir erst den Felsen erstiegen haben und unseren Anteil daran beanspruchen. Solange wir noch verzagte Suchende sind, erschreckt uns die Herrlichkeit und Erhabenheit der Errettung, und wir fühlen uns nicht würdig, ihrer teilhaftig zu werden. Dadurch werden wir dazu gebracht, um Gnade und immer wieder um Gnade zu flehen und zu erkennen, wie ganz und gar abhängig wir nicht nur von dem Erretter sind, sondern auch von der Kraft, an Ihn glauben zu können.

Wer mit Gott Umgang pflegt, ist immer zu Hause. Solch ein Mensch merkt, wie ihn die göttliche Allgegenwart umgibt. Sein Glaube sieht, wie rings um ihn her alles zu dem Palast des Großen Königs gehört, in dem er mit jubelnder Sicherheit und überschwänglichem Glück einhergeht. Wie glücklich sind die Hausdiener, die nicht aus Seiner Gegenwart weichen. Holzstapel und Wassereimer in den Zelten des HERRN sind mehr zu beneiden als Fürsten, die sich in königlichen Festzelten ergötzen. Das Beste von allem ist, dass unser Aufenthalt bei Gott nicht auf eine begrenzte Zeit beschränkt ist, sondern ewig währt, tatsächlich von Ewigkeit zu Ewigkeit. Das ist unser höchstes und wahrhaft himmlisches Vorrecht.

Zum Nachdenken: Das große Werk des Glaubens ist es, aus der Ferne zu Gott zu schreien, wenn man sich fürchtet, Er möge an der nächsten Ecke gänzlich den Blicken entschwinden. (John Owen)

15. Mai

Psalm 61,6-9

Weitere Lesung: 5. Mose 17,14-20

An die Beweise göttlicher Treue sollen wir uns erinnern und von ihnen zu Gottes Ehre reden. Das Gebet in Vers 2 ist sich wegen der Erfahrung von Vers 6 der Erhörung sicher; wir haben es ja mit einem unwandelbaren Gott zu tun.

Wir wurden zu Erben, zu Gemeinschaftserben mit allen Heiligen gemacht, zu Teilhabern desselben Segens. Darüber sollten wir uns freuen. Wenn wir leiden, gehört das zum Erbteil der Heiligen; werden wir verfolgt, geraten wir in Armut oder Versuchung, so ist das in den Rechtsansprüchen des Erbteils der Auserwählten enthalten. Wenn es zu unserem Heil gehört, wollen wir es gern annehmen. Wir haben dasselbe Erbteil wie der Erstgeborene selbst, was können wir uns Besseres vorstellen? Heilige werden als solche beschrieben, die den Namen Gottes fürchten; sie sind ehrfurchtsvolle Anbeter; sie wagen es nicht, Ihn zu beleidigen; sie empfinden ihr eigenes Nichtssein im Vergleich zu dem grenzenlosen Gott. Mit solchen Leuten dasselbe Los zu teilen, von Gott mit derselben Gunst behandelt zu werden, ist Grund zu endloser Dankbarkeit. Alle Vorrechte aller Heiligen sind auch das Vorrecht jedes einzelnen Heiligen.

David erfreute sich trotz der vielen Gefahren einer langen und erfolgreichen Regierung. Er lebte so lange, dass er Kinder und Kindeskinder persönlich sehen konnte; in seinen Nachkommen lebte er noch für lange Zeit als König fort; denn seine Dynastie bestand viele Generationen lang, und in Christus Jesus, seinem Nachkommen und Sohn, regiert David geistlich betrachtet bis in Ewigkeit. So wurde der, welcher am Fuß des Felsens mehr tot als lebendig begann, hier auf den Gipfel geführt, wo er ein Lied anstimmt als Priester, der immer im Tempel ver-

Psalm 61,6-9

bleibt, und als König, der mit Gott auf ewig regiert, und als Prophet, der gute Dinge voraussagt. Des Königs »Jahre mögen sein von Geschlecht zu Geschlecht«. Das gilt im übertragenen Sinn auch für David, wir wollen es aber lieber auf den Herrn Jesus anwenden, den direkten Nachfahren Davids und den Vertreter seines königlichen Geschlechts. Jesus wurde für ewig von Gott auf den Thron gesetzt; darin liegt unsere Sicherheit, Würde und Freude. Wir herrschen mit Ihm; in Ihm wurde uns allen zusammen ein Platz in den Himmeln bereitet. Davids persönlicher Anspruch, immer König zu bleiben, ist nur eine Vorausschau auf das uns offenbarte Vorrecht für alle Gläubigen. Wie die Menschen rufen: »Es lebe der König!«, so jubeln wir mit lautem Beifall unserem Immanuel auf dem Thron zu und rufen: »Bestelle Gnade und Treue, dass sie Ihn behüten!« Ewige Liebe und unwandelbare Treue sind die Thronwächter Jesu, und sie sind auch die Zubereiter und Bewahrer all derer, die in Ihm für Gott zu Königen und Priestern gemacht wurden. Wir können uns selbst nicht bewahren, und nichts als Gottes Gnade und Wahrheit vermag es zu tun. Aber diese beiden können und werden es schaffen, und nicht der Geringste aus Gottes Volk wird verloren gehen können.

Zum Nachdenken: Hier sagt David den ununterbrochenen Fortbestand des Reiches bis zu den Tagen Christi voraus. (Johannes Calvin)

16. Mai

Psalm 62,1-5

Weitere Lesung: Jesaja 30,8-14

Der Glaube, der auf Gott allein ruht, ist der allein wahre Glaube; ein Vertrauen, das sich nur teilweise auf den Herrn verlässt, ist ein nutzloses Vertrauen. Die rechte Haltung des Glaubens ist, auf Gott und Sein Handeln zu warten. Das zu tun, zeigt wahre Ernsthaftigkeit, und nur auf Ihn zu warten, ist geistliche Keuschheit. Im Original heißt es: »Nur zu Gott ist meine Seele stille.« Nur die Gegenwart Gottes konnte sein Herz überwältigen zu Stille, Unterwerfung, Ruhe und Ergebung; und wenn dies alles empfunden wird, durchbricht kein rebellisches Wort dieses friedliche Schweigen. Die Redensart »Reden ist Silber, Schweigen ist Gold« ist in solchem Fall mehr als wahr. Keine noch so große Beredsamkeit ist auch nur halb so bedeutungsvoll wie das geduldige Schweigen eines Gotteskindes. Es ist ein bedeutsames Werk der Gnade, wenn man den Willen bezwingt und die Gefühle in einem solchen Maße beherrscht, dass unser ganzes Herz vor dem Herrn wie ein See unter dem Wind liegt, der jederzeit bereit ist, sich von jedem Hauch Seines Mundes bewegen zu lassen, doch von jeder inneren, selbst verursachten Bewegung frei ist und sich auch von keiner äußeren Kraft antreiben lässt, außer von dem göttlichen Willen. Wenn das Warten auf Gott Anbetung ist, bedeutet das Warten auf Geschöpfe Götzendienst. Wenn das Warten auf Gott allein wahrer Glaube ist, muss der Versuch, Ihn mit einem »fleischlichen Arm« in Verbindung zu bringen, dreister Unglaube genannt werden.
Es ist immer das Beste, mit Gott anzufangen, dann mögen wir auf die Feinde losgehen. Mach alles klar mit dem Himmel, dann kannst du dich mit Erde und Hölle befassen. Es ist erstaunlich, dass die Menschen nur allzu gern an ihrem unnützen und sün-

Psalm 62,1-5

digen Treiben festhalten wollen, während das Ausharren in der Gnade so schwierig, ja, unmöglich ist, wenn Gott uns nicht zu Hilfe kommt. Die Ausdauer jener, die dem Volk Gottes widerstehen, ist so eigenartig zäh, dass man wohl mit allen Heiligen ausrufen muss: »Wie lange wollt ... ihr morden, ihr alle?«

Die Vollkommenheit der Gerechten ist den Gottlosen verhasst und der Hauptgrund für ihre Wut. Dass Gott die Frommen oder ihren Ruf durch Seine Vorsehung heraushebt, erregt ebenfalls den Neid dieser schäbigen Leute, und so setzen sie alles daran, sie auf ihr Niveau herunterzuziehen. Beachtet, wie sich die Bosheit auf einen einzigen Punkt konzentriert. Das wird der Haltung der Begnadeten gegenübergestellt, die auch nur einen Punkt haben, auf den sie ihr Vertrauen richten – auf den Herrn. Wenn die Gottlosen nur das Werk der Gnade in uns zerstören könnten, wären sie zufrieden. Unseren Charakter zu verderben und unseren Einfluss auszuschalten, ist der Gegenstand ihres Planens.

Zum Nachdenken: Die Gnade verleiht dem Herzen Gelassenheit gegenüber allen Dingen, außer gegenüber Gott. (Alexander Carmichael)

17. Mai

Psalm 62,6-13

Weitere Lesung: Lukas 12,13-21

Die Seele neigt dazu, sich von ihrem Anker lösen zu lassen, oder sie ist leicht versucht, eine zweite Zuversicht dem einzigen und sicheren Grund des Vertrauens hinzuzufügen. Darum müssen wir uns aufwecken, damit wir die heilige Stellung behaupten, die wir anfangs einnehmen konnten. Wir erwarten etwas von Gott, weil wir Ihm glauben. Erwartung ist das Kind von Gebet und Glauben und wird von dem Herrn als annehmbare Gabe anerkannt. Wir sollten nichts begehren als das, was vor Gott wohlgefällig ist, uns zu geben; dann erwarten wir alles nur von Gott. Und in Bezug auf wahrhaft gute Dinge sollten wir nicht nach einer zweitrangigen Quelle blicken, sondern nur auf Ihn schauen, und dadurch erwarten wir wieder alles nur von Ihm. Die leeren Hoffnungen auf Weltmenschen erfüllen sich nicht; sie versprechen, aber können es nicht einhalten; was wir dagegen erwarten, ist schon unterwegs und wird zur rechten Zeit eintreffen und unsere Hoffnungen bestätigen. Glückselig ist der Mensch, der begreift, dass alles, was er wünscht, alles, was er erwartet, in seinem Gott zu finden ist. Einen unsterblichen Geist beständig auf die Betrachtung vergänglicher Dinge hinabzubeugen, ist außerordentlich töricht. Sollten solche, die den Herrn ihre Herrlichkeit nennen, sich des Sandes der Erde rühmen? Sollte das Bild und die Inschrift des Kaisers sie der Gemeinschaft mit dem berauben, der das Bild des unsichtbaren Gottes ist? Wie wir uns nicht auf Menschen verlassen dürfen, so dürfen wir unsere Zuversicht auch nicht auf das Geld setzen. Wohlstand und Ansehen sind nichts als Schaum auf den Wogen. Aller Reichtum, alle Ehre, die die gesamte Welt bieten könnte,

Psalm 62,6-13

wäre ein zu schwacher Faden, um damit das Glück einer unsterblichen Seele festzuhalten.

Wessen sollten wir uns rühmen, wenn nicht dessen, der uns rettet? Unsere Ehre ist bei dem gut aufgehoben, der unsere Seele in Sicherheit bringt. Alles in Gott zu finden und sich dessen zu rühmen, dass dies so ist, ist eins der sicheren Kennzeichen einer erleuchteten Seele. Beachtet, wie der Psalmist seine eigenen Initialen jedem Namen einbrennt, den er mit Freuden seinem Gott gibt: meine Hoffnung, mein Fels, meine Hilfe, meine Ehre, mein Schutz und meine Zuflucht. Er gibt sich nicht damit zufrieden, dass Gott dies alles ist, er handelt Ihm gegenüber im Glauben und nimmt Ihn in jeder Beziehung in Besitz. Es ist das Wörtchen »mein«, das den Honig in die Wabe bringt. Wenn unsere Erfahrung uns noch nicht dahin gebracht hat, den Herrn unter all diesen tröstlichen Titeln zu entdecken, müssen wir um die Gnade bitten, auch Teilhaber an deren wunderbaren Schönheit zu werden. Die Bienen dringen auf verschiedene Weise in die Blüten ein, um ihren Nektar zu sammeln; es muss ihnen nicht leicht fallen, in die verschlossenen Kelche zu gelangen und in die fast verschlossenen Behälter ihrer Lieblingsblumen einzudringen, doch die Honigsammlerinnen finden einen Weg. Darin sind sie unsere Lehrmeisterinnen; denn zu jedem kostbaren Namen, Wesenszug und Amt unseres Bundesgottes muss unser Glaube einen Zugang finden, und aus jedem muss er Glückseligkeit gewinnen.

Zum Nachdenken: Seht zu, dass ihr vom Geld kein Glück erwartet noch von irgendetwas, was man dafür kaufen kann; gebt auch nicht den Begierden des Fleisches nach noch der Lust der Augen oder dem Hochmut des Lebens. (John Wesley)

18. Mai

Psalm 63,1-6

Weitere Lesung: 1. Samuel 23,14-23

Die offene, klare Sprache des Anfangssatzes stände den Christen weit besser an als die furchtsamen und zweifelnden Ausdrücke, die unter Gläubigen oft üblich sind. Besitz erweckt Verlangen. Volle Sicherheit behindert nicht den Eifer, sondern ist dessen Haupttriebfeder. Wie könnte ich den Gott eines anderen suchen? Aber wegen meines glühenden Verlangens suche ich nach dem, von dem ich weiß, dass Er mir gehört. Beachtet den Eifer, wenn er sagt: »*Frühe* suche ich Dich!« (so unrev. Elberfelder und KJV). Er will nicht bis Mittag warten, oder bis zum Abend; er ist früh unterwegs, um seinem Gott zu begegnen. Gemeinschaft mit Gott ist etwas so Schönes, dass man die Kühle des Morgens vergisst und den Luxus des Bettes verachtet. Der Morgen ist die Zeit des Taus und der Frische, und der Psalmist weiht sie dem Gebet und der hingegebenen Nachfolge. Die Besten waren zu solcher Zeit stets auf den Knien. Das Wort »früh« spricht nicht nur von der Morgenzeit, sondern auch von Eifer und Unmittelbarkeit. Wer nach Gott verlangt, verlangt jetzt nach Ihm. Heiliges Begehren gehört zu den stärksten Einflüssen, die unser Innerstes aufrühren; darum auch der folgende Satz: »Es dürstet nach Dir meine Seele.« Durst ist das unstillbare Verlangen nach dem, was für unser Leben am nötigsten ist. Mit dem Durst kann man nicht diskutieren, man kann ihn nicht vergessen, ihn nicht unbeachtet lassen, ihn nicht mit stoischer Gleichgültigkeit überwinden. Durst verlangt nach Erhörung; der ganze Mensch muss sich seiner Macht unterwerfen. So geht es auch mit dem göttlichen Verlangen, das die Gnade in wiedergeborenen Menschen schafft; nur Gott allein kann das Lechzen der Seele stillen, die wirklich vom Heiligen Geist erfasst wurde.

Psalm 63,1-6

Ihn verlangte nicht so sehr, das Heiligtum zu sehen, als vielmehr seinen Gott; er blickte durch den Vorhang der Zeremonien auf den Unsichtbaren. Sein Herz war mit Hilfe des äußerlichen Gottesdienstes oft durch die Gemeinschaft mit Gott erfreut worden, und nach diesen großartigen Segnungen verlangt ihn aufs Neue, denn es ist der größte Kummer eines Christen auf Erden, die bewusste Gegenwart des Gottes zu verlieren, der mit ihm einen Bund geschlossen hat. Unser Elend ist, dass wir so wenig nach diesen erhabenen Dingen und so viel nach den lächerlichen Spielsachen der Welt und der Gefühle dürsten. Wir befinden uns tatsächlich dauernd in dürrem Land; denn dies ist nicht unser Ruheort. Erstaunlich ist, dass Gläubige nicht beständiger nach ihrem Erbteil verlangen, das weit hinter jenem Fluss liegt, dort, wo sie nicht mehr dürsten und nicht mehr hungern, sondern das Angesicht ihres Gottes schauen und Sein Name an ihren Stirnen geschrieben steht. David hatte keinen Durst nach Wasser oder nach irgendetwas Irdischem, nur nach geistlichen Offenbarungen. Das Anschauen Gottes genügte ihm; aber auch nichts Geringeres hätte ihn befriedigt. Welch ein großer Freund ist das, dessen bloßes Anschauen solchen Trost bedeutet! O, meine Seele, ahme den Psalmisten nach, lass dein Begehren auf das höchste Gut gerichtet sein – sich nach Gott zu sehnen und selbst in Ewigkeit keine größere Freude zu haben.

Zum Nachdenken: Es gibt in dem barmherzigen Gott und in der Gemeinschaft mit Ihm etwas, was der Seele Überfluss gibt; und es gibt etwas in der begnadeten Seele, was in Gott und in der Gemeinschaft mit Ihm alles findet. (Matthew Henry)

19. Mai

Psalm 63,7-12

Weitere Lesung: 1. Samuel 23,24-29

Die Nacht passt mit ihrer Stille und Dunkelheit so recht zu einer Seele, die die Welt vergessen und sich in höhere Sphären aufschwingen will. Lässt man sich von dem erhabensten aller Themen gefangen nehmen, gleiten die sonst mühseligen Wachstunden viel zu schnell dahin. Dadurch bietet das einsame, harte Bett höchst erquickliche Erholung, ja, mehr Erholung noch als der Schlaf selbst. Wir lesen von Lagern aus Elfenbein; aber Lager aus Frömmigkeit sind weit besser. Manche feiern in der Nacht; aber sie sind nicht ein Zehntel so glücklich wie solche, die über Gott nachsinnen.

Das Nachdenken hat das Gedächtnis des Gläubigen aufgefrischt und ihn an frühere Befreiungen erinnert. Es wäre gut, unsere eigenen Tagebücher häufiger zu lesen, insbesondere wo wir von der helfenden Hand des Herrn im Leiden, bei großen Mühen oder in unserem Versagen berichtet haben. Das ist ein großartiger Gebrauch unseres Gedächtnisses; denn dadurch statten wir uns mit Beweisen für die Treue des Herrn aus und bringen uns auf dem Weg zu immer stärkerem Vertrauen voran. Wir folgen dann dem Herrn dicht auf den Fersen, weil wir mit Ihm eins sind. Wer könnte uns von Seiner Liebe scheiden? Wenn wir auch nicht mit Ihm Schritt halten können, wollen wir Ihm doch mit aller Kraft nachfolgen, die Er uns gibt, und ernsthaft danach ringen, Ihn zu erreichen und bei Ihm, in Seiner Gemeinschaft, zu bleiben. Die göttliche Kraft, von der in diesem und den folgenden Psalmen so oft die Rede ist, wird hier als Grund bezeichnet, warum Menschen an Gott hängen. Wie stark sind wir doch, wenn der Herr in uns durch Seine Rechte wirkt, und wie gänzlich hilflos, wenn Er Seine Unterstützung zurückhält!

Psalm 63,7-12

Genauso ernst, wie David Gott suchte, trachteten Menschen ganz anderen Schlages danach, den Psalmisten mit aller Kraft zu verderben. Von ihnen spricht er in Vers 10. Sie hatten es auf sein Leben abgesehen, auf seine Ehre und sein Wohlergehen. Das alles wollten sie nicht nur beschädigen, sondern gänzlich zugrunde richten. Der Teufel ist ein Verderber, und all seine Brut giert danach, gleiches Unheil zu stiften. Wie er sich durch seine tückischen Anschläge selbst eine Grube schaufelte, so machen sie es auch. Verderber werden verderben. Wer Seelen jagt, wird selbst zum Opfer. Sie werden in die Gruben fallen, die sie für andere gegraben haben. Der Totschläger wird erschlagen, und das Grab wird ihn bedecken. Die Hölle, die sie bei ihrem Fluchen über andere bringen wollten, wird über ihnen ihren Mund verschließen. Jeder gegen die Frommen gerichtete Schlag wird auf die Verfolger zurückprallen; und wer einen Gläubigen quält, treibt einen Nagel in seinen eigenen Sarg.

Die Thronräuber werden vergehen, aber David wird aufblühen, und sein Wohlergehen wird überall als Gabe Gottes verstanden werden. Der Gesalbte des Herrn wird es nicht an freudigen Dankopfern fehlen lassen; sein fest gesicherter Thron wird die Oberherrschaft des Königs der Könige anerkennen, und er wird sich allein seines Gottes rühmen.

Zum Nachdenken: Wenn ein guter Mensch sehr viel von Gott weiß und sich Seiner rühmt, will er noch mehr von Ihm wissen. (Benjamin Beddome)

20. Mai

Psalm 64,1-7

Weitere Lesung: 2. Mose 14,10-18

Oft hilft es uns bei unserer Andacht, wenn wir unsere Stimme gebrauchen und hörbar sprechen können; aber auch ein nur gedachtes Gebet hat bei Gott eine Stimme, die Er vernimmt. Wir lesen nicht, dass Mose mit seinen Lippen am Roten Meer gesprochen hat, und doch sagte der Herr zu ihm:»Was schreist du zu Mir?« Hier auf Erden nicht vernehmbare Gebete mögen zu den im Himmel am besten verstandenen gehören. Es ist unsere Pflicht, daran zu erinnern, wie stetig David sich zum Gebet wendet; es ist seine Streitaxt und seine wichtigste Kriegswaffe; er braucht es in jeder Notlage, einerlei, ob sie durch die inwendige Sünde oder durch den äußerlichen Zorn, durch feindliche Invasionen oder durch eine Palastrevolution hervorgerufen wurde. Wir handeln weise, wenn wir das Gebet zu Gott zu unserer ersten und vertrauenswürdigsten Hilfsquelle in jeder Notsituation machen. David hatte nur diese eine Hilfe gegen die zwiefachen Waffen des Feindes. Als Verteidigung gegen Schwert und Pfeil benutzte er den einen Schild des Glaubens an Gott. Alle unsere Gebetsopfer sollten wir mit dem Salz des Glaubens darbringen.

Verleumdung war immer die Hauptwaffe der Feinde des Frommen, und die Boshaften geben sich alle Mühe, diese Waffe wirkungsvoll einzusetzen. Wie Krieger ihre Schwerter schärfen, damit die Schneide tief und unheilbar verwunden kann, so erfinden diese Gewissenlosen Falschheiten, die dazu berechnet sind, möglichst stark wehzutun, den guten Ruf zu zerstören und die Ehre des Gerechten in den Schmutz zu ziehen. Was würden ihre bösen Zungen nicht sagen mögen? Welches Elend möchten sie nicht anrichten?

Psalm 64,1-7

Böse Menschen sind häufig schlau genug, uns zu täuschen, uns gefällig zu sein, damit sie uns ruinieren können, zu schmeicheln, um uns in Kürze zu verschlingen, und ihre Knie vor uns zu beugen, um uns letztlich unter ihren Füßen zu zertreten. Wer mit der Schlangenbrut zu tun hat, hat die Weisheit von oben bitter nötig. Das Otterngeschlecht dreht und krümmt und windet und schlängelt sich, doch immerfort haben sie ihre Absichten im Auge und gehen zielstrebig darauf los, während sie spazieren zu gehen scheinen. Wie sehr gefährdet ist doch die Stellung des Gläubigen, und wie einfach kann er überwunden werden, wenn er sich selbst überlassen bleibt. So klagt die Vernunft, und so jammert der Unglaube. Tritt der Glaube auf den Plan, erkennen wir, dass alle Heiligen selbst in all diesem immer noch ganz sicher sind; denn sie befinden sich in Gottes Hand. Es ist etwas Gutes, bösartige Feinde zu überwinden; aber noch besser ist es, nicht in Konflikte mit ihnen verwickelt zu werden, indem man vor dem Streit bewahrt bleibt. Der Herr weiß, Seinem Volk Frieden zu geben, und wenn Er ihm Ruhe verschaffen will, kann Er mit allen Unruhestiftern fertig werden. Er vermag ihre tief geheimen Pläne genauso zunichte zu machen wie ihre offenen Feindseligkeiten.

Zum Nachdenken: Die niederträchtigsten Waffen der Gottlosen sind Worte; aber das Wort Gottes ist die Hauptwaffe des Heiligen Geistes. (›J.L.K.‹)

21. Mai

Psalm 64,8-11

Weitere Lesung: Jeremia 50,21-28

»Die Rache ist Mein, Ich will vergelten«, spricht der Herr. Die Gerechten brauchen die Kunst der Selbstverteidigung oder des Angriffs nicht zu erlernen. Ihre Rache ist in besseren Händen als in den ihren. Ein Pfeil des Herrn reicht aus; denn er verfehlt niemals sein Ziel. Dann wendet sich das Blatt, und Er schlägt Seine Feinde mit ihren eigenen Waffen. Sie wollten die Heiligen überrumpeln, doch siehe da, sie selbst wurden überrascht; sie wollten tödlich verwunden und wurden selbst mit Wunden geschlagen, die niemand heilen kann. Während sie ihren Bogen spannten, hielt der große Herr Seinen Bogen schon bereit und ließ den Pfeil fliegen, als sie noch gar nicht mit einem so schonungslosen Boten der Gerechtigkeit gerechnet hatten.

Aus Angst vor ihrem Untergang werden sich alle früheren Freunde weit von ihnen entfernen, damit sie nicht mit ihnen umkommen. Wer möchte gern nahe bei Herodes sitzen, während ihn die Würmer fressen, oder auf dem Wagen des Pharao sein, wenn die Wogen über ihm zusammenschlagen? Alle, die sich um einen mächtigen Verfolger scharten, sich zu seinen Füßen krümmten, sind die Ersten, die ihn am Tag des Zorns verlassen. Wer will dir in dem brodelnden Feuersee Gesellschaft leisten? Jeder Mensch wird bei den gerechten Gerichten Gottes so mit Schrecken erfüllt sein wie die Kanaaniter beim Untergang des Pharao im Roten Meer. Alle, die beim Sündigen mutig waren, werden zum Zittern gebracht und mit Furcht erfüllt vor dem gerechten Richter stehen. Das wird allgemeines Gesprächsthema sein. So unvorstellbar, so gezielt und so schrecklich wird der Herr die Bösen vernichten, dass man überall davon reden wird. Sie sündigten im Geheimen; aber ihre Bestrafung

Psalm 64,8-11

wird im Angesicht der Sonne vollzogen. Die Gerichte Gottes sind häufig so deutlich und offensichtlich, dass man sie nicht missverstehen kann, und wenn sie überhaupt noch nachdenken, müssen sie die richtigen Lehren daraus ziehen. Manche göttlichen Urteile sind schwer verständlich; aber im Fall der bösartigen Verfolger ist die Sache sehr einfach, und auch völlig Ungebildete können sie verstehen.

Während er Gottes Rechtsprechung bewundert und mit ihrer Ausführung völlig übereinstimmt, wird sich der Gerechte über die Rettung der verletzten Unschuld freuen. Doch seine Freude soll nicht selbstsüchtig oder fleischlich sein, sondern ganz und gar demütig vor dem Herrn. Wenn Gläubige sehen, wie Gott eingreift, wird das ihren Glauben stärken; denn Er, der Seine Drohungen wahr macht, wird auch Seine Verheißungen nicht vergessen. Der Sieg der Unterdrückten wird der Sieg aller Aufrichtigen sein. Das gesamte Heer der Auserwählten wird den Triumph des Guten bejubeln. Während sich die Fremden fürchten, freuen sich die Kinder über die Macht und Gerechtigkeit ihres Vaters. Was die Bösen erschreckt, beglückt die Guten.

Zum Nachdenken: Herr, Gott aller Barmherzigkeit, gewähre uns die Bewahrung vor allen unseren Feinden und dass wir in Deinem Sohn zu ewigem Heil errettet werden! (C.H. Spurgeon)

22. Mai

Psalm 65,1-5

Weitere Lesung: Epheser 1,3-14

Wenn Babylon auch den Antichristen bewundert, bleibt Zion doch ihrem König treu: Ihm und Ihm allein bringt sie ihre beständigen Opfer der Anbetung dar. Wer selbst gesehen hat, wie das Blut über Zion gesprengt wurde und dass er selbst zu der Gemeinde der Erstgeborenen gehört, kann niemals an sie denken, ohne dem Gott Zions demütig sein Lob zu bringen; denn Seiner Gnaden sind zu viele, und sie sind zu kostbar, um vergessen zu werden. Der Lobgesang der Heiligen wartet auf ein Zeichen des göttlichen Herrn, und wenn Er ihnen Sein Angesicht zuwendet, fangen sie sogleich an. Wie ein Sängerchor, der sich versammelt hat, um einen Fürsten willkommen zu heißen und zu ehren und auf sein Erscheinen zu warten, so heben fürwahr auch wir unsere besten Lieder auf, bis der Herr sich in der Versammlung Seiner Heiligen offenbart, und natürlich, bis Er am Tag Seiner Offenbarung vom Himmel herabsteigt. Der Lobgesang ist zur Freude des Herrn und hört nicht auf, Ihn zu preisen, ob Er im Augenblick Zeichen Seiner Gunst gewährt oder nicht. Zion wird nicht schnell müde und singt die ganze Nacht hindurch in der sicheren Hoffnung, dass der Morgen kommt. Wir wollen Wartende bleiben und unsere Harfen stimmen mitten unter den Tränen der Erde: Ach, wie herrlich wird es erklingen, wenn wir heimgeholt werden und der König in Herrlichkeit erscheint.

Nach der Reinigung kommt der Segen, und der ist wahrlich ein reicher. Er umfasst die Auserwählung, die wirksame Berufung, den Zugang zu Gott, die Annahme durch ihn und die Sohnschaft. Zunächst sind wir von Gott auserwählt nach dem Wohlgefallen Seines Willens, und das allein ist schon Seligkeit.

Psalm 65,1-5

Dann, weil wir von selbst weder zu Gott kommen könnten oder auch nur wollten, wirkte Er in Gnaden in uns und zog uns mächtig zu Ihm. Er unterwarf unsere Unwilligkeit und beseitigte unsere Unfähigkeit durch das allmächtige Wirken Seiner umwandelnden Gnade. Dies ist auch keine geringe Glückseligkeit. Außerdem wurden wir durch Sein göttliches Ziehen zu dem Blut Seines Sohnes und durch den Heiligen Geist in innige Gemeinschaft mit Ihm gebracht, so dass wir Freimütigkeit haben, Ihm zu nahen, und nicht mehr jenen gleichen, die wegen ihrer bösen Werke fernab stehen. Darin liegt ebenfalls eine unvergleichliche Glückseligkeit. Als Krönung werden wir nicht in die Gefahr eines schrecklichen Verderbens kommen, sondern werden als Auserwählte und Angenommene Teilhaber der göttlichen Familie. Das ist überströmende Glückseligkeit, die unsere Vorstellungen weit übertrifft. Und in Seinem Haus werden wir als Söhne betrachtet; denn der Knecht bleibt nicht immer in dem Haus, sondern die Söhne. Seht, welche Liebe und Glückseligkeit der Vater uns bereitet hat, dass wir in Seinem Hause wohnen dürfen und niemals mehr hinauszugehen brauchen. Das sind glückliche Menschen, die bei Gott zu Hause sind. Möchten sowohl der Schreiber als auch die Leser dazugehören! Wer angenommen ist, darf bleiben: Gott trifft keine zeitlich begrenzte Auswahl. Er nimmt nicht wieder, was Er einmal gab. Seine Gaben und Seine Berufung sind unbereubar. Wer einmal zu den Vorhöfen Gottes Zutritt hatte, wird immer dort wohnen dürfen.

Zum Nachdenken: Ich klage nicht, sondern ziehe vielmehr neue Saiten auf meine Harfe und stimme sie in Geduld und Zuversicht, damit ich bereit zum Spielen bin, wenn die freudige Botschaft erschallt, meine Erlösung sei gekommen. (William Gurnall)

23. Mai

Psalm 65,6-9

Weitere Lesung: Jesaja 48,8-13

Gott ist dafür bekannt, dass Er Gebete erhört, und Seine Ehre liegt darin, auf eine Weise zu antworten, welche die Herzen Seines Volkes zu heiliger Ehrfurcht inspiriert. Die Heiligen zollten Ihm zu Anfang des Psalms in ehrerbietigem Schweigen Lob, und jetzt empfangen sie mit demselben, von Ehrfurcht ergriffenen Geist die Antwort auf ihre Gebete. Hier handelt es sich zweifellos um die Vernichtung der Feinde Seines Volkes, die so berechnet war, dass alle, die es sahen, mit Furcht erfüllt wurden. Seine Gerichte sollten in ihrer ernsten Gerechtigkeit unter Freunden und Feinden Schrecken verbreiten. Wer sollte einen Gott nicht fürchten, dessen Schläge so zerschmettern? Wir wissen nicht immer, um was wir bei unseren Gebeten bitten. Wenn die Erhörung kommt, die wirklich echte Erhörung, ist es möglich, dass sie uns erschreckt. Wir suchen Heiligung, und Trübsal erhalten wir als Antwort; wir bitten um mehr Glauben, und größere Anfechtungen gehen daraus hervor; wir bitten um Ausbreitung des Evangeliums, und Verfolgung treibt uns auseinander. Trotzdem ist es gut weiterzubeten; denn nichts, was uns der Herr aus Liebe gewährt, kann uns jemals schaden. Schreckliches wird sich am Ende in Gutes verwandeln, wenn es die Antwort auf Gebete ist.

Alle Menschen sind gleich abhängig von Gott. Wer zur See fährt, ist sich dessen gewöhnlich sehr bewusst; aber in Wirklichkeit gilt es für ihn nicht mehr als für einen Bauern oder irgendwen sonst. Da bleibt kein Raum für Selbstvertrauen, weder auf dem Trockenen noch auf dem Meer, weil Gott der einzig wahre Vertrauenswürdige zu Lande und zu Wasser ist. Der Glaube ist eine Pflanze, die überall wächst, ein Baum des

Psalm 65,6-9

Lebens auf festem Boden und eine Pflanze, die man auf dem Meer kennt, und – gepriesen sei Gott – alle, die wo auch immer an Ihn glauben, werden erleben, dass Er schnell und kräftig Gebete erhören kann. Daran zu denken, sollte unsere Gebetszeiten beleben, wenn wir vor dem Herrn, unserem Gott, erscheinen. Osten und Westen werden beglückt, wenn Gott den dort Wohnenden Seine Gunst erweist. Unsere Morgenstunden sind voll heller Hoffnung, und die Abendzeit ist erfüllt mit reifen Früchten der Dankbarkeit. Ob die Sonne unter- oder aufgeht, wir preisen Gott und freuen uns an den Toren des Tages. Wenn das helle Morgenrot alles leuchten lässt, sind wir froh; und wenn der sanfte Abend in stiller Geruhsamkeit lächelt, sind wir immer noch fröhlich. Wir glauben nicht, dass der Tau Tränen vergießt, weil der Tag stirbt, wir sehen nur, wie er beim Abschied Edelsteine zurücklässt, die sein Nachfolger von der Erde auflesen darf. Der Glaube durchwandert den ganzen Tag mit Freuden, wenn er auf Gott blickt. Er kann nicht fasten, weil der Bräutigam bei ihm ist. Nacht und Tag sind ihm gleich, denn derselbe Gott schuf und segnete sie. Er hätte nichts zum Jubeln, wenn Gott ihn nicht fröhlich machte; aber – gepriesen sei Sein Name – Er hört niemals auf, denen Freude zu bereiten, die in Ihm ihre Freude finden.

Zum Nachdenken: Die Heilige Schrift sieht Gott mit Hilfe der Umstände am Werk; sie verliert dabei aber nie Gott selbst aus den Augen. (Alexander Carson)

24. Mai

Psalm 65,10-14

Weitere Lesung: 1. Mose 8,15-22

Gottes Besuche lassen einen Segen zurück; das kann man nicht von jedem Besucher sagen. Wenn der Herr in Gnaden heimsucht, bringt Er überreichlich alles, was Seine bedürftigen Geschöpfe brauchen. Er wird hier so dargestellt, als gehe Er über die Erde wie ein Gärtner, der seinen Garten beschaut. Dabei gibt er jeder Pflanze Wasser, die es nötig hat, doch nicht knapp bemessen, sondern bis die Erde durchtränkt ist und einen reichen, erfrischenden Vorrat getrunken hat. O Herr, in dieser Weise besuche Deine Gemeinde und meine arme, ausgedörrte und welkende Frömmigkeit. Überschütte meine Gaben mit Deiner Gnade, gib mir Wasser; denn keine Pflanze Deines Gartens hat es nötiger als ich!
Der Herbst ist die offensichtlichste Erweisung der göttlichen Großzügigkeit und die Krönung des Jahres. Der Herr selbst führt diese Krönung durch und setzt dem Jahr das goldene Diadem aufs Haupt. Oder wir können es so verstehen: Gottes Liebe umschließt das Jahr wie mit einer Krone. Jeder Monat hat seine Edelsteine, jeder Tag seine Perle. Unentwegte Freundlichkeit umschlingt die gesamte Zeit mit einem Gürtel der Liebe. Die Vorsehung Gottes schlägt in Seiner Heimsuchung einen vollen Kreis und umrundet das Jahr. Wenn der Herr das Land besucht, bringen Seine Schritte Regen und Fruchtbarkeit. Man könnte auch sagen, der Weg des HERRN ist an dem reichen Segen ablesbar, den Er schafft. Für einen geistlichen Herbst müssen wir nach Ihm Ausschau halten, denn Er allein kann Zeiten der Erfrischung und neue Pfingstfeste geben.
Nicht nur wo Menschen leben, fällt der Regen herab; sondern auch an einsamen Stellen, wo sich nur wilde Tiere herumtrei-

Psalm 65,10-14

ben. Auch dort lässt der gnadenreiche Herr Regen herabfallen. Zehntausend Oasen lächeln, wenn der Herr vorübergeht. Die Vögel in der Luft, die Wildziegen und das flüchtige Reh freuen sich, wenn sie an den Wasserstellen trinken, die der Himmel neu gefüllt hat. So sucht Gott auch die einsamsten und verlassensten Seelen in Liebe heim. Die Stimmen der Schöpfung sind Gott verständlich; sie sind für Ihn nicht nur Laute, sondern ein Lied. Die Klänge der belebten Geschöpfe passen gut zueinander und vereinen sich mit dem ebenfalls schön gestimmten Plätschern des Wassers und dem Seufzen des Windes. Die Natur kennt keine Dissonanzen. Ihre Strophen sind melodiös, ihre Chöre voller Harmonie. Alles, alles ist für den Herrn; die Welt ist ein Hymnus für den Ewigen. Gesegnet ist, wer es hört und einstimmt und auch zu einem Sänger in diesem mächtigen Chor wird.

Zum Nachdenken: Wenn nach langer Dürre Regen fällt, vereint sich die gesamte Schöpfung dieser niederen Welt zu einem Lied. (Ralph Robinson)

25. Mai

Psalm 66,1-7

Weitere Lesung: Johannes 4,19-26

Wenn das Lob verbreitet werden soll, muss es laut verkündet werden; jubelnde Klänge erregen die Seele und bewirken eine heilige Ansteckung zum Danken. Liedermacher für die Gemeinde sollten fröhliche Melodien schaffen. Wir brauchen nicht so sehr Lärm, sondern fröhlichen Lärm. Wir sollen Gott mit unseren Stimmen loben, und unsere Herzen sollen dabei in heiligem Jubel mitschwingen. Alles Lob aller Völker sollte Gott geweiht sein. Wie schön wird der Tag sein, an dem keinen falschen Göttern mehr gesungen wird, sondern die ganze Erde den Schöpfer anbetet. Die Sprachen der Völker sind zahlreich; aber ihre Loblieder sollten darin übereinstimmen, dass sie allein an Gott gerichtet sind.

Möge Sein Lob nie elend und jämmerlich sein, sondern würdig und feierlich vor Ihm erschallen. Der Aufwand der alttestamentlichen Feste braucht von uns in dieser Dispensation des Geistes nicht nachgemacht zu werden, allerdings sollten wir so viel von unseren Herzen und von heiliger Ehrfurcht in unsere Anbetung legen, dass sie das Beste ist, was wir darzubringen vermögen. Herzliche Anbetung und geistliche Freude sind ein schöneres Lob, als prächtige Gewänder, Weihrauch und Musik hervorzubringen vermöchten. Wendet all euer Lob Ihm zu! Eine Andacht, die nicht mit ganzem Entschluss Ihm geweiht ist, gleicht dem Pfeifen des Windes. Unser Sinn wird gewöhnlich von solchen Eigenschaften als Erstes gefangen genommen, die Furcht und Zittern verbreiten; doch selbst wenn das Herz dazu gelangt ist, Gott zu lieben und in Ihm zu ruhen, steigert sich die Anbetung, wenn die Seele durch eine außergewöhnliche Offenbarung der erschreckenderen göttlichen Eigenschaften

Psalm 66,1-7

mit Ehrfurcht erfüllt wurde. Sieht man auf Erdbeben, die ganze Kontinente erschütterten, auf Wirbelstürme, die Länder verwüsteten, auf die Pest, die ganze Städte entleerte, und andere große Entfaltungen göttlichen Wirkens, so können die Menschen wohl sagen: »Wie furchtbar sind Deine Werke!« Bevor wir Gott in Christus kennen lernen, herrscht das Schreckliche in unserer Wahrnehmung Gottes vor.

Das Wesen und das Wirken Gottes wird das Thema des universalen Liedes der ganzen Erde sein. Und Er selbst wird zum Gegenstand freudiger Bewunderung unseres befreiten Geschlechts. Gott wohlgefällige Anbetung preist Gott nicht nur als den geheimnisvollen Herrn, sondern wird erst durch ein gewisses Maß an Erkenntnis Seines Namens und Seines Wesens kostbar gemacht. Gott will nicht als der unbekannte Gott verehrt werden, auch soll von Seinem Volk nicht gesagt werden: »Ihr betet an und wisst nicht, was.«

Möge die Erkenntnis des Herrn bald die Erde bedecken, so dass weltweit einsichtsvolle Anbetung möglich wird! Eine solche Vollkommenheit wird offensichtlich von dem Schreiber dieses Psalms erwartet, und in der Tat finden sich im ganzen Alten Testament Hinweise auf die zukünftige allgemeine Verbreitung der Anbetung Gottes.

Zum Nachdenken: Der singt sein Loblied nicht in rechter Weise, der es allein singen möchte. (Thomas Le Blanc)

26. Mai

Psalm 66,8-15

Weitere Lesung: Hebräer 12,3-11

Zu jeder Zeit ist die Bewahrung des Lebens, und insbesondere des Seelenlebens, ein großer Grund zur Dankbarkeit, und dies noch mehr, wenn wir berufen sind, schwere Leiden durchzumachen, die uns eigentlich zerstören müssten. Gepriesen sei Gott: Nachdem Er unserer Seele Leben geschenkt hat, gefiel es Ihm, dieses vom Himmel gegebene Leben vor der zerstörenden Macht des Feindes zu bewahren!

Wenn Gott uns nicht nur befähigt hat, unser Leben zu erhalten, sondern auch unsere Stellung, sind wir zu doppeltem Lob verpflichtet. Lebendig und standhaft zu sein – das ist des Heiligen Stellung durch Gottes Gnade. Unsterblich und beständig sind die von Gott Bewahrten. Satan ist beschämt, er kann die Heiligen nicht vernichten, wie er es erhoffte, er kann ihnen nicht einmal ein Bein stellen. Gott kann dem Schwächsten schenken, dass er auf festem Grund steht – und wird dies auch tun.

Der Psalmist hatte mit Prüfungen zu kämpfen. Alle Heiligen müssen durch diese Schule gehen; Gott hatte einen Sohn, der ohne Sünde war, aber er hatte nicht einen Sohn, der keine Prüfungen kannte. Warum sollten wir uns beklagen, wenn wir unter denselben Regeln leben, die für die ganze Familie gelten, jenen Regeln, durch die wir doch auch so viel Segen empfangen? Der Herr selbst prüft uns. Wer sollte es dann wagen, die Weisheit und die Liebe in Frage zu stellen, die sich in diesen Prüfungen zeigen? Der Tag mag kommen, an dem wir, wie in diesem Fall, aus unserem Kummer Loblieder machen werden und noch süßer singen werden, weil unser Mund gereinigt wurde durch bittere Arznei.

Psalm 66,8-15

Da Prüfungen geheiligt sind, ein solch begehrenswertes Ziel zu haben, sollten wir uns ihnen nicht in völliger Ergebung unterwerfen. Gottes Leute und Trübsal sind einander wohlbekannte Kameraden. So wie in Ägypten jeder Israelit ein Lastenträger war, ist jeder Gläubige ebenfalls ein solcher, solange er sich in diesem fremden Land befindet. So wie die Israeliten zu Gott schrien wegen ihrer schlimmen Knechtschaft, schreien auch die Gläubigen wegen ihrer eigenen Knechtschaft. Wir vergessen zu oft, dass Gott uns unsere Trübsale auferlegt: Wenn wir an diese Tatsache denken, dann sollten wir geduldiger den Druck ertragen, der uns jetzt so schmerzt. Die Zeit wird kommen, in der wir für jedes Quäntchen der gegenwärtigen Last ein überreiches und ewiges Gewicht von Herrlichkeit empfangen werden.

Ein Kind Gottes merkt: Es ist der persönlichen Gnade so sehr verpflichtet, dass es spürt, ein eigenes Lied singen zu müssen. Es stimmt in die allgemeine Danksagung ein, aber da die beste öffentliche Form des Dankes nicht jedem individuellen Fall gerecht werden kann, sorgt es dafür, dass die besonderen Gnaden, die es empfangen hat, nicht vergessen werden – indem es sie schriftlich festhält und mit seinen eigenen Lippen besingt. Selbst das dankbare Herz wagt nicht, ohne ein Opfer von dankbarem Lob zu Gott zu kommen; von dieser genauso wie von jeder anderen Form des Lobpreises können wir sagen: »Im Blut ist das Leben.« Lieber Leser, versuche nie ohne Jesus, dem von Gott versprochenen, gegebenen und angenommenen Brandopfer, vor Gott zu kommen!

Zum Nachdenken: Es ist Wahrheit: Alles, was wir haben, ist in Gottes Hand. (Joseph Caryl)

27. Mai

Psalm 66,16-20

Weitere Lesung: Jesaja 1,10-17

Es ist schön, wenn Bitte und Lob beieinander sind wie die Rosse an Pharaos Wagen. Einige, die nicht singen, rufen um Hilfe, und andere, die nicht um Hilfe rufen, singen; aber beides zusammen ist das Beste. Weil die Erhörung durch den Herrn oft unseren Bitten dicht auf den Fersen folgt oder sie sogar überholt, ist es nur richtig, wenn unsere dankbaren Loblieder mit unseren demütigen Bitten Schritt halten. Beachtet, dass der Psalmist sowohl erzählte als auch rief; der Herr hat den stummen Teufel aus Seinen Kindern ausgetrieben, und solche, denen das Reden am schwersten fällt, sind oft die beredtesten mit ihren Herzen.

Darf ich wünschen, der Herr möge stillschweigend meine Sünde dulden oder mich annehmen, wenn ich absichtlich einen bösen Weg verfolge? Nichts behindert das Beten so sehr wie Unrecht, an dem wir festhalten. Wie bei Kain liegt dann die Sünde vor unserer Tür und blockiert den Zugang zu Gott. Wenn ihr auf den Teufel hört, wird Gott nicht auf euch hören. Wenn ihr euch weigert, Gottes Gebote zu beachten, wird Er sich ganz sicher weigern, eure Gebete zu erhören. Um Christi willen beachtet Gott auch eine unvollkommene Bittschrift, aber keine, die absichtlich durch die Hand eines Verräters gefälscht wurde. Wenn Gott uns nämlich annehmen würde, während wir uns an der Sünde ergötzen, machten wir Gott selbst zum Handlanger von Heuchlern. Ein solcher Titel wäre passender für den Teufel als für den Heiligen Israels.

»Doch wahrlich, Gott hat erhört« (so Schlachter). Das ist ein sicheres Zeichen dafür, dass der Bittsteller nicht heimlich die Sünde liebte. Die Erhörung seiner Gebete war eine erneute Zu-

Psalm 66,16-20

sicherung, dass sein Herz aufrichtig vor dem Herrn war. Seht, wie sicher der Psalmist war, erhört zu sein; das war für ihn keine Hoffnung, keine Vermutung oder Einbildung, sondern er besiegelte es mit einem »gewisslich!« (so nach der KJV). Tatsachen sind etwas Gesegnetes, wenn sie sowohl Gottes Herz als voll von Liebe als auch unser Herz als aufrichtig offenbaren. Liebe zur Sünde ist eine Pestbeule, ein Verdammungszeichen und ein Merkmal des Todes; aber solche Gebete, die offensichtlich leben und sich bei Gott Gehör verschaffen, steigen ganz klar aus einem Herzen auf, das frei vom leichtfertigen Spiel mit dem Bösen ist. Möge der Leser zusehen, dass er in tiefster Seele von den Bindungen an die Ungerechtigkeit, von aller Duldung heimlicher Begierden und verborgener Schlechtigkeit befreit ist.

»Gepriesen sei Gott!« Er hat mir weder Seine Liebe noch die Freiheit zum Beten entzogen. Er hat weder meine Bitten noch mich selbst verworfen. Seine Gnade und meine Bitten begegnen sich immer noch. Der Psalm endet auf dem Anfangston. Alles ist nach Geist und Absicht des Psalms nur Lobgesang. Herr, gib, dass wir einstimmen können! Amen.

Zum Nachdenken: Wenn uns Ungerechtigkeit wichtig ist, wie können uns dann geistliche Dinge etwas bedeuten, die doch der einzig richtige Gegenstand unserer Gebete sind? Und wenn diese mir nicht wichtig sind, wie könnte ich dann Gott mit Inbrunst bitten, sie mir zu geben? Und wo es unsererseits nicht darum geht, dürfen wir uns dann wundern, wenn Gott nicht antwortet? (Robert South)

28. Mai

Psalm 67,1-5

Weitere Lesung: 4. Mose 6,22-27

Dies ist ein passender Refrain auf den hohepriesterlichen Segen im Namen des Herrn aus 4. Mose 6,24-26. Er beginnt mit einer Bitte um Gnade. Vergebung der Sünden ist immer das erste Glied in der Kette der Gnaden, die wir erleben. Gnade ist ein grundlegendes Element unserer Errettung. Der beste Heilige und der schlimmste Sünder vereinen sich zu dieser Bitte. Sie richtet sich an den Gott aller Gnade und kommt von solchen, die spüren, wie nötig sie die Gnade haben. Das zeigt aber auch, dass alle gesetzlichen Hoffnungen und Verdienstansprüche tot sind. Als Nächstes bittet die Gemeinde um Segen: »Segne uns!« Das ist ein sehr umfassendes und weitreichendes Gebet. Wenn wir Gott preisen (im Englischen dasselbe Wort wie »segnen«), tun wir nur wenig; denn was wir geben, sind bloß Worte. Wenn Gott aber segnet, macht Er uns wahrhaft reich; denn Sein Segen besteht aus Gaben und Taten. Aber Sein Segen ist nicht alles, was Sein Volk sich wünscht; es fleht um ein persönliches Bewusstsein von dieser Gunst und bittet um ein Lächeln Seines Angesichts. Diese drei Bitten enthalten alles, was wir brauchen, jetzt und in Ewigkeit.

Diese Verse können als das Gebet Israels betrachtet werden, und geistlicherweise auch als das der Gemeinde. In diesem Psalm wird gezeigt, wie weit die Gnade reicht, doch alles beginnt zu Hause. Die gesamte Gemeinde, jede einzelne Gemeinde und die kleinste Gruppe hat das Recht zu beten: »Segne uns!« Es wäre allerdings sehr falsch, wenn unsere Fürsorge dort endet, wo sie angefangen hat, wie es bei manchen geschieht; unsere Liebe muss weite Wege gehen, und unsere Gebete müssen bis in die Ferne reichen, und unser Flehen muss die ganze Welt umschließen.

Psalm 67,1-5

Wie Regenschauer, die erst auf die Berge fallen und dann in Flüssen abwärts in die Täler rinnen, so kommt der Segen des Höchsten auf die Welt durch die Gemeinde. Wir sind nicht nur für uns selbst gesegnet, sondern auch für andere. Gott handelt in Gnaden mit den Heiligen, und dann verkündigen sie dies weit und breit. Dadurch wird der Name des Herrn auf Erden bekannt. Unkenntnis Gottes ist der große Widersacher der Menschheit, und die selbst erlebten und dankbaren Zeugnisse der Heiligen überwinden diesen tödlichen Feind. Gott hat festgelegt, auf welche Weise Er Seine Gnade unter den Menschen austeilt, und es ist die Pflicht und das Vorrecht der erweckten Gemeinde, diese Wege Gottes überall bekannt zu machen. Nötig haben das alle Völker, aber viele von ihnen wissen das nicht, verlangen nicht danach oder suchen es nicht. Unser Beten und Arbeiten sollte darauf zielen, die Erkenntnis von der Errettung genauso universal bekannt zu machen wie das Licht der Sonne. Wir halten an dem Glauben fest, dass Christi Reich einmal die ganze bewohnbare Erde umfassen und alles Fleisch das Heil Gottes sehen wird; für diese herrliche Vollendung ringen wir im Gebet.

Zum Nachdenken: Erst vergibt Gott, dann gibt Er. Bevor Er uns nicht in Gnaden um Christi willen verziehen hat, kann Er uns Sünder weder segnen noch freundlich anschauen. (William Gurnall)

29. Mai

Psalm 67,6-8

Weitere Lesung: 3. Mose 26,3-13

Diese Worte sind keine unnütze Wiederholung, sondern ein Refrain, der wert ist, immer wieder gesungen zu werden. Das große Thema dieses Psalms ist die Teilhabe der Heiden an der Anbetung des HERRN; der Psalmist ist erfüllt davon, er weiß kaum, wie er seine Freude bändigen oder ausdrücken soll.
Die Sünde legte zunächst einen Fluch auf die Erde, und die Gnade allein kann ihn wieder entfernen. Unter tyrannischer Herrschaft werden die Länder unproduktiv; selbst das Land, in dem Milch und Honig flossen, ist unter türkischer Herrschaft fast zur Wüste geworden. Jedoch wenn die Grundsätze wahrer Frömmigkeit die Menschheit wieder aufgerichtet haben und die Herrschaft Jesu allgemein anerkannt sein wird, wird die Kunst des Ackerbaus vervollkommnet werden. Die Menschen werden Mut zum Arbeiten haben, die Industrie wird die Armut verbannen, und der Boden wird wieder zu höchster Fruchtbarkeit erneuert werden.
»Gott, unser Gott, wird uns segnen.« Er wird die Erde zunehmend zu einem wirklichen Segen werden lassen. Die Menschen werden in Seinen Gaben die Hand desselben Gottes erkennen, den Israel von alters her angebetet hat, und Israel wird sich in besonderer Weise dieser Segnungen erfreuen und sich seines Gottes rühmen. Wir lieben Gott niemals richtig, wenn wir Ihn nicht als den unseren erkennen, und je mehr wir Ihn lieben, umso mehr wollen wir uns versichern, dass Er unser ist. Welchen besseren Namen können wir Ihm geben als »unser Gott«? Die Braut im Hohenlied kennt keinen schöneren Gesang als: »Mein Geliebter ist mein, und ich bin Sein«. Jeder gläubige Jude muss eine heilige Freude empfinden bei dem Gedanken, dass

Psalm 67,6-8

die Völker von dem Gott Abrahams gesegnet werden; aber jeder Gläubige aus den Heiden jubelt ebenfalls, dass die ganze Welt am Ende den Gott und Vater unseres Herrn und Retters Jesus Christus anbetet, der auch unser Vater und unser Gott ist.

Das Gebet des ersten Verses ist das Lied des letzten. Wir haben hier zweimal denselben Gedanken, und wahrlich, die Segnungen des Herrn sind vielseitig. Er segnet und segnet und segnet immer wieder. Wie viele sind Seiner Seligpreisungen! Wie wunderbar sind Seine Segnungen! Sie sind das besondere Erbteil Seiner Auserwählten. Er ist der Retter aller Menschen, besonders aber der Gläubigen. In diesem Vers finden wir ein Lied, das für alle Zukunft gilt. Dass Gott uns segnen wird, ist unsere feste Zuversicht. Er mag uns schlagen, uns alles wegnehmen oder uns gar umbringen; aber Er muss uns segnen. Er kann nicht anders, als Seinen Auserwählten Gutes zu tun. Die Fernen werden Ihn fürchten. Die Enden der Erde werden ihren Götzendienst lassen und ihren Gott anbeten. Alle Stämme werden ohne Ausnahme eine heilige Ehrfurcht vor dem Gott Israels empfinden. Alle Unwissenheit wird beseitigt, alle Überheblichkeit abgeschafft, alles Unrecht verbannt, aller Götzendienst verabscheut werden. Überall gilt die Liebe des Herrn und Licht, Leben und Freiheit, und der Herr selbst wird als König der Könige und als Herr der Herren anerkannt werden. Amen, ja, Amen!

Zum Nachdenken: Unser Undank ist der Grund für die Unfruchtbarkeit der Erde; wenn der Mensch Gott für Seine Segnungen dankt, überschüttet Er ihn mit Segnungen. (William Secker)

30. Mai

Psalm 68,1-7

Weitere Lesung: 4. Mose 10,33-36

Mose sprach mit ähnlichen Worten, wenn die Wolke weiterzog und die Bundeslade vorangetragen wurde. Die Bundeslade wäre ein schlechter Führer gewesen, wäre nicht der Herr in diesem Symbol gegenwärtig gewesen. Israel bittet Ihn, sich zu erheben, oder – wie es an anderer Stelle heißt – zu »erwachen«, und Sein Schwert zu ergreifen. Auch wir dürfen Ihn mit unseren Bitten belästigen, es möge Ihm gefallen, Seinen Arm zu entblößen und für Seine Sache einzustehen.
Wachs ist an sich fest, wie weich wird es aber, wenn man es ans Feuer bringt. Gottlose Menschen sind hochmütig, bis sie mit dem Herrn in Berührung kommen, dann vergehen sie vor Furcht; ihre Herzen zerschmelzen wie Wachs, wenn sie die Kraft Seines Zorns spüren. Wachs brennt auch und verschwindet; Wachslichter werden von der Flamme gänzlich verzehrt. So wird die stolze Macht der Widersacher des Evangeliums zu nichts werden. Rom wird wie die Kerzen auf seinen Altären vergehen, und mit gleicher Sicherheit wird aller Unglaube verschwinden. Israel sah in der Bundeslade Gott auf dem Gnadenthron – Macht in Verbindung mit Vergebung –, und sie rühmten sich der Allmacht, die sich so offenbarte. Das ist noch deutlicher die Zuversicht der Gemeinde des Neuen Testaments; denn wir sehen Jesus, die Versöhnung in Person, mit Herrlichkeit und Majestät bekleidet, und wo Er voranschreitet, schmilzt jede Opposition wie Schnee in der Sonne. Das Wohlgefallen des Herrn wird in Seiner Hand gedeihen. Wenn Er durch Seinen Heiligen Geist kommt, ist der Sieg Sein; wenn Er aber persönlich erscheint, werden alle Seine Feinde gänzlich vergehen.

Psalm 68,1-7

Die Gegenwart Gottes auf dem Thron der Gnade ist eine überströmende Quelle der Freude für die Frommen; möchten sie doch nicht versäumen, aus den Bächen zu trinken, die dazu bestimmt sind, sie froh zu machen. Wenn jemand die Gesetze des HERRN verdrießlich findet, so deshalb, weil sein rebellischer Geist sich gegen Gottes Macht zur Wehr setzt. Für Israel war die Wüste nicht dürr, weil der geschlagene Felsen seine Wasserströme ergoss; doch selbst in Kanaan wurden Menschen von der Hungersnot dahingerafft, weil sie ihre Verbindung zu ihrem Bundesgott von sich warfen. Selbst wo Gott auf dem Gnadenthron offenbart wurde, halten einige an der Rebellion fest, und sie brauchen sich nicht zu wundern, wenn sie keine Ruhe finden, keinen Trost und keine Freude, selbst wenn all dies überreich vorhanden ist. Gerechtigkeit ist das Gesetz im Reich des Herrn, und darum ist dort nicht vorgesehen, den Ungerechten zu erlauben, ihren bösen Lüsten zu frönen. Eine vollkommene Erde, ja, der Himmel selbst wären dürres Land für solche, die nur von den Wassern der Sünde trinken können. Auch bei den heiligsten Diensten, welche unsere Seele zutiefst befriedigen, rufen solche törichten Rebellen: »Welche Mühsal!« Und unter der trostreichsten Verkündigung seufzen sie über die Torheit solcher Predigt. Hat jemand ein rebellisches Herz, muss notwendigerweise alles um ihn her dürres Land sein.

Zum Nachdenken: Die Bösen fliehen vor der Gegenwart Gottes, weil diese sie in Schrecken versetzt; die Gerechten hingegen freuen sich darüber, weil sie nichts mehr erfreut als der Gedanke, dass Gott ihnen ganz nahe ist. (Johannes Calvin)

31. Mai

Psalm 68,8-15

Weitere Lesung: 5. Mose 8,1-10

Der Herr ging voran, und deshalb war es einerlei, ob das Rote Meer oder brennender Wüstensand auf ihrem Weg lag; die Säule aus Rauch oder Feuer führte sie immer auf rechtem Weg. Gott war der Oberkommandierende Israels; von Ihm empfingen sie ihre Befehle; darum war ihre Wanderung in Wirklichkeit Seine Wanderung. Wir können, wenn wir wollen, von den Wanderungen der Kinder Israels sprechen, doch dürfen wir dabei nicht meinen, sie seien ziellos umhergereist. In Wirklichkeit befanden sie sich auf einem gut geplanten und wohldurchdachten Zug.

Der Zug Gottes wurde nicht nur durch schreckliche Zeichen sichtbar gemacht; denn auch Güte und Überfluss waren deutlich zu erkennen. Ein nie zuvor gekannter Regen ergoss sich auf den Wüstensand, Brot vom Himmel und Geflügel fiel überall auf das Lager. Gottes Gaben wurden über ihnen ausgeschüttet, und Ströme sprangen aus den Felsen. Die Erde zitterte vor Furcht, und als Antwort darauf schüttete der Herr wie aus einem Füllhorn Segen auf sie herab. Überall, wo sie ermüdet von der Reise Halt machten, fanden sie die guten Dinge, welche sie schon erwarteten, um sie schnell wieder zu erquicken. Ihre Füße waren die ganzen vierzig Jahre hindurch nicht angeschwollen. Wenn sie auch erschöpft und ermüdet waren, Gott war es nicht. Sie waren Sein auserwähltes Erbteil, und wenn Er auch zuließ, dass sie zu ihrem Heil müde wurden, so behielt Er sie doch sorgsam im Auge und nahm sich freundlich ihrer Kümmernisse an. In gleicher Weise neigen heutzutage die Auserwählten Gottes dazu, müde und schwach zu werden; doch ihr sie stets liebender Herr kommt ihnen mit rechtzeitiger Un-

Psalm 68,8-15

terstützung zu Hilfe. Er erfreut die Schwachen, stärkt die Matten und erquickt die Hungrigen. So kann dann die Gemeinde, wenn die silbernen Trompeten erschallen, wieder mutig und mit festen Schritten vorangehen, der Ruhe entgegen, die für sie aufbewahrt ist. Durch diese Treue Gottes wird die Treue des Gottesvolkes gestärkt und ihre Herzen werden befestigt. Wenn sie durch Erschöpfung und Mangel wankend geworden sind, stellt die rechtzeitige gnädige Hilfe sie wieder auf ihre ewige Grundlage.

Die Herren der Heerscharen flohen vor dem HERRN der himmlischen Heerscharen. Sobald die Bundeslade erschien, wandten sich die Feinde um, selbst die königlichen Führer hielten nicht stand, sondern flohen. Die Niederlage war vollständig, und alles lief in wilder Flucht durcheinander. Den Sieg errang der Arm des Allmächtigen allein, Er zerstreute die hochfahrenden Leute, die gegen Sein Volk heraufgezogen waren, und Ihm gelang es so einfach wie dem Wind, der den Schnee von den kahlen Flanken des Zalmon fegt. Mit dieser Schilderung sollte die Herrlichkeit und die Vollständigkeit des göttlichen Triumphs selbst über den gewaltigsten Feind dargestellt werden. Darüber müssten sich alle Gläubigen freuen.

Zum Nachdenken: Der Herr Jesus kommt tagein, tagaus, um uns mit Seinen Segnungen zu überschütten; und am Ende wird Er uns sicher durch den Tod ins Leben und in die Herrlichkeit tragen. (Ridley H. Herschell)

1. Juni

Psalm 68,16-20

Weitere Lesung: Epheser 4,7-16

Die Priester erheben auf dem Gipfel des von Gott begehrten Berges den Herrn, weil Er Zion zu Seinem Wohnsitz erwählt hat. Zion war im Vergleich mit anderen kein sehr hoher Berg, und es wird hier auch zugegeben, dass Baschan höher ist; aber er ist nicht so herrlich; denn weil der Herr Zion erwählte, setzte Er es über die höheren Berge. Er erwählt nach Seinem Wohlgefallen; und nach dem Rat Seines Willens erwählte Er Zion und überging die stolzen, hoch ragenden Gipfel des Baschan.

So macht Er das in dieser Welt Niedrige und Verachtete zu Denkmälern Seiner Gnade und Souveränität. Geistlich gesehen bleibt der HERR ewig in Zion, Seiner erwählten Gemeinde, und es war die Herrlichkeit des Berges Zion, ein Bild davon zu sein. Was bedeuteten Baschan und Zalmon mit ihrer gewaltigen Höhe im Vergleich zu Zion, der Freude der ganzen Erde? Gottes Auserwählung ist ein Adelspatent. Es sind hoch geehrte Leute, die Gott auserwählt hat, und der Ort, den Er mit Seiner Anwesenheit auszeichnet, ist über alle Maßen hoch geehrt.

Der Gnadenthron auf Zion ist so heilig wie der Richterthron vom Sinai. Die Beweise Seiner Herrlichkeit mögen im Neuen Bund nicht so schrecklich sein wie im Alten; aber sie sind für das geistliche Auge noch wunderbarer. Welche Freude war es für den frommen Hebräer zu wissen, dass Gott im Heiligtum des Tempels genauso mitten unter Seinem Volk wohnte wie in den Schrecken des Berges Horeb! Aber noch herzquicklicher ist es für uns, sicher zu sein, dass der Herr in Seiner Gemeinde bleibt und sie auf ewig zu Seinem Ruheort ausersehen hat. Wie sollten wir darauf bedacht sein, Heiligkeit in dem Haus zu zeigen, welches Er zu bewohnen sich herabgelassen hat. Da muss

Psalm 68,16-20

das Empfinden für Seine Gegenwart alle falschen Wege wie ein Feuer verzehren. Die Gegenwart Gottes ist die Stärke der Gemeinde; uns gehört alle Macht, wenn Gott uns gehört. Die Vorsehung ist auf unserer Seite, und sie hat ihre Diener überall. Nicht einmal für den Schatten von Zweifel oder Mutlosigkeit bleibt da Raum – sondern nur Grund zu jubelnder Zuversicht.

Die Bundeslade wurde auf den Gipfel Zions hinaufgeführt; Gott selbst hatte die Höhe in Besitz genommen. Das Gegenbild der Bundeslade, der Herr Jesus, ist mit den Kennzeichen des Sieges in den Himmel aufgestiegen. Um mit unseren Feinden zu kämpfen, kam Er herab und verließ Seinen Thron; aber nun ist der Kampf vorüber und Er kehrte, hoch über alles erhoben, in Seine Herrlichkeit zurück. Paulus zitiert Vers 19 als Evangelium: Jesus hat für Menschen Gaben empfangen, die Er nun in Fülle austeilt und die Gemeinde reich macht mit den unschätzbaren Früchten Seiner Erhöhung, als da sind Apostel, Evangelisten, Hirten und Lehrer mit all ihren unterschiedlichen Begabungen. In Ihm, der für Menschen Gaben empfing, wurden wir mit unvorstellbaren Schätzen bedacht, und wir geben Ihm von Dankbarkeit bewegt auch wirklich etwas zurück, wir geben uns selbst, alles, was wir sind und haben.

Zum Nachdenken: Christus empfing, um uns zu geben; Er erhielt die Beute, um sie auszuteilen. (Andrew Fuller)

2. Juni

Psalm 68,21-28

Weitere Lesung: 5. Mose 33,24-29

Der Allmächtige, der mit uns einen Bund geschlossen hat, ist die Quelle aller Sicherheit und der Urheber unserer Errettung. So wahr, wie Er unser Gott ist, wird Er uns bewahren. Sein Eigen zu sein, bedeutet Sicherheit. Er hat Wege und Mittel, Seine Kinder vom Tod zu erretten: Wenn sie mit ihrem Latein am Ende sind, kann Er immer noch eine Rettungstür für sie finden.

Der Bewahrer ist gleichzeitig der Zerstörer. Er zerschlägt die Krone des Stolzes Seiner Feinde. Der Same der Frau zertritt den Kopf der Schlange. Gegen den HERRN kann man sich nicht verteidigen, in einem Augenblick kann Er den prächtigen Helm Seines hochmütigen Feindes restlos zerschmettern. Er beschützt das Haupt Seiner Knechte, während Er das Haupt Seiner Gegner vernichtet. Bei dem Zweiten Kommen des Herrn Jesus werden Seine Feinde sehen, dass Seine Gerichte unvorstellbar schrecklich sind. Die Mächte der Bosheit mögen in die äußersten Winkel der Erde fliehen; aber der Herr wird sie gefangen nehmen und sie in Ketten zurückbringen, damit sie Seinen Triumph vergrößern. Die vollständigste und schrecklichste Rache wird dem unterdrückten Volk zuteil. So überwältigend wird die Niederlage der Feinde sein, dass die Hunde ihr Blut trinken werden.

In diesem Lied wird der Zug des Herrn beschrieben. Freunde und Feinde hatten den Umzug mit der Bundeslade und Seinem Volk angesehen. Wir nehmen an, dass die Prozession jetzt gerade den Berg hinaufstieg und die Bundeslade an ihren Bestimmungsort brachte. So war der passende Augenblick gekommen, mit einem Lied zu erklären, die Stämme hätten den glorreichen Aufzug des Herrn gesehen, bei dem Er Sein Volk angeführt hat.

Psalm 68,21-28

Die prachtvolle Prozession wegen der Bundeslade, welche den Thron des Großen Königs darstellte, war Menschen und Engeln sichtbar, als sie an den heiligen Ort hinaufgebracht wurde; und der Psalmist weist mit Jubel auf sie hin, bevor er fortfährt, sie zu beschreiben. Die gesamte Natur, die Vorsehung, alle sind sie in Wahrheit eine Prozession, die den großen HERRN begleitet, wenn Er diesen Erdkreis hier unten besucht. Winter und Sommer, Sonne und Mond, Sturm und Windstille und alle die anderen Herrlichkeiten der Natur erhöhen den Ruhm des Königs der Könige, dessen Herrschaft kein Ende hat. Möchte doch die versammelte Schar den Gott erheben, dessen Lade sie folgte. Vereinigtes Lob gleicht dem Salböl, das Aaron bereitete; es sollte Gott zu aller Zeit dargebracht werden. Er segnet uns, darum sollten wir Ihn preisen. O seliger Tag, wenn alle Gläubigen um den Thron des Herrn versammelt stehen und sich um nichts mehr kümmern als nur noch um die Verherrlichung des Gottes aller Gnade!

Zum Nachdenken: Ein Teil unserer Aufgabe besteht darin, dass wir uns in der Bitte um künftige Gnaden zusammenfinden. Wir sind weder als Einzelne noch als Gemeinde so stark, dass kein Raum zum Wachstum wäre, und das ist etwas, um das man bitten soll und darf. In der Wiedergeburt hat Gott ein großes Werk an uns getan. Gott hat viel für uns als Gemeinde gewirkt, indem Er uns Wachstum, Anerkennung und Raum auf Erden verschaffte. Beten wir, dass all dies wachsen möge! (Andrew Fuller)

3. Juni

Psalm 68,29-36

Weitere Lesung: Jesaja 19,18-25

Als Oberkommandierender ließ der Herr die tapferen Männer in Schlachtordnung antreten und befahl ihnen, am Tag des Kampfes stark zu sein. Wie alle Kraft zu Anfang von Gott kommt, so kommt auch ihre fortwährende Aufrechterhaltung von Ihm. Wir, die wir das Leben haben, sollten darum bitten, es reichlicher zu besitzen; wenn wir Kraft haben, sollten wir danach trachten, dass sie beständiger werde. Wir erwarten, dass Gott sein eigenes Werk segnet. Er hat noch nie ein Werk unvollendet gelassen und wird es auch nie tun. »Denn Christus ist, als wir noch kraftlos waren, zur bestimmten Zeit für Gottlose gestorben.« Jetzt aber, wo wir mit Gott versöhnt sind, dürfen wir auf Ihn blicken, dass Er das vollenden möge, was uns betrifft, weil Er niemals das Werk Seiner Hände verlässt.

Zuvor wurde Er in Seinem irdischen Auftreten beschrieben, wie Er durch die Wüste zog, jetzt aber (in Vers 33-34), wie Er in Seiner ewigen Herrlichkeit durch die Himmel fährt, die Er vor aller Zeit schon besessen hat. Lange bevor dieser Himmel und diese Erde gemacht wurden, bestanden die noch höheren Wohnungen Gottes bereits; vor Erschaffung der Menschen oder der Engel war die Pracht des Großen Königs schon so großartig wie heute und waren Seine Triumphe genauso herrlich. »Seine Ursprünge sind von der Urzeit, von den Tagen der Ewigkeit her.« Wenn schon seine Stimme die Berge zerreißt und die Zedern entwurzelt, was wird dann Seine Hand tun? Seine Finger erschüttern die Erde, wer könnte dann die Macht Seines Armes begreifen? Lasst uns niemals durch unsere Zweifel oder unsere Dreistigkeit Gott dermaßen verhöhnen, dass wir Seine Macht leugnen, sondern wir wollen uns im Gegenteil an Ihn halten

Psalm 68,29-36

und Ihm vertrauen und in unseren Herzen Seine Kraft anerkennen. Wenn wir mit Gott versöhnt sind, ist Seine Allmacht eine Eigenschaft, die wir jubelnd besingen. Das bevorzugte Volk wird durch Seine Majestät bewahrt; Seine Größe äußert sich für Seine Leute als Güte, Seine Herrlichkeit als ihr Schutz. Er beschränkt Seine Macht nicht auf die Söhne der Menschen, sondern breitet sie wie einen Baldachin über den Wolken aus. Regen, Schnee, Hagel und Sturm sind Seine Artillerie; Er regiert die ganze Schöpfung mit Ehrfurcht einflößender Majestät. Nichts ist so hoch, dass es über Ihm stände, oder so niedrig, dass es unter Ihm wäre. Lobt Ihn darum in den höchsten Tönen!

Alle Macht der Heere Israels kommt vom Herrn; gesegnet sind alle, die von Seinen Quellen trinken, ihre Kraft wird stets erneuert. Während die Selbstgenügsamen dahinschwinden, hält der Allgenugsame den schwächsten Gläubigen aufrecht. »Gepriesen sei Gott!« Ein kurzer, aber schöner Schluss, mögen unsere Seele Amen dazu sagen, immer wieder Amen!

Zum Nachdenken: Wenn die Feinde gegen Seine Gemeinde aufstehen, ist es für die Gemeinde Zeit, vor Gott niederzufallen und Seine Hilfe gegen die Feinde zu erflehen. Heilige Gebete sind mächtiger als weltliche Schwerter. (Thomas Wall)

4. Juni

Psalm 69,1-5

Weitere Lesung: Johannes 15,18-25

Wenn jemand fragen würde: »Von wem redet der Psalmist hier? Von sich oder einem anderen Menschen?«, würden wir antworten: »Von sich und einem anderen Menschen.« Wer der andere ist, brauchen wir nicht lange zu erforschen: Nur der Gekreuzigte kann sagen: »In meinem Durst tränkten sie Mich mit Essig.«

»Rette mich, Gott!« So hatte David gefleht, und hier stößt sein Sohn und Herr denselben Schrei aus. »Rette Mich, Gott!« Und Psalm 54 ist nur eine kurze Zusammenfassung dieser ausführlicheren Klage. Es ist bemerkenswert, dass diese Szene des Wehs unmittelbar auf das jubelnde Himmelfahrtslied des vorigen Psalms folgt; aber das zeigt nur, wie sehr die Herrlichkeiten und die Leiden unseres ewig gepriesenen Erlösers miteinander verwoben sind. Das jetzt mit Herrlichkeit gekrönte Haupt ist dasselbe, das die Dornenkrone trug; Er, zu dem wir beten: »Rette uns, Gott!« ist derselbe, der einst schrie: »Rette Mich, Gott!«

In Wasser kann man schwimmen; aber in Schlamm und Morast ist alles Mühen vergeblich; der Sumpf saugt das Opfer hinab. Der Leidende fand keinen festen Grund, nichts gab Seinem Fuß Halt. Das ist ein schlimmeres Los, als zu ertrinken. Hier schildert der Herr, wie erbarmungslos die Leiden Seinem Herzen nahe gingen. Sünde ist wegen ihrer Abscheulichkeit wie ein Morast, und die heilige Seele des Erlösers muss selbst die Berührung damit gehasst haben, und doch war sie nötig, um Sühnung zu tun. Seine reine und empfindsame Seele schien in dem zu versinken, was Ihm völlig fremd war. Er war nicht, wie wir, in diesem riesigen, furchtbaren Sumpf geboren und daran gewöhnt. Möchte unser Herz doch Reue, aber auch Dankbar-

Psalm 69,1-5

keit empfinden, wenn wir in diesem Bild die tiefe Erniedrigung unseres Herrn sehen. Er war kein furchtsamer Gefühlsmensch; Er litt unter wirklichen Leiden, die Er aber heldenhaft ertrug, obwohl sie selbst für Ihn schrecklich waren. Seine Leiden sind mit keinen anderen zu vergleichen; die Wasser waren solche, die in die Seele eindrangen; der Schlamm war der Morast der Hölle selbst, und die Fluten waren tief und überströmend.

Meine Seele, dein Vielgeliebter ertrug all dies deinetwegen. Mächtige Wasser waren nicht in der Lage, Seine Liebe auszulöschen, und Ströme schwemmten sie nicht fort. Und darum ziehst du so reichen Gewinn aus jener Bundesversicherung: »Wie die Tage Noahs gilt Mir dies, als Ich schwor, dass die Wasser Noahs die Erde nicht mehr überfluten sollten, so habe Ich geschworen, dass Ich dir nicht mehr zürnen noch dich bedrohen werde.« Der Herr Jesus gebot dem reißenden Strom des Zornes des Allmächtigen Einhalt, damit wir für ewig in der Liebe des HERRN ruhen dürfen.

Zum Nachdenken: In diesem Psalm spricht der ganze Christus, einmal in eigener Person, dann ruft Er mit der Stimme Seiner Glieder zu Gott, Seinem Vater. (Gerhohus)

5. Juni

Psalm 69,6-13

Weitere Lesung: Römer 15,1-6

»Du, o Gott, hast meine Torheit erkannt.« David kann das wohl gesagt haben, nicht aber Davids Herr; es sei denn, man versteht dies als einen Appell an Gott, daran zu denken, dass Er frei von der Torheit war, die man Ihm zur Last legte, als man sagte, Er sei von Sinnen. Was die Menschen als Torheit betrachteten, war der Gipfel an Weisheit bei Gott. Wie oft müssten wir diese Worte in ihrer natürlichen Bedeutung gebrauchen! Wären wir nicht so töricht, dass wir blind für unsere eigene Torheit sind, käme dieses Bekenntnis häufig über unsere Lippen. Wenn wir merken, dass wir töricht waren, sollten wir nicht mit dem Beten aufhören, sondern es vielmehr eifriger und dringlicher tun.
In Vers 7 rief David zuerst zu dem HERRN der Heerscharen, ihm mit Seiner Macht zu helfen, dann zu dem Gott Israels, ihm wegen Seiner Bundestreue Rettung zu verschaffen. Wenn der Hauptmann versagt, was wird dann aus der Mannschaft werden? Wenn David flieht, was werden die Gefolgsleute tun? Wenn der König der Gläubigen seinen Glauben unbelohnt findet, wie werden die Schwachen dann bei der Stange bleiben? Das Verhalten unseres Herrn während Seiner härtesten Kämpfe ist für uns kein Grund zum Schämen; Er weinte, weil Er ein Mensch war; aber Er murrte nicht, denn Er war der sündlose Mensch. Er rief: »Mein Vater, wenn es möglich ist, so gehe dieser Kelch an Mir vorüber«, denn Er war ein Mensch wie wir; aber Er fügte hinzu: »Doch nicht wie Ich will, sondern wie Du (willst)«, denn Sein Menschsein war unbefleckt von Auflehnung. In der tiefsten Drangsal entschlüpfte Ihm kein Wort des Murrens; denn da war kein Murren in Seinem Herzen. Der Herr der Märtyrer legte ein gutes Bekenntnis ab. Er wurde in der Stunde der

Psalm 69,6-13

Gefahr gestärkt und ging daraus als mehr als ein Sieger hervor, wie auch wir es tun werden, wenn wir unser Vertrauen bis ans Ende standhaft festhalten.

Weil Er des Vaters Willen ausführen und die Wahrheit lehren wollte, waren die Leute zornig. Weil Er erklärte, Gottes Sohn zu sein, tobte die Priesterschaft. Sie konnten keinen wirklichen Fehler an Ihm entdecken, so waren sie gezwungen, eine erlogene Anklage zu erfinden, bevor sie ihr Schandurteil fällen konnten. Der Grund des Streits lag darin, dass Gott mit Ihm und Er mit Gott war, während die Schriftgelehrten und Pharisäer ihre eigene Ehre suchten. Angeklagt zu werden, ist zu allen Zeiten für einen ehrenhaften Menschen äußerst schmerzlich, und es muss mit besonderer Schärfe jemanden getroffen haben, der einen so unbefleckten Charakter hatte wie unser Herr. Doch seht, wie Er sich an Seinen Gott wandte und Trost in der Tatsache fand, dass Er alles um Seines Vaters willen ertrug. Derselbe Trost gehört allen fälschlich bezichtigten und verfolgten Heiligen.

Zum Nachdenken: Die Schande des Kreuzes ist schmerzlicher als aller andere Kummer desselben. (David Dickson)

6. Juni

Psalm 69,14-19

Weitere Lesung: Markus 14,32-42

Für jeden von uns gibt es eine »Zeit des Wohlgefallens«, und wehe uns, sie entgleitet uns ungenutzt. Gottes Zeit muss unsere Zeit sein, oder es geschieht, dass sie verstreicht, und ist sie abgelaufen, werden wir vergeblich nach Gelegenheit zur Umkehr Ausschau halten. Die Gebete unseres Herrn kamen zur rechten Zeit und wurden immer wohlgefällig angenommen. Selbst der Vollkommene appellierte an die reichen Gnaden Gottes; wie viel mehr sollten wir es tun. Für das Elend gibt es nichts Schöneres als Gnade, und wenn die Sorgen sich mehren, wird die Vielzahl der Gnaden umso mehr gepriesen. Selbst wenn der Feinde so viele wie die Haare auf dem Haupt sind, kann man sie doch zählen; doch Gottes Gnadenerweise sind ganz und gar unzählbar. Vergesst es nie, dass jede von ihnen ein verfügbares und mächtiges Argument in der Hand des Glaubens ist. Unser Herr lehrt uns hier die heilige Kunst des ringenden Gebets, um unsere Sache mit Argumenten klar darlegen zu können. Und Er zeigt uns auch, dass das Wesen Gottes den großen Schatz starker Gründe darstellt, deren wir uns bei unserem Flehen reichlich bedienen dürfen.

Genau die Worte Seiner Klage macht Er zu Seinem Gebet, und es ist gut, wenn auch wir bei unserem Klagen nichts fühlen oder sagen, was wir nicht als Gebet vor Gott zu bringen wagten. Wir dürfen um Befreiung von unserem Kummer genauso bitten wie um Kraft, ihn zu ertragen; beide Bitten sind hier zusammengefasst. Wie seltsam ist es, solche Sprache von dem Herrn der Herrlichkeit zu hören. Er suchte sowohl Rettung von Seinen Feinden als auch von dem Schmerz, den sie Ihm bereiteten. Gott kann uns auf jede Weise helfen, und so dürfen wir

Psalm 69,14-19

auch vielerlei Wünsche vortragen, ohne fürchten zu müssen, in unserer Freiheit zu weit zu gehen oder Gottes Möglichkeiten zu überfordern. Für wie viele von uns wäre dies das passende Gebet! Wir verdienen es, von der Flut hinweggerissen zu werden, in unseren Sünden zu ertrinken und in der Hölle eingeschlossen zu sein. Lasst uns darum an die Verdienste unseres Heilands appellieren, damit uns dies alles nicht trifft.

Dass Gott dem Leidenden nahe kommt, ist alles, was er braucht; ein Lächeln des Himmels lässt alles Rasen der Hölle verstummen. »Das wird meine Erlösung sein, wenn Du kommst, um mich zu trösten.« Das ist ein tief geistliches Gebet, und ein sehr passendes für eine verlorene Seele. In der erneuerten Gemeinschaft erfahren wir die Wirklichkeit der Erlösung. »Erlöse mich um meiner Feinde willen!« Sonst könnten sie mit ihrem stolzen Reden Deinen Namen lästern und prahlen, Du seiest nicht in der Lage, diejenigen zu retten, die ihr Vertrauen auf Dich setzen. Jesus ließ sich herab, solche Gebetsworte zu verwenden, um die Bitte Seiner Jünger zu erfüllen: »Herr, lehre uns beten!«

Zum Nachdenken: Der Glaube an Gott gibt Hoffnung auf Hilfe und ist schon eine halbe Erlösung, bevor die ganze Erlösung kommt; denn der Psalmist ist jetzt mit dem Kopf über Wasser und nicht mehr so furchtsam wie am Anfang des Psalms. (David Dickson)

7. Juni

Psalm 69,20-29

Weitere Lesung: Matthäus 27,32-37

Hier werden drei Wörter aufgeführt, mit denen ausgedrückt wird, wie stark der Erlöser den über Ihm ausgeschütteten Spott empfand, aber auch die Gewissheit, dass Gott jede Art von bösartiger Verachtung bemerkt hat. »Jetzt steht die ganze schmutzige, laute Bande vor Deinen Augen: Judas mit seinem Verrat, Herodes mit seiner Schlauheit, Kaiphas mit seinem Ratschlag, Pilatus mit seinem Wankelmut, dazu Juden, Priester, Volk und Herrscher, alle siehst und beurteilst Du!«
Verleumdung verursacht schwere seelische Leiden, und für die empfindsame Seele des fleckenlosen Menschensohnes reichte das, um sein Herz zu zerreißen und es brechen zu lassen. Verleumdungen und Beleidigungen beugten Ihn in den Staub; Sein Herz war krank. Was unser Herr in Gethsemane zu ertragen hatte, wird in vielen bedrückenden Worten in den vier Evangelien ausgesagt, und jeder Ausdruck zeigt uns, dass Sein Ringen über alle Maßen schwer war: Er war voller Elend, wie ein bis zum Rand gefülltes Gefäß. Der Trank eines Verbrechers wurde dem unschuldigen Herrn angeboten, ein bitterer Kelch für den sterbenden Meister. Wie erbärmlich war die Gastfreundschaft, die diese Erde ihrem König und Retter bereitete! Wie oft haben unsere Sünden den Giftbecher für unseren Erlöser gefüllt? Dass sich niemand davon freispreche!
Welche Strafe wäre zu hart für solche, die den Fleisch gewordenen Gott verwarfen und den Anordnungen Seiner Gnade den Gehorsam verweigerten? Sie verdienen, mit Zorn überflutet zu werden, und dies wird sie auch treffen; denn über alle, die gegen den Heiland rebellieren, heißt es: »Der Zorn ist endgültig über sie gekommen.« Mit Gottes Entrüstung ist nicht zu

Psalm 69,20-29

spaßen. Der Zorn eines heiligen, gerechten, allmächtigen und unendlichen Wesens ist über alles andere zu fürchten. Selbst ein Tropfen davon verschlingt alles; wie unvorstellbar schrecklich ist es aber, wenn er über uns ausgegossen wird. O Gott, wer kennt die Kraft Deines Zorns? Gott darf man nicht ungestraft beleidigen; und Sein Sohn, unser ewig gepriesener Heiland, die beste Gabe der unendlichen Liebe, darf nicht umsonst verhöhnt und verspottet werden. Wer das Gesetz Moses verwarf, starb ohne Gnade, doch worin besteht die »schlimmere Strafe«, die denen aufgespart ist, die den Sohn Gottes mit Füßen getreten haben?

Der Tod wird alle Erinnerung an die Gottlosen auslöschen; sie werden nicht einmal von denen weiter wertgehalten, die ihnen einst Ehre zollten. Judas voran und Pilatus und Herodes und Kaiphas, alle wurden, jeder zu seiner Zeit, bald ausgerottet. Ihre Namen sind höchstens Schimpfwörter. Sie gehören nicht zu den Geehrten, die nach ihrem Abscheiden fortleben. Der Mensch wird in seiner unvollkommenen Abschrift des göttlichen Buches des Lebens manche Korrekturen vornehmen müssen, sowohl mit Nachträgen als auch mit Löschungen; aber vor dem Herrn steht alles für immer unabänderlich fest. Sieh zu, o Mensch, der du Christus und Sein Volk verachtet hast, dass Deine Seele teilhaben möge an der Gerechtigkeit Gottes, ohne welche die Menschen schon verdammt sind!

Zum Nachdenken: Allein das Berichten und Weitersagen böser Worte zum Nachteil der Sache Christi und der Wahrheit und wahrer Heiligkeit in den Heiligen, besonders, wenn sie durch Leiden und Anfechtungen gehen, ist eine starke Herausforderung des göttlichen Zorns. (David Dickson)

8. Juni

Psalm 69,30-37

Weitere Lesung: 1. Timotheus 1,12-17

Der Psalmist war sehr angefochten, doch sein Glaube ruhte in Gott. Die Armen im Geist und die Leidtragenden sind nach dem Evangelium beide gesegnet. Somit gibt es einen zweifachen Grund für den Herrn, dem Bittsteller zuzulächeln. Niemand war ärmer oder elender als Jesus von Nazareth, doch Sein Rufen aus der Tiefe wurde erhört, und Er wurde zu höchster Herrlichkeit erhoben.

Er, der nach dem Passah gesungen hat, singt jetzt für ewig voller Freuden nach Seiner Auferstehung und Himmelfahrt. Er ist in Wahrheit »der Liebling in den Gesängen Jakobs«. Er leitet den Gesang der Ewigkeit, und alle Heiligen stimmen in diesen Chor mit ein. Wie sicher war sich unser Erlöser des endgültigen Sieges, versprach Er doch ein Lied zu singen, während Er noch in der Drangsalshitze steckte. Auch in uns sieht der Glaube schon den glücklichen Ausgang aller Anfechtung und lässt uns jetzt schon die Musik der Dankbarkeit anstimmen, die weltweit und ohne Ende immer lauter erschallen wird. Welchen Sonnenschein nach dem Regen erblicken wir in diesem und den folgenden Versen! Die Dunkelheit ist vorüber, und herrliches Licht erstrahlt so hell wie die Sonne. Alle Ehre wird dem gegeben, an den alle Gebete gerichtet waren; Er allein konnte erretten und hat errettet, und darum gelte allein Ihm unser Lob.

Dankbare Herzen halten stets Ausschau nach Anwärtern für solche Dankbarkeit, und der jubelnde Psalmist entdeckt mit Freuden solche, die als Unterdrückte und Gedemütigte erfahren hatten, wie der HERR an Seinen Knechten gehandelt hat. Diese fassten dadurch Mut, mit einem gleichen Ausgang ihrer Drangsale zu rechnen.

Psalm 69,30-37

Der beständige Trost der Frommen ist die Erfahrung ihres Herrn, »denn wie Er ist, sind auch wir in dieser Welt«. In der Tat, Sein Triumph ist die Garantie für den unseren, und darum haben wir die besten Gründe, uns Seiner zu rühmen. Es gab unserem großen Anführer Befriedigung, als Er voraussah, welch reicher Trost aus Seinem Kampf und Sieg für uns hervorkommen würde. Der Schreiber hat die Tiefen ausgelotet und ist in die Höhen gestiegen; und darum ruft er die ganze Schöpfung auf, den Herrn zu preisen. Unser Vielgeliebter bringt uns hier zu dankerfüllter Anbetung; wer von uns wollte zurückbleiben? Gottes Liebe zu Christus verheißt uns Gutes in allen Lebenslagen; die Erhöhung unseres Hauptes bringt allen Gliedern Heil, auch dem Letzten, der mit Ihm verbunden ist. Weil auch die Schöpfung selbst durch das Werk Christi von der Knechtschaft befreit werden soll, möge alles, was lebt und sich regt, den Herrn erhöhen! Ehre sei Dir gebracht, unserem Gott, für die sichere und alle einschließende Bürgschaft durch den Triumph unseres Bürgen. Wir erkennen darin die Erhöhung aller Armen und Elenden, und unsere Herzen freuen sich darüber.

Zum Nachdenken: Der Trost ist weit größer, wenn es heißt: »Der Herr erhört die Armen«, als wenn geschrieben stände: »Der Herr erhörte den armen David.« (Musculus)

9. Juni

Psalm 70

Weitere Lesung: 2. Samuel 17,15-22

Dies ist eine Abschrift mit etlichen Änderungen von Psalm 40,14-18. Es ist der zweite Psalm, der einen anderen wiederholt. Es ist an uns, in Stunden schrecklichen Kummers Gott zu bitten, Er möge schnell zu unserer Rettung aktiv werden. Wie wir die Worte dieses Psalms zweimal in der Bibel finden, so lasst sie uns auch doppelt im Gedächtnis behalten. Es ist sehr angesagt, Tag für Tag den HERRN um Rettung und Hilfe anzurufen; unsere Schwachheit und unsere vielen Gefahren machen dies zu einer beständigen Notwendigkeit.

Die Feinde des Psalmisten wollten dessen Glauben beschämen, und er fleht ernstlich, sie möchten darin enttäuscht und mit Verwirrung bedeckt werden. Gewiss an jenem angedrohten Tag, wenn nicht schon früher, werden die Gottlosen zu Schande und ewigem Abscheu erwachen. Wenn man sich müht, andere vom rechten Weg abzubringen, wird Gott es ihnen vergelten, indem Er sie von dem Ziel forttreibt, das sie erreichen möchten.

Sie sannen darauf, Schande über den Frommen zu bringen; aber es gerät ihnen zur Schande, und diese Schande wird ewig sein. Wie gern spotten die Menschen; auch wenn sie ein sinnloses »Haha, haha!« rufen, was eher Tierlauten als menschlichen Worten gleicht, macht ihnen das nichts, solange es dazu dient, ihre Opfer zu verhöhnen und ihnen wehzutun. Seid sicher, die Feinde Christi und Seiner Leute werden den Lohn ihrer Werke bekommen; ihnen wird mit gleicher Münze zurückgezahlt; sie liebten den Spott, und sie werden damit überschüttet werden, ja, sie werden bis in Ewigkeit zu einer abwertenden Redensart und zum Sprichwort werden.

Psalm 70

Der Zorn über die Feinde darf nicht dazu führen, dass wir unsere Freunde vergessen; denn es ist besser, einen einzelnen Bürger Zions zu bewahren, als tausend Feinde umzubringen. Alle wahren Anbeter, selbst wenn sie nur demütige Sucher sind, werden Grund zum Jubeln bekommen. Auch wenn das Suchen im Dunkeln begann, so wird es doch zum Licht führen. Wer die göttliche Gnade geschmeckt hat und dadurch fest mit ihr verbunden ist, gehört eigentlich zu einem bevorzugten Geschlecht und wird nicht nur Freude empfinden, sondern auch in heiliger Beständigkeit und Ausdauer von dieser Freude berichten und die Menschen auffordern, Gott zu verherrlichen. Der Lobgesang »Groß ist Gott!« ist unendlich menschenwürdiger und adelnder als das Hundegebell »Haha, haha!«

Psalm 40 singt von den Gedanken Gottes und endet daher auch mit ihnen, doch in Psalm 70 liegt der besondere Nachdruck auf dem »Eile zu mir!«, und darum schließt er mit: »Mein Helfer und mein Retter bist Du«, meine Hilfe in der Not und der mich daraus befreit, »HERR, zögere nicht!« Hier steht »HERR« anstatt »mein Gott«. Uns ist erlaubt, die verschiedenen Namen Gottes zu gebrauchen; denn jeder hat seine eigene Schönheit und Majestät, und wir müssen jeden ehrfürchtig und in Heiligkeit anwenden und dürfen ihn niemals unnütz im Munde führen.

Zum Nachdenken: Er, der die Hallelujas eines vernunftbegabten Universums und die besonderen Hosiannas der Menschenkinder verdient, hatte zunächst das boshafte »Haha, haha!« aus dem Mund jener Rebellen zu gewärtigen, die zu retten und zu segnen Er gekommen war. (James Frame)

10. Juni

Psalm 71,1-4

Weitere Lesung: 2. Timotheus 4,6-13

Wir haben hier »das Gebet des betagten Gläubigen« vor uns, der in heiliger und durch lange und bemerkenswerte Erfahrung begründeter Glaubenszuversicht wegen seiner Feinde betet und weitere Segnungen für sich erbittet. In Erwartung einer gnädigen Antwort verspricht er, den Herrn über alles zu verherrlichen.

Tag für Tag müssen wir uns hüten vor jeglichem Vertrauen auf einen »Arm aus Fleisch« und stündlich unseren Glauben an dem ewig treuen Gott festmachen. Wir müssen uns nicht nur auf Gott verlassen, wie man auf einem Felsen steht, sondern auch in Ihm Zuflucht suchen, wie man sich in einer Höhle verbirgt. Je inniger wir mit Gott verbunden sind, umso fester wird unser Vertrauen sein. Gott kennt unseren Glauben, und doch hat Er es gern, wenn wir ihn bekennen; darum vertraut der Psalmist nicht nur auf den HERRN, sondern sagt Ihm dies auch. »›Tu nach deinem Wort, o Gott.‹ Es entspricht Deiner Gerechtigkeit, Deine Verheißungen zu erfüllen, die Du Deinen Knechten gegenüber gemacht hast. Ich habe Dir vertraut, und Du wirst nicht ungerecht sein und meinen Glauben vergessen. Ich bin wie in einem Netz gefangen, doch befreie mich von der Bosheit meiner Verfolger. Neige Dich zu meiner Hilflosigkeit hinab und höre mein kaum hörbares Flüstern; gehe gnädig mit meinen Schwächen um und gewähre mir Dein Lächeln. Ich bitte um Rettung; höre mein Flehen und erlöse mich. Wie ein von Feinden Verwundeter und dem Tod Überlassener brauche ich Dich, dass Du Dich zu mir neigst, um meine Wunden zu verbinden. Diese Gnaden erbat ich von Dir im Glauben, und sie können deshalb nicht abgeschlagen werden.«

Psalm 71,1-4

Die Burg ist vor Feinden fest verschlossen, ihre Tore können nicht gesprengt werden, ihre Fallgitter sind herabgelassen und die Wegsperren fest an ihrem Ort; aber es gibt eine Geheimpforte, durch die die Freunde des großen Herrn zu jeder Zeit eintreten können, bei Tag und bei Nacht und so oft sie wollen. Es gibt keine Sperrstunden fürs Beten. Die Tore der Gnade stehen allezeit offen, und das wird auch immer so bleiben, bis endlich der Herr des Hauses aufgestanden ist, um die Tür zu schließen. Gläubige erkennen, dass Gott ihre Wohnung ist, stark und erreichbar, und das ist für sie ein ausreichendes Heilmittel gegen alle Unpässlichkeiten ihres sterblichen Lebens.

Gott steht auf derselben Seite wie wir, darum sind unsere Feinde auch die Seinen, denn sie sind gottlos. Aus diesem Grund wird der Herr Seine Verbündeten gewisslich erretten und dem Bösen nicht erlauben, über die Gerechten zu triumphieren. Alle, die ein solches Gebet zum Himmel emporsenden, tun Seinen Feinden mehr Schaden, als wenn sie eine ganze Geschützbatterie auf sie richteten.

Zum Nachdenken: Es ist ein guter Anfang und für unsere Gebete sehr zu empfehlen, wenn wir erklären können, dass unser Glaube und unser Vertrauen auf Gott allein gerichtet ist. (Edward Walter)

11. Juni

Psalm 71,5-13

Weitere Lesung: Jesaja 46,3-11

Gott, der uns Gnade gibt, auf Ihn zu hoffen, wird diese Hoffnung ganz gewiss erfüllen, und darum dürfen wir sie im Gebet vor Ihn bringen. »Der HERR« ist die Hoffnung Israels, und weil Er keine falsche oder leere Hoffnung sein kann, dürfen wir erwarten, dass unser Vertrauen gerechtfertigt wird.
Bevor der Psalmist die ihn bewahrende Kraft begreifen konnte, wurde er schon durch sie getragen. Gott kennt uns, bevor wir irgendetwas kennen. Schon die Auserwählten des Alten Testaments lagen in Gottes Schoß, bevor sie im Schoß ihrer Mütter lagen, und wenn ihre kindliche Schwäche noch keine Füße hatte, die sie tragen konnten, so tat es der Herr für sie. Wir tun gut daran, an Gottes Güte während unserer Kindheit zu denken; denn da finden wir reichlich Nahrung für unsere Dankbarkeit. Die Amalekiter in der biblischen Geschichte ließen ihren ägyptischen Knecht einfach verhungern, als er alt und krank wurde, nicht so der Herr der Heiligen; selbst wenn wir grau werden, hält und trägt Er uns. Das Alter raubt uns die äußerliche Schönheit und nimmt uns die Kraft zu aktivem Dienst; aber sie mindert weder die Liebe noch die Gunst Gottes uns gegenüber.
»Gott hat ihn verlassen.« Welch bitterer Hohn! Es gibt keinen schlimmeren Pfeil in allen höllischen Köchern. Unser Herr bekam diesen scharfen Pfeil zu spüren, so ist es kein Wunder, wenn es Seinen Jüngern genauso geht. Wäre dieser Ausruf wahr, so wäre das allerdings ein böser Tag für uns. Aber – gepriesen sei Gott! – es ist eine glatte Lüge. Unsere Nähe zu Gott ist unsere bewusste Sicherheit. Ein Kind ist getröstet, wenn es im Dunkeln die Hand des Vaters fühlt. Gott als den Unseren zu bezeichnen, der mit uns einen Bund eingegangen ist, bedeutet

Psalm 71,5-13

ein mächtiges Argument in unseren Gebeten und einen starken Halt für unseren Glauben. Der Schrei »Eile mir zur Hilfe!« kam in diesem Teil der Psalmen häufig vor und wurde durch schwere Drangsal und Anfechtung hervorgerufen. Starke Schmerzen bereiten einem oberflächlichen Beten schnell ein Ende.

Die Feinde werden verwirrt, wenn sie nach den Gründen ihres Untergangs fragen. Die Menschen, die sie zerstören wollten, erschienen so schwach und ihre Lage erschien so lächerlich, dass sie voller Erstaunen sehen, wie sie nicht nur alle Widerstände überlebten, sondern sie sogar überwanden. Wie verwirrt muss der Pharao gewesen sein, als er merkte, dass Israel sich vermehrte, obwohl er alles daransetzte, das Volk auszurotten; und wie verzehrte der Zorn die Schriftgelehrten und Pharisäer, als sie sahen, wie sich das Evangelium ausgerechnet durch den Umstand von Land zu Land ausbreitete, durch den sie es vernichten wollten. Der Herr wollte ihre Schmach vor aller Augen sichtbar machen, indem Er sie schamrot herumlaufen ließ. Sie hätten den Gläubigen der Lächerlichkeit preisgegeben, wenn Gott ihn verlassen hätte; mögen sie deshalb der personifizierte Spott über allen Unglauben und Atheismus sein!

Zum Nachdenken: Der Psalmist hatte Augen für die täglichen Wunder des Herrn; darum war sein Mund auch täglich mit dem Lob des Herrn erfüllt. (August Tholuck)

12. Juni

Psalm 71,14-18

Weitere Lesung: Philipper 3,1-11

Wir sollen so weit ein Zeugnis sein, wie uns die Erfahrung dazu befähigt, und anderen nicht vorenthalten, was wir geschmeckt und betastet haben. Die Zuverlässigkeit, mit der Gott uns aus der Hand unserer Feinde errettete und Seine Verheißungen erfüllte, soll überall von denen verkündigt werden, die dies in ihrer eigenen Lebensgeschichte erfahren haben. Wie herrlich deutlich wird die Gerechtigkeit in dem göttlichen Plan der Erlösung! Dies sollte das Dauerthema unserer Unterhaltungen sein. Der Teufel wütet gegen das stellvertretende Opfer, und für solche, die sich in irgendeiner Form des Irrtums befinden, ist dies der Hauptangriffspunkt. Möge es für uns daher das Wichtigste sein, die Lehre zu lieben und die Gute Botschaft überall und zu jeder Zeit zu verbreiten. Münder werden nirgends besser verwendet, als wenn sie die Gerechtigkeit Gottes weitersagen, die sich in der Rettung der Gläubigen in Jesus offenbart. Haben unsere Leser bisher in dieser Sache geschwiegen? Dann möchten wir sie drängen, von jetzt an zu verkündigen, was sie innerlich froh macht. Wer solche frohe Nachricht verschweigt, tut Unrecht.

Wie Gott allen Raum ausfüllt und es daher nur einen Gott gibt, so füllt Gottes Gerechtigkeit in Christus Jesus die Seele des Gläubigen. Er hält alle anderen Dinge für Verlust und Dreck, wenn er nur Christus gewinnt und in Ihm erfunden wird. Er hat nicht seine eigene Gerechtigkeit, die vom Gesetz her kommt, sondern die Gerechtigkeit aus Gott aufgrund des Glaubens. Welchen Nutzen brächte es, einem Sterbenden von einer anderen Gerechtigkeit zu erzählen? Und alle sind Sterbende. Mag wer da will des Menschen natürliche Unschuld preisen, die

Psalm 71,14-18

Menschenwürde, die Reinheit der Philosophen, die Nettigkeit unbelehrter Wilder, die Kraft der Sakramente und die Unfehlbarkeit des Papstes. Der wahre Gläubige hält dagegen unbeweglich das Folgende fest: »Ich will preisen Deine Gerechtigkeit, Dich allein!« Möge diese arme unwürdige Zunge, deren Ehre es sein soll, Dich zu verherrlichen, bis in Ewigkeit Dir geweiht sein, mein Herr!

Für den Psalmisten war es ein Trost, sich daran zu erinnern, dass er von seinen frühesten Tagen an ein Jünger des Herrn gewesen war. Niemand ist zu jung, um von Gott gelehrt zu werden, und aus denen, die am frühesten anfangen, werden die tüchtigsten Gelehrten. Er hatte gelernt, das, was er wusste, weiterzugeben; er hatte Kinder unterrichtet, und noch immer lernte und lehrte er und hat sich nicht von seinem ersten Herrn losgesagt. Dies war also sein Trost, den aber jene, die sich verleiten ließen, von der Schule des Evangeliums in die verschiedenen Universitäten der Philosophie und des Skeptizismus überzulaufen, nie genießen werden. Ein heiliger Konservatismus ist in unseren Tagen höchst angebracht, wo die Menschen das alte Licht für Neues fortgeben. Wir wollen sowohl von der erlösenden Liebe lernen als auch von ihr weitersagen, und das so lange, bis wir etwas finden, was unser Herz noch mehr befriedigt. Aus diesem Grund hoffen wir, dass man uns mit grauen Haaren noch auf genau jenem Weg finden wird, den wir schon in frühester Jugend gewandert sind.

Zum Nachdenken: Es ist ehrenvoll, früher als andere in Christus zu sein; es ehrt dich, wenn du jung bist und auf den Wegen der Gottesfurcht während deiner ganzen Jugendzeit voranschreitest, und wenn du es auch in deinen mittleren Jahren tust, und bis du alt wirst. (Jeremiah Burroughs)

13. Juni

Psalm 71,19-24

Weitere Lesung: Kolosser 3,12-17

Überaus großartig, unerforschlich, erhaben und herrlich ist das heilige Wesen Gottes und Seiner Wege, den Menschen gerecht zu machen. Sein Plan zur Rechtfertigung reißt den Menschen von den Pforten der Hölle in die Wohnungen des Himmels. Dies ist die hohe Lehre des Evangeliums, sie bewirkt hohe Erfahrungen, führt zu hohen Taten und endet in hoher Glückseligkeit. Die großen Leistungen anderer sind im Vergleich zu Gottes Werk nichts als kindliches Spiel und nicht wert, auch nur im selben Zusammenhang erwähnt zu werden. Schöpfung, Vorsehung und Erlösung sind so einzigartig, dass nichts mit ihnen verglichen werden kann.
Anbetung ist die Geisteshaltung, die sich für einen Gläubigen geziemt. Wenn er sich Gott nähert, betritt er einen Bereich, wo alles unbeschreiblich großartig ist, ringsumher findet man Wunder über Wunder und muss über die Verbindung von Gerechtigkeit und Gnade staunen. Reist man durch die Alpen, so wird man oft inmitten ihrer wunderbaren Großartigkeit von einem Gefühl der Ehrfurcht überwältigt; doch wie viel mehr gilt das, wenn wir die Höhen und Tiefen der Gnade und Heiligkeit des Herrn überblicken. »Gott, wer ist wie Du?« Wie tief uns der Herr auch sinken lassen mag, Er wird dem Abstieg eine Grenze setzen, und zur rechten Zeit bringt Er uns wieder hinauf. Selbst wenn wir bis ins Grab gelegt werden, besteht die Gnade darin, dass wir nicht tiefer hinabsinken können, sondern wir werden zurückkehren und in ein besseres Land aufsteigen. Und all dies, weil des Herrn Retterhand allmächtig ist. Ein kleiner Gott würde uns fallen lassen; nicht aber der HERR, der Allmächtige. Wer sich auf Ihn stützt, ist in Sicher-

Psalm 71,19-24

heit, denn Er hält die Pfeiler des Himmels und der Erde aufrecht.

Eine so staunenswerte Liebe fordert das schönste Lob heraus. David wollte dem Herrn zu Ehren sein Bestes geben, sowohl mit der Stimme als auch mit seinen Instrumenten. Weder seine Harfe noch seine Stimme sollten schweigen. Das Wesentliche des Gesangs liegt in der heiligen Freude der Sänger. Wenn die Seele singt, ist das die Seele des Gesangs. Bevor die Menschen erlöst sind, gleichen sie verstimmten Instrumenten; doch wenn das kostbare Blut sie frei gemacht hat, sind sie fähig, den Herrn zu erheben, der sie erkauft hat. Um einen hohen Preis erkauft zu sein, ist ein mehr als hinreichender Grund, uns selbst der ernst gemeinten Anbetung Gottes, unseres Heilands, hinzugeben. Wie in vielen anderen Psalmen sprechen die letzten Verse das als vollendete Tatsache an, was in den früheren Versen nur eine Bitte war. Der Gläubige weiß, dass seine Bitten erhört wurden. Glaube ist die Verwirklichung dessen, was man hofft, er ist eine so reale und fassbare Tatsache, dass die frohe Seele darüber zu singen beginnt.

Zum Nachdenken: Heuchler loben Gott nur mit den Lippen; David aber verbindet seine Seele mit seinen Lippen. (William Nicholson)

14. Juni

Psalm 72,1-7

Weitere Lesung: 1. Könige 1,28-37

Das Recht zum Herrschen wurde durch Abstammung von David auf Salomo übertragen, aber nicht dadurch allein: Israel war eine Theokratie, und die Könige waren nur Vizeregenten des Großen Königs. Daher rührt die Bitte, der neue König möge durch göttliches Recht inthronisiert und darum mit göttlicher Weisheit begabt werden. Unser herrlicher König in Zion hat ihm alle Gerichtsvollmacht übertragen. Er regiert im Namen Gottes über alle Länder.
Welch ein Trost ist es, dass in Christi Reich niemand Unrecht leiden kann. Er sitzt auf dem großen weißen Thron, der auch nicht von der geringsten Ungerechtigkeit befleckt ist, nicht einmal von einem Fehlurteil. Bei Ihm ist unser guter Ruf sicher aufgehoben. In allen Urteilen des Königs Zions zeigt sich wahre Weisheit. Wir verstehen Seine Handlungen nicht immer; aber sie sind stets richtig. Allzu oft hat man gegenüber reichen und großen Leuten Parteilichkeit gezeigt; doch der König der letzten und besten aller Monarchien handelt zur Freude der Armen und Verachteten nach ausgewogener Gerechtigkeit. Wir finden die Armen, wie sie Seite an Seite mit dem König genannt werden. Die Souveränität Gottes ist ein froh machendes Thema für die Elenden und Verachteten. Sie freuen sich, wenn sie ihren König erhöht sehen, und streiten sich nicht mit Ihm über die Anwendung Seiner Hoheitsrechte. Es ist ein eingebildeter Reichtum, der sich müht, die wahre Armut zu verbergen, wenn Menschen an dem regierenden Herrn herumnörgeln. Das tiefe Gefühl geistlicher Bedürftigkeit hingegen macht das Herz zu loyaler Anbetung des Retter-Königs bereit. Andererseits hat der König eine besondere Freude an den demütigen Herzen derer,

Psalm 72,1-7

die über ihre Sünden trauern, und setzt alle Seine Macht und Weisheit für sie ein, so wie Josef in Ägypten zum Wohl seiner Brüder regierte. Im geistlichen Sinn ist dem Herzen durch die Gerechtigkeit Christi Frieden zuteil geworden; und alle Kräfte und Leidenschaften der Seele sind von heiliger Stille erfüllt, wenn ihr der Weg der Errettung durch göttliche Gerechtigkeit offenbart worden ist. Dann ziehen wir fröhlich unsere Straße und werden in Frieden geleitet, und die Berge und Hügel brechen vor uns in Jubel aus.

Wo Jesus regiert, ist Er als der wahre Melchisedek bekannt, sowohl als König der Gerechtigkeit als auch des Friedens. Friede, der auf Gerechtigkeit gegründet ist, hat festen Bestand, jeder andere dagegen nicht.

Viele so genannten heiligen Allianzen waren schon nach wenigen Monaten zerbrochen, weil diese Bündnisse durch List zustande kamen, Meineid war ihre Grundlage und Unterdrückung ihr Kennzeichen; aber wenn Jesus die große Waffenruhe Gottes verkündigen wird, dann herrscht dauerhafter Friede, und die Menschen werden den Krieg nicht mehr kennen lernen. Der Friede, den Jesus bringt, ist nicht oberflächlich oder kurzlebig; er ist überwältigend tief und dauerhaft. Möchten doch alle Herzen und Stimmen den König der Völker willkommen heißen: Jesus, den Guten, den Großen, den Gerechten, den ewig Gepriesenen.

Zum Nachdenken: So arm das Volk Gottes gewöhnlich auch ist, es kommt gewiss die Zeit, da die Reichsten der Reichen es für eine Freude erachten, ihre Schätze zu Jesu Füßen niederzulegen. (C.H. Spurgeon)

15. Juni

Psalm 72,8-14

Weitere Lesung: 1. Korinther 15,20-28

Die Herrschaft des Messias wird sehr ausgedehnt sein, vom Pazifik bis zum Atlantik und vom Atlantik bis zum Pazifik wird Er der Herr sein, und die Ozeane, die beide Pole umspülen, werden unter Seiner Herrschaft stehen. Alle anderen Mächte werden sich der Seinen unterordnen. Er wird keinen Rivalen oder Gegner kennen. Jesus wird der Herrscher über die gesamte Menschheit sein. Wie Salomos Reich das ganze Land der Verheißung umfasste und kein unerobertes Gebiet übrig ließ, so wird der Sohn Davids alle Ihm nach einem besseren Bund gegebenen Länder regieren und kein Volk unter der Tyrannei des Fürsten der Finsternis leiden lassen. Uns wird durch eine Schriftstelle wie diese Mut gemacht, nach der universalen Herrschaft des Erlösers Ausschau zu halten – ob vor oder nach Seiner persönlichen Wiederkunft, überlassen wir der Klärung durch andere. In diesem Psalm zumindest sehen wir einen persönlichen Herrscher, und Er ist die zentrale Figur – der, auf den sich alle Herrlichkeit konzentriert. Wir sehen Seine Knechte nicht, nur Ihn selbst, wie Er die Herrschaft besitzt und Sein Regiment ausübt. Personalpronomen, die sich auf unseren Großen König beziehen, finden wir in diesem Psalm überall; Er hat die Macht, Könige fallen vor Ihm nieder und dienen Ihm; denn Er erlöst, Er verschont, Er rettet, Er lebt, und täglich wird Er gepriesen.

Fremde Fürsten ferner Regionen werden Seine alles umfassende Herrschaft als König der Könige anerkennen und sich genötigt sehen, ehrfürchtig ihren Tribut zu zahlen. Religiöse Opfer werden sie darbringen, weil ihr König ihr Gott ist. Beachtet, dass wahre Frömmigkeit zu großzügigem Geben anleitet;

Psalm 72,8-14

in Christi Herrschaftsbereich müssen wir keine Steuern zahlen, vielmehr werden wir Ihm freiwillig und freudig unsere Gaben bringen. Alle Könige werden Ihm persönlich ihre Reverenz erweisen, einerlei, wie mächtig sie sind, wie hoch ihre Stellung und wie alt ihre Dynastie ist oder wie weit entfernt ihr Reich liegt, sie werden Ihn willig als ihren Oberherrn anerkennen.

In Vers 13 finden wir einen wunderbaren Grund dafür, dass sich Menschen dem Herrn, Christus, unterwerfen; es geschieht nicht, weil sie Seine überwältigende Macht fürchten, sondern weil er sie durch Sein gerechtes Regiment gewonnen hat. Wer möchte sich nicht ehrfürchtig vor einem so guten Fürsten neigen, der sich der Elenden in besonderer Weise annimmt und sich verpflichtet, ihr Erlöser in Zeiten der Not zu sein? Das Sprichwort sagt: »Hilf dir selbst, dann hilft dir Gott.« Aber noch wahrer ist es, dass Jesus denen hilft, die sich selbst nicht helfen können und auch sonst keine Hilfe finden. Alle Hilflosen stehen unter der besonderen Fürsorge des Königs Zions, der Mitleid mit ihnen hat. Möchten sie doch eilends die Gemeinschaft mit Ihm suchen. Er regiert über die Seelen in einem geistlichen, nicht in einem weltlichen Reich, und die Elenden, die sich also ihrer Unwürdigkeit und Schwäche bewusst sind, werden erfahren, dass Er ihnen Seine Errettung schenkt. Jesus ruft nicht die Gerechten, sondern die Sünder zur Buße. Wir sollten eifrig danach streben, zu diesen Elenden zu gehören, die so hoch in der Gunst des Großen Königs stehen.

Zum Nachdenken: So brennend ist die Liebe Christi für die Seinen, dass Er es nicht erträgt, wenn einer von ihnen verloren geht; er führt alle zur vollen Errettung, und indem Er sich sowohl Teufeln als auch Tyrannen entgegenstellt, die ihre Seelen zu zerstören trachten, dämpft Er deren Zorn und verwirrt sie in ihrer Wut. (Mollerus)

16. Juni

Psalm 72,15-20

Weitere Lesung: 1. Chronik 29,10-15

»O König, lebe ewiglich!« Er wurde ermordet; aber Er ist auferstanden und lebt in Ewigkeit. Die allerkostbarsten Krönungsgeschenke werden an Seinem Thron mit Freuden dargebracht. Wie gern würden wir Ihm alles geben, was wir sind und haben, und doch solche Tribute für viel zu gering ansehen! Wir können uns freuen, dass die Sache Christi nicht zum Stillstand kommt, weil es an Geld fehlt; Silber und Gold gehören Ihm; und wenn sie zu Hause nicht gefunden werden, eilen welche aus fernen Landen herzu, um das Defizit auszugleichen. Wollte Gott, wir hätten mehr Glauben und mehr Freigebigkeit! Möge alles Lob auf Sein Haupt kommen und all Sein Volk danach verlangen, dass Seine Sache vorankommt, mögen sie alle darum zu jeder Stunde rufen: »Dein Reich komme!« Dann brauchen wir uns um die Sache der Wahrheit in solchem Land keine Sorgen zu machen; sie ist in guten Händen, wo das Wohlgefallen des Herrn wirklich gedeiht. »Fürchte dich nicht, du kleine Herde! Denn es hat eurem Vater wohlgefallen, euch das Reich zu geben.« Wann werden diese Worte, die einen so freudevollen Ausblick gewähren, hier auf Erden Erfüllung finden?
In Seiner Rettermacht wird Sein Name als der Sammelplatz aller Gläubigen bekannt und verherrlicht und für ewig derselbe bleiben. Solange die Zeit in Tagen gemessen wird, wird Jesus herrlich unter den Menschen sein. Es wird Grund genug für all diese Ehre bestehen; denn Er wird wirklich und in Wahrheit ein Wohltäter für das Menschengeschlecht sein; denn Er selbst ist der größte Segen für die Erde. Wenn Menschen einander segnen wollen, werden sie es in Seinem Namen tun. Die dankbaren Völker werden Seine Wohltaten erwidern und dem Glück

Psalm 72,15-20

wünschen, der sie so glücklich gemacht hat. Nicht nur einige werden den Herrn verherrlichen, sondern alle. Kein Land wird im Heidentum bleiben, alle Völker werden Ihn mit Freuden ehren.

Wie Quesnel richtig anmerkt, erklären sich die restlichen Verse von selbst. Sie rufen eher zu tiefster Dankbarkeit und Bewegung des Herzens auf, als dass sie den Verstand ansprechen; sie dienen mehr der Anbetung als der Erklärung. Es ist der Höhepunkt unseres Verlangens und der Gipfelpunkt unserer Gebete – und wird es immer sein –, Jesus als den erhöhten König der Könige und Herrn der Herren zu schauen. Er hat große Wunder getan, solche, die Ihm niemand nachmacht, und hat alle so weit hinter Sich gelassen, dass Er allein der Wunderwirker bleibt. Doch ähnliche Wunder stehen noch aus, nach denen wir in freudiger Erwartung Ausschau halten. Er ist Gott, gepriesen in Ewigkeit, und Sein Name soll gepriesen sein; Sein Name ist herrlich, und Seine Herrlichkeit wird die ganze Erde erfüllen. Nach dieser wunderbaren Vollendung sehnen sich Tag für Tag unsere Herzen, und wir rufen: »Amen, ja, Amen!«

Zum Nachdenken: Manchmal wird unbedacht gesagt, das Alte Testament sei eng und exklusiv, während das Neue Testament weit und von alles umschließendem Geist sei. Das ist ein Fehler. Das Alte und das Neue Testament sind in dieser Hinsicht gleich: Viele sind berufen, wenige sind auserwählt. Dies ist die allgemeine Lehre des Alten wie des Neuen Testaments. Sie sind aber auch beide gleich allgemein, indem sie das Evangelium allen verkündigen. (James G. Murphy)

17. Juni

Psalm 73,2-14

Weitere Lesung: Hiob 21,4-16

Hier beginnt der Bericht über einen großen Kampf der Seele, einen geistlichen Marathon, ein heiß umkämpftes Schlachtfeld, bei dem der Halbüberwundene am Ende den völligen Sieg erringt. Irrtümer des Herzens und des Verstands beeinflussen sehr leicht unser Verhalten. Es besteht eine enge Verbindung zwischen dem Herzen und den Füßen. Asaf konnte sich kaum aufrecht halten, seine Rechtschaffenheit schwand dahin, seine Knie knickten ein gleich einer einstürzenden Mauer. Wenn Menschen die Gerechtigkeit Gottes anzweifeln, beginnt auch ihre Integrität zu wanken. Asaf kam auf dem guten Weg nicht weiter, seine Füße glitten aus, als ginge er über glattes Eis. Er war zu schwach, irgendetwas zu unternehmen, und stand in großer Gefahr, akut in Sünde zu geraten und tief zu fallen. Wie sorgsam sollten wir auf den inneren Menschen achten, weil er so stark das äußerliche Betragen beeinflusst. Asafs Bekenntnis ist in dieser Sache – wie es stets sein sollte – sehr klar und deutlich.
Es ist sehr beklagenswert, wenn ein Himmelserbe bekennen muss: »Ich war neidisch.« Schlimmer noch, wenn er sagen muss: »Ich beneidete die Übermütigen.« Doch fürchten wir, dass dies für die meisten von uns gilt. Seht! Schaut! Nehmt wahr! Hier ist das andauernde Rätsel! Das Problem mit der Vorsehung! Der Stolperstein des Glaubens! Hier sieht man die zu Unrecht Belohnten, die Unbestraften, und das nicht nur für einen Tag oder eine Stunde, nein, sondern ein Leben lang. Von ihrer Jugend an rühmen sich diese Menschen ihres Wohllebens, wo sie doch nichts als die Hölle verdienen. Sie müssten an Ketten aufgehängt werden, doch goldene Ketten hängen

Psalm 73,2-14

ihnen um den Hals; sie sind es wert, von dieser Welt vertrieben zu werden, stattdessen wird ihnen die Welt zu Eigen. Der arme, kurzsichtige Verstand schreit: »Seht euch das an! Wundert euch und staunt und versucht, dies mit der göttlichen Gerechtigkeit in Einklang zu bringen, falls ihr das könnt! Sowohl Reichtum als auch Gesundheit wurde ihnen zuteil. Weder Schuldenlasten noch Konkurse machen ihnen zu schaffen, stattdessen vermehrt sich ihr Gut durch Räuberei und Unrecht. Geld kommt zu Geld, und Goldstücke regnen auf sie herab; die Reichen werden immer reicher und die Stolzen immer stolzer. Herr, wie kommt das? Deine armen Diener, die immer ärmer werden und unter ihren Lasten stöhnen, haben ihre Schwierigkeiten mit Deinen geheimnisvollen Wegen.«

Hier wird diese Sache in klarster Form dargestellt, und mancher Christ wird in seiner Erfahrung bestätigt. Solche Knoten hat auch er zu lösen versucht und dabei seine Finger schrecklich müde gemacht und seine Zähne dran ausgebissen. Wir haben unsere Erkenntnis teuer gekauft; aber wir haben sie gekauft, und darum wollen wir von nun an aufhören, uns über die Übeltäter zu ärgern; denn der Herr zeigte uns, wie das Ende dieser Menschen aussehen wird.

Zum Nachdenken: Wohlergehen scheint eine gefährliche Waffe zu sein, und niemand als nur der Unschuldige sollte sie anzuwenden wagen. Bevor der Psalmist darüber nachgedacht hatte, begann er das Wohlergehen der Gottlosen zu beneiden. (William Crouch)

18. Juni

Psalm 73,15-24

Weitere Lesung: Hiob 21,17-26

Es ist nicht immer klug, seine Gedanken auszusprechen; bleiben sie in unserem Inneren, so schaden sie nur uns; aber einmal geäußert, können sie großes Unheil anrichten. Wenn ein Mann wie der Psalmist seine Unzufriedenheit durch sein Reden verrät, so bedeutet das einen schweren Schlag und tiefe Entmutigung für die gesamte Gemeinschaft. Obwohl er ein Heiliger Gottes ist, hat er sich betragen wie einer jener Toren, die Gott verabscheut. Hat er sie nicht sogar beneidet? Und was heißt das anderes, als ihnen gleich sein zu wollen? Wenn die Gnade dies nicht verhindert, verfügen die Klügsten über genügend Torheit, sich unglücklich zu machen. Aber es war nur ein Beweis seiner wahren Weisheit, dass er sich seiner Torheit so tief bewusst wurde. Wir sehen, wie bitter fromme Menschen ihre geistlichen Verirrungen beklagen; sie entschuldigen sich nicht einfach, sondern stellen ihre Sünden an den Pranger und klagen sie aufs Heftigste an. Welche Gnade ist es, wenn man selbst den Anschein des Bösen verabscheut!

Sein Geist betrat die Ewigkeit, wo Gott als an einem heiligen Ort wohnt; er ließ das Sichtbare zugunsten des Unsichtbaren zurück, sein Herz schaute hinter den Vorhang, er war dort, wo der dreimal heilige Gott war. Dadurch verschob sich seine Betrachtungsweise, und scheinbare Ungereimtheit löste sich in Harmonie auf. Er hatte zu wenig gesehen, um ein Urteil fällen zu können; ein erweiterter Blick veränderte seine Vorstellungen. Er sah mit den erleuchteten Augen des Herzens die Zukunft der Gottlosen, und seine Seele war nicht mehr im Zweifel über deren Glück oder Unglück. Der Neid nagte nicht mehr an seinem Herzen, stattdessen war seine Seele nur erfüllt von dem

Psalm 73,15-24

Schrecken wegen des über sie hereinbrechenden Unheils und wegen ihrer gegenwärtigen Schuld. Ihn schauderte davor, das gleiche Urteil wie diese stolzen Sünder zu erhalten, die er soeben noch bewundert hatte.

Der höchste Kummer des Psalmisten war nicht die Tatsache, dass es den Gottlosen so gut ging, sondern dass Gott es so gefügt hatte. Wäre es zufällig so geschehen, hätte er sich gewundert, doch er hätte sich nicht beklagen können; doch wie der Lenker aller Dinge Seine zeitlichen Gunsterweise so verteilen konnte, verwirrte ihn. Jetzt wird ihm die Sache klar: Die göttliche Hand hatte diesen Menschen absichtlich Wohlstand und Bedeutung verliehen, aber nicht, um sie zu segnen, sondern das genaue Gegenteil war die Absicht. Ihre Stellung war gefährlich, und darum brachte Gott nicht Seine Freunde dahin, sondern Seine Feinde. Für Seine eigenen Geliebten wählte Er eine rauere, aber sicherere Stellung aus. Die Gottlosen waren nur auf richterliche Anordnung erhoben worden, damit ihre Verdammung umso schärfer ausfallen sollte. Die ewige Strafe wird noch schrecklicher sein, wenn man sie im Gegensatz zu dem früheren Wohlleben derer sieht, die dazu heranreifen. Aufs Ganze gesehen ist das Schicksal der Gottlosen von Anfang bis Ende schrecklich. Und ihre weltlichen Freuden machen in Wahrheit die Sache noch furchtbarer, anstatt den Schrecken zu mildern, genauso wie ein heller Blitz die Dunkelheit nicht erhellt, sondern die dichte Finsternis ringsumher noch intensiver erscheinen lässt.

Zum Nachdenken: Wer seine Torheit bekennt, gibt darum seinen Glauben nicht auf. Die Sünde mag uns quälen, und doch mögen wir Gemeinschaft mit Gott haben. Nur wenn wir die Sünde lieben und uns an ihr erfreuen, scheidet sie uns von dem Herrn. (C.H. Spurgeon)

19. Juni

Psalm 73,1.25-28

Weitere Lesung: 2. Korinther 4,7-15

»Fürwahr, Gott ist Israel gut.« Er ist nur gut, nichts als gut gegenüber den Seinen, mit denen Er einen Bund geschlossen hat. Er kann ihnen gegenüber nicht ungerecht oder unfreundlich handeln; Seine Güte ihnen gegenüber steht außer Frage und bleibt unverändert. Zu dem wahren Israel gehören nicht die zeremoniell Reinen, sondern die wirklich Reinen, solche, deren Inneres rein ist, deren Motive einem reinen Herzen entspringen. Ihnen gegenüber wird und muss Gott die Güte selbst sein. Der Schreiber bezweifelt das nicht, sondern legt es als seine feste Überzeugung nieder. Was immer an geheimnisvollen und unerforschlichen Dingen wahr sein mag oder nicht, irgendwo gibt es Gewissheiten; so hat die Erfahrung einige Tatsachen für uns greifbar gemacht. Wir wollen uns an sie halten, und sie werden uns davor bewahren, von jenen Orkanen des Unglaubens fortgerissen zu werden, die noch aus der Wüste kommen und die wie ein Wirbelwind die vier Ecken unseres Hauses umzustürzen und uns zu verderben drohen.

»Wen habe ich im Himmel ... außer Dir?« So wendet sich Asaf von dem Glitzerkram, der ihn fasziniert hatte, hin zu dem wahren Gold als seinem wahren Schatz. Er merkte, dass sein Gott etwas Besseres für ihn war als aller Reichtum, als Gesundheit, Ehre und Frieden, um die er die Weltlinge so beneidet hatte. In der Tat: Gott war nicht nur besser als alles auf Erden, sondern auch vortrefflicher als alles im Himmel. So gebot Asaf allem, zu verschwinden, damit er von seinem Gott erfüllt sei. Sein Gott würde ihn nicht enttäuschen, weder als sein Schutz noch als seine Freude. Sein Herz würde durch göttliche Liebe bewahrt und ewig mit göttlicher Herrlichkeit erfüllt sein. Außer Gott

Psalm 73,1.25-28

gibt es nichts Begehrenswertes; darum wollen wir allein Ihn begehren. Alles andere muss verschwinden, lasst uns mit unseren Herzen bei dem bleiben, der allein ewig bleibt!

»Gott zu nahen ist mir gut.« Hätte er das gleich getan, wäre er nicht in solche Anfechtungen geraten, doch als er es tat, entkam er seinem Dilemma, und wenn er dabei blieb, würde er nie wieder in das gleiche Übel verfallen. Je näher wir Gott sind, umso weniger werden wir von der Anziehungskraft und den Ablenkungen dieser Welt beeinflusst. Zutritt zum Allerheiligsten zu haben, ist ein großes Vorrecht und ein Heilmittel gegen viele Krankheiten. Glaube ist Weisheit; er ist der Schlüssel für unsere Rätsel, der Weg aus den Irrgärten und der Polarstern auf wegelosem Meer. Vertraue, und du wirst erkennen. Wer glaubt, wird begreifen und dadurch imstande sein zu lehren. Asaf hatte gezögert, seine bösen Vermutungen auszusprechen; aber eine gute Sache auszubreiten, dagegen hatte er nichts. Gottes Wege werden umso mehr bewundert, je besser man sie kennt. Wer bereit ist, an die Güte Gottes zu glauben, wird immer neue Güte erfahren, an die er glauben kann, und wer bereit ist, die Werke Gottes zu erzählen, wird niemals schweigen müssen, weil es ihm an Wundern fehlte, von denen er reden könnte.

Zum Nachdenken: Wie klein ist die Zahl derer, die ihre Liebe auf Gott allein richten! (Johannes Calvin)

20. Juni

Psalm 74,1-8

Weitere Lesung: 2. Könige 18,13-25

Wenn Gott Sein Angesicht verbirgt, ist gewöhnlich Sünde der Grund dafür; wir sollten den Herrn bitten, uns unsere spezifischen Sünden aufzudecken, damit wir Buße dafür tun, sie überwinden und sie hinfort unterlassen können. Ist eine Gemeinde in einem elenden Zustand, so braucht sie nicht apathisch dazusitzen, sondern sollte sich der Hand zuwenden, die sie geschlagen hat, und demütig anfragen, warum es so weit gekommen ist.
Das Verderben war dem Beter schon lange ein großes Problem, und es schien keine Hoffnung auf Erneuerung zu geben. Nicht erst seit einem Tag oder Jahr herrschte das Unheil, sondern es bedrückte ihn mit anhaltender Gewalt. Würde der HERR still zuschauen, wie Sein Land zur Wüste wurde und Seine Stadt in Trümmern lag? Bis Er aufsteht und herbeikommt, wird die Verwüstung anhalten, nur Seine Gegenwart könnte das Übel heilen. Darum wird Er angefleht, sich zu beeilen, Sein Volk zu erlösen. Jeder Stein in dem zerstörten Tempel appellierte an den Herrn, waren doch überall die Zeichen der gottlosen Verwüster zu sehen. Die heiligsten Orte zeugten von ihrer bösartigen Schlechtigkeit. Sollte der Herr das für immer dulden? Sollte Er nicht eilen, die Feinde zu vernichten, die ihm ins Angesicht trotzten und den Thron Seiner Herrlichkeit entweiht hatten? Der Glaube findet in den schlimmsten Umständen Anknüpfungspunkte; er benutzt sogar die umherliegenden Steine seiner verödeten Paläste, um die Tore des Himmels damit zu belästigen, indem er sie mit der großen Energie des Gebets hinaufwirft. Aberglaube, Unglaube und fleischliche Weisheit haben es gewagt, die Stelle des gekreuzigten Christus einzuneh-

Psalm 74,1-8

men und die Gemeinde Gottes in Trauer zu stürzen. Die Feinde von außen schaden uns wenig; aber die von innen kommen, fügen der Gemeinde ernsten Schaden zu. Indem sie die Wahrheit ausreißen und Irrtum an ihre Stelle pflanzen, betrügen sie die Menschen und führen große Scharen ins Verderben. Wie ein Jude heiligen Schrecken empfand, wenn er die heidnischen Zeichen an heiliger Stätte erblickte, so geht es uns, wenn wir in einer protestantischen Gemeinde die Torheiten Roms sehen und wenn wir von den Kanzeln, auf denen früher Männer Gottes standen, Philosophie und leeren Betrug vernehmen.

Bis zum heutigen Tag ist die Feindschaft des menschlichen Herzens so groß wie eh und je, und griffe die Vorsehung nicht ein, würden die Heiligen immer noch den Flammen zum Fraß gegeben werden. Die Feinde machten den Tempel zum Steinhaufen, wobei kein Stein auf dem anderen blieb. Könnten die Mächte der Finsternis tun, was sie wollen, ginge es der Gemeinde Christi genauso. Verunreinigung bedeutet für die Gemeinde ihren Untergang; und ihre Feinde würden sie so lange verunreinigen, bis nichts von ihrer Reinheit, das heißt, von ihrer wahren Existenz, übrig ist. Doch selbst wenn sie nach ihrem Willen mit der Sache Christi verfahren würden, wären sie nicht in der Lage, sie zu zerstören; die Gemeinde würde ihre Schläge und Brände überleben. Der Herr würde alle Feinde wie Hunde an der Leine halten und am Ende ihre Pläne vereiteln.

Zum Nachdenken: Obwohl das Volk Gottes nicht über Seine Vorgehensweise murren darf, kann es doch demütig mit Ihm über die Gründe sprechen. (Joseph Alleine)

21. Juni

Psalm 74,9-17

Weitere Lesung: Hesekiel 34,1-10

Armes Israel! Keine Urim und Tummim leuchteten auf der Brust des Hohenpriesters, und keine Schechina strahlte zwischen den Cherubim hervor. Weder der Rauch der Brandopfer noch die Wolken des Weihrauchs stiegen weiterhin von dem heiligen Berg auf. Die hehren Feste hatten aufgehört, und selbst die Beschneidung, das Bundeszeichen, war von dem Tyrannen verboten worden. Wir als Gläubige wissen auch, was es heißt, die Beweise für unsere Zuversicht zu verlieren und in der Finsternis umherzutasten; und nur allzu oft fehlen in unseren Gemeinden die Zeichen von der Gegenwart des Erlösers und die Lampen bleiben finster, Weissagung hat aufgehört. Da hat dann weder Sänger noch Seher eine tröstende Verheißung. Es steht nicht gut um das Volk Gottes, wenn der Prediger nicht mehr das Evangelium hören lässt und die Menschen vor Hunger nach dem Wort Gottes verschmachten. Gottgesandte Diener sind den Heiligen so nötig wie das tägliche Brot, und es ist ein großes Elend, wenn eine Versammlung keinen treuen Hirten mehr hat. Wenn das auch nicht für alle heutigen Prediger zu fürchten ist, so besteht doch ein schwerer Mangel an Männern, deren Herzen und Zungen von himmlischem Feuer entzündet sind. Verachtung des göttlichen Wortes ist weit verbreitet und kann den Herrn sehr wohl dazu bringen, es von uns zu nehmen. Möge Seine Langmut diese Herausforderung ertragen und Seine Gnade uns weiterhin das Wort des Lebens gewähren.

Israel erkennt in heiliger Loyalität seinen König an und pocht darauf, von alters her Sein Eigentum zu sein. Von daher leitet sich auch sein Anspruch auf Verteidigung und Erlösung ab.

Psalm 74,9-17

Wenn der Herr wirklich der einzige Herrscher in unseren Herzen ist, wird Er in Seiner Liebe Seine Macht zu unseren Gunsten entfalten. Wenn Er uns von Ewigkeit her zu Seinem Eigentum erklärt hat, wird Er uns vor dem Feind bewahren, der uns Schaden zufügen will. Der Jordan wurde durch des HERRN Macht geteilt. Der Herr kann Seine Wunder wiederholen: Was Er an dem Meer tat, kann Er an dem Fluss tun; kleinere Schwierigkeiten wird Er genauso beseitigen wie größere. Beachtet, wie oft das Fürwort »Du« wiederholt wird. Dieses Lied gilt Gott allein, und das Gebet ist nur an Ihn gerichtet. Der Psalmist argumentiert: Er, der solche Wunder wirkte, hätte Gefallen daran, dieselben auch jetzt zu tun, wo sie so dringend nötig wären.

Land und Meer erhalten von dem Herrn ihre Grenzen. Kontinente und Inseln sind von Seiner Hand geformt. Unser Text folgert: Er, der dem Meer Grenzen setzte, wird auch Seine Feinde bändigen können; und Er, der die Küsten des Festlands bewacht, vermag auch Seine Auserwählten zu bewahren. Lass darum, guter Herr, die hellen Sommertage der Freude wiederkehren. Wir wissen, dass alle Veränderungen von Dir kommen; die Rauheit Deines Winters haben wir schon zu spüren bekommen, gewähre uns nun den prächtigen Glanz Deines Sommer-Lächelns!

Der Gott der Natur ist der Gott der Gnade, und wir dürfen von dem Wechsel der Jahreszeiten ableiten, dass der Kummer nicht das ganze Jahr beherrschen soll. Die Blumen der Hoffnung werden erblühen, und rotwangige Früchte der Freude werden uns noch reifen.

Zum Nachdenken: Ich bin mehr denn je überzeugt, dass alle Pläne der göttlichen Vorsehung – auch wenn sie meinem schwachen Geist ungewöhnlich erscheinen – bis zum Rand mit Weisheit und Güte gefüllt sind. (Christoph Christian Sturm)

22. Juni

Psalm 74,18-23

Weitere Lesung: 2. Könige 19,1-7

Dies ist tatsächlich ein mächtiges Gebet und erinnert uns an Mose und Hiskia in ihren Fürsprachen. »Was willst Du für Deinen großen Namen tun?« ... »Vielleicht hört der HERR, dein Gott, alle Worte des Rabschake, den sein Herr, der König von Assur, gesandt hat, um den lebendigen Gott zu verhöhnen.« Der HERR ist ein eifernder Gott und wird gewiss Seinen Namen verherrlichen; darin findet unsere Hoffnung einen sicheren Halt. Hier wird mit der Gemeinheit der Feinde argumentiert. Sünder sind Toren. Sollte Toren gestattet sein, dem Herrn zu schaden und Sein Volk zu unterdrücken? Sollten diese Elenden dem Herrn fluchen und sich ihm persönlich widersetzen? Wenn die Verirrung zu dreist wird, sind ihre Tage gezählt und ist ihr Untergang sicher. Solche Arroganz zeigt an, dass die Bosheit zur Reife gelangte; als Nächstes wird sie verfaulen. Anstatt zu erschrecken, wenn schlechte Menschen immer schlechter und unverschämter werden, haben wir Grund, Mut zu fassen, weil die Stunde ihres Gerichts offensichtlich nahe ist.
Der Bund mit Gott ist der Universalschlüssel; ihm müssen sich die Tore des Himmels öffnen. Gott ist nicht ein Mensch, dass Er lüge; Er wird Seinen Bund nicht brechen, wird auch nicht abändern, was aus Seinem Mund hervorgegangen ist. Der Herr hatte versprochen, den Samen Abrahams zu segnen und ihn zum Segen zu setzen. Hier bringen sie diesen alten Bund vor Gott; genauso dürfen wir es mit dem Bund machen, den der Herr Jesus mit allen Gläubigen geschlossen hat. Welch ein großes Wort ist das! Lieber Leser, weißt du so zu rufen: »Schaue auf Deinen Bund!«? Es ist nicht die Weise des Herrn, jemanden zuschanden werden zu lassen, der auf Ihn vertraut; denn Er hat gesagt:

Psalm 74,18-23

»Rufe Mich an am Tag der Not; ich will dich erretten, und du wirst Mich verherrlichen!« Der Herr wird angefleht, sich daran zu erinnern, dass Er verhöhnt wird, und das von Wesen, die nur Menschen sind, ja, von Toren; und Er möge ebenfalls daran denken, dass diese niederträchtige Verhöhnung nicht aufhört, sondern jeden Tag wiederholt wird. Es ist eine mutige Tat, wenn der Glaube seine Argumente aus dem Maul des Drachen zu reißen vermag und in den Lästerungen der Toren Gründe findet, die er Gott vortragen kann. Alle Welt steckt in ziemlichem Dunkel, und darum hat das Volk Gottes überall grausame Feinde; aber an manchen Orten hat sich die Nacht des Aberglaubens und des Unglaubens versiebenfacht, und da grenzt die Wut gegen die Heiligen an den Irrsinn. Hat nicht der Herr erklärt, die ganze Erde werde mit Seiner Herrlichkeit erfüllt werden? Wie soll das geschehen, wenn Er erlaubt, dass sich die Grausamkeit überall in der Finsternis zusammenrottet? Ganz sicher, Er muss aufstehen und den Tagen des Unrechts, der Zeit der Unterdrückung ein Ende machen. Dies ist ein wirkungsvolles missionarisches Gebet.

Zum Nachdenken: Gegen alle Hoffnung zu hoffen, ist die gesegnetste Weise zu hoffen. (William S. Plumer)

23. Juni

Psalm 75,1-6

Weitere Lesung: 1. Samuel 2,1-5

Lasst uns das Danken niemals vergessen, sonst müssen wir damit rechnen, dass bei nächster Gelegenheit unsere Gebete unerhört bleiben. Wie die Blumen mit ihren lieblichen Farben dankbar die verschiedenen Bestandteile der Sonnenstrahlen reflektieren, so sollte auch in unseren Herzen Dankbarkeit aufspringen, wenn Gott uns in Seiner Vorsehung anlächelt. Wir müssen Gott immer und immer wieder preisen. Knauserige Dankbarkeit ist Undank. Auf endlose Güte gehört Dankbarkeit ohne Ende. In Vers 2 verspricht der Glaube zweimal, Gott für Seine höchst nötige, aber auch so deutliche Errettung zu preisen. Gott steht bereit, zu erhören und Wunder zu wirken – beten wir also die bereitstehende Gottheit an! Wir singen nicht von einem verborgenen Gott, der schläft oder die Gemeinde ihrem Schicksal überlässt, sondern von einem Gott, der uns stets in unseren finstersten Tagen besonders nahe ist, »als Beistand in Nöten reichlich gefunden«. Dem Herrn sei Ehre, dessen fortwährende Taten der Gnade und Majestät die sicheren Zeichen dafür sind, dass Er bei uns ist, sogar bis ans Ende der Welt.

Gott schickt keinen Abgesandten als Richter, sondern sitzt selbst auf dem Thron. Wenn überall Anarchie herrscht oder Tyrannen die Macht ergreifen, löst sich alles auf, alles wird vom Untergang bedroht. Die soliden Berge der Regierung schmelzen dahin wie Wachs; aber auch dann hält der Herr das Recht aufrecht und stützt es. Darum besteht kein wirklicher Grund zur Furcht. Solange die Säulen stehen, weil Gott sie aufrecht hält, solange trotzt das Haus dem Sturm. An dem Tag, an dem der Herr erscheint, wird ein allgemeiner Zusammenbruch

Psalm 75,1-6

stattfinden; aber auch an jenem Tag wird unser Bundesgott eine sichere Zuflucht für unser Vertrauen sein.

Der Herr fordert die Tobenden auf, nicht zu toben, und befiehlt den wilden Unterdrückern, ihre Torheit zu beenden. Wie gelassen ist Er, wie ruhig sind Seine Worte, jedoch wie göttlich ist Sein Verweis! Wären die Gottlosen nicht irre, so würden sie wenigstens jetzt in ihren Gewissen die leise Stimme vernehmen, die sie auffordert, vom Bösen zu lassen und sich den Stolz zu verbieten. Das Horn war das Zeichen stolzer Macht; nur Toren werden es wie wilde und rasende Tiere hoch emporheben; doch damit greifen sie den Himmel selbst an, als wollten sie sogar den Allmächtigen damit durchbohren. In erhabener Majestät weist Er das wahnsinnige Rühmen der Gottlosen zurück, die sich am Tag ihrer eingebildeten Macht über jedes Maß selbst erheben. Ein Wort des Allmächtigen stürzt die Gewaltigen herab. Ach, wollte Gott, dass alle Stolzen den hier in den Versen 5 und 6 mitgeteilten Worten gehorchten! Denn wenn sie es nicht tun, wird Er geeignete Mittel ergreifen, um den Gehorsam zu erzwingen, und dann wird ein solches Weh über sie kommen, dass alle ihre Hörner zerbrochen werden und ihre Herrlichkeit für ewig in den Staub sinkt. Unverschämtheit Gott gegenüber ist Wahnsinn. Der ausgereckte Hals anmaßenden Stolzes fordert gewiss das Henkerbeil heraus. Wer seinen Kopf hoch aufreckt, wird erleben, dass er noch höher angehoben wird, wie bei Haman, der an den Galgen gehängt wurde, den er für einen Gerechten errichtet hatte. Schweigt, ihr dummen Wüteriche! Schweigt, sonst wird Gott mit euch reden!

Zum Nachdenken: Ist das nicht ein Tor, der sich selbst Schlingen legt? (Thomas Watson)

24. Juni

Psalm 75,7-11

Weitere Lesung: 1. Samuel 2,6-10

Es gibt einen Gott und eine Vorsehung, und nichts geschieht zufällig. Wenn auch aus keiner Richtung der Windrose mit Erlösung zu rechnen ist, kann Gott sie für Seine Leute bewirken; und wenn auch weder vom Aufgang noch vom Niedergang der Sonne Gerechtigkeit kommt und auch nicht aus dem bergigen Südland, so wird sie doch kommen, weil der Herr regiert. Die Menschen vergessen, dass alles im Himmel angeordnet wurde; sie sehen nur die menschliche Kraft, die fleischlichen Leidenschaften; aber unser Herr ist weitaus realer als all dieses. Er ist hinter und zwischen den Wolken wirksam. Die Toren träumen, es gebe Ihn nicht; doch Er ist auch jetzt ganz nahe und unterwegs, um mit Seiner Hand den Becher mit dem würzigen Wein der Rache zu reichen, von dem ein Schluck genügt, um alle Seine Feinde ins Taumeln zu bringen.

Auch jetzt im Augenblick richtet Er; Sein Stuhl ist nicht leer, Er hat Seine Autorität nicht abgelegt, nein, Er regiert in Ewigkeit. Weltreiche erstehen und vergehen nach Seinem Befehl. Hier ein Kerker, dort ein Thron, wie Sein Wille es verfügt. Die Assyrer unterlagen den Babyloniern und die Babylonier den Medern. Könige sind nur Marionetten in Seiner Hand; sie dienen Seinen Zwecken, wenn sie aufstehen und wenn sie fallen. Gott allein ist wirklich; alle Macht ist Sein; alles andere sind Schatten, die kommen und gehen, unwirklich, neblig, wie ein Traum.

Die Strafe für die Gottlosen steht schon fest; Gott selbst hält sie bereit. Er hat furchtbare Schrecken gesammelt und erdacht und bewahrt sie in dem Kelch Seines Zorns auf. Die Vergeltung ist furchtbar; da gilt Blut für Blut, schäumende Rache für schäumende Bosheit. Die Farbe des göttlichen Zorns ist schon

Psalm 75,7-11

schrecklich, wie muss er dann erst schmecken! Zehntausend Schrecken brennen in der Tiefe Seines glühenden Bechers, der bis zum Rand mit Abscheu gefüllt ist. Der volle Becher muss geschlürft werden; denn der HERR schenkt ihnen ein und in sie hinein. Ihre Schreie und Bitten werden vergeblich sein. Einst konnten sie Ihm trotzen; aber die Tage sind vorüber, und die Zeit der Vergeltung ist in vollem Umfang da. Der Zorn muss bis zum bitteren Ende ausgehalten werden. Sie müssen immer weiter und weiter trinken, bis auf den Grund, wo die Hefen der ewigen Verdammnis liegen; auch diese müssen aufgesaugt werden, und noch weiter müssen sie den Kelch leeren. Wie groß wird die Angst am Tag der Rache sein, die Herzen werden zerbrechen! Merkt es wohl, dies gilt allen Bösen, die ganze Hölle für alle Gottlosen, der Schaum für den Abschaum, das Bittere für die, welche es anderen bitter machten, der Zorn für die Erben des Zorns. Gerechtigkeit ist deutlich sichtbar; aber über alles breitet sich der Schrecken einer zehnfachen Nacht aus, trostlos, ohne einen Stern. Ach, wie glücklich sind solche, die den Becher gottesfürchtigen Kummers und dann den Becher des Heils trinken! Jetzt zwar sind sie verachtet; doch werden sie von den Menschen beneidet werden, von denen sie einst in den Staub getreten wurden.

Zum Nachdenken: Wenn Gottes Leute den roten Wein getrunken haben, müssen die Gottlosen die Hefen trinken. Der Becher wandert von einem Platz zum nächsten, bis alle getrunken haben. (William Greenhill)

25. Juni

Psalm 76,1-7

Weitere Lesung: 2. Mose 15,1-10

Den Herrn zu kennen, heißt, Ihn zu ehren. Wer Seinen Namen kennt, bewundert Seine Großartigkeit. Obwohl Juda und Israel politisch in unglücklicher Trennung lebten, stimmten doch die Gottesfürchtigen aus beiden Nationen in Bezug auf den HERRN, ihren Gott, überein. Und wahrlich, welche Spaltungen die sichtbare Gemeinde auch verunzieren mögen, so sind sich die Heiligen doch völlig darin einig, dass sie den Herrn, ihren Gott, erheben. Die Welt kennt Ihn nicht und lästert Ihn deshalb, doch die Gemeinde brennt darauf, Seinen Ruhm bis ans Ende der Erde zu tragen.
Die Gemeinde Gottes ist der Ort, wo der Herr wohnt, und Er ist für sie ihr Herr und Friedensbringer. Die Herrlichkeit der Gemeinde besteht darin, dass der Erlöser durch Seinen Heiligen Geist in ihr wohnt. Da sind die Angriffe des Feindes vergeblich; denn sie gelten nicht uns allein, sondern dem Herrn selbst. Immanuel, Gott mit uns, hat eine Heimstätte unter Seinem Volk gefunden. Wer sollte uns dann schaden können? Ohne Seine friedevolle Wohnung zu verlassen, sandte Er Sein Wort aus und fing die Pfeile Seiner Feinde, bevor sie Ihn treffen konnten. Jede Waffe, sei sie offensiv oder defensiv, schlägt der Herr entzwei. Todbringende Geschosse oder lebensrettende Rüstungen helfen gleich wenig, wenn der »Durchbrecher« Sein mächtiges Wort sendet. In den geistlichen Kriegen dieses und jedes anderen Zeitalters kann man dasselbe erleben: Keine Waffe, die gegen die Gemeinde gerichtet ist, wird etwas ausrichten, und jede Zunge, die sich gegen sie regt, wird sie im Gericht verdammen. Der HERR ist mehr zu preisen als alle Mächte, die eindringen, um Sein Volk zu unterdrücken, auch wenn sie, was Macht und

Psalm 76,1-7

Größe angeht, mit Bergen zu vergleichen sind. Was ist aller Kriegsruhm anderes als Prahlerei mit Morden? Was bedeuten alle Ehren der Eroberer anderes als Leichengestank? Aber der Herr ist herrlich in Seiner Heiligkeit, und Seine schrecklichen Taten geschahen in Gerechtigkeit, um die Schwachen zu verteidigen und die Geknechteten zu befreien. Bloße Macht kann ruhmvoll sein, aber sie ist nicht wirklich gut. Sehen wir die mächtigen Taten Gottes an, finden wir beide Eigenschaften in vollkommener Verbindung. Die Israeliten hatten immer eine besondere Furcht vor Rossen und Wagen, und darum wird das plötzliche Schweigen der gesamten Feindesmacht auf diesem Gebiet zum Thema für einen Lobgesang. Die Rosse waren zu Boden geworfen, und die Wagen standen still, als sei das ganze Heerlager eingeschlafen. So kann der Herr durch Seinen Richterspruch einen Schlaf über die Feinde der Gemeinde bringen, eine Vorahnung von dem »zweiten Tod«. Ja, Er kann das sogar tun, wenn sie auf dem Höhepunkt ihrer Macht stehen, und wenn sie meinen, dabei zu sein, das Andenken an Sein Volk auszulöschen. Die Rabschakes dieser Welt können böse Briefe schreiben; aber der Herr antwortet nicht mit Tinte und Feder, sondern mit einer Zurechtweisung, bei der jede Silbe Tod bedeutet.

Zum Nachdenken: Der gesamte Lauf der Weltgeschichte wird von der Vorsehung zum Guten Salems gelenkt. (John Owen)

26. Juni

Psalm 76,8-13

Weitere Lesung: 2. Mose 15,11-21

Menschenfurcht ist ein Fallstrick; aber Gottesfurcht ist eine große Tugend und hat einen großen Einfluss auf den menschlichen Geist. Man muss Gott gründlich, unablässig und allein fürchten. Die Engel fielen, als sie in ihrem Aufstand Sein Gericht heraufbeschworen; Adam verlor seinen Platz im Paradies auf gleiche Weise; der Pharao und andere stolze Herrscher vergingen durch Sein Schelten. Weder auf Erden noch in der Hölle ist jemand, der vor dem Schrecken Seines Zornes standhalten kann. Wie gesegnet sind alle, die in der Versöhnung durch Jesus geborgen sind und sich darum nicht vor dem gerechten Zorn des Richters der ganzen Erde zu fürchten brauchen.

Wenn er nur kann, will der Mensch die Stimme Gottes nicht hören; aber Gott sorgt dafür, dass sie vernommen wird. Wie schnell kann der HERR zur Audienz vorladen! Es mag sein, dass Er in den letzten Tagen durch solche Machttaten auf dem Gebiet der Gnade alle Erdenbewohner zwingen wird, auf das Evangelium zu hören, um sie der Herrschaft Seines ganz und gar herrlichen Sohnes zu unterwerfen. Möge es so kommen, guter Herr! Die Menschen verstummten, als Er den Richterstuhl bestieg und die Gesetzeserlasse in die Tat umsetzte. Wenn Gott schweigt, machen die Menschen einen Tumult; steht Er aber auf, verstummen sie wie ein Stein. Der Herr über alle Menschen richtet Sein Auge besonders auf die Armen und Verachteten; als Erstes bringt Er alles Falsche in Ordnung. Noch haben sie wenig genug; aber ihr Rächer ist stark, und Er wird sie bestimmt erretten. Er, der Sein Volk rettet, ist derselbe Gott, der auch ihre Feinde zerschlägt, er ist genauso allmächtig zu retten wie zu zerstören. Ehre sei Seinem Namen!

Psalm 76,8-13

Der Mensch, der Drohungen ausstößt, bläst nur die Posaune für des Herrn ewigen Ruhm. Heftige Winde treiben Segelschiffe schneller in den Hafen. Der Teufel bläst das Feuer an und schmilzt das Eisen, und dann formt der Herr es so, wie Er es für gut hält. Mögen Menschen und Teufel wüten, wie sie wollen, sie können nichts weiter, als den göttlichen Plänen zuzuarbeiten. Bosheit liegt an der Kette und kann die Fesseln nicht lösen. Feuer, das nichts nützt, wird ausgelöscht. Selbst das gräulichste Übel steht unter des Herrn Kontrolle und wird am Ende besiegt zu Seinem Preise.

Die umliegenden Völker sollten sich dem einzig lebendigen Gott unterwerfen, und Sein Volk sollte Ihm bereitwillig Opfergaben darbringen. Mögen Seine Priester und Leviten die Ersten sein mit ihren heiligen Opfern. Er, der es verdient, als unser Gott gepriesen zu sein, sollte nicht nur mit dem Mund verehrt werden, sondern in Tat und Wahrheit. Furchtbarer Herrscher, siehe, ich gebe mich selbst Dir hin!

Zum Nachdenken: Gott wendet den Zorn gegen Menschen, so dass Seine anbetungswürdige Souveränität gepriesen wird. (Ebenezer Erskine)

27. Juni

Psalm 77,1-10

Weitere Lesung: Römer 8,12-21

Dieser Psalm enthält manche Traurigkeit; aber wir können sicher sein, dass er gut endet, weil er mit einem Gebet beginnt, und Gebete nehmen nie ein böses Ende. Asaf wandte sich nicht an Menschen, sondern an den Herrn, und er ging nicht mit einstudierten, würdevollen und wohlgesetzten Worten zu Ihm, sondern mit einem Schrei, dem natürlichen, ungekünstelten, ungeheuchelten Ausdruck des Schmerzes. Er gebrauchte auch seine Stimme; denn obwohl hörbares Sprechen nicht unbedingt zum Gebetsleben gehört, scheint es oft die Dringlichkeit unserer Bitten zu bestärken. Manchmal fühlt sich die Seele genötigt, die Stimme zu gebrauchen, weil sie so ihrer Agonie eher Luft verschaffen kann. Es ist tröstlich, die Alarmglocke zu hören, wenn Diebe ins Haus eingedrungen sind.

Er, der die Quelle der Freude des Glaubens ist, wurde zum Schrecken für das aufgewühlte Herz des Psalmisten. Gerechtigkeit, Heiligkeit, Macht und Wahrheit Gottes haben alle ihre dunkle Seite, und tatsächlich können alle diese Eigenschaften ganz schwarz aussehen, wenn unser Auge böse ist. Selbst das Licht der göttlichen Liebe blendet uns und erfüllt uns mit der schrecklichen Vorstellung, wir hätten niemals Anteil noch Erbe daran. Der ist wirklich elend dran, dessen Erinnerung an den Ewiggepriesenen sich als Schrecken erweist; doch auch die besten Menschen kennen die Tiefen dieses Abgrunds. Großer Schmerz ist stumm. Tiefe Ströme plätschern nicht durch die Kieselsteine wie flache Bächlein, die von Regenschauern abhängig sind. Die Worte fehlen den Menschen, deren Herz verzagt ist. Asaf hat zu Gott gerufen; doch mit Menschen konnte er nicht sprechen. Welch eine Gnade ist es, das Erste tun zu

Psalm 77,1-10

dürfen, dann brauchen wir nicht zu verzweifeln, selbst wenn das Zweite gänzlich außerhalb unserer Macht steht. Der schlaf- und sprachlose Asaf war größten Schwierigkeiten ausgesetzt, und doch stand er fest, und das sollen auch wir tun.

Zu anderen Zeiten hatte sein Geist auch für die dunkelsten Stunden ein Lied; aber jetzt konnte er sich nur an die Anspannung erinnern, sonst war alles vergessen. Wo war die Harfe, die einst so einfühlsam der Berührung seiner frohen Finger antwortete? Er hörte nicht auf, in sich hineinzuhorchen; denn er war entschlossen, den Grund seiner Schmerzen herauszufinden und sie auf ihre Ursachen zurückzuführen. Er machte ganze Sachen, indem er nicht nur mit seinem Verstand, sondern auch mit seinem innersten Herzen redete; das war ein schweres Werk für ihn. Er tändelte nicht oberflächlich, war auch kein Melancholiker, sondern ganz bei der Sache und fest entschlossen, nicht ohne Gegenwehr in Verzweiflung zu sterben, sondern bis zum letzten Augenblick seines Lebens für die Hoffnung zu kämpfen. Er durchwühlte seine Erfahrung, sein Gedächtnis, seinen Verstand, sein ganzes Wesen, ja, sein ganzes Ich, um entweder Trost zu finden oder aber den Grund zu entdecken, warum ihm dieser verwehrt wurde. Ein Mensch, der ausreichende Seelenkräfte besitzt, um in dieser Weise zu kämpfen, wird nicht durch die Hand des Feindes sterben.

Zum Nachdenken: Worte sind nur der Körper, das Gewand, die Außenseite des Gebets; Seufzer kommen der Arbeit des Herzens schon näher. Babys bitten nicht um die Brust der Mutter, sie weinen, und die Mutter kann aus den Tränen den Hunger ablesen. (Samuel Rutherford)

28. Juni

Psalm 77,11-16

Weitere Lesung: Römer 8,22-30

Der Psalmist hat den Sieg davongetragen. Er redet jetzt vernünftig und überschaut das Schlachtfeld mit kühlerem Blick. Er bekennt, dass Unglaube eine Unsicherheit, eine Schwäche, eine Torheit, eine Sünde ist. Man kann Vers 11 auch so verstehen: »Dies ist der mir zugeteilte Kummer, ich will ihn klaglos ertragen.« Wenn wir begreifen, dass uns unsere Anfechtung von dem Herrn zugemessen wurde und das uns bestimmte Teil unseres Bechers ist, werden wir damit ausgesöhnt und wir rebellieren nicht mehr gegen das Unvermeidliche. Warum sollten wir nicht zufrieden sein, wenn es des Herrn Wille ist? Was Er festgelegt hat, haben wir nicht zu kritisieren.
»Fliege zurück, meine Seele, fort von der gegenwärtigen Unruhe hin zu den großartigen Geschehnissen der Geschichte, zu den erhabenen Taten des HERRN, des Herrn der Heerscharen; denn Er ist derselbe und steht auch jetzt bereit, Seine Knechte zu verteidigen, wie einst in den Tagen der Vorzeit.« – Was auch immer in Vergessenheit gerät, die wunderbaren Werke des Herrn in alter Zeit dürfen nicht aus dem Gedächtnis weichen. Erinnerung ist eine brauchbare Dienerin des Glaubens. Wenn der Glaube in den sieben Jahren der Hungersnot steckt, öffnet die Erinnerung ihre Kornspeicher, wie Josef es in Ägypten tat. Es ist schön, wenn das, wovon unser Mund überfließt, auf das Gute hinweist, welches das Herz erfüllt. Nachdenken macht die Gespräche wertvoll; es ist zu beklagen, dass so manche Unterhaltung christlicher Bekenner so gänzlich unfruchtbar ist, weil man sich die Zeit zur Besinnung nicht genommen hat. Ein nachdenklicher Mensch sollte ein Erzähler sein, sonst ist er ein geistiger Geizhals, eine Mühle, die nur für den Müller mahlt.

Psalm 77,11-16

Der Gegenstand unseres Nachdenkens sollte wertvoll sein, dann wird auch unser Reden der Auferbauung dienen. Sinnen wir über Torheiten nach und wollen wir klug erscheinen, wird unsere Unaufrichtigkeit bald allen Menschen offenbar werden. Heilige Rede, die aus Nachdenken erwachsen ist, hat tröstende Kraft, nicht nur für uns selbst, sondern auch für die Zuhörer, daher kommt auch ihre Wertschätzung hier.

Im Heiligtum verstehen wir Gott und sind fest davon überzeugt, dass alle Seine Wege gerecht und richtig sind. Wenn wir Seinen Weg nicht nachvollziehen können, weil er »durch das Meer führt«, gewinnen wir darin reichen Trost, dass wir Ihm vertrauen können, weil Er nach Seiner Heiligkeit handelt. Wir müssen mit Seiner Heiligkeit Gemeinschaft pflegen, wenn wir die Wege Gottes mit dem Menschen verstehen wollen. Wer weise werden will, muss ein Anbeter sein. Sind wir reinen Herzens, werden wir Gott schauen, und reine Anbetung ist der Weg zur Philosophie der Vorsehung. In Gott mischt sich das Gute mit dem Großartigen, doch Er übertrifft beides. Niemand kann auch nur im Entferntesten mit dem »Mächtigen Israels« verglichen werden. Wer wird nicht stark im Glauben sein, wenn es einen so starken Arm gibt, auf den man sich stützen kann? Sollte unser Vertrauen voller Zweifel sein, wenn Seine Kraft über allen Zweifel erhaben ist?

Zum Nachdenken: Der Sein Volk aus dem Haus der Knechtschaft herausbrachte, wird fortfahren, zu erlösen und zu befreien, bis wir in die verheißene Ruhe eingehen. (C.H. Spurgeon)

29. Juni

Psalm 77,17-21

Weitere Lesung: Habakuk 3,8-15

Als sei es sich der Gegenwart seines Schöpfers bewusst, war das Meer bereit, vor Seinem Angesicht zu fliehen. Das ist eine hoch poetische Darstellung. Der Psalmist hat diese Szene vor seinem geistigen Auge und beschreibt sie meisterhaft. Die Wasser sahen Gott; aber der Mensch weigert sich, Ihn wahrzunehmen; das Meer fürchtete sich; aber stolze Sünder lehnen sich auf und fürchten Gott nicht. Die Fluten bebten bis ins Innerste, ruhige Höhlen im Meer, tief unten im Abgrund, wurden von Schrecken erfasst, und die tiefsten Rinnen trockneten aus, als die Wasser in Schrecken vor dem Gott Israels ihre Stätte verließen.

Dem Herrn gehorsam boten die unteren Bereiche der Atmosphäre ihre Hilfe dabei an, das Heer der Ägypter zu vernichten. Die Wolkenwagen des Himmels eilten herbei, um ihre Fluten zu ergießen. Aus den höheren Luftregionen donnerten die gefürchteten Kanonen des Herrn der Heerscharen. Schlag auf Schlag dröhnten die Himmel über den Häuptern der zusammengescheuchten Feinde. Sie verwirrten ihren Geist und vermehrten den Schrecken, Blitze flogen, Geschossen gleich, vom Bogen Gottes. Hierhin und dorthin eilten die rotzüngigen Flammen und spiegelten sich in Helmen und Schilden und offenbarten bald mit blauem Leuchten die tiefsten Abgründe des hungrigen Meeres, das darauf lauerte, den Stolz Ägyptens zu verschlingen. Seht, wie die gesamte Schöpfung auf ihren Gott wartet und sich mächtig darin erweist, Seine Feinde zu vernichten. Mit furchtbarer Geschwindigkeit und alles vor sich niederreißend, glich der Sturmwind einem wild dahinrasenden Streitwagen, und eine Stimme erschallte (eben Deine Stimme, o Herr!) aus dem feurigen Gefährt, wie wenn ein Held

Psalm 77,17-21

im Kampf sein Schlachtross vorwärts treibt und ihm laut zuruft. Der ganze Himmel erdröhnte von der Stimme des Herrn. Die gesamte Erde erstrahlte im Glanz des Blitzes des HERRN. Da war kein weiteres Licht nötig im Kampf jener schrecklichen Nacht; jede Woge erglänzte in dem Feuerschein, und die Küsten wurden durch den Glanz erleuchtet. Wie blass erschienen die Angesichter der Menschen zu jener Stunde, als ringsumher die Feuer vom Meer zur Küste sprangen, von der Klippe auf die Hügel, von den Bergen zu den Sternen, bis das ganze Universum zu Ehren des Triumphs des HERRN in Licht erstrahlte. Wie furchtbar bist Du, Gott, wenn Du in Majestät erscheinst, um Deine arroganten Feinde zu demütigen!

Der Schlussvers ist ein plötzlicher Übergang vom Sturmesbrausen zur Stille, vom Zorn zur Liebe. Still wie eine Herde wurde Israel durch menschliche Werkzeuge vorangeführt, hinter denen sich aber die unermessliche Herrlichkeit der göttlichen Gegenwart verbarg. Der Vernichter Ägyptens war der Hirte Israels. Seine Feinde jagte Er vor sich her; aber Seinem Volk ging Er voran. Himmel und Erde kämpften auf Seiner Seite gegen die Söhne Hams, aber sie waren ebenso dienstbereit im Interesse der Söhne Jakobs. Darum beschließen wir in demütiger Freude und völlig getröstet diesen Psalm, dieses Lied eines Menschen, der vergessen hatte, wie man spricht, und der doch zu singen lernte, und zwar viel schöner als seine Genossen.

Zum Nachdenken: Es gibt Zeiten, in denen auch der heiligste Glaube die Stimme der Vernunft nicht ertragen kann; und doch kann er Hilfe finden und zur Ruhe kommen, indem er einfach über die Taten Gottes in ihrer ursprünglichen Großartigkeit nachdenkt. (Joseph Francis Thrupp)

30. Juni

Psalm 78,1-8

Weitere Lesung: 5. Mose 6,1-9

Der inspirierte Sänger ruft seine Landsleute auf, seinen patriotischen Belehrungen zuzuhören. Von Natur aus erwarten wir bei Gottes auserwähltem Volk, dass es als Erstes Seiner Stimme lauscht. Wenn Gott der Wahrheit eine Zunge gibt und Seine Boten sendet, die darin geübt sind, Sein Wort mit Macht zu verkünden, ist es das Mindeste, was wir tun können, ihnen unser Ohr zu leihen und mit ganzem Ernst gehorsam zu sein. Sollte Gott reden und Seine Kinder sollten sich weigern zu hören? Lasst uns darauf achten, Seinen Worten mit beiden Ohren und ganzem Herzen zuzuhören!

Vergleiche sind nicht nur denkbar, sondern sogar von Gott beabsichtigt. Wir sollen sie zwischen der Geschichte Israels und dem Leben der Gläubigen ziehen. Israel war bestimmt, ein Vorbild zu sein; seine Stämme und ihre Wege sind lebendige Allegorien, die uns die allweise Vorsehung mit eigener Hand zubereitet hat. Ungläubige mögen höhnisch von Einbildung und Mystizismus reden, aber Paulus sagte sehr richtig: »was einen bildlichen Sinn hat …«, und Asaf spricht in unserem Text dasselbe an, wenn er seine Erzählung einen »Spruch« (auch mit »Gleichnis« übersetzt) nennt. Der Geist des Dichter-Propheten war so erfüllt mit der alten Überlieferung, dass sie sich wie ein Strom in einem langen Lied ergoss. Und unter den überströmenden Wasserfluten finden sich Perlen und Edelsteine geistlicher Wahrheit, die alle die reich machen, die es verstehen, in die Tiefe zu tauchen und sie nach oben zu bringen. Die äußere Form dieses Liedes ist wunderschön; aber der innere Gehalt ist unschätzbar. Während der erste Vers zur Aufmerksamkeit aufruft, rechtfertigt der zweite diese Forderung, indem er darauf

Psalm 78,1-8

hinweist, dass der äußere Wortlaut eine innere, verborgene Bedeutung enthält, die nur die Aufmerksamen zu erkennen vermögen.

Tradition war für das Volk Gottes in alter Zeit von höchster Bedeutung, bevor das sicherere Wort der Weissagung vervollständigt und allgemein zugänglich war. Der Empfang der Wahrheit durch die Lippen eines anderen legte dem unterwiesenen Gläubigen die ernste Verpflichtung auf, die Wahrheit der nächsten Generation weiterzusagen. Wahrheit, die uns teuer geworden ist, weil sie uns durch gläubige Eltern oder geschätzte Freunde liebevoll mitgeteilt wurde, verdient es, durch uns aufs Beste bewahrt und weitergegeben zu werden. Unsere Väter sagten sie uns, wir hörten sie, und wir haben persönlich erfahren, was sie uns lehrten; so bleibt uns nur, sie weiterzureichen. Gepriesen sei Gott, dass wir jetzt das unveränderliche Zeugnis der geschriebenen Offenbarung besitzen. Doch verringert dies keineswegs unsere Verpflichtung, unsere Kinder zu unterweisen, mündlich unsere Kinder über die göttliche Wahrheit zu unterrichten. Vielmehr sollten wir ihnen mit solch gnädiger Hilfe die Dinge Gottes noch vollständiger beibringen. Das Zeugnis von dem wahren Gott sollte von Generation zu Generation durch sorgfältige Unterweisung den nachfolgenden Familien weitergegeben werden. Lieber Leser, bist du deinen Kindern gegenüber dieser Pflicht gewissenhaft nachgekommen?

Zum Nachdenken: Es ist keine unbedeutende Gnade, dass eure Kinder in der Zeit des Evangeliums geboren wurden, in der sie zum Christentum erzogen werden können. (George Swinnock)

1. Juli

Psalm 78,9-25

Weitere Lesung: 4. Mose 11,1-9

Obwohl er gut ausgerüstet war – mit den besten Waffen jener Zeit –, versagten bei dem führenden Stamm Glaube und Mut, und er zog sich vor dem Feind zurück. Dafür gibt es mehrere Einzelbeispiele; doch höchstwahrscheinlich spielt der Psalmist auf das Versagen Ephraims an, die Stämme bei der Eroberung Kanaans anzuführen. Wie oft haben auch wir, trotz der Ausstattung mit den prächtigsten Waffen, versagt, siegreich gegen die Sünde Krieg zu führen. Mutig waren wir losmarschiert, bis die Prüfungsstunde kam, und »am Tag des Kampfes« erwiesen wir uns als treulos gegenüber unseren guten Vorsätzen und heiligen Verpflichtungen. Wie ganz und gar unbrauchbar ist der unwiedergeborene Mensch! Statte ihn mit dem Besten aus, was Natur und Gnade zu bieten haben – im heiligen Krieg ist und bleibt er ein hilfloser Feigling, solange es an festem Glauben an seinen Gott mangelt.

Schwüre und Versprechungen wurden gebrochen, Götzen wurden aufgerichtet, und der lebendige Gott wurde verlassen. Sie waren aus Ägypten heraufgebracht worden, um ein abgesondertes Volk für Gott zu sein; doch fielen sie in die Sünden anderer Nationen und stellten kein reines Zeugnis für den einen wahren Gott dar. Sie gaben sich der Hurerei, dem Götzendienst und anderen Verletzungen der Zehn Gebote hin und waren oft im Aufstand gegen die gesegnete Theokratie, unter der sie sich befanden. Am Sinai hatten sie sich selbst verpflichtet, das Gesetz zu halten, und dann waren sie mutwillig ungehorsam. So wurden sie zu Bundesbrechern. Offensichtlich befanden sie sich in allen Dingen in völliger Abhängigkeit von Gott, denn der Wüstenboden konnte ihnen nichts geben, und doch waren

Psalm 78,9-25

sie verdorben genug, ihren Wohltäter herauszufordern. Einmal reizten sie Ihn zur Eifersucht, indem sie sich an andere Götter hängten, dann erregten sie Seinen Zorn, als sie Seine Macht herausforderten oder Seine Liebe verleumdeten oder sich gegen Seinen Willen auflehnten. Er überschüttete sie mit Liebe, und sie waren völlig grundlos ungehorsam. Sie waren bevorzugt vor allen Völkern, und doch benahm sich kein Volk so schlecht wie sie. Ihretwegen ließ der Himmel Manna regnen, doch sie antworteten mit Murren. Die Felsen gaben ihnen Wasserströme, sie erwiderten mit Fluten der Bosheit. Wie in einem Spiegel erkennen wir uns hier selbst. Israel spielte wie in einem Drama vor, wie sich die gesamte Menschheit in ihrer Geschichte Gott gegenüber verhalten hat.

»… weil sie Gott nicht glaubten.« Das ist die am lautesten schreiende Sünde aller Sünden. Gott steht bereit zu retten, Er vereinigt Kraft und Bereitschaft dazu; aber der rebellische Mensch will dem Retter nicht vertrauen und ist deshalb schon verdammt. Dem Text nach scheint es, als seien alle anderen Sünden Israels wie nichts – verglichen damit. Das ist der besondere Punkt, auf den Gott den Finger legt, die besondere Provokation, die Seinen Zorn entfachte. Möchte doch jeder Ungläubige lernen, mehr wegen dieses Unglaubens zu zittern als wegen irgendetwas anderem. Wenn er kein Hurer, Dieb oder Lügner ist, soll er darüber nachdenken, dass es völlig zu seiner Verdammnis reicht, wenn er nicht an Gottes Errettung glaubt.

Zum Nachdenken: Ihre Sünde bestand darin, dass sie Gott nicht glaubten, Er könne und werde sie in der Wüste versorgen oder auch nur erlauben, dass denen, die Ihm nachfolgen, irgendetwas Gutes fehlen könnte. (Brownlow North)

2. Juli

Psalm 78,26-41

Weitere Lesung: 4. Mose 11,25-35

Winde schlafen, bis Gott sie aufweckt; aber dann antworten sie wie Samuel: »Hier bin ich! Du hast mich gerufen.« Wären wir auch nur halb so gehorsam wie die Winde, so wären wir viel weiter, als wir jetzt sind.

Ohne Glauben ist das Leben nichts. In der Wüste hin- und herzuziehen, wäre tatsächlich völlig unnütz gewesen, wenn der Unglaube sie von dem verheißenen Land ausgeschlossen hätte. Es war richtig, dass alle, die nicht der göttlichen Sinngebung entsprachen und ihrem Gott ungehorsam waren, sinnlos dahinleben und vor der Zeit unzufrieden und ungesegnet sterben sollten. Die ihre Tage in Sünden vergeudeten, hatten wenig Grund, sich darüber zu wundern, wenn Gott ihr Leben abkürzte und ihnen schwor, sie würden nicht in die von ihnen verachtete Ruhe eingehen. Ermüdende, quälende Märsche, die doch zu keinem Ruheort führten, waren alles, was sie hoffen durften. Unzählige Gräber säumten Israels Weg, und wenn jemand gefragt hätte: »Wer hat diese getötet?«, musste die Antwort lauten: »Sie konnten wegen ihres Unglaubens nicht hineinkommen.« Zweifellos ergibt sich viel Verdruss und Versagen in so manchem Leben daraus, dass es völlig vom Unglauben durchtränkt und von bösen Leidenschaften durchsetzt ist. Niemand lebt so fruchtleer und elend wie solche, bei denen sich Gefühl und Augenschein über den Glauben hinwegsetzen und bei denen Verstand und Begierden mächtiger sind als ihre Gottesfurcht. Unsere Tage gehen schon im gewöhnlichen Strom der Zeit schnell genug dahin; aber Gott kann das noch in bitterer Weise beschleunigen, so dass wir fühlen, wie der Kummer uns das Herz abfrisst und einem Krebs gleich unser ganzes Sein

Psalm 78,26-41

verschlingt. Das war die Strafe für das rebellische Israel. Gebe der Herr, dass es nicht unsere wird.

Sie waren oft genug widerspenstig; sie waren darin so beständig wie Gott in Seiner Geduld. Was uns angeht: Wer könnte seine Verirrungen zählen? Welches Buch könnte alle unsere Widerspenstigkeiten fassen? Die Wüste war ein Ort, um Abhängigkeit zu zeigen, wo die Stämme ohne Gottes Unterstützung hilflos waren, doch sie schlugen die Hand, von der sie lebten, während sie dabei war, sie zu speisen. Besteht da nicht Ähnlichkeit zwischen ihnen und uns? Treibt es uns nicht die Tränen in die Augen, wenn wir wie in einem Spiegel uns selbst erkennen? Ihre Herausforderungen bewirkten etwas; Gott waren sie nicht gleichgültig. Von Ihm wird gesagt, es hätte Ihn geschmerzt. Seine Heiligkeit konnte keine Freude an ihren Sünden finden, Seine Gerechtigkeit nicht an ihrem unrechten Verhalten und Seine Wahrheit nicht an ihrer Falschheit. Wie muss es den Gott der Liebe geschmerzt haben! Doch auch wir haben den Heiligen Geist betrübt, und Er hätte sich uns schon lange entzogen, wäre Er nicht Gott, sondern ein Mensch. Wir leben in der Wüste, wo wir unseren Gott brauchen; machen wir doch keine Sündenwüste daraus, indem wir Ihn betrüben!

Zum Nachdenken: Kaum ist das Festessen des Sünders serviert, so bereitet die göttliche Gerechtigkeit schon die Rechnung vor, und die schreckliche Erwartung Letzterer muss eigentlich den Geschmack an Ersterem verderben. (William Gurnall)

3. Juli

Psalm 78,42-53

Weitere Lesung: 2. Mose 7,1-7

Solche göttlichen Machterweise wie die, durch welche die Ägypter in Verwunderung versetzt wurden, bedürfen mehr als gewöhnliche Anstrengungen, um von der Tafel des Gedächtnisses gelöscht zu werden. Die Fähigkeit des Gedächtnisses ist sowohl beim Vergessen als auch beim Behalten von erstaunlicher Natur. Die Sünde missbraucht die menschlichen Kräfte und bestärkt sie nur auf falschen Wegen und macht sie praktisch tot für gerechte Ziele.

Die Plagen waren das Zeichen für die Gegenwart des HERRN und Seines Hasses auf die Götzen; diese eindrücklichen Machttaten wurden vor aller Augen ausgeführt, damit sie von allen weit und breit als Zeichen verstanden würden. Im ganzen Land geschahen diese Wunder, nicht nur in den Städten, sondern auch auf dem flachen Land, auch in den erlesensten und geschichtsträchtigsten Regionen dieses stolzen Volkes. Die Israeliten hätten das nicht vergessen sollen; denn sie waren das bevorzugte Volk, für das diese bemerkenswerten Taten geschahen.

Der Unterschied war überwältigend und hätte von dem Volk nie vergessen werden dürfen. Die Wölfe waren zuhauf erschlagen und die Schafe sorgsam gesammelt und triumphal befreit worden. Das Blatt hatte sich gewendet, die armen Knechte waren jetzt geehrte Leute, während ihre Unterdrücker vor ihren Augen gedemütigt wurden. Israel zog als Gesamtheit aus; wie eine Schafherde, in sich wehrlos, waren sie unter ihrem großen Hirten in völliger Sicherheit. Sie verließen Ägypten so leicht, wie eine Herde die eine Weide mit einer anderen tauscht. Selbst kannten sie den Weg nicht, weder durch Einsicht noch durch

Psalm 78,42-53

Erfahrung, und doch wurden sie recht geführt; denn der allweise Gott kannte jeden Fleck in der Wüste. Der Herr führte Seine Auserwählten zum Meer, durch das Meer und weiter dem heiligen Land entgegen, während ihre früheren Zwingherren zu verängstigten Geistes waren und auch keine Kraft mehr besaßen, sie zu belästigen. Nach dem ersten kleinen Schrecken, der verständlich ist, weil sie ihre alten Zwingherren ihnen nachjagen sahen, fassten sie Mut und gingen tapfer ins Meer und danach in die Wüste, wo niemand wohnen konnte. Die Ägypter waren dahin, dahin für ewig, niemals sollten sie die Flüchtlinge wieder beunruhigen. Dieser furchtbare Schlag bewahrte die Stämme vierzig Jahre lang sicher vor jedem weiteren Versuch, sie zurückzutreiben. Ägypten befand diesen Stein für zu schwer und war froh, ihn los zu sein. Sollte der Herr nicht gepriesen sein, der Sein auserwähltes Volk so wirkungsvoll befreit hatte?

Welch eine großartige Geschichte haben wir betrachtet! Die größten Meister heiliger Gesänge täten gut daran, »Israel in Ägypten« zu einem bevorzugten Thema für ihren Genius zu erwählen, und jeder Gläubige sollte über jede Einzelheit dieses erstaunlichen Geschehens nachsinnen! Es ist wundersam, dass die bevorzugte Nation dies gar so wenig bedenkt, und doch ist die menschliche Natur so beschaffen. Leider! Arme Menschen! Vielmehr leider: Niederträchtiges Herz!

Zum Nachdenken: Indem Gott die Ägypter so schwer bestrafte, tat Er nichts, außer was gerecht und angemessen war, wenn es auf der Waage der Gerechtigkeit gewogen wird. (A.R. Fausset)

4. Juli

Psalm 78,54-66

Weitere Lesung: Richter 2,7-15

Der Herr leitete sie zur Grenze des Heiligen Landes, wo Er beabsichtigte, die Bundeslade das beständige Zeichen Seiner Gegenwart unter Seinem Volk sein zu lassen. Er ließ sie nicht auf halbem Wege zu ihrem Erbteil stecken; Seine Macht und Weisheit bewahrten das Volk, bis die Palmen von Jericho auf der anderen Seite des Flusses erkennbar waren. Aber auch dann verließ Er sie nicht, sondern führte sie, bis sie die Gegend um Zion erreicht hatten, welches das Zentrum ihres Gottesdienstes werden sollte. Zion hatte der Herr in dem alten Bild von der Opferung Isaaks erworben, welche ein passendes Gleichnis von dem größeren Opfer ist, das dort zu seiner Zeit dargebracht wurde. Der Berg wurde auch durch Macht befreit, als die Rechte des Herrn Seine mutigen Krieger befähigte, die Jebusiter zu überwinden und den geheiligten Hügel der Schändung durch die Kanaaniter zu entreißen. So werden die Auserwählten Gottes selbst bis an die Grenze des Landes des Todes die sichere Leitung des Herrn der Heerscharen genießen, und auch durch den Fluss bis hinauf zu dem Berg des Herrn in der Herrlichkeit geführt werden. Das erkaufte Volk wird mit Sicherheit das erkaufte Erbe erreichen.
Nicht nur die Heere wurden in die Flucht geschlagen, sondern ganze Völker wurden vertrieben. Die Ungerechtigkeit der Kanaaniter hatte sich erfüllt, durch ihre Laster waren sie abgrundtief verdorben. Darum fraß das Land seine Bewohner, die Hornissen plagten sie, die Pest brachte sie um, und das Schwert der Stämme vollendete die Hinrichtung, zu welcher die Gerechtigkeit des so lange gereizten Himmels sie schon längst bestimmt hatte. Der wahre Eroberer Kanaans war der HERR. Er warf die

Psalm 78,54-66

Nationen hinaus, wie man Schmutz aus seiner Wohnung entfernt. Er riss sie aus, wie ein Bauer schädliches Unkraut völlig vertilgt.

Doch der Wandel der Verhältnisse hatte das Herz der Israeliten nicht verändert. Ihr Nomadenleben verließen sie, aber nicht ihre Neigung, sich von ihrem Gott zu entfernen. Obwohl sich alle göttlichen Verheißungen bis zum letzten Buchstaben erfüllt hatten und sie das Land, in dem Milch und Honig flossen, tatsächlich besaßen, versuchten sie den Herrn wieder durch ihren Unglauben und forderten Ihn mit ihren Sünden heraus. Er ist nicht nur hoch und herrlich, sondern überaus hoch, ja, der Allerhöchste, der Einzige, der so hoch in Ehren gehalten werden darf. Doch anstatt Ihn zu ehren, betrübte Israel Ihn durch Auflehnung. Nur in einem waren sie zuverlässig, in ihrer ketzerischen Treulosigkeit, und standhaft nur in ihrer Falschheit. Sie kannten Seine Wahrheit und vergaßen sie, kannten Seinen Willen und waren ungehorsam, kannten Seine Gnade und missbrauchten sie zum Anlass für noch größere Übertretungen. Lieber Leser, brauchst du einen Spiegel? Sieh, hier ist einer, der dem Schreiber sehr nützlich ist – zeigt er nicht auch dein Gesicht?

Zum Nachdenken: Nicht im Glauben gegründet zu sein, heißt, Gott herauszufordern. (Thomas Watson)

5. Juli

Psalm 78,67-72

Weitere Lesung: 1. Samuel 16,6-13

Gott hatte Ephraim besonders geehrt; denn zu diesem Stamm gehörten Josua, der große Eroberer, und Gideon, der große Richter, und innerhalb seiner Grenzen lag Silo, der Ort der Bundeslade und des Heiligtums; doch nun wollte der Herr alles ändern und andere Führer einsetzen. Die Führerschaft Ephraims sollte nicht länger Bestand haben, weil dieser Stamm seine Probe nicht bestanden hatte. Sünde wurde bei ihm gefunden und Torheit und Unzuverlässigkeit, und darum wurde er als unfähig zur Führerschaft beiseite gesetzt.

Um dem Volk wieder jemanden zu geben, der Recht spricht, wurde Juda auserwählt, die Vormachtstellung zu übernehmen. Das entsprach der Weissagung des sterbenden Jakob. Unser Herr stammte aus Juda, und Er ist es, den Seine Brüder preisen werden. Das Heiligtum und die Bundeslade wurden während der Herrschaft Davids nach Zion gebracht, und den abgewichenen Ephraimitern blieb keinerlei Ehre.

»Er erwählte David, Seinen Knecht.« Das war eine souveräne Gnadenwahl, und sie wirkte sich in der Praxis so aus, dass der Erwählte zu einem willigen Knecht des Herrn wurde. Er wurde nicht erwählt, weil er ein Knecht war, sondern damit er einer würde. Er war aufrichtig vor seinem Gott und wich in seinem Herzen nie von der gehorsamen Anbetung des HERRN ab. Welche Fehler er auch gehabt hat, nie verließ ihn die ungeheuchelte Untertanentreue gegenüber dem obersten König Israels. Mit aufrichtigem Herzen weidete er die Herde für Gott. Er war ein weiser Herrscher, und der Psalmist erhebt den Herrn dafür, dass Er ihn eingesetzt hatte. Unter David nahm das jüdische Königreich zum ersten Mal eine ehrenvolle Stellung unter den

Psalm 78,67-72

Völkern ein und übte deutlichen Einfluss auf die Nachbarn aus. Am Schluss des Psalms, der die unterschiedlichen Verhältnisse des erwählten Volkes beschreibt, freuen wir uns über das friedevolle Ende, durch das alle Unruhe, aller Lärm, alle sündigen Bräuche zum Schweigen gebracht wurden. Nach langer Reise über stürmisches Meer ist die Arche des jüdischen Staates auf dem Ararat zur Ruhe gekommen, und das unter weiser und sanfter Leitung. Sie wurde nun nicht mehr von Wind und Wellen hin- und hergeworfen.

Der Psalmist hatte schon lange vor, diesen Psalm so enden zu lassen, und auch wir können uns freuen, dass wir alle unsere Lieder der Liebe und des Dankes mit der Herrschaft des Gesalbten des HERRN beenden dürfen. Nur möchten wir dringlich fragen, wann das sein wird. Wann werden all die Wüstenwanderungen aufhören, wann alles Aufbegehren, alle Züchtigungen, wann werden wir in einem dauerhaften Königreich zur Ruhe kommen, in dem der Herr Jesus als »Fürst aus dem Hause Davids« regieren wird?

So beenden wir dieses ausführliche Gleichnis. Möchten wir in unserem Lebensgleichnis weniger Sünde und genauso viel Gnade erleben wie Israel in seiner Geschichte, und möchten wir ganz nahe unter der sanften Leitung des »großen Hirten der Schafe« bleiben! Amen.

Zum Nachdenken: Nahe bei Zion opferte der Vater der Gläubigen seinen einzigen Sohn, und dort sollten in späteren Zeiten die großen Versammlungen des auserwählten Samens stattfinden; darum sagt man zu Recht, dass Gott Zion liebt. (C.H. Spurgeon)

6. Juli

Psalm 79,1-4

Weitere Lesung: Klagelieder 1,1-11

»Gott, die Nationen sind in Dein Erbteil gekommen.« Voller Schrecken stieß der Dichter diesen Ruf des Erstaunens über die Heiligtumsschändung der Eindringlinge aus. »Der Fremde verunreinigt Deine heiligen Vorhöfe mit seinen Füßen. Ganz Kanaan ist Dein Land; aber Deine Feinde haben es geraubt. Ins innerste Heiligtum haben sie sich ihren Weg gebahnt und es in ihrem Hochmut entheiligt.«
Dadurch wurden das heilige Land, das heilige Haus und die heilige Stadt allesamt von den Unbeschnittenen besudelt. Es ist etwas Schreckliches, wenn sich Gottlose in der Gemeinde finden und zu ihren Dienern gezählt werden. Dann wurde Unkraut unter den Weizen gesät, und die giftigen Koloquinten wurden in den Topf geworfen. Jerusalem, die geliebte Stadt, die Freude des Volkes Israel, die Wohnstätte Gottes, war völlig am Boden. Das ist sehr schade für Israel. Es ist schlimm, den Feind im eigenen Haus zu sehen; aber schlimmer ist es, ihn im Haus Gottes anzutreffen; denn am heftigsten schlagen solche zu, die unseren Glauben verderben wollen. Der Psalmist fasste all seinen Kummer zusammen; er verstand zu bitten, und er wusste die wirklich wichtigen Argumente vorzubringen. Wir sollten unsere Angelegenheiten vor dem Herrn mit solcher Sorgfalt ordnen, als hinge der Erfolg von unserem Bitten ab. Vor irdischen Gerichten tun die Menschen auch, was sie können, um der eigenen Sache zum Sieg zu verhelfen. Genauso sollten auch wir unsere Sache ernst nehmen und unsere stärksten Argumente vortragen.
Die Eroberer erschlugen die Menschen, als sei deren Blut nicht mehr wert als Wasser; sie ließen es dahinströmen, wie die Flu-

Psalm 79,1-4

ten eine Ebene überschwemmen. Die Stadt des heiligen Friedens wurde zu einem Blutacker. Die Feinde kümmerten sich nicht um eine Bestattung, und von den Israeliten waren nicht genügend übrig geblieben, um die Beerdigungsriten durchzuführen, so wurden die kostbaren Überreste der Verstorbenen den Geiern zum Fraß und den Wölfen zum Zerreißen überlassen. Wilde Tiere, die der Mensch nicht essen konnte, fraßen jetzt die Menschen. Das Fleisch des Herrn der Schöpfung wurde zur Nahrung aasfressender Krähen und hungriger Hunde. Die Schrecken des Krieges sind furchtbar, und sie kamen auch über die Heiligen Gottes, Seine Knechte. Das konnte schon das Herz des Dichters bewegen, und er tat gut daran, Gottes Herz zu rühren, indem er Ihm von den traurigen Missständen berichtete. So mögen die frühen Christen geklagt haben, wenn sie an die Amphitheater mit all ihrem Blutvergießen dachten. Beachtet, wie die Bitten besonders hervorheben, dass es sich um Gottes Eigentum und um Sein Volk handelt. Wir lesen »Dein Erbteil«, »Dein Tempel«, »Deine Knechte«. Ganz sicher wird der Herr Sein Eigentum verteidigen und mutwilligen Feinden nicht erlauben, es zu zerstören.

Zum Nachdenken: Wenn die bekennenden Gotteskinder den Zustand verlassen, den sie selbst und zuvor ihre Väter eingenommen hatten, müssen sie damit rechnen, dass ihnen dies vor Augen geführt wird; und es ist gut, wenn eine berechtigte Zurechtweisung uns zu wahrer Buße leitet. (Matthew Henry)

7. Juli

Psalm 79,5-13

Weitere Lesung: Hosea 8,7-14

Der HERR hatte viel Grund, eifersüchtig zu sein, weil man Götzenbilder aufgestellt hatte und Israel sich von Seinen Gottesdiensten abgewandt hatte. Aber der Psalmist fleht den Herrn an, Sein Volk nicht gänzlich wie mit Feuer zu verzehren, sondern dessen Herzeleid zu mildern. Manchmal scheint die Vorsehung mit den Gerechten härter zu verfahren als mit den Gottlosen, und Vers 6 ist ein mutiger Appell, dem diese Vorstellung zugrunde liegt. Denn eigentlich besagt er: »Herr, wenn Du Deine Zorneskelche ausschütten musst, fang doch bei denen an, die überhaupt nicht mit Dir rechnen, sondern Dich öffentlich bekriegen, und lass es Dir gefallen, Dein Volk zu schonen, das trotz aller Sünden Dir gehört.«

In den Augen der Heiden war Gottes Herrlichkeit mit dem Sieg über Sein Volk und der Entweihung Seines Tempels beschädigt; darum rufen Seine trauernden Knechte Ihn um Hilfe an; Er möge doch Seinen großen Namen nicht mehr dem Spott der lästernden Feinde preisgeben. Sünde – die Wurzel allen Übels – wird gesehen und bekannt; man sucht die Vergebung der Sünden wie auch die Rücknahme der Züchtigung, aber beides wird nicht als Rechtsanspruch betrachtet, sondern als Gnadengeschenk. In Vers 9 wird der Name Gottes angeführt. Gläubige sind gut beraten, wenn sie diesen hohen Appell sehr oft benutzen; es ist nämlich die größte Kanone in unserem Krieg und die mächtigste Waffe im Arsenal des Gebets. Der Glaube wächst beim Beten. Der Appell an Gottes Barmherzigkeit wird hier von einem weiteren vervollständigt, der sich an die göttliche Macht richtet, und der Bittsteller wendet sich von der Bitte für die Erniedrigten zum Gebet für die am Rand des Todes

Psalm 79,5-13

Stehenden, für die zur Hinrichtung bestimmten Schlachtopfer. Wie tröstlich ist es für unglückliche Gläubige, daran zu denken, dass Gott selbst solche retten kann, die schon unter dem Todesurteil stehen. Menschen und Teufel mögen uns für den Untergang bestimmt haben, Krankheiten können uns an den Rand des Grabes bringen und Sorgen uns in den Staub sinken lassen; aber es gibt Einen, der unsere Seelen am Leben erhalten und uns aus tiefster Verzweiflung führen kann. Ein Lamm wird im Rachen des Löwen leben können, wenn der Herr es will.

Die Dankbarkeit der Gemeinde ist dauerhaft und tief. Auf ihren Denkmälern sind große Errettungen festgehalten, und solange es sie gibt, werden sich ihre Söhne mit Freuden daran erinnern. Wir haben eine Geschichte, die alle anderen Berichte überdauern wird, und sie strahlt auf jeder Zeile wider von der Herrlichkeit des Herrn. Gottes Herrlichkeit geht aus den schrecklichsten Katastrophen hervor, und die finstersten Tage Seines Volkes werden zum Auftakt für außerordentliche Offenbarungen der Liebe und Macht des Herrn.

Zum Nachdenken: Das Gute, das der Herr für Seine Gemeinde tut, sei es zeitlich oder geistlich, tut Er um Seinetwillen. (William Greenhill)

8. Juli

Psalm 80,1-8

Weitere Lesung: Klagelieder 5,1-9

Wir können ganz sicher sein, dass wenn der Herr sich vorgenommen hat, ein Hirte für Sein Volk zu sein, Er keine tauben Ohren für dessen Klagen haben wird. Einst hatte der Herr die Stämme in der Wüste geleitet, bewacht und geweidet, und darum wird Er mit diesen Bitten bestürmt. Die Taten des Herrn in der Vergangenheit sind starke Argumente für unsere Bitten und Erwartungen in Gegenwart und Zukunft.

Es ist klug, die Namen der Leute des Herrn im Gebet zu nennen, denn sie sind Ihm kostbar. Jesus trägt die Namen Seiner Leute auf Seinem Brustschild. Genauso wie die Nennung der Namen seiner Kinder deren Vater berührt, so ist es auch beim Herrn. Die Träger der drei Namen waren nahe miteinander verwandt; Ephraim und Manasse repräsentieren Josef, und es passt dazu, den anderen Sohn der geliebten Rahel, Benjamin, mit ihnen in einem Atemzug zu nennen. Diese drei Stämme zogen gewöhnlich zusammen durch die Wüste, wobei sie unmittelbar der Bundeslade folgten. In dem Gebet geht es darum, der Gott Israels möge sich mächtig gegenüber Seinem Volk erweisen, die Feinde vertreiben und Sein Volk retten. Ach, wolle es doch dem Herrn in unseren Tagen gefallen, alle Teile Seiner Gemeinde daran zu erinnern und Sein Heil schauen zu lassen! Wir würden dann nicht nur für unsere Denomination bitten, sondern unser Flehen für alle Teile der einen Gemeinde erheben.

Wenn der Herr Sein Volk bekehrt, wird Er auch schnell dessen Umstände verändern. Der Herr selbst muss es tun; denn Bekehrung ist ein genauso göttliches Werk wie die Schöpfung. Und wer sich einst zu Gott bekehrt hat und irgendwann zurückge-

Psalm 80,1-8

blieben ist, braucht den Herrn zur Umkehr genauso dringend wie beim ersten Mal. Alles, was man zur Rettung nötig hat, ist die Gunst des Herrn. Wie grausam auch der Feind und wie schrecklich die Gefangenschaft auch ist, das leuchtende Angesicht Gottes stellt sowohl Sieg als auch Befreiung sicher.

Vers 4 ist ein sehr nützliches Gebet. Weil wir so oft falsche Wege gehen, sollten wir mit unseren Lippen und mit unserem Herzen rufen: »O Gott! Stelle uns wieder her! Lass Dein Angesicht leuchten, so werden wir gerettet.« Das Gebet versucht immer, ins Heiligtum einzudringen; aber der Zorn streitet mit ihm und verwehrt ihm den Eintritt. Dass Er uns zürnt, wenn wir sündigen, scheint uns selbstverständlich, dass Er aber über unsere Gebete zornig ist, bereitet bitteren Schmerz. »Stelle uns wieder her, HERR, Gott der Heerscharen!« Das Gebet steigert sich in seiner Anrede. Hier ist Gott der Gott der Heerscharen. Je häufiger wir Gott in Gebet und Nachsinnen nahen, umso großartigere Vorstellungen bekommen wir von Ihm.

Zum Nachdenken: Es gehört zum Hirten, auf das Blöken und Schreien der Schafe zu hören und sie daran zu erinnern, dass Er ihnen schnell zur Hilfe eilen kann. (Venema)

9. Juli

Psalm 80,9-20

Weitere Lesung: Jesaja 5,1-7

Die Rechte des Herrn war herrlich, als Er durch Macht und viele Wunder denen die schöne Pflanze aus den Zähnen riss, die sie verderben wollten. Sieben Nationen wurden weggetan, um Platz für den Weinstock des Herrn zu schaffen. Die alten Bäume, welche lange Zeit das Land in Beschlag genommen hatten, wurden mit Stumpf und Stiel ausgerissen. Die Eichen Baschans und die Palmen Jerichos wichen dem auserwählten Weinstock. Er wurde in sicherer Hut an dem durch göttliche Erkenntnis und Weisheit bestimmten Ort eingepflanzt. Klein von Gestalt, sehr abhängig, außerordentlich schwach und mit der Neigung, zu Boden zu sinken, war der Weinstock Israel doch der Auserwählte des Herrn; denn Er wusste, dass Er ihn bei anhaltender Sorgfalt und mit sehr großem Geschick zu einer schönen fruchtbaren Pflanze machen konnte. Das Volk selbst war sehr groß. Sogar die einzelnen Stämme waren so gewaltig, dass sie unter die Mächtigen der Welt gerechnet werden konnten. Das ist ein feines Bild vom Wohlstand Israels in seinen besten Tagen. Zur Zeit Salomos nahm das kleine Land Israel eine hohe Stellung unter den Völkern ein. Es hat auch für die Gemeinde Zeiten gegeben, in denen sie sehr einflussreich war und man ihre Macht in der Nähe und in der Ferne zu spüren bekam. Das waren schöne Zeiten für Israel, und sie hätten angehalten, wäre nicht die Sünde dazwischen gekommen. Wenn die Gemeinde dem Herrn gefällt, bekommt sie einen großen Einfluss, der weit über das hinausgeht, was wir ihrer Zahl entsprechend erwarten dürften. Aber leider: Verlässt der Herr sie, wird sie wertlos, nutzlos und verachtet wie ein verwilderter Weinstock, der von allen Pflanzen das Nutzloseste ist.

Psalm 80,9-20

Ein unbeschützter Weinstock ist jeder Art von Verletzung preisgegeben: Niemand beachtet ihn, jeder beraubt ihn. So erging es Israel, als es seinen Feinden überantwortet war. Seine grausamen Nachbarn rissen an ihm herum, und marodierende Banden fraßen es wie umherziehende Wildtiere kahl. Ist Gott mit uns, kann uns kein Feind ein Leid antun; ohne Gott ist niemand so schwach, dass er uns nicht schaden könnte. Gottes Zurechtweisung war für Israel wie die Axt und das Feuer für den Weinstock. Seine Gunst bedeutet Leben, aber Sein Zorn gleicht einem Boten des Todes. Ein zorniger Blick des HERRN reicht aus, um alle Weinstöcke Ephraims verderben zu lassen. O Herr, blicke nicht in dieser Weise auf unsere Gemeinden! Züchtige uns, aber nicht im Zorn!

»HERR, Gott der Heerscharen, stelle uns wieder her!« Hier finden wir eine weitere Steigerung bei dem Titel und dem unbeschreiblichen Namen des HERRN; der ICH BIN wird eingeführt. Der Tag des Glaubens wird heller, wenn die Stunden vorübereilen; und seine Gebete werden erfüllter und wirkungsvoller. Keine Katastrophe ist für die Macht Gottes zu groß. Er kann noch im letzten Augenblick retten und braucht auch dafür nur Sein lächelndes Angesicht dem Angefochtenen zuzuwenden. Menschen können mit ihrem Arm wenig ausrichten; aber Gott kann alles mit einem Blick bewirken. Welch Glück wäre es, für ewig im Licht des Angesichts des HERRN zu wohnen!

Zum Nachdenken: Gott besucht uns im Kummer, und wenn Er kommt, ist es kein Kummer mehr. (Gälisches Sprichwort)

10. Juli

Psalm 81,1-8

Weitere Lesung: 4. Mose 10,1-10

Der Herr war die Stärke Seines Volkes. Er befreite die Israeliten mit hoher Hand aus Ägypten und stützte sie in der Wüste. Er brachte sie nach Kanaan, bewahrte sie vor ihren Feinden und schenkte ihnen den Sieg. Wem geben die Menschen Ehre als nur denen, auf die sie sich verlassen? Darum lasst uns laut unserem Gott singen, der unsere Kraft und unser Lied ist!
Gehorsam muss unseren Gottesdienst bestimmen, nicht Launen oder Gefühle. Gottes Verordnungen verleihen dem Wie und Wann Ernst und Feierlichkeit, die keine Zeremonie und kein hierarchischer Pomp zu geben vermag. Die Juden hielten nicht nur den bestimmten Monat, sondern auch den Teil des Monats, den Gott dafür reserviert hatte. Das alte Gottesvolk begrüßte die zum Gottesdienst bestimmten Zeiten, möchten wir doch denselben Jubel verspüren und den Sabbat niemals anders als ein Fest und eine Ehre nennen. Wir wollen solche Feste feiern, die der Herr eingesetzt hat, nicht solche, die Rom oder Canterbury anordnen mögen.
Israel war in Ägypten Packesel und Sklave, aber Gott befreite es. Gott allein war es, der das Volk erlöste. Andere Völker verdanken ihre Befreiung ihren eigenen Anstrengungen, ihrem Mut; aber Israel erhielt seine Magna Charta als freies Geschenk der göttlichen Macht. Der Herr kann wahrlich von jedem Einzelnen Seiner Befreiten sagen: »Ich habe von der Last befreit seine Schulter.« Welch ein Bild ist das alles von der Befreiung des Gläubigen von den Ketten des Gesetzes, wenn durch den Glauben die Last der Sünden in das Grab des Erlösers sinkt und die Knechtsarbeit der Selbstrechtfertigung für ewig zu Ende ist.

Psalm 81,1-8

Gott hörte Sein Volk in Ägypten schreien, und auch am Roten Meer. Das hätte Israel an Ihn binden müssen. Weil Gott uns in unserer Not nie verlässt, dürften auch wir Ihn niemals verlassen. Wenn unsere Herzen von Ihm weichen, rufen unsere erhörten Gebete »Schande!« über uns aus. Aus der Wolke sandte Gott Seinen Wirbelsturm auf die Feinde Seiner Auserwählten. Diese Wolke war Sein geheimes Zelt, in dem Er Seine Kriegswaffen aufhängte, Seine Blitzesspeere, Seine Donnerposaunen; Er trat aus Seinem Zelt und zerschlug den Feind, damit Seine Erwählten in Sicherheit leben möchten. Die Geschichte Israels ist nichts anderes als unsere Geschichte in anderer Form. Gott hat uns erhört, uns erlöst, uns befreit, und nur allzu oft brachte unser Unglaube uns dazu, in elendem Misstrauen Ihm den Rücken zu kehren, über Ihn zu murren und gegen Ihn zu rebellieren. Unsere Sünde ist groß, und groß ist die Gnade unseres Gottes; lasst uns über beides stille werden und nachsinnen.

Zum Nachdenken: »Ich antwortete dir im Donnergewölk.« Das erinnert uns an die Wolken- und Feuersäule, die Wohnung der Ehrfurcht gebietenden Majestät Gottes, von der herab Er zornig auf die Ägypter blickte, sie mit Schrecken erfüllte und vernichtete. (Venema)

11. Juli

Psalm 81,9-17

Weitere Lesung: Josua 24,14-24

Wie tief sind alle gefallen, die nicht auf Gott hören wollten! Wir mögen es nicht gern, wenn man uns Vorwürfe macht, und drücken uns am liebsten vor scharfen, schmerzlichen Wahrheiten; und so flüchten wir sogar vor freundlichen Zurechtweisungen des Herrn.
Kein fremder Gott wird in den Zelten Israels geduldet. Wo falsche Götter sind, werden sie bestimmt auch angebetet. Der Mensch ist ein dermaßen verzweifelter Götzendiener, dass ein Götzenbild stets eine starke Versuchung darstellt: Solange das Nest besteht, wollen die Vögel gern dorthin zurück. Kein anderer Gott hat je etwas für die Juden getan, und darum hatten sie keinen Grund, irgendeinen anderen Gott zu verehren. Dasselbe gilt auch für uns. Wir verdanken alles dem Gott und Vater Jesu Christi. Welt, Fleisch und Teufel, niemand von ihnen war uns jemals von Nutzen; sie sind Fremde und Feinde, und es geziemt sich nicht, dass wir uns vor ihnen niederbeugen. »Kinder, hütet euch vor den Götzen!«, ruft der Herr uns zu, und durch die Kraft Seines Geistes können wir jeden falschen Gott aus unserem Herzen entfernen.
Die Sünde beraubt den Menschen seiner Waffen und überlässt ihn nackt seinen Feinden. Unsere Zweifel und Ängste wären längst erledigt, wenn wir unserem Gott mehr die Treue gehalten hätten. Zehntausend Übel, die uns jetzt plagen, wären weit fortgejagt, hätten wir eifriger auf die Heiligung unseres Wandels und unserer Gespräche geachtet. Wir sollten nicht nur bedenken, was die Sünde von unserem gegenwärtigen Kapital nimmt, sondern auch, wie sie uns am Zugewinn hindert. Kurze Überlegung wird uns zeigen, dass Sünde uns immer teuer zu

Psalm 81,9-17

stehen kommt. Entfernen wir uns von Gott, wird unsere innere Verdorbenheit ganz sicher Auflehnung gegen Ihn hervorrufen. Satan wird uns angreifen, die Welt uns Kummer machen und Zweifel uns ärgern; und alles ist unsere eigene Schuld. Als Salomo sich von Gott trennte, erwuchsen ihm Feinde, und so wird es auch uns ergehen. Doch wenn unsere Wege dem Herrn gefallen, wird Er dafür sorgen, dass selbst unsere Feinde mit uns in Frieden leben.

Der Herr kann für ein gehorsames Volk große Dinge tun. Wenn Seine Leute im Licht Seines Angesichts wandeln und unbefleckte Heiligkeit bewahren, werden die von Ihm dargereichten Freuden und Tröstungen alles Begreifen übersteigen. Für sie haben die Freuden des Himmels hier auf Erden schon begonnen. Sie können die Wege des Herrn nur besingen. Für sie hat der Frühling des ewigen Sommers bereits angefangen. Sie sind schon gesegnet, und sie erwarten noch viel Herrlicheres. Auf diesem Hintergrund sehen wir, wie traurig es für ein Kind Gottes ist, sich selbst in die Gefangenschaft der Sünde zu verkaufen und seine Seele einer Hungersnot auszusetzen, indem sie anderen Göttern nachläuft.

Zum Nachdenken: O Herr, binde uns für immer nur an Dich und halte uns treu bis ans Ende! (C.H. Spurgeon)

12. Juli

Psalm 82

Weitere Lesung: Jesaja 66,18-24

»Gott steht … inmitten der Götter …« Er ist der Wächter, der von Seinem eigenen Standpunkt aus alles betrachtet, was die Großen der Erde tun. Sie mögen noch so gewaltig erscheinen, Er steht über ihnen, bereit einzugreifen, wenn sie das Recht beugen. Richter werden gerichtet, und wer Recht spricht, dem wird entsprechend Recht zugemessen werden. Gott leiht ihnen Seinen Namen, und das macht ihre Autorität aus, als Richter zu fungieren; doch müssen sie sich in Acht nehmen, dass sie die ihnen anvertraute Macht nicht missbrauchen; denn der Richter der Richter waltet unter ihnen Seines Amtes.
Indirekt wird hier gesagt, dass die Ratsherren ungerecht und korrupt waren. Sie entschuldigten die Bösen nicht nur, sondern entschieden sogar zu deren Gunsten gegen die Gerechten. Es ist ein Elend und eine Not, zu einem Volk zu gehören, dessen Justiz kein Recht und dessen Richter keine Gerechtigkeit kennen. Weder seine Pflicht zu kennen noch zu wünschen, sie zu erfahren, ist eher das Kennzeichen eines unverbesserlichen Gauners als eines Rechtsprechers, doch gerade dieses Brandmal wurde den Obersten Israels gerechterweise aufgedrückt. Wenn solche, die das Recht verwalten sollen, sich von ihm verabschieden, wird jede Ordnung aufgehoben, die Gesellschaft gerät aus den Fugen, und das Zusammenleben des ganzen Volkes wird erschüttert. Wenn Unrecht im Namen des Gesetzes geschieht, wird in der Tat die Welt aus der Bahn geworfen. Die Menschen müssen einer gewissen Leitung unterworfen sein, und weil die Engel nicht dazu bestimmt sind, diese auszuüben, erlaubt Gott, dass Menschen über Menschen herrschen, und heißt ihr Amt gut, zumindest so lange, wie sie damit nicht in

Psalm 82

Seine eigenen Hoheitsrechte eingreifen. Die Obrigkeit hätte kein Recht, die Schuldigen zu bestrafen, wenn Gott die Einsetzung der Regierung nicht angeordnet hätte, um das Recht zu verwalten und Urteile zu vollstrecken. Hier stuft der Heilige Geist dieses Amt höchst ehrenvoll ein, wenn Er auch die Amtsträger verurteilt. Damit lehrt Er uns, dem Ehre zu geben, dem Ehre gebührt, und das Amt zu ehren, selbst wenn die Amtsinhaber es nicht verdient haben.

»Stehe auf, o Gott, richte die Erde!« Komm, Richter der ganzen Menschheit, stelle die bösen Richter vor Deinen Richterstuhl und mache ihrer Korruption und Gemeinheit ein Ende! Hier liegt die wahre Hoffnung für die Welt, den Ketten der Tyrannei zu entrinnen. Es kommt die Zeit, in der alle Geschlechter der Menschen Ihn als ihren Gott erkennen und Ihn als ihren König annehmen werden. Es gibt einen, der König nach göttlichem Recht ist, und Er ist schon unterwegs. Am Ende der Tage werden wir Ihn auf dem Thron sehen. Dann wird Er alle ungerechten Herrscher mit Seinem starken Zepter wie Töpfergefäße zerschlagen. Das Zweite Kommen Jesu ist immer noch die größte Hoffnung der ganzen Erde. Komm schnell! Komm jetzt, Herr Jesus!

Zum Nachdenken: Der Staat ist eine Einsetzung Gottes und hat seine Grund, wie die Familie, in der Beschaffenheit der menschlichen Natur. (William Binnie)

13. Juli

Psalm 83,1-5

Weitere Lesung: Psalm 2

Hier richtet sich die Bitte an EL, den Mächtigen. Er wird gebeten, einzugreifen und zu sprechen, weil Sein Volk leidet und in größter Gefahr ist. »Die Menschen schreien, sei Du nicht sprachlos. Sie lästern und schmähen, wirst Du nicht antworten? Ein Wort von Dir kann Dein Volk befreien; darum, o Herr, brich Dein Schweigen und lass Deine Stimme hören!« Jetzt blickt der Psalmist nur noch auf Gott; er bittet nicht um einen mutigen, tapferen Führer oder um irgendeine menschliche Kraft, sondern wirft seine Last auf den Herrn, weil er sich sicher ist, dass Seine ewige Kraft und Göttlichkeit alle Schwierigkeiten meistern kann.

Die Feinde Israels waren auch Gottes Feinde, und sie werden auch als solche beschrieben, um den Argumenten der Fürbitte des Psalmisten Nachdruck zu verleihen. Weil sie sich ihres Sieges sicher wähnen, verhalten sie sich stolz und rühmen sich, als hätten sie die erwarteten Erfolge schon in der Tasche. Sie sind überhaupt nicht sparsam mit ihren Worten, wie ein Rudel hungriger Hunde bellen sie alle auf einmal durcheinander. So sicher wähnen sie sich darin, Dein Volk verschlingen zu können, dass sie schon zum Siegesfest einladen. Die Widersacher der Gemeinde sind gewöhnlich ein lauter und prahlerischer Haufen. Ihr Stolz ist eine Posaune, die dauernd dröhnt, und eine Zimbel, die unaufhörlich klingelt.

Wir können machen, was wir wollen, unsere Feinde gebrauchen ihren Verstand, stecken die Köpfe zusammen und diskutieren heimlich zusammen ihre Pläne und was sie für ihren Feldzug nötig haben. Dabei ist viel Verräterei und hinterhältige List im Spiel. Bosheit ist kaltblütig genug, um genau geplant zu

Psalm 83,1-5

werden; und Stolz ist zwar niemals weise, aber doch mit List gepaart. Vor allem Schaden wohlverwahrt sind die Auserwählten des Herrn. Ihre Feinde glauben das nicht, sondern hoffen, sie umbringen zu können; aber genauso gut könnten sie versuchen, die Engel vor dem Thron Gottes zu vernichten.

»Sie sprechen: ›Kommt und lasst uns sie als Nation vertilgen.‹« Leichter gesagt als getan. Doch zeigt es, wie feindselig sie der Gemeinde gegenüberstehen. Ihre Absicht ist die gänzliche Ausrottung. Sie legten immer wieder die Axt an die Wurzel. Rom hat diese Art der Kriegsführung stets geliebt. Wie hat es sich an der Bartholomäusnacht geweidet und an den Morden der Inquisition! Man möchte die Gläubigen aus der Geschichte tilgen, damit man sie gänzlich los ist. Selbst wenn Israel Edom in Ruhe lässt, kann Edom nicht friedlich sein, sondern sucht, wie seine Vorfahren, die Auserwählten des Herrn umzubringen. Die Menschen würden mit Freuden die Gemeinde aus dieser Welt fortschaffen, weil sie ihnen ihr Unrecht vorstellt und darum eine ständige Bedrohung ihres sündigen Friedens darstellt.

Zum Nachdenken: Schweigt der Herr? Dann schweige du nicht, sondern rufe zu Ihm, bis Er Sein Schweigen bricht. (Starke, in Langes Bibelwerk)

14. Juli

Psalm 83,6-9

Weitere Lesung: 2. Chronik 20,1-13

Die Feinde des Herrn stehen entschlossen und einmütig zu ihren Plänen. Es scheint, als hätten alle zusammen nur ein Herz, und zwar ein brennendes, gegen die Auserwählten und ihren Gott. Indem sie Seine Heiligen angreifen, zielen sie auf den Herrn selbst. Sie schließen einen Bund, besiegeln ihn mit Blut, wodurch sie sich fest verbünden, um mit dem mächtigen Gott Krieg zu führen.

Esau verachtete sein Erstgeburtsrecht, und seine Nachkommen verachten die, die es besitzen. Sie vertauschten ihre auf Felsen gebauten Häuser mit Kriegszelten und marschierten in Israel ein. Den Ismaeliten steckte ein Geist der Rachsucht im Blut. Sie setzten den alten Groll fort zwischen dem Kind der Magd und dem Sohn der Freien. Im Inzest geboren und ein naher Verwandter, hegte Moab bittere Feindschaft gegen Israel. Der gerechte Lot hätte sich nicht träumen lassen, dass seine unheiligen Kindeskinder so unerbittliche Feinde der Nachkommen seines Onkels Abraham werden sollten. Die Hageriter waren vielleicht Nachfahren Hagars von einem zweiten Mann. Wer sie auch gewesen sein mögen, sie warfen ihre Kraft in die falsche Waagschale und versuchten mit aller Macht, Israel zu vernichten. Die Kinder Hagars und alle anderen, die um den Berg Sinai herum wohnen, der in Arabien liegt, sind Nachkommen jener, die Knechtschaft hervorrufen, und darum hassen sie die Nachkommen derer, die die Verheißung empfingen.

Gebal war wohl ein naher Nachbar Edoms. Ammon und Amalek, zwei andere Erbfeinde Israels, waren wild und gnadenlos wie wütende Wölfe. Mögen diese Namen im Verzeichnis der Boshaften für alle Zeiten als verabscheuungswürdig festgehal-

Psalm 83,6-9

ten werden. Wie viele gibt es davon! Ihr Name ist Legion; denn es sind wirklich viele. Ach, armes Israel, wie willst du gegen solch eine blutrünstige Liga standhalten? Und das sind noch nicht alle. Ein weiterer Stamm alter Feinde tritt auf den Plan, die Philister, die einst den Simson blendeten und die Bundeslade des Herrn raubten, und nun sind auch noch alte Verbündete zu neuen Feinden geworden. Die Erbauer des Tempels beraten, wie sie ihn niederreißen; es sind die Bewohner von Tyrus. Letztere waren Kaufleute, die nicht danach fragten, wer sie bat, für sie das Schwert zu ziehen, wenn für sie dabei ein Gewinn heraussprang. Wahre Frömmigkeit hat ihren Kummer mit Händlern und Künstlern, und weil sie deren Gewinn beeinträchtigt, haben sie sich gegen sie zusammengeschlossen.

Assyrien war damals eine aufsteigende Macht, eifrig darum bemüht, sich auszudehnen. Darum zeichnete es sich schon früh durch Bosheit aus. Welch ein bunter Haufen war das. Ein Bündnis gegen Israel ist allezeit attraktiv und zieht ganze Völker in seinen Bann. Herodes und Pilatus sind Freunde, und Jesus muss gekreuzigt werden. Rom und Ritualismus machen gemeinsame Sache gegen das Evangelium. Alle diese kamen Moab und Ammon zu Hilfe, den zwei Völkern, die zu den grimmigsten in dem Komplott gehörten. Es stand zehn zu eins gegen Israel, und doch überwand es alle seine Feinde. Israels Name wurde nicht ausgelöscht; aber viele, nein, fast alle ihre Feinde kennt man nur noch dem Namen nach, ihre Macht ist mitsamt ihrer Herrlichkeit dahin.

Zum Nachdenken: Die Gottlosen mögen sich untereinander befehden; aber gegen die Heiligen sind sie einer Meinung und schließen sich gegen sie zusammen. (Thomas Watson)

15. Juli

Psalm 83,10-13

Weitere Lesung: Richter 7,19-25

Der Glaube freut sich, auf biblische Beispiele zu stoßen und sie vor dem Herrn zu nennen; im vorliegenden Fall entdeckte Asaf zwei sehr passende; denn in beiden Fällen handelte es sich um ziemlich dieselben Völker und auch plagten sie Israel in fast derselben Weise. Doch Midian ging unter, und der Psalmist vertraute darauf, dass die gegenwärtigen Feinde in gleicher Weise durch die Hand des Herrn umkommen würden. Damals waren die Heere durch einen plötzlich angeschwollenen Strom fortgerissen und gänzlich vernichtet worden. Das war ein zweiter Fall göttlicher Rache gegen einen Bund der Feinde Israels. Wenn Gott will, kann Er einen kleinen Bach so tödlich werden lassen wie das Meer. Der Kischon war für Jabin so gefährlich wie das Rote Meer für den Pharao. Wie leicht kann Gott die Feinde Seines Volkes zerschmettern! Gott Gideons und Baraks, wirst Du nicht wieder Dein Erbteil an deren blutdürstigen Feinden rächen?

Kriege sind schrecklich; aber in diesem Fall ist die Vergeltung äußerst gerecht. Jenen, die Israel keinen Platz auf dem Erdboden gönnten, ist es versagt, selbst *unter* dem Boden einen Bergungsort zu finden. Sie hielten Gottes Volk für Dünger, und nun wurden sie selbst zu Dünger. Asaf wollte gern, dass dieses Schicksal auch anderen Feinden Israels zuteil werden würde, und sein Gebet war eine Weissagung, denn so geschah es mit ihnen. Sie verglichen sich stolz mit Raben und Wölfen: Möge sie das Los ereilen, das solchen wilden Tieren gebührt. Sebach und Zalmunna wurden von Gideon gefangen und erschlagen, trotz ihres Anspruchs, zum Königtum gesalbt zu sein. Sebach wurde, wie sein Name sagt, ein Schlachtopfer, und Zalmunna

Psalm 83,10-13

wurde zu jenen Schattenbildern hinabgesandt, von denen sich sein Name ableitet. Der Psalmist sieht diese Verbrecher an dem hohen Galgen der Geschichte hängen und bittet ernstlich, dass andere mit ähnlicher Wesensart um der Wahrheit und Gerechtigkeit willen ihr Schicksal teilen möchten: »Schlage die Großen wie das gemeine Volk. Erlaube nicht, dass die Anführer entkommen. Wie Oreb am Felsen und Seeb an der Weinpresse fiel, so miss Deine Rache den Feinden Zions zu, wo immer Du sie einholst!«

Obwohl diese gierigen Plünderer den Tempel und alle Wohnungen der Stämme Israels als Gottes Besitztum ansahen, wollten sie die Bewohner vertreiben und erschlagen und selbst die Gutsherren und Pächter des ganzen Landes werden. Das waren stolze Worte und finstere Pläne; aber Gott konnte sie zunichte machen. Es bringt nichts, wenn Menschen sagen: »Lasst uns in Besitz nehmen!«, wenn Gott es ihnen nicht gibt. Wer Gottes Haus beraubt, wird merken, dass sein Besitz nach einem Fluch riecht, der ihn und seine Nachkommen in Ewigkeit plagen wird. »Darf ein Mensch Gott berauben?« Mag er es versuchen, wird er merken, welch heißes und schwieriges Unterfangen das ist.

Zum Nachdenken: »Sie wurden dem Erdboden zum Dünger.« Das Land wurde reicher und fruchtbarer durch ihr Fleisch, ihr Blut und ihr Gebein. (Albert Barnes)

16. Juli

Psalm 83,14-19

Weitere Lesung: Richter 4,15-24

Der Herr wird Seinen Feinden auf den Fersen sein, sie erschrecken und sie jagen, bis sie eine furchtbare Niederlage erleiden. Er tat dies nach dem Gebet dieses Psalms für Seinen Knecht Joschafat, und in gleicher Weise wird Er kommen und jeden Seiner Auserwählten retten. In vielen Jahren hat sich eine dicke Laubschicht auf dem Boden angesammelt; wenn sie in der Sonne trocken geworden ist, kann sie sich leicht entzünden, und dann entsteht ein schrecklicher Waldbrand. Unterholz und Farnkraut gehen in Flammen auf, das Gebüsch knistert, und große Bäume geraten in Brand und werden bis oben hin in Feuer gehüllt, während unten alles wie ein Ofen glüht. »Auf diese Weise vergelte unseren Untergang an Deinen Feinden und mach mit ihnen allen ein Ende. Auf den Flanken der Hügel glühen die Wälder wie riesige Brandopfer, und von den Bergesgipfeln steigt der Rauch zum Himmel empor. Genauso deutlich und furchtbar, HERR, vernichte die Feinde Deines Volkes Israel!«

Scham und Schande hat oft schon die Menschen von ihren Götzen losgemacht und sie dazu gebracht, den HERRN zu suchen. Wenn dies auch im gegenwärtigen Fall nicht mit den Feinden des Herrn geschah, so sollte es doch auf Sein Volk zutreffen, das so leicht in die Irre ging. Es sollte durch Seine Barmherzigkeit gedemütigt und durch Seine Gnade beschämt werden; dann nämlich würde es in Aufrichtigkeit zur wirklichen Anbetung des HERRN, seines Gottes, zurückkehren, der es befreit hatte.

Wo günstige Ergebnisse ausbleiben und die Menschen so wild und aufsässig bleiben wie bisher, wird die Gerechtigkeit veranlasst, das Todesurteil zu fällen. Was hätte sonst mit ihnen ge-

Psalm 83,14-19

schehen sollen? Es war besser, sie gingen unter, als dass Israel ausgerottet würde. Welch schreckliches Gericht wird es für die Feinde Gottes sein, wenn sie »beschämt und erschreckt sein [werden] für immer«. Dann sehen sie, wie alle ihre Pläne und Hoffnungen dahin und Leib und Seele für immer in Angst und Schrecken sein werden. Vor solch einem schändlichen Verderben mögen unsere Seelen bewahrt bleiben!

Durch die Nachricht von dem wundersamen Sieg über ein so zahlreiches Bündnis sollten ebendiese Heiden gezwungen sein, die Großartigkeit des HERRN anzuerkennen. Er, der aus sich selbst existiert, steht unendlich hoch über allen Geschöpfen; die ganze Erde ist nur Sein Fußschemel. Das gottlose Menschengeschlecht missachtet das, und doch zwingen die wunderbaren Werke des Herrn manchmal selbst die Unwilligsten dazu, Seine Majestät zu bestaunen.

Somit hat sich dieses herzergreifende Gedicht von Worten der Klage zu solchen der Anbetung aufgeschwungen; lasst uns in unseren Gottesdiensten stets dasselbe zu tun versuchen. Die Trübsal der ganzen Nation forderte den gefeierten Dichter seines Volkes heraus; und wie schön fasste er sogleich ihre Schmerzen, Gebete und Hoffnungen in Worte. Heilige Literatur verdankt also dem Schmerz und dem Kummer sehr viel. Wie bereichert uns die Hand des Unglücks!

Zum Nachdenken: Der Name Jesu ist heute weit mächtiger in der Welt als der Name des HERRN in früheren Tagen. (The Dictionary of Illustrations, 1872)

17. Juli

Psalm 84,1-5

Weitere Lesung: Apostelgeschichte 2,40-47

Der Psalmist sagt uns nicht, wie wunderbar das Heiligtum des HERRN ist, weil er es nicht vermochte. Seine Ausdrucksweise zeigt uns, dass er seine Gefühle nicht ausdrücken konnte. Wunderbar sind die Versammlungen der Heiligen für die Erinnerung, für den Verstand, das Herz, die Augen und die gesamte Seele. Nichts auf Erden bietet uns einen so herzerquicklichen Anblick wie das Zusammenkommen der Gläubigen, um Gott anzubeten. Wer nichts Liebenswertes an den Gottesdiensten im Haus des HERRN findet, ist ein trauriger Heiliger. Das Heiligtum war für den Psalmisten ganz und gar lieblich. Ob es der äußere oder der innere Vorhof war, er liebte jeden Teilbereich. Jede Schnur, jeder Vorhang war ihm teuer. Selbst in der Ferne jubelte er beim Gedanken an das heilige Zelt, wo sich der HERR offenbarte; und er brach in Jubel aus, wenn er sich die heiligen Gottesdienste und die feierlichen Riten in froher Erinnerung ausmalte, wie er sie in vergangenen Zeiten erlebt hatte.

Dieses Verlangen war tief und unstillbar – die innerste Seele dieses Menschen sehnte sich nach seinem Gott. Er hatte ein heiliges Heimweh nach Ihm und wurde von tiefer Sehnsucht verzehrt, weil er verhindert war, Gott an dem vorgeschriebenen Ort anzubeten. Der Psalmist sehnte sich danach, wieder an dem Ort zu stehen, welcher der heiligen Verehrung Gottes geweiht war. Echte Untertanen lieben die Höfe ihres Königs. Gott selbst war es, nach dem er schmachtete, nach Ihm, dem einzigen und lebendigen Gott. Das ganze Wesen des Psalmisten hatte an dieser Sehnsucht teil. Selbst das erdkalte Fleisch wurde durch die intensive Bewegung seines feurigen Geistes erwärmt. Wahrlich selten neigt sich das Fleisch in die richtige Richtung; aber in

Psalm 84,1-5

Bezug auf den Sonntagsgottesdienst kommt unser müder Körper manchmal der Sehnsucht des Herzens entgegen, weil er die körperliche Erholung genauso herbeisehnt wie die Seele das geistliche Zur-Ruhe-kommen. Der Psalmist erklärt, er könne nicht schweigen in seinem Verlangen, so begann er nach Gott und Seinem Haus zu rufen; er weinte, er seufzte, er flehte um das Vorrecht, kommen zu dürfen. Manche müssen zur Gemeinde geprügelt werden, während der Psalmist weinend nach ihr Ausschau hielt. Er brauchte nicht das Läuten der Glocken, ihr Herzurufen vom Kirchturm; er trug seine Glocke in seiner Brust: Heiliger Hunger ist besser als ein volles Geläut.

Wenn man kommt und wieder geht, wird man erfrischt; aber am Ort des Gebets bleiben zu können, muss der Himmel auf Erden sein. Gottes Gast zu sein, als Hörer Seine Gaben zu empfangen, ein heiliges Werk verrichten zu dürfen, von der lauten Welt abgeschirmt zu sein und mit den heiligen Dingen vertraut gemacht zu werden – nun, das ist sicher das erlesenste Erbteil, das ein Menschensohn besitzen kann. Verbindung mit Gott ist die Mutter der Anbetung. Alle, die weit vom Herrn entfernt sind, versäumen es, Ihn zu preisen; doch die in Ihm wohnen, erheben Ihn allezeit.

Zum Nachdenken: Der Fromme braucht keine riesigen, prächtigen Tempel, um das Haus Gottes lieben zu können. (Musculus)

18. Juli

Psalm 84,6-9

Weitere Lesung: Philipper 3,12-21

Nachdem der Psalmist von dem gesegneten Zustand derer gesprochen hat, die im Hause Gottes wohnen, spricht er nun von denen, die es zu bestimmten Zeiten aufsuchen dürfen, während sie mit ihren getreuen Brüdern auf der Pilgerreise sind. Allerdings verteilt er seinen Segensspruch nicht wahllos, sondern redet nur von solchen, die von Herzen an den heiligen Festen teilnehmen. Der Segen heiliger Anbetung gehört nicht denen, die halbherzig und lustlos mitmachen, sondern denen, die alle ihre Kräfte einsetzen, um Gott anzubeten. Weder Gebet noch Lob, noch das Hören des Wortes wird Menschen wohlgefallen oder ihnen nützen, die ihr Herz nicht mitgebracht haben. Eine Pilgerschar, die ihr Herz zu Hause gelassen hat, gleicht eigentlich einer Leichenkarawane und ist gänzlich untauglich, sich unter lebendige Heilige zu mischen, um den lebendigen Gott anzubeten. Wer Gottes Wege liebt, ist gesegnet. Und sind Seine Wege in unseren Herzen, so sind wir, was wir sein sollten, weshalb wir dann auch Gottes Anerkennung genießen.

Gott gibt Seinen Leuten immer alles, was sie brauchen, während sie die Straßen ziehen, die Er ihnen bestimmt hat. Wo es keine natürlichen Hilfsmittel von hier unten gab, fanden die Pilger damals überreichen Ersatz in den Wassern von oben, und so wird es der gesamten Schar der Auserwählten Gottes ergehen. Wege, die man sonst gemieden hätte, weil ihnen alles fehlte, was man für nötig hält, wurden zu Straßen gemacht, die allen Bedürfnissen der Reisenden in reichem Maß entgegenkamen, weil die großen jährlichen Pilgerzüge diese Richtung nahmen. Ebenso machen den Christen wahre Bekehrung und die Freude an gemeinsamer Anbetung viele Pflichten leicht und freude-

Psalm 84,6-9

voll, die sonst schwierig und mühsam gewesen wären. Anstatt müder zu werden, sammeln sie im Weitergehen immer neue Kräfte. Jeder Einzelne wird froher, die Schar immer größer und der Gesang schöner und voller. Wir wachsen beim Voranschreiten, wenn der Himmel unser Ziel ist. Verbrauchen wir unsere Kräfte auf Gottes Wegen, werden wir feststellen, dass wir zunehmen. Nicht nur in der Versammlung dabei zu sein, sondern vor Gott zu erscheinen, war das Ziel jedes frommen Israeliten. Wollte Gott, dass es heute auch für jeden gilt, der sich unter die versammelten Gläubigen mischt! Bevor wir nicht begreifen, dass Gott gegenwärtig ist, haben wir nichts erreicht. Das bloße Versammeltsein bedeutet nichts.

Die Wiederholung der Bitte um Erhörung zeigt, wie sehr es dem Psalmisten um den Segen ging. Welche Gnade ist es, dass wenn wir uns auch nicht mit den Heiligen versammeln können, wir trotzdem mit ihrem Herrn sprechen dürfen!

Zum Nachdenken: Zwei unterschiedliche Gedanken von großem praktischem Wert finden wir in diesem kurzen Gebet (Vers 9): einmal das Verständnis von der göttlichen Majestät, zum anderen das Bewusstsein der Beziehung zu Ihm. Als »HERR, Gott der Heerscharen« ist Er allmächtig, und als »Gott Jakobs« ist Er voll unendlicher Gnade und Güte gegenüber Seinem Volk. (Things New and Old)

19. Juli

Psalm 84,10-13

Weitere Lesung: Jesaja 60,15-22

Unsere besten Gebete, wenn wir an dem besten Ort sind, gelten unserem herrlichen König und sind ein Dank dafür, dass wir das Lächeln Seines Vaters genießen.

Unter den günstigsten Umständen, in denen wir irdische Freude genießen mögen, finden wir unter tausend nicht einen, der mit der Glückseligkeit verglichen werden könnte, Gott dienen zu dürfen. Seine Liebe zu fühlen, sich der Person des gesalbten Erlösers zu rühmen, Seine Verheißungen zu betrachten und die Macht des Heiligen Geistes zu spüren, wenn Er diese kostbaren Wahrheiten der Seele deutlich macht, sind Freuden, die der Weltling nicht begreifen kann, durch die aber der wahre Gläubige völlig hingerissen wird. Nur ein kurzer Blick auf die Liebe Gottes bedeutet mehr als Äonen, die man mit den Vergnügungen der Sinne verbrachte. Die niedrigste Stellung in Verbindung mit dem Haus des Herrn ist besser als die höchste bei den Gottlosen. Nur an der Schwelle zu stehen und hineinzublicken, um Jesus zu sehen, ist Glückseligkeit. Lasten zu tragen und für den Herrn Türen zu öffnen, ist besser, als bei den Gottlosen zu regieren. Jeder Mensch trifft seine Wahl, und dies ist unsere. Das Schlimmste Gottes ist besser als das Beste des Teufels. Gottes Türschwelle ist ein besserer Ruheort als die weichen Sofas in den Salons der königlichen Sünder – auch wenn wir dort ein Leben lang im Luxus liegen dürften. Beachtet, wie er die Stiftshütte »das Haus meines Gottes« nennt. Darin liegt alles Schöne. Wenn der HERR unser Gott ist, werden Sein Haus, Seine Altäre, Seine Türschwellen für uns kostbar. Aus Erfahrung wissen wir, dass wo Jesus wohnt, auch das Äußere des Hauses besser ist als die vornehmsten Gemächer, in denen der

Psalm 84,10-13

Sohn Gottes nicht zu finden ist. Die Gnade lässt uns in Lauterkeit wandeln, und das versichert uns aller Bundessegnungen. Wie weit gehen diese Verheißungen! Manches scheinbar Gute mag uns vorenthalten werden, aber nichts, was wirklich gut ist, nein, nicht eine Sache. Gott hat alles Gute, und außer Ihm gibt es nichts Gutes, und es gibt nichts Gutes, was Er uns vorenthalten oder uns aus irgendeinem Grund verweigern müsste, wenn wir nur bereit wären, es in Empfang zu nehmen. Das ist wahr und gilt nicht nur für wenige Bevorzugte, sondern für alle Heiligen bis in Ewigkeit.

»HERR der Heerscharen! Glückselig der Mensch, der auf Dich vertraut!« Hier liegt der Schlüssel zu diesem Psalm. Die Anbetung ist die des Glaubens, und die Glückseligkeit gilt nur den Gläubigen. Kein formaler Anbeter kann in dieses Geheimnis eindringen. Ein Mensch muss den Herrn durch gelebten, echten Glauben kennen, sonst kann er sich nicht in Wahrheit der Anbetung Gottes erfreuen, auch nicht Seines Hauses, Seines Sohnes oder Seiner Führung. Lieber Leser, wie steht es um deine Seele?

Zum Nachdenken: Ein Zeichen für Gotteskinder ist ihre Freude, möglichst oft in der Gegenwart Gottes zu sein. Kinder gehören in die Gegenwart ihres Vaters; wo der König ist, da ist auch sein Hofstaat; wo Gott gegenwärtig ist, da ist der Himmel. (Thomas Watson)

20. Juli

Psalm 85,1-8

Weitere Lesung: Richter 2,11-23

Der aus sich selbst existierende, allgenugsame HERR wird hier angesprochen; denn mit diesem Namen stellte Er sich selbst Mose vor, als Sein Volk in Knechtschaft war, und mit diesem Namen wird Er im Gebet angeredet. Es ist weise, sich mit dieser Seite Seines göttlichen Wesens zu beschäftigen, weil dadurch die schönsten Erinnerungen an Seine Liebe wachgerufen werden. Noch schöner aber ist das »Unser Vater«, mit dem Christen ihre Gebete zu beginnen gelernt haben.

»Du hast vergeben die Ungerechtigkeiten Deines Volkes.« Alles, jeden Flecken, jede Runzel, alles hat der Vorhang Seiner Liebe bedeckt. Die Sünde wurde in göttlicher Weise aus Seinem Blick entfernt. Sie ist verborgen unter dem Sühneblut Christi, bedeckt von dem Meer der Versöhnung, sie hat aufgehört zu bestehen, weil der Herr sie so gründlich beseitigt hat, dass nicht einmal Seine allwissenden Augen sie noch sehen können. Welch ein Wunder ist das! Die Sonne zu bedecken, wäre einfach, verglichen mit der Bedeckung der Sünde. Diese Bedeckung aber fand nicht ohne Versöhnung statt, sondern mittels des großartigen Opfers unseres Herrn Jesus Christus wurde die Sünde ein für alle Mal höchst wirkungsvoll und für ewig hinweggetan. Welch eine Bedeckung bietet Sein Blut! Nach der Abschaffung der Sünde war auch der Zorn beseitigt. Wie oft hat die Langmut Gottes die Strafen fortgenommen, die den Sündern gerechterweise auferlegt waren! Wie oft wurden auch die Züchtigungen von uns abgewendet, wenn unsere Widerspenstigkeit heftige Schläge provoziert hatte! Selbst bei schweren Gerichten hielt der Herr in Gnaden Seine Hand zurück. Mitten im Gewitter Seines Zorns hielt Er den Donner auf. Selbst wenn

Psalm 85,1-8

Er zur Vernichtung bereit war, wandte Er sich von diesem Gerichtsvorhaben ab und erlaubte der Gnade einzuschreiten. Das Buch der Richter ist voll von Illustrationen dieses Verhaltens, und der Psalmist tat gut daran, bei seiner Fürbitte daraus zu zitieren.

Wenn die irrenden Stämme zur Buße bewegt werden könnten, würde alles gut werden. Nicht Gott muss in erster Linie von Seinem Zorn abgewendet werden, sondern wir müssen von unseren Sünden lassen; einzig daran hängt alles. Unsere Trübsale entstehen oft aus unseren Sünden, und sie verschwinden nicht, bevor die Sünden aufhören. Wir müssen von unseren Sünden abgewendet werden; aber das kann nur Gott tun. Gott, der Retter, muss Seine Hand ans Werk legen; das ist wirklich ein Hauptbestandteil unserer Errettung. Bekehrung ist das Morgenrot der Errettung. Ein Herz zu Gott zu wenden, ist genauso schwierig, wie die Welt sich um ihre eigene Achse drehen zu lassen. Doch wenn der Mensch lernt, um Bekehrung zu bitten, besteht Hoffnung für ihn. Wer sich zum Gebet hinwendet, fängt an, sich von der Sünde abzuwenden. Es ist ein sehr gesegneter Anblick, wenn sich ein ganzes Volk zu seinem Gott wendet; möge der Herr Seine bekehrende Gnade über unser Land bringen.

Zum Nachdenken: Wenn der Herr das Geschick Seines Volkes wendet, sollte dessen Freude nicht der Gabe, sondern dem Geber gelten. (David Dickson)

21. Juli

Psalm 85,9-14

Weitere Lesung: Johannes 14,1-11

Wenn wir glauben, dass Gott auf uns hört, ist es selbstverständlich, dass auch wir eifrig auf Ihn hören sollten. Das Wort, welches betrübten Gemütern Frieden zuspricht, kann nur von Ihm kommen. Die Stimmen der Menschen sind in solchen Fällen zu schwach und gleichen einem Verband, der viel zu schmal für solche Wunden ist. Gottes Stimme hat Kraft – Er spricht, und es geschieht, und darum ist unser Kummer zu Ende, wenn wir auf Ihn hören. Ein Bittsteller, der die Gnade erlangte, geduldig vor Seiner Tür zu liegen, ist glücklich dran. Er wartet, bis Gottes Liebe nach alter Weise verfährt und alle Sorgen weit forttreibt.
Der Glaube weiß den rettenden Gott immer in der Nähe; aber das gilt nur denen, die den Herrn fürchten und Ihm in heiliger Ehrfurcht dienen. Diese Wahrheit wird allen sichtbar im Zeitalter des Evangeliums offenbart. Wenn die Rettung für Sünder nahe ist, so ist sie ganz gewiss denen sehr nahe, die sich ihrer einst erfreuten, die Freude aber durch eigene Torheit verloren haben. Sie brauchen nur zum Herrn umzukehren, und sie werden sich ihrer wieder freuen können. Wir müssen nicht lange umherziehen in Selbstquälerei oder geistlichen Vorbereitungen, wir dürfen durch Jesus Christus zu Gott kommen, genauso wie beim ersten Mal, und Er wird uns wieder in Seine liebenden Arme schließen.
Die Person unseres anbetungswürdigen Herrn Jesus Christus erklärt diese Verse aufs Schönste. In Ihm vereinen sich die Eigenschaften Gottes in wunderbarer Übereinstimmung zur Rettung schuldiger Menschen. Sie tun alles für uns und nehmen uns auf eine Weise an, die sonst unbegreiflich bliebe, sowohl für unsere berechtigten Befürchtungen als auch für unsere

Psalm 85,9-14

erleuchteten Hoffnungen. Gott ist so wahr, als hätte Er jeden Buchstaben Seiner Drohungen erfüllt, so gerecht, als hätte Er nie dem Gewissen eines Sünders Frieden zugesprochen; aber auch Seine Liebe erstrahlt in unverminderter Leuchtkraft, ohne dass irgendeiner Seiner ewig gepriesenen Wesenszüge dadurch ausgeschaltet wäre. In Ihm liegt die Wahrheit für unser Menschsein, und Seine Göttlichkeit bringt Seine Gerechtigkeit in unsere Mitte. Auch jetzt schafft das Werk Seines Geistes eine heilige Harmonie zwischen der Gemeinde hier unten und der souveränen Gerechtigkeit dort oben, und am letzten Tag wird die Erde universal mit allen kostbaren Tugenden geschmückt sein, und der Himmel wird vertrauteste Gemeinschaft mit ihr halten.

Eine Welt von Bedeutung liegt in diesen Versen, die nur des Nachdenkens bedarf, um daraus gewonnen zu werden. Lieber Leser, »der Brunnen ist tief«, aber wenn du den Heiligen Geist hast, kann niemand sagen, du hättest »kein Schöpfgefäß«.

Gottes Gerechtigkeit geht vor uns her und hinterlässt eine Spur, der Sein Volk freudig folgen wird. Er, der in Gerechtigkeit zerschmetterte, wird auch in Gerechtigkeit segnen und in beidem Seine Gerechtigkeit offenbar machen, um so das Herz und das Leben aller Seiner Leute zu beeinflussen. So sahen die Segnungen unseres Herrn bei Seinem Ersten Kommen aus, und die Ergebnisse Seines Zweiten Kommens werden noch offensichtlicher sein. Amen, ja komm, Herr Jesus!

Zum Nachdenken: Wahrheit liegt sowohl in der Verheißung der Gnade als auch in der Androhung der Gerechtigkeit. (Lancelot Andrewes)

22. Juli

Psalm 86,1-7

Weitere Lesung: Lukas 11,5-13

Wenn unsere Gebete wegen unserer Selbstverachtung zu bescheiden oder wegen unserer Krankheit zu schwach oder wegen unserer Mutlosigkeit ohne Flügel sind, neigt sich der Herr zu ihnen hinab; der unendlich erhöhte HERR nimmt sie ernst. Selbst wenn der Glaube den erhabensten Namen Gottes auf der Zunge hat und Ihn HERR nennt, darf er es doch wagen, von Ihm die freundlichsten Liebeshandlungen zu erbitten. Obwohl Er so groß ist, gefällt es Ihm, wenn Seine Kinder mutig vor Ihn treten. Unser Kummer ist ein machtvoller Grund, um von dem HERRN, unserem Gott, erhört zu werden; denn Er ist gnädig und freundlich, und Elend ist immer das beste Argument für Barmherzigkeit.

Die besten Menschen bedürfen der Barmherzigkeit und müssen um Barmherzigkeit flehen, wirklich um nichts anderes als um Barmherzigkeit; sie brauchen diese für sich selbst; darum bitten sie ihren Gott eifrig, er möge sie persönlich damit ausstatten. Gibt es nicht eine Verheißung, dass Hartnäckigkeit den Sieg davonträgt? Dürfen wir dann nicht unsere Hartnäckigkeit als Argument vor Gott bringen? Er, der jeden Tag oder den ganzen Tag lang betet (beides steckt in diesem Wort), darf sich sicher sein, am Tag der Not vom HERRN erhört zu werden. Wenn wir manchmal Menschen oder andere falsche Hoffnungsträger angefleht haben, mögen wir erwarten, dass sie uns am Tag unserer Not berücksichtigen, doch wenn wir in der ganzen vergangenen Zeit auf den HERRN allein blickten, dürfen wir uns sicher sein, dass Er uns jetzt nicht verlässt. Seht, was David vorzutragen hatte: zuerst, dass er elend und arm war, danach, dass er zu dem HERRN gehörte, dann, dass er als Knecht

Psalm 86,1-7

Gottes gelernt hatte, auf Ihn zu vertrauen, und schließlich, dass er unterwiesen war, täglich zu beten. Dies sind wahrlich solche heiligen Plädoyers, wie sie jeder angefochtene Gläubige vorbringen darf, wenn er mit einem Gott ringt, der Gebete erhört. Und mit solchen Waffen darf der furchtsamste Bittsteller hoffen, den Sieg davonzutragen.

Der entscheidende Grund dafür, dass der Psalmist wegen seiner Freude auf den Herrn allein blickte, liegt darin, dass jede Freude weckende Eigenschaft vollkommen nur in dem HERRN zu finden ist. Einige, die sich für gut halten, nehmen sich so wichtig, dass sie ihnen zugefügte Verletzungen nicht vergeben können. Wir dürfen uns aber sicher sein: Je besser jemand ist, umso mehr ist er zur Vergebung bereit, und der Beste und Höchste ist allezeit bereit, die Übertretungen Seiner Geschöpfe auszutilgen. Gott teilt Seine Gnade nicht aus einem ärmlichen Vorrat aus, der am Ende so ausgeplündert wäre, dass gar nichts mehr darin wäre. Nein, Er schüttet das Füllhorn des unendlichen Reichtums Seiner Gnade über uns aus. Seine Güte ergießt sich in überreichen Strömen über solche, die Ihn bitten und in bewundernder Anbetung Seinen Namen ehren.

Zum Nachdenken: David glaubte, dass der Herr ein lebendiger und starker Gott und in Wahrheit der einzige Gott ist; und darum hatte er sich entschieden, in jeder Stunde der Not den Herrn anzurufen. (C.H. Spurgeon)

23. Juli

Psalm 86,8-13

Weitere Lesung: 1. Samuel 5,1-12

Es ist etwas Wunderbares, wenn Größe und Güte vereint sind; doch nur in Gottes Wesen finden sich beide in Vollkommenheit. Welch Glück ist es für uns, dass in dem Herrn beides in gleichem Maß vorhanden ist! Groß, aber nicht gut zu sein, kann einen König zu einem Tyrannen machen; und gut, aber nicht groß zu sein, bringt unzählige Übel über seine Untertanen vonseiten ihrer auswärtigen Feinde. Somit wären beide Möglichkeiten schrecklich. Beide zusammen aber ergeben einen Herrscher, der seinem Volk Ruhe gibt und über den es sich freuen kann. Weil Er gut ist, sagt man, dass Er zum Vergeben bereit ist; und weil Er groß ist, wirkt Er Wunder. Und wir können beides miteinander verbinden; denn kein Wunder ist so wunderbar wie die Vergebung unserer Übertretungen. Alles, was Gott tut oder schafft, ist voller Wunder; Er atmet aus, und den Wind umgibt Geheimnis; Er spricht, und der Donner setzt uns in Schrecken, selbst das gewöhnlichste Gänseblümchen ist staunenswert, und jeder Kieselstein zeigt Seine Weisheit. Nur für den Toren ist alles, was Gott gemacht hat, uninteressant. Für uns ist die Welt eine Welt voller Wunder.

»Du bist Gott, Du allein.« Einzig warst Du da, bevor Deine Geschöpfe waren; noch immer bist Du in Deiner Gottheit einzigartig; jetzt, wo Du Unmengen lebendiger Wesen geschaffen hast, und ewig wirst Du einzigartig bleiben; denn niemand kann sich mit Dir vergleichen. Wahre Frömmigkeit macht keine Kompromisse; sie erkennt weder Baal noch Dagon als Götter an; sie ist exklusiv und gibt dem Herrn alle Ehre; der HERR bedeutet ihr nicht weniger als alles. Die Liberalität, der sich gewisse Professoren moderner Denkungsart brüsten, sollte

Psalm 86,8-13

bei Menschen, die der Wahrheit glauben, nicht kultiviert werden. »Philosophische Breite« zielt auf den Bau eines Pantheons (wörtl.: »allen Göttern«), doch wird es nur ein Pandämonium (wörtl.: »allen Dämonen«). Es ist nicht unsere Sache, bei solchem bösen Werk mitzumachen. Wir wollen zum Nutzen der Menschen wie auch zur Ehre Gottes ganz uneigennützig intolerant sein und die Menschheit nicht im Unklaren darüber lassen, was ihre Kompromisse wert sind: Nichts als Verrat an der Wahrheit! Unseren Gott kann man nicht als eins von vielen guten und wahren Dingen anbeten, sondern einzig als Gott. Und Sein Evangelium darf nicht als eins von mehreren Rettungssystemen gepredigt werden, sondern als der einzige Weg zur Seligkeit. Lügen passen viele in einen normalen Dom; aber im Tempel der Wahrheit gibt es nur eine, unteilbare Anbetung.

Aus dem schrecklichsten Tod und aus der tiefsten Entehrung hatte Gott David gerettet; denn seine Feinde hätten ihm noch mehr angetan, als ihn in die Hölle zu bringen, wären sie dazu in der Lage gewesen. Sein Sündenbewusstsein ließ ihn ebenfalls empfinden, dass der furchtbarste Untergang sein Teil geworden wäre, hätte nicht die Gnade eingegriffen; darum spricht er von der Errettung »aus dem Totenreich«. Der Psalmist hatte vor, bei den Lautesten mitzusingen, weil sein Bedarf an göttlicher Gnade zu den größten gehörte.

Zum Nachdenken: Gott ist fähig und willens zu helfen, und jedes Wesen auf dem Erdboden, das Hilfe empfängt, empfängt sie aus der Hand dessen, der allein Gott ist und den eines Tages alle als den einzigen Gott anerkennen werden. (J.J.S. Perowne)

24. Juli

Psalm 86,14-17

Weitere Lesung: Lukas 18,1-14

Niemand hasst die guten Menschen so grimmig wie die Hochfahrenden und Herrschsüchtigen. Wer Gott nicht fürchtet, schreckt nicht vor gewalttätigen und grausamen Taten zurück. Ein Atheist ist ein Menschenhasser; Irreligiosität ist dasselbe wie Unmenschlichkeit.
Wir wenden uns von den tyrannischen, prahlerischen und doch so kümmerlichen Menschen zu der Herrlichkeit und Güte des Herrn. Wir kehren uns von dem lärmenden Schaum aufgewühlter Wellen zu dem kristallenen Meer, das mit Feuer vermengt, ruhig und still ist. »Du aber, o Herr, bist ein barmherziger und gnädiger Gott, langsam zum Zorn und groß an Gnade und Wahrheit.« Das ist ein wahrhaft herrlicher Lobpreis, in dem nicht ein überflüssiges Wort steht. Hier finden wir Mitleid mit den Schwachen und Bekümmerten, Gnade für die, die sie nicht verdienten, Langmut für die, welche sie herausforderten, Gnade für die Schuldigen und Wahrheit für die Angefochtenen. Gottes Liebe nimmt viele Formen an und ist wunderbar schön für alle. In welche Lage wir auch gebracht werden mögen, immer ist ein bestimmter Farbton im Licht der Liebe, der genau mit unserer Situation harmoniert. Die Liebe ist eine, und doch ist sie siebenfach, ihre weißen Strahlen enthalten die ganze chromatische Reihe. Sind wir kummerbeladen? Dann finden wir den Herrn voller Mitgefühl. Kämpfen wir mit Versuchungen? So kommt uns Seine Gnade zu Hilfe. Irren wir? Er hat mit uns Geduld. Haben wir gesündigt? Er ist reich an Barmherzigkeit. Verlassen wir uns auf Seine Verheißungen? Er wird sie überschwänglich wahr machen.

Psalm 86,14-17

Wendet Gott uns nur einmal Sein Angesicht zu, verändert sich alle unsere Finsternis in Tag. »Sei mir gnädig!« Weiter will Er nichts; nichts als ein demütiges Herz. Nichts weiter verlangt Er; denn die Gnade reicht für alle Nöte der Sünder. Wenn der Herr uns Seine eigene Kraft gibt, können wir alles Nötige tun und haben keinen Grund zur Furcht vor irgendeinem Feind. Wie Söhne von Sklaven ihrem Herrn von Geburt an gehörten, so rühmte sich David, der Sohn einer Frau zu sein, die selbst dem Herrn gehörte. Was andere als herabsetzende Beschreibung empfinden mögen, ist für ihn eine Freude und außerdem ein Grund, weshalb der Herr zu seiner Rettung eingreifen sollte, weil Er doch sehen konnte, dass David kein neu gekaufter Sklave war, sondern von Geburt an im Haus gelebt hatte.

Gott macht keine halben Sachen. Wem Er geholfen hat, den tröstet Er auch und stellt ihn nicht nur in Sicherheit, sondern macht ihn auch froh. Das gefällt den Feinden des Gerechten äußerst schlecht; doch bringt es dem Herrn doppelte Ehre. Herr, handle in dieser Weise immer weiter so mit uns, dann wollen wir Dich ohne Ende verherrlichen. Amen.

Zum Nachdenken: Ist es nicht eine mutige Bitte zu sagen: »Herr, gib mir bitte alle Deine Kraft, um mir zu helfen«? Wahrlich eine mutige Bitte; aber Seine Gnade bewegt Ihn dazu, sie zu gewähren. (Thomas Goodwin)

25. Juli

Psalm 87,1-3

Weitere Lesung: Jesaja 60,1-9

Die Grundlagen der Gemeinde als dem geistlichen Jerusalem liegen in den ewigen, unveränderlichen und von niemand aufzuhebenden Anordnungen des HERRN. Er will, dass die Gemeinde bestehen bleibt. Er hat alles bereitgestellt für ihre Berufung, Rettung, Darstellung und Vollendung, und alle Seine Eigenschaften stehen wie die Berge rings um Jerusalem und verleihen ihr Kraft und Beständigkeit. Welch ein Thema, um darüber nachzudenken, wie die Gründung der Gemeinde Gottes schon von alters, ja, von Ewigkeit her zu den Bundesplänen Gottes gehörte! Rom steht auf sieben Hügeln, und nie fehlte es ihr an Dichterzungen, die ihre Herrlichkeiten besangen; doch weit herrlicher bist du, Zion, unter den ewigen Bergen Gottes. Solange die Feder schreiben und der Mund sprechen kann, darf dein Lob niemals in schmachvollem Schweigen vergraben sein.

Gottes größte Liebe gilt Seinem auserwählten Volk, den Nachkommen Seines Knechtes Jakob, doch der zentrale Ort der Anbetung ist Ihm noch teurer. Kein anderer möglicher Vergleich hätte deutlicher die Gunst ausdrücken können, in der Jerusalem bei dem HERRN steht: Er liebt Jakob am meisten; aber Zion noch mehr. Gott freut sich über die Gebete und Loblieder der christlichen Familien und einzelner Christen; aber Er richtet Seine Augen besonders auf die Versammlungen der Getreuen, und Er hat besondere Freude, wenn sie als Gemeinde Ihn anbeten. Die großen Feste, wenn die Menschenmengen die Tempeltore umlagerten, waren schön in den Augen des HERRN, und das Gleiche gilt von der allgemeinen Versammlung der Erstgeborenen, deren Namen im Himmel angeschrieben sind.

Psalm 87,1-3

Das sollte jeden einzelnen Gläubigen dazu bringen, sich mit der Gemeinde Gottes zu identifizieren. Wo der Herr Seine Liebe am deutlichsten entfaltet, sollte auch jeder Gläubige die größte Freude haben, gefunden zu werden. Unsere eigenen Wohnungen sind uns lieb und wert; doch wir dürfen sie nicht den Versammlungen der Heiligen vorziehen; wir sollten von der Gemeinde sagen: »Hier wohnen meine besten Freunde, meine Verwandten. Hier regiert Gott, mein Erretter.«

Jerusalems Geschichte ist die Geschichte des Volkes, dessen Hauptstadt sie ist, und sie ist voller herrlicher Ereignisse, und ihr Zweck und Ziel als Wohnort des wahren Gottes und Seiner Anbetung ist über alle Maßen herrlich. Herrliche Dinge sind ihr vorhergesagt, und sie war das Symbol der allerherrlichsten Dinge, die es gibt. Das gilt in noch höherem Maß für die Gemeinde. Sie wurde durch Gnade gegründet, doch ihre Zinnen strahlen vor Herrlichkeit. Menschen dürfen sich ihrer rühmen, ohne prahlerisch zu sein. Ihre Stirn umstrahlt ein unvergleichlicher Glanz. Was immer Gläubige an Herrlichem von der Gemeinde in ihren Lobpreisungen sagen mögen, sie kommen nicht über das hinaus, was Propheten geweissagt und Engel gesungen haben und was Gott selbst deutlich erklärt hat. Glückselig die Zungen, die es lernten, sich mit diesem wunderbaren Thema zu befassen. Möchten sie doch am warmen Ofen wie auf den Marktplätzen zu finden sein, und überall da, wo die meisten Menschen zusammenkommen.

Zum Nachdenken: Manche halten sich von der öffentlichen Anbetung fern, weil sie vorgeben, sie könnten dem Herrn zu Hause genauso gut dienen. Wie sehr widersprechen Menschen, die sich so etwas einbilden, dem Herrn! Er zieht die Tore Zions nicht nur dieser und jener Wohnung Jakobs vor, sondern allen; und sie ziehen eine dieser Wohnungen den Toren Zions vor. (David Clarkson)

26. Juli

Psalm 87,4-7

Weitere Lesung: Jesaja 4,2-6

Nicht nur das Volk als Ganzes, sondern jeder Einzelne soll als Bürger Jerusalems gezählt werden, und ihre Namen sollen öffentlich verkündet werden. Jeden für sich wird der Herr wahrnehmen, denn jeder Einzelne ist kostbar in Seinen Augen. Der Einzelne soll nicht in der Masse untergehen, sondern jeder Einzelne ist Ihm von hohem Wert. Welch ein Adelsbrief ist das, wenn einem Menschen bescheinigt wird, in Zion geboren zu sein. Die Wiedergeborenen sind ein königliches Priestertum, die wahre Aristokratie, die Herrscherklasse unter den Menschen. Im Original wird das vornehmste Wort für »Mensch« gebraucht, was darauf hinweist, dass viele bedeutende Menschen in der Gemeinde geboren werden sollen. Und wahrlich, wer zu dem Bild Christi erneuert wurde, ist eine bedeutende Persönlichkeit. Einige von ihnen zeigen ein so strahlendes Wesen, dass selbst die trüben Augen der Welt anerkennen, dass sie ungewöhnlich und bewundernswert sind. Die Gemeinde hat illustre Namen von Propheten, Aposteln, Märtyrern, Bekennern, Reformatoren, Missionaren und anderen, die den Vergleich mit den größten Namen aushalten, die von der Welt verehrt werden, nein, in vieler Hinsicht übertreffen sie diese sogar. Zion hat keinen Grund, sich ihrer Söhne zu schämen, und ihre Söhne haben keinen Grund, Zion zu verbergen.

Wenn sich die Zahl der Gläubigen durch die Wiedergeburt vergrößert, erweist sich der Herr als Erbauer der Gemeinde. Der Herr allein verdient den Titel »Verteidiger des Glaubens«; Er ist der einzige Patron und Beschützer der Gemeinde. Um des Herrn Erbteil brauchen wir uns keine Sorgen zu machen, Sein Arm reicht aus, Seine Rechte zu verteidigen. Der Höchste ist

Psalm 87,4-7

höher als alle, die gegen uns sind, und die gute alte Sache wird über alles triumphieren. Die Gemeinden tragen solche Allgenugsamkeit nicht in sich selbst, so dass wir uns in allem auf sie verlassen könnten; doch der Herr, der sie gegründet hat, ist die Quelle all dessen, was wir bedürfen, und wenn wir auf Ihn blicken, werden wir nie erlahmen oder versagen. Wie deutlich führen uns unsere Erfahrungen dazu, im Glauben auf den Herrn zu blicken und zu sagen: »Alle meine Quellen sind in Dir.« Der Ursprung meines Glaubens und all meines Segens, der Ursprung meines Lebens und all meiner Freuden, der Ursprung all meiner Aktivitäten und allen rechten Tuns, der Ursprung meiner Hoffnung und aller himmlischen Erwartung, alles liegt in Dir, mein Herr. Ohne Deinen Geist wäre ich gleich einem trockenen Brunnen, einer löchrigen Zisterne, aller Kraft beraubt, mir oder anderen Segen zu bringen. O Herr, ich bin überzeugt, dass ich zu den Wiedergeborenen gehöre, deren Leben in Dir ist; denn ich merke, dass ich ohne Dich nicht leben kann. Darum will ich mit all Deinem frohen Volk Dein Lob singen.

Zum Nachdenken: Welche Art von Wasserleitung auch benutzt wird, Christus ist die Quelle und die Grundlage jedes tröstenden Tropfens. Christus ist der Gott allen wahren Trostes. (Ralph Robinson)

27. Juli

Psalm 88,1-10

Weitere Lesung: 2. Korinther 4,16 - 5,8

Ganz gewiss, wenn es je ein Schmerzenslied, einen Psalm der Traurigkeit gibt, dann ist es dieser Psalm. Der Schreiber muss ein Mensch gewesen sein, der Schreckliches erlebte und mit den tiefen Wassern der Seelentrübsal zu kämpfen hatte.
»HERR, Gott meines Heils!« Das ist eine Anrede für den Herrn, die voller Hoffnung ist, aber sie stellt den einzigen Strahl tröstlichen Lichts in dem ganzen Psalm dar. Der Schreiber weiß um seine Errettung, und Gott allein hat sie gewirkt. Solange ein Mensch Gott als seinen Retter sehen kann, ist es für ihn noch nicht völlige Mitternacht. Es ist ein Kennzeichen wahren Glaubens, dass er sich an den HERRN, den rettenden Gott, wendet, wenn sich alle anderen Hoffnungen als Lüge erwiesen haben. Sein Kummer hat die Funken seiner Gebete nicht ausgeblasen, sondern sie zu größerer Dringlichkeit entfacht, bis sie zu einem dauernden Brand, zu loderndem Feuer wurden. Gebete müssen mit ganzem Ernst zum Himmel gerichtet werden. So dachte Heman – seine Gebete waren direkt für das Herz Gottes bestimmt. Er blickte nicht auf Zuschauer wie die Pharisäer, sondern brachte alle seine Gebete ausschließlich vor seinem Gott dar.
Ihm war, als müsse er sterben, ja, er fühlte sich schon halb tot. Alles Leben ging dahin, sein geistliches Leben lag am Boden, sein Gefühlsleben erstarb, und sein leibliches Leben glimmte nur noch etwas; er war dem Tod näher als dem Leben. Wird guten Menschen jemals zugemutet, so zu leiden? Allerdings! Manche werden gar lebenslang in Ketten gehalten. Heman seufzte aus tiefster Seele in der großen Einsamkeit seiner Schmerzen und meinte, selbst Gott habe ihn gänzlich verlassen. Wie tief kann

Psalm 88,1-10

der Geist selbst guter und tapferer Menschen manchmal sinken! Unter dem Einfluss gewisser Krankheiten kann alles düster erscheinen und das Herz in Abgründe des Jammers versinken. Menschen mit robuster Gesundheit und geistiger Frische kritisieren solche Menschen leicht, deren Leben von bleicher Melancholie überschattet ist; aber dieses Übel ist genauso real wie eine klaffende Wunde und ist nur noch schwerer zu ertragen, weil es sich in Regionen der Seele abspielt, die viele gar nicht kennen, die darum von Einbildung und krankhafter Phantasie reden. Lieber Leser, mache dich nie über die besorgten und ängstlichen Depressiven lustig, ihr Schmerz ist real. Der arme Heman hatte das Empfinden, Gott habe ihn verworfen, gepeinigt und unter die Leiber der durch göttliches Gericht Erschlagenen hingestreckt. Er klagt, die Hand des Herrn habe sich gegen ihn gewendet und dass er von dem großen Urheber seines Lebens getrennt sei. Dies ist das Eigentliche, was ihn quält. Die Angriffe der Menschen sind Kleinigkeiten; aber Gottes Schläge sind furchtbar für ein gütiges Herz. Sich gänzlich vom Herrn verlassen zu fühlen und wie etwas hoffnungslos Verdorbenes fortgeworfen zu sein, ist der absolute Tiefpunkt, die schrecklichste Verwüstung der Seele.

Zum Nachdenken: Weinen darf das Beten nicht hindern; wir müssen unter Tränen säen. (Matthew Henry)

28. Juli

Psalm 88,11-19

Weitere Lesung: 2. Korinther 12,1-10

Würde der Herr erlauben, dass Sein Knecht stirbt, bevor sich die göttliche Verheißung erfüllt, so wäre es völlig unmöglich, Seine Treue zu verkünden. Der Dichter spricht nur von diesem Leben und betrachtet die Angelegenheit von einem Standpunkt aus, der nur das Zeitliche und das gegenwärtig lebende Geschlecht berücksichtigt. Dürfte ein Gläubiger verlassen und in Verzweiflung sterben, so ginge von dessen Grab keine Botschaft an die Menschheit aus, der Herr habe ihn gerechtfertigt und von seinen Leiden erlöst; keine Lieder stiegen dann von der kalten Erde auf, um die Wahrheit und Güte des HERRN zu besingen; dann wäre – soweit es die Menschen betrifft – nur eine Stimme zum Schweigen gebracht, die es liebte, die Gnade Gottes zu rühmen, und ein liebender Zeuge für den Herrn wäre aus der Sphäre des Zeugnisses entschwunden.

Seine Anfechtungen hatten so lange bestanden, dass er sich kaum erinnern konnte, wann sie begannen; es erscheint ihm, als habe er von Jugend an bei den Toren des Todes gewohnt. Das war sicher die Übertreibung eines bedrückten Geistes, vielleicht war er aber auch sozusagen in Trauerkleidern geboren und wurde von einer chronischen Krankheit oder körperlichen Schwäche von Kindheit an geplagt. Es gibt heilige Männer und Frauen, deren Leben eine langwierige Schule der Geduld darstellt, und sie verdienen unser Mitgefühl wie auch unsere Achtung – »unsere Achtung« wage ich zu sagen; denn seit unser Erlöser mit Leiden vertraut wurde, sind Schmerzen in den Augen eines Gläubigen ehrenvoll. Eine lebenslange Krankheit kann sich durch göttliche Gnade als ein lebenslanger Segen erweisen. Besser von Kindheit an und bis ins Alter

Psalm 88,11-19

zu leiden, als sich selbst überlassen an der Sünde Vergnügen zu finden!

Auch langer Gebrauch machte die Klinge des Schmerzes nicht stumpf, und Gottes Schrecken hatten ihren Schrecken nicht verloren, vielmehr waren sie schließlich immer bedrückender geworden und hatten den Menschen in die Verzweiflung getrieben. Er war unfähig, seine Gedanken zu sammeln, er wurde innerlich hin- und hergeworfen und konnte seine Lage nicht in ruhiger, vernünftiger Weise beurteilen und einschätzen. Wie können sich manchmal seelische Depressionen und Wahnsinn gleichen! Beides zu unterscheiden, ist nicht unsere Sache; aber wir sagen, was wir sehr wohl wissen, dass manchmal das Gewicht einer Feder ausreicht, um die eine oder die andere Waagschale nach unten zu ziehen. Dankt Gott, ihr Geplagten, die ihr euren Verstand bewahrt habt! Dankt Ihm, dass selbst der Teufel jene Feder nicht hinzufügen kann, weil der Herr euch beisteht, der alles in Ordnung bringen wird.

Seelische Krankheiten kommen mit solch durchdringender Macht über den Menschen und füllen ihn so aus, dass er sich ihrer nicht erwehren kann, sie durchtränken die Seele wie der Tau Gideons Vlies; sie saugen sie nach unten wie der Mahlsand ein Schiff, sie überfluten den Geist wie die Sintflut die grüne Erde. Der Schmerz hielt den Psalmisten umzingelt. Er glich einem Hirsch bei der Jagd, wenn die Hunde von überallher ihm an der Kehle hängen. Arme Seele! Und doch war er ein Mensch, den der Himmel innig liebte!

Zum Nachdenken: Mit der gegenwärtigen Umnachtung des Geistes eines Christen ist etwas verbunden, was sie von den Schrecken des Heuchlers unterscheidet; und das ist das lebendige Wirken der Gnade. (William Gurnall)

29. Juli

Psalm 89,1-5

Weitere Lesung: 1. Könige 8,12-21

Weil Gott treu ist und immer treu bleibt, haben wir ein Thema zu besingen, das auch in späteren Generationen nicht altmodisch sein wird. Nie wird es verschlissen, nie widerlegt, nie unnötig, nie leer, nie wertlos für die Menschheit werden. Auch wird es immer wichtig sein, es kundzutun; denn die Menschen neigen sehr dazu, es zu vergessen oder daran zu zweifeln, wenn sie in harten Zeiten Bedrückung erleben. Wir können nicht zu oft das Zeugnis von der beständigen Gnade des Herrn verbreiten; selbst wenn unsere Generation es nicht nötig hätte, so doch die folgenden. Skeptiker sind sehr schnell dabei, alte Zweifel zu wiederholen und neue zu erfinden, dass die Gläubigen sich genauso gedrängt fühlen sollten, Beweise herbeizubringen, neue wie alte.

Der Bund war die Grundlage für das Vertrauen des Psalmisten auf Gottes Gnade und Wahrheit, denn er wusste: Der Herr hatte einen Gnadenbund mit David und dessen Nachkommen geschlossen und mit einem Eid bestätigt. Davids Haus musste königlich bleiben; solange es ein Grab in Juda gab, musste Davids Geschlecht die einzig rechtmäßige Dynastie sein. Der große »König der Juden« starb mit diesem Titel über Seinem Haupt, geschrieben in den drei wichtigsten Sprachen der damals bekannten Welt, und wird heute von Menschen aller Sprachen als König anerkannt. Der dem David geschworene Eid ist nicht gebrochen worden, auch wenn die irdische Krone nicht mehr getragen wird; denn in dem Bund selbst wird das Königreich ein ewiges genannt. In Jesus Christus wurde ein Bund mit allen »Auserwählten« geschlossen, und durch Gnade sind auch sie zu »Knechten« des Herrn gemacht worden und wurden dann durch Jesus Christus zu Königen und Priestern eingesetzt.

Psalm 89,1-5

David muss immer Nachkommen haben, und in Jesus ist dies über alles Hoffen hinaus erfüllt worden. Der Sohn Davids ist der große Stammvater, der zweite Adam, der ewige Vater, der »Frucht sieht« und in ihr »die Mühsal Seiner Seele« erkennt. Davids Dynastie geht niemals unter, sondern wird im Gegenteil immer mehr durch den großen Baumeister des Himmels und der Erde befestigt. Jesus ist sowohl König als auch Stammvater, und Sein Thron ist für ewig aufgerichtet – Sein Reich kommt – Seine Herrschaft breitet sich aus.

So läuft es dem Bund gemäß, und wenn die Gemeinde versagt, ist es an uns, den ewig treuen Gott anzuflehen, wie es der Psalmist in den Schlussversen dieses heiligen Liedes tut. Christus muss regieren; aber warum wird Sein Name gelästert und Sein Evangelium verachtet? Je mehr Gnade Christen erlangt haben, umso mehr wird ihr Eifer durch den traurigen Zustand der Sache des Erlösers angefacht und umso mehr werden sie die Sache vor den großen Bundesstifter bringen und Tag und Nacht zu Ihm rufen: »Dein Reich komme!«

Zum Nachdenken: Wir müssen hier staunend das große Wunder betrachten, wie Gott sich herabgelassen hat, um mit den Menschen einen Bund zu schließen, der Unsterbliche mit den Sterblichen, der Stärkste mit den Schwächsten, der Gerechteste mit den Ungerechtesten, der Reichste mit den Ärmsten, der Gepriesenste mit den Elendsten. (Musculus)

30. Juli

Psalm 89,6-15

Weitere Lesung: 1. Könige 8,22-30

Beim Anblick dessen, was Gott getan hat und was Er noch vorhat in Verbindung mit Seinem Bund der Gnade, werden die Himmel mit anbetender Bewunderung erfüllt. Sonne und Mond, die zu Zeichen des Bundes gemacht wurden, werden Gott wegen dieses außerordentlichen Gnadenerweises preisen, und die Engel und erlösten Geister werden »ein neues Lied« singen.

Die Heiligsten zittern in der Gegenwart des dreimal Heiligen; ihre Vertrautheit ist gepaart mit tiefster Ehrfurcht. Die vollkommene Liebe treibt jene Furcht aus, die schreckt und quält, und bewirkt stattdessen eine andere Furcht, die mit unaussprechlicher Freude verwandt ist. Wie ehrfürchtig sollte unser Gottesdienst sein! Wo Engel ihre Angesichter verhüllen, sollten sich Menschen in größter Demut niederbeugen. Sünde ist mit anmaßender Dreistigkeit verwandt; aber Heiligkeit ist die Schwester heiliger Furcht. Unehrerbietigkeit ist Rebellion. Gedanken an den Bund der Gnade neigen dazu, tiefere Ehrfurcht vor Gott zu bewirken, sie bringen uns näher zu Ihm, und je mehr Herrlichkeiten wir an Ihm entdecken, indem wir Ihm nahen, umso demütiger werfen wir uns vor Seiner Majestät nieder.

Alle Dinge gehören Gott in gleichem Maße – die rebellische Erde genauso wie der anbetende Himmel. Lasst uns wegen des Reiches der Wahrheit nicht verzagen; der Herr hat nicht abgedankt vom Thron der Erde und ihn der Herrschaft Satans überlassen. Die bewohnbare und kultivierte Erde erkennt mit allem, was sie hervorbringt, den HERRN als Schöpfer und Erhalter, als Baumeister und Bewahrer an.

Die Macht Gottes beeindruckte den Psalmisten dermaßen, dass er auf vielerlei Weise denselben Gedanken wiederholte; und

Psalm 89,6-15

tatsächlich ist die Wahrheit von Gottes Allmacht für begnadete Herzen so erquickend, dass sie sich nicht genug damit befassen können, besonders im Zusammenhang mit Seiner Gnade und Wahrheit. »Gerechtigkeit und Recht« sind die Grundlagen göttlichen Regierens und die Sphäre, in der sich Seine Souveränität bewegt. Gott ist als Regent niemals ungerecht oder unweise. Er ist zu heilig, um ungerecht zu sein, und zu weise, um sich zu irren. Das ist ein beständiger Grund zur Freude für aufrichtige Herzen. »Gnade und Treue« sind die Boten und Herolde des HERRN. Er ruft sie an die Arbeit, um sich mit schuldigen und wankelmütigen Menschen zu beschäftigen. Er macht sie in der Person des Herrn Jesus zu Seinen Gesandten, und so werden arme, schuldige Menschen fähig, die Gegenwart des gerechten HERRN zu ertragen. Hätte die Gnade nicht den Weg bereitet, würde das Erscheinen Gottes für jeden Menschen den augenblicklichen Untergang bedeuten.

So hat der Dichter die Herrlichkeiten des Bundesgottes besungen. Es ist richtig, dass er, bevor er seine Klagen anstimmte, zuvor sein Lob ausbreitete, damit es nicht so aussieht, als hätte sein Schmerz seinen Glauben verdorren lassen. Bevor wir unsere Anliegen vor Gott bringen, ist es höchst angebracht anzuerkennen, dass Er über alles groß und gut ist, einerlei, wie uns Seine Vorsehung erscheinen mag. So wird jeder Kluge vorgehen, der eine Antwort des Friedens am Tag der Not erhalten möchte.

Zum Nachdenken: Wir sollten Gott nur in großer Furcht und Ehrerbietung anbeten. (John Flavel)

31. Juli

Psalm 89,16-19

Weitere Lesung: 1. Könige 8,54-61

Es ist ein hoch gepriesener Gott, den der Psalmist besingt, und darum ist es auch ein gesegnetes Volk, das teilhat an Seiner Gütigkeit und weiß, wie man sich Seiner Gunst rühmt. Jubel ist ein besonders froher Klang, und gesegnet sind alle, die mit seinen Melodien vertraut sind. Auch die Bundes-Verheißungen haben einen über alle Maßen schönen Klang, und alle, die ihre Bedeutung verstehen und sich ihres persönlichen Anteils daran bewusst sind, genießen ein hohes Vorrecht. Nur ein Bundesgott konnte mit Wohlwollen auf Menschen blicken, und die Ihn in dieser Beziehung kennen gelernt haben, rühmen sich Seiner. In der Tat, um mit Ihm verbunden zu wandeln und in ständiger Gemeinschaft mit Ihm zu sein, leihen wir Gott unser Ohr und hören wir den freudevollen Klang. Er wird uns Sein Angesicht zeigen und uns erfreuen. Solange die Sonne scheint, geraten die Menschen nicht ins Stolpern, und wenn der HERR uns zulächelt, leben wir ohne Seelenkummer.

Für eine Seele, die in Christus Jesus mit Gott in einen Bund getreten ist, bedeutet jede Seiner Eigenschaften eine Quelle der Freude. Es gibt keine Stunde des Tages und keinen Tag des Lebens, an dem wir uns nicht des Namens, der Person und des Wesens des HERRN rühmen dürften. Wir brauchen keinen anderen Grund zur Freude. Wie Philosophen ohne Musik glücklich sein können, so können wir es ohne fleischliches Wohlleben; der HERR, der Allgenugsame, ist die allgenugsame Quelle der Freude.

Durch das gerechte Handeln des Herrn werden die Heiligen zur rechten Zeit erhöht, wie groß auch der Widerstand und die Unterdrückung sein mag, unter der sie leiden. In der Gerechtig-

Psalm 89,16-19

keit, die zu dem Bund gehört und die nur der HERR darreicht, werden die Gläubigen in eine sichere und gesegnete Stellung »erhöht«, was sie mit geheiligter Glückseligkeit erfüllt. Wäre Gott ungerecht oder würde Er uns als Ungerechte betrachten, säßen wir in tiefstem Elend; aber weil beides nicht stimmt, können wir in der Tat fröhlich sein und sollten den Namen des Herrn rühmen.

Ja, gewiss, in Gott, dem HERRN, haben wir sowohl Gerechtigkeit als auch Stärke. Er ist unsere Schönheit und Herrlichkeit, wenn wir stark in Ihm sind, und auch unser Trost und unsere Hilfe, wenn wir uns fürchten, weil uns unsere Schwäche bewusst ist. Der Titel »der Heilige Israels« ist dem erneuerten Herzen besonders kostbar. Es gibt nur einen Gott; wir dienen keinem neben Ihm. Er ist die Heiligkeit selbst, der Einzige, der »der Heilige« genannt werden kann. Und in Seinem vollkommenen Wesen sehen wir den erhabensten Grund für unseren Glauben. Er, der Heilige, kann Seine Verheißungen nicht brechen oder unrechtmäßig betreffs Seines Eides und Bundes handeln. Darüber hinaus ist Er der Heilige Israels und damit speziell der Gott Seiner Auserwählten und mit uns bis in Ewigkeit in besonderer Weise verbunden. Wer unter den Heiligen möchte sich nicht des Gottes der Auserwählung rühmen? Sind sie nicht hoch gesegnete Leute, die diesen Gott für ewig ihren Gott nennen dürfen?

Zum Nachdenken: Von der Liebe des Herzens Gottes einmal abgesehen, schätzen Gläubige am meisten das Lächeln Seines Angesichts. (Augustus Toplady)

1. August

Psalm 89,20-24

Weitere Lesung: Hebräer 1,1-2

Der Psalmist kehrt zur Betrachtung des mit David geschlossenen Bundes zurück. Mit dem hier genannten »Frommen« ist entweder David oder der Prophet Nathan gemeint, höchstwahrscheinlich aber Letzterer; denn er war es, zu dem Gott in der Nacht gesprochen hatte. Gott lässt sich herab, um sich Seiner begnadeten Knechte zu bedienen, damit Er durch sie mit denen in Verbindung tritt, die Er liebt – selbst dem König David wurde der Bund durch Nathan, den Propheten, offenbart. Auf diese Weise ehrt Gott Seine Diener. Der Herr hatte David zu einem großen Kriegshelden gemacht, und nun verspricht Er, ihn zum Helfer und Verteidiger des jüdischen Staates zu machen. In weit umfassenderem Sinn ist der Herr Jesus Seinem Wesen nach unermesslich stark; nach göttlichem Beschluss liegt die Rettung Seines Volkes bei Ihm, und sie wird sichergestellt, weil Gottes Kraft in Ihm wirkt. Lasst uns unseren Glauben dahin richten, wohin Gott unsere Hilfe gelegt hat. David war Gottes Auserwählter, auserwählt aus dem Volk als einer von ihnen und auserwählt, die höchste Stellung im Staat einzunehmen. Seine Heraushebung, Erwählung und Erhöhung weist stark auf den Herrn Jesus hin, der zu dem Volk Israel gehörte, den Gott erwählte und zum König Seiner Gemeinde machte. Wen Gott erhöht, den wollen auch wir erhöhen. Wehe denen, die Ihn verachten; sie machen sich bei dem Herrn der Heerscharen der Majestätsbeleidigung schuldig und verwerfen den Sohn Gottes.

Der Herr fand David in den Schafhürden und erkannte in ihm einen Menschen gesegneten Geistes, voller Glauben und Mut und folglich fähig, ein Führer in Israel zu werden. Die Hand Sa-

Psalm 89,20-24

muels salbte David zum König, lange bevor er den Thron bestieg. Das muss auch auf den Fürsten Immanuel übertragen werden; Er wurde um unseretwillen der Knecht des Herrn. Der Vater hatte in Ihm einen mächtigen Befreier für uns gefunden. Darum ruhte der Geist ohne Maß auf Ihm, der Ihn für alle Aufgaben der Liebe befähigte, zu denen Er berufen war. Wir haben keinen selbst ernannten und unqualifizierten Erlöser, sondern einen von Gott gesandten und ausgerüsteten. Das Öl, mit dem Er gesalbt wurde, ist Gottes eigenes Öl, ein heiliges Öl; Er wurde göttlich ausgerüstet mit dem Geist der Heiligkeit. Die Kraft der Allmacht Gottes bleibt auf ewig bei Jesus in Seinem Werk als Erlöser und Herrscher über Sein Volk. Die Fülle göttlicher Kraft wird Ihn begleiten. Dieses Bundesversprechen sollte in dringendem Gebet vor Gott gebracht werden, weil es der Gemeinde heute so sehr an Kraft mangelt. Wir haben alles – außer der göttlichen Energie; und wir dürfen nicht ruhen, bis wir sie unter uns voll wirksam sehen.

Zum Nachdenken: Jesus muss bei uns sein; dann wird es nie an Kraft fehlen, bei allem, was die Gemeinde unternimmt. (C.H. Spurgeon)

2. August

Psalm 89,25-30

Weitere Lesung: Epheser 1,15-23

»Treue und Gnade« waren die beiden Eigenschaften, über die der Psalmist im ersten Vers dieses Psalms zu singen begann, zweifellos, weil er sie für das Wichtigste hielt in dem Bund, über den er jetzt mit Gott reden wollte. Gegenüber David und seinem Geschlecht war Gott gnädig und treu, obwohl das tatsächliche Königreich wegen seiner Sünden alle Herrlichkeit verlor und die Dynastie sich im Dunkeln verlor. Doch die königliche Linie blieb ununterbrochen und wurde alle frühere Herrlichkeit übertreffend wiederhergestellt, als der Fürst der Könige auf Erden inthronisiert wurde, bei dem Gnade und Treue bis in Ewigkeit bleiben werden. Alle, die in Jesus sind, sollten jubeln; denn sie werden aus eigener Erfahrung die Treue und Gnade des Herrn bestätigen. Der Herr Jesus erhebt herrlich Sein Haupt, nimmt den Platz höchster Ehren ein, weil Sein Vater Ihm die Vollmacht dazu erteilte. In all ihrer Pracht und Würde waren David und Salomo doch nur schwache Abbilder von dem Herrn Jesus, der weit über alle Herrschaften und Mächte erhoben ist.

Davids Nachkommen sollten ein betendes Geschlecht sein, und das waren sie im Allgemeinen auch. Und wenn sie es nicht waren, mussten sie die Folgen davon tragen. Der Herr Jesus war vor allem ein Beter, und Seine bevorzugte Anrede war »Vater«. Nie betrug sich ein Sohn kindgemäßer als »der Erstgeborene unter vielen Brüdern«. »Mein Gott« nannte unser Herr am Kreuz hängend Seinen Vater. An Seinen Vater wandte Er sich in der schweren Angst von Gethsemane, und Ihm übergab Er in der besonderen Situation Seines Sterbens Seinen Geist. Wahre Söhne sollten Ihn in diesen kindlichen Anrufungen nachah-

Psalm 89,25-30

men. Dies ist die allgemeine Sprache der erwählten Familie: Annahme, Ehrfurcht und Vertrauen, alles muss zu seiner Zeit zur Sprache kommen und wird dies auch tun, wenn wir Erben nach der Verheißung sind. Zu Gott zu sagen: »Mein Vater bist Du«, ist mehr, als was uns Gelehrsamkeit und Talent beibringen können; einzig durch die Wiedergeburt ist das möglich. Lieber Leser, hast du die Natur eines Kindes und den Geist dessen, der rufen kann: »Abba, Vater!«?

Mit Jesus ist der Bund besiegelt durch das Blut des Opfers und durch den Eid Gottes; er kann nicht rückgängig gemacht oder abgeändert werden. Er ist ewige Wahrheit und beruht auf der Vertrauenswürdigkeit dessen, der nicht lügen kann. Was für eine Glückseligkeit erfüllt unser Herz, wenn wir begreifen, dass der Bund der Gnade für alle Kinder sicheren Bestand hat, weil er mit dem verbunden ist, mit dem wir unauflöslich verbunden sind. Die Verheißung in Bezug auf Davids Nachkommen erfüllt sich in der Person des Herrn Jesus, und Jesus lebt in den Gläubigen. Heilige sind ein Geschlecht, das weder Tod noch Hölle umbringen können. Solange Gott lebt, muss auch Sein Volk leben, und Jesus regiert immer, Er wird herrschen, bis die Himmel einstürzen: Ja, sogar wenn die Himmel mit starkem Geräusch vergehen und die Elemente in gewaltiger Hitze zerschmelzen werden, wird Sein Thron fest stehen. Welch ein gesegneter Bund ist das!

Zum Nachdenken: Gott hatte einen Sohn ohne Sünde; aber Er hatte nie einen Sohn ohne Gebet. (C.H. Spurgeon)

3. August

Psalm 89,31-38

Weitere Lesung: Titus 1,1-4

Es war möglich, dass sich Davids Nachkommen von dem Herrn abwandten; und das taten sie auch wirklich. Was aber dann? Musste sich die Gnade Gottes von Davids Geschlecht abwenden? Weit gefehlt! So neigt auch die Nachkommenschaft des Sohnes Davids zur Abtrünnigkeit; aber werden sie deswegen verworfen? Kein einziges Wort erlaubt einen solchen Gedanken, sondern das genaue Gegenteil ist der Fall.

Das schreckliche »wenn« wird in den Raum gestellt; und die traurige Tatsache wird in verschiedenen Formen dargestellt. Doch wenn sie eintritt, was dann? Tod und Verwerfung? Nein, nein! Gepriesen sei Gott dafür! Ob sie Gott verlassen oder Ihn schmähen, ob Seine Urteile oder Seine Gebote oder beide übertreten wurden, trotzdem hören wir kein Wort von endgültiger Vernichtung, sondern genau das Gegenteil. »Ich werde ihr Vergehen mit der Rute … heimsuchen«, nicht mit dem Schwert, nicht mit Tod und Untergang; jedoch mit einer schnellen, beißend schmerzhaften Rute. Heilige müssen es fühlen, wenn sie sündigen, dafür wird Gott sorgen. Er hasst die Sünde zu sehr, um sie nicht heimzusuchen, und Er liebt die Heiligen zu innig, um sie nicht zu züchtigen. Gott spielt niemals mit der Rute, er lässt sie Seine Kinder fühlen in ihren Häusern, an ihren Leibern und Herzen, damit sie merken, wie sehr Ihn unsere Wege betrübt haben. Die Rute ist eine Bundessegnung und soll auch angewendet werden. Weil die Sünden so häufig sind, hat auch die Rute kaum einmal Ruhe. In Gottes Familie wird mit der Rute nicht gespart, sonst würden die Kinder umkommen. Könnte der Bund durch menschliche Sünden zunichte gemacht werden, wäre das längst vor uns geschehen. Und wür-

Psalm 89,31-38

de er erneuert, so wäre er keinen Stundenlohn wert, wenn er von uns abhinge. Gott kann Seine Leute laufen lassen, und sie mögen deshalb viel erleiden und sehr tief fallen; doch kann Er ihnen Seine Liebe niemals gänzlich entziehen; denn das würde auf Seine eigene Wahrhaftigkeit zurückfallen, und das würde Er nie zulassen. Menschen können in allem versagen, Gott aber in nichts. Treu zu sein, ist eins der ewigen Wesensmerkmale Gottes, von dem Er einen großen Teil Seiner Herrlichkeit abhängig macht. Seine Treue ist einer Seiner besonderen Schätze in Seinen Kronjuwelen, und nie wird Er deren geringste Befleckung erlauben. Dieser Abschnitt versichert uns aufs Schönste, dass die Erben der Herrlichkeit niemals ganz verworfen werden. Mögen solche, die die Sicherheit der Heiligen leugnen, dies tun; von Christus haben wir das nicht gelernt. Wir glauben an die Rute im Evangelium, aber nicht an die Hinrichtung der angenommenen Söhne.

Zum Nachdenken: Die Gnade mag sich scheinbar von den Auserwählten des Herrn abwenden; aber sie wird es niemals für immer tun. (C.H. Spurgeon)

4. August

Psalm 89,39-46

Weitere Lesung: Klagelieder 5,10-22

Der Herr hatte versprochen, den Samen Davids nicht zu verwerfen, und doch schien es, als habe Er es getan, und das in zornigster Weise, so, als verabscheue Er den König. Gottes Handlungsweisen mögen uns wie das Gegenteil von Seinen Verheißungen vorkommen, und dann ist es das Beste, im Gebet vor Ihm zu erscheinen und die Sache so vor Ihn zu bringen, wie wir sie wahrnehmen. Wir dürfen das tun, denn dieser heilige und inspirierte Mann machte es, ohne getadelt zu werden; doch müssen wir es demütig und im Glauben tun.

Israels König wurde nicht mehr vor den verleumderischen Angriffen niederträchtiger Zungen geschützt; die Ehrfurcht, die den königlichen Namen bewahren sollte, hatte aufgehört, ihn von seinen Genossen abzuheben. Die »Göttlichkeit, die den König umgibt« war gewichen. Bisher glich die königliche Familie einem Weinstock in einer hohen Umfriedung; aber dessen Mauern waren niedergerissen, und nichts schützte den Weinstock mehr. Es ist bedauerlicherweise wahr, dass an vielen Orten die Mauern der Gemeinde zerstört und die Demarkationslinien zwischen der Gemeinde und der Welt fast verschwunden sind und gottlose Menschen den geheiligten Dienst an sich gerissen haben. Ach HERR, unser Gott, soll es immer so bleiben? Wird Dein wahrer Weinstock durch Dich zerstört bleiben, Du großer Hausherr? Setze die Grenzen wieder neu fest, und bewahre Deine Gemeinde als einen für Dich reservierten Weinstock! Die Festungen des Landes waren niedergerissen und im Besitz der Feinde, die Verteidiger des Reiches waren überwunden. So wurden die kostbaren Wahrheiten, die Festungswerke der Gemeinde, durch Häresie zerstört, und die Festungen ge-

Psalm 89,39-46

sunder Lehre gingen an den Feind verloren. O Gott, wie kannst Du das dulden? Wirst Du als Gott der Wahrheit nicht aufstehen und alle Falschheit niedertreten?

Gott hat Seine Kraft, um zu Hause zu regieren und ringsumher alles zu erobern, nicht verloren. Nein, dies geschah aber den Königen aus Davids Stamm, und was viel trauriger ist, es geschieht heute dem sichtbaren Reich des Herrn Jesus. Wo ist die Herrlichkeit von Pfingsten? Wo ist die Majestät der Reformation? Wo erscheint Sein Reich unter den Söhnen der Menschen? Wehe uns; denn die Herrlichkeit ist gewichen, der Evangeliumsthron Jesu ist unseren Augen verborgen! In unseren Tagen müssen wir den Verlust an Kraft in der Religion beklagen – die heldischen Zeiten der Christenheit sind vorbei, ihre schwarzen Locken sind durchsetzt mit unzeitigem Grau. Entspricht das dem Bund? Lasst uns den gerechten Richter der ganzen Erde anflehen und Ihn bitten, Sein Wort zu erfüllen, in dem Er verheißen hat, die auf Ihn Wartenden mit neuer Kraft zu erfüllen.

Zum Nachdenken: Es ist traurig für die Gemeinde, wenn solche, die für sie aufstehen sollten, nicht stehen können. (Matthew Henry)

5. August

Psalm 89,47-53

Weitere Lesung: Hesekiel 34,17-24

Der Appell richtet sich an den HERRN, und es geht um die Länge der erduldeten Anfechtung. Züchtigung mit der Rute ist keine Sache von langer Dauer, darum bittet er Gott, die Trübsalszeit abzukürzen. »Soll wie Feuer brennen Dein Zorn?« Soll er immer weiter brennen, bis er alles gänzlich verzehrt hat? Lass es Dir gefallen, eine Grenze zu setzen! Wie weit willst Du noch gehen? Willst Du den Thron verbrennen, dessen ewigen Bestand Du beeidet hast? Ja, genauso steht es heute um die Sache Christi, so dass wir den Herrn anflehen müssen, ihrer zu gedenken. Könnte Er so zornig auf Seine Gemeinde sein, dass Er sie noch viel länger in solchem Zustand lässt? Was wird Er noch zulassen? Soll die Wahrheit sterben, sollen die Heiligen untergehen? Wie weit will Er die Dinge treiben lassen? Gewiss muss Er schnell eingreifen; tut Er es nicht, wird wahre Frömmigkeit völlig aufhören, so, als wäre sie verbrannt.

Wenn der HERR nicht auf Sein Werk schaut, leben wir für nichts – wir nennen es kein Leben mehr, wenn Seine Sache nicht vorangeht. Wir leben, wenn der König lebt, sonst nicht. Alles ist sinnlos, wenn die Frömmigkeit sinnlos geworden ist. Wenn das Reich der Himmel zugrunde geht, geht alles zugrunde. Dann ist die Schöpfung ein Versehen, die Vorsehung ein Irrtum und unser eigenes Sein nur Hölle, wenn die Treue Gottes untergehen und Sein Gnadenbund aufgelöst werden könnte. Wenn sich die Lehre des Evangeliums als Irrtum erweist, bleibt uns oder irgendeinem anderen Menschenkind gar nichts, was das Leben lebenswert macht.

Wir dürfen den Herrn an Seine ersten Liebestaten erinnern, dann an die Liebe zu Seiner Gemeinde und Seine früheren

Psalm 89,47-53

Gunstbezeigungen gegen uns selbst. Dann dürfen wir Ihn an Seinen Eid erinnern und Ihn bitten, sich daran zu erinnern, dass Er geschworen hat, Seine Auserwählten zu segnen. Und wir dürfen mit Ernst in Ihn dringen, indem wir an Sein eigenes Wesen appellieren und Ihn auf Seine unverletzliche Wahrheit festlegen. Wenn alles finster aussieht, können wir unsere starken Gründe vorbringen und mit unserem Gott darüber reden, der sich in Gnaden zu uns herablässt und selbst gesagt hat: »Kommt nun, und lasst uns miteinander rechten!«

Der Psalmist hört da auf, wo er angefangen hatte. Er hat die ganze Welt umsegelt und ist in seinen Hafen zurückgekehrt. Lasst uns Gott preisen, bevor wir bitten, während des Bittens und wenn wir unsere Bitten ausgesprochen haben; denn Er hat es von uns verdient. Wenn wir Ihn nicht begreifen können, wollen wir Ihm nicht misstrauen. Wenn Seine Wege unser Urteilsvermögen übersteigen, wollen wir nicht so töricht sein, Ihn zu verurteilen; und doch tun wir das, wenn wir Sein Handeln für unfreundlich und treulos halten. Er ist unser gepriesener Gott, er muss dies und wird dies auch auf ewig sein.

Zum Nachdenken: Dass die Frömmigkeit und die Frommen ein ständiger Stein des Anstoßes sind, liegt nahe, und es sollte auch allen lebendigen Gliedern der Gemeinde nahe liegen, einer zu sein. (David Dickson)

6. August

Psalm 90,1-6

Weitere Lesung: 5. Mose 32,1-14

Für die Gläubigen ist der HERR der aus sich selbst existierende Gott, der ihnen Wohnstätte und Bedeckung bedeutet. Er beschützt, tröstet, bewahrt, versorgt und erquickt all die Seinen. Wir wohnen nicht in der Stiftshütte oder im Tempel, sondern in Gott selbst, und das haben wir getan, seit es die Gemeinde in der Welt gibt. Königspaläste vergingen in der zerbröselnden Hand der Zeit – sie wurden niedergebrannt oder unter Schuttbergen begraben, doch das Herrschergeschlecht des Himmels hat nie seine königliche Wohnstätte verlassen. Wo unsere Väter schon seit zahllosen Generationen wohnten, da wohnen wir immer noch. Der Heilige Geist hat von den neutestamentlichen Heiligen gesagt: »Wer in der Liebe bleibt, bleibt in Gott und Gott in ihm.« Es war ein göttlicher Mund, der sagte: »Bleibt in Mir!« Und dann fügte Er hinzu: »Wer in Mir bleibt und Ich in ihm, der bringt viel Frucht.« Es ist wunderbar, mit dem Herrn zu sprechen, wie Mose es tat: »Herr, Du bist unsere Wohnung gewesen«, und es ist klug, daraus Gründe abzuleiten, auch für Gegenwart und Zukunft Gnadenerweise zu erwarten, weil der Herr zu aller Zeit immer dasselbe Erbarmen hat.

Gott war, als sonst nichts war. In diesem ewig Seienden ist eine sichere Bleibe für alle aufeinander folgenden Generationen der Menschen. Wäre Gott von gestern, würde Er kein passender Zufluchtsort für Menschen sein. Könnte Er sich wandeln oder aufhören, Gott zu sein, wäre Er nur eine unsichere Wohnung für Sein Volk. Das ewige Sein Gottes wird hier im Vergleich zu der Kürze des menschlichen Lebens dargestellt. Dessen Zerbrechlichkeit wird dann weiter deutlich gemacht: Gott erschafft ihn aus dem Staub der Erde, und auf das Wort des Schöpfers hin

Psalm 90,1-6

kehrt er zum Staub zurück. Gott ruft ihn zurück, und nichts bleibt von dem Menschen übrig. Ein Wort erschuf ihn, und ein Wort zerstört ihn. Seht her, wie das Handeln Gottes wahrgenommen wird: Von dem Menschen wird nicht gesagt, er sterbe auf Beschluss des Schicksals oder wegen eines unerklärlichen Gesetzes, sondern der Herr wird als der alles Bewirkende dargestellt; Seine Hand schafft und Seine Stimme spricht. Ohne sie würden wir nicht sterben; keine Macht der Erde oder der Hölle könnte uns das Leben nehmen. Wie eine Sturzflut herniederstürzt und alles mit sich reißt, so reißt der Herr die aufeinander folgenden Geschlechter der Menschen durch den Tod fort. Wie ein Sturmwind die Wolken vom Himmel fegt, so jagt die Zeit die Menschenkinder hinweg. Vor Gott müssen die Menschen substanziell so wenig bedeuten wie die Träume der Nacht, wie nächtliche Einbildungen. Nicht nur unsere Pläne und Einfälle gleichen dem Schlaf, sondern auch wir selbst.»Wir sind nichts weiter als ein Traumgespinst.« Dem Gras gleich, das morgens grünt und abends Heu geworden ist, wandelt sich die Gesundheit des Menschen innerhalb weniger Stunden in völliges Verderben. Wir sind keine Zedern oder Eichen, sondern armseliges Gras, das im Frühjahr kraftvoll erscheint, aber nicht den Sommer überdauert. Was ist vergänglicher auf Erden als wir Menschen!

Zum Nachdenken: Die ewige Dauer, von der Mose spricht, bezieht sich nicht nur auf das Sein Gottes, sondern auch auf Seine Vorsehung, durch die Er die Welt regiert. Er will nicht nur sagen, dass Er ist, sondern, dass Er Gott ist. (Johannes Calvin)

7. August

Psalm 90,7-11

Weitere Lesung: 5. Mose 32,15-27

Es muss für Mose ein sehr beklagenswerter Anblick gewesen sein, das ganze Volk während der vierzigjährigen Pilgerschaft dahinschwinden zu sehen, bis niemand mehr übrig blieb von allen, die aus Ägypten ausgezogen waren. Wenn Gottes Gunst Leben bedeutet, ist Sein Zorn der Tod; Gras kann genauso gut im glühenden Ofen wachsen, wie Menschen zu gedeihen vermögen, wenn Gott zornig auf sie ist. Das Empfinden für den göttlichen Zorn verwirrte sie – sie lebten als Menschen, die um ihr Todesurteil wussten. Das trifft in gewisser Weise auch auf uns zu, aber nicht gänzlich; denn jetzt sind Leben und Unvergänglichkeit ans Licht gebracht worden durch das Evangelium. Der Tod hat eine andere Gestalt bekommen und ist für die an Jesu Glaubenden nicht mehr die Vollstreckung eines gerechten Urteils. Zorn und Grimm sind die Stacheln des Todes, und damit haben die Gläubigen nichts mehr zu tun. Jetzt leiten uns Liebe und Gnade auf dem Weg durch das Grab zur Herrlichkeit. Es ist nicht richtig, diese Worte bei einer christlichen Beerdigung ohne erklärende Worte zu verlesen, ohne einen deutlichen Versuch, zu zeigen, wie wenig sie sich auf jemanden beziehen, der an Jesus glaubt, und welche großen Vorrechte wir gegenüber denen genießen, die Ihm nicht wohlgefallen, »deren Leiber in der Wüste fielen«. Wenn sich allerdings eine Seele ihrer Sünde bewusst ist, trifft die Sprache dieses Psalms genau deren Lage und empfiehlt sich wie von selbst dem beunruhigten Gemüt. Kein Feuer ist so verzehrend wie der Zorn Gottes, und kein Schrecken ängstet das Herz mehr als der vor Seinem Grimm. Vor Gott gibt es keine Geheimnisse; Er bringt die dunkelsten Dinge der Menschen aus dem Verborgenen ans Tageslicht.

Psalm 90,7-11

Aber das Licht der Sonne kann niemals mit dem Licht dessen verglichen werden, der die Sonne schuf und von dem geschrieben steht: »Gott ist Licht und gar keine Finsternis [ist] in Ihm.« Wenn hier mit Seinem Angesicht Seine Liebe und Gunst gemeint ist, kann sich die Abscheulichkeit der Sünde nicht deutlicher zeigen als in der Undankbarkeit, mit der sie einem so guten und freundlichen Gott begegnet. Rebellion gegen das Licht der Gerechtigkeit ist schwarz; aber gegen das Licht der Liebe ist sie teuflisch. Wie können wir einen so guten Gott betrüben? Die Kinder Israels waren mit hoher Hand aus Ägypten gebracht, von freigebiger Hand in der Wüste gespeist und mit sanfter Hand geleitet worden. Darum waren ihre Sünden so besonders abstoßend. Und wir, die wir durch das Blut Jesu erlöst und durch Seine große Gnade gerettet wurden, machen uns gewiss schuldig, wenn wir den Herrn verlassen. Was für Menschen sollten wir doch sein! Wie sehr sollten wir um Reinigung von den verborgenen Sünden bitten!

Wer kann einem rechtmäßig zornigen Gott standhalten? Wer dürfte es wagen, die Schärfe Seines Schwertes herauszufordern? Ach, möchten wir uns als sterbende Sünder diesem unsterblichen Gott unterwerfen; denn Er kann uns in einem Augenblick befehlen, Staub zu werden, um von dort in die Hölle geworfen zu werden.

Zum Nachdenken: Bedenkt, dass Gott, in dessen Gegenwart ihr steht, derjenige ist, der Sünde verbietet, derjenige, nach dessen ewigen Gesetzen Sünde Übertretung ist und gegen den sich jede Sünde richtet. (Edward Payson)

8. August

Psalm 90,12-17

Weitere Lesung: 5. Mose 32,29-36

Wir haben es viel eiliger damit, die Sterne zu zählen, als unsere Tage, obwohl Letzteres viel mehr praktischen Nutzen hätte. Wenn die Menschen über die Kürze ihres Erdendaseins nachdenken, wird ihre Aufmerksamkeit auf die ewigen Dinge gelenkt. Sie werden demütig, wenn sie ins Grab blicken, das so bald ihr Bett sein wird. Ihre Leidenschaften erkalten angesichts der Sterblichkeit, und sie unterstellen sich dem Diktat der irrtumslosen Weisheit. Doch geschieht dies alles nur, wenn der HERR selbst der Lehrer ist. Er allein kann so unterrichten, dass realer und bleibender Gewinn entsteht.

Die Israeliten hatten sich gegen Gott aufgelehnt, doch hatten sie den Herrn nicht gänzlich verlassen; sie erkannten ihre Gehorsamsverpflichtung gegenüber Seinem Willen an und leiteten daraus einen Grund zum Mitleid ab. Würde nicht ein Mann seinen Diener schonen? Auch wenn Gott Israel geschlagen hatte, es war immer noch Sein Volk, und Er hatte es niemals preisgegeben, darum bittet es Ihn, nach Seiner Gunst mit ihnen zu verfahren. Wenn sie auch das verheißene Land nicht sehen sollten, so baten sie doch, Er möge sie auf ihrer Reise mit Seiner Gnade erfreuen und Seinen finsteren Blick in ein Lächeln verwandeln. Dieses Gebet gleicht den anderen, die von dem sanftmütigen Gesetzgeber stammen, wenn er sich mutig für das Volk verwendete; es passt zu Mose. Hier spricht er mit dem Herrn, wie ein Freund mit seinem Freund redet. Mose bittet um offensichtliche Erweise göttlicher Macht und Vorsehung, durch die das Volk erfreut werden würde. In ihren eigenen fehlerhaften Werken konnten die Israeliten keinen Trost finden, wohl aber in dem Werk Gottes. Das wäre Tröstung für sie.

Psalm 90,12-17

Das tägliche Thema unseres Flehens sollte die Heiligung sein. Möchten wir doch alles, was wir machen, in Wahrheit tun und fest dabei bleiben bis zum Grab! Möchte doch das Werk des gegenwärtigen Geschlechts beständig dazu dienen, das Volk Gottes aufzuerbauen! Gläubigen geht es darum, nicht umsonst gearbeitet zu haben. Sie wissen: Ohne den Herrn können sie nichts tun; und darum rufen sie Ihn bei ihrer Arbeit um Hilfe an, um Anerkennung ihrer Bemühungen und um die Verwirklichung ihrer Pläne. Die Gemeinde als Ganzes wünscht sich ernstlich, die Hand des Herrn möge die Arbeit der Hände Seiner Leute unterstützen, dass wirklich etwas Bleibendes für die Ewigkeit gebaut wird und etwas zur Verherrlichung Gottes dabei herauskommt. Wir kommen und gehen, aber das Werk des Herrn bleibt. Wir sind damit einverstanden zu sterben, solange Jesus lebt und Sein Reich wächst. Weil der Herr für ewig derselbe bleibt, vertrauen wir unser Werk Seinen Händen an, und weil wir empfinden, dass es mehr Sein als unser Werk ist, wird Er dessen Unsterblichkeit sicherstellen. Wenn wir auch wie Gras verwelkt sind, wird unser heiliger Dienst gleich dem Gold, dem Silber und den edlen Steinen das Feuer überdauern.

Zum Nachdenken: Während wir anderer Menschen Tage und Jahre zählen, können wir die unseren ganz vergessen; darum ist es wahre Weisheit für die Sterblichen, ihre eigenen Tage zu zählen. (Thomas Tymme)

9. August

Psalm 91,1-4

Weitere Lesung: Jesaja 25,1-5

Der allmächtige HERR will alle beschützen, die bei Ihm wohnen, sie stehen unter Seiner Fürsorge, wie die Gäste unter dem Schutz des Hausherrn stehen. Im Allerheiligsten waren die Flügel der Cherubim die am deutlichsten sichtbaren Gegenstände, und an sie musste der Psalmist wahrscheinlich denken, als er diesen ersten Vers schrieb. Alle, die mit Gott Gemeinschaft haben, sind bei Ihm in Sicherheit. Sie kann kein Übel erreichen, denn die ausgestreckten Flügel Seiner Macht und Liebe beschützen sie vor allem Schaden. Dieser Schutz besteht immer, sie »bleiben« darunter, und er ist allgenugsam; denn es ist der »Schatten des Allmächtigen«, dessen Allmacht sie sicherlich vor jedem Angriff beschirmen wird. Kein Schutz kann jemals mit der Bewahrung verglichen werden, den der Schatten des HERRN bietet. Der Allmächtige ist selbst dort, wo Sein Schatten ist, und darum werden solche, die in Seinem Schatten wohnen, auch von Ihm bewahrt werden. Gemeinschaft mit Gott bedeutet Sicherheit. Je enger wir uns an den allmächtigen Vater anklammern, umso zuversichtlicher dürfen wir sein. Wer in einer uneinnehmbaren Burg wohnt, vertraut natürlich auf sie. Sollten nicht alle, die in Gott wohnen, völlig gelassen sein und sich in tiefster Seele sicher fühlen? Ach, dass wir so klar entschieden wären wie der Psalmist! Wir haben schon auf Gott vertraut, lasst uns weiter auf Ihn vertrauen! Er hat uns nie im Stich gelassen, warum sollten wir Ihm nun misstrauen? Auf Menschen zu zählen, ist normal für die gefallene Natur. Weil alle Gründe für den Glauben sprechen, sollten wir unser Vertrauen ohne Zögern oder Schwanken auf den Herrn setzen. Lieber Leser, bitte um die Gnade, sagen zu können: »Ich vertraue auf Ihn.«

Psalm 91,1-4

Ganz gewiss wird kein noch so schlauer Plan gegen solche gelingen, auf denen Gottes Augen ruhen, um sie zu beschützen. Wir sind töricht und schwach wie arme kleine Vögel und neigen sehr dazu, zu unserem Untergang von listigen Feinden geködert zu werden; doch wenn wir bei Gott wohnen, wird Er aufpassen, dass selbst der schlaueste Verführer uns nicht in die Falle lockt. Er, der Geist ist, kann uns vor bösen Geistern bewahren, Er, der geheimnisvoll ist, kann uns aus geheimen Gefahren retten, und Er, der unsterblich ist, kann uns erlösen, wenn wir sterbenskrank sind. Es gibt die tödliche Seuche des Irrtums; doch sind wir davor sicher, wenn wir in Gemeinschaft mit dem Gott der Wahrheit leben. Es gibt die todbringende Pest der Sünde; doch sie wird uns nicht infizieren, wenn wir nahe bei dem dreimal heiligen Gott bleiben. Auch gibt es die Seuche des Schwachseins, und sogar diesem Elend gegenüber kann unser Glaube immun werden, wenn er von jener erhabenen Art ist, welche in Gott ruht, in ruhiger Gelassenheit ihren Weg geht und alles um der Pflicht willen wagt. Der Glaube macht das Herz froh und bewahrt es dadurch vor Furcht, die in Seuchenzeiten mehr Menschen umbringt als die Epidemie selbst.

Zum Nachdenken: Unsere Sicherheit liegt darin, Gott zu unserer Wohnung zu machen. Und so macht man Gott zu seiner Wohnung: Man hängt sich an Ihn und wirft sich im Glauben auf Seine Macht und Fürsorge. (Jeremiah Dyke)

10. August

Psalm 91,5-10

Weitere Lesung: Hiob 5,17-27

Wir sind solche zerbrechlichen Geschöpfe, dass wir bei Tag und Nacht in Gefahr schweben, und so sündig sind wir, dass wir jederzeit von Furcht übermannt werden können. Die vorliegende Verheißung beschützt die Lieblinge des Himmels sowohl vor den Gefahren als auch vor den Ängsten. Die Nacht ist die passende Zeit für Angst und Schrecken, wenn die Furcht wie ein Raubtier umherschleicht oder die Gespenster den Gräbern entsteigen. Unsere Ängste verwandeln die angenehmen Zeiten der Erquickung in solche des Schreckens, und obwohl die Engel um uns sind und unsere Schlafgemächer füllen, träumen wir von Dämonen und finsteren Besuchern aus der Hölle. Gesegnet ist die Gemeinschaft mit Gott, die uns unerreichbar macht für die Schrecken der Mitternacht und für die aus der Dunkelheit kommenden Ängste! Nicht furchtsam zu sein, ist an sich schon ein unaussprechlicher Segen, weil wir für jedes Leiden, das wir durch tatsächliche Verletzungen erleiden, wie von tausend Schmerzen gequält werden, die nur unserer Angst entwachsen sind. Der Schatten des Allmächtigen vertreibt alle Finsternis von den Schatten der Nacht. Sind wir erst von den göttlichen Flügeln bedeckt, kümmern wir uns nicht mehr um die geflügelten Schrecken, die auf der Erde umherfliegen mögen.

In diesen Versen garantiert der Psalmist den in Gott Wohnenden, dass sie stets in Sicherheit sind. Obwohl der Glaube sich keine Verdienste anrechnet, wird der Herr ihn doch überall belohnen, wo Er ihn erblickt. Wer Gott zu seiner Zuflucht macht, wird erfahren, dass Er wirklich eine Zuflucht ist, und wer in Gott wohnt, wird erleben, dass seine Wohnung sicher ist. Wir

Psalm 91,5-10

müssen Gott unser Zuhause sein lassen, indem wir Ihn als unsere Zuversicht und unseren Ruheort wählen. Dadurch werden wir immun gegen allen Schaden; kein Übel wird uns persönlich berühren und kein Gericht unser Haus treffen. Ursprünglich ist mit der »Wohnung« hier nur ein Zelt gemeint, doch dieses zerbrechliche Dach wird sich als ausreichender Schutz vor allem möglichen Schaden erweisen. Wenn die Seele den Höchsten zu ihrer Wohnung gemacht hat, spielt es keine Rolle, ob unsere Bleibe die Hütte eines Bettlers oder ein königlicher Palast ist. Zieh bei Gott ein, und du lebst in allem Guten, und das Böse ist in weite Ferne verbannt. Nicht weil wir vollkommen sind oder bei den Menschen in hohem Ansehen stehen, dürfen wir am Tag des Unheils auf Schutz hoffen, sondern weil der ewige Gott unsere Zuflucht ist und unser Glaube gelernt hat, sich unter Seinem schützenden Flügel zu bergen. Es ist unmöglich, dass irgendein Übel jemanden treffen könnte, den der Herr liebt; die schrecklichste Katastrophe kann höchstens seine Reise abkürzen und ihn eher zu seiner Belohnung bringen. Böses ist für ihn nichts Böses, sondern nur etwas Gutes in verborgener Gestalt. Verluste machen ihn reicher, Krankheit ist seine Arznei, Zurechtweisungen sind seine Ehre, und der Tod ist ihm Gewinn. Kein Unglück im eigentlichen Wortsinn kann ihn treffen, denn alles verändert sich in Gutes. Glücklich ist jeder, dem es so ergeht. Er ist sicher, wo andere in Gefahr stehen, er lebt, wo andere sterben.

Zum Nachdenken: Gott sagt nicht, uns würden keine Anfechtungen treffen, sondern es würde uns nichts Böses treffen. (Thomas Watson)

11. August

Psalm 91,11-16

Weitere Lesung: Jesaja 63,7-14

Wenn man einen ausdrücklichen Auftrag erhalten hat, passt man doppelt gut auf, und darum werden uns die Engel als solche vorgestellt, denen Gott geboten hat, für die Sicherheit der Auserwählten Sorge zu tragen. Es gehört bis in die untersten Ränge der himmlischen Heerscharen zu deren Marschbefehl, besonders auf die Menschen zu achten, die in Gott zu Hause sind. Eigentlich ist es nicht verwunderlich, wenn die Diener beauftragt werden, für das Wohl der Gäste ihres Herrn zu sorgen; und wir können uns sicher sein, dass wenn der Herr sie ausdrücklich beauftragt hat, sie dieser ihnen auferlegten Pflicht sorgsam nachkommen werden. Die Begrenzung dieses Schutzes, nämlich »auf allen deinen Wegen«, ist keine Begrenzung für ein Herz, das mit Gott im Reinen ist. Solch ein Gläubiger verlässt gewöhnlich Seine Wege nicht. Er bewahrt sich auf Gottes Wegen, und dann bewahren die Engel ihn. Der hier verheißene Schutz ist außerordentlich umfangreich; denn er bezieht sich auf alle Wege, und was könnten wir weiter noch wünschen? Wie die Engel uns auf diese Weise erhalten, wissen wir nicht. Entweder halten sie die Dämonen zurück, oder sie wehren geistliche Anschläge ab oder sogar die abgründigen Mächte, die hinter körperlichen Leiden stehen, wir wissen es nicht. Vielleicht werden wir eines Tages erstaunt begreifen, welche vielfältigen Dienste uns die himmlischen Heerscharen geleistet haben.

Der Herr spricht hier (ab Vers 14) von einem Seiner Auserwählten. Nicht, dass dieser verdient hätte, so betrachtet zu werden, sondern sein Gott liebt ihn trotz all seiner Unvollkommenheiten. Darum kommen nicht nur Gottes Engel, sondern der

Psalm 91,11-16

Gott der Engel selbst wird ihm in jeder Gefahrensituation zu Hilfe eilen und ihn wirkungsvoll erretten. Wenn das Herz Gott innig liebt, ganz von Ihm eingenommen ist und sich intensiv mit Ihm beschäftigt, wird der Herr diese geheiligte Flamme wahrnehmen und den Menschen retten, der sie in seinem Herzen trägt. Es ist Liebe – Liebe Gott gegenüber –, an der solche erkannt werden, die der Herr vor dem Bösen bewahrt. Niemand bleibt in enger Gemeinschaft mit Gott, bevor er nicht eine warme Zuneigung Gott gegenüber hat und Ihm ganz bewusst vertraut. Dieser durch Gnade gewirkte Mut ist kostbar in den Augen des HERRN, und wo Er ihn sieht, freut Er sich darüber. Welch einen erhabenen Stand verleiht der Herr den Gläubigen! Wir sollten mit ganzem Ernst danach trachten. Dort hinaufzusteigen, mag gefährlich erscheinen; doch wenn Gott jemanden dort oben hinsetzt, ist es herrlich.

Himmelserben sind sich der besonderen göttlichen Gegenwart in Zeiten schwerer Drangsal bewusst. Gott ist mit Seinem Mitgefühl und Seiner Macht immer nahe, um Seinen Angefochtenen zu helfen. Gläubige sind nicht Ausgelieferte und werden nicht auf eine erniedrigende Weise bewahrt, so dass sie sich degradiert vorkommen; ganz im Gegenteil: Die Rettung des Herrn überschüttet Seine Befreiten mit Ehre. Erst gibt Gott uns Überwindergnade, und dann belohnt Er uns dafür.

Zum Nachdenken: Es steckt sehr viel Sicherheit in der Erkenntnis Gottes, in Seinen Eigenschaften und in Seinem Christus. (Jeremiah Dyke)

12. August

Psalm 92,1-5

Weitere Lesung: Hebräer 4,1-10

Wenn Pflicht und Vergnügen zusammenfallen, wer wollte sich da zurückhalten? Gott zu danken, ist nur eine schwache Erwiderung auf all die großen Wohltaten, mit denen Er uns täglich überschüttet; doch wenn Er es durch Seinen Geist etwas Gutes nennt, dürfen wir es nicht verachten oder vernachlässigen. Wir danken Menschen, wenn sie uns einen Gefallen taten; wie viel mehr sollten wir den Herrn preisen, wenn Er uns wohlgetan hat! Demütiges Lob ist immer gut, es kommt nie zur falschen Zeit, ist niemals überflüssig und passt am allerbesten für den Sabbat. Ein Sabbat ohne Danksagung ist ein entweihter Sabbat.

Der Tag sollte mit Lob beginnen; keine Uhrzeit ist für ein heiliges Lied zu früh. Gottes Gnade ist ein passendes Thema für solche taufrischen Stunden, wenn der Morgen die Erde wie mit orientalischen Perlen bestreut. Wir sollten den Herrn eifrig und ohne Aufschub verherrlichen. Unangenehme Pflichten lassen wir gern so lange wie möglich liegen; aber weil es unseren Herzen so sehr um die Anbetung Gottes geht, stehen wir natürlich rechtzeitig auf, um uns ihr hinzugeben. Es liegt eine besondere Frische, ein großer Charme über diesen morgendlichen Lobpreisungen. Der Tag ist am angenehmsten, wenn er gerade die Augen aufgeschlagen hat; denn es scheint dann, als teile Gott selbst das tägliche Manna aus, das besonders süß schmeckt, wenn man es sammelt, bevor die Sonne heiß wird. Auch scheint es höchst angebracht, dass wenn Herzen und Harfen während der Schatten der Nacht geschwiegen haben, wir uns beeilen, unseren Platz im Chor der Auserwählten wieder einzunehmen, der ohne Unterlass anbetend den Ewigen besingt. Aber es ist

Psalm 92,1-5

auch keine Stunde zu spät zum Lobsingen; das Ende des Tages muss nicht das Ende der Dankbarkeit bedeuten. Wenn die Natur den Schöpfer in schweigender Betrachtung zu bewundern scheint, geziemt es sich dringend für die Kinder Gottes, das Danken fortzuführen. Der Abend ist die Zeit des Rückblicks; das Gedächtnis beschäftigt sich mit den Erfahrungen des Tages. Darum ist das passende Thema für unser Lied die göttliche »Treue«, für die wieder ein Tag Beweise geliefert hat.

Es war selbstverständlich für den Psalmisten, dass er sang, weil er froh war, und dass er dem HERRN sang, weil seine Freude aus der Betrachtung des göttlichen Tuns entsprungen war. Ob wir die Natur betrachten oder Gottes Vorsehung, immer finden wir überreiche Ursache zur Freude; doch wenn wir auf das Werk der Erlösung zurückblicken, kennt unsere Freude keine Grenzen, sondern bringt uns dazu, den Herrn mit aller Kraft zu preisen. Es gibt Zeiten, in denen wir bei der Betrachtung der erlösenden Liebe das Empfinden haben, dass wenn wir nicht singen, wir sterben müssen; zu schweigen wäre für uns so schrecklich wie eine Knebelung durch die Inquisition oder von Mördern erdrosselt zu werden. Im ersten Satz des fünften Verses betrachtet der Psalmist das »Tun« Gottes in seiner Gesamtheit, und im zweiten denkt er über die Verschiedenheit Seiner vielen »Werke« nach. Beides ist ein Grund zum Freuen und Rühmen. Wenn Gott Sein Tun einem Menschen offenbart und ein Werk an dessen Seele tut, macht Er sein Herz wahrhaft froh; und die natürliche Folge ist ein beständiges Lob.

Zum Nachdenken: Danksagen ist an sich edler und vollkommener als Bitten, weil wir beim Bitten oft unseren eigenen Nutzen im Blick haben, beim Danken hingegen geht es um die Ehre Gottes. (William Ames)

13. August

Psalm 92,6-10

Weitere Lesung: Daniel 4,28-37

Die Pläne des HERRN sind genauso staunenswert wie Seine Taten; Seine Absichten sind genauso tiefgründig, wie Seine Werke umfassend sind. Die Schöpfung ist unermesslich, und die darin gezeigte Weisheit ist unerforschlich. Manche Menschen können denken, aber nicht arbeiten, andere wieder sind nichts als Packesel und schuften, ohne nachzudenken. Bei dem Ewigen fallen Planung und Ausführung zusammen. Die Vorsehung ist unerschöpflich, und die göttlichen Erlasse, die sie bewirkt, sind unerforschbar. Aber die Erlösung übertrifft alles Vorstellungsvermögen, und die Gedanken der Liebe, die sie planten, sind unendlich groß. Der Mensch ist oberflächlich, Gott ist unergründlich; der Mensch ist nur flach, Gott ist tief. Wir mögen noch so weit hinabtauchen, nie werden wir den geheimnisvollen Plan ergründen oder die grenzenlose Weisheit des allumfassenden Geistes des Herrn ausschöpfen. Wir stehen vor dem unergründlichen Meer der göttlichen Weisheit und rufen in heiliger Ehrfurcht aus: »O Tiefe des Reichtums ...!«

Die Wirkung des Psalms wird durch Kontraste erhöht. Schatten werden eingeführt, um durch sie das Licht deutlicher hervortreten zu lassen. Welch ein Abstieg von dem Heiligen, dem Anbeter, zu dem gedankenlosen Rohling, von dem Psalmisten zu dem Toren! Doch kommen solche Menschen nicht selten vor. Der unvernünftige Mensch sieht Gottes Wirken in der Natur nicht, und wenn ihn jemand darauf hinweist, begreift sein törichter Geist es nicht. Er mag ein Philosoph sein und ist doch dermaßen mit Unverstand erfüllt, dass er die Existenz des Schöpfers nicht erkennt, trotz der zehntausend unvergleichlichen Werke Gottes rings um ihn her, die schon oberflächlich

Psalm 92,6-10

betrachtet Beweise für eine tiefgründige Planung sind. Mag er prahlen, wie er will, sein ungläubiges Herz wird trotz allem intellektuellen Pomp nichts begreifen. Er kann es nicht verstehen. Der Mensch muss entweder ein Heiliger sein oder ein Tor; eine andere Wahl gibt es nicht. Entweder ist er einem anbetenden Seraph gleich oder einem undankbaren Schwein. Weit davon entfernt, die großen Denker zu respektieren, welche die Herrlichkeit oder auch nur die Existenz Gottes nicht anerkennen wollen, sollten wir sie vielmehr den Tieren gleichachten, die dahinschwinden, nur dass sie viel tiefer sinken als die Tiere, weil sie ihre Erniedrigung selbst gewählt haben. O Gott, wie beklagenswert ist es, dass der Mensch, den Du so reichlich begabtest und zu Deinem Bild gestaltet hast, sich selbst so verrohte, dass er weder sieht noch begreift, was Du so deutlich offenbart hast. Etwas verallgemeinernd könnte man sagen: »Gott machte den Menschen anfangs etwas niedriger als die Engel, und seitdem hat der Mensch beständig versucht, sich weiter zu erniedrigen.«

Vers 9 bildet die Mitte des Psalms und spricht von der großen Tatsache, die das Sabbatlied eigentlich ausdrücken soll. Gott ist gleichzeitig das höchste und das beständigste aller Wesen. Andere stehen auf und fallen; doch Er bleibt der Höchste bis in Ewigkeit. Ehre sei Seinem Namen! Wie groß ist der Gott, den wir anbeten! Wer sollte Dich nicht fürchten, o Erhabener, Ewiger! Die Gottlosen sind für immer vernichtet, und Gott ist für ewig der Höchste, das Böse ist zerstört, und der Heilige regiert bis in Ewigkeit über alles.

Zum Nachdenken: Es fällt auf, dass der Name HERR (JHWH) in diesem Psalm siebenmal vorkommt – die Zahl des Sabbats (Vers 2,5,6,9,10,14,16). (C. Wordsworth)

14. August

Psalm 92,11-16

Weitere Lesung: Jeremia 17,5-14

Der Gläubige jubelt, dass er nicht untergehen wird, sondern mit Gottes Hilfe stark werden und über seine Feinde triumphieren wird. Der Glaube freut sich darüber, die Gnade des Herrn vorauszusehen, und besingt sowohl das, was Er tun wird, als auch das, was Er bereits getan hat.

In die Höfe orientalischer Häuser pflanzte man Bäume, und wenn man sie gut versorgte, pflegten sie auch in schwierigen Zeiten vollkommene Früchte zu tragen. So werden auch alle, die durch die Gnade in Gemeinschaft mit Gott gebracht sind, jenen im Hause Gottes gepflanzten Bäumen gleichen, und ihre Seelen werden sich dort wohlfühlen. Nirgends hat ein Herz mehr Freude, als wenn es in dem Herrn Jesus bleibt. Gemeinschaft mit dem Stamm gibt den Zweigen Fruchtbarkeit. Wenn jemand in Christus bleibt, bringt er viel Frucht. Jene, die nur Bekenner sind und in der Welt wurzeln, werden nicht gedeihen; wer seine Wurzeln in den Morast frivoler Vergnügungen senkt, kann niemals kraftvoll sein; wer aber in gewohnheitsmäßiger Gemeinschaft mit Gott lebt, wird ein erwachsener Christ werden, reich an Gnade, mit glücklichen Erfahrungen, großem Einfluss, geehrt und ehrenwert. Viel hängt von dem Boden ab, in den der Baum gepflanzt wurde. In unserem Fall hängt alles von unserem Bleiben in dem Herrn Jesus ab und davon, dass man alles nur von Ihm empfängt. Wenn wir wirklich in den Vorhöfen des HERRN wachsen wollen, müssen wir dorthin gepflanzt sein; denn kein Baum wächst von sich aus in Gottes Garten. Sind wir aber einmal dorthin gepflanzt, werden wir nie wieder ausgerissen werden, sondern in Seinen Höfen unsere Wurzeln in den Boden senken und ewig zu Seiner Ehre Frucht tragen.

Psalm 92,11-16

Das Natürliche vergeht; aber die Gnade gedeiht. Frucht gibt es – soweit es die Natur betrifft – nur in den Tagen der Kraft; im Garten der Gnade werden auch Pflanzen, die in sich schwach sind, stark im Herrn werden und reiche Frucht tragen, die Gott gefällt. Wie gut sind alle dran, die diesen Sabbatpsalm singen und die Ruhe genießen können, die jeden Vers durchzieht! Keine Zukunftsangst kann sie bedrücken; denn ihre bösen Tage, wenn starke Männer hinfallen, sind für sie der Gegenstand einer gnädigen Verheißung, und darum erwarten sie diese in ruhiger Gelassenheit.

Gott ist unser Fels. Er ist unser Schutz, unsere Verteidigung; wir wohnen in Ihm und gründen uns auf Ihm. Bis heute ist Er für uns alles gewesen, was Er zu sein versprochen hat, und wir können doppelt versichert sein, dass Er derselbe auch bis zum Ende sein wird. Er hat uns geprüft, aber niemals erlaubt, dass wir über unser Vermögen versucht wurden. Er hat unseren Lohn hinausgezögert; aber Er ist nie ungerecht gewesen, dass Er unser Werk des Glaubens und unsere Arbeit der Liebe vergessen hätte. Er ist ein Freund ohne Fehler, ein Helfer, der nie versagt. Was Er auch mit uns tun mag, Er hat immer Recht; was Er uns zuteilt, enthält keinen Fehler, nein, nicht den geringsten. Er ist ganz und gar treu und gerecht.

Zum Nachdenken: Die Fülle Christi offenbart sich in der Fruchtbarkeit eines Christen. (Ralph Robinson)

15. August

Psalm 93

Weitere Lesung: Offenbarung 11,15-19

Einerlei, welcher Widerstand erwachsen mag, der Thron des HERRN bleibt unbewegt. Er hat regiert, Er regiert jetzt, und Er wird in alle Ewigkeit regieren. Was sich auch unter den Wolken an Unruhe und Rebellion vollziehen mag, der ewige König sitzt droben in erhabener Gelassenheit, und überall ist in Wirklichkeit Er der Herr, mögen Seine Feinde toben, wie sie wollen. Alles ist nach Seinen ewigen Vorsätzen geordnet, und Sein Wille geschieht. Er sieht nicht nur wie ein Herrscher aus, sondern Er ist die Souveränität in Person. In allem, in der Natur, in der Vorsehung und in der Errettung, ist der HERR von unendlicher Majestät. Glücklich das Volk, dem der Herr in der ganzen Herrlichkeit Seiner Gnade erscheint, durch die Er alle Seine Feinde überwindet und sich alle Dinge unterwirft. Dann wird es gewiss gesehen werden, mit welcher Majestät Er bekleidet ist. Der HERR ist ewig. Die Gläubigen können sich freuen, dass sie unter einer Regierung stehen, die einen unsterblichen Herrscher an ihrer Spitze hat, der von Ewigkeit her besteht und auch dann noch auf der Höhe Seiner Macht sein wird, wenn alles Erschaffene längst für immer vergangen ist. Die Rebellionen der Sterblichen sind umsonst; das Reich Gottes wird dadurch nicht erschüttert.

Wie Gottes Thron in Bezug auf Seine Vorsehung feststeht und aller Gefährdung entrückt ist, so ist die Offenbarung Seiner Wahrheit über jeden Zweifel erhaben. Andere Lehren sind ungewiss, doch die Offenbarungen des Himmels sind unfehlbar. Wie die Felsen beim Tumult des Meeres unbewegt bleiben, so widersteht die göttliche Wahrheit allen Sturzseen der Angriffe des Menschen und den Stürmen menschlichen Widerspruchs.

Psalm 93

Sie ist nicht nur zuverlässig, sondern »sehr zuverlässig«. Gepriesen sei Gott, wir sind nicht durch listig ersonnenen Irrtum verführt worden; unser Glaube gründet sich auf die ewige Wahrheit des Höchsten. Die Wahrheit ändert ihre Lehren, die »sehr zuverlässigen«, nicht, noch die Heiligkeit ihre Zeugnisse, die nie vergehen können. Beide, die Lehren und das Wesen Gottes, sind unveränderbar. Gott hat dem Bösen nicht erlaubt, bei Ihm zu wohnen, Er wird es in Seinem Haus nicht dulden; Er ist auf ewig sein Feind, und der Heiligkeit hat Er für immer Freundschaft geschworen. Die Gemeinde muss auch unverändert bleiben und in Ewigkeit dem HERRN geheiligt sein. Wahrlich, ihr König wird sie vor den Füßen unreiner Eindringlinge unbefleckt bewahren. Die Gemeinde ist dem HERRN geheiligt, und so wird sie in Ewigkeit erhalten bleiben. »Der HERR ist König« ist das erste Wort und die wichtigste Lehre dieses Psalms, und Heiligkeit ist am Ende das Ergebnis: Die richtige Wertschätzung für diesen großen König wird uns dazu bringen, eine Haltung anzunehmen, die Seiner heiligen Gegenwart geziemt. Die göttliche Souveränität bestätigt nicht nur die Verheißungen als zuverlässige Zeugnisse, sondern bekräftigt auch, dass Seine Vorschriften der Gegenwart eines so großen Königs angemessen und geziemend sind.

Zum Nachdenken: Es gibt keine Wahrheit, die kostbarer für das Herz des Christen ist als diese: »Der HERR ist König.« Davon überzeugt zu sein, muss uns weit über alle Sorgen und Ängste hinausheben. Er ist ein persönlicher Gott, ein lebendiger Gott, ein herrschender Gott – sowohl über die Himmelsheere als auch über die Bewohner der Erde – und noch dazu der Vater unseres Herrn und Retters Jesus Christus. – So sehen die Stufen aus, auf denen wir eine Höhe erreichen, von der aus wir – dem Getümmel der Menschen enthoben – Verständnis und Durchblick gewinnen für die Erde und was sie betrifft. (Alfred Edersheim)

16. August

Psalm 94,1-7

Weitere Lesung: 2. Thessalonicher 1,1-12

Wenn die Vollstreckung eines Urteils richtig ist – und wer wollte das leugnen? –, dann muss es sehr passend sein, danach zu verlangen; nicht wegen privater Rache – in solchem Fall würde wohl kaum ein Mensch wagen, Gott darum zu bitten –, sondern weil man auf Seiten des Rechts steht und mit den unschuldig Leidenden Mitgefühl hat. Wer könnte ein Volk sehen, das versklavt wird, oder auch nur einen einzelnen Unterdrückten, ohne zum Herrn zu rufen, Er möge aufstehen und dem Recht zum Sieg verhelfen? Hier wird die Duldung der Ungerechtigkeit der Verborgenheit des HERRN zugeschrieben, und es wird damit gerechnet, dass der bloße Anblick Gottes die Tyrannen so erschrecken wird, dass sie mit ihrer Unterdrückung aufhören. Gott muss sich nur zeigen, und die gute Sache hat gewonnen. Er kommt, Er sieht, Er siegt! Wahrlich, in diesen bösen Tagen brauchen wir eine öffentliche Erweisung Seiner Macht; denn die alten Feinde Gottes und der Menschen ringen wieder um die Vorherrschaft, und wenn sie gewinnen, wehe dann den Heiligen Gottes!

Sind Sklaverei, Raub und Tyrannei nie zu bändigen? Weil im Himmel fürwahr ein gerechter Gott lebt, der mit Allmacht ausgerüstet ist, muss sicherlich früher oder später die Herrschaft des Bösen zu ihrem Ende kommen; eines Tages wird die Unschuld ihren Verteidiger finden. Dieses »Bis wann?« in unserem Text ist die bittere Klage aller Gerechten zu allen Zeiten und drückt das Verwundern über das große Rätsel der Vorsehung aus, das in der Existenz und der Vorherrschaft des Bösen liegt. »Bis wann?« ist auch der Ausdruck tiefen Leides, dem nichts als die Frage geblieben ist. Wie oft wurde diese bittere Klage in den

Psalm 94,1-7

Verliesen der Inquisition, an den Schandpfählen der Sklavenhalter und in den Kerkern der Unterdrücker gehört! Zu Seiner Zeit wird der Herr öffentlich antworten, aber noch ist dieses Ende nicht erreicht.

Wenn die Menschen glauben, Gottes Augen könnten nicht sehen, braucht man sich nicht zu wundern, wenn sie ihren grausamen Begierden freien Lauf lassen. Die hier erwähnten Personen huldigten nicht nur einem krassen Unglauben, sondern wagten, ihn auch noch zu rechtfertigen, indem sie die ungeheuerliche Lehre verbreiteten, Gott sei viel zu weit weg, um von den Handlungen der Menschen Notiz zu nehmen. Wenn Gott wirklich der Gott Seines Volkes geworden ist und Seine Fürsorge in tausend Gnadentaten bewiesen hat, wie wagen dann Gottlose zu behaupten, dass Er das von ihnen an den Heiligen begangene Böse nicht bemerkt hätte? Der Lästerung dieser stolzen Menschen sind keine Grenzen gesetzt, nicht einmal die Vernunft kann sie in die Schranken weisen; sie haben die Barrieren vernünftigen Denkens durchbrochen. »Tastet Meine Gesalbten nicht an, tut Meinen Propheten nichts Übles!« Doch diese benehmen sich wie Tiere und bekennen, nicht zu glauben, dass Er sieht und die Seinem erwählten Volk zugefügten Verletzungen wahrnimmt! Wahrlich, in solchen Ungläubigen erfüllt sich der Spruch des Weisen, dass wenn der Herr jemanden vernichten will, Er ihn der Narrheit seines verderbten Herzens überlässt.

Zum Nachdenken: Dass Gott nicht sehen können sollte, ist eine offensichtliche Absurdität. Dies gilt kaum weniger dafür, dass der Gott Israels es dulden sollte, wenn Sein Volk hingeschlachtet wird, ohne dass Er auch nur hinblickt. (J.A. Alexander)

17. August

Psalm 94,8-15

Weitere Lesung: 1. Korinther 3,10-23

Gott schuf das Gehör und kann selbst nicht hören? Diese Frage ist nicht zu beantworten! Sie überwindet den Skeptiker und verwirrt ihn völlig. Gott macht uns sehen, ist es da vorstellbar, dass Er selbst nicht sehen kann? Mit geschickter Hand bildete Er den Sehnerv und den Augapfel und alle seine komplizierten Mechanismen. Da übersteigt es alle Vorstellung, dass Er selbst unfähig sein soll, das Treiben Seiner Geschöpfe wahrzunehmen. Wenn es einen Gott gibt, muss Er eine intelligente Person sein, und Seiner Weisheit sind nirgends Grenzen gesetzt.

Ob die Menschen leugnen oder anerkennen, dass Gott etwas weiß, eines wird hier deutlich gemacht, nämlich dies: »Der HERR kennt die Gedanken des Menschen, dass sie ein Hauch sind.« Gott hört nicht nur ihre Worte und sieht nicht nur ihre Werke, Er liest die geheimen Bewegungen ihres Geistes; denn die Menschen sind für Ihn nicht schwer zu durchschauen, in Seinen Augen sind sie nichts als ein Hauch, als Leere. Nach des HERRN Einschätzung ist es kein Kunststück, die Gedanken so durchsichtigen Stoffes zu durchschauen; denn mehr als ein Hauch ist die gesamte arme Menschheit für Ihn nicht. Armer Mensch! Und doch erdreistet sich ein solches Geschöpf, den Alleinherrscher zu spielen, seine Mitwürmer zu tyrannisieren und seinen Gott zu verachten! Torheit vermengt sich mit der menschlichen Nichtigkeit, wie Rauch sich mit dem Nebel mengt. Dadurch stinkt er mehr, ohne an Substanz zu gewinnen. Wie töricht sind doch solche, die meinen, Gott kenne ihr Tun nicht, wo Er doch in Wahrheit alle ihre nichtigen Gedanken wahrnimmt! Wie absurd, Gott zu nichts zu machen, wo doch in Wirklichkeit wir nichts in Seinen Augen sind!

Psalm 94,8-15

Ab Vers 12 beruhigt sich der Geist des Psalmisten. Er klagt Gott nichts mehr und rechtet nicht mehr mit den Menschen, sondern stimmt seine Harfe zu sanfteren Melodien, weil sein Glaube erfasst, dass selbst mit dem am meisten angefochtenen Gläubigen alles in Ordnung ist, auch wenn er sich nicht gesegnet fühlt, weil ihn die Rute der Züchtigung schmerzt. Trotzdem ist er gesegnet; er ist kostbar in Gottes Augen, sonst hätte sich der Herr nicht die Mühe gemacht, ihn zu erziehen, und er wird auf jeden Fall wegen seiner Zurechtbringung glücklich sein. Das Buch und die Rute, das Gesetz und die Zucht gehören zusammen und erweisen sich als doppelt nützlich, wenn sie miteinander verbunden sind. Anfechtung ohne das Wort Gottes ist ein glühender Schmelzofen, dem aber das Flussmittel zur Läuterung fehlt. Das Wort Gottes erfüllt diesen Zweck und lässt die feurige Drangsal von Nutzen sein. Es ist schon so: Gott segnet viel eher solche, die unter göttlicher Hand leiden, als solche, die andere leiden lassen. Es ist weit besser, dazuliegen und wegen der Hand unseres himmlischen Vaters zu weinen, als zu brüllen und zu toben wie ein wildes Tier und den Todesstreich dessen auf sich zu ziehen, der die Bösen zerschlägt.

Zum Nachdenken: Die züchtigende Hand und das belehrende Buch sind uns heilig. Durch beide lernen wir, im Herrn zu ruhen. (C.H. Spurgeon)

18. August

Psalm 94,16-23

Weitere Lesung: Josua 7,10-26

Obwohl der Psalmist überzeugt ist, dass am Ende alles gut sein wird, konnte er im Augenblick niemanden erkennen, der ihm gegen das Böse beistand. Nirgends war ein Held für das Recht zu erblicken, die Treuen fehlten unter den Menschen. Das ist auch ein bitteres Leid und ein schlimmes Übel unter der Sonne; doch es hat seinen Sinn; denn es treibt das Herz immer völliger zu dem Herrn und zwingt es, nur in Ihm zu ruhen. Könnten wir woanders Freunde finden, würde uns Gott nicht so wertvoll sein; aber wenn wir erst Himmel und Erde um Hilfe angefleht haben und keinen anderen Beistand fanden als den, der von den ewigen Armen kommt, bringt uns das zum Lob Gottes, und wir setzen unser Vertrauen ungeteilt auf Ihn. Nie ist die Seele sicherer und in größerer Ruhe, als wenn sie sich, nachdem alle anderen Helfer versagten, allein auf den Herrn stützt.

Gott geht keine Verbindung mit ungerechter Herrschaft ein und sanktioniert keine unrechtmäßige Gesetzgebung. Nichts als unparteiisches Recht kann für immer Bestand haben. Ungerechtigkeit wird nicht dauerhaft sein; denn Gott wird ihr weder Sein Siegel aufdrücken noch Gemeinschaft mit ihr haben, und darum muss sie zugrunde gehen, und man wird den Tag preisen, an dem sie fällt. Mögen sich die Gottlosen zusammenrotten, wie sie wollen, der Psalmist fürchtet sich nicht, sondern singt in aller Ruhe. Des HERRN Liebe ist felsenfest, und dahin bringen wir uns in Sicherheit. In Ihm, ja, in Ihm allein, finden wir Schutz, mag die Welt toben, wie sie will; wir bitten nicht den Menschen um Hilfe, sondern sind damit zufrieden, in den Schoß der Allmacht zu fliehen. Das natürliche Ergebnis seiner

Psalm 94,16-23

Unterdrückung ist der Untergang des Despoten; seine eigenen Ungerechtigkeiten zermalmen ihn schon bald. Die Vorsehung sorgt für Vergeltung, die gleichermaßen beeindruckend und gerecht ist. Schwere Verbrechen ziehen schweres Gericht nach sich, damit die bösen Menschen vom Antlitz der Erde weggefegt werden. Wahrlich, Gott selbst greift auf besondere Weise ein und beendet den Lauf der Tyrannen mitten in ihrem verbrecherischen Tun. Gottlose Menschen werden oft auf frischer Tat von der verfolgenden göttlichen Justiz ertappt, während sie die Beweise ihrer Schuld noch in der Hand halten. Das gestohlene Brot ist noch zwischen ihren Zähnen, wenn der Zorn sie erschlägt; der durch Unrecht gewonnene Goldbarren ist noch in ihrem Zelt, wenn das Gericht sie ereilt. Gott selbst sucht sie ganz offensichtlich heim und erweist an ihnen Seine Macht, indem Er sie vertilgt. Damit schließt die Geschichte ab; der Glaube liest die Gegenwart im Licht der Zukunft und beendet sein Lied ohne eine zitternde Note.

Zum Nachdenken: Es ist ein schlimmes Werk, das die Gottlosen betreiben: Sie fertigen Fesseln für ihre eigenen Füße und bauen Häuser, damit sie ihnen auf den Kopf fallen. So unheilvoll ist das Wesen der Sünde, dass sie die verdammt und zerstört, die sie vollbracht haben. (William Greenhill)

19. August

Psalm 95,1-5

Weitere Lesung: Hebräer 13,8-16

Andere Völker singen ihren Göttern, lasst uns dem HERRN singen. Wir lieben Ihn, wir bewundern Ihn, wir verehren Ihn, lasst uns unsere Gefühle mit den erlesensten Klängen ausdrücken und unsere besten Fähigkeiten zu ihrem höchsten Zweck anwenden. Es ist gut, auf solche Weise andere dazu zu drängen, den Herrn zu erheben; aber wir müssen aufpassen, selbst mit gutem Beispiel voranzugehen, so dass wir nicht nur rufen können: »Kommt!«, sondern hinzufügen dürfen: »Lasst uns zujubeln!«, weil auch wir selbst singen. Es ist zu fürchten, dass vieles, selbst beim frommen Gesang, nicht dem Herrn gilt, sondern den Ohren der Versammelten. In unserem Gesangsdienst müssen wir darauf achten, dass alles, was wir darbringen, in Aufrichtigkeit und aus ganzem Herzen nur dem Herrn selbst geweiht sein möge.

Gott ist überall gegenwärtig, aber es gibt eine ganz besondere Gegenwart in Gnade und Herrlichkeit, in die ein Mensch nie ohne die tiefste Ehrfurcht eintreten sollte. Wir dürfen Mut machen, in die unmittelbare Gegenwart des HERRN zu kommen – denn die Stimme des Heiligen Geistes lädt uns dazu ein, und wenn wir Ihm nahen, sollten wir Seiner großen Güte uns gegenüber gedenken und sie freudig bekennen. In unseren Gottesdiensten sollte der Vergangenheit und der Zukunft ehrfurchtsvoll gedacht werden; denn wenn wir den Herrn nicht für das preisen, was wir schon empfangen haben, wie könnten wir dann vernünftigerweise weiteren Segen erwarten? Wir dürfen unsere Bitten vorbringen; aber dadurch stehen wir in der Ehrenpflicht, ihm Dank zu sagen. Es ist nicht immer leicht, Enthusiasmus mit Ehrfurcht zu verbinden, und ein häufiger Fehler

Psalm 95,1-5

besteht darin, eins davon auf Kosten des anderen zu tun. Die Vollkommenheit des Singens besteht darin, Freude mit Ernst zu verbinden, Jubel mit Demut, Inbrunst mit Nüchternheit. Die im ersten Vers ausgesprochene Einladung wird also im zweiten wiederholt, mit zusätzlichen Anweisungen, welche die Absicht des Schreibers präzisieren. Man kann sich den Psalmisten vorstellen, wie er mit ernsten Worten sein Volk überredet, mit ihm den HERRN anzubeten mit Harfenklang und Gesang und heiliger Freude.

Zweifellos betrachteten die Völker ringsum den HERRN nur als eine lokale Gottheit, als den Gott eines kleinen Volkes und daher als einen der niedrigeren Götter. Diese Vorstellung weist der Psalmist mit allem Nachdruck zurück. Götzendiener duldeten viele Götter und manche Herren und zollten jedem ein gewisses Maß an Respekt. Der Monotheismus der Juden aber war mit solchen Zugeständnissen nicht einverstanden, er forderte zu Recht für den HERRN den ersten Platz und die Herrschaft über alles. Er ist groß; denn Er ist alles in allem. Er ist ein großer König und steht über allen anderen Mächten und Gewalten, seien es Engel oder Fürsten; denn alle verdanken Ihm ihr Sein, und was die Götzen angeht, so sind sie nicht des Erwähnens wert. Hier finden wir einige Gründe für Anbetung, die wir von dem Wesen, der Größe und der souveränen Herrschaft des Herrn ableiten können.

Zum Nachdenken: Gott ist aller Herr; Er erhält alles durch Seine Macht und ist der Schöpfer von allem durch Sein Wort. (Stephen Charnock)

20. August

Psalm 95,6-11

Weitere Lesung: Hebräer 3,7-19

Die Ermahnung zur Anbetung wird erneuert und durch ein Motiv unterstützt, das für Israel damals und für die Christen heute besonders aussagekräftig ist; denn sowohl Israel als auch die Gemeinde kann man als Volk Seiner Weide beschreiben, und von beiden wird Er »unser Gott« genannt. Die Anbetung muss in Demut geschehen. Die Freudenrufe müssen von tiefster Ehrfurcht begleitet sein. Wir müssen Ihm in einer Weise dienen, die durch das Niederknien anzeigt, dass wir uns in der Gegenwart des ganz und gar herrlichen Herrn für nichts achten.

»Er ist unser Gott.« Das ist der Hauptgrund für unseren Gottesdienst. Der HERR ist mit uns in einen Bund getreten, und Er hat uns aus der ganzen Welt ringsumher ausgesucht, Seine Erwählten zu sein. Wenn andere Ihm die Ehre verweigern, wollen wenigstens wir sie Ihm mit Freuden geben. Er ist unser, unser Gott; unser, und darum lieben wir Ihn; unser Gott, darum beten wir Ihn an. Glücklich ist jeder Mensch, der ehrlich glauben kann, dass dieser Satz auf ihn zutrifft. Wie Er zu uns gehört, so gehören wir zu Ihm; und wir sind Sein Volk, das Er täglich ernährt und beschützt. Wir sind Sein, so wie Schafe dem Hirten gehören, und Seine Hand ist unser Gesetz, unsere Leitung, unsere Regierung, unsere Zuflucht, unsere Quelle alles Guten. Israel wurde durch die Wüste geleitet, und wir werden durch »den großen Hirten der Schafe« durch dieses Leben geführt. Die Hand, die das Meer trocken machte und Wasser aus dem Felsen brachte, ist immer noch auf unserer Seite und wirkt die gleichen Wunder. Könnten wir uns weigern, »nieder[zu]knien«, wenn wir so deutlich sehen, dass dieser Gott für ewig unser Gott ist und uns führen wird bis in den Tod?

Psalm 95,6-11

Aber warum die folgende Warnung? Leider war sie für Gottes altes Volk bitter nötig, und sie ist um kein Haar weniger bedeutsam für uns. Das bevorzugte Volk wurde taub für die Anordnungen des Herrn. Die Israeliten zeigten, dass sie nicht wirklich Seine Schafe waren, von denen geschrieben steht: »Meine Schafe hören Meine Stimme.« Sollte sich herausstellen, dass wir auch so sind? Gott bewahre uns davor! »Heute, wenn ihr Seine Stimme hört ...« Ein schreckliches »Wenn«. Viele wollten nicht hören, sie gaben es auf, Ihn lieb zu haben, und forderten ihren Gott heraus. »Heute«, in der Stunde der Gnade, am Tag der Barmherzigkeit, werden wir gefragt, ob wir ein Ohr für die Stimme unseres Schöpfers haben. Über das Morgen wird nichts gesagt; Er drängt auf augenblickliche Aufmerksamkeit, um unseretwillen fordert Er sofortigen Gehorsam. Werden wir darauf eingehen? Der Heilige Geist sagt: »Heute«. Wer wollte Ihn durch Zögerlichkeit betrüben? Wir können unsere Herzen nicht weicher machen, wir können sie aber verhärten, doch wären die Folgen tödlich. Der heutige Tag ist zu schade, um ihn damit zu verbringen, unsere Herzen gegen unsere eigene Begnadigung zu verhärten. Wo doch die Gnade regiert, sollte sich die Verstockung nicht widersetzen. Lieber Leser, das gilt dir, auch wenn du sagen kannst: »Er ist unser Gott!«

Zum Nachdenken: Man kann nicht zu früh Buße tun, weil man nicht weiß, wie früh es zu spät ist. (Thomas Fuller)

21. August

Psalm 96,1-6

Weitere Lesung: 1. Chronik 16,7-22

Neue Freude erfüllt die Herzen der Menschen; denn die gute Nachricht des Segens wird allem Volk verkündigt, darum dürfen sie ein neues Lied singen. Engel führten das neue Zeitalter feierlich mit neuen Liedern ein – sollten wir nicht ihre Melodien aufgreifen?
Dreimal wird der Name des HERRN wiederholt. Das ist nicht ohne Bedeutung. Ist es nicht der dreieinige Gott, dem die erleuchteten Völker singen? Unitarier glauben nicht an die Dreieinigkeit. Ihre Religion ist zu kalt, um die Welt zur Anbetung zu erwärmen. Das heilige Feuer liebender Verehrung brennt nur dann mit heller Flamme, wenn die Trinität geglaubt und geliebt wird. Der gepriesene HERR muss auch auf andere Weise gelobt werden als nur durch Gesang. Wir sollen uns mit anhaltendem Dank Seines Namens, Seines Ruhmes, Seines Wesens, Seines geoffenbarten Wortes und Seines Willens erfreuen. Wir haben wohl Ursache, den zu preisen, der uns so göttlich segnet. Sobald nur Sein Name erwähnt wird, ist es angebracht zu sagen: »Er möge ewiglich gepriesen sein!«
Der HERR ist keine beschränkte Gottheit, die nur über ein Volk oder einen Teilbereich der Natur etwas zu sagen hat, wie sich die Heiden ihre Götter vorstellen. Der HERR ist groß an Macht und Herrschaft, groß an Rat und Tat. Nichts Ärmliches oder Kleinliches findet man bei Ihm und Seinen Werken. Er ist in allem unendlich. Das Loben sollte seinem Gegenstand entsprechen; darum dürfen wir nie damit aufhören, wenn es dem HERRN geweiht ist. Wir können Ihn nicht zu viel, zu oft, zu eifrig, zu sorgsam und zu freudig loben. Er muss gefürchtet werden; denn es gibt Grund zur Furcht. Drohungen ande-

Psalm 96,1-6

rer Götter sind nur Aberglaube; Ehrfurcht vor Gott ist wahre Frömmigkeit. Heilige Furcht ist der Anfang aller Gnaden; aber sie begleitet diese bis zu den höchsten Stufen. Gottesfurcht ist das Erröten auf dem Antlitz der Heiligkeit, durch das sie noch schöner wird.

Die Wirklichkeit Seines Gottseins erweist sich durch Seine Werke, und unter diesen erwähnt der Psalmist jenes unermessliche Gebäude, das seinen Bogen über die Häupter aller Menschen spannt, dessen Lichter alle Menschen erleuchten, dessen Regen und Tautropfen auf die Fluren aller Völker fallen, und von woher der HERR zu allen Geschöpfen redet, wenn Er mit der Stimme des Donners spricht. Die Götzen existieren in Wirklichkeit nicht; aber unser Gott ist der Urheber aller Existenz; sie sind nur irdische Nichtigkeiten, während Er nicht nur himmlisch ist, sondern die Himmel erschuf. Das wird als ein Grund angegeben, den HERRN universal zu preisen. Wer dürfte angebetet werden als Er allein? Weil niemand Ihm gleicht, wollen wir Ihn allein lieben und bewundern. Ehre und Majestät gehören Ihm, Ihm ganz allein. Die Gegenwart des HERRN ist ohne Unterlass von Herrlichkeit und Souveränität gekennzeichnet.

Zum Nachdenken: Andere Nachrichten erfreuen uns nur im ersten Augenblick; die gute Nachricht von unserer Erlösung ist uns jeden Tag aufs Neue kostbar. (John Trapp)

22. August

Psalm 96,7-13

Weitere Lesung: 1. Chronik 16,23-36

Die ersten sechs Verse begannen mit einer dreimaligen Ermahnung zum Singen, wobei dreimal der Name des HERRN erwähnt wurde. Hier begegnen wir dem Ausdruck: »Gebt dem HERRN …« in ähnlicher Weise dreimal. Das entspricht der Art solcher Dichter, deren zündende Sonette am schnellsten die Ohren des Volkes erobert hatten. Sie wiederholen ausgewählte Worte so lange, bis sie in die Seele dringen und das Herz entflammen.

Die »heilige Pracht« ist die einzige Pracht, auf die Er in unseren öffentlichen Gottesdiensten Wert legt, und es ist eine Pracht, die durch nichts anderes zu ersetzen ist. Auf prächtige Bauwerke und Gewänder gibt Er nichts; moralische und geistliche »Pracht« allein erfreut Seine Seele. Gottesdienst darf Ihm nicht auf schlampige, sündige und oberflächliche Art dargebracht werden. Wir müssen ehrfürchtig, ehrlich, ernst und reinen Herzens sein, sowohl in unseren Gebeten als auch in unseren Lobgesängen. Reinheit ist das weiße Leinen der Sänger des Herrn, Gerechtigkeit das geziemende Gewand Seiner Priester und Heiligkeit der königliche Schmuck Seiner Diener. Es gibt eine heilige Scheu, die gut mit Freude zusammenpasst; das Herz mag sogar beben, weil es von ehrfurchtsvoller Freude überfließt. Der Anblick des Königs in Seiner Schönheit erschreckte Johannes auf Patmos nicht, und doch fiel er wie tot zu Seinen Füßen nieder. Ach, Ihn zu schauen und vor Ihm hingestreckt in Ehrfurcht und heiliger Scheu anzubeten!

Das ist die freudigste Nachricht, die den Völkern gebracht werden kann: Gott der HERR hat in der Person Seines Sohnes den Thron eingenommen und entfaltet nun Seine Macht. Verkün-

Psalm 96,7-13

det dies unter den Völkern, und lasst die Völker, wenn sie sich bekehrt haben, dasselbe mit Jubel wiederholen. Die Herrschaft des HERRN, in Jesus, ist nicht bedrückend; Sein Regiment ist voller unzähliger Segnungen, Sein Joch ist sanft, und Seine Last ist leicht. In der Höhe und hier unten möge sich die Freude zeigen. Mögen die Engel, die einst verwundert die Gottlosigkeit der Menschen ansahen, nun über deren Buße jubeln und dass sie wieder bei Gott in Gnaden stehen, und mögen die Menschen ihrer Freude Ausdruck verleihen, dass sich ihr wahrer Fürst auf Seinen Thron gesetzt hat. Das Buch der Schöpfung hat zwei Deckel, und auf beiden soll die Herrlichkeit des HERRN mit freudigen Lettern eingeprägt werden. Lasst uns selbst einstimmen in den Gesang! Wenn das ganze Universum nur noch lächelt, sollten wir nicht froh sein? Oder wie John Howe es ausdrückt: »Sollten wir nicht teilnehmen an dieser allgemeinen, ehrenvollen Freude und in das Konzert des Ihm ergebenen, anbetenden Chores einstimmen? Wollen wir uns von dieser glücklichen, frohen Schar ausschließen? Und sollte das unsere Gesichter nur bewölkt und in jammervoller Traurigkeit belassen?«

Zum Nachdenken: Die Dinge im Himmel und die Dinge auf der Erde jubeln gemeinsam, wenn sie die Segnungen des Herrn des Friedens richtig begriffen haben. (Arthur Pridham)

23. August

Psalm 97,1-6

Weitere Lesung: 2. Mose 19,16-25

Dies ist das Losungswort des Psalms: Der HERR ist König. Es ist auch das Zentrum der Evangeliumsverkündigung und die Grundlage des Evangeliums vom Reich Gottes. Jesus ist gekommen, und Ihm ist alle Macht im Himmel und auf Erden übergeben, darum wird den Menschen befohlen, Ihm Gehorsam und Treue entgegenzubringen. Heilige gewinnen Trost durch diese Worte, und nur Rebellen kritteln daran herum.
Wie der HERR sich am Sinai offenbarte, so muss Er immer Seine innerste Göttlichkeit verbergen, wenn Er sich den Menschenkindern zeigt, sonst würde Seine unermessliche Herrlichkeit sie vernichten. Jede Offenbarung Gottes ist gleichzeitig ein Verbergen; Er muss den Glanz Seiner Unendlichkeit verhüllen, wenn endliche Wesen irgendetwas von Ihm schauen sollen. So macht es der Herr auch in Seiner Vorsehung; wenn Er Werke unvermischter Liebe plant, verbirgt er diese Absicht Seiner Gnade so, dass man sie erst hinterher deutlicher erkennen kann. »Gottes Ehre ist es, eine Sache zu verbergen.« Immer wieder schwebten über der Geschichte der Gemeinde dunkle Wolken der Verfolgung, und manchmal breitete sich schreckliche Finsternis in ihr aus, doch der Herr ist immer noch da. Und wenn die Menschen auch für eine Weile das helle Licht hinter den Wolken nicht sehen können, bricht es doch zu seiner Zeit hervor und verwirrt die Feinde des Evangeliums. Dieser Abschnitt sollte uns lehren, wie unverschämt töricht der Versuch ist, in das Wesen der Gottheit eindringen zu wollen, und wie nutzlos alle Bemühungen sind, das Geheimnis der Dreieinigkeit und ihres Einsseins zu begreifen. Es ist nichts als Arroganz, den Allerhöchsten vor die Schranken der menschlichen Vernunft zu

Psalm 97,1-6

fordern, und Torheit, dem Ewigen vorschreiben zu wollen, wie Er vorzugehen hat. Weisheit verbirgt ihr Angesicht und betet die Gnade an, welche die göttlichen Absichten verbirgt; Torheit dringt ein und kommt um, zuerst wird sie blind, um am Ende völlig von dem Flammenstrahl Seiner Herrlichkeit verzehrt zu werden.

Sein Reich ist universal, und Seine Macht wird überall gespürt. Die Menschen können die Berge nicht bewegen, sie ersteigen sie mühsam; sie bahnen sich mit großer Anstrengung einen Weg über Grate und Abgründe; aber so ist es bei dem Herrn nicht. Seine Gegenwart bereitet eine deutliche Bahn, Widerstände verschwinden, und eine breite Straße wird gebaut; nicht durch Seine Hände, so als koste es Ihn Mühe, sondern allein durch Seine Gegenwart; denn von Ihm geht mit jedem Wort, mit jedem Blick Kraft aus. Ach, wäre diese Gegenwart des Herrn zu dieser Stunde bei Seiner Gemeinde! Es ist das Einzige, was uns fehlt. Die Berge der Schwierigkeiten würden dadurch fortgescheucht, und alle Widerstände verschwänden. Möchte es bald so sein, indem die alte missionarische Leidenschaft wieder erwacht. Dann würde die gute Botschaft noch zu jedem Stamm des Adamsgeschlechts getragen werden, und wieder könnte alles Fleisch die Herrlichkeit des HERRN sehen. Es wird einmal so werden; darum wollen wir uns vor dem Herrn freuen!

Zum Nachdenken: Feuer ist das Zeichen sowohl für Gnade als auch für Zorn. In beiden Offenbarungen der Gottheit drückt sich Majestät aus. (C.H. Spurgeon)

24. August

Psalm 97,7-12

Weitere Lesung: Hebräer 12,18-29

Wenn ein Mensch ernsthaft verehrt, was von Menschenhand erschaffen wurde, und sein Vertrauen auf ein bloßes Nichts und Unding setzt, der ist in der Tat wie ein Tier, und wenn er sich von solcher Absurdität bekehrt, hat er Recht, wenn er sich dessen schämt. Ein Mensch, der ein Bild anbetet, ist selbst nur das Bild eines Menschen: Ihn muss die Vernunft verlassen haben. Wer sich eines Götzen rühmt, dessen Rühmen hat weder Sinn noch Verstand. Alle Mächte sind gebunden, sich der obersten Macht zu unterstellen. Weil sie ihre rechtmäßige Autorität nur von dem HERRN ableiten können, sollten sie sehr darauf achten, Seine Oberherrschaft allezeit durch demütigste Verehrung anzuerkennen.

Jeder einzelne Gläubige freut sich, wenn er sieht, wie falsche Systeme zerbrochen und Götzen zerstört werden; die Gerichte des HERRN bringen denen ungeteilte Freude, die den wahren Gott in Geist und Wahrheit anbeten. In der Anfangszeit des Christentums erfreute sich das gläubige Israel, als es sah, dass Christi Reich auch unter den Heiden siegreich war, und genauso – wenn auch für eine Weile beiseite gesetzt – werden die Töchter Judas Wohlgefallen daran haben, dass die Herrschaft des HERRN, ihres Gottes, durch das Evangelium von Seinem lieben Sohn ausgebreitet wird. Es gibt nur einen Gott, und es kann keinen anderen geben, und Er ist über allen und muss es ewig bleiben. Der HERR ist nicht nur der Höchste über Juda, sondern über die ganze Erde; auch ist Er nicht nur über die Menschen erhaben, sondern über alles, was Gott genannt werden mag. Der Tag kommt, an dem alle Menschen diese Wahrheit erkennen und dem HERRN die Ehre zukommen lassen werden, die Ihm gebührt.

Psalm 97,7-12

Wir können Gott nicht lieben, ohne zu hassen, was Er hasst. Wir müssen das Böse nicht nur ablehnen und uns weigern, es anzusehen, sondern wir müssen uns dagegen wappnen und es von Herzen verabscheuen. Die Heiligen sind die Bewahrten. Sie wurden bewahrt, und sie werden bewahrt werden. Gott beschützt alle, die Sein Gesetz halten. Alle, die den HERRN lieben, werden erleben, wie sich Seine Liebe ihnen gegenüber offenbart, indem Er sie vor den Feinden beschützt, und wenn sie sich von dem Bösen fern halten, wird auch das Böse von ihnen fern gehalten werden.

Sich daran zu erinnern, dass der HERR heilig ist, geziemt allen, die in Seinen Vorhöfen wohnen, und Ihm als Ergebnis dieses Erinnerns zu danken, ist das sichere Zeichen für die Fähigkeit, in Seiner Nähe bleiben zu können. In Bezug auf die Siege des Evangeliums lehrt uns dieser Text, uns seiner reinigenden Kraft zu rühmen. Sie bedeuten Tod für die Sünde und Leben für das, was Gott wohlgefällt. Ein Evangelium ohne Heiligkeit ist kein Evangelium. Die Heiligkeit der Botschaft Jesu ist seine Herrlichkeit, dadurch wird sie zu einer frohen Botschaft; denn solange der Mensch in seinen Sünden stecken bleibt, kann ihm kein Segen zuteil werden. Die Errettung von der Sünde ist die unschätzbare Gabe unseres dreimal heiligen Gottes. Lasst uns Ihn deshalb in Ewigkeit erheben! Er wird die Erde mit Heiligkeit erfüllen, und darum mit Glückseligkeit. Wir wollen uns deshalb überall und ohne Ende Seines heiligen Namens rühmen. Amen.

Zum Nachdenken: Nicht weniger, sondern viel mehr Zorn wird den Verächter des Evangeliums treffen, als es bei der Gesetzgebung der Fall war – Hebräer 12,29. (David Dickson)

25. August

Psalm 98,1-3

Weitere Lesung: Lukas 1,46-56

Zuvor, in Psalm 96, hatten wir ein neues Lied, weil der HERR kommen sollte. Hier nun finden wir wieder ein neues Lied, weil Er gekommen ist. Er kam, sah und siegte. Jesus, unser König, führte ein wunderbares Leben, starb einen wunderbaren Tod, erlebte eine wunderbare Auferstehung und stieg wunderbar zum Himmel auf. Durch Seine göttliche Kraft hat Er uns den Heiligen Geist gesandt, der Wunderbares tut, und durch diese heilige Energie wirkten auch Seine Jünger wunderbare Dinge und versetzten die Erde in Staunen. Götzen wurden gestürzt, Aberglaube hörte auf, irrige Vorstellungen mussten weichen, und Mächte der Grausamkeit gingen unter. Für dies alles gebührt Ihm das höchste Lob. Sein Handeln hat Seine Gottheit bewiesen, Jesus ist der Herr, und darum besingen wir Ihn als den HERRN. Sünde, Tod und Hölle fielen zu Boden wegen Seiner einzigartigen Machtfülle, und die Götzen und Irrtümer der Menschheit wurden alle einzig durch Seine Hand überwunden. Die Siege Jesu unter den Menschen sind umso erstaunlicher, weil sie allem Anschein nach mit den unpassendsten Mitteln vollbracht wurden. Sie sind nicht physischer, sondern moralischer Kraft zuzuschreiben – der Energie der Güte, der Gerechtigkeit und der Wahrheit, mit einem Wort: der Kraft Seines heiligen Arms. Sein heiligender Einfluss ist die einzige Ursache des Erfolgs gewesen. Herrlichkeit sei dem Überwinder! Mögen immer neue Lieder zu Seinem Preis gesungen werden.

Der Herr ist nicht nur zu preisen, weil Er die Erlösung des Menschen bewirkte, sondern auch, weil Er dies kundgetan hat; denn der Mensch hätte es aus sich heraus niemals entdeckt. Nein, nicht eine einzige Seele hätte von sich aus den Weg zur Gnade

Psalm 98,1-3

durch einen Mittler gefunden. Jedes Mal war es eine göttliche Offenbarung an den Verstand und an das Herz. Nur in Gottes eigenem Licht können wir das Licht sehen. Er muss Seinen Sohn in uns offenbaren, sonst sind wir unfähig, Ihn zu erkennen. Diese Gnade wurde nicht nur Abrahams Samen nach dem Fleisch gegeben, sondern auch den Auserwählten aus den Völkern; darum soll die gesamte Gemeinde Gottes Ihm ein neues Lied singen. Es war kein geringer Segen und kein kleines Wunder, dass in so kurzer Zeit in allen Ländern das Evangelium verbreitet werden konnte, und das mit solchem Erfolg und mit so bleibenden Ergebnissen. Pfingsten verdient genauso ein neues Lied wie die Passion und die Auferstehung. Möchten doch unsere Herzen jubeln, wenn wir daran denken! Unser Gott, unser über alles ewig gepriesener Gott, ist von denen verehrt worden, die einst ihre Knie vor tauben Götzen gebeugt hatten. Man hat nicht nur unter allen Völkern von Seiner Rettung gehört, sondern sie auch erlebt. Sie wurde erfahren, und es wurde klar gemacht, dass Gottes Sohn der eigentliche Erlöser ist, der eine unzählige Menge aus allen Völkern errettet hat.

Zum Nachdenken: Dieser Psalm ist eine offensichtliche Weissagung auf das Kommen Christi, um die Welt zu erlösen; und was hier vom Psalmisten vorausgesagt wird, ist das Lied der gesegneten Jungfrau, so vorgetragen, als sei es schon erfüllt. (Adam Clarke)

26. August

Psalm 98,4-9

Weitere Lesung: Offenbarung 1,4-8

Wie Menschen rufen, wenn sie ihren König begrüßen, so müssen wir es auch tun. Laute Hosiannas voller Glück müssen erklingen. Wenn jemals Menschen vor Freude rufen, sollte es dann sein, wenn der HERR bei ihnen erscheint und die Herrschaft des Evangeliums verkündet. John Wesley sagte seinen Leuten: »Singt voller Freude und guten Mutes! Hütet euch, so zu singen, als wäret ihr halb tot oder fest eingeschlafen; sondern erhebt eure Stimmen mit aller Kraft. Fürchtet euch nicht mehr vor eurer Stimme und schämt euch nicht mehr, sie hören zu lassen, wie damals, als ihr Satans Lieder sangt.«
Gottes Anbetung sollte herzlich laut erschallen. Die Trompete und das Horn kennzeichnen sehr schön die Kraft, mit der wir unser Lob darbringen sollen. Am Krönungstag und wenn beliebte Herrscher durchs Land reiten, rufen die Menschen, und die Trompeten erschallen, dass die Mauern das Echo zurückgeben. Sollten Menschen begeisterter von ihren irdischen Fürsten sein, als wir es von dem göttlichen König sind? Gibt es denn keine Loyalität mehr bei den Untertanen des gepriesenen und allein Mächtigen? König und HERR ist Sein Name, und niemand ist Ihm gleich. Haben wir keine freudigen Zurufe für Ihn? Wenn wir nur die Herrschermacht Jesu in der Seele empfänden, würden wir schnell das vom Orgelgedröhn übertönte unterkühlte Murmeln lassen, das heute so vielfach anstatt aufrichtigen Gemeindegesangs zu hören ist.
Das Meer gehört Ihm. Lasst uns dessen Schöpfer preisen. Selbst Seine Donner sind nicht zu großartig für dieses Thema. In seinem Schoß trägt das Meer einen Reichtum an Gutem. Warum sollte ihm ein Platz im Orchester der Natur verweigert werden?

Psalm 98,4-9

Der tiefe Bass des Donners passt ausgezeichnet zu dem Geheimnis der göttlichen Herrlichkeit. Das Land sollte mit dem Ozean im Einklang sein. Berge und Ebenen, Städte und Dörfer sollten den Jubelton fortsetzen, der den Herrn des Alls empfängt. Doch kein Gesang reicht aus für die Majestät, wenn der HERR selbst, der König, zu würdigen ist. Die Herrschaft Christi ist die Freude der Schöpfung. Wahrlich, alle Dinge preisen Seinen Thron und dass er aufgerichtet wurde. Wie die Morgendämmerung die Erde vor Freude über die aufgehende Sonne weinen lässt, bis ihr die Tautropfen in den Augen stehen, so wird auch der Anbruch der universalen Herrschaft Jesu die Schöpfung froh machen. Er ist kein Tyrann, kein Schwächling, der das Gute unterdrückt und die Nichtigen gewähren lässt. Sein Gesetz ist gut, Seine Werke sind richtig, und Seine Herrschaft ist die Verkörperung des Rechts. Wenn es je auf dieser armen, vergänglichen Erde etwas zum Jubeln gab, dann ist es das Kommen eines solchen Erlösers, die universale Inthronisierung eines solchen Herrschers. Alles Heil sei Dir, Herr Jesus! Unsere Seele schmilzt vor Freude dahin beim Geräusch Deiner nahenden Wagen, und sie kann nur rufen: »Komm schnell! Ja, komm ganz schnell, Herr Jesus!«

Zum Nachdenken: Die glühendsten Anstrengungen, das große Werk der Welterlösung zu feiern, bleiben hinter den Reichtümern der Gnade Gottes zurück. (Johannes Calvin)

27. August

Psalm 99,1-3

Weitere Lesung: Jesaja 6,1-5

Heilige beben vor liebender Ergriffenheit, und Sünder beben vor Schrecken, wenn die Herrschaft des HERRN richtig wahrgenommen und empfunden wird. Das ist keine unbedeutende Nebensächlichkeit, sondern eine Wahrheit, die mehr als alles andere die Tiefen unseres Seins aufrühren sollte. In der Großartigkeit erhabener Herrlichkeit und doch in der Erniedrigung eines Mittlers offenbart sich der HERR über dem Gnadenthron, auf dem jene Engel stehen, die auf Seine Herrlichkeit starren und ohne Unterlass rufen: »Heilig, heilig, heilig ist der HERR der Heerscharen.« Der HERR, der auf jenem Gnadenthron regiert, welcher mit Blut besprengt und von den überschattenden Flügeln vermittelnder Liebe bedeckt ist, übertrifft alle anderen Offenbarungen und ist wohlgeeignet, die ganze Menschheit in tiefste Bewegung zu versetzen. Nicht nur das Volk Israel, sondern alle Völker sollten zu anbetender Ehrfurcht bewegt werden, wenn bekannt wird, dass Gott als universaler Herrscher auf dem Gnadenthron sitzt. Die Pracht des Himmels umgibt Ihn und wird durch die ausgestreckten Flügel der wachsamen Cherubim dargestellt. Möge die Erde nicht weniger zu Anbetung bewegt werden, vielmehr sollen sich alle Stämme vor Seiner unendlichen Majestät niederbeugen, ja, die ganze Erdkugel gerate ins Zittern, wenn sie begreift, dass Er da ist.

In früheren Zeiten war der heilige Berg des Tempels das Zentrum der Anbetung des Großen Königs und der Ort, an dem Seine Hoheit am deutlichsten wahrgenommen wurde. Seine Gemeinde ist jetzt Sein Lieblingspalast, wo Seine Großartigkeit dargestellt, anerkannt und angebetet wird. Da enthüllt Er Seine Eigenschaften, und dort fordert Er die demütigste Verehrung;

Psalm 99,1-3

die Unwissenden vergessen Ihn, die Bösen verachten Ihn, die Atheisten bekämpfen Ihn; aber für Seine Auserwählten ist Er unvergleichlich groß. Er ist groß in den Augen der Begnadeten, groß in Seinen Werken der Barmherzigkeit und ganz und gar groß in sich selbst, groß an Gnade, Macht, Weisheit, Gerechtigkeit und Herrlichkeit. Das Höchste ist nicht hoch im Vergleich zu Ihm, doch, gepriesen sei Sein Name, der Niedrigste wird von Ihm nicht verachtet. Eines solchen Gottes rühmen wir uns; Seine Größe und Erhabenheit ist für uns über alles schön. Je mehr Er in den Herzen der Menschen geehrt und erhoben wird, umso mehr freut sich Sein Volk.

Der HERR ist auch noch unter den schrecklichsten Umständen zu loben. Viele bekennen, die milderen Strahlen der Sonne der Gerechtigkeit sehr schön zu finden, doch geraten sie in wilde Rebellion gegen ihre Flammenstrahlen. Das dürfte nicht so sein: Wir müssen auch den furchtbaren Gott preisen, den, der die Gottlosen in die Hölle wirft. Der schreckliche Rächer muss gepriesen sein, genauso wie der liebende Erlöser. Dagegen rebelliert das böse, mit der Sünde sympathisierende Herz; es schreit nach einem weichlichen Gott, bei dem das Mitleid die Gerechtigkeit stranguliert hat. Die wohlunterwiesenen Knechte des HERRN aber preisen Ihn wegen aller Seiten Seines Wesens, seien es die schrecklichen oder die sanften. Nur die vom Gnadenthron ausgehende Gnade kann in uns diese bewundernswerte Geisteshaltung schaffen. In Gott gibt es weder Schwäche noch Versagen, weder ein Zuviel noch ein Zuwenig, weder Irrtum noch Ungerechtigkeit. Er ist ganz vollkommen und wird darum der Heilige genannt. O kommt – und lasst uns vor Ihm niederfallen!

Zum Nachdenken: Dies könnte man den »Sanctus-« oder den »Heilig-heilig-heilig-Psalm« nennen; denn das Wort »heilig« ist das Ende und der Refrain seiner drei Hauptteile. (C.H. Spurgeon)

28. August

Psalm 99,4-5

Weitere Lesung: Jesaja 61,4-11

Gott ist der König, und der Gnadenstuhl ist Sein Thron, und das Zepter, das Er schwingt, ist so heilig wie Er selbst. Seine Macht wirkt sich nie tyrannisch aus; Er ist ein Souverän, der unumschränkt herrscht; aber Seine Gewalt erfreut sich an der Gerechtigkeit, und Seine Kraft setzt Er nur für gerechte Zwecke ein. Heutzutage schwingen sich die Menschen zum Richter über das Regiment des Herrn auf und erlauben sich zu beurteilen, ob Er es richtig oder falsch macht; doch in der Vergangenheit waren die heiligen Menschen anders. Sie wussten genau, dass die Handlungen des Herrn richtig waren, und anstatt Ihn zur Verantwortung zu ziehen, unterwarfen sie sich demütig Seinem Willen und erfreuten sich der festen Überzeugung, dass sich Gott verpflichtet hat, die Gerechtigkeit zu wahren und mit allen Seinen Geschöpfen gerecht zu verfahren. Der Herr, unser Gott, zerstört alle Unrechtssysteme, nur das Recht soll Bestand haben. Gerechtigkeit ist in Gottes Reich nicht nur ein Grundsatz, sie wird auch ausgeübt, die Gesetze werden ausgeführt, und die Exekutive ist genauso gerecht wie die Legislative. Darin dürfen alle Unterdrückten und alle, die das Recht lieben, wahrlich viel Grund finden, Gott zu loben. Die Jahrbücher der meisten menschlichen Regierungen sind mit den Tränen der Gequälten geschrieben und mit den Flüchen der Unterdrückten; die Chroniken des Reiches Gottes sind von anderer Art: Aus jeder Zeile leuchtet Wahrheit, aus jeder Silbe Güte und aus jedem Buchstaben Gerechtigkeit. Der König werde verherrlicht, dessen freundliche Herrlichkeit zwischen den Flügeln der Cherubim hervorstrahlt!

Wenn Ihn sonst niemand anbetet, dann soll Sein Volk Ihm die innigste Verehrung darbringen. Unendliche Erniedrigung ge-

Psalm 99,4-5

stattet es, dass Er unser Gott genannt werden kann; und Wahrheit und Treue binden Ihn, diese Bundesbeziehung aufrechtzuerhalten. Und wahrlich, wir sollten Ihn von ganzem Herzen erheben, weil Er sich uns aus Gnade und Liebe hingegeben hat. Wenn Er sich in Christus Jesus als unser versöhnter Gott offenbart, der uns erlaubt, Seinem Thron zu nahen, ist es angemessen, Ernst und Freude, Demut und Anbetung zu vereinen und uns, während wir Ihn anbeten, vor Ihm in den Staub zu werfen. Muss man uns erst zu einem solchen Gottesdienst antreiben? Wie sehr sollten wir uns unserer Trägheit schämen! Stattdessen müssten wir täglich einen so guten und großen Gott erheben. Heiligkeit ist die Harmonie aller Tugenden. Der Herr hat nicht nur eine herrliche Tugend oder eine, die alles überragt, sondern alle Herrlichkeiten vereinen sich in Ihm zu einem Ganzen; das ist die Krone Seiner Ehre und die Ehre Seiner Krone. Seine Macht ist nicht Sein kostbarster Edelstein, auch Seine Souveränität nicht, sondern Seine Heiligkeit. Die Götter der Heiden waren entsprechend ihren Anbetern voller Begierden, grausam und gemein; ihr einziger Anspruch, verehrt zu werden, lag in der ihnen zugeschriebenen Macht über das Schicksal der Menschen. Wer wollte nicht viel lieber den HERRN anbeten, dessen Wesen unbefleckte Reinheit, unerschütterliche Gerechtigkeit, unbeugsame Wahrheit und grenzenlose Liebe – in einem Wort: vollkommene Heiligkeit – ist?

Zum Nachdenken: Unser König liebt das Recht; Er wird vollkommene Gerechtigkeit walten lassen, die aber durch vollkommene Gnade gemildert ist. (The Plain Commentary)

29. August

Psalm 99,6-9

Weitere Lesung: 4. Mose 14,11-23

Die drei hier erwähnten heiligen Männer standen alle in Seinen Vorhöfen und schauten Seine Heiligkeit, jeder nach seiner Ordnung. Mose sah, wie der Herr Sein vollkommenes Gesetz in feurigen Flammen offenbarte, Aaron beobachtete oft, wie das heilige Feuer das Sündopfer verzehrte, und Samuel war Zeuge des Herrn vor dem Haus Elis wegen dessen Verirrungen. Jeder von ihnen trat in den Riss, wenn Gottes Zorn ausbrach, weil man Seine Heiligkeit verletzt hatte. Sie handelten als Fürbitter, sie beschirmten das Volk vor dem großen und schrecklichen Gott, der sonst auf schreckliche Weise an Jakob Gericht ausgeübt hätte. Möchten diese Männer oder solche, die ihnen gleichen, uns in unseren Gebeten vorangehen, damit wir dem Gnadenthron Gottes so nahen, wie sie es taten; denn Er ist für uns so erreichbar wie für sie. Sie machten es sich zur Lebensaufgabe, Ihn anzurufen, und brachten auf diese Weise ungezählten Segen auf sich selbst und auf andere. Ruft der HERR uns auch, zu Ihm auf den Berg zu steigen oder mit Aaron ins Allerheiligste einzutreten? Hören auch wir, wie Er uns bei unserem Namen ruft wie Samuel? Und antworten auch wir: »Rede, HERR; denn Dein Knecht hört«?

Unser Bundesgott hörte Seine drei Knechte auf ganz besondere Weise, wenn sie für ihr Volk eintraten. Er vergab den Sündern, doch erschlug Er ihre Sünden. Wir glauben, dass sich Vers 8 auf das Volk bezieht, das durch das Eintreten dieser drei heiligen Männer verschont und doch wegen seiner Übertretungen schwer gezüchtigt wurde. Als Antwort auf das Rufen Moses kamen die Stämme nicht um, doch das damals lebende Volk durfte Kanaan nicht betreten. Aarons goldenes Kalb wurde zerbro-

Psalm 99,6-9

chen, trotzdem verzehrte das Feuer des Herrn das Volk nicht. Und Israel litt unter Sauls harschem Regiment; aber auf Samuels Bitte hin wurde es nicht mit Pest und Hungersnot geschlagen, obwohl es gegen die theokratische Herrschaft Gottes über ihre Väter gemurrt hatte. Somit besteht die besondere Herrlichkeit Gottes darin, gleichzeitig Sünden zu vergeben und Seinen Abscheu vor ihr auszudrücken. Das wird am deutlichsten bei der Versöhnung durch den Herrn Jesus sichtbar. Lieber Leser, bist du ein Gläubiger? Dann sind dir deine Sünden vergeben; aber so sicher, wie du ein Kind Gottes bist, wirst du die Rute väterlicher Züchtigung zu spüren bekommen, wenn du nicht in enger Verbindung mit Gott wandelst. »Nur euch habe Ich von allen Geschlechtern der Erde erkannt; darum werde Ich an euch alle eure Sünden heimsuchen.«

Zum Nachdenken: Der Psalm ist seiner ganzen Struktur nach trinitarisch. In jeder Seiner heiligen Personen ist der HERR der Gott Seines Volkes; der Vater ist unser, der Sohn ist unser, und der Heilige Geist ist unser. Lasst uns Ihn erheben mit allen unseren erlösten Kräften. Welchen Segen genießen Herzen, die so gereinigt wurden, dass sie die unendliche Vollkommenheit des dreieinigen HERRN richtig begreifen und in rechter Weise preisen können! (C.H. Spurgeon)

30. August

Psalm 100

Weitere Lesung: Jesaja 40,1-11

Unser glücklicher Gott sollte von einem glücklichen Volk angebetet werden. Ein fröhlicher Geist passt seinem Wesen nach dazu. Er sieht Gottes Taten und rühmt dankbar Seine Barmherzigkeiten. Auf der ganzen Welt kann man Gottes Güte sehen; darum sollte Er auf der ganzen Erde gepriesen werden. Niemals wird die Welt so sein, wie sie sein sollte, bis sie mit einmütigem Jauchzen den einzig wahren Gott anbetet.
Die Einladung zur Anbetung ist hier nicht melancholischer Natur, als sei Gottesdienst eine Beerdigung, sondern eine freudige Ermahnung, als würden wir zu einer Hochzeit eingeladen. Im Gottesdienst sollten wir uns der Gegenwart Gottes bewusst sein und Ihm mit allen unseren Verstandeskräften nahen. Das muss in jedem recht unterwiesenen Herzen ein Akt großer Feierlichkeit sein, ohne dass er in knechtischer Furcht ausgeübt wird. Darum treten wir vor Ihn nicht mit Weinen und Klagen, sondern mit Psalmen und Liedern. Gesang sollte unsere beständige Art des Nahens zu Gott sein, weil er an sich eine freudige Haltung anzeigt und zugleich unsere Ergebung Ihm gegenüber ausdrückt. Die metrischen und harmonischen Herzensäußerungen einer lobenden Gemeinde wirklich Gott geweihter Herzen hört sich nicht nur schön an, sondern erfreut auch unser Gemüt. Es ist ein Vorgeschmack auf die himmlischen Gottesdienste, wo das Loben alles Bitten verdrängt haben wird, um die einzige Art der Anbetung zu sein.
Nur solche, die in Wahrheit Seine Göttlichkeit erkennen, können überhaupt Gott wohlgefälliges Lob darbringen. Sollte nicht das Geschöpf den Schöpfer preisen? Einige Menschen leben, als hätten sie sich selbst erschaffen, sie nennen sich

Psalm 100

»Self-made Men« und verehren ihren vermeintlichen Schöpfer; aber Christen erkennen den Ursprung ihres Seins und ihres Wohlseins und geben sich nicht selbst die Ehre. Weder wegen der ersten noch wegen der zweiten Schöpfung wagen wir es, auch nur ein wenig nach der Ehre zu greifen, weil sie allein Gott gehört und Ihm allein zusteht. Seit kurzem haben sich Philosophen hart bemüht herauszuarbeiten, dass sich alles aus Atomen entwickelt hat, oder, mit anderen Worten, sich selbst erschaffen hat. Wenn diese Theorie jemals Glauben finden wird, besteht kein Grund mehr, Abergläubische der Leichtgläubigkeit zu bezichtigen; denn das Maß an Glauben, das die Lehren dieser Skeptiker erfordern, ist tausendmal größer, als was man braucht, um solche Absurditäten für wahr zu halten wie winkende Madonnen- oder lächelnde Jesuskind-Figuren. Was uns betrifft, finden wir es weit einfacher, daran zu glauben, dass der HERR uns erschaffen hat, als dass wir uns anhand einer langen Kette natürlicher Selektionen aus umherschwimmenden Atomen entwickelt haben, die aus sich selbst entstanden sind.

»Gott ist der HERR.« Das fasst Sein Wesen zusammen und enthält viele Gründe zum Loben. Er ist wahrhaft gut, gnädig, freundlich, freigebig und voller Liebe. Gott ist Liebe. Wer das Gute nicht preist, ist selbst nicht gut. Unsere Herzen springen vor Freude, wenn wir uns vor dem niederbeugen, der nie Sein Wort gebrochen und nie Seine Absichten verändert hat.

Zum Nachdenken: Es ist ein Zeichen, dass das Öl der Gnade in unsere Herzen ausgegossen wurde, wenn das Öl der Freude auf unseren Angesichtern glänzt. Freude macht der Frömmigkeit Ehre. (Thomas Watson)

31. August

Psalm 101,1-4

Weitere Lesung: 2. Samuel 6,10-19

Alles, was Gott mit uns tut, ist ein passendes Thema für einen Lobgesang; und wir haben es nicht recht begriffen, wenn wir meinen, es nicht besingen zu können. Wir müssten den HERRN genauso für die Gerichte preisen, mit denen Er unsere Sünden heimsucht, wie für die Gnade, mit der Er sie vergibt. In den Schlägen Seiner Hand liegt genauso viel Liebe wie in den Küssen Seines Mundes. Bei einem Rückblick auf ihr Leben wissen weise gemachte Heilige kaum, wofür sie dankbarer sein sollen – für jeden Trost, der sie erfreute, oder für die Anfechtungen, durch die sie gereinigt wurden.

Heilig sein heißt weise sein. Ein vollkommener Weg ist ein weiser Weg. Davids Entschluss war wunderbar, doch seine Ausführung war es nicht ganz. Leider war er nicht immer weise oder vollkommen; doch war es schön, dass er von Herzen danach trachtete. Wer sich nicht einmal entschließt, das Gute zu tun, steht in Gefahr, sehr böse zu handeln. Väter, Arbeitgeber und besonders Pastoren sollten sowohl um Weisheit als auch um Heiligkeit bitten, denn sie brauchen beides. Frömmigkeit muss zu Hause beginnen. Unsere wichtigsten Pflichten finden sich im eigenen Haus. Bedenkt, dass diese Worte zu einem Lied gehören, und es gibt keine Musik, die so schön ist wie ein begnadetes Leben; kein Psalm ist so wohlklingend wie täglich gelebte Heiligkeit. Lieber Leser, wie sieht es in deiner Familie aus? Singst du im Chor oder in der Wohnstube? Bist du draußen ein Heiliger und zu Hause ein Teufel? Schäm dich! Was wir zu Hause sind, das sind wir wirklich.

Der Psalmist ist sehr gründlich in seinen Entschlüssen. Er weist auch die geringste, die beliebteste, die üblichste Art des Bösen

Psalm 101,1-4

von sich: »Keine heillosen Dinge« sollen in seinem Herzen wohnen, ja, ihm nicht einmal vor die Augen kommen; denn was das Auge beeindruckt, kann schnell Einlass in unser Herz finden. Hass auf die Sünde ist ein guter Wächter am Tor der Tugend. Es ist sehr zu beklagen, dass David in späteren Jahren nicht in allen Dingen eine so klare Linie bewahrt hat, wenn auch in der Hauptsache wohl. Wie sehr haben wir alle göttliche Bewahrung nötig! Wir sind nicht vollkommener als David, nein, wir bleiben in vielem hinter ihm zurück. Und wie er werden wir es bald nötig haben, einen Bußpsalm zu schreiben, nachdem wir einen Psalm mit guten Vorsätzen verfasst hatten. Sünde klebt genauso fest wie Pech. Im Lauf unserer Familiengeschichte wird manches schief laufen; denn wir sind alle unvollkommen, und manche um uns herum sind weit davon entfernt, so zu sein, wie sie sein sollten. Wir müssen daher sehr darauf achten, nicht in Fallgruben zu geraten und uns von Übertretungen fern zu halten und von allem, was sich daraus entwickelt. Das ist unmöglich, wenn nicht der Herr zu uns kommt und auch immer bei uns bleibt.

Zum Nachdenken: Es ist zwecklos, von Heiligkeit zu reden, wenn wir kein Empfehlungsschreiben über unseren heiligen Wandel von zu Hause mitbringen können. (William Gurnall)

1. September

Psalm 101,5-8

Weitere Lesung: Römer 13,1-7

David hatte in bitterer Weise erfahren, welchen Kummer die Verleumder bereiten, so dass er hart mit solchen Schlangen ins Gericht gehen wollte, wenn er ihrer habhaft wurde, nicht um sich für ihm zugefügtes Unrecht zu rächen, sondern um andere vor den Leiden zu bewahren, die er hatte durchmachen müssen. Seinen Nächsten im Dunkeln zu erdolchen, ist eines der abscheulichsten Verbrechen und kann nicht hart genug geahndet werden, doch finden diese Übeltäter oft noch Unterstützung von höchster Stelle und werden als überzeugende und vertrauenswürdige Menschen angesehen, die als solche ein wachsames Auge haben und ihre Herren stets auf dem Laufenden halten.

Stolze Menschen sind gewöhnlich hart und taugen daher nicht zum Dienen; Menschen mit stolzem Blick fordern zu Feindschaft und Unzufriedenheit heraus, und je weniger von diesen Menschen bei Hofe sind, umso besser ist es für die Beständigkeit des Throns. Es brächte uns allen Gewinn, wenn wir unsere Diener eher nach ihrer Frömmigkeit als nach ihrer Klugheit aussuchten. Wer einen treuen Diener gefunden hat, hat einen Schatz erworben, und er sollte alles andere eher tun, als sich von ihm zu trennen. Wer Gott nicht treu ist, wird auch nicht geneigt sein, den Menschen die Treue zu halten. Wenn wir selbst treu sind, liegt uns nichts an solchen, die nicht die Wahrheit sagen oder ihr Versprechen nicht halten können; wir werden nicht Ruhe haben, bis alle Familienmitglieder ehrlich miteinander umgehen.

Gleich bei Regierungsantritt wollte er Gericht über die Bösen halten und ihnen keine Ruhe lassen, sondern sie zwingen, ihre

Psalm 101,5-8

Gottlosigkeit fahren zu lassen, sonst würden sie die Strenge des Gesetzes zu spüren bekommen. Die gerechte Obrigkeit »trägt das Schwert nicht umsonst«. Die Sünde zu begünstigen, heißt, die Tugend zu unterdrücken. Unpassende Nachsicht den Bösen gegenüber ist eine Unfreundlichkeit gegenüber den Guten. Wenn unser Herr zum Gericht kommt, wird sich dies im großen Stil erfüllen. Bis dahin verbirgt Er den Richter hinter dem Heiland und gebietet den Menschen, ihre Sünden zu lassen, um Gnade zu finden. Unter dem Evangelium wird auch uns befohlen, sanftmütig und freundlich zu sein, selbst gegenüber den Undankbaren und Bösen; doch das Amt der Obrigkeit ist ein anderes. Sie muss schärfer auf Gerechtigkeit sehen, als es für Privatpersonen angemessen ist. Ist sie nicht ein Schrecken für die Übeltäter? Jerusalem sollte eine heilige Stadt sein, und der Psalmist war entschlossen, doppelt sorgsam darauf zu achten, sie von allen Gottlosen zu reinigen. Gerechtigkeit muss am Haus Gottes anfangen. Jesus hebt sich Seine Geißel aus kurzen Stricken für die Sünder innerhalb des Tempels auf. Wie rein sollte die Gemeinde sein, und wie eifrig sollten alle, die in ihr Dienst tun, daran arbeiten, dass alles Böse draußen bleibt und alle hinausgeworfen werden, die ein unreines Leben führen. Zu ehrenvollen Ämtern gehören ernste Verpflichtungen; damit leichtfertig umzugehen, bringt unsere eigenen Seelen unter Schuld und beschädigt über alle Maßen die Seelen der anderen. Herr, komm zu uns, damit wir in unseren unterschiedlichen Lebenssituationen vor Dir mit vollkommenem Herzen wandeln!

Zum Nachdenken: Der heilige Entschluss, alle Gottlosen des Landes stumm zu machen und aus der Stadt des HERRN alle Übeltäter auszurotten, muss in unserem Herzen anfangen; es ist Sein Heiligtum und der Tempel des Heiligen Geistes. (Alfred Edersheim)

2. September

Psalm 102,1-12

Weitere Lesung: Klagelieder 3,1-18

Ernsthafte Beter sind nicht zufrieden, wenn sie beten um des Betens willen, sie wollen wirklich das Ohr und das Herz des großen Gottes erreichen. Es bedeutet eine fühlbare Erleichterung in Zeiten des Kummers, anderen von unserem Schmerz mitzuteilen; es erleichtert uns, wenn sie unsere Klagen anhören; doch liegt der schönste Trost darin, Gott selbst als mitleidvollen Zuhörer unseres Jammerns zu haben. Dass Er tröstet, ist kein Traum, keine Einbildung, sondern eine erwiesene Tatsache. Es wäre das schrecklichste Elend für uns, wenn man uns unstrittig beweisen könnte, dass Gott weder hört noch antwortet. Wer uns einen so erbärmlichen Glauben einreden könnte, täte uns keinen besseren Dienst, als würde er uns das Todesurteil verlesen. Besser tot, als vom Gnadenthron verdrängt! Wir könnten besser gleich Atheisten werden, als an einen tauben und gefühllosen Gott zu glauben. Darum dürfen wir bitten, dass unsere Gebete so bald wie möglich erhört werden; doch sollten wir nicht jammern, wenn der Herr es für klüger hält, noch zu warten. Uns ist erlaubt zu flehen, und das in aller Aufdringlichkeit, aber wir haben kein Recht, etwas zu befehlen oder ärgerlich zu werden. Wenn es wichtig ist, dass die Erlösung sofort kommt, ist es richtig, einen frühen Zeitpunkt zu einem Gegenstand unseres Gebets zu machen; denn Gott ist heute wie auch morgen willens, uns Seine Gunst zu erzeigen, und Er ist nicht säumig in Bezug auf Seine Verheißungen.

Ab Vers 4 finden wir die Beschreibung einer alles durchdringenden, alles bitter machenden Traurigkeit – und diese wurde einem der Besten zuteil, obwohl er nichts verschuldet hatte, sondern weil er das Volk des Herrn liebte. Auch wenn wir be-

Psalm 102,1-12

rufen werden zu trauern, lasst uns nicht erstaunt sein über die Hitze der Drangsal, als widerfahre uns etwas Fremdes. Sowohl beim Essen als auch beim Trinken haben wir gesündigt, darum ist es kein Wunder, wenn wir bei beidem traurig gemacht werden. Ein Empfinden für den göttlichen Zorn, der sich in der Vernichtung des auserwählten Volkes und in dessen schmählicher Gefangennahme zeigte, bereitete dem Psalmisten den größten Kummer. Er fühlte sich wie ein trockenes Blatt, das vom Wirbelwind ergriffen und fortgetragen wird, oder wie der Schaum auf dem Meer, der in die Höhe gerissen wird, verspritzt und dann verschwindet. Während solcher Bedrückung des Geistes gibt es Zeiten, in denen der Mensch sich fühlt, als sei alles Leben von ihm gewichen und man sei nichts weiter als ein atmender Toter. Wenn uns das Herz bricht, wirkt sich das wundersam krankmachend auf unser ganzes Sein aus; unser Fleisch ist bestenfalls nur wie Gras, und wenn es von schweren Sorgen verwundet wurde, schwindet seine Schönheit dahin und wird faltig, es verdorrt und verliert alle Schönheit.

Zum Nachdenken: Der Herr erträgt es, dass Seine stammelnden Kinder mit Ihm in der ihnen eigenen Sprache reden, wie etwa »Höre mich! Verbirg Dein Angesicht nicht! Neige Dein Ohr zu mir!« und andere solcher Redensarten. (David Dickson)

3. September

Psalm 102,13-29

Weitere Lesung: Nehemia 1,1-11

Der Geist des Schreibers hat sich von seinen persönlichen und ihn betreffenden Sorgen weggewendet und zu der wahren Quelle allen Trostes hingewendet, nämlich zu dem HERRN selbst und zu Seinen gnädigen Absichten mit Seinem Eigentumsvolk. Die Souveränität Gottes ist in jeder Situation ein sicherer Grund für unseren Trost; Er regiert, Er herrscht, was immer auch geschehen mag, und darum wird alles gut werden.

Für die Gemeinde Gottes kann es kein hoffnungsvolleres Zeichen geben, als wenn man sieht, dass die Glieder tiefes Interesse am Wohlergehen der Gemeinde haben; es wird bestimmt kein Wachstum geben, wenn sich Gleichgültigkeit in Bezug auf Anordnungen, Aktivitäten und Gottesdienste offenbart; sobald aber auch die letzten und kleinsten mit dem Werk des Herrn verbundenen Angelegenheiten sorgfältig betrieben werden, können wir sicher sein, dass die festgesetzte Zeit für Zions Begnadigung gekommen ist. Das ärmste Gemeindemitglied, der traurigste Abtrünnige, der unwissendste Neubekehrte sollte in unseren Augen kostbar sein, weil sie alle einen Teil bilden – möglicherweise einen sehr schwachen – von dem neuen Jerusalem. Wenn wir nicht am Wachstum der Gemeinde interessiert sind, zu der wir gehören, müssen wir uns dann wundern, wenn uns der Segen des Herrn vorenthalten wird? Wenn die Gemeinde im Innern Gnade erfährt, wird das bald auch von Außenstehenden wahrgenommen werden. Zündet man im Haus eine Kerze an, so dringt der Schein durch das Fenster. Wenn sich Zion seines Gottes rühmt, beginnen die Heiden, Seinem Namen Ehre zu erweisen; denn sie hören von den Wundern Seiner Macht und werden dadurch beeindruckt.

Psalm 102,13-29

Der Psalmist will uns sagen, dass der Wiederaufbau Jerusalems eine geschichtliche Tatsache sein wird, für die der HERR von künftigen Geschlechtern gepriesen werden wird. Erweckungen erfreuen nicht nur die unmittelbar Betroffenen, sondern bringen auch noch lange danach dem Volk Gottes Ermutigung und Freude und entfachen überall die Anbetung in der Gemeinde Gottes. Dies lehrt uns, die Nachfolgenden im Blick zu behalten, und wir sollten vor allem danach trachten, die Erinnerung an Gottes Liebe zu Seiner Gemeinde und zu Seinem armen Volk wach zu halten, damit die jungen Leute, wenn sie erwachsen sind, wissen können, dass der HERR, der Gott ihrer Väter, voller Güte und Mitgefühl ist. Vorher hat der Psalmist in diesem Psalm vorausgeschaut auf ein künftiges Geschlecht. Und jetzt spricht er voller Vertrauen davon, dass ein solches Geschlecht aufstehen und von Gott bewahrt und gesegnet werde. Das ist eine gute Botschaft für uns. Wir dürfen um des Herrn Gunst für unsere Kinder bitten, und wir dürfen erwarten, dass Gottes Sache und Wahrheit in kommenden Generationen immer wieder neu belebt wird. Lasst uns hoffen, dass die uns Folgenden nicht so hartnäckig, ungläubig und irrend sein werden, wie wir es waren. Wenn die Gemeinde kleiner wurde und verachtet wurde, weil das gegenwärtige Geschlecht so lau ist, dann lasst uns den Herrn anflehen, bessere Menschen heranzuziehen, deren Eifer und Gehorsam eine lange Wachstumsphase geschenkt und erhalten wird. Möchten doch unsere Lieben zu diesem besseren Geschlecht gehören, das in den Wegen des Herrn bleibt und Ihm bis ans Ende gehorsam ist!

Zum Nachdenken: Es ist wohl beachtenswert, dass er die Errettung und Wiederherstellung des Volkes den Gebeten der Treuen zuschreibt. (Mollerus)

4. September

Psalm 103,1-10

Weitere Lesung: Markus 12,28-34

Seelenmusik ist die wahre Seele der Musik. Der Psalmist schlägt den besten Ton an, wenn er damit beginnt, sein Innerstes aufzurufen, den HERRN zu preisen. Er führt ein Selbstgespräch, berät und ermahnt sich selbst, als fürchte er, die Trägheit würde sich nur allzu schnell seiner Fähigkeiten bemächtigen, wie es tatsächlich bei uns allen der Fall ist, wenn wir nicht mit aller Kraft auf der Hut sind. Unser ganzes Leben, unser Wesen, sollte sich in diesen freudevollen Dienst versenken, und jeder von uns sollte sein Herz zu dieser Beschäftigung aufrütteln. Mögen die anderen schweigen, wenn sie es können. Wir wollen sagen: »Preise den HERRN, meine Seele!«

David beginnt die empfangenen Segnungen aufzuzählen, die er zum Thema und zum Grund für seinen Lobgesang macht. Er wählt einige besonders kostbare Perlen göttlicher Liebe aus seinem Schatzkästchen aus, fädelt sie auf die Schnur seiner Erinnerung und hängt sie sich um den Hals seiner Dankbarkeit. Vergebene Sünde ist aus Erfahrung eine der köstlichsten Segnungen der Gnade, eine der frühesten Gaben der Barmherzigkeit und in Wahrheit die notwendige Vorbedingung für den Genuss alles Folgenden. Bevor die Ungerechtigkeit nicht vergeben ist, bleiben Heilung, Erlösung und Zufriedenheit unbekannte Segnungen. Vergebung kommt an die erste Stelle unserer geistlichen Erfahrungen, und in mancher Hinsicht hat sie auch den höchsten Wert.

Was Gott für uns persönlich getan hat, darf nicht der einzige Inhalt unserer Lieder sein. Wir müssen den Herrn auch für die Güte preisen, die Er anderen erwiesen hat. Es ist ein Akt souveräner Gnade und Liebe, wenn der Herr sich überhaupt

Psalm 103,1-10

den Menschen offenbart, und sie sollten diese ihnen persönlich widerfahrene Gunst zu schätzen wissen. Wir, die an Jesus glauben, kennen des Herrn Wege in Seiner Bundesgnade, und uns wurden durch Erfahrung die Augen für Seine Gnade uns gegenüber geöffnet. Wie sollten wir unseren göttlichen Lehrer, den Heiligen Geist, preisen, der uns diese Dinge kundgetan hat! Denn wäre Er nicht gekommen, säßen wir bis zum heutigen Tag in der Finsternis. »Herr, wie kommt es, dass Du Dich uns offenbar machen willst und nicht der Welt?« Warum sind wir Deine »Auswahl, die es erlangt«, während der Rest mit Blindheit geschlagen bleibt?

Beachtet, wie sehr die Person Gottes bei all dieser wunderbaren Belehrung hervorgehoben wird: »Er tat ... kund.« Er überließ es Mose nicht, die Wahrheit selbst zu entdecken, sondern wurde sein Lehrer. Was wüssten wir überhaupt jemals, wenn Er es uns nicht kundtäte? Gott allein kann sich selbst offenbaren. Die, mit denen Er umgeht, sind Sünder. Wie viel Gunst Er ihnen auch erweist, sie sind schuldig und bedürfen der Gnade aus Seinen Händen, doch Er ist gern bereit, Mitleid wegen ihres verlorenen Zustands zu zeigen, und zögert wegen Seiner Gnade nicht, sie herauszuretten. Gnade vergibt Sünden, Gnade reicht Gunst dar, und beides gibt der Herr in Fülle. Er ist Gott und nicht ein Mensch, sonst würden unsere Sünden Seine Liebe bald ertränkt haben; doch es ist andersherum: Die Berge unserer Sünden werden durch die Fluten Seiner Gnade bedeckt.

Zum Nachdenken: Vergiss keine Seiner Wohltaten! (David Dickson)

5. September

Psalm 103,11-22

Weitere Lesung: 1. Petrus 1,13-25

Grenzenlos ist die Gnade des Herrn gegenüber Seinen Auserwählten; sie ist genauso wenig zu ermessen wie die Höhe des Himmels, ja, des Himmels der Himmel. Gottesfurcht ist eins der ersten Ergebnisse des göttlichen Lebens in uns, es ist der Anfang der Weisheit, doch macht sie den Besitzer völlig überzeugt von all den Wohltaten der göttlichen Gnade und wird in der Tat hier und überall gebraucht, um alles zur Entfaltung zu bringen, was wahre Frömmigkeit ausmacht. Alle, die sich auf die Unbegrenztheit der göttlichen Gnade verlassen, sollten hierdurch erinnert werden, dass sie nur denen gilt, die den Herrn fürchten, auch wenn sie so weit wie der Horizont reicht und so hoch wie die Sterne ist. Und was die widerspenstigen Rebellen angeht, wird ihnen Gerechtigkeit ohne jede Gnade zugemessen werden.

Unsere Vergehen wurden durch das Wunder der Liebe von uns entfernt. Welch eine Last musste da bewegt werden! Und doch wurden sie unermesslich weit fortgeschafft. Fliege so weit, wie dich die Schwingen der Phantasie tragen können, und wenn deine Reise ostwärts geht, entfernst du dich mit jedem Flügelschlag vom Westen. Wenn die Sünde so weit von uns entfernt ist, können wir sicher sein, dass jeder Geruch, jede Spur von ihr, ja, die Erinnerung an sie gänzlich verschwunden sein müssen. Wenn sie dermaßen weit fortgeschafft ist, bleibt kein Schatten von Furcht, dass sie jemals zurückgebracht werden könnte. Nicht einmal Satan selbst brächte das fertig. Unsere Sünden sind weg; Jesus hat sie fortgeschafft. So fern der Ort des Sonnenaufgangs vom gegenüberliegenden Westen entfernt ist, wo die Sonne nach des Tages Arbeit versinkt, so weit wurden

Psalm 103,11-22

unsere Sünden vor so vielen Jahrhunderten durch unseren »Sündenbock« fortgetragen. Und wenn man sie jetzt sucht, wird man sie nicht finden, ja, sie sind nicht mehr, spricht der Herr. Komm, meine Seele, wach gründlich auf und verherrliche den Herrn für diese reichste aller Segnungen. Halleluja! Nur der Herr konnte die Sünden beseitigen, und Er hat es auf göttliche Weise getan, indem Er alle unsere Übertretungen endgültig austilgte.

Wie groß ist der Kontrast zwischen der welkenden Blume und dem ewigen Gott! Wie wunderbar, dass Er unsere Zerbrechlichkeit mit Seinem ewigen Sein verbunden und auch uns Ewigkeit verliehen hat! Von aller Ewigkeit her betrachtete der Herr Seine Leute als Gegenstände Seiner Barmherzigkeit, und als solche erwählte Er sie zu Teilhabern Seiner Gnade. Die Lehre von der ewigen Auserwählung ist für alle großartig, die Licht haben zum Sehen und Liebe, um sie anzunehmen. Das ist ein Thema für die tiefsten Gedanken und für die höchsten Freuden. Der HERR wandelt sich nicht, Er hat Gnade ohne Ende wie auch ohne Anfang. Alle, die Ihn fürchten, werden nie erleben, dass die große Tiefe Seiner Gnade für ihre Sünden und ihre Bedürfnisse nicht ausreichen würde.

Zum Nachdenken: Die wichtigste Frage ist: »Fürchten wir Ihn?« Wenn wir in kindlicher Furcht die Augen zum Himmel erheben, wendet sich der Blick väterlicher Liebe nicht von uns ab und wird es nie tun, bis ans Ende der Welt. (C.H. Spurgeon)

6. September

Psalm 104,1-6

Weitere Lesung: 1. Mose 1,1-8

Dieser Psalm legt uns aus, was so manche Stimme der Natur uns sagen will, und besingt in schöner Weise sowohl die Schöpfung als auch die Vorsehung. Diese Dichtung umfasst einen ganzen Kosmos: Meer und Land, Wolken und Sonnenschein, Pflanzen und Tiere, Licht und Finsternis, Leben und Tod. Alle beweisen, dass sie Ausdruck der Gegenwart Gottes sind. Deutlich erkennt man die Spuren der sechs Schöpfungstage; obwohl der Mensch, die Krone der Schöpfung des sechsten Tages, nicht erwähnt wird, kommt er doch in der Tatsache vor, dass dieser Mensch der Sänger selbst ist. Manche haben in Vers 31 sogar einen Hinweis auf die göttliche Ruhe am siebten Tag festgestellt. Der Psalm ist die Darstellung der Schöpfungsgeschichte durch einen Poeten.

»HERR, mein Gott, Du bist sehr groß.« Diese Anrede ist eine bemerkenswerte Mischung aus Glaubensmut und dem Erschrecken aus heiliger Furcht; denn der Psalmist nennt den unendlichen HERRN »mein Gott« und wirft sich zur selben Zeit staunend vor dessen göttlicher Größe nieder und ruft vor lauter Bewunderung aus: »Du bist sehr groß.« Die hier abgegebene Erklärung, der HERR sei sehr groß, passte sehr gut an das Ende des Psalms, als Schlussfolgerung und Zusammenfassung einer Reise durch die gesamte Schöpfung. Dass dies am Anfang steht, zeigt uns, wie sehr der ganze Psalm zuvor bedacht und im Geist durchgearbeitet war, bevor er in Worte gefasst wurde. Daran allein sehen wir, welche Gefühlsregungen dieser Betrachtung vorausgingen. Bedenkt auch, dass das ausgedrückte Erstaunen nicht der Schöpfung und deren Großartigkeit, sondern dem HERRN selbst gilt. Es heißt nicht: »Dieses Weltall ist sehr groß«,

Psalm 104,1-6

sondern: »Du bist sehr groß.« Viele bleiben bei den Geschöpfen stehen und werden dadurch götzendienerisch; den Blick auf den Schöpfer selbst zu richten, ist wahre Weisheit.
Der HERR wird in Seinen Werken als gleichermaßen ehrwürdig erkannt wegen Seiner Kunstfertigkeit, Seiner Güte und Seiner Macht, und Ihm gebührt die Majestät; denn Er hat alles in Seiner Souveränität nach Seinem Willen erschaffen und fragt keinen Menschen um Erlaubnis. Man muss blind sein, wenn man nicht erkennt, dass die Natur das Werk eines Königs ist. Das sehen wir an der Darstellung der ernsteren Seiten Gottes, den Andeutungen Seiner Strenge, an den breiten Strichen unerklärlicher Geheimnisse und an den tiefen Schatten überwältigender Kraft. All dies macht das Bild der Schöpfung zu einem unlösbaren Problem, es sei denn, wir erkennen an, dass der Maler uns keine Rechenschaft über Seine Angelegenheiten gibt, sondern alles so regiert, wie es Ihm wohlgefällt. Seine Majestät wird allerdings immer so dargestellt, dass sie Seinem ganzen Wesen zur Ehre gereicht. Er handelt nur nach Seinem Willen; aber Er will nur, was dreimal heilig ist, wie Er selbst. Gerade das Lichtgewand des unsichtbaren Geistes lehrt uns das, und es ist unsere Aufgabe, dies mit demütigster Anbetung anzuerkennen.

Zum Nachdenken: Es ist die Freude der Heiligen, dass ihr Gott ein großer Gott ist; denn die Großartigkeit des Fürsten ist der Stolz und die Freude aller Seiner guten Untertanen. (Matthew Henry)

7. September

Psalm 104,7-18

Weitere Lesung: 1. Mose 1,9-13

Gott weist den niedrigsten Geschöpfen ihre Nahrung zu und sorgt dafür, dass sie diese auch erhalten. Die göttliche Kraft stellt sich genauso wahrhaftig und anbetungswürdig in der Fütterung der Tiere dar wie in der Versorgung des Menschen. Man betrachte nur einen Grashalm mit gottesfürchtigen Augen, und man erkennt darin Gott am Werk. Die Pflanzen, das Gemüse, ist für die Menschen da, und sie müssen den Boden bearbeiten, wenn sie ernten wollen; doch derselbe Gott, der auch das Gras in freier Wildbahn sprossen lässt, veranlasst es zu wachsen. Der Mensch vergisst das und spricht von seinen Produkten, wo er doch ohne Gott völlig umsonst pflügen und säen würde. Der Herr lässt jeden Halm aufschießen und jede Ähre reifen. Macht nur eure Augen auf, und ihr seht den Herrn durch die Saaten gehen. Sowohl Gras für das Vieh als auch Getreide für die Menschen kommen aus der Erde, und sie zeigen uns, dass es Gottes Plan war, sie uns unter die Füße zu geben. Was besser geeignet erscheint, darunter begraben zu werden, als uns lebendig zu erhalten, wird somit in Wirklichkeit zu einer Stütze unseres Lebens. Je länger wir darüber nachdenken, umso wunderbarer will es uns erscheinen. Wie groß ist ein solcher Gott, der zwischen den Gräbern den Unterhalt unseres Lebens und aus dem einst verfluchten Boden den Segen von Brot und Wein und Öl hervorbringt.

Was hätte unser Psalmist wohl von einigen Bäumen aus dem Yosemite-Tal gesagt? Diese sind es wegen ihrer enormen Höhe und Dicke des Stammes wahrlich wert, Bäume des HERRN genannt zu werden. So erweist sich die Fürsorge des Herrn als äußerst effektiv und für alles ausreichend. Wenn Bäume gänzlich

Psalm 104,7-18

ohne menschliche Hilfe voll im Saft stehen, können wir versichert sein, dass Gottes Volk, welches aus Vertrauen auf den Herrn lebt, genauso gut erhalten bleibt. Durch Gnade gepflanzt und alles der Fürsorge unseres himmlischen Vaters verdankend, lachen wir über die Furcht zu verdorren; denn niemand, der Ihm vertraut, wird je unbewässert bleiben. Ist der Leser jemals durch einen Wald mit hohen Bäumen gegangen und hat die Ehrfurcht empfunden, die das Herz in diesen erhabenen Kathedralen der Natur erfasst? Dann wird er gemeint haben, jeder Vogel sei heilig, weil er in solch einer geweihten Einsamkeit wohnt. Wer Gott nur in gotischen Bauwerken und unter Orgelklang oder Chorgesang sehen oder vernehmen kann, wird wohl nicht in der Lage sein zu fühlen, was eine schlichte, nicht weltkluge Seele spürt, die »die Stimme des HERRN, der im Garten wandelte« zu hören vermag.

Zum Nachdenken: Wenn die vergängliche Erde so voll guter Dinge Gottes ist, was wird uns werden im Lande der Lebendigen? (Starke, in Langes Commentary)

8. September

Psalm 104,19-30

Weitere Lesung: 1. Mose 1,14-25

Jetzt ist die Einsetzung der großen Lichter das Thema des Lobes. Der Mond wird zuerst genannt, weil bei den Juden die Nacht den Anfang macht. Durch die Zu- und Abnahme des Mondes wurde das Jahr in Monate und Wochen eingeteilt, wodurch die genauen Daten für die heiligen Tage festgelegt werden konnten. So wurde die Leuchte der Nacht zu einer Dienerin des Menschen, und indem sie die Zeiten der heiligen Versammlungen festlegte (wie sie es bei den Juden tat), kam sie mit dem Höchsten selbst in Berührung. Lasst uns die Mondphasen niemals als das Ergebnis unausweichlicher, seelenloser »Naturgesetze« betrachten, sondern als Einsetzungen Gottes.

Die Nacht hat wie der Tag ihre Stimme zum Loben. Sie klingt leiser und beruhigender, ist aber darum nicht weniger wirklich. Der Mond beleuchtet eine feierliche Stille der Anbetung unter den Zweigen der Tannen, durch die sanft der Nachtwind seine »Lieder ohne Worte« haucht. Ab und zu, wenn ein bei Tage kaum wahrgenommener Laut erklingt, wirkt er nachts erschreckend und unheimlich inmitten der Schatten, als habe die Gegenwart des Unbekannten das Herz erzittern lassen, als spüre man die Nähe des Unendlichen. Dadurch erwacht die Vorstellungskraft; der Unglaube empfindet Stille und Feierlichkeit als unpassend, doch der Glaube schaut zum Himmel auf und erkennt die himmlischen Dinge viel deutlicher als bei Sonnenlicht und beugt sich in Anbetung vor dem Großen Unsichtbaren! Es gibt Geister, die nachts Wache halten, und viele einsame Wanderer haben eine Ahnung von ihrer Gegenwart gehabt. Gott selbst ist die ganze Nacht unterwegs, und Seine verbergende Herrlichkeit wird

Psalm 104,19-30

oft stärker empfunden als die Ihn offenbarende. Preise den HERRN, o meine Seele!

Werke in den Himmeln droben und Werke auf der Erde hier unten und in den Wassern unter der Erde, Werke, welche die Zeitalter überdauern, Werke, die in einem Jahr zur Vollkommenheit gelangen und dann wieder vergehen, Werke, deren Schönheit keinen Tag überlebt, Werke innerhalb der Werke und wieder Werke in diesen – wer könnte auch nur ein Tausendstel davon aufzählen? Gott ist der große Werkmeister und Schöpfer der Vielfalt. Unsere Aufgabe ist, Seine Werke zu studieren; denn sie sind groß und begehrt bei allen, die Freude daran finden. Alle Dinge sind Seine Werke, durch Seine Kraft hervorgebracht, und sie alle offenbaren Seine Weisheit – keines dürfte fehlen, jedes Glied ist für die Kette der Natur notwendig – wilde Tiere genauso wie die Menschen, Gifte ebenso wie die duftenden Kräuter. Sie sind in Weisheit gemacht – jedes füllt seinen Platz aus und freut sich, dies tun zu können. Die Gesamtheit der Schöpfung ist eine Großtat Seiner Weisheit, einerlei wie viele Geheimnisse sie enthält und wie sehr manche Schrecken sie verdunkeln. Alles wirkt zum Guten zusammen und dient wie ein völlig harmonisches Werkstück genau den Zwecken des Großen Werkmeisters.

Zum Nachdenken: Das Reich der Gnade enthält genauso mannigfache und großartige Werke wie das der Natur; doch nur die Auserwählten des Herrn erkennen diese. (C.H. Spurgeon)

9. September

Psalm 104,31-35

Weitere Lesung: 1. Mose 1,26 - 2,3

Der Dichter merkt, wie sein Herz bei der Betrachtung der Werke des HERRN froh wird, und ihm ist klar, dass der Schöpfer selbst unaussprechliches Vergnügen daran gefunden haben muss, so viel Weisheit, Güte und Macht entfaltet zu haben. Allein für das, was der HERR getan hat, verdient Er bereits ohne Unterlass gepriesen zu werden. Sein ganzes Wesen stellt sicher, dass Er auch dann noch herrlich ist, wenn alle Geschöpfe aufgehört haben zu existieren.

Hier nun und immerfort will der Psalmist mit dem Lob des HERRN fortfahren; denn das ist eine Aufgabe ohne Ende, die stets frisch und neu bleibt. Die Vögel sangen Gottes Lob, bevor der Mensch geschaffen war; aber die erlösten Menschen werden Seine Herrlichkeit auch dann noch besingen, wenn es keine Vögel mehr gibt. Der HERR, der ewig lebt und uns lebendig macht, wird für immer erhoben sein und von den Liedern der Erlösten gerühmt werden. Nachsinnen ist die Seele der Religion. Es ist der Baum des Lebens mitten im Garten der Frömmigkeit, dessen Früchte die Seelen derer erquicken, die davon essen. Und wie es für Menschen gut ist, ist es das auch für Gott. Wie das Fett des Opfers das Teil des HERRN war, so ist auch unser Nachsinnen dem Herrn geweiht und Ihm im höchsten Maße angenehm. Wir sollten also sowohl zu unserem Guten als auch zur Ehre des Herrn viel Zeit damit verbringen. Dieses Nachsinnen sollte sich hauptsächlich mit dem Herrn selbst befassen, wir sollten über Ihn nachdenken. Versagen wir darin, verlieren wir viel von der Gemeinschaft mit Ihm und bringen uns selbst um viel Glück. Dem nachdenklichen Gemüt ist jeder Gedanke an Gott freudevoll. Jetzt, wo wir durch Christus mit

Psalm 104,31-35

Gott versöhnt sind, ist jede göttliche Eigenschaft eine reiche Quelle der Freude für uns.

Aus heiligem Abscheu möchte der Psalmist die Welt von so elenden Wesen befreien, die nicht einmal ihren Schöpfer lieben und so blind sind, dass sie gegen ihren Wohltäter rebellieren. Er bittet also um das, wonach gerechte Menschen Ausschau halten als dem Endpunkt der Geschichte; denn dieser Tag sollte herbeigesehnt werden, an dem in Gottes Reich kein einziger Rebell oder Verräter mehr sein wird. Als Christen würden wir es anders machen; wir würden darum bitten, dass die Gnade die Sünder in Heilige verwandelt und die Gottlosen auf den Weg der Wahrheit geführt werden. »Preise den HERRN, meine Seele!« Das ist das Entscheidende. Was die Sünder auch tun mögen, meine Seele, halte dich zu deiner Fahne und bleibe deiner Berufung treu! Ihr Schweigen braucht dich nicht verstummen zu lassen, sondern soll dich vielmehr anreizen, nun verdoppelt Gottes Lob zu singen, um ihr Versagen auszugleichen. Aber du kannst das Werk nicht allein vollbringen; andere müssen dir zu Hilfe kommen. O Heilige, preist den HERRN! Lasst eure Herzen HALLELUJA rufen, denn so heißt das auf Hebräisch. Ein himmlisches Wort! Es soll den Psalm beschließen; denn was könnte weiter noch gesagt oder geschrieben werden? HALLELUJA! Preist den HERRN!

Zum Nachdenken: Die preisende Seele wird reichlich gesättigt. ... Gelenkt von den Zügeln göttlichen Lobpreises wird sie niemals umkommen. (Lorinus)

10. September

Psalm 105,1-15

Weitere Lesung: 1. Mose 15,7-21

Wir sind jetzt bei den langen Psalmen, wie wir zuvor bei den kurzen waren. Dieser Längenunterschied bei den heiligen Gedichten sollte uns lehren, weder Kürze noch Weitschweifigkeit in unseren Gebeten und Lobliedern zu einem Gesetz zu erheben. Kurze Gebete und einzelne Liedstrophen sind in der Öffentlichkeit oft sehr angebracht; aber es gibt auch Gelegenheiten, bei denen man die ganze Nacht hindurch im Gebet mit Gott ringt oder ein voller Tag nicht auszureichen scheint, um Psalmen zu singen. Der Heilige Geist ist frei in Seinen Wirkungen und nicht an die Regeln üblicher Handhabung gebunden. Unser letzter Psalm besang die Anfangskapitel von 1. Mose, und dieser befasst sich mit dessen letzten Kapiteln und leitet uns hinüber in das zweite und vierte Buch Mose.

Die Erinnerung ist am besten beschäftigt, wenn sie sich mit dem befasst, was Gott getan hat. Leider liegt es uns näher, törichte oder böse Dinge zu bedenken, als unseren Geist auf die herrlichen Werke des HERRN zu richten. Behielten wir diese mehr im Gedächtnis, wäre unser Glaube stärker, unsere Dankbarkeit wärmer, unsere Anbetung brennender und unsere Liebe intensiver.

Dies ist die Grundlage allen Handelns Gottes mit den Israeliten: Er war mit ihrem Vater Abraham in einen Bund getreten, und zu diesem Bund stand Er. Die Ermahnung »Gedenkt!« bekommt große Kraft durch die Tatsache, dass Gott sich erinnert hat. Wenn der Herr an Seine Verheißung denkt, sollten wir wahrlich nicht vergessen, auf welch wunderbare Weise Er sie aufrechterhält. Es sollte uns Grund zu tiefster Freude sein, dass der Herr nie und unter keinen Umständen vergisst, was Er in

Psalm 105,1-15

Seinem Bund versprochen hat, und das wird Er auch bis ans Ende der Welt nicht tun. Ach, dächten wir doch so treu daran, wie Er es tut!

Als die Schlachtopfer zerteilt waren und die Feuerfackel zwischen den Teilen hindurchfuhr, machte – oder bestätigte – der Herr den Bund mit dem Erzvater. Das war eine feierliche, ernste Tat, die nicht ohne Blutvergießen und ohne das Zerteilen der Opfertiere geschah. Das weist auf den größeren Bund hin, der durch Jesus Christus unterzeichnet, besiegelt und bestätigt wurde, damit er bis in Ewigkeit Bestand habe. Isaak sah den feierlichen Bundesschluss nicht in einer Vision, doch erneuerte ihn der HERR ihm gegenüber mit einem Eid. Das reichte ihm und muss seinen Glauben an den Allerhöchsten gefestigt haben. Wir haben das Vorrecht, in unserem Herrn Jesus sowohl das besiegelnde Opfer als auch den ewigen Eidschwur Gottes zu sehen, durch den für das gesamte auserwählte Geschlecht jede Verheißung des Bundes »Ja« und »Amen« ist.

Zum Nachdenken: Der 105. Psalm ist eine Betrachtung über den Bund, wie er von Gott gehalten wird, der 106. eine Betrachtung dessen, wie Israel damit umging. Beide handeln von dem vorherbestimmenden Willen Gottes, der Menschen zu Heiligkeit und Gehorsam erkor, und von der Weise, in der sich die menschliche Sünde diesem Willen widersetzt und ihn doch nicht unwirksam machen kann. (The Plain Commentary)

11. September

Psalm 105,16-23

Weitere Lesung: 1. Mose 41,37-46

Die Gegenwart Gottes blieb bei Seinen Auserwählten, während sie Kanaan durchzogen, und wich auch nicht von ihnen, als sie hinunter nach Ägypten gerufen wurden. Sie gingen nicht nach eigener Wahl dorthin, sondern auf göttliche Weisung, und darum bereitete der Herr ihren Weg und gab ihnen Gelingen, bis Er sie für bereit fand, wieder ins Land der Verheißung geführt zu werden. Josef war der Vorläufer und Wegbereiter für die ganze Sippe. Seine Brüder hatten ihn verkauft; aber Gott hatte ihn gesandt. Wo die Hand des Bösen sichtbar ist, kann Gottes Hand unsichtbar am Werke sein und die Bosheit überwinden. Niemand war besser in der Lage, die Vorhut zu bilden, als Josef. Ein Ausleger von Träumen wurde gebraucht, und seine Brüder hatten von ihm gesagt: »Siehe, da kommt dieser Träumer!« Müssten wir einen Menschen zu solchem Werk losschicken, hätten wir ihn mit Geld ausgestattet – Josef ging ganz arm; wir hätten ihn mit Autorität bekleidet – Josef ging als Sklave; wir hätten ihm alle Freiheiten gegeben – Josef ging gebunden. Doch Geld war wenig nütze bei Getreideknappheit; Autorität hätte den Pharao eher irritiert, als dass sie Josef Gehör verschafft hätte, und Freiheit hätte Josef nicht mit dem obersten Leibwächter und seinen anderen Knechten in Verbindung gebracht; dann wäre Josefs Fähigkeit, Träume zu deuten, nie an das Ohr des Königs gelangt. Gottes Weg ist der richtige Weg. Der Pfad unseres Herrn zu Seinem Mittlerthron verlief über das Kreuz von Golgatha, und unsere Straße zur Herrlichkeit führt an den Bächen des Leides entlang.

Der Pharao gab Josef die Vollmacht, von den sieben reichen Ernten Vorräte anzulegen, um sie in den kommenden mageren

Psalm 105,16-23

Zeiten austeilen zu können. Alle Schätze Ägyptens standen unter Josefs Schlüsselgewalt; denn die Kornhäuser der Welt wurden auf sein Geheiß hin versiegelt und auch geöffnet. Somit war er in der denkbar besten Stellung, um das Haus Israel am Leben zu erhalten, mit dem der Bund geschlossen war. Wie unser Herr Jahrhunderte später in Ägypten vor den Nachstellungen des Herodes sicher war, so stand auch dem erlösten Geschlecht in der Stunde der Not dort ein Schutz zur Verfügung. Gott hat stets eine Zuflucht für Seine Heiligen, und wenn die ganze Welt ihnen kein Heiligtum bieten kann, dann ist der Herr ihnen ein Wohnort und nimmt sie auf, um sie in Seinem Schoß sitzen zu lassen. Wir werden immer sicher sein dürfen, Nahrung zu finden, auch wenn die Welt verhungern sollte. Es ist ein wunderbarer Gedanke, dass unser Größerer Josef die Völker zum Wohl Seines eigenen Hauses regiert, und es geziemt sich für uns, selbst in politischen Katastrophen ruhig und vertrauensvoll zu bleiben; denn Jesus sitzt auf dem Thron der Vorsehung, und Er ist König der Könige und Herr der Herren, und das wird bis ans Ende der Welt so bleiben.

Zum Nachdenken: Josef war ein Bild für Jesus Christus, dem als Gott Himmel und Erde gehören, weil Er sie erschaffen hat. (John Gill)

12. September

Psalm 105,24-45

Weitere Lesung: 2. Mose 12,31-42

Es war Gottes Güte Israel gegenüber, die die Feindseligkeit des ägyptischen Hofes veranlasste. Darüber hinaus benutzte Er diese negativen Gefühle, um Sein Volk in Schwierigkeiten zu bringen, um es so bereit zu machen, das Land zu verlassen, dem es sich offensichtlich sehr verbunden fühlte. Bis dahin, aber nicht weiter, bewegte der Herr die Herzen der Ägypter. Gott kann auf keinen Fall der Urheber der Sünde sein, so, als sei er moralisch dafür verantwortlich, dass es sie gibt; aber weil das Böse zur menschlichen Natur gehört, geschieht es oft, dass die Werke des Herrn den gottlosen Menschen schlechte Gefühle entlocken. Kann man die Sonne tadeln, dass sie Wachs schmelzen und Ton hart werden lässt? Ist ihrer Wanderung am Himmelszelt anzulasten, dass durch ihre Wärme einem fauligen Sumpf stinkende Dämpfe entsteigen? Die Sonne veranlasst den Gestank eines Misthaufens nur mittelbar; handelte es sich um ein Blumenbeet, entlockte sie ihm süße Düfte. Das Böse steckt im Menschen, und die Ehre, es zum Guten und Brauchbaren zu nutzen, gebührt dem Herrn.

Die durch Mose gewirkten Wunder waren die des HERRN, nicht seine eigenen; darum werden sie hier auch »Seine Zeichen« genannt. Sie waren Zeichen der Gegenwart und Macht des HERRN. Die Plagen waren sprechende Wunder, die klarer als Worte die Allmacht des HERRN bewiesen, damit man Ihm gehorchte. Außerdem zeigten sie Seinen Zorn über die Widerspenstigkeit des Pharao. Niemals waren Verhandlungen so eindeutig gewesen, so bestimmt, persönlich und kraftvoll, und doch waren zehn von ihnen nötig, um das angestrebte Ziel zu erreichen.

Psalm 105,24-45

Den Bund und diejenigen, um derentwillen er geschlossen wurde, trägt der Höchste immer auf Seinem Herzen. Hier finden wir den geheimen Grund für all Seine Gnade. Er gedachte Seines Volkes, weil Er Seines Bundes gedachte. Er konnte diesen großzügigen Vertrag nicht brechen; denn er war Ihm heilig – es war »Sein heiliges Wort«. Ein heiliger Gott muss Seine Verheißung heilig halten. Auf uns bezogen ruhen die Augen des Herrn auf Seinem geliebten Sohn und auf dem, was Er mit Ihm für uns getan hat. Dies ist die Quelle und der Ursprung jener unzähligen Gunstbeweise, die uns so reich machen bei all unserem Wandel durch die Wüste dieses Lebens.

Das auserwählte Volk sollte die Wahrheit bewahren, sollte ein Vorbild an Tugend und ein Muster an Ehrfurcht sein. Alles war so geregelt, dass es in höchst vorteilhafte Umstände versetzt wurde, damit es dieser hohen Berufung, dieser herrlichen Erwählung, entsprechen konnte. Das barg große Verantwortung in sich, an sich aber war es eine ganz besondere Segnung, für die das Volk zu tiefster Dankbarkeit verpflichtet war. Zu Recht hört deshalb dieses Lied mit einem jubelnden, aber auch feierlichen Halleluja-Ruf auf. »Preiset den HERRN!« Wenn eine solche Geschichte Israel nicht zum Loben brachte, was dann?

Zum Nachdenken: Er gab ihnen die »Mühe der Völkerschaften«. In gleicher Weise genießen die Heiligen das himmlische Kanaan ohne eigene Anstrengungen; dieses Erbteil erlangten sie nicht durch das Gesetz oder durch Gesetzeswerke; es ist Gottes freie Gnade. (John Gill)

13. September

Psalm 106,1-12

Weitere Lesung: 2. Mose 15,11-26

Hier wird Israels Geschichte im Hinblick auf die Sünde der Menschen beschrieben, so wie der vorherige Psalm gedichtet wurde, um die Güte Gottes zu erheben. In Wirklichkeit ist es ein nationales Bekenntnis und umfasst die Anerkennung der Übertretungen Israels in Ägypten, in der Wüste und in Kanaan mit so demütigen Bitten um Vergebung, dass sich dieser Psalm für alle folgenden Geschlechter als angemessenes Bußgebet erweist, besonders in Zeiten, in denen das Volk gefangen weggeführt wurde. Während wir diesen Psalm betrachten, sollten wir uns selbst in dem alten Volk des Herrn sehen und es beklagen, dass wir selbst den Höchsten so oft gereizt haben, gleichzeitig aber auch Seine unendliche Geduld bewundern und Ihn dafür anbeten. Möge der Heilige Geist unser Nachdenken heiligen, dass Demut und Dankbarkeit dadurch gefördert werden.

Dieses Lied gilt dem versammelten Volk, und sie werden alle ermahnt, in das Lob des HERRN einzustimmen. Es reichte nicht aus, wenn ein paar lobten und der Rest schwieg; sondern alle sollten sich beteiligen. Käme der Psalmist in Gemeinden, wo Quartette und Chöre alles Singen bestreiten, würde er sich der Versammlung zuwenden und rufen: »Preist den HERRN!« Wer den Herrn preist, hat ein Thema ohne Ende, ein Thema, das sich auch für die Klügsten in alle Ewigkeit nicht erschöpft, auch nicht für die ganze Menge der Erlösten, die kein Mensch zählen kann.

Sündenbekenntnis ist die wirksamste Weise, Gebetserhörungen zu erleben; Gott kommt mit Seiner Errettung zu jeder Seele, die bekennt, einen Retter nötig zu haben.

Psalm 106,1-12

Von den Menschen kann man sagen, sie hätten samt ihren Vätern gesündigt, wenn sie diese nachahmen, wenn sie denselben Zielen nachjagen und wenn ihr Leben nichts als die Fortsetzung der Torheiten ihrer Vorfahren ist. Darüber hinaus war Israel die ganze Zeit über ein Volk, und das folgende Bekenntnis betrifft viel mehr die nationalen als die persönlichen Sünden des Volkes Gottes. Alle genossen nationale Vorrechte und hatten deshalb teil an der nationalen Schuld. Das Bekenntnis wird dreimal wiederholt, als Zeichen, dass sie es aufrichtig und von Herzen meinten. Sünden der Unterlassung, der Tat und der Rebellion sollten wir bei dem Bekenntnis deutlich unterscheiden, damit wir zeigen, dass wir gut begriffen haben, wie zahlreich und abscheulich unsere Vergehen waren. Der Herr wacht eifernd über Seine und Seines Namens Ehre. Niemals soll von Ihm gesagt werden, Er könne oder wolle Sein Volk nicht retten oder Er könne den Hochmut Seiner grimmigen Feinde nicht dämpfen. Diese Rücksichtnahme auf Seine eigene Ehre führt Ihn stets zu Taten des Erbarmens, und darum können wir sehr froh sein, einen eifersüchtigen Gott zu haben.

Zum Nachdenken: Sollte der Herr so viel Gnade Seinem Volk erwiesen haben, das unter dem Gesetz stand, und nicht ebenso viel oder mehr Gnade denen erweisen, die unter dem Evangelium stehen? (William Bridge)

14. September

Psalm 106,13-23

Weitere Lesung: 2. Mose 32,1-14

Bitten können im Zorn erhört und aus Liebe verweigert werden. Die Tatsache, dass Gott einem Menschen seine Wünsche erfüllt, ist kein Zeichen besonderer göttlicher Gunst, alles hängt davon ab, was man begehrt. Das Fleisch wurde ihnen zu Gift, als sie es ohne Segen empfingen. Was immer es auch darin erreichte, den Körper zu nähren, war es doch nur armseliges Zeug, wenn ihre Seele dadurch schwindsüchtig wurde. Wenn wir darben müssen, gebe Gott, dass nicht unsere Seele Mangel leidet – doch geht dies gewöhnlich mit weltlichem Wohlsein einher! Bei vielen, deren Wohlstand wächst, wird ihr weltlicher Besitz fetter, während ihre Seele abmagert. Silber zu verdienen und Gold zu verlieren, ist ein höchst fragwürdiger Gewinn; doch Gewinn für den Leib und Verlust für die Seele zu machen, ist weit schlimmer. Wie drängend hätte Israel darum gebetet, dass seine Bitten unerhört blieben, hätte es gewusst, was die Erhörung ihm einbrachte! Über die Bitten unserer Begierden werden wir weinen müssen. Wir ärgern uns und sind erregt, bis unsere Begierden erfüllt sind, und dann müssen wir uns wieder ärgern, weil das, was dabei herauskommt, in bitteren Enttäuschungen endet.

An genau derselben Stelle, wo sie sich feierlich verpflichtet hatten, dem Herrn zu gehorchen, brachen sie das zweite, wenn nicht sogar das erste Seiner Gebote und stellten das ägyptische Symbol eines Stieres auf und beugten sich davor nieder. Die Israeliten waren in der Tat töricht, wenn sie meinten, in einem Stier, nein, im Bild eines Stieres, auch nur das geringste bisschen von der Herrlichkeit Gottes zu sehen. Zu glauben, dass das Bild eines Stieres das Bild Gottes sein könnte, erfordert viel

Psalm 106,13-23

Leichtgläubigkeit. Es war reine Verrücktheit. Nach demselben Muster haben die Ritualisten ihre Symbole aufgerichtet und sie überaus zahlreich gemacht. Sie scheinen unfähig zu sein, geistliche Anbetung zu verstehen; ihr Gottesdienst ist in höchstem Maß sinnlich und spricht die Augen, die Ohren und die Nase an. Ach, diese törichten Menschen! Sie versperren sich selbst den Weg zu Gott wohlgefälligem Gottesdienst und machen den Pfad geistlicher Frömmigkeit, der an sich schon hart ist, noch beschwerlicher, indem sie ihn mit Stolpersteinen versehen. Wir haben den Reichtum der katholischen Prachtentfaltung rühmen hören; aber ein Götzenbild aus Gold ist um kein Jota weniger abscheulich als eins aus Unrat oder Mist. Die Schönheit des Kunstwerks kann die Hässlichkeit der Sünde nicht verbergen. Man hat uns auch von der Suggestivkraft ihrer Symbole berichtet. Doch was bedeutet das, wenn Gott ihren Gebrauch verbietet? Es hilft auch nichts, wenn man sagt, solch ein Gottesdienst sei aufrichtig gemeint. Das wäre umso schlimmer! Aufrichtigkeit bei verbotenen Werken steigert nur die Übertretung. Der Psalmist spricht sehr verächtlich davon, und Recht hat er: Missachtung der Götzen ist indirekte Achtung Gottes. Falsche Götter, Versuche, den wahren Gott nachzubilden, und eigentlich alles Materielle, was angebetet wird, ist nichts als Unrat, der die Erde schändet, es seien Kreuze, Kruzifixe, Madonnen, Hostien, Reliquien oder der Papst selbst. Wir sind noch viel zu leisetreterisch gegenüber diesen Ungeheuerlichkeiten: Gott verabscheut sie, und dies sollten wir auch tun.

Zum Nachdenken: Die Herrlichkeit geistlicher Anbetung zugunsten äußerlichen Pomps aufzugeben, ist die höchste Torheit und verdient als solche behandelt zu werden. (C.H. Spurgeon)

15. September

Psalm 106,24-39

Weitere Lesung: 4. Mose 25,1-13

Sie sprachen von Ägypten, dem Land ihrer ehernen Gefangenschaft, als zögen sie es Kanaan vor, dem Land, das von Milch und Honig überfloss. Es ist ein böses Zeichen für einen Christen, wenn er wenig vom Himmel und von himmlischen Dingen hält. Das zeigt einen verdrehten Geist, und darüber hinaus ist es eine starke Beleidigung Gottes, etwas zu verachten, was Er so hoch schätzt, dass Er es in Seiner unendlichen Liebe für Seine Auserwählten reserviert hat. Irdische Dinge den himmlischen vorzuziehen, heißt, Ägypten lieber zu haben als Kanaan, das Land der Knechtschaft lieber zu haben als das Land der Verheißung. Unglaube ist die Wurzel dieser Sünde. Wenn wir dem Wort des HERRN nicht glauben, denken wir gering von Seiner verheißenen Gabe. Wenn Pilger zur himmlischen Stadt anfangen, des Herrn Wegweisung zu misstrauen, werden sie auch bald alles gering schätzen, was mit dem Ende der Reise zu tun hat. Und das ist die sicherste Weise, aus ihnen schlechte Pilger zu machen.

Der Ritualismus führte zur Anbetung falscher Götter. Wenn wir eine falsche Weise der Anbetung wählen, werden wir nach kurzer Zeit dazu kommen, einen falschen Gott anzubeten. Der Gräuel der Moabiter war ein Götze, zu dessen Gottesdienst die Frauen ihre Körper den schamlosesten Begierden preisgaben. Wie kann das Volk eines heiligen Gottes so weit kommen! Israel machte bei den Orgien mit, mit denen die Baalsanhänger ihre abscheulichen Götzenfeste begingen. Sie nahmen sogar an ihren Opfern als Miteinbezogene teil, obwohl deren Götter nur Standbilder waren. Vielleicht assistierten sie bei den Riten zur Geisterbeschwörung, mit denen man zu den Geistern Ver-

Psalm 106,24-39

storbener Kontakt aufnahm, wodurch man also versuchte, das Siegel zu brechen, das Gott in Seiner Vorsehung darüber gelegt hat. Man wollte in die innersten Kammern eindringen, die Gott verschlossen hält. Solche, die es aufgegeben haben, den lebendigen Gott zu suchen, haben oft einen Hang zu Geheimwissenschaften, durch die sie in Verbindung mit Dämonen und Geistern zu treten versuchen. Welch starke Verirrung erfasst doch oft die Menschen, welche die Gottesfurcht von sich geworfen haben! Diese Anmerkungen sind heute genauso nötig wie in jenen vergangenen Zeiten.

Es war nicht die Wüste, die die Israeliten sündigen ließ; sie waren im verheißenen Land genauso ungehorsam. Sie fanden böse Gesellschaft und hatten Spaß daran. Die sie hätten vernichten sollen, machten sie sich zu Freunden. Obwohl sie selbst genug Fehler hatten, gingen sie eifrig bei den schmutzigen Kanaanitern in die Schule und bildeten sich fort in deren Künsten der Ungerechtigkeit. Dabei war es ganz klar, dass sie nichts Gutes von Menschen lernen konnten, die Gott zu gänzlichem Untergang verurteilt hatte. Nur wenige würden in eine Todeszelle gehen, um dort etwas zu lernen; doch Israel saß zu Füßen der verfluchten Kanaaniter, und wenn es aufstand, beherrschte es jede ihrer Abscheulichkeiten meisterhaft. Dies ist auch bei Menschen, die sich zum Glauben bekennen, ein trauriger, aber häufiger Irrtum: Sie machen der Welt den Hof und ahmen weltliches Verhalten nach, wo sie doch berufen sind, gegen diese Dinge Zeugnis abzulegen.

Zum Nachdenken: Niemand kann sagen, wie viel Übel durch die Weltförmigkeit entstanden ist. (C.H. Spurgeon)

16. September

Psalm 106,40-48

Weitere Lesung: Richter 3,1-14

»Da entbrannte der Zorn des HERRN gegen Sein Volk, und Er verabscheute Sein Eigentum.« Nicht einmal da zerbrach Er Seinen Bund oder verwarf Sein Volk völlig, das Ihn so kränkte, doch Er fühlte tiefsten Abscheu und blickte voll Zorn auf es. Wie weit der göttliche Zorn gegen solche entbrennen kann, die Er doch von Herzen liebte, ist kaum zu sagen, doch sicher hat Israel dies bis zum Äußersten auszuprobieren versucht.

Nachsicht gegen Kanaan erwies sich als Grausamkeit gegenüber Israel selbst. Die Israeliten mussten sich unter Lastarbeiten beugen und sich der Tyrannei unterwerfen. In ihrem Gott hatten sie einen freundlichen Herrn erlebt; aber jene, mit denen sie verderbliche Freundschaft gesucht hatten, mussten sie als Despoten der schlimmsten Sorte erfahren. Wer seinen Gott verlässt, tauscht Glückseligkeit für Elend ein. Gott kann unsere Feinde zu Stöcken in Seiner Hand machen, mit denen Er uns zu unserem besten Freund zurücktreibt. Wenn wir das Buch der Richter lesen, können wir sehen, wie wahr das ist. Immer wieder wurden ihre Feinde verjagt und sie selbst in Freiheit gesetzt, nur um so schnell wie möglich zu den früheren üblen Wegen zurückzukehren. Bewusst willigten sie erneut in die Übertretungen ein; der Eigenwille war ihr Ratgeber, dem sie folgten zu ihrem eigenen Untergang. Immer schlimmer wurden die Übel, die über sie kamen, tiefer und tiefer fielen sie in Sünde und demzufolge in Schmerzen. In Erdlöchern und Höhlen versteckten sie sich, man hatte ihnen alle Kriegswaffen genommen, und ihre Eroberer verachteten sie. Eher waren sie ein Sklavenhaufen als freie Menschen, bis der Herr sie in Gnaden wieder aufrichtete. Wenn wir nur die Schrecken der Kriege

Psalm 106,40-48

kennten, die Palästina verwüsteten, und die Plünderungen, die Nahrungsmangel bis zum Verhungern verursachten – uns würde vor den Sünden schaudern, die auf diese Weise bestraft wurden. Die Sünde des Götzendienstes musste tief in ihrer Natur verwurzelt sein, sonst wären sie nicht immer wieder so beständig zu ihr zurückgekehrt, wo sie doch sahen, welche Strafen darauf standen. Der Mensch hat leider Sünde und Hölle lieber als Gott und den Himmel.

Trotz all dieser frechen Rebellionen und schrecklichen Ungeheuerlichkeiten hörte der Herr immer noch auf ihre Gebete und hatte Mitleid mit ihnen. Das ist wirklich wunderbar, wahrhaft göttlich. Man könnte denken, Gott habe sich vor ihren Gebeten verschlossen, weil sie auch ihre Ohren gegen Seine Ermahnungen verschlossen hatten; aber nein, Er hat das Herz eines Vaters, und jedes Seufzen wegen ihrer Schmerzen berührte Seine Seele, ihr Klagegeschrei überwand Sein Herz, und Er blickte mitleidig auf sie herab. Selbst der schrecklichste Zorn gegen Sein Volk ist nur vorübergehend; aber Seine Liebe brennt für ewig, wie das Licht Seiner eigenen Unsterblichkeit. Der Bund ist die sichere Grundlage der Barmherzigkeit, und wenn alles, was die Gnade nach außen hin bei den Heiligen bewirkte, in Trümmern liegt, so ist er das Fundament der Liebe, das nie erschüttert wird, und darauf beginnt der Herr wieder ein Gebäude der Gnade zu errichten.

Zum Nachdenken: Die Bundesgnade ist so sicher wie der Thron Gottes. (C.H. Spurgeon)

17. September

Psalm 107,1-9

Weitere Lesung: Jesaja 43,8-13

Was immer andere denken oder sagen mögen, die Erlösten haben überwältigende Gründe, die Güte des Herrn zu verkünden. Sie haben eine außergewöhnliche Errettung erfahren, und sie sollten dafür außergewöhnlichen Lobpreis darbringen. Der Erretter ist so herrlich, der Preis für die Erlösung so gewaltig und der Freikauf so völlig, dass sie siebenmal verpflichtet sind, dem Herrn zu danken und andere dazu zu ermahnen, dies auch zu tun. Sie sollten es nicht nur empfinden, sondern auch aussprechen. Sie sollten sowohl selbst singen, als auch ihre Nächsten zum Singen einladen. Einige sind hierhin, die anderen dorthin gezogen. Alle haben sie Immanuels Land verlassen und haben sich so weit verirrt, wie es nur ging. Doch groß sind die Gnade und die Macht, durch die sie von dem Herrn Jesus wieder zu einer Herde zusammengebracht wurden. Da sollen die Erlösten mit einem Herzen und mit einer Stimme den Herrn preisen, der sie in eins versammelt hat.

Es gibt viele falsche Wege, aber nur einen richtigen, und auf diesem kann uns niemand führen als Gott selbst. Wenn der Herr vorangeht, ist der Weg bestimmt der richtige, das brauchen wir nicht in Zweifel zu ziehen. Aus der weglosen Öde der Wüste leitet Er die Verlorenen; Er begründete den Weg, schuf den Weg und machte sie fähig, darauf zu wandeln, so schwach und hungrig, wie sie waren. Das Ende war die Mühen des Weges wert; Er leitete sie nicht von einer Wüste in die andere, sondern gab den Pilgern eine Bleibe und den Müden einen Ruheort. Diese Gunstbeweise gelten unserem Geschlecht, den Kindern der Familie, zu der wir gehören, und darum sollten wir in ihr Lob einstimmen. Die Menschenkinder sind so unbedeu-

Psalm 107,1-9

tend und so unwürdig, dass es ein großes Wunder ist, wenn der Herr überhaupt etwas für sie tut; aber Er ist nicht mit wenigem zufrieden; Er setzt Seine Weisheit, Kraft und Liebe ein, um an denen Wunder zu vollbringen, die Ihn suchen. Im Leben jedes Erlösten gibt es eine Welt voller Wunder, und darum sollte von jedem eine Welt voller Lob ausgehen. Die Zahl der Wunder, die der Herr an Seiner Gemeinde insgesamt gewirkt hat, sprengt jedes Vorstellungsvermögen, sie übersteigen unsere Gedanken, wie die Himmel die Erde überragen. Wann wird der Tag heraufziehen, an dem sich das begnadete Menschengeschlecht dem Lob Gottes genauso weiht, wie es durch Gottes Gunst bevorzugt wurde?

Der Herr weckt unsere Sehnsucht; dann befriedigt Er uns völlig. Die Sehnsucht bringt uns in Einsamkeit, Absonderung, in Durst und Schwäche und Verzweiflung an uns selbst, und das alles führt uns zu Gebet und Glauben, zu göttlicher Leitung, zur Stillung des Seelendurstes und zur Ruhe. Die gute Hand des Herrn erkennen wir in dem ganzen Prozess und in den göttlichen Ergebnissen.

Zum Nachdenken: Gerade das Wandeln auf einsamen Wegen macht den Pfad der Trübsale und Versuchungen so schmerzlich für die Familie Gottes. (J.C. Philpot)

18. September

Psalm 107,10-22

Weitere Lesung: Jesaja 45,1-7

Mit Gottes Wort treibt man keinen Scherz, und wer sich in dieser Weise gegen Ihn zu empören wagt, legt sich selbst Ketten an. Dies war die allgemeine Ursache für die Versklavung des alten Gottesvolkes. Sie wurden ihren Feinden ausgeliefert, weil sie dem Herrn nicht die Treue gehalten hatten. In ihrer elenden Zwangslage wurden die aufsässigen Israeliten allmählich weniger stolz und dachten freundlicher von ihrem Gott und daran, wie sie Ihn beleidigt hatten. Wenn eine Seele erkennt, dass all ihr Mühen um Selbsterlösung unnütz war, und nun die völlige eigene Kraftlosigkeit fühlt, dann ist der Herr dabei, den Stolz wegzunehmen und den Angefochtenen darauf vorzubereiten, die Gnade zu empfangen. Der geistliche Zustand, der hier bildlich dargestellt wird, ist zum Verzweifeln und bedarf umso mehr des göttlichen Eingreifens. Manche von uns erinnern sich noch gut, wie hell die Gnade in unseren Kerker schien und welche Musik die Fesseln machten, als sie von unseren Händen fielen. Nichts als nur die Liebe des Herrn konnte uns erlöst haben; ohne sie wären wir gänzlich verloren gewesen.

Die Verse 17-20 beschreiben eine sündenkranke Seele, töricht noch, doch schon mit erwachtem Schuldbewusstsein. Sie weigert sich, von irgendwoher Trost anzunehmen, und bleierne Verzweiflung lähmt sie ganz und gar. Nach ihrem Verständnis bleibt ihr nichts als das gänzliche Verderben in vielfacher Form: Die Pforten des Todes standen offen vor ihr, und es kommt ihr vor, als eile sie darauf zu. Dann wird diese Seele getrieben, in der Bitterkeit ihres Schmerzes zu dem Herrn zu schreien, und Christus, das ewige Wort, kommt mit heilender Kraft in die Schrecken der höchsten Not und rettet sie vollkommen. Es

Psalm 107,10-22

ist erstaunlich, dass Menschen von Krankheit geheilt werden können – und es ablehnen, den Herrn zu preisen. Eigentlich scheint es doch unmöglich zu sein, eine so große Gnade zu vergessen, und wir sollten erwarten, dass sie sich lebenslang mit ihren Freunden vereinen, denen sie wieder geschenkt wurden, um Gott zu danken. Doch wenn zehn geheilt wurden, geschieht es selten, dass mehr als einer zurückkehrt, um Gott die Ehre zu geben. Schade! Wo bleiben die neun? Wenn der große Arzt eine geistliche Heilung gewirkt hat, ist Lobpreis das sicherste Zeichen wiedergewonnener Gesundheit. Ein von der Sündenkrankheit und von quälenden Gewissensbissen geretteter Geist muss und will den heilenden Gott preisen; doch wäre es gut, wenn es davon tausendmal mehr gäbe. In solch einer Lage darf es auch gern zu Gaben und Verpflichtungen kommen außer zu Dankesworten! Gebt dem guten Arzt aus Dankbarkeit, was Ihm zukommt! Bringt dem euer Leben zum Opfer dar, der es verlängert hat, wiederholt immer wieder Werke selbstverleugnender Dankbarkeit! Diese wunderbare Wohltat ist wohl viele freudig dargebrachte Opfer wert.

Solche Dinge verdienen es, weitererzählt zu werden; denn persönliche Zeugnisse ehren Gott, erleichtern uns selbst, trösten andere und lassen alle Menschen daran teilhaben, dass Gottes Güte tatsächlich wirksam ist, die sie nicht leugnen können.

Zum Nachdenken: Wir müssen Gottes Güte gegenüber den Kindern der Menschen genauso anerkennen wie gegenüber den Kindern Gottes, sowohl der anderen wegen als auch wegen uns selbst. (Matthew Henry)

19. September

Psalm 107,23-32

Weitere Lesung: Jona 1,1-16

Seefahrt wurde bei den Israeliten wenig ausgeübt. So waren die Seefahrer in hohem Maß von Geheimnissen umwittert; man betrachtete ihre Tätigkeit als einzigartig waghalsig und gefährlich. Geschichten über das Meer ließen ihre Herzen vor Furcht erzittern, und einer, der aus Ofir oder Tarsis lebendig zurückgekehrt war, galt als etwas Besonderes, und mit ehrfurchtsvoller Aufmerksamkeit lauschte man seinen Geschichten.

Wer auf dem geistlichen Ozean einen jener schrecklichen Stürme erlebt hat, die gelegentlich die Seele aufwühlen, weiß, was diese Verse sagen wollen. In einem solchen geistlichen Taifun wechselt Vermessenheit mit Verzweiflung, Gleichgültigkeit mit tödlichen Kämpfen. Man wagt gar nichts mehr, der Mut ist verflogen, die Hoffnung fast erstorben. Solche Erfahrungen sind so real wie das Toben eines buchstäblichen Orkans und weit schmerzlicher. Manche von uns haben viele solcher innerer Hurrikans mitgemacht und wahrhaft die wundersamen Werke des Herrn kennen gelernt.

Wenn Gott Frieden stiftet, dann ist wirklich Frieden, Frieden, der allen Verstand übersteigt. Er kann in einem Augenblick den Zustand des menschlichen Herzens verändern, so dass es diesem wie ein absolutes Wunder vorkommt, wenn es plötzlich aus dem Wirbelsturm in völlige Stille gelangt ist. Ach, möchte doch der Herr in dieser Weise an dem Leser arbeiten, wenn sein Herz vom Sturm umtobt wird, sei es durch Kummer von außen oder durch Angst tief in uns! Herr, sprich ein Wort, und der Friede wird sogleich da sein.

Durch Sturm und durch vorteilhafte Winde, durch Orkane und durch angenehmes Wetter bringt der große Kapitän und Herr-

Psalm 107,23-32

scher über alle Meere die Seeleute in den Hafen und Seine Leute in den Himmel. Ihm gebührt die Ehre für die erfolgreiche Reise durch die Zeit. Und wenn wir am Lebensstrom unsere Anker ausgeworfen haben, werden wir dafür sorgen, dass Sein Lob nicht in Vergessenheit gerät. Wir wären schon längst Schiffbrüchige, hätte es nicht Seine bewahrende Hand gegeben, und unsere einzige Hoffnung, die Stürme der Zukunft zu überleben, gründet sich ebenfalls auf Seine Weisheit, Treue und Macht. Unser himmlischer Hafen wird von dankbaren Freudenrufen widerhallen, wenn wir erst das gesegnete Ufer erreicht haben.

Nicht alle Gläubigen machen die gleichen tiefen Erfahrungen; aber mit weiser Absicht, damit sie etwas für Ihn tun können, schickt der Herr einige Seiner Heiligen auf das Meer des Seelenkummers, und dort erleben sie, was andere nicht erfahren: die Wunder der göttlichen Gnade. Wenn sie über die Tiefsee der inneren Verderbtheit fahren oder über die wüsten Wasser der Armut, durch die Wellen der Verfolgung und die rauen Wogen der Versuchung, brauchen sie Gott nötiger als alle anderen, und sie finden Ihn. Wenn ein Herz durch große geistliche Stürme gegangen ist und endlich Frieden gefunden hat, dann folgt darauf als Verpflichtung und als Vorrecht die Verkündigung der Gnade des Herrn vor Seinem Volk, und es ist gut, wenn es im Beisein derer geschieht, die den Dienst in der Gemeinde versehen und die wegen ihrer Lebensreife diese Zeugnisse besser zu würdigen wissen.

Zum Nachdenken: Wie der Seemann nichts tun kann, als auf den Herrn zu vertrauen, so geht es auch uns in den Stürmen des Lebens. Gleich den Matrosen müssen wir die richtigen Mittel zu unserem Schutz anwenden; aber was sind solche Mittel ohne den göttlichen Segen? (William S. Plumer)

20. September

Psalm 107,33-43

Weitere Lesung: 1. Könige 17,1-7

Wenn der Herr sich mit rebellischen Menschen befasst, kann Er ihnen schnell solche Segnungen wegnehmen, deren sie sich ganz sicher wähnen. Sie denken, ihre Flüsse und ganzjährig sprudelnden Quellen könnten ihnen niemals genommen werden; doch ein Wort des Herrn genügt, um selbst diese ihnen versiegen zu lassen. In warmen Gegenden trocknen die Flüsse nach langer Dürreperiode gänzlich aus, und selbst Quellen hören auf, Wasser zu geben. Und das ist auch in anderen Teilen der Welt durch starke Verformungen der Erdoberfläche geschehen. In Gottes Vorsehung haben diese physischen Katastrophen ihr Gegenstück darin, wenn ein Geschäft keinen Gewinn mehr abwirft und wenn die Quellen des Wohlstands zum Versiegen gebracht werden, genauso wenn Gesundheit und Kräfte schwinden, wenn Freunde ihre Hilfe einstellen und sicher geglaubte Verbindungen zerbrechen. So können auch im geistlichen Bereich die blühendsten Werke in der Gemeinde verdorren, die erfreulichsten Überlegungen aufhören, uns etwas zu geben, und die fruchtbarsten frommen Übungen die gnädigen Erfrischungen einbüßen, die wir früher aus ihnen gewonnen hatten.

Mit einer anderen Wendung Seiner Hand erstattet Gott mehr, als Er im Gericht fortgenommen hat. Er tut Sein Gnadenwerk in königlicher Größe; denn ein tiefer See ist da zu sehen, wo zuvor nur Sand und Wüste waren. Nicht natürliche Gesetze hatten das durch ihnen innewohnende Kräfte geschafft; es ist ein Wunder, das nur der Herr selbst wirken konnte. Menschen wirken, wenn Gott wirkt. Sein Segen ermutigt den Sämann, ermuntert den Pflanzer und belohnt den, der erntet. Dann er-

Psalm 107,33-43

halten sie nicht nur das Nötige, sondern empfangen auch Luxusgüter wie den Wein und auch Getreide, wenn der Himmel veranlasst wird, den nötigen Regen zu spenden, um die Wasserläufe zu füllen. Göttliche Heimsuchungen bringen große geistliche Reichtümer, fördern verschiedene Werke des Glaubens und bringen zu unserer Erquickung und zu Gottes Lob viele gute Früchte hervor. Wenn Gott Seinen Segen gibt, ersetzt Er nicht die menschlichen Bemühungen, sondern ermuntert dazu und entfaltet sie. Paulus pflanzt, Apollos begießt, und Gott gibt das Wachstum. An Gottes Segen ist alles gelegen.

Wer auf die Vorsehung achtet, wird nicht lange brauchen, bis er eine Vorsehung wahrnimmt. Es ist klug, das Wirken des Herrn zu beobachten; denn Er ist wunderbar in Seinem Rat. Er hat uns Augen zum Sehen gegeben, und es ist töricht, sie zu schließen, wenn es am meisten zu sehen gibt. Aber wir müssen weise sein beim Hinschauen, sonst können wir uns selbst und andere in Bezug auf das Handeln des Herrn durch übereilte Schlüsse verwirren. Die Barmherzigkeit des Herrn zeigt sich auf tausend Weisen, und wenn wir nur klug beobachten, werden wir sie bald besser verstehen. Seine froh machende Eigenschaft der Barmherzigkeit zu untersuchen, bereitet nicht nur Freude, sondern ist auch überaus nützlich. Wer es in dieser Kunst zu einem Fachmann und Gelehrten gebracht hat, gehört gewiss zu denen, die die Herrlichkeit des Herrn am besten besingen können.

Zum Nachdenken: Der Gerechte wird sehen und staunen und dankbar für die Wunder der rettenden Liebe Gottes sein, von denen in diesem göttlichen Lied berichtet wird. (William Romaine)

21. September

Psalm 108,1-6

Weitere Lesung: Römer 15,7-13

Es ist meine Ehre, reden zu können und nicht stumm zu sein wie ein Tier, darum wird meine Stimme Dein Lob verkünden; es ist meine Ehre, Gott zu kennen und nicht ein Heide zu sein, und darum wird mein unterwiesener Verstand Dich anbeten; es ist meine Ehre, ein Heiliger zu sein und nicht mehr ein Rebell, darum wird die von Dir empfangene Gnade Dich preisen; es ist meine Ehre, unsterblich zu sein und nicht ein bloßes Tier, das vergeht, darum wird dieses Leben in mir Deine Majestät feiern. Wenn David sagt: »Ich will«, geht er davon aus, dass es Versuchungen gibt, die ihn davon abhalten könnten, doch er schiebt sie beiseite und bereitet sich mit entschiedenem Herzen auf diese freudevolle Tätigkeit vor. Wer mit einem entschiedenen Herzen singt, der wird nicht so schnell aufhören und die ganze Zeit auch schön singen.

Wer immer auch kommen mag, um mich zu hören, sei er fromm oder ein Weltling, ein Gläubiger oder ein Heide, ein Gebildeter oder ein Barbar, er wird mein Singen nicht zum Schweigen bringen. David scheint inspiriert zu sein, vorauszusehen, dass seine Psalmen in jedem Land gesungen werden, von Grönlands Eisbergen bis hin zu Indiens Korallensträndern. Sein Herz war weit, gern hätte er es gehabt, wenn alle Menschen seiner Freude an Gott zugehört hätten. Und siehe da! Sein Wunsch wurde erfüllt; denn sein Psalter umspannt die ganze Erde. Kein Dichter ist so bekannt wie er. Er kannte nur ein Thema; er besang den HERRN und niemanden sonst, und sein Werk, eines also aus Gold, Silber und edlen Steinen, hat den glühenden Ofen der Zeit überdauert und wurde nie mehr geschätzt als heute. Ein glücklicher Mann, der erwählte, des Herrn Musi-

Psalm 108,1-6

kus zu sein! Er nimmt die Stellung des gefeiertsten Poeten des Himmelreichs ein und wird sie bis zum Schall der Posaunen des Jüngsten Gerichts innehaben. Er wollte seine Frömmigkeit mit sich nehmen, wohin ihn seine Eroberungen führten, und die Besiegten sollten nicht das Lob Davids hören, sondern die Herrlichkeit des HERRN der Heerscharen. Wollte Gott, dass wo immer bekennende Christen reisen, sie das Lob des Herrn mit sich führen! Man muss befürchten, dass einige ihre Frömmigkeit ablegen, wenn sie ihr Haus verlassen. Nationen und Völker würden bald das Evangelium von Jesus kennen, wenn jeder reisende Christ so gottergeben wäre wie der Psalmist. Leider ist zu fürchten, dass der Name des Herrn unter den Heiden eher entweiht als geehrt wird von solchen, die nach dem Namen Christi genannt sind.

Dies ist ein wahrhaft missionarisches Gebet. David hatte nichts von der Exklusivität moderner Juden und nichts von der Engherzigkeit einiger so genannter Christen. Es ging ihm um Gottes Sache, dass Seine Herrlichkeit überall offenbart würde; er sehnte sich danach, dass Himmel und Erde vom Lob Gottes erfüllt sein möchten. Amen, möge es so sein!

Zum Nachdenken: Die Gnade Gottes war dann höher als die Himmel, als der Gott-Mensch, Christus Jesus, in den höchsten Himmel aufgenommen und unsere Errettung auf dem Thron Gottes bestätigt war. (W. Wilson)

22. September

Psalm 108,7-14

Weitere Lesung: 1. Chronik 17,16-27

Nun folgen dem Lob die Bitten, und daraus erwächst Glaubensstärke und heiliger Mut. Häufig ist es das Beste, den Gottesdienst mit einem Loblied zu beginnen und unsere Alabasterfläschchen mit Duftöl erst zu bringen, nachdem die Harfen ihre schönen Klänge bereits begonnen haben.
Der Herr hatte dem David weitgehende Verheißungen gemacht, und Seine Heiligkeit garantierte sie ihm. Gottes Eigenschaften waren das Pfand dafür, dass der Sohn Isais große Segnungen empfangen sollte. Es bestand keine Gefahr, dass der Bundesgott Sein verpflichtendes Wort nicht einhalten würde. Wenn Gott etwas gesagt hat, dürfen wir wohl froh sein: Allein dass Gott sich uns offenbare, ist Grund zum Freuen. Wenn der Herr vorgehabt hätte, uns zu vernichten, hätte Er nicht so mit uns gesprochen, wie Er es getan hat. Aber das, was Gott gesagt hat, ist ein weiterer Grund zur Freude; denn Er hat die »gewissen Gnaden David« verkündet und verheißen, den Thron für Davids Nachfahren zu befestigen und ihm alle seine Feinde zu unterwerfen. David war sehr glücklich, nachdem der Herr durch den Mund Nathans mit ihm geredet hatte. Er saß in staunender Freude vor dem Herrn. Lest es in 1. Chronik 17 und beachtet, dass David im nächsten Kapitel kraftvoll gegen seine Feinde vorzugehen begann, so, wie er es in diesem Psalm zu tun verspricht. Zuerst kommen die Eindringlinge in die Heimat an die Reihe. Die Feinde müssen vom Territorium Israels vertrieben, das Land ordentlich besiedelt und verwaltet werden. Jenseits und diesseits des Jordans ist das Land in Ordnung zu bringen und gegen eindringende Marodeure zu sichern. Manche Freude verführt zur Untätigkeit, aber nicht eine solche, die sich auf

Psalm 108,7-14

einen lebendigen Glauben an die Verheißungen Gottes gründet. Seht, wie David betet, als hätte er den Segen schon und könnte ihn unter seine Leute austeilen. Das kommt daher, weil er so sehr von Herzen den Herrn als seinen Helfer besungen hat. Seht, wie entschlossen er handelt, wie ein Mann, dessen Gebete zu seinem Leben gehören und ein wesentlicher Teil seiner Aktivitäten sind.

Der Glaube ist weder feige noch träge. Er weiß, dass Gott mit ihm ist, und darum tut er alles mit großem Mut. Er weiß, er wird die Feinde zertreten, und darum erhebt er sich, dies in des Herrn Namen zu tun. Wo Lob und Bitte der Schlacht vorausgehen, dürfen wir erwarten, Heldentaten und entscheidende Siege zu erleben. »Mit Gott!« ist unsere geheime Sicherheit; aus dieser Quelle beziehen wir all unseren Mut, unsere Weisheit und Stärke. Die Gemeinde muss sich noch wachrütteln, um von Herzen ihren Gott zu preisen, um dann mit Liedern und Hosiannas in den großen Krieg zu ziehen. Ihre Feinde werden zerschlagen und gänzlich durch die Macht ihres Gottes zerschmettert werden, und die Herrlichkeit des Herrn wird die ganze Erde erfüllen. Lass es in unseren Tagen geschehen! Darum bitten wir Dich, o Gott.

Zum Nachdenken: Weil die Gemeinde Gottes Geliebte ist, sollte die Sorge für sie bei uns an erster Stelle stehen, und diese Liebe, der an ihrer Bewahrung liegt, sollte uns zu ihren Gunsten ins Gebet treiben. (David Dickson)

23. September

Psalm 109,1-5

Weitere Lesung: Jeremia 17,14-18

»Gott meines Lobes, schweige nicht!« ist der Schrei eines Menschen, der ein tiefes Vertrauen zu Gott hat und dessen Gemeinschaft mit Ihm sehr innig und unerschütterlich ist. Beachtet, dass er von Gott nur erbittet, Er möge reden: Ein Wort Gottes ist alles, was ein Gläubiger braucht. Wenn wir auf Gottes Ehre achten, achtet Er auf die unsere. Wir dürfen Ihn als den Wächter unseres Wesens betrachten, wenn wir wirklich Seine Ehre suchen. Leben wir zu Gottes Preis, wird Er uns am Ende geben, unter den Menschen gepriesen zu werden.

Gottlose müssen Gottloses reden, und damit müssen wir rechnen; aber außerdem äußern sie Falsches und Betrügerisches, und das ist das Schlimmste. Man kann nie wissen, was aus einem Mund kommt, der sowohl unrein als auch verlogen ist. Niemand kann sich ausmalen, welches Elend einem guten Menschen durch verleumderische Berichte bereitet wird, außer wer selbst auf dieser Weise verletzt wurde. In Satans ganzem Arsenal gibt es keine schrecklicheren Waffen als betrügerische Zungen. Wenn unser guter Ruf, über den wir Tag für Tag gewacht haben, plötzlich mit den gemeinsten Vermutungen beschmutzt wurde, bedeutet das einen unbeschreiblichen Schmerz; doch wenn Gottlose und Lügner ihren Mund weit aufreißen, können wir kaum erwarten, besser wegzukommen als andere. Lügenzungen können nicht schweigen. Böse Zungen begnügen sich nicht damit, schlechte Menschen zu schmähen, sondern suchen sich gerade die begnadetsten Heiligen für ihre Attacken aus. Hier ist Grund genug zu beten. Es schmerzt uns, wenn wir verleumdet werden – weil wir nicht wissen, was wir als Nächstes sagen sollen, welcher Freund dadurch abgewendet wurde,

Psalm 109,1-5

welches Übel uns jetzt bedroht oder welches Unheil uns und anderen zugefügt wird. Die Luft ist voller Gerüchte, und nicht greifbare Schatten huschen umher; der Geist ist voll Furcht vor unbekannten Feinden und unsichtbaren Pfeilen.

Wohin immer er sich wendete, pflegten sie ihn zu verfolgen mit Hinterlist, falschen Darstellungen, Anklagen und Spott. Flüstern, Kichern, Andeutungen, Spottgedichte und offene Anklagen waren ihm beständig in den Ohren, und alles nur aus reinem Hass. Jedes Wort war so voll Gift, wie ein Ei voll Dotter und Eiweiß ist. Sie konnten nichts sagen, ohne die Zähne zu fletschen, und er hatte nichts getan, um den Streit zu provozieren, doch auf tausend Weisen arbeiteten sie daran, ihm die Ruhe zu rauben und ihn unglücklich zu machen. All dies ließ den Beter das ihm angetane Unrecht nur noch deutlicher empfinden. Das war eine grausame Lage, und der empfindsame Geist des Psalmisten krümmte sich darunter. Er tat nichts weiter als beten. Er wurde zum Gebet, wie sie zur Bosheit wurden. Dies war die Antwort an seine Feinde: Er wandte sich von den Menschen und ihrer Ungerechtigkeit zu dem Richter der ganzen Erde, der das Recht wiederherstellen musste. Wahre Tapferkeit allein kann einen Menschen lehren, nicht mehr mit den Verleumdern zu sprechen, sondern seine Sache zu dem Herrn zu bringen.

Zum Nachdenken: Niemand erweist sich als schlimmerer Feind als einer, der die größte Freundlichkeit erfahren hat und sich dann abwendete. (Abraham Wright)

24. September

Psalm 109,6-20

Weitere Lesung: Apostelgeschichte 1,15-20

Wir sahen den arglosen und unschuldigen Menschen auf seinen Knien liegen, der seine Klagen vor Gott ausschüttete. Jetzt heißt es, ihn zu beobachten, wie er von dem Gnadenthron fortgeht und von prophetischer Kraft erfüllt seinen Feinden die Vorwarnung ihrer Verdammnis entgegenhält. Wir werden ihn wie einen mit hartem Ernst bekleideten Richter sprechen hören – oder wie einen in Rache gekleideten Gerichtsengel – oder wie das blanke Schwert der Gerechtigkeit, wenn diese den Arm zur Exekution erhebt. Er spricht nicht nur um seinetwillen, sondern für alle Verleumdeten und Unterdrückten, als deren Vertreter und Sprecher er sich empfindet. Er bittet um Gerechtigkeit, und weil seine Seele von grausamem Unrecht durchbohrt wurde, bittet er mit ernster Überlegung und spart nicht mit seinen Forderungen. Bosheit zu bemitleiden, hieße, der Menschheit Unrecht zu tun; Leute zu beschirmen, die so viel Blut vergossen, wie sie nur konnten, wäre Grausamkeit gegenüber den Unterdrückten. Nein, Liebe und Wahrheit und Mitleid zeigen dem Himmel die Wunden der Gequälten und verlangen nach Vergeltung an den Feinden der Unschuldigen und Bedrückten. Wer Güte ein Verbrechen nennt und Unschuld zum Motiv für Hass macht, verdient es, bei dem großen Bewahrer der Menschen keine Gnade zu finden. Vergeltung ist das Vorrecht Gottes, und es wäre ein grenzenloses Unglück, wenn das Böse in Ewigkeit ungestraft bliebe. Somit ist es ein unaussprechlicher Segen, dass der Herr den gottlosen und grausamen Menschen Vergeltung zukommen lassen wird, und es gibt Zeiten und Gelegenheiten, in denen ein guter Mensch um diesen Segen bitten sollte. Wenn der Richter aller Menschen

Psalm 109,6-20

droht, tyrannische Grausamkeit und hinterlistige Verräterei zu vergelten, findet die Tugend dies richtig und stimmt Ihm zu. »Amen, so soll es sein!«, sagt jeder gerechte Mensch in seinem tiefsten Inneren.

Die Juden waren es dermaßen gewohnt, diese Verse als das Verdammungsurteil für Verräter und grausam betrügerische Gesinnung zu betrachten, dass Petrus sofort den schnellen Tod des Judas als Vollzug dieses Urteils ansah und als Grund zur Bestimmung eines Nachfolgers, der seinen Platz als Apostel übernehmen sollte. Ein böser Mensch macht ein Amt nicht böse; ein anderer kann mit Gewinn das Amt ausüben, das zuvor zum Bösen missbraucht wurde.

Wiedergutmachung fordert der Psalmist; nicht als private Rache, sondern durch öffentliche Rechtsprechung, entsprechend der Strafe, die das Verbrechen verdient. Denn der boshafte Mensch kann sich nicht beklagen, wenn er nach seinen eigenen Regeln verurteilt wird und wenn man ihm mit seinem eigenen Scheffel die Strafe zumisst. Möge er empfangen, was er gern hat! Er hat es ausgebrütet, und nun kommt es ins eigene Nest zurück. Er hat das Bett bereitet, mag er jetzt selbst drin liegen. Was er gebraut hat, darf er nun austrinken. Das halten alle Menschen für gerecht. Wenn auch das höhere Gesetz der Liebe den persönlichen Zorn überwindet, will nicht einmal die christliche Liebe, dass so üblen Burschen der Urteilsspruch gemildert wird.

Zum Nachdenken: David war ein Mensch von sanfter Natur und bemerkenswert frei vom Rachegeist, so ist er hier als Richter oder als Vertreter der Menschheit zu sehen, der in seiner Person allgemeine Grundsätze verteidigt und großes Unrecht wieder gutmacht. (C.H. Spurgeon)

25. September

Psalm 109,21-31

Weitere Lesung: Psalm 31,9-20

Gottes Gnade ist der Stern, auf den Gottes Leute ihre Augen richten, wenn sie vom Sturm umtost werden und keinen Trost finden, weil besonders der Reichtum und die Güte dieser Gnade für das müde Herz sehr anziehend ist. Wenn der Mensch gnadenlos ist, findet man die Gnade doch bei Gott. Wollen uns die Menschen verschlingen, dürfen wir zu dem rettenden Gott aufblicken. Sein Name und Seine Gnade sind zwei feste Grundlagen unserer Hoffnung, und glücklich sind alle, die wissen, wie man darauf ruht. Der Herr hat stets ein zartes Mitempfinden mit denen, die zerbrochenen Herzens sind, und so erging es dem Psalmisten: Die unverdiente Grausamkeit, die Gemeinheit, die Verleumdung seiner erbarmungslosen Feinde hatte ihm die Seele durchbohrt. Und nun bringt er diesen traurigen Zustand als Grund für eilige Hilfe vor. Es ist Zeit, für einen Freund einzuschreiten, wenn der Feind so tiefe Wunden schlägt. Ohne göttliche Hilfe war die Lage verzweifelt, ebendarum war die Zeit für den HERRN gekommen. Der Psalmist erfleht das Mitleid Gottes, weil er in diese elende und hilflose Lage durch die lange Verfolgung geraten war, der sein sanftes Herz ausgesetzt wurde. Solche, die derlei vergiftete Pfeile schießen, sind sich der Folgen nicht immer bewusst; sie schleudern Feuerbrände und meinen, das sei nur Sport.

Indem er den HERRN mit dem besitzanzeigenden »mein Gott« verbindet, bittet er um Seine Hilfe, nicht nur, um die schwere Last zu tragen, sondern auch, um sich darüber zu erheben. Er hat seine eigene Schwäche beschrieben und die Kraft und Wut seiner Feinde, und wegen dieser beiden Argumente bedrängt er den Herrn mit doppelter Intensität. »Hilf mir, HERR, mein

Psalm 109,21-31

Gott!« Das ist ein inhaltsreiches, kurzes und passendes Gebet für jeden Gläubigen, der in Gefahren, Schwierigkeiten und Schmerzen steckt. Gott wird nie weit sein, wenn Seine Leute in der Drangsal sind; Er wird für sie eintreten und sich vor Gericht als ihr Anwalt für sie verwenden. Welch ein Unterschied ist das zu dem Los der Gottlosen, die Satan auf ihrer Seite haben (Vers 6). Der Gerichtstermin war nur Formsache, die Bösewichte hatten das Urteil längst gefällt; denn ihr Hass hatte ihn verdammt. Ja, wahrlich, sie sprachen das Todesurteil über die Seele ihres Opfers aus, doch was schadete das? Der große König saß im Gerichtssaal, und ihr Urteil kehrte sich gegen sie selbst. Nichts kann das Herz eines verleumdeten Gläubigen besser aufrichten als die feste Überzeugung, dass Gott allen nahe ist, denen Unrecht geschieht, und sicherlich ihre Rettung bewirken wird. O Herr, bewahre uns vor der schweren Drangsal, verleumdet zu werden; handle in Deiner Gerechtigkeit mit allen, die in gehässiger Weise den Charakter heiliger Menschen angreifen, und lass alle, die unter falscher Anklage und unter Widerspruch leiden, unbefleckt aus dieser Anfechtung hervorgehen, so wie es Dein eingeborener Sohn getan hat. Amen.

Zum Nachdenken: Die Flüche der Menschen sind ohnmächtig; die Segnungen Gottes sind allmächtig. (Matthew Henry)

26. September

Psalm 110,1-3

Weitere Lesung: Matthäus 22,41-46

David hörte im Geist, wie die feierliche Stimme des HERRN von jeher zu dem Messias gesprochen hat. Welch eine wunderbare Gemeinschaft bestand zwischen dem Vater und dem Sohn! Diesem Geheimnis intimster Gemeinsamkeit entspringt der Bund der Gnade und all das Wunderbare, das er bewirkt. Alle großen Taten der Gnade wurden durch das Wort Gottes Wirklichkeit. Hätte Er nicht gesprochen, gäbe es für uns keine Gottesoffenbarung. Doch am Anfang war das Wort, und von jeher gab es die geheimnisvolle Übereinstimmung zwischen dem Vater und Seinem Sohn Jesus Christus über Sein Volk und die große Auseinandersetzung zwischen Ihm selbst und dem Bösen.

Obwohl David fest an die Einheit der Gottheit glaubte, erkennt er geistlich zwei Personen und unterscheidet sie und merkt, dass er ein besonderes Interesse an der zweiten hat; denn er nennt sie »mein Herr«. Das war ein Hinweis auf den Ausruf des Thomas: »Mein Herr und mein Gott!« Und der Psalmist drückt dadurch seine Ehrfurcht, seinen Gehorsam, seine gläubige Annahme und seine Freude an Christus aus. Es ist sehr gut, wenn man klare Vorstellungen über die wechselseitigen Beziehungen der Personen der gepriesenen Dreieinigkeit hat; in der Tat, die Erkenntnis dieser Wahrheiten ist von entscheidender Bedeutung für unseren Trost und unser Wachstum in der Gnade. Es gibt deutliche Unterschiede bei den göttlichen Personen; denn sie sprechen miteinander; aber die Gottheit ist eine.

Der HERR beruft Adonai, unseren Herrn, zur Ruhe und zu den Ehren Seines himmlischen Thrones. Sein Werk ist vollbracht, und Er darf sich setzen; Er hat alles gut gemacht, darum darf

Psalm 110,1-3

Er zu Seiner Rechten Platz nehmen; es wird großartige Folgen haben, darum darf Er ruhig abwarten, um den völligen Sieg anzusehen, der sicher eintreten wird. Der herrliche HERR spricht den Christus also als unseren Retter an; denn, so sagt David, Er sprach »zu meinem Herrn«. Jesus ist auf den Thron der Macht, des Herrschens und der höchsten Würde gesetzt und soll dort nach göttlicher Bestimmung sitzen, während der HERR für Ihn streitet und alle Rebellen Ihm zu Füßen legt. Er sitzt dort auf des Vaters Anordnung und Berufung und wird dort sitzen trotz aller Feinde Toben, bis sie ganz zuschanden werden und Er Seinen Fuß auf ihre Hälse setzt. In diesem Sitzen ist Er unser Stellvertreter. Dieses Mittler-Reich wird andauern, bis der letzte Feind vernichtet ist, und dann wird dem inspirierten Wort zufolge das Ende kommen, wo Er das Reich dem Gott und Vater übergibt. Das Werk der Unterwerfung der Nationen ist nun in der Hand des großen Gottes, der es durch Seine Vorsehung zur Verherrlichung Seines Sohnes vollenden wird. Sein Wort verbürgt es uns, und dass Sein Sohn zu Seiner Rechten sitzt, ist die Garantie dafür; darum lasst uns keine Angst vor der Zukunft haben!

Zum Nachdenken: Für David war es eine höhere Ehre, Christus als Sohn zu haben, als König zu sein, doch sagt David nicht, Christus sei sein Sohn, sondern jubelt, dass Christus sein Herr und er Christi Knecht ist. (Johann Albrecht Bengel)

27. September

Psalm 110,4-7

Weitere Lesung: Hebräer 7,14-28

Wir sind im Zentrum des Psalms angekommen, das auch die Mitte und die Seele unseres Glaubens ist. Gemäß einem vor langer Zeit geschworenen Eid des HERRN ist der Herr Jesus ein Priester-König. Es muss eine feierliche und gewisse Sache sein, die den Ewigen schwören lässt, und bei Ihm bestätigt und befestigt ein Eid den Beschluss für ewig; aber in diesem Fall wird, um die Sache noch tausendmal fester zu machen, hinzugefügt: »und es wird Ihn nicht gereuen.« Jesus wurde geschworen, der Priester Seines Volkes zu sein, und Er muss es bis ans Ende bleiben, weil Seine Sendung mit dem unveränderlichen Eid des unwandelbaren HERRN besiegelt ist. Könnte Seine Priesterschaft widerrufen und Seine Autorität aufgelöst werden, würde das den Untergang aller Hoffnung des Volkes bedeuten, das Ihn liebt. – Doch der feste Fels und die sichere Grundlage unserer Sicherheit ist der Eid Gottes, durch den unser herrlicher Herr beides behält, Seine Priesterschaft und Seinen Thron. Es ist Gott, der HERR, der Ihn für ewig zum Priester eingesetzt hat, und das mit einem Eid, ohne es sich gereuen zu lassen. Und das gilt jetzt und bis in Ewigkeit. Darum steht unsere Sicherheit in Ihm außer Frage.

Die Priesterordnung nach Melchisedek war die älteste und einfachste, mit den wenigsten Ritualen und Zeremonien und gleichzeitig die ehrenvollste. Dieser Patriarch aus alter Zeit war der Vater Seines Volkes, der es zu gleicher Zeit regierte und belehrte. Er schwang sowohl das Zepter als auch den Richterstab, regierte in Gerechtigkeit und brachte dem HERRN Opfer dar. Seither ist niemand aufgestanden, der ihm gleich war; denn wann immer die Könige Judas es wagten, den Priesterdienst

Psalm 110,4-7

auszuüben, wurden sie mit Schanden fortgetrieben. Gott wollte keinen Priester-König außer Seinem Sohn. Melchisedeks Amt war eine Ausnahme; niemand ging ihm voraus und niemand folgte ihm. Auf geheimnisvolle Weise erscheint er im Buch der Geschichte; weder ein Vorfahr wird genannt noch das Datum seiner Geburt oder der Tag seines Todes. Er segnet Abraham, erhält den Zehnten und verschwindet von der Szene inmitten von Ehren, die ihn als größer ausweisen als den Gründer des auserwählten Volkes. Einmal tritt er in Erscheinung, und das eine Mal genügt. Wie Melchisedek steht unser Herr Jesus vor uns als der von Gott eingesetzte Priester. Er wurde nicht durch fleischliche Geburt zum Priester, wie die Söhne Aarons. Er bedarf weder Vater noch Mutter noch Abstammung für das Recht zu dem heiligen Dienst. Er steht auf Seinen eigenen Verdiensten, allein auf sich selbst. Wie keiner Ihm in Seinem Werk vorausging, so kann Ihm auch niemand darin folgen. Seine Ordnung beginnt und endet in Seiner eigenen Person, und in Ihm ist sie ewig. Der König und Priester war hier und hat Seinen Segen auf Seinen gläubigen Samen gelegt. Und nun sitzt Er in der Herrlichkeit und übt Sein Amt als Priester-König aus: Er versöhnt uns durch die Verdienste Seines Blutes und übt alle Gewalt zu unseren Gunsten aus.

Zum Nachdenken: Der vorliegende Psalm erwächst aus dem vorigen, wie sich der Ölberg, der Berg der Himmelfahrt, aus dem Tal von Gethsemane zu seinen Füßen erhebt. (Christopher Wordsworth)

28. September

Psalm 111

Weitere Lesung: Prediger 12,9-14

Nach Plan, Ausdehnung, Anzahl und Vollkommenheit sind alle Werke des HERRN großartig. Selbst Seine kleinen Geschöpfe sind wunderbar. Alle, die ihren Schöpfer lieben, freuen sich Seiner Werke. Sie begreifen, dass mehr darin steckt, als man oberflächlich sehen kann; darum ist ihr Geist darauf gerichtet, sie zu untersuchen und zu verstehen. Der fleißige Naturkundler untersucht die Natur, der ernste Geschichtsforscher jagt verborgenen Fakten und dunklen Berichten nach, und der Mann Gottes gräbt in den Minen des Wortes Gottes und bewahrt jedes Körnchen goldener Wahrheit. Gottes Werke sind unseres Forschens würdig. Sie bieten uns eine wunderbare Mischung aus Belehrung und Vergnügen und erscheinen nach der Untersuchung viel großartiger als vorher und werden viel bedeutsamer. Die Werke der Menschen sehen nur aus der Ferne prächtig aus; Gottes Werke sind auch großartig, wenn man sie intensiv aus der Nähe betrachtet.

In Gottes großen Werken ist die Gnade genauso deutlich zu erkennen wie die Gerechtigkeit, wahrlich, eine Fülle an zarter Liebe kann man in allem sehen, was Er gemacht hat. Bei all Seinem Tun berücksichtigt Er in starkem Maß, dass Sein Volk schwach und gebrechlich ist, und hat dasselbe Mitgefühl wie ein Vater für seine Kinder. Sollten wir Ihn dafür nicht preisen? Alles, was Gott schafft an Rettung und Bewahrung, wird von dem Silberfaden Seiner Barmherzigkeit durchzogen, der wirklich nirgends fehlt. Möchten doch die Heiligen mit dankbarer Freude davon Zeugnis geben! Keine Verheißung des Herrn wird zu Boden fallen, noch wird irgendein Teil des großen Bündnisses ewiger Liebe zurückgenommen oder in die Vergessen-

Psalm 111

heit sinken. Der Gnadenbund ist Plan und Grundlage des großen Werkes, das Gott an Seinem Volk tut, und beide werden nie voneinander getrennt werden. Der Herr hat Unterschrift und Siegel darunter gesetzt; nun sind Seine Herrlichkeit und Ehre darin verwickelt, ja, Sein göttlicher Ruf hängt daran, und darum wird Er auch niemals aufhören, auch des kleinsten Jotas oder Versprechens zu gedenken. Sein göttlicher Beschluss hat Seinen Bund der Gnade zu einer festen, ewigen Einrichtung gemacht. Das zur Erlösung vergossene Blut zeigt, dass der Bund nicht abgeändert werden kann, weil er dadurch unwiderruflich bestätigt und befestigt wurde. Auch das ist Grund zu lautestem Jubel.

»Die Furcht des HERRN ist der Weisheit Anfang.« Sie ist ihr erster Grundsatz, aber gleichzeitig auch ihr höchstes Ziel. Das Wort »Anfang« bedeutet in der Heiligen Schrift manchmal auch »Oberster«. Und wahre Gottesfurcht ist zugleich das oberste Element der Weisheit und ihre wichtigste Frucht. Gott so zu kennen, dass man gerecht vor Ihm wandelt, ist die vornehmste aller angewandten Wissenschaften. Heilige Ehrfurcht vor Gott lässt uns Ihn preisen, und darum geht es in diesem Psalm; denn das heißt, seinem Schöpfer gegenüber weise zu handeln.

Zum Nachdenken: Die Furcht des HERRN und des göttlichen Gesetzes gibt den Menschen ein gutes Verständnis und macht sie weise zur Seligkeit. (Matthew Henry)

29. September

Psalm 112,1-5

Weitere Lesung: Kolosser 3,12-17

Nach dem letzten Vers von Psalm 111 – »Die Furcht des HERRN ist der Weisheit Anfang« – handelnd, hat dieser Mensch angefangen, weise zu werden; und diese Weisheit brachte ihm gegenwärtige Freude und versicherte ihm, einst ewig glückselig zu sein. Der HERR ist so groß, dass sich alle, die Ihm nahe sind, ehrfürchtig vor Ihm beugen müssen. Und gleichzeitig ist Er so unendlich gut, dass sich diese Furcht in zarte Liebe verwandelt und zu einem wunderbaren Gefühl wird, das keinerlei Knechtschaft empfinden lässt.

Die wahren Nachkommen der Gerechten sind solche, die ihnen in ihren Tugenden nacheifern. Selbst als Gläubige sind sie Nachkommen Abrahams, weil sie seinen Glauben nachahmen. Das sind die wahren Helden ihrer Zeit, die wirklich großen Männer unter den Adamssöhnen; ihr Lebenswandel ist erhaben, und ihr Einfluss auf ihre Zeit ist weit größer, als es zunächst erscheint. Das Geschlecht der aufrichtigen, Gott ergebenen, gerechten Menschen wird durch die Zeitalter bewahrt und bleibt stets unter dem Segen Gottes. Die Gottesfürchtigen mögen verfolgt werden, sie werden aber niemals verlassen sein. Die Flüche der Menschen können ihnen den Segen Gottes nicht rauben, denn die Worte Bileams sind wahr: »Er hat gesegnet, und ich kann's nicht wenden.« Ihre Kinder stehen unter der besonderen Fürsorge des Himmels, und man wird gewöhnlich feststellen, dass sie den göttlichen Segen ererben. Ehrlichkeit und Anstand sind bessere Grundlagen für ein achtbares Haus als nur List und Raffgier, und sogar bessere als Talent und Tatkraft. Gottesfurcht und ein aufrichtiger Wandel bedeuten höheren Adel, als Blut oder Geburt bieten können.

Psalm 112,1-5

Wir sind bestenfalls elende Kopien des großen Originals, doch wir sind Kopien, und weil wir das sind, rühmen wir den Herrn, der uns in Christus Jesus neu geschaffen hat. Der Aufrichtige ist gnädig. Das heißt, er begegnet seinem Umfeld mit Freundlichkeit; er ist nicht mürrisch oder launisch, sondern höflich gegenüber seinen Freunden und gütig gegenüber Armen, er vergibt den Irrenden und bemüht sich zum Besten aller. Auch ist er barmherzig, also mitfühlend und mitleidend, und unterstützt die Elenden in Zeiten der Not. Man muss ihn nicht zu guten Werken antreiben, er selbst ist voller Menschlichkeit. Es macht ihm Freude, sich auf die Seite der Traurigen zu stellen. Auch nennt man ihn »gerecht«. In allem Umgang mit seinen Nächsten gehorcht er dem Recht, und niemand kann ihm vorwerfen, dies zu verletzen oder seinen Nächsten zu übervorteilen. Seine Gerechtigkeit wird aber durch Barmherzigkeit abgemildert und ist mit Gnade gewürzt. Solche Menschen kann man in unseren Gemeinden finden, und sie sind bei weitem nicht so selten, wie kritische Menschen annehmen; doch sind sie gleichzeitig viel seltener, als die große Masse der Bekenner zu hoffen Anlass gibt. Herr, lass uns alle in den Besitz dieser liebenswerten Eigenschaften gelangen!

Zum Nachdenken: Der Psalm ist ein Lob Gottes, weil Er den Gläubigen gesegnet hat, und der ganze Psalm zeigt, dass der Gläubige gesegnet ist. (David Dickson)

30. September

Psalm 112,6-10

Weitere Lesung: Römer 2,1-16

Gott wurzelte und gründete den Gerechten so, dass weder Menschen noch Teufel ihn aus dieser Stellung reißen können. Sein Wohlstand wird immer weiter wachsen und nicht wie der der Gaukler und Schwindler, deren Gewinn nur flüchtig ist. Sein guter Ruf wird alle Jahre hindurch leuchtend strahlen; denn er ist nicht bloßer Schein. Sein Haus hat Dauer, und er braucht nicht von einem Ort zum anderen zu ziehen wie ein Vogel, der sein Nest verlässt; selbst erinnern wird man sich an ihn lange Zeit; denn ein guter Mensch wird nicht schnell vergessen.
Er wird sich vor bösen Nachrichten nicht fürchten und auch nicht erschrecken, wenn sie eintreffen. Sein Herz ruht in der festen Verbindung mit Gott, so kann ihn ein Wechsel in seinen Lebensumständen nur wenig berühren. Der Glaube hat ihn fest und standhaft gemacht, und so wird er, auch wenn's zum Ärgsten kommt, ruhig und geduldig bleiben und auf den Gott seiner Rettung warten. Seine Liebe zu Gott ist tief und wahr, sein Vertrauen auf Ihn fest und unbeweglich, und sein Mut hat eine sichere Grundlage; er stützt sich auf Gottes Allmacht. Er hat das aus Erfahrung gelernt und in vielen Jahren bestätigt bekommen. Er ist kein umherrollender Stein, sondern ein Pfeiler im Hause des HERRN. Er ist bereit, jedem Feind entgegenzutreten – denn ein heiliges Herz hat ein tapferes Angesicht. Während des ganzen Kampfes, bis er den Sieg erringt, ist er frei von Furcht. Wogt die Schlacht auch hin und her und scheint das Ergebnis auch fraglich, hält er sich doch fest an Gott, und Bestürzung ist ihm fremd. Die Gnade lässt ihn wünschen, seine Feinde würden gut werden, wenn auch die Natur ihn dazu bringt, der Gerechtigkeit zu wünschen, sie möge ihren Lauf

Psalm 112,6-10

nehmen. Aber auch denen, die ihm Unrecht taten, will er nicht aus privater Rachsucht Schaden zufügen.

Der zehnte und letzte Vers zeigt sehr deutlich den Unterschied zwischen dem Gerechten und dem Gottlosen, um damit die Segnungen des Gottesfürchtigen noch bemerkenswerter erscheinen zu lassen. Erst werden die Gottlosen das vorbildliche Verhalten der Heiligen sehen, durch das sie verurteilt werden. Dann werden sie die Glückseligkeit der Frommen erleben, wodurch ihre ewige Verdammnis noch schrecklicher wird. Das Kind des Zorns wird genötigt, Zeuge der Segnungen des Gerechten zu sein; doch wird ihm dieser Anblick das Herz abfressen. Während die Gerechten für immer bestehen und ihr Andenken stets grünen wird, soll der Gottlose samt seinem Namen vom Erdboden getilgt werden. Er wäre gern der Gründer einer Familie gewesen und hätte gern als etwas Großes gegolten; doch wird er verschwinden und sein Name mit ihm. Wie weit ist der Golf, der den Gerechten von dem Gottlosen scheidet, und wie verschieden sind die ihnen vom Herrn zugeteilten Lose! Welche Gnade ist es doch, ein Gesegneter des Herrn zu sein! Das wird uns von ganzem Herzen singen lassen.

Zum Nachdenken: Niemand liebt den Gedanken, vergessen zu sein, und doch kann man dies nur vermeiden, indem man gerecht vor Gott wird. (C.H. Spurgeon)

1. Oktober

Psalm 113,1-5

Weitere Lesung: Jesaja 40,18-31

Lobpreis ist das wichtigste Opfer des Volkes Gottes an allen seinen erhabenen Festen. Gebet ist die Myrrhe und Lob der Weihrauch, und beides muss dem Herrn dargebracht werden. Wie könnten wir Gott um Gnade für die Zukunft bitten, wenn wir Ihn nicht preisen für die Liebe in der Vergangenheit? Der Herr hat alles Gute für uns vollbracht, lasst uns Ihn dafür anbeten! Wenn Gottes eigene Knechte Ihn nicht preisen, wer soll es dann tun? Der Name des HERRN wird in den ersten drei Zeilen dreimal gebraucht. Das mag von denen, die etwas von der Lehre der Dreieinigkeit wissen, als eine nur schwach verhüllte Anspielung auf dieses heilige Geheimnis verstanden werden. Vater, Sohn und Heiliger Geist sollen alle gepriesen sein als der eine, einzig lebendige und wahre Gott. Während sie Ihn laut preisen, sollten die Menschen Ihn auch mit dem Schweigen ihrer Herzen anbeten, indem sie Seinem Namen Verherrlichung, Seiner Sache Erfolg und Seiner Wahrheit Sieg wünschen. Indem der Psalmist den »Namen« des HERRN erwähnt, lehrt er uns, alle Eigenschaften des Höchsten zu preisen, aus denen sozusagen Sein Name zusammengesetzt ist. Wir sollen nicht über Seine Gerechtigkeit oder Seine Strenge streiten noch sklavisch Seine Macht fürchten, sondern Ihn so annehmen, wie wir Ihn in dem inspirierten Wort und entsprechend Seinem Handeln erkennen, und Ihn als solchen lieben und preisen. Wir brauchen dem HERRN keinen neuen Namen zu geben oder neue Eigenschaften zu erfinden; denn damit würden wir einen falschen Gott aufrichten. Jedes Mal, wenn wir über den Gott der Bibel nachdenken, sollten wir Ihn preisen und Seinen erhabenen Namen nie ohne freudige Ehrfurcht aussprechen.

Psalm 113,1-5

Vom frühen Morgen bis zum Abenddämmern sollten ununterbrochen Loblieder zum Thron des HERRN aufsteigen; vom Osten bis zum Westen sollte ihm von dem ganzen Erdenrund nichts als Anbetung zu Seiner Verherrlichung dargebracht werden. So sollte es sein, und wir danken Gott, dass wir glauben dürfen, es werde auch einmal so sein. Wir glauben, dass bevor sich auf diese Welt drohend der Abend herabsenkt, der herrliche Name des HERRN allen Nationen verkündet wird und alle Völker Ihn den Gepriesenen nennen werden. Bei der ersten Verkündigung des Evangeliums wurde der Name Gottes vor allen Völkern verherrlicht. Wird es nicht in viel stärkerem Maß der Fall sein, bevor das Ende kommt? Auf jeden Fall ist es der Wunsch unserer Herzen. Bis dahin lasst uns eifrig jeden Tag mit dem Lob des HERRN heiligen.

Obwohl die Heiden Ihn nicht kannten, war der HERR ihr Herrscher; ihre Götter waren falsche Götter und ihre Könige Marionetten in Seiner Hand. Der HERR ist hoch erhaben über alle heidnische Gelehrsamkeit, Beurteilungen und mythischen Vorstellungen, und Er steht weit über allem Pomp und aller Macht der Könige der Nationen. Niemand kann mit Ihm auch nur an einer Stelle verglichen werden; Israels Gott ist ohnegleichen; unser Bundesgott steht einzig da!

Zum Nachdenken: Es gehört zum Wesen der Liebe, dass sie den Geliebten allem anderen vorzieht; und so fragen wir: »Wer ist meinem Geliebten gleich?« (Wolfgang Musculus)

2. Oktober

Psalm 113,6-9

Weitere Lesung: Jesaja 57,15-21

Der HERR wohnt so weit in der Höhe, dass Er sich selbst zur Betrachtung himmlischer Dinge tief herablassen muss. Er muss sich neigen, um die Himmel anzusehen, und sich beugen, um den Engeln zuzuschauen. Wie weit muss Er sich dann herablassen, wenn Er Acht hat auf die geringsten Seiner Knechte auf Erden! Das lässt sie vor Freude zu singen beginnen wie Maria, die sagte: »Er hat hingeblickt auf die Niedrigkeit Seiner Magd.« Wie wunderbar sind Jesajas Worte: »So spricht der Hohe und Erhabene, der in Ewigkeit wohnt und dessen Name der Heilige ist. In der Höhe und im Heiligen wohne Ich und bei dem, der zerschlagenen und gebeugten Geistes ist, um zu beleben den Geist der Gebeugten und zu beleben das Herz der Zerschlagenen.« Heidnische Philosophen konnten nicht glauben, dass der große Gott die kleinen Ereignisse in der menschlichen Geschichte wahrnimmt; sie stellten Ihn so dar, als lebe Er fortwährend in heiterer Gelassenheit und stehe den Wünschen und Leiden Seiner Geschöpfe völlig gleichgültig gegenüber. »Unser Fels ist nicht ihr Fels«; wir haben einen Gott, der hoch über allen Göttern steht und doch unser Vater ist, der weiß, was wir brauchen, bevor wir Ihn bitten. Er ist unser Hirte, der uns versorgt, unser Wächter, der die Haare auf unserem Haupt gezählt hat, unser rücksichtsvoller und aufmerksamer Freund, der mitfühlt, wenn wir Schmerzen haben. Wahrlich, der Name unseres sich erniedrigenden Gottes sollte überall gepriesen werden, wo man Ihn kennt.

Der HERR tut nichts Halbes. Wenn Er Menschen aus dem Staub erhebt, ist Er nicht zufrieden, bis Er sie zwischen die Edlen Seines Reiches setzt. Wir wurden unserem Gott zu Königen und

Psalm 113,6-9

Priestern gemacht, und wir sollen bis in Ewigkeit regieren. Statt Armut gibt Er uns fürstlichen Reichtum, und statt Schande erhebt Er uns in einen Rang, der den der Großen der Erde übertrifft. Alle Seine Leute sind Fürsten, und so lehrt uns der Text, dass Er bedürftige Seelen zu Fürsten unter Fürsten erhebt. Oft befähigt Er die am tiefsten Verzweifelten dazu, die höchsten geistlichen Höhen zu erreichen und Ihm am ähnlichsten zu werden; denn die einst Letzten sollen Erste werden. Obwohl Paulus geringer als der geringste Heilige war, wurde er in keiner Weise geringer geschätzt als der höchste der Apostel. Und in unseren Tagen wurde der spottende Kesselflicker Bunyan zu einem zweiten Johannes erhoben, dessen »Traum« beinahe an die Apokalypse heranreicht. Solche Verse wie diese sollten diejenigen sehr ermutigen, die sich selbst für die Geringsten halten. Der HERR schüttet Verachtung über die Fürsten aus; aber auf solche, die im Staub und in der Asche liegen, blickt Er voller Mitgefühl herab, handelt an ihnen in Gnaden und offenbart in ihrem Leben den Reichtum Seiner Herrlichkeit durch Christus Jesus. Wer solch erstaunliche Gunst erfahren hat, sollte dem Gott seiner Rettung ununterbrochen »Halleluja« singen.

Zum Nachdenken: Wenn Gott sich so sehr herablassen muss, um die Dinge im Himmel und auf der Erde zu betrachten, welche Herablassung war es dann für den Sohn Gottes, vom Himmel auf die Erde zu kommen und unsere Natur anzunehmen, um diejenigen suchen und retten zu können, die verloren waren! (Matthew Henry)

3. Oktober

Psalm 114

Weitere Lesung: 1. Korinther 10,1-13

Das Lied beginnt wie ein Vulkan – so, als ob das dichterische Feuer nicht aufzuhalten war, sondern alle Konventionen überspringt. Eine vom Gefühl der göttlichen Herrlichkeit erhobene und erfüllte Seele kann nicht abwarten, bis ein Vorwort verfasst ist, sondern springt mitten hinein ins Thema. Ja, wahrlich, die Israeliten kamen aus Ägypten, heraus aus dem Volk, unter das sie verstreut waren, sie kamen unter dem drückenden Joch hervor und waren dem Würgegriff des Königs entronnen, der sie alle zu nationalen Sklaven gemacht hatte. Israel zog aus mit erhobener Hand und ausgerecktem Arm. Das auserwählte Volk verachtete die Macht des Reiches und versetzte – bildlich gesprochen – ganz Ägypten in schreckliche Geburtswehen, als es aus seiner Mitte heraus geboren wurde.

Durch den Auszug aus Ägypten wurde ganz Israel ein für den Herrn abgesondertes, besonderes Volk, jetzt war es »heilig dem HERRN«. Juda war Sein »Heiligtum« und für besonderen Gebrauch bestimmt. Das Volk war ein ausschließlicher Besitz des HERRN; denn es wurde theokratisch regiert, und Gott war der einzige Herrscher. Es war in einer Weise Sein Eigentum, dass der Rest der Welt nicht dazugehörte. Das ganze Volk war das Heiligtum Gottes, und sein Lager war ein großer Tempel. Welch ein Wechsel muss das für die Frommen unter ihnen gewesen sein: dort die Götzendienerei und die Lästerungen der Ägypter, hier die heilige Gottes-Anbetung und die gerechte Regierung des großen Königs in Jeschurun. Sie lebten in einer Welt der Wunder, in der Gott in dem wundersamen Brot geschaut wurde, das sie aßen, und in dem Wasser, das sie tranken, wie auch in den feierlichen Gottesdiensten an Seinem heiligen Ort.

Psalm 114

Wenn der Herr Seine Gegenwart in einer Gemeinde offenbart und sie Seinen gnädigen Geboten gehorcht, welch goldenes Zeitalter hat dann angebrochen, und welch ehrenvolle Privilegien genießen dann Seine Leute! Möge es so bei uns sein!
Unsere Befreiung aus dem Joch der Sünde wird durch den Auszug Israels aus Ägypten eindrucksvoll dargestellt, wie auch der Sieg unseres Herrn über die Mächte des Todes und der Hölle. Darum sollten sich Christenherzen stets an den Auszug erinnern. Sprach nicht Mose auf dem Berg der Verklärung von dem »Auszug«, der sich bald darauf in Jerusalem vollziehen sollte, und steht nicht von den Überwindern droben geschrieben, dass sie das Lied Moses und das des Lammes singen? Erwarten wir selbst nicht ein zweites Kommen des Herrn, bei dem Himmel und Erde vor Seinem Angesicht fliehen werden und das Meer nicht mehr sein wird? Wir vereinen uns mit den Sängern an der Passahtafel und machen uns ihr Hallel zu Eigen; denn auch wir sind aus der Knechtschaft befreit und werden wie eine Herde durch Wüstenland geführt, wo uns der Herr alle Bedürfnisse mit Himmelsmanna und Wasser aus dem Felsen der Ewigkeit stillt. Gepriesen sei der Herr!

Zum Nachdenken: Christus ist die Quelle lebendigen Wassers für Sein Israel, aus der es Gnade um Gnade empfängt. (Matthew Henry)

4. Oktober

Psalm 115,1-2

Weitere Lesung: 2. Könige 19,8-19

Es ist sicher gut, sich zu erinnern, dass dieser Psalm beim Passah gelesen wurde. Darum steht er mit der Befreiung aus Ägypten in Verbindung. Der Hauptgedanke darin scheint das Gebet zu sein, der lebendige Gott möge um Seines Namens willen noch einmal die Wunder Seiner Macht entfalten, wie Er es so herrlich am Roten Meer und am Jordan getan hatte.
Als Israel in Kanaan einmarschierte, waren alle Völker ringsumher wegen des HERRN, dieses mächtigen Gottes, voller Schrecken; nun aber hatten diese Nationen ihre Furcht abgeschüttelt, weil es in letzter Zeit keine Beweise wunderbarer Kraftentfaltung gegeben hatte. Das Schlimmste in allem Kummer Israels war, dass Israels Gott bei seinen Feinden nicht mehr Furcht und Schrecken verbreitete. Darum schrie das Volk zu seinem Gott, Er möge wieder neu Seinen Arm entblößen. Die Wiederholung der Worte »nicht uns« zeigt uns wohl das ernstliche Begehren, alle Ehre, die sich die Israeliten früher stolz selbst beigemessen hatten, von sich zu weisen. Außerdem lässt es die Dringlichkeit ihres Wunsches erkennen, Gott möge Seinen Namen verherrlichen, einerlei, was es sie kosten würde. Wie konnten die Heiden den HERRN für einen gnädigen Gott halten, wenn Er Sein Volk dessen Feinden auslieferte? Wie konnten sie glauben, Er sei treu und wahrhaftig, wenn Er trotz Seiner feierlichen Bundesschwüre Sein erwähltes Volk gänzlich verwarf? Gott eifert sehr für Seine zwei herrlichen Eigenschaften der Treue und Wahrheit, und die Bitte, diese sollten doch nicht entehrt werden, hat bei Ihm starkes Gewicht.
In diesen Zeiten, in denen die ersten Siege des Evangeliums nur noch eine Erinnerung an längst vergangene Zeiten der Ge-

Psalm 115,1-2

schichte sind, neigen Skeptiker zu der Prahlerei, das Evangelium habe seine jugendliche Kraft verloren, und sie erlauben sich sogar, den Namen Gottes selbst zu verunglimpfen. Wir haben daher wirklich Ursache, um göttliches Eingreifen zu bitten, Er möge den offensichtlichen Flecken auf Seinem Wappen entfernen und Sein Wort so hell erstrahlen lassen wie in alten Zeiten. Wir sollten nicht um den Triumph unserer Ansichten um unseretwillen oder zu Ehren einer Sekte bitten; aber wir dürfen zuversichtlich für den Triumph der Wahrheit beten, damit Gott selbst geehrt werde.

Warum sollte es den Nationen gestattet sein, mit verächtlichem Grinsen die Existenz und Gnade und Treue des HERRN in Frage zu stellen? Sie lästern nur allzu gern; da dürfen wir wohl darum beten, dass sie aus den göttlichen Führungen oder aus dem Niedergang der Gemeinde keinen Grund ableiten dürfen, so zu handeln. Unsere Ehre und die Ehre der Gemeinde sind nicht wichtig; aber die Herrlichkeit Gottes ist das kostbarste Juwel des Universums, mit dem verglichen alles andere nur die Einfassung ist. Wir dürfen zu dem Herrn kommen und Ihn bitten, für Seinen Namen zu eifern, und können sicher sein, dass Er nicht erlauben wird, dass Sein Name entehrt wird.

Zum Nachdenken: Durch alles, was wir unserem Ansehen, der Geschicklichkeit unserer Hände oder unserem Scharfsinn zuschreiben, berauben wir Gott Seiner Ehre. (Stephen Charnock)

5. Oktober

Psalm 115,3-8

Weitere Lesung: 2. Könige 19,20-28

In höchster Souveränität beherrscht Gott von einem hohen und erhabenen Thron aus alle widerstreitenden Mächte. In Seinem Wesen unerfassbar, erhebt Er sich über die kühnsten Gedanken der Weisen. Sein absoluter Wille und Seine unendliche Kraft überragen alle Grenzen, die dem Sichtbaren und der Zeit angehören. Dieser Gott ist unser Gott, und wir schämen uns nicht, uns zu Ihm zu bekennen, obwohl Er nicht immer Wunder wirkt, wenn es einem eitlen Prahler einfällt, Ihn durch einen Wink oder Befehl herauszufordern. Obwohl unser Gott weder zu sehen noch zu hören ist und auch unter keinem Bild angebetet wird, ist Er nichtsdestoweniger real und wirklich; denn Er ist da, wohin Seine Feinde nie kommen werden – im Himmel, von wo aus Er Seine Zepter schwingt und in grenzenloser Machtfülle regiert.

So unangenehm es Seinen Feinden auch ist, der Herr hat ohne Schwierigkeiten alles so gemacht, wie es Ihm wohlgefiel. Selbst wenn Seine Feinde gegen Ihn rasten und tobten, wurden sie gezwungen, gegen ihren Willen Seine Pläne auszuführen. Selbst als der Pharao am heftigsten gegen den Herrn stritt, war er nichts als Ton auf Gottes Töpferscheibe, und durch ihn erfüllte Gott alle Seine Absichten und Pläne. Wir können die höhnische Frage »Wo ist nun dein Gott?« gut aushalten, wenn wir völlig sicher sind, dass Seine Absichten nicht durchkreuzt werden, Sein Thron unerschüttert bleibt und Seine Absichten sich nie ändern. Was Er getan hat, wird Er immer noch tun, Sein Rat besteht, und Er wird ausführen, was Er beschlossen hat. Am Ende des großen Dramas der Menschheitsgeschichte wird der allmächtige Gott mit Seiner Unveränderlichkeit und Treue mehr

Psalm 115,3-8

als gerechtfertigt sein gegenüber der ewigen Verwirrung Seiner Gegner.

Wie eigenartig, dass ein Mensch auf den Gedanken kommt, sich einen Gott machen zu können! Kann es größere Torheit geben? Unser Gott ist Geist, und Seine Hände schufen Himmel und Erde. Wir tun Recht daran, Ihn anzubeten, und wir brauchen uns durch die zynische Frage jener nicht irremachen zu lassen, die so unklug sind, den lebendigen Gott nicht anzubeten, sich aber vor Bildern niederwerfen, die sie selbst geschnitzt haben. Wir dürfen das alles auf die Zeit anwenden, in der wir jetzt leben. Der Gott moderner Denker ist das Geschöpf ihres eigenen Nachdenkens, dem eigenen Bewusstsein entsprungen oder entsprechend ihrer Vorstellung von einem Gott zurechtgemacht. Nun, es ist klar: So etwas ist kein Gott. Ein in unseren Gedanken hergestellter Gott ist genauso wenig ein Gott wie ein mit Händen geformter. Der wahre Gott muss sich notwendigerweise selbst offenbaren. Es ist natürlich unmöglich, dass ein durch menschliche Vernunft ersonnenes und begriffenes Wesen der unendliche und unbegreifliche Gott sein könnte. Ihre Götzen heißen »erblindete Vernunft« und »kranke Gedanken« und sind das Produkt verwirrter menschlicher Gehirne. Sie werden zugrunde gehen.

Zum Nachdenken: Es ist unmöglich, dass es überhaupt einen Gott gibt außer dem Gott der Offenbarung. (C.H. Spurgeon)

6. Oktober

Psalm 115,9-18

Weitere Lesung: 2. Könige 19,29-37

Was andere auch tun, die Erwählten des Himmels halten sich an den Gott, der sie erwählte. Der HERR ist der Gott Jakobs, darum sollen dessen Kinder ihre Loyalität ihrem Gott gegenüber dadurch beweisen, dass sie Ihm vertrauen. Worin unsere Kümmernisse auch bestehen und wie scharf die Lästerzungen unserer Feinde auch sind, wir wollen weder Angst haben noch schwankend werden, sondern uns vertrauensvoll auf den verlassen, der imstande ist, Seine eigene Ehre zu verteidigen und Seine Diener zu beschützen.

Der HERR hat viele Segnungen, und jede ist des Erinnerns wert. Er segnet und segnet und segnet immer wieder. Wo Er einmal Seine Gunst erwiesen hat, tut Er es immer wieder aufs Neue. Es gefällt Seinem Segen, dasselbe Haus immer wieder aufzusuchen und da zu bleiben, wo Er einmal logiert hat. Solcher Segen macht den HERRN nicht ärmer; Er hat Seine Gnadengaben in der Vergangenheit oft vermehrt, und Er wird sie auch in Zukunft reichlich austeilen. Er hat eine allgemeine Segnung für solche, die Ihn fürchten, und eine besondere für das gesamte Haus Israel und einen doppelten Segen für die Söhne Aarons. Es ist Sein Wesen zu segnen; es ist Sein Vorrecht zu segnen; Er hat verheißen zu segnen. Darum sei gewiss: Er wird segnen und segnen und segnen, ohne Aufhören.

Unsere Anfechtungen und Bedrückungen des Geistes sollen uns nicht veranlassen, mit dem Loben aufzuhören, noch dürfen Alter und zunehmende Unpässlichkeiten das himmlische Feuer dämpfen, nicht einmal der Tod darf uns von dieser freudevollen Beschäftigung abhalten. Der geistlich Tote kann Gott nicht preisen; aber das Leben in uns veranlasst uns dazu. Die

Psalm 115,9-18

Gottlosen mögen in Schweigen verharren, wir aber wollen unsere Stimme zum Lobe des HERRN erheben. Selbst wenn Er eine Zeit lang keine Wunder wirken mag, wollen wir das Lob fortsetzen, »bis der Tag verhaucht und die Schatten fliehen«, wenn Er noch einmal wie die Sonne erscheint und die Angesichter Seiner Kinder froh macht. Die gegenwärtige Zeit ist günstig für ein Leben des Lobgesangs, weil Er uns heute gebietet, auf die Stimme Seiner Gnade zu hören. »Von nun an« ist ein weiser Rat; denn diese Pflicht darf nicht vernachlässigt werden, außerdem ist es ein Befehl zur Dankbarkeit, gibt es doch mehr als genug Gründe, die uns zur Dankbarkeit nötigen. Haben wir einmal angefangen, Gott zu loben, sind wir in einen Dienst eingetreten, der nie zu Ende geht. Selbst der Ewigkeit werden nie die Gründe ausgehen, Gott zu verherrlichen.

Zum Nachdenken: Gnade, gemäß dem Bund der Gnade, stellt alle in der Gemeinde auf denselben Boden des Glaubens und der Hoffnung. Jede Gunst, die Gott irgendeinem Seiner Leute erwiesen hat, ist zur Anwendung durch alle und zum Vorteil aller da. (Thomas Manton)

7. Oktober

Psalm 116,1-8

Weitere Lesung: 1. Thessalonicher 5,15-28

Jeder Gläubige sollte ohne das geringste Zögern erklären können: »Ich liebe den HERRN.« Das wurde unter dem Gesetz gefordert, wurde aber nie in den Herzen der Menschen zustande gebracht, außer durch Gottes Gnade und nach den Grundsätzen der Evangelien. Es ist etwas Großes zu sagen: »Ich liebe den HERRN«; denn die schönste aller Gnaden und der sicherste Beweis der Errettung ist die Liebe. Gott erweist uns große Güte, indem Er sich herabneigt, um sich von so erbärmlichen Geschöpfen, wie wir sind, lieben zu lassen, und es ist ein sicherer Beweis, dass Er an unseren Herzen gewirkt hat, wenn wir sagen können: »Herr, Du weißt alles, Du erkennst, dass ich Dich lieb habe.« Der Psalmist weiß nicht nur, dass er Gott liebt, sondern auch, warum er das tut. Wenn Liebe sich mit Gründen rechtfertigen kann, ist sie tief, stark und anhaltend. Wir haben Gründe, überreichlich Gründe, den Herrn zu lieben. Und weil in diesem Fall Prinzip und Hingabe, Vernunft und Gefühl zusammenfallen, bewirken diese eine wunderbare Geisteshaltung. Der Grund des Psalmisten, Gott zu lieben, war die Liebe Gottes, durch die Er sein Gebet erhört hatte.

Der Psalmist war von tödlichen Schmerzen umringt. Kümmernisse hatten den Psalmisten heimgesucht und ihn gefunden, und als er nach Befreiung Ausschau hielt, fand er diese nicht, sondern doppelte Schmerzen. Wenn der gute Mensch nicht zu Gott gehen kann, ruft er zu Ihm. In seiner Not kam sein Glaube zu der Erkenntnis, es sei nutzlos, Menschen anzurufen, und vielleicht erschien es ihm auch fast sinnlos, zu dem HERRN zu schreien; und doch begann er mit seiner ganzen Seele alle Ei-

Psalm 116,1-8

genschaften anzurufen, die den heiligen Namen des HERRN ausmachen, und damit bewies er sein Vertrauen.

Indem der HERR Gebete erhört, zeigt Er sowohl Seine Gnade als auch Seine Gerechtigkeit. Es ist eine große Gunst, auf die Gebete eines Sünders zu hören; aber weil der HERR versprochen hat, es zu tun, ist Er nicht ungerecht, wenn Er Seiner Verheißung gedenkt und das Schreien Seines Volkes nicht überhört. Die Verbindung von Gnade und Gerechtigkeit im Handeln Gottes mit Seinen Knechten kann man nur verstehen, wenn man des Sühnopfers unseres Herrn Jesus Christus gedenkt. Am Kreuz sehen wir, wie gnädig und wie gerecht der HERR ist.

Der Psalmist beschreibt die Gründe für seine Entscheidung, den HERRN anzurufen, solange er lebt, und niemand kann zu einem anderen Schluss kommen, als dass diese Entscheidung höchst gerechtfertigt ist. Wenn er aus einer so schrecklichen Tiefe durch einen besonderen Eingriff Gottes emporgehoben wurde, ist er zweifellos für ewig verpflichtet, von ganzem Herzen den HERRN anzubeten, dem er so viel verdankt. Möge der Heilige Geist uns helfen, ununterbrochen zu beten und für alles zu danken; denn dies ist der Wille Gottes in Christus Jesus für uns.

Zum Nachdenken: Fühlen wir nicht alle die Kraft dieser Beweisführung, und wollen wir daraus nicht die Konsequenzen ziehen? (C.H. Spurgeon)

8. Oktober

Psalm 116,9-13

Weitere Lesung: 1. Korinther 11,23-34

Der zweite Entschluss des Psalmisten besteht darin, im Lande der Lebendigen vor dem HERRN zu wandeln. Mit dem Wandel eines Menschen ist sein Lebensstil gemeint. Manche leben nur vor ihren Mitmenschen und beachten ausschließlich menschliche Urteile und Ansichten; aber der wahrhaft Begnadete bedenkt die Gegenwart Gottes und handelt unter dem Einfluss Seiner alles sehenden Augen. »Du, Gott, siehst mich!« übt einen weit besseren Einfluss aus als: »Mein Chef sieht mich.« Das Leben in Glauben, Hoffnung, heiliger Furcht und wahrer Heiligkeit wird nur in dem Bewusstsein verwirklicht, vor Gottes Angesicht zu leben und zu handeln. Und wer die Gnade erlangte, auf sein Gebet hin Befreiungen erlebt zu haben, findet in seiner eigenen Erfahrung den besten Grund zu einem heiligen Wandel und die beste Unterstützung für seine Bemühungen. Wir wissen, dass Gott Seinem Volk in besonderer Weise nahe ist. Was für Menschen sollten wir dann sein »in heiligem Wandel und Gottseligkeit«!

Niemand sollte über göttliche Dinge reden, bevor er sie glaubt. Das Gerede eines Schwankenden ist irreführend; aber die Zunge des Glaubenden ist nützlich. Die machtvollsten Reden, die je von menschlichen Lippen kamen, entsprangen solchen Herzen, die von der Wahrheit Gottes völlig überzeugt waren. Nicht nur der Psalmist, sondern auch Männer wie Luther und Calvin oder andere große Glaubenszeugen konnten von Herzen sagen: »Ich habe geglaubt, darum habe ich geredet«, wie Paulus diese Stelle zitiert. Es nützt wenig, auf den Saiten menschlicher Unvollkommenheiten und Arglist zu spielen – unendlich besser ist es, die Vollkommenheit und Treue Gottes zu preisen. Die

Psalm 116,9-13

Frage aus Vers 12 ist sehr angebracht: Der Herr wandte uns so viel Gnade zu, dass wir um uns her und in uns hineinschauen sollten, um zu sehen, was wir tun können, um unsere Dankbarkeit zu zeigen. Wir sollten nicht nur tun, was gerade am nächsten liegt, sondern mit heiliger Einsicht verschiedene Weisen erkunden, durch die wir unserem Gott immer wieder neues Lob darbringen können. Jeder sollte seine eigene, besondere Art haben, Dankbarkeit auszudrücken. Der Herr erweist jedem eine spezielle Wohltat. Da muss man also fragen: »Was soll ich darbringen? Welcher Dienst wäre für mich am angebrachtesten?« Der Psalmist will Preis und Dank und Bitten darbringen und dann aus dem Heilsbecher Gottes trinken. Welch ein Kelch ist das! Auf dem Tisch der unendlichen Liebe steht der Kelch voller Segen. Es liegt an uns, ihn im Glauben zu ergreifen, ihn uns anzueignen und daran teilzuhaben, um dann mit dankbarem Herzen den gnadenreichen Gott zu loben und zu erheben, der ihn für uns gefüllt hat, damit wir daraus trinken und so erquickt werden.

Zum Nachdenken: Lieber Leser, lass uns hier anhalten und einen langen, tiefen Zug aus dem von Jesus gefüllten Kelch tun, und dann lass uns mit ehrfürchtigem Herzen Gott anbeten! (C.H. Spurgeon)

9. Oktober

Psalm 116,14-19

Weitere Lesung: 1. Petrus 3,13-22

Der Psalmist hat seinen dritten Entschluss schon ausgedrückt: Er will sich der Anbetung Gottes für immer weihen; und hier beginnt er mit der Ausführung seines Entschlusses. Zwei Gelübde, die er in seiner Angst gegeben hatte, will er nun erfüllen. Er tut dies sofort und in der Öffentlichkeit, »vor Seinem ganzen Volk«. Gute Absichten kann man nicht zu schnell wahr machen; Gelübde sind Schulden, und Schulden muss man bezahlen. Es ist gut, Zeugen für die Bezahlung gerechter Schulden zu haben, und wir brauchen uns der Zeugen der Erfüllung unserer heiligen Gelübde nicht zu schämen – denn das würde doch zeigen, dass wir uns des Herrn nicht schämen. Außerdem kann es ein großer Segen für alle sein, die zusehen, wie wir öffentlich das Lob unseres Gebete erhörenden Gottes verkünden. Wie können das auch solche tun, die niemals ihren Erretter öffentlich bekannt haben? Ach, ihr heimlichen Jünger, was sagt ihr zu diesem Vers? Lasst euch ermutigen, ins Licht zu treten, um euren Erlöser zu bekennen. Wenn ihr wirklich errettet seid, kommt vor und erklärt euch auf die euch gemäße Weise!

Wer mit dem kostbaren Blut erkauft ist, bedeutet Gott so viel, dass selbst sein Tod in Seinen Augen kostbar ist. Die Sterbebetten der Heiligen sind der Gemeinde kostbar; sie lernt oft viel von ihnen. Sie sind allen Gläubigen überaus wertvoll, die die letzten Worte der Entschlafenen im Herzen bewahren wollen. Aber am wertvollsten sind sie dem HERRN selbst, der den triumphalen Heimgang der Begnadeten mit heiliger Freude betrachtet. Haben wir im Lande der Lebendigen *vor Ihm* gewandelt, brauchen wir keine Angst zu haben, wir könnten nicht *vor Ihm* sterben, wenn die Stunde unseres Abscheidens gekommen ist.

Psalm 116,14-19

Indem er seine Gelübde einlöst, weiht sich der Mann Gottes dem HERRN aufs Neue. Das Opfer, das er darbringt, ist er selbst. Er ist mit seinem Amt sehr zufrieden und erklärt in diesem Psalm mehrfach: »Anrufen will ich den Namen des HERRN«, während er sich gleichzeitig darüber freut, es früher schon so oft getan zu haben. Gute Gefühle und Taten verlangen nach Wiederholung; je mehr man Gott von Herzen anruft, umso besser.

Nur an Zion zu denken, rührt schon sein Herz, und der Psalmist schreibt so, als rede er tatsächlich mit Jerusalem, dessen Name ihm so teuer ist. Dort wollte er seine Gelübde erfüllen, dort, wo die Gemeinde zu Hause war, mitten im Herzen Judas, an dem Ort, zu dem die Stämme hinaufzogen, die Stämme des HERRN. Gottes Lob ist nicht auf unser Kämmerlein beschränkt, noch sollte Sein Name nur in Höhlen und Ecken geflüstert werden, als hätten wir Angst, von den Menschen gehört zu werden, sondern auch mitten in den Gemeinden sollten wir unser Herz und unsere Stimme zu dem Herrn erheben und andere einladen, mit uns den Herrn anzubeten und zu sagen: »Halleluja! Lobet den HERRN!«

Zum Nachdenken: Seid mutig, seid mutig, ihr Knechte des Herrn, dass ihr den Herrn, unseren Gott, laut preist! Die Gottlosen sind sogar mehr als mutig, ihre Lästerungen zur Verunehrung Gottes auszubreiten; ihnen ist es einerlei, wer zuhört. Sollten sie mit mehr Kühnheit Gott verunehren, als ihr für Seine Ehre eifert? (William Gouge)

10. Oktober

Psalm 117

Weitere Lesung: Römer 4,13-25

Dies ist eine Ermahnung an die Heiden, den HERRN zu verherrlichen, und ein klarer Beweis dafür, dass sich der Geist des Alten Testaments sehr vom engen und begrenzenden nationalen Eifer unterscheidet, mit dem die Juden zur Zeit des Erdenlebens unseres Herrn so hartnäckig geplagt waren. Niemand konnte erwarten, dass sich die Nationen am Lob des HERRN beteiligten, wenn sie nicht auch an den von Israel genossenen Wohltaten Anteil hatten. Darum ist dieser Psalm ein Hinweis an Israel, dass die Gnade und Barmherzigkeit seines Gottes nicht auf dieses eine Volk beschränkt bleibt, sondern in glücklicheren Zeiten auf alle Menschengeschlechter ausgedehnt werden würde. Davon hatte Mose geweissagt, als er sagte: »Jauchzt, ihr Völker, mit Seinem Volk!« (5Mo 32,43), wie der Text im Hebräischen richtig lautet. Die Nationen sollten zu Seinem Volk werden; Er würde diejenigen »ein Volk« nennen, die kein Volk waren, und diejenigen »Geliebte« nennen, die nicht geliebt waren. Wir wissen und glauben, dass jeder Stamm der Menschen bei dem universalen Lied vertreten sein wird, das zu dem Herrn des Alls aufsteigen wird. Einzelne wurden bereits aus jedem Geschlecht und jedem Stamm und jedem Volk und jeder Sprache durch die Predigt des Evangeliums gesammelt, und sie haben schon von Herzen eingestimmt, wenn die Gnade gerühmt wird, die sie suchte und zur Erkenntnis ihres Heilands brachte. Aber sie bilden nur die Vorhut von einer Menge, die niemand zählen kann, die aber bald kommen wird, um den ganz und gar Herrlichen anzubeten. Wenn du Ihn schon gepriesen hast, tu es wieder und tu es mit mehr Hingabe, indem deine Ehrfurcht und der Eifer, mit dem du den Höchsten erhebst,

Psalm 117

täglich zunimmt. Er soll nicht nur national von den Herrschern gepriesen werden, sondern vom ganzen Volk. Die Menge des gemeinen Volkes soll den Herrn preisen. Und weil das zweimal gesagt wird, wird dessen Gewissheit bestätigt; denn die Nationen werden den HERRN erheben – alle, ohne Ausnahme. Im Zeitalter der Gnade beten wir keinen neuen Gott an; denn der Gott Abrahams ist unser Gott in Ewigkeit, und Er wird der Gott der ganzen Erde genannt werden.

Der Herr ist uns als Seinen Geschöpfen gnädig und uns als Sündern barmherzig, daher kommt Seine gnadenvolle Freundlichkeit uns sündigen Geschöpfen gegenüber. Diese Gnade hat sich als groß, als machtvoll erwiesen. Die Macht der Gnade Gottes trug den Sieg davon, wie die Wasser der großen Flut über die Erde triumphierten, sie durchbrach alle Grenzen, sie ergoss sich überallhin, wo die verschiedensten Stämme der Menschen wohnten, und das mit unvorstellbarer Macht. Wir können alle in diese dankbare Feststellung einstimmen und in das Lob, das dazu passt. Gott hat Sein Bundesversprechen gehalten, dass in Abrahams Samen alle Geschlechter der Erde gesegnet würden, und Er wird in Ewigkeit jede einzelne Verheißung dieses Bundes all denen aufrechterhalten, die ihr Vertrauen auf Ihn setzen. Das sollte ein Grund zu stetigem dankbaren Lob sein, weshalb der Psalm so endet, wie er begann – mit »Halleluja!«

Zum Nachdenken: Die Anbetung Gottes muss nicht immer lange dauern; wenige Worte sind oft ausreichend, wie wir aus diesem Psalm lernen können. (David Dickson)

11. Oktober

Psalm 118,1-4

Weitere Lesung: Esra 3,8-13

Alle, die Gott nur preisen, weil Er ihnen Gutes tut, sollten sich zu einer höheren Melodie aufschwingen und Ihm danken, weil Er gut ist. Im wahrsten Sinn ist Er allein gut; darum sollte der Herr von aller Dankbarkeit den Königsanteil haben. Andere mögen gut erscheinen, Er ist gut. Wenn andere in gewissen Grenzen gut sind, ist Er es in grenzenloser Weise. Verhalten sich andere uns gegenüber schlecht, so sollte uns das dazu bringen, dem Herrn umso herzlicher zu danken, weil Er gut ist. Und wenn uns bewusst wird, dass wir weit davon entfernt sind, gut zu sein, sollten wir Ihn umso ehrfürchtiger dafür preisen, dass Er gut ist. Wir dürfen uns keinen Augenblick lang erlauben, an der Güte des Herrn zu zweifeln; denn wenn auch alles zweifelhaft erscheinen mag: Dies steht absolut fest, dass der HERR gut ist. Sein Wesen ist unveränderlich und immer gut. Er war nicht nur gut und wird nicht nur gut sein, sondern Er ist gut, einerlei, wie Er uns führt. Darum lasst uns auch jetzt im Augenblick, selbst wenn der Himmel durch Wolken verdunkelt ist, dem Namen des Herrn Dank darbringen!

Gnade ist ein wichtiger Bestandteil Seiner Güte, und an ihr ist uns mehr gelegen als an anderen; denn wir sind Sünder und bedürfen Seiner Gnade. Engel mögen Gottes Güte preisen; aber sie haben Seine Gnade nicht nötig und können sich daher nicht in gleicher Weise daran freuen. Die unbelebte Schöpfung verkündet, dass Er gut ist; aber sie kann Seine Gnade nicht empfinden; denn sie hat nie gegen Ihn gesündigt. Doch der Mensch, tief verschuldet und in großer Barmherzigkeit begnadigt, erkennt in der Gnade das Ziel und die Mitte der göttlichen Güte. Die Beständigkeit der Gnade Gottes ist ein besonders zu

Psalm 118,1-4

besingendes Thema: Trotz unserer Sünden, unserer Trübsale, unserer Ängste währt Seine Gnade ewig. Die schönsten Erdenfreuden schwinden dahin, ja, die Welt selbst wird alt und eilt dem Untergang entgegen; aber Gottes Gnade verändert sich nie; Er hat unseren Vorvätern die Treue gehalten, Er ist uns gnädig und wird unseren Kindern und Kindeskindern Gnade erweisen.

Die vier Zeugnisse der ewig bleibenden Gnade Gottes, die wir hier vor uns haben, sprechen uns wie vier Evangelisten an. Jedes verkündet das eigentliche Mark und den Kern des Evangeliums, und sie stehen wie vier Engel an den vier Ecken der Erde und halten die Winde in ihren Händen, wodurch sie die Plagen der letzten Zeit aufhalten, damit die Gnade und Langmut Gottes gegenüber den Söhnen der Menschen anhalten möge. Hier finden wir vier Stricke, um das Opfer an die vier Hörner des Altars zu binden, und vier Posaunen, um das Jubeljahr des HERRN in allen Winkeln der Welt auszurufen. Der Leser sollte nicht zur Betrachtung des restlichen Psalms übergehen, bevor er nicht mit all seiner Kraft Herz und Stimme zum Lob Gottes erhoben hat – »denn Seine Gnade währt ewig«.

Zum Nachdenken: Als jemand den Sohn Gottes »guter Meister« nannte und doch nur Seine menschliche Gestalt sah und Ihn nur als Menschen betrachtete und nicht die Fülle Seiner göttlichen Natur wahrnahm, antwortete dieser: »Was nennst du Mich gut? Niemand ist gut als nur *einer*, Gott.« Und was bedeutet das anderes als dies: »Wenn du Mich gut nennen willst, sieh Mich als Gott an!«? (Augustinus)

12. Oktober

Psalm 118,5-14

Weitere Lesung: Jesaja 31,1-9

Gebete, im Herzeleid gesprochen, kommen meistens aus dem Herzen und gehen darum auch zum Herzen Gottes. Es ist schön, wenn wir uns an unsere Gebete erinnern, und es ist oft nützlich, anderen davon zu berichten, nachdem wir erhört wurden. Gebete mögen im Gram vorgetragen sein; aber sie sind etwas Wunderbares, wenn sie erhört wurden. Der Mann Gottes hatte den HERRN angerufen, als er nicht in Bedrängnis war, darum fand er es natürlich und leicht, Ihn anzurufen, als er in Bedrängnis kam. Er betete Ihn an, er lobte Ihn, er bat Ihn; denn all das ist in der Anrufung Gottes enthalten, selbst wenn man in beengenden Verhältnissen steckt.

Der Psalmist jubelte natürlich über Gottes Hilfe; alle hatten sich gegen ihn gekehrt, nur Gott war sein Verteidiger und sein Rechtsanwalt, der dadurch die göttlichen Absichten Seiner Gnade vollendete. Gott hatte nicht gesagt, der Psalmist werde nicht leiden, trotzdem sollte er sich nicht fürchten. Weil die Gunst Gottes unendlich schwerer wiegt als der Hass der Menschen, empfand er, wenn er beides erwog, dass er sich nicht zu fürchten brauchte. Obgleich von Feinden umringt, war er ruhig und voller Vertrauen; so sollten alle Gläubigen sein, weil sie damit dem Herrn Ehre erweisen. Gott kann unendlich besser helfen als Menschen und ist auch mehr dazu bereit als Menschen. Darum rät uns die Klugheit, unser Vertrauen vor allem anderen auf Ihn zu setzen. Auch in moralischer Hinsicht ist das besser; denn es ist die Pflicht eines Geschöpfs, dem Schöpfer zu vertrauen. Gott hat Anspruch auf anhängliche Treue des Geschöpfs; Er verdient dieses Vertrauen, und uns auf andere zu verlassen anstatt auf Ihn, ist eine direkte Beleidigung Seiner

Psalm 118,5-14

Treue. Ihm zu vertrauen, ist besser, das heißt sicherer; denn wir können unserer Sache nie gewiss sein, wenn wir uns auf sterbliche Menschen verlassen; aber in unseres Gottes Händen sind wir stets geborgen. Gottvertrauen wirkt sich auch auf uns selbst positiv aus. Auf Menschen zu vertrauen, macht uns zu elenden, abhängigen Kriechern; Gottvertrauen aber erhebt, schafft einen geheiligten, ruhigen Geist und heiligt die Seele. Auch was das Ergebnis angeht, ist es weit besser, auf Gott zu vertrauen; denn vielfach gebricht es dem menschlichen Gegenstand unseres Vertrauens an der Fähigkeit und an der Großherzigkeit, um wirklich zu helfen. Oft mangelt es an Liebe, oder man vergisst uns einfach. Der Herr aber versagt niemals und gibt uns reichlich und viel mehr, als wir erbitten oder erdenken können.

Der Krieger und Poet wusste, dass er gerettet war, und er schrieb diese Rettung nicht nur Gott zu, sondern erklärte: »Er [selbst] *ist* mir zur Rettung geworden.« So können alle Erlösten des HERRN sagen: »Er ist mir zur Rettung geworden.« Wir können keine Lehre ertragen, welche die Krone auf ein falsches Haupt setzt und den herrlichen König Seines verdienten Lobes beraubt. Der HERR hat alles getan; in Christus Jesus ist Er uns alles, und darum wollen wir Ihn allein in unseren Lobgesängen erheben.

Zum Nachdenken: Für einen Knecht des Herrn ist besser gesorgt als für die größten Günstlinge und Schmeichler der Fürsten. (Thomas Manton)

13. Oktober

Psalm 118,15-21

Weitere Lesung: Hebräer 10,19-25

Die Familien der Gläubigen sind glücklich dran, und sie sollten alles daransetzen, ihrer Glückseligkeit bei ihren Familienandachten Ausdruck zu verleihen. Die Wohnungen der Erlösten sollten Tempel des Preisens sein, weil es nur gerecht ist, wenn die Gerechten den gerechten Gott preisen, der ihre Gerechtigkeit ist. Der kämpfende Held wusste, dass man aus den Zelten seiner Feinde die Stimme des Wehgeschreis und der Klagen hören konnte; denn sie hatten von seiner Hand eine empfindliche Niederlage erlitten. Er hingegen freute sich bei dem Gedanken, dass sein Volk, für das er gestritten hatte, von einem Ende bis zum anderen über die von Gott durch ihn bewirkte Errettung jubelte. Der Held der Helden, der siegende Erlöser, gibt allen Familien Seines Volkes reichlich Ursache zu unaufhörlichem Singen, nun, wo Er die Gefangenschaft gefangen geführt hat und zur Höhe aufgestiegen ist. In unseren Häusern sollte niemand schweigen; wenn wir erlöst sind, lasst uns fröhlich sein, und wenn wir froh sind, lasst uns das ausdrücken, um so den Herrn zu verherrlichen.

Am Eingang des Tempels angekommen, bittet der dankbare Kriegsheld um die Erlaubnis, eintreten zu dürfen – so, als habe er das Gefühl, nur mit göttlicher Genehmigung dem geheiligten Altar nahen zu können, auch wollte er nur in der vorgeschriebenen Weise eintreten. Der Tempel Gottes war aber dafür vorgesehen, dass die Gerechten eintreten, um Opfer der Gerechtigkeit darzubringen; denn die Tore heißen »Tore der Gerechtigkeit«. Gerechte Werke geschehen innerhalb der Mauern des Heiligtums, und gerechte Lehren erschallen auf seinen Vorhöfen. Die Tore müssen nur offen stehen, dann wird der willige

Psalm 118,15-21

Anbeter eintreten, und er wird im richtigen Geist und mit den besten Absichten hineingehen, damit er dem Höchsten seine Ehrerbietung bezeige. Leider gibt es große Scharen von Menschen, die nicht danach fragen, ob die Tore des Hauses Gottes geöffnet sind oder nicht; und wenn sie auch wissen, dass sie weit offen stehen, geht es ihnen nie darum einzutreten, noch streift sie der leiseste Gedanke, Gott loben zu wollen. Einmal kommt die Zeit, dann werden sie die Tore des Himmels für sie verschlossen finden; denn diese Tore sind vor allem Tore der Gerechtigkeit, durch die niemals etwas Unreines eingehen wird.

Unser Held mag den Herrn im Geheimen gepriesen haben, und sicher tat er dies; aber er war nicht zufrieden. Er wollte zu der Festversammlung hinaufgehen, um dort öffentlich sein Dankopfer darzubringen. Solche, die den öffentlichen Gottesdienst vernachlässigen, vernachlässigen gewöhnlich allen Gottesdienst; und die Gott innerhalb ihrer eigenen Tore preisen, die sind auch bereit, Ihm innerhalb Seiner Tempeltore Lob zu opfern. Für öffentliche Gnadenerweise ist das öffentliche Lob in jeder Weise das Passende. Es gefällt Gott und tut den Mitgläubigen gut.

Zum Nachdenken: Erhörte Gebete bringen uns Gott nahe; erfahrene Errettung befähigt uns, die unmittelbare Nähe Gottes zu erleben. (C.H. Spurgeon)

14. Oktober

Psalm 118,22-29

Weitere Lesung: Matthäus 21,33-46

Der Psalmist war von den Mächtigen verworfen; aber Gott hatte ihm den Platz höchster Ehre und größter Nützlichkeit gegeben, indem Er ihn zum wichtigsten Eckstein seines Staates machte. Bei so vielen Menschen, deren früheres Leben voller Kämpfe war, hat es dem Herrn gefallen, Seine göttlichen Ratschlüsse auf ähnliche Weise zu vollenden. Doch der Text ist auf niemand so gut anwendbar wie auf den Herrn Jesus selbst. Er ist der lebendige Stein, der erprobte Stein, der auserwählte und kostbare, den Gott selbst von Ewigkeit her ausersehen hatte. Die jüdischen Baumeister, die Schriftgelehrten, Priester, Pharisäer und Herodianer verachteten und verwarfen Ihn. Sie konnten nichts Ausgezeichnetes an Ihm erkennen, auf das sie hätten bauen mögen. Auch war Er nicht in ihrem Konzept von einer nationalen Gemeinde unterzubringen; Er war eben aus einem anderen Steinbruch als sie selbst und entsprach weder ihren Vorstellungen noch ihrem Geschmack. Darum warfen sie Ihn fort und überschütteten Ihn mit Verachtung. Sie hielten Ihn für nichts, obwohl Er der Herr über alles ist. Indem Gott, der HERR, Ihn von den Toten auferweckte, erhob Er Ihn zum Haupt der Gemeinde, als deren Krone der Schönheit und Herrlichkeit. Seither wurde Er zur Zuversicht der Heiden, selbst derer, die fern, jenseits der Meere wohnen. Dadurch vereinte Er die beiden Wände der Juden und der Heiden zu einem prächtigen Tempel, in dem Er der verbindende Eckstein ist, der aus beiden eins macht. Darüber nachzudenken, macht das Herz froh.

Jesus hat in allem den Vorrang; Er ist der erste und wichtigste Stein im ganzen Hause Gottes. Bei uns wird beim Bau eines öf-

Psalm 118,22-29

fentlichen Gebäudes mit großer Feierlichkeit ein besonderer Stein als Grundstein gelegt, in dem man irgendwelche ausgewählte Kostbarkeiten unterbringt, die an diese Grundsteinlegung erinnern sollen. Von da an wird dieser Grundstein für besonders wertvoll erachtet, weil sich freudige Erinnerungen an ihn knüpfen. All das gilt in außergewöhnlicher Weise für unseren gepriesenen Herrn. Gott selbst legte Ihn dahin, wo Er ist, und verbarg in Ihm all die kostbaren Dinge Seines ewigen Bundes. Und da wird Er auch immer bleiben als die Grundlage aller unserer Hoffnungen, als der freudige Inhalt all unseres Rühmens und als das einigende Band all unserer Gemeinschaft. Er ist »das Haupt über alles [in] der Gemeinde«. Und durch Ihn wird die Gemeinde zusammengehalten und wächst zu einem heiligen Tempel im Herrn. Die Bauleute verwerfen Ihn immer noch; selbst bis zum heutigen Tag neigen die offiziellen Lehrer des Evangeliums dazu, lieber alle möglichen Philosophien anzunehmen, als bei dem einfachen Evangelium zu bleiben, in dem Christus Wirklichkeit ist. Trotzdem nimmt Er Seine wahre Stellung inmitten Seines Volkes ein, und die törichten Bauleute werden zu ihrem äußersten Entsetzen sehen, wie diese Wahrheit überall die Oberhand gewinnt. Wer den auserwählten Stein verwirft, wird über ihn fallen und zuschanden werden; denn es wird nicht mehr lange dauern bis zu Seinem Zweiten Kommen, wenn Er wie ein Stein vom Himmel auf sie fallen und sie zu Staub zermalmen wird.

Zum Nachdenken: Wir betrachten den Tag des Herrn als unseren wahren Sabbat, als einen Tag, den Gott gemacht und eingesetzt hat, damit wir uns fortgesetzt an das vollbrachte Werk unseres Erlösers erinnern sollten. (C.H. Spurgeon)

15. Oktober

Psalm 119,1-8

Weitere Lesung: Psalm 1

Die ersten acht Verse beginnen mit einer Betrachtung der Glückseligkeit, die dem Halten der Gebote des HERRN entspringt. Das Thema wird sehr ehrfürchtig behandelt und weniger in lehrmäßiger Weise. Herzensgemeinschaft mit Gott genießt man durch die Liebe zu dem Wort, das Gott gebraucht, um durch den Heiligen Geist mit der Seele Verbindung aufzunehmen. Gebet und Lob und alles, was wir zu Gottes Ehre tun und was wir empfinden, scheint wie Sonnenstrahlen durch einen Olivenhain. Man wird nicht nur belehrt, sondern auch zu heiligen Gefühlen bewegt, und man bekommt Hilfen, diese ausdrücken zu können.

Liebhaber des heiligen Gotteswortes sind gesegnete Menschen, weil sie vor Verunreinigungen bewahrt bleiben (Vers 1), weil sie zu praktischer Heiligung gelangen (Verse 2-3) und weil sie angeleitet werden, Gott aufrichtig und mit aller Kraft nachzufolgen (Vers 2). Wir erkennen, dass ein heiliger Wandel erstrebenswert ist; denn Gott hat ihn befohlen (Vers 4); deshalb bittet eine fromme Seele darum (Vers 5) und begreift, dass Trost und Mut davon abhängen, dass man sich daran hält (Vers 6). Im Hinblick auf erhörte Gebete ist das Herz selbstverständlich voller Dankbarkeit, wenn es Gebetserhörung erlebt (Vers 7), und hält fest an dem feierlichen Entschluss, den Segen nicht zu versäumen, zu dem uns die Gnade befähigt (Vers 8). Die unterschiedlichen Gedanken kommen in folgenden Worten zum Ausdruck: »*Weg*« – »im Weg untadelig«, »auf Seinen Wegen wandeln«, »o, dass doch meine Wege beständig wären«; »*halten, bewahren, beachten*« – »Seine Zeugnisse bewahren«, »dass man sie eifrig beachte«, »geboten zu halten«, »ich will

Psalm 119,1-8

halten«; und »*wandeln*« – »wandeln im Gesetz«, »wandeln in Seinen Wegen«. Das sind keine Tautologien, keine sinngleichen Wiederholungen, auch wenn es oberflächlichen Lesern leicht so erscheinen mag.

Wahre Frömmigkeit ist nicht kalt und trocken; sie kennt laute Rufe des Schmerzes und des Entzückens. Sie ist immer praktisch, denn sie erlaubt uns nicht, uns in stoischer Ruhe selbst zu gefallen, sondern erregt in uns eine Sehnsucht danach, dass unser tägliches Leben mit ihr übereinstimmt. Ein Segen ist denen versprochen, die das Wort des Herrn hören, lesen und verstehen; doch ein weit größerer Segen liegt darin, tatsächlich gehorsam zu sein und das in unserem Tun und Reden anzuwenden, was wir bei der Erforschung der Heiligen Schrift gelernt haben. Reinheit in unserem Leben und Wandel ist die tiefste Segnung. Der Weg mag rau, das Gesetz streng und die Schule hart sein – all dies und noch mehr wissen wir –; trotzdem finden sich in einem gottesfürchtigen Leben tausendfach aufgehäufte Segnungen, für die wir den Herrn preisen. Es ist für Gläubige nicht genug, dass sie nicht zu tadeln sind, sie möchten aktiv Gerechtigkeit wirken. Ein Eremit mag sich in die Einsamkeit retten, damit er keine Schandtat begeht; aber ein Heiliger lebt mitten in der Gesellschaft, um seinem Gott dadurch zu dienen, dass er in Seinen Wegen wandelt. Die sicherste Weise, vor dem Bösen bewahrt zu werden, ist, völlig mit dem Gutestun ausgefüllt zu sein.

Zum Nachdenken: Die besten Knechte Gottes sind nur Schüler, die Gottes Wort zu erkennen und zu befolgen trachten. (Thomas Manton)

16. Oktober

Psalm 119,9-16

Weitere Lesung: 2. Timotheus 3,10-17

Für keinen Menschen hat es jemals eine wichtigere Frage gegeben; und nie gibt es eine passendere Zeit, sie zu stellen, als am Anfang des Lebens. Es ist durchaus keine leichte Aufgabe, die sich der Kluge hier vorgenommen hat. Die Schwierigkeiten sind folgende: Erstens: Wie fängt man richtig an? Und dann: Wie kann man immer das Richtige herausfinden? Und schließlich: Wie schafft man es, das Richtige so lange fortzuführen, bis man die Vollkommenheit endlich erreicht hat? Das ist für jeden sehr schwierig, wie will ein »Jüngling« das schaffen? Der Weg oder das Leben eines Menschen muss von den Sünden der hinter ihm liegenden Jugend gereinigt werden und vor den Sünden bewahrt bleiben, die der Versucher auf seinen Weg legen wird; darin liegt die Arbeit, das sind die Schwierigkeiten.

Kein ehrenvolleres Streben kann es für einen jungen Menschen geben, keines aber auch, zu dem er so eindeutig berufen ist, andererseits keines, bei dem er größere Schwierigkeiten zu überwinden hat. Trotzdem sollte er nicht vor dieser herrlichen Herausforderung, ein reines und gesegnetes Leben zu führen, zurückschrecken, vielmehr sollte er nach dem Weg fragen, auf dem er alle Hindernisse überwinden kann. Niemals darf er denken, die Straße zum leichten Sieg zu kennen, noch davon träumen, er könne sich durch eigene Klugheit selbst darauf halten. Er tut gut daran, wenn er dem Psalmisten folgt und mit ganzem Ernst zu fragen beginnt, wie er seinen Weg rein erhält. Er muss ein praktizierender Schüler des heiligen Gottes werden; denn nur Er kann ihn lehren, die Welt, das Fleisch und den Teufel zu überwinden, diese Dreieinigkeit des Verderbens, durch die schon manches hoffnungsvolle Leben ruiniert wurde. Er ist

Psalm 119,9-16

jung und kennt die Straße nicht; ach, wenn er sich doch nicht schämen möchte, den nach dem richtigen Weg zu fragen, der bereit und in der Lage ist, ihn zu unterweisen!
Junger Mensch, die Bibel muss deine Landkarte werden, und du musst große Wachsamkeit aufbringen, damit dein Weg ihren Anweisungen folgt. Du musst auf deine tägliche Lebensführung genauso achten wie auf das Bibelstudium, und du musst deine Bibel studieren, damit du Acht auf deine tägliche Lebensführung haben kannst. Trotz größter Sorgfalt kann ein Mensch abirren, wenn seine Landkarte falsch ist; aber auch mit der besten Karte kann er seinen Weg verfehlen, wenn er sie unbeachtet lässt. Den »schmalen Weg« trifft man niemals zufällig, und kein Unachtsamer kann je ein heiliges Leben führen. Sündigen können wir ohne nachzudenken, wir brauchen nur die große Errettung auszuschlagen und unsere Seelen zu ruinieren; aber dem Herrn zu gehorchen und in Aufrichtigkeit zu wandeln, erfordert unser ganzes Herz, unsere ganze Seele und unseren ganzen Verstand. Möchten doch die Sorglosen daran denken: Gottes Wort ist der beste Schutz davor, Gott zu beleidigen, denn es sagt uns, was Seine Absicht und Sein Wille ist, und es bringt unseren Geist dazu, mit dem göttlichen Geist übereinzustimmen. Kein Heilmittel gegen die Sünde in unserem Leben ist mit dem Wort Gottes zu vergleichen, wenn es in unserem Leben, in unserem Herzen Raum hat.

Zum Nachdenken: Man kann sich vor der Sünde nicht bergen, es sei denn, wir bergen die Wahrheit in unseren Seelen. (C.H. Spurgeon)

17. Oktober

Psalm 119,17-24

Weitere Lesung: Philipper 4,8-20

In diesem Abschnitt scheinen die Trübsale des Weges dem Geist des Psalmisten bewusst zu sein, und er bittet daher um entsprechende Abhilfe. Wie er in den vorigen acht Versen als Jüngling betete, der neu ins Leben getreten war, so fleht er hier als Knecht und Pilger, der sich immer deutlicher als Fremder in Feindesland erkennt. Sein Appell richtet sich an Gott allein, und sein Gebet ist besonders direkt und persönlich. Er redet mit dem Herrn, wie man mit einem Freund spricht.

Vers 17 zeigt, dass wir nur durch Gottes Großzügigkeit und Gnade als treue Knechte Gottes leben und Seinen Befehlen gehorchen können. Wenn wir Gott dienen, so nur, weil Er uns Gnade darreicht. Wir arbeiten für Ihn, weil Er in uns wirkt. So können wir eine Kette aus den Anfangsversen der ersten drei Oktaven dieses Psalms machen: Vers 1 preist den heiligen Menschen glückselig, Vers 9 fragt, wie er diese Heiligkeit bewahren kann, und Vers 17 führt diese Heiligkeit auf ihre geheime Quelle zurück und zeigt uns, wie man nach ihr sucht. Je mehr ein Mensch die Heiligkeit wertschätzt und je ernsthafter er danach strebt, umso mehr treibt ihn das zu Gottes Wort, wo Hilfe zu finden ist; denn deutlich wird er merken, dass seine eigenen Kräfte nicht ausreichen, ja, dass er ohne die grenzenlose Unterstützung des Herrn, seines Gottes, nicht einmal zu leben vermag. Keine Güte ist größer als die, welche unserer Person, unserer Seele, unserem Verstand gut tut und uns für diese Wohltat ein so wichtiges Organ wie das Auge schenkte. Es ist weit besser, offene Augen zu haben, als mitten in die schönste Landschaft gesetzt zu werden und blind für deren Schönheit zu sein. Manche Menschen können im Evangelium keine Schönheiten ent-

Psalm 119,17-24

decken, doch der Psalmist war sich sicher, dass sich im Gesetz herrliche Dinge verbargen. Seine Bibel war nicht halb so dick wie unsere Bibel; aber er schätzte sie mehr, als einige Menschen die ganze Bibel wertschätzen. Er spürte, dass Gott große Reichtümer in Sein Wort gelegt hatte, und er bat um Kraft, sie zu erkennen, sie zu würdigen und sich an ihnen zu erfreuen. Wir haben nicht nötig, dass Gott uns weitere Reichtümer gibt, vielmehr brauchen wir die Fähigkeit, zu erkennen, was Er uns bereits gegeben *hat*.

Gottes Wort dient uns in vieler Hinsicht; in unserem Kummer erfreut es uns, und in unseren Schwierigkeiten gibt es uns Leitung. Wir gewinnen Freude daraus und entdecken darin Weisheit. Wenn wir Trost in der Schrift finden wollen, müssen wir uns ihrem Rat unterwerfen, und wenn wir ihrem Rat folgen, sollen wir das nicht widerstrebend, sondern mit Freuden tun. Das ist die sicherste Weise, mit denen umzugehen, die es auf unser Verderben abgesehen haben. Lasst uns mehr auf die wahren Zeugnisse des Herrn als auf die Lügenzeugnisse unserer Feinde achten!

Zum Nachdenken: Der Psalmist suchte göttliche Belehrung – die Augensalbe des Geistes; und darum würde er die Bibel wohl nie ohne das Gebet geöffnet haben: »Öffne meine Augen!« (Robert Murray M'Cheyne)

18. Oktober

Psalm 119,25-32

Weitere Lesung: Philipper 2,12-18

Hier kommt es mir vor, als sei der Psalmist in Schwierigkeiten; er beklagt seine Bindung an irdische Dinge, in denen er seinen Geist gefangen sieht. In diesen Versen sehen wir den Einfluss des göttlichen Wortes auf ein Herz, welches bejammert, dass es sich so nach unten gezogen fühlt, und von Klagen erfüllt ist über seine todbringende Umgebung. Das Wort des Herrn treibt offensichtlich zum Gebet (Verse 25-29), stärkt die Entscheidung (Vers 30) und inspiriert zu erneutem Entschluss (Vers 32); es ist in jeder Notsituation die sicherste Hilfsquelle, sowohl für den Leib als auch für den Geist. Dieser Abschnitt trägt den Buchstaben »D« als Überschrift, »D« wie Depression – trotz eines Geistes der Hingabe, der Zielstrebigkeit und der Abhängigkeit.

Wenn ein Mensch depressiven Geistes, schwach und zu Boden gedrückt ist, braucht er vor allem neue Lebenskraft, dann wird sich der Geist beleben und sein Körper sich aufrichten. Ist das Leben wieder neu geweckt, ist der ganze Mensch erneuert. Den Staub abzuschütteln, ist an sich eine Kleinigkeit; aber wenn es auf eine Erweckung folgt, ist es ein Segen von größter Bedeutung, so wie die Munterkeit, die einer wiedergeschenkten Genesung entsprang, zu den besten Gnadengaben gehört. Der Ausdruck »nach Deinem Wort« bedeutet: nach dem von Dir offenbarten Weg zur Belebung Deines Heiligen. Das Wort zeigt uns, dass der, welcher uns am Anfang lebendig machte, uns am Leben erhalten muss, und es berichtet uns von dem Geist Gottes, der durch Seine Darreichungen frisches Leben in unsere Seelen gießt. Wir bitten den Herrn, in dieser Seiner eigenen, gewöhnlichen Gnadenweise an uns zu handeln.

Psalm 119,25-32

Weil er wirklich betrübt über sein Versagen war und volle Vergebung empfangen hatte, ging es dem Psalmisten nun sehr darum, Gott nicht wieder zu beleidigen, und darum bat er Ihn: »Lehre mich Deine Ordnungen!« Er wollte nicht mehr aus Unwissenheit sündigen; er wollte die Gedanken Gottes kennen lernen, indem er sich durch den besten Lehrer unterweisen ließ. Er sehnte sich nach Heiligkeit. Wer gerechtfertigt wurde, begehrt immer auch danach, geheiligt zu werden. Wenn Gott uns unsere Sünden vergeben hat, sind wir mehr als vorher darauf bedacht, nicht wieder in Sünde zu fallen. Barmherzigkeit, die unsere Übertretungen vergeben hat, lässt uns nach Gnade verlangen, die uns vor Übertretungen bewahrt. Wir dürfen mutig um mehr bitten, wenn Gott uns viel gegeben hat. Er, der uns von den vergangenen Flecken gereinigt hat, wird sich nicht weigern, uns vor gegenwärtigen und künftigen Verunreinigungen zu bewahren. Der Psalmist wollte mit aller Kraft, mit Bereitschaft und Eifer den Willen Gottes ausführen; aber dazu brauchte er mehr Leben und Freiheit aus Gottes Händen. Das Herz regiert; die Füße eilen schnell, wenn das Herz frei und stark ist. Zuerst muss Gott in uns wirken, dann werden Wille und Tat nach Gottes Wohlgefallen sein. Er muss das Herz verändern, es auf Ihn ausrichten, es ermutigen, es stärken und weit machen; dann wird der Lebensweg voller Gnaden, aufrichtig, glücklich und entschieden sein. So müssen wir vom niedrigsten bis zum höchsten Gnadenstand alles den freien Liebesbeweisen unseres Gottes zuschreiben.

Zum Nachdenken: Das entschiedene Handeln des Herzens in allen heiligen Dingen kommt allein von dem gesegneten Wirken des Heiligen Geistes. Wir können nur dann den Weg Seiner Gebote »laufen«, wenn Er unser Herz weit gemacht hat. (Philip Bennet Power)

19. Oktober

Psalm 119,33-40

Weitere Lesung: Johannes 17,6-19

Ein Gefühl der Abhängigkeit und das Bewusstsein äußerster Not durchziehen diesen Abschnitt, der nur aus Gebet und Bitte besteht. Der Psalmist möchte den HERRN zum Lehrer haben, weil er das Gefühl hat, von keinem weniger tüchtigen Unterweiser etwas lernen zu können. Wenn wir merken, dass wir nur sehr mühsam lernen, treibt uns das dazu, einen großen Lehrer zu suchen. Welche Erniedrigung vonseiten unseres großen HERRN ist es doch, geneigt zu sein, die zu belehren, die Ihn suchen. Der Heilige hier bittet um eine durch und durch praktische Lektion; er will nicht nur die »Ordnungen« lernen, sondern auch deren »Pfad«, d.h. die Weise ihrer täglichen Anwendung und worauf es dabei ankommt. Er wollte ihren Sinn, ihre Richtung, ihre äußere Form und ihren Zweck verstehen. Er möchte den Pfad der Heiligkeit kennen, der von dem göttlichen Gesetz eingezäunt ist, an dem entlang die Gebote des Herrn stehen wie Wegweiser und belehrende Meilensteine, durch die unser Fortschritt gelenkt und markiert wird. Schon das Begehren, diesen Pfad kennen zu lernen, ist in sich die Garantie, durch ihn belehrt zu werden; denn der in uns das Verlangen nach Belehrung weckte, wird gewiss diesen Wunsch erfüllen.
Wenn die göttliche Gnade einen Menschen auf den wahren Weg stellt, wird sie ihn auch darauf erhalten. Rein menschlicher Verstand und Wille hat nicht einen so ausdauernden Einfluss. Alles Fleisch hat nur begrenzte Vollkommenheit; aber die himmlische Gnade hat kein Ende und nur ein Ziel: Sie will uns in der Heiligkeit und in der Furcht Gottes vollkommen machen. Das Ausharren bis ans Ende ist denen ganz sicher vorhergesagt, die in Gott und mit Gott und durch Gott ihren Lauf begannen. Wer

Psalm 119,33-40

dies aber unternimmt, ohne vom Herrn belehrt zu sein, wird bald vergessen haben, was er gelernt hat, und vom Pfad abweichen, auf dem zu gehen er vorgab. Niemand darf sich rühmen, durch eigene Kraft an dem Weg festhalten zu können; denn wir sind auf die fortdauernde Belehrung des Herrn angewiesen; sonst fallen wir, wie Petrus es tat, wenn wir uns auf unsere eigene Standhaftigkeit verlassen.

Bewahrt uns Gott aber, so bleiben wir auf Seinem Weg; es ist ein großer Trost zu wissen, dass es Gottes Art ist, die Füße Seiner Heiligen zu bewahren. Doch wir müssen aufpassen, dass wir nie meinen, wir blieben durch unsere Tüchtigkeit auf dem Weg; denn wir können uns weder durch eigene Kraft, noch durch Willensstärke beschützen, sondern nur durch die Belehrungen des Herrn. Einerlei, wer der Lehrer ist, immer wird von dem Belehrten gefordert, dass er lernt; niemand kann einem Menschen etwas beibringen, wenn dieser sich weigert, etwas anzunehmen. Lasst uns darum mit großem Eifer die Belehrungen des Herrn in uns »hineintrinken«, damit unsere Rechtschaffenheit bestehen bleibt und wir bis zum Lebensende auf dem Pfad der Aufrichtigkeit bleiben! Wenn wir den lebendigen und unverderblichen Samen des Wortes Gottes in uns aufnehmen, werden wir leben; getrennt davon haben wir kein ewiges Leben, sondern nur den Namen, dass wir leben.

Zum Nachdenken: Wir benötigen nicht nur Licht, um den Weg zu erkennen, sondern auch ein Herz, das darauf geht. (Thomas Manton)

20. Oktober

Psalm 119,41-48

Weitere Lesung: 1. Petrus 1,22 - 2,3

In diesen Versen tritt uns in besonderer Weise heilige Furcht entgegen. Der Mann Gottes zittert davor, dass Gott auch nur in geringem Maß Seine Gunst von ihm abwenden könnte. Diese acht Verse sind eine beständige Bitte, die Gnade möge in seiner Seele bleiben, und die Bitten werden durch so heilige Argumente unterstützt, die nur einem Geist einfallen, der Gott brennend liebt.

»Heil« ist die Summe und Krone aller Gnaden. Es ist die Erlösung von allem Bösen, jetzt und in Ewigkeit. Hier wird das Heil zum ersten Mal in diesem Psalm erwähnt, und es ist mit Gnade verbunden. »Durch Gnade seid ihr errettet.« Das Heil wird »Dein Heil« genannt und damit einzig dem HERRN zugeschrieben. Welch eine Menge an Gnade ist in dem Heil zusammengefasst, das uns der Herr Jesus gebracht hat! Darin sind die Gnaden enthalten, die uns vor unserer Bekehrung bewahrten und uns dahin führten. Dann folgt die rufende Gnade, die zur Wiedergeburt führende Gnade, die bekehrende Gnade, die rechtfertigende Gnade, die vergebende Gnade. Aber wir können von dem vollen Heil auch die vielen anderen Gnaden nicht trennen, die den Gläubigen sicher in die Herrlichkeit bringen. Das Heil ist eine Ansammlung unzählbarer Gnaden, die alle unaussprechlich kostbar, überall wirksam und von ewiger Dauer sind. Dem Gott aller Gnade sei Ruhm und Ehre bis in alle Ewigkeit!

Nichts bindet einen Menschen wirkungsvoller an die Wege des Herrn als die Erfahrung, dass Sein Wort, das in Gestalt Gott gewirkter Gnaden und Befreiungen erlebt wird, wahr ist. Die Treue des Herrn öffnet nicht nur unseren Mund gegenüber

Psalm 119,41-48

unseren Feinden, sondern bindet auch unser Herz daran, Ihn zu fürchten; außerdem intensiviert sie unsere Verbindung mit Ihm. Große Gnadenerweise erwecken in uns unaussprechliche Dankbarkeit, die, weil wir sie hier oft nicht auszudrücken vermögen, die Ewigkeit durch Lob und Dank herrlich zu machen verspricht. Nur Gottes Gnade kann uns befähigen, Seine Gebote beständig, immer und ewig zu halten. Ewige Liebe muss uns ewiges Leben gewähren, und daraus wird ewiger Gehorsam entstehen. Es gibt keinen anderen Weg, beständig in der Heiligung zu verharren, als wenn das Wort der Wahrheit in uns bleibt, wie der Psalmist darum bat, es möge in ihm bleiben. Es ist nur natürlich, dass er sich nach einem Gesetz ausstreckte, an dem er Freude hatte, wie ein Kind seine Hände einer ersehnten Gabe entgegenhält. Wenn uns etwas so Wunderbares wie Heiligung angeboten wird, müssen wir uns danach mit all unserem Sein ausstrecken, und bis sie ihr Ziel in uns vollkommen erreicht hat, zumindest die Hände im Gebet erhoben halten. Wenn die Gnade herabkommt, werden unsere Hände emporgehoben; wenn Gott in Liebe unser gedenkt, werden auch wir sicher Seiner gedenken. Glückselig sind alle, deren Hände erhoben sind, um sowohl den göttlichen Segen anzunehmen als auch Seinen Vorschriften zu gehorchen; sie werden nicht vergeblich auf den Herrn warten.

Zum Nachdenken: Wohin heilige Hände und heilige Herzen gehen, dorthin wird einmal auch der ganze Mensch folgen. (C.H. Spurgeon)

21. Oktober

Psalm 119,49-56

Weitere Lesung: Hebräer 6,13-20

Diese acht Verse handeln von dem Trost, den Gottes Wort gibt. Sie beginnen mit der wichtigsten Tröstung, nämlich dass der Herr Seine Verheißung wahr macht. Dann zeigen sie uns, wie dieses Wort uns in Anfechtungen beisteht und uns so unempfindlich gegenüber Spott werden lässt, dass wir durch das raue Verhalten der Gottlosen mehr über ihre Sündhaftigkeit erschrecken, als dass wir ihren Versuchungen erliegen. Weiter erfahren wir hier, wie die Heilige Schrift den Pilgern Lieder schenkt und den in der Nacht Wachenden Gutes in Erinnerung ruft. Zusammengefasst sagt uns dieser Abschnitt, dass die Summe dieses Glücks und Trostes im Halten der Vorschriften des Herrn liegt. Der Psalmist fürchtet sich nicht, der HERR habe Seine Verheißungen vergessen, im Gegenteil verwendet er sie zu seiner Rechtfertigung, und so spricht er wie Menschen, die im Gespräch miteinander ihre Beweisgründe vorbringen. Wenn der Herr Seinen Knecht an dessen Sünden erinnert und sie ihm bewusst macht, ruft der Bußfertige: »Herr, denke an Dein vergebendes Wort, und meiner Sünden und Ungerechtigkeiten wollest Du daher nicht mehr gedenken!« Eine ganze Welt von Bedeutungen liegt in dem Wort »gedenke«, wenn es sich an Gott richtet. In der Bibel wird es im freundlichsten Sinn verwendet und passt genau zu den Kümmernissen der Bedrückten. Der Psalmist ruft: »Gedenke, HERR, dem David alle seine Mühsal!« Auch Hiob bat, der Herr möge eine Zeit bestimmen, wann Er seiner gedächte. Im vorliegenden Fall ist das Gebet so persönlich wie das »Gedenke meiner!« bei dem Schächer; denn das Wesentliche liegt in den Worten »an Deinen Knecht«. Es würde uns wenig helfen, wenn Gott sich Seiner Verheißung allen an-

Psalm 119,49-56

deren gegenüber erinnerte, falls dies nicht auch auf uns zutrifft. Doch da besteht keine Gefahr; denn der Herr hat noch niemals auch nur eine einzige Verheißung gegenüber einem einzigen Gläubigen vergessen.

Die Überlegung ist: Gott hat Gnade zum Hoffen auf die Verheißung gegeben, darum wird Er diese Hoffnung auch niemals enttäuschen. Er kann keine unbegründete Hoffnung geweckt haben. Hoffen wir auf Sein Wort, so haben wir eine sichere Grundlage, weil unser gnadenreicher Herr niemand zum Narren hält, indem Er ihm falsche Hoffnungen macht. Unser großer Meister wird Seine eigenen Knechte nicht vergessen, noch die Erwartungen enttäuschen, die Er selbst erweckt hat. Weil wir des Herrn sind und uns Mühe geben, an Sein Wort zu denken, indem wir ihm gehorchen, dürfen wir sicher sein, dass Er Seiner Knechte gedenkt und sich an Seine eigenen Verheißungen erinnert, um sie zu erfüllen. Wir werden nicht für unsere Taten belohnt; aber es liegt Lohn in ihnen. Viele Tröstungen gewinnt man schon aus einer achtsamen Lebensführung; von solchem Trost dürfen wir bestimmt sagen: »Ich gedachte, HERR, Deiner Bestimmungen ..., und ich tröste mich.«

Zum Nachdenken: Wer sich Gottes Verheißungen zu Eigen macht, darf sich in Demut kühn auf sie berufen. Gott gab die Verheißungen, auf die der Psalmist hoffte, aber auch die Hoffnung, durch die er sich an die Verheißungen klammerte. (Matthew Henry)

22. Oktober

Psalm 119,57-64

Weitere Lesung: 1. Johannes 2,24 - 3,3

In diesem Abschnitt hat der Psalmist offenbar seinen Blick fest auf Gott selbst gerichtet. Er nennt Ihn »Mein Teil« (Vers 57), er ruft Ihn an (Vers 58), er kehrt zu Ihm um (Vers 59), er tröstet sich in Ihm (Verse 61-62), er verbindet sich mit Gottes Volk (Vers 63), und er sehnt sich nach der Erfahrung göttlicher Gnade (Vers 64).

Der Dichter ist außer sich vor Staunen, dass der große und herrliche Gott ihm ganz gehört! Und er hat wohl Grund dazu; denn kein Besitz ist mit dem HERRN zu vergleichen. Wie die Leviten nahm er Gott als sein Teil und überließ das andere denen, die es begehrten. Gott ist ein riesiges und beständiges Erbteil, größer als alles und überdauert auch alles; doch niemand erwählt Ihn von sich aus, bevor nicht Gott ihn erwählt und erneuert hat. Selbst wenn wir Gott ganz sicher besitzen, wird das Gebet dadurch nicht überflüssig, im Gegenteil, wir werden zum Beten gedrängt; wer weiß, dass Gott sein Gott ist, wird Sein Angesicht suchen und sich nach Seiner Gegenwart sehnen. Gottes Nahesein ist der größte Gunstbeweis und darum der dringendste Wunsch begnadeter Seelen; denn das Licht Seines Angesichts ist uns ein Vorgeschmack des Himmels. Ach, wenn wir es doch allezeit genössen! Der gute Mensch fleht um Gottes Lächeln wie einer, der um sein Leben bettelt, und die ganze Kraft seines Begehrens steht hinter seinem Flehen. Solch eifriges Bitten führt sicher zum Erfolg; was von Herzen kommt, geht auch bestimmt zum Herzen Gottes. Alle Liebesbeweise Gottes stehen für solche bereit, die Ihn von ganzem Herzen suchen.

Was auch die Fehler und Irrungen eines aufrichtigen Herzens sein mögen, es bleibt genug wahres Leben darin, um innige

Psalm 119,57-64

Frömmigkeit hervorzubringen, wenn das Herz erst durch die Heimsuchung Gottes erquickt worden ist. Der Psalmist bat um Gnade, und als er sie erhalten hatte, ging er wieder eifrig und mit Leidenschaft auf den Wegen des Herrn voran. Er hatte Ihn immer geliebt, doch als er nun mit Gnade überschüttet war, zeigte sich in dieser Liebe neue Frische und Freudigkeit. Er lief mit doppelter Geschwindigkeit: Positiv ausgedrückt, war er »geeilt«, und negativ ausgedrückt, lehnte er es ab, sich mit anderen Dingen zu beschäftigen, die ihn vielleicht aufgehalten hätten – er hatte »nicht gezögert«. So machte er rasche Fortschritte und schaffte im Dienst für Gott sehr viel, wodurch er sein Versprechen von Vers 57 erfüllte: »Ich habe versprochen, Deine Worte zu halten.« Die Befehle, denen er eifrig Folge leisten wollte, waren keine menschlichen Anordnungen, sondern Gebote des Höchsten. Viele sind eifrig, den Geboten der Mode und der Gesellschaft zu gehorchen, aber im Dienst für Gott sind sie träge. Es ist eine schreiende Schande, dass man Menschen ohne Verzug dient und dabei das Werk für Gott übergeht oder in schläfriger Gleichgültigkeit verrichtet.

Der erste Vers duftet von sicherer Gewissheit und festen Entschlüssen, und der letzte Vers fließt über von dem Bewusstsein göttlicher Fülle und persönlicher Abhängigkeit des Psalmisten. Wer das Gesetz halten möchte, passt sehr gut auf, alle Paragraphen und Bestimmungen zu lernen, sonst könnte man sich der Unachtsamkeit schuldig machen.

Zum Nachdenken: Wer es wagt, die Unterweisungen des Herrn zu missachten, hat sich niemals aufrichtig entschlossen, heilig zu sein. (C.H. Spurgeon)

23. Oktober

Psalm 119,65-72

Weitere Lesung: Nahum 1,1-8

In diesem neunten Abschnitt fangen alle Verse mit dem Buchstaben Teth an. Sie bezeugen Erfahrungen und bestätigen die Güte Gottes, die Großartigkeit Seines Handelns und die Kostbarkeit Seines Wortes. Der Psalmist verkündet insbesondere, wie ausgezeichnet Gott Widerwärtigkeiten benutzt, um ihn aus lauter Güte zu demütigen. Vers 65 fasst den ganzen Abschnitt zusammen.

Der Psalmist berichtet dem Herrn von dem Entschluss seines Herzens; er kann nicht schweigen, er muss seine Dankbarkeit in der Gegenwart des HERRN, seines Gottes, kundtun. Hier geht es um das, was Gott »getan« hat an allen diesen unbedeutenden und unwürdigen Wesen, wie wir es sind; und noch darüber hinaus hat Er es gut gemacht, so wunderbar gut! Er hat alles gut gemacht; diese Regel kennt keine Ausnahme. In Seiner Vorsehung und in Seiner Gnade, indem Er uns gute Zeiten und indem Er uns Anfeindungen gab, in allem hat der HERR uns »Gutes getan«. So handeln wir auch gut daran, dem HERRN zu sagen, dass wir empfinden, wie gut Er an uns gehandelt hat; denn Seine Freundlichkeit zu preisen, ist besonders passend und geziemend. Die Freundlichkeit des HERRN ist aber kein Zufallsereignis; Er hat versprochen, es so zu machen, und Er handelte nach Seinem Wort. Es ist etwas Wunderbares, wenn wir sehen, dass sich das Wort des HERRN in unseren beglückenden Erfahrungen erfüllt. Das macht uns die Heilige Schrift liebenswert und lässt uns den HERRN der Schrift lieb haben. Das Buch der Vorsehung stimmt mit dem Buch der Verheißungen überein. Was wir auf den inspirierten Seiten lesen, begegnet uns auf den Seiten unserer Lebensgeschichte wieder. Wir mögen nicht

Psalm 119,65-72

gemeint haben, dass es so ist; aber unser Unglaube ist jetzt so weit gedemütigt, dass wir die Gnade Gottes an uns und Seine Treue zu Seinem Wort erkennen können. Seither sind wir angehalten, einen festeren Glauben sowohl an Gott als auch an Seine Verheißungen zu offenbaren.

Selbst in der Anfechtung ist Gott gut und tut uns Gutes. Dies ist das Bekenntnis der Erfahrung. Gott ist Seinem Wesen nach die Güte selbst, und in allen Seinen Eigenschaften ist Er im vollsten Sinn des Wortes gut, ja, Er hat das Monopol auf Güte, weil niemand gut ist als Gott allein. Er handelt Seiner Natur gemäß; aus einer reinen Quelle fließen reine Wasser. Gott ist keine latente, inaktive Güte; Er offenbart sich in Seinen Werken; Er tut aktiv wohl, Er schafft Gutes. Wie gut Er ist, kann keine Zunge aussprechen! Wir gut Er ist, kann kein Herz erfassen! Alle Herrlichkeit, die wir Gott geben können, besteht darin, Seine Herrlichkeit auf Ihn zurückzureflektieren. Wir können nicht mehr Gutes über Gott sagen, als Er ist und tut. Wir glauben an Seine Güte, und so ehren wir Ihn durch unseren Glauben; wir bewundern Seine Güte, und so verherrlichen wir Ihn durch unsere Liebe; wir verkünden Seine Güte, und so erheben wir Ihn durch unser Zeugnis.

Zum Nachdenken: Seht, wie dieser Teil des Psalms mit Güte gewürzt ist. Gottes Handeln ist gut (Vers 65), heilige Einsicht ist gut (Vers 66), Anfechtung ist gut (Vers 67), Gott ist gut (Vers 68), und hier ist das Gesetz nicht nur gut, sondern besser als die höchsten Schätze. Herr, mache uns gut durch Dein gutes Wort! Amen. (C.H. Spurgeon)

24. Oktober

Psalm 119,73-80

Weitere Lesung: Maleachi 3,16-18

Wir sind jetzt zum zehnten Abschnitt gekommen, in dem jede Strophe mit dem Buchstaben Yodh beginnt, die sich aber gewiss nicht mit kleinen Jotas und Häkchen oder anderen Nebensächlichkeiten befassen. Das Thema scheint persönliche Erfahrung zu sein – und wie diese sich positiv auf andere auswirkt. Der Prophet ist in tiefem Kummer; aber er wartet darauf, erlöst und anderen ein Segen zu werden. Weil er andere lehren möchte, bittet er zunächst, selbst belehrt zu werden (Vers 73), er ist davon überzeugt, dass man gern auf ihn hört (Vers 74), und er wiederholt das Zeugnis, welches er bringen will (Vers 75). Er bittet um weitere Erfahrungen (Verse 76-77), um Beschämung der Übermütigen (Vers 78), darum, dass die Frommen sich zu ihm versammeln (Vers 79) und dann wieder für sich selbst, dass er für diesen Zeugnisdienst voll ausgerüstet sei und dabei unterstützt werde (Vers 80). So hört sich das ernste und doch hoffnungsvolle Schreien eines von grausamen Feinden schwer Angefochtenen an, der sich deshalb an Gott als seinen einzigen Freund wendet. Gottesfürchtige Menschen werden ermutigt, wenn sie erfahrenen Gläubigen begegnen. Ein Mensch voller Hoffnung ist ein von Gott Gesandter, wenn jemand in Schwierigkeiten oder Gefahren ist. Haben sich die Hoffnungen eines Gläubigen bestätigt, werden seine Mitstreiter erfreut und auferbaut und gewinnen selbst neue Hoffnung. Es gefällt den Augen, einen Menschen zu sehen, der bezeugt, dass der Herr treu ist. Ja, es ist eine der Freuden der Heiligen, wenn sie mit ihren weiter fortgeschrittenen Brüdern Zwiesprache halten dürfen.

Der Psalmist hat zwei Beschreibungen für die Heiligen: Sie sind gottesfürchtig, und sie kennen Gott. Sie besitzen sowohl Ehr-

Psalm 119,73-80

furcht als auch Unterweisung, sie haben sowohl den Geist als auch die Erkenntnis wahrer Frömmigkeit. Wir kennen innige Gläubige, die herzlich sind, aber nicht sehr intelligent, und andererseits wissen wir auch von bestimmten Bekennern, die nur alles im Kopf, jedoch nichts im Herzen haben. Der Psalmist ist ein Mensch, der Ehrfurcht und Verständnis vereint. Wir haben weder Interesse an frommen Dummköpfen noch an intellektuellen Eisbergen. Gehen aber Gottesfurcht und Erkenntnis Hand in Hand, so schaffen sie einen Menschen, der zu jedem guten Werk gründlich zubereitet ist. Wenn ich mir solche Menschen zu Freunden erwähle, darf ich hoffen, einer von ihrer Sorte zu werden. Mögen sie immer bei mir einkehren, sie werden in mir eine verwandte Seele finden.

Wenn das Herz gesund im Gehorsam gegenüber Gott ist, ist alles gut, oder es wird alles gut werden. Wenn unser Herz richtig steht, ist die Hauptsache in Ordnung. Das ist sogar wichtiger, als von guten Menschen geschätzt zu werden. Im Grunde geht es darum: Wenn wir vor Gott nicht aufrichtig sind, ist unser frommer Name nur ein leerer Klang. Wer von Herzen aufrichtig ist, hat keinen Grund, sich zu schämen, und wird auch nie welchen bekommen. Heuchler sollten sich jetzt schon schämen; denn eines Tages werden sie es ohne Ende tun, ihre Herzen sind verdorben, und ihr Name wird verderben. Aber alle, die ihre eigene Schwachheit durch traurige Erfahrungen kennen lernten, wissen, was es heißt, die Dinge zu durchschauen und den Herrn um »Wahrheit im Innern« anzurufen.

Zum Nachdenken: Die Tröstungen des göttlichen Wortes sind das gewöhnliche Teil des Volkes Gottes. (Thomas Manton)

25. Oktober

Psalm 119,81-88

Weitere Lesung: 1. Petrus 4,1-8

Diese acht Verse bilden die Mitternacht dieses Psalms, und es ist sehr dunkle, tiefschwarze Nacht. Einige Sterne scheinen zwar, und der letzte Vers verheißt schon das Morgengrauen. Danach wird die Melodie viel fröhlicher; aber bis dahin sollten wir uns damit trösten, dass wir einen so bedeutenden Knecht Gottes von den Gottlosen so übel behandelt sehen; auch uns begegnet nichts Fremdartiges, wenn man uns verfolgt.

So lange zu lesen, bis unsere Augen nichts mehr sehen können, ist nichts im Vergleich zu dem Warten auf die Erfüllung einer Verheißung, bis die inneren Augen der Erwartung von lang hingezogenem Harren trübe zu werden beginnen. Wir dürfen Gott keine Zeiten vorschreiben, denn das hieße, den Heiligen Israels zu beschränken; doch wir dürfen Ihm eindringlichst unseren Rechtsstreit vortragen und Ihn anflehen und fragen, warum die Verheißung zu kommen verzieht. Der Psalmist suchte keinen anderen Trost als den, der von Gott kommt. Er hatte seine Sache in Gottes Hände gelegt, und er bat, das Urteil möge gesprochen und vollstreckt werden. Er wollte nichts als Gerechtigkeit, damit sein guter Ruf wiederhergestellt und seine Verfolger zum Schweigen gebracht würden. Er wusste, Gott werde gewiss Seine Auserwählten rächen; aber der Tag der Befreiung verzog, die Stunden schleppten sich mühsam dahin, und der Verfolgte schrie Tag und Nacht um Erlösung. Es war gut für den Psalmisten, dass seine Feinde Gottes Feinde waren und dass ihre Angriffe auf ihn nicht vom Herrn gebilligt wurden. Auch war es ein großer Vorteil für ihn, ihre Pläne zu kennen, so konnte er auf der Hut sein und auf seine Wege Acht geben, um nicht in ihre Gruben zu stürzen. Solange er das Gesetz des Herrn hielt,

Psalm 119,81-88

war er in Sicherheit, obwohl es selbst dann noch ungemütlich genug war, weil sein Weg durch ihre mutwillige Bosheit voller Gefahren war.

Wenn wir selbst zu neuer Frömmigkeit erweckt wurden, sind wir außer Reichweite unserer Angreifer. Unser bester Schutz vor Versuchern und Verfolgern ist mehr Leben. Die Barmherzigkeit selbst kann uns keinen größeren Dienst erweisen, als wenn sie unser Leben überströmender werden lässt. Wir blicken zu Gottes Barmherzigkeit als der Quelle geistlicher Erweckung auf, und wir bitten den Herrn, uns zu beleben, nicht unseren Mängeln entsprechend, sondern gemäß der grenzenlosen Kraft Seiner Gnade. Sind wir durch den Heiligen Geist erweckt, wird sich das sicher in einem heiligen Lebenswandel zeigen. Wir werden uns treu an die gesunde Lehre halten, wenn der Geist uns heimsucht und uns treu macht. Niemand hält das Wort aus dem Mund des Herrn, bevor nicht das Wort aus dem Mund des Herrn ihn erweckt hat. Wir sollten die geistliche Weisheit des Psalmisten sehr bewundern, der nicht so sehr um Befreiung von Drangsalen, als vielmehr um neues Leben bittet, das ihm hilft, die Drangsale zu ertragen. Wenn das innere Leben kraftvoll ist, ist alles gut.

Herr, danach lass uns von ganzem Herzen trachten, und lass unsere Herzen vor Dir richtig stehen!

Zum Nachdenken: Halte Christus in der Dunkelheit fest; du wirst bestimmt das Heil Gottes schauen! (Samuel Rutherford)

26. Oktober

Psalm 119,89-96

Weitere Lesung: Kolosser 1,13-23

Die Melodie ist nun freudiger; denn die Erfahrung hat dem »lieblichen Sänger« eine tröstliche Erkenntnis über Gottes Wort zuteil werden lassen, und daher kommt der fröhliche Text. Nachdem er auf dem Meer der Trübsal hin und her geworfen war, springt er jetzt ans Ufer und steht auf einem Felsen. Das Wort des HERRN ist weder schwankend noch ungewiss; es ist beständig, bestimmt, fest, sicher und unbeweglich. Die Lehren der Menschen wechseln so oft, dass sie gar keine Zeit haben, sich zu setzen und beständig zu werden; das Wort des HERRN dagegen ist von alters her dasselbe und wird in Ewigkeit unverändert bleiben. Einige Menschen fühlen sich nie glücklicher, als wenn sie alles und alle verunsichern können; aber Gottes Geist ist nicht mit ihnen. Die Kraft und die Herrlichkeit des Himmels haben jeden Satz bestätigt, den der Mund des HERRN gesprochen hat, und zwar so bestätigt, dass es bis in Ewigkeit dasselbe bleiben muss: Es steht »fest in den Himmeln«, wo es durch nichts angetastet werden kann. Im vorigen Abschnitt wurde die Seele des Psalmisten schwach; aber hier blickt der Fromme über sein Ich hinaus und begreift, dass der Herr nicht schwach geworden ist, auch nicht müde, und dass in Seinem Wort kein Fehler steht. Die Treue und Unwandelbarkeit Gottes sind prächtige Themen für einen heiligen Gesang, und wenn wir es leid sind, auf die wechselnden Szenen des Lebens zu blicken, füllt der Gedanke an die unveränderlichen Verheißungen unseren Mund mit einem Lied. Gottes Absichten, Verheißungen und Vorschriften hat Er alle stets vor Augen, und nichts davon soll je angetastet werden. Bundesanordnungen werden nicht verändert, wie sehr sich die Meinungen der Menschen auch

Psalm 119,89-96

ändern mögen. Wir wollen uns daher fest vornehmen, uns an den Glauben unseres Herrn zu klammern, solange wir sind.
Die Natur wird von festen Gesetzen regiert; der Erdball bleibt nach göttlichem Befehl auf seiner Bahn und macht keine chaotischen Bewegungen: Die Jahreszeiten folgen der vorgezeichneten Ordnung, das Meer gehorcht dem Gesetz von Ebbe und Flut, und so ist alles nach vorbestimmter Ordnung geregelt. Und zwischen dem Wort Gottes und den Werken Gottes gibt es eine Übereinstimmung, besonders darin, dass beide konstant, festgelegt und unwandelbar sind. Gottes Wort, das die Welt erschuf, ist dasselbe, das in der Bibel Gestalt angenommen hat. Durch das Wort des Herrn wurden die Himmel gemacht, vor allem durch den, der »das Wort« genannt wird.
Wenn wir sehen, dass die Erde ihre Stellung beibehält und alle Gesetze dieselben bleiben, haben wir dadurch die Versicherung, dass der Herr Seinem Bund die Treue hält und dass Er nicht erlauben wird, dass der Glaube Seiner Leute zuschanden wird. Wenn die Erde bleibt, wird auch die geistliche Schöpfung bleiben; wenn Gottes Wort genügte, um die Welt ins Dasein zu rufen, reicht es gewiss auch aus, um den einzelnen Gläubigen aufrecht zu halten. Sind wir uns bewusst, dem Herrn zu gehören, können wir auch sicher sein, dass Er uns retten wird. Wir gehören dem Herrn durch Erschaffung, Auserwählung, Erlösung, Unterwerfung und Annahme; und darauf beruht unsere feste Hoffnung und Sicherheit des Glaubens, dass Er uns bewahren wird.

Zum Nachdenken: Wenn wir den Herrn gesucht haben, können wir sicher sein, dass Er uns gesucht hat und uns gewiss bewahren wird. (C.H. Spurgeon)

27. Oktober

Psalm 119,97-104

Weitere Lesung: 1.Korinther 3,5-17

Weisheit ist angewandte Erkenntnis. Wir werden durch Gehorsam weise. Wir lernen nicht nur aus Verheißungen, aus der Lehre und aus der heiligen Geschichte, sondern auch durch Vorschriften und Gebote; tatsächlich erhalten wir aus den Geboten die meiste praktische Weisheit und werden dadurch am besten darauf vorbereitet, mit unseren Feinden fertig zu werden. Ein geheiligtes Leben ist die höchste Weisheit und die sicherste Verteidigung. Wer von Gott belehrt wurde, verfügt über eine praktische Weisheit, welche der Böse den Schlauesten nicht zu vermitteln vermag. Dann ist man einfältig wie die Taube und zeigt gleichzeitig größere Weisheit als die Schlange.

Das, was der Herr dem Psalmisten gelehrt hatte, war zur Ausbildung der Krieger nützlich, doch er findet es genauso wertvoll für die Schulen. Wir können unseren Lehrern nicht allezeit trauen; tatsächlich sollten wir keinem bedingungslos folgen; denn Gott macht uns selbst für unsere persönlichen Entscheidungen verantwortlich. Es geziemt sich für uns, genau den Anweisungen des Wortes Gottes zu folgen, damit wir das Schiff retten können, selbst wenn der Lotse sich irrt. Sollten unsere Lehrer in allem ein gesundes und sicheres Urteil haben, wollen wir sie gern preisen, und solche werden stets bereit sein anzuerkennen, dass die Belehrungen des Herrn besser sind als jeder Unterricht, den sie uns erteilen könnten. Schüler Christi, die zu Seinen Füßen sitzen, sind oft in göttlichen Dingen besser bewandert als Doktoren der Theologie. Die aus der Heiligen Schrift gewonnenen Unterweisungen sind für vieles nützlich, und wohin man auch blickt, übertreffen sie überall und auf

Psalm 119,97-104

jede Weise alles andere. Wie sich unsere Seele des Herrn rühmt, so dürfen wir uns auch Seines Wortes rühmen.

Gott hat Vieles und Mannigfaltiges geredet, und die Gesamtheit bildet das, was wir »das Wort« nennen: Der Psalmist liebte jedes einzelne von Gottes Worten und alle zusammen als Ganzes; ihm schmeckte es unbeschreiblich süß. Er sagt zwar, es sei süß; aber er kann einfach nicht sagen, wie angenehm und süß es ihm erscheint. So ruft er nur aus: »Wie süß!« Weil es Gottes Worte sind, waren sie Seinem Knecht einfach göttlich süß. Der die Süßigkeit hineinlegte, hatte auch den Geschmack Seines Knechtes zubereitet, dies zu empfinden und sich daran zu erfreuen. Der Psalmist macht zwischen Verheißungen und Vorschriften, Lehren und Warnungen keinen Unterschied, sie alle sind in Gottes Wort enthalten, und darum sind ihm alle kostbar. Ach, hätten wir doch zu allem, was der Herr offenbart hat, eine tiefe Liebe, einerlei, in welcher Form es dargeboten wird.

Der Schlussvers dieser Strophe markiert einen großen Fortschritt im Charakter des Psalmisten und zeigt, dass der Mann Gottes stärker, mutiger und glücklicher als zuvor geworden ist. Er ist vom Herrn belehrt worden, das Köstliche vom Unreinen zu unterscheiden. Während er nun die Wahrheit brennend liebt, hasst er die Lüge genauso heftig. Wenn wir alle doch dieses Unterscheidungsvermögen und diese Entschiedenheit erreichten! Dann würde Gott aufs Höchste verherrlicht werden.

Zum Nachdenken: Durch Nachsinnen predigen wir uns selbst, und so erlangen wir mehr Verständnis als unsere Lehrer; denn wir lernen unser Herz kennen – was sie nicht können. (Matthew Henry)

28. Oktober

Psalm 119,105-112

Weitere Lesung: Johannes 12,42-50

Wir sind Wanderer durch die Stadt dieser Welt, und wir sind oft berufen, in die Finsternis hinauszugehen. Lasst uns dort nie ohne das Licht gebende Wort Gottes herumlaufen, sonst gleiten unsere Füße aus. Jeder sollte das Wort Gottes persönlich, praktisch und gewohnheitsmäßig auf sich anwenden. Dann erkennen wir den Weg und sehen die Hindernisse auf ihm. Wenn sich auf alles um mich her die Dunkelheit senkt, zeigt mir Gottes Wort, einer brennenden Fackel gleich, den Weg. Eine der praktischsten Wohltaten der Heiligen Schrift ist die Leitung im täglichen Lebenswandel. Es wurde uns nicht gegeben, damit wir über seine Brillanz staunen, sondern um uns durch seine Unterweisungen leiten zu lassen. Es ist wahr, der Kopf braucht Erleuchtung, aber noch nötiger haben die Füße Wegweisung nötig, sonst fallen beide in den Graben. Glücklich ist der Mensch, der Gottes Wort persönlich zu schätzen weiß und es praktisch als Tröster und Ratgeber gebraucht – als eine Leuchte für seinen Fuß.

Der Psalmist erwählte die »Zeugnisse« als sein Los, sein Teil und sein Erbe, und, was mehr bedeutet, er nahm sie in Anspruch und ließ sie für ihn wahr werden. Er nahm sie in Besitz und freute sich daran. Die Wahl des Psalmisten ist unsere Wahl. Hätten wir einen Wunsch frei, so wollten wir gerne Gottes Gebote vollkommen halten. Die Lehre zu kennen, die Verheißungen zu genießen und die Gebote zu befolgen – das wäre ein Königreich, groß genug für mich. Hier haben wir ein unverwelkliches Erbe, das uns auch nicht genommen werden kann; es ist unser in Ewigkeit, wenn wir es so ergriffen haben. Manchmal müssen wir, wie Israel beim ersten Einzug in Kana-

Psalm 119,105-112

an, das Erbteil durch harte Kämpfe einnehmen. Sollte das so sein, ist es alle Arbeit, alles Leiden wert. Immer aber muss es durch eine klare Herzensentscheidung ergriffen werden. Was Gott gibt, muss man annehmen. Die Freude, die über den Psalmisten durch das Wort Gottes kam, hatte ihn dazu gebracht, dies unabänderlich für sich zu erwählen. Alle Teile der Heiligen Schrift hatten dem Psalmisten gefallen und taten es noch; darum hielt er sich daran und wollte sich immer daran halten. Was das Herz erfreut, wird sicher von ihm erwählt und geschätzt. Es ist nicht die Erkenntnis, sondern die Erfahrung des Herzens, welche die Freude bringt.

Viele möchten predigen, der Psalmist aber war geneigt zum Tun; viele möchten Zeremonien ausüben, er aber war geneigt, Bestimmungen auszuführen; viele möchten gelegentlich gehorsam sein, der Psalmist aber wollte immer gehorchen. Leider neigen viele zu einer Religion für das Diesseits, dieser Mann Gottes aber hatte sich für die Ewigkeit festgelegt. Er wollte den Ordnungen seines Herrn und Königs gehorchen bis ans Ende.

Zum Nachdenken: Herr, sende uns solche himmlische Herzensneigung wie diese; dann werden wir zeigen, dass Du uns belebt und belehrt hast. Dazu schaffe in uns ein reines Herz und erneuere in uns einen festen Geist; denn nur so werden wir uns der richtigen Richtung zuwenden. (C.H. Spurgeon)

29. Oktober

Psalm 119,113-120

Weitere Lesung: Matthäus 7,21-29

Die vorigen acht Verse waren praktisch, diese sind nachdenklich; dort achtete der Mann Gottes auf seine Füße, hier achtet er auf sein Herz. Die Bewegungen der Seele sind genauso wichtig wie vollbrachte Taten; denn dort ist die Quelle und der Ursprung aller Handlungen. Wenn wir das Gesetz lieben, wird es zu einem Gesetz der Liebe, und wir hängen ihm von ganzem Herzen an. In diesem Abschnitt behandelt der Psalmist Gedanken und Dinge und Personen, die Gott und Seinen heiligen Gedanken und Wegen entgegenstehen. Offensichtlich fürchtet er sich sehr vor den Mächten der Finsternis und ihren Verbündeten; und sein ganzes Herz ist aufgewühlt, weil er sich ihnen unbedingt entgegenstellen will. So wie er den vorletzten Abschnitt in Vers 97 mit »Wie liebe ich Dein Gesetz!« beginnen ließ, so fängt er diesen mit der Erklärung an: »Die Gemeinen hasse ich!« Das Gegenteil vom festen und unfehlbaren Gesetz Gottes sind die schwankenden und wechselnden Ansichten der Menschen. Der Psalmist betrachtete sie mit äußerster Verachtung und Abscheu; alle seine Ehrerbietung und Aufmerksamkeit galt dem sicheren Wort der göttlichen Zeugnisse. So groß wie seine Liebe zum Gesetz war sein Hass gegen die Erfindungen der Menschen. Die Gedanken der Menschen sind nichtig; die Gedanken Gottes aber sind reine Wahrheit.

Wer sich ein Gewissen über seine Gedanken macht, wird nicht geneigt sein, böse Gesellschaft zu dulden. Wenn wir von nichtigen Gedanken zu Gott fliehen, wie viel mehr sollten wir nichtige Menschen meiden. Menschen neigen nur allzu sehr dazu, sich von Schmeichlern umgeben zu lassen, die sich aber zu gleicher Zeit die Freiheit nehmen, die Gesetze Gottes zu bre-

Psalm 119,113-120

chen. Der Psalmist reinigte sein Haus von solchen Parasiten; er wollte sie nicht unter seinem Dach beherbergen. Einem Haus geht es erst gut, wenn es sich von allen Lügnern, Dieben, unzüchtigen Schwätzern und Verleumdern frei gemacht hat. Wir müssen uns unter allen Umständen von solcher Gesellschaft trennen, wenn wir sie selbst ausgesucht haben, falls wir irgendeinen Grund zu der Annahme haben, dass sie von bösartiger Gesinnung ist. Übeltäter geben schlechte Ratschläge. Wer zu Gott sagt: »Weiche von uns!«, sollte sofort als Echo auf seine Worte von den Kindern Gottes hören: »Weiche von uns, wir dürfen mit Verrätern nicht Mahlzeit halten!«

So voller Schrecken war er vor dem Richter der ganzen Erde, über dessen Urteile er gerade nachgedacht hatte, dass ihn Schrecken und Schaudern ergriff. Gottes Gerichtsworte sind ernst, und Seine Gerichtstaten sind schrecklich; sie können wohl Furcht einflößen. Bei dem Gedanken an unser aller Richter, an Seine alles durchdringenden Augen, an Sein Gedenkbuch, an den Tag des Gerichts und wie sich Seine Gerechtigkeit auswirkt, sollten wir schon um reine Gedanken und Herzen und Wege flehen, damit diese Gerichte uns nicht treffen. Wenn wir sehen, wie der große Schmelzer das kostbare Gold von der Schlacke trennt, dürfen wir wohl die Furcht Gottes spüren, damit wir nicht von Ihm weggenommen und von Seinen Füßen zertreten werden.

Zum Nachdenken: Trenne dich von denen, die sich von Gott getrennt haben! (Thomas Manton)

30. Oktober

Psalm 119,121-128

Weitere Lesung: Psalm 19,7-14

Unser Herz fühlt sich bei dem Schrei »Gott, sei mir gnädig!« wohler, als wenn wir Gerechtigkeit fordern. Es ist schön, wenn wir sagen können: »Ich habe Recht und Gerechtigkeit geübt«, um dann jedoch in Demut hinzuzufügen: »Handle mit Deinem Knecht nach Deiner Gnade.« Der Herr handelt oder spricht in Gnade mit Seinen Knechten; Er verschmäht sie nicht und hat mit ihnen Gemeinschaft, und dies tut Er auf sanfte und barmherzige Weise; denn bei jeder anderen Behandlung würden wir im Staub zermalmt werden. Wir dürfen erwarten, dass ein Dienstherr seinen Knechten die Bedeutung seiner Befehle erklärt. Doch weil unser Nichtwissen von unserer sündhaften Unbelehrbarkeit herrührt, ist es eine große Gnade vonseiten Gottes, dass Er sich herablässt, uns in Seinen Geboten zu unterrichten. Dass unser Gebieter unser Lehrer wurde, ist ein Akt außergewöhnlicher Gnade, für den wir nicht dankbar genug sein können. Unter allen empfangenen Gnaden ist diese eine der kostbarsten.

Der Psalmist suchte Belehrung; aber er geht noch viel weiter und fleht um Einsicht. Gewöhnlich begreift ein Schüler, wenn der Lehrer ihm etwas beibringt; doch in unserem Fall sind wir weitaus abhängiger und müssen sowohl um Einsicht als auch um Belehrung bitten. Das kann ein gewöhnlicher Lehrer nicht bieten, und so sind wir dreimal glücklich, weil unser göttlicher Privatlehrer uns beides zu geben vermag. Wir müssen unsere Torheiten bekennen, dann wird der Herr uns weise machen und uns auch Erkenntnis geben. Das beste Verständnis ist eines, das uns zu vollkommenem Gehorsam bereit macht und uns einsichtsvollen Glauben zeigen lässt. Um dieses bittet

Psalm 119,121-128

der Psalmist: »Gib mir Einsicht, so werde ich Deine Zeugnisse erkennen.« Einige wollen diese Dinge lieber nicht begreifen; sie ziehen es vor, bequem im Dunkeln zu sitzen, anstatt das Licht zu haben, das zu Buße und Eifer führt. Der Knecht Gottes verlangt danach, in vernünftiger Weise alles zu kennen, was der Herr dem Menschen über den Menschen offenbart hat. Er möchte so unterwiesen werden, dass er erkennen und verstehen kann, was er gelernt hat.

Wenn es Gottes Zeit zum Wirken war, so war es die Zeit des Psalmisten, Gott dafür zu lieben. Er war weit davon entfernt, sich durch das Beispiel der Bösen mit fortreißen zu lassen und etwa das Wort Gottes gering zu achten, vielmehr wurde seine Liebe zu ihm immer stärker. Wenn er sah, wie die Gebote Gottes von den Gottlosen verachtet wurden, schlug sein Herz für Gott, und er empfand brennende Liebe für Seine heiligen Vorschriften. Es ist ein Kennzeichen wahrer Gläubiger, dass sie wegen ihrer Frömmigkeit nicht auf andere angewiesen sind, sondern das Wasser aus der eigenen Quelle trinken, die auch dann noch sprudelt, wenn alle Zisternen dieser Welt ausgetrocknet sind. Unser heiliger Poet spürte, wie in der allgemeinen Geringschätzung des Gesetzes für ihn der Wert desselben so hoch stieg, dass Gold und Feingold dagegen gar nichts galten. Er hielt Gottes heilige Vorschriften für besser als die besten Erdendinge, ja, für besser als das Beste vom Besten alles Irdischen.

Zum Nachdenken: »Wie die Gottlosen durch die besten Dinge Schaden nehmen, werden Gottesfürchtige auch durch die schlimmsten Dinge gebessert. (William Jenkyn)

31. Oktober

Psalm 119,129-136

Weitere Lesung: Johannes 1,1-14

Jesus, das ewige Wort, wird »Wunderbarer« genannt, und alle Worte Gottes sind auf ihre Weise wunderbar. Wer sie am besten kennt, bewundert sie am meisten. Es ist wunderbar, dass Gott sich überhaupt den sündigen Menschen bezeugt, und noch wunderbarer ist es, dass dieses Zeugnis so ist, wie es ist, so klar, so voll, so freundlich und so machtvoll.

Das bloße Hören des Wortes mit den äußeren Ohren ist an sich von geringem Wert; doch wenn Gottes Worte in die Kammern des Herzens einziehen, dann scheint das Licht in alle Richtungen. Die Worte dringen in manchen Geist nicht ein, weil er durch Selbstbetrug oder Vorurteil oder Gleichgültigkeit blockiert ist; aber wo echte Aufmerksamkeit herrscht, muss auf die Erkenntnis der Gedanken Gottes wahre Erleuchtung folgen. Die Ehrlichen und Aufrichtigen sind die wahren Jünger des Wortes. Ihnen gibt es nicht nur Wissen, sondern auch Verständnis. Durch Seine Gnade befähigt uns Gott, unsere Füße Schritt für Schritt auf die Orte zu stellen, die Sein Wort uns zuweist.

Das Gebet in Vers 133 bittet um eine ganz auserlesene Gnade, nämlich dass jede einzelne Tat, jeder Schritt durch den Willen Gottes vorbereitet und gelenkt wird. Wir werden hier nie zu vollkommener Heiligkeit gelangen, aber das Verlangen des Gläubigen wird durch nichts befriedigt, was weniger als ebendiese gesegnete Vollendung ist. »Und gib keinem Unrecht Macht über mich!« Das ist die andere Seite dieser Segnung. Einerseits bitten wir, alles tun zu können, was richtig ist, und andererseits möchten wir nicht unter die Gewalt einer falschen Macht fallen. Gott ist unser Souverän, und wir möchten jeden Gedanken unter Seine Herrschaft bringen. Gläubige dürfen sich auch

Psalm 119,129-136

nicht vor ihren Lieblingssünden beugen. Sie schmachten nach völliger Befreiung von der Macht des Bösen, und weil sie sich bewusst sind, dass sie dies nicht aus eigener Kraft tun können, rufen sie Gott um Beistand an.

Der Psalmist weinte in Übereinstimmung mit Gott, weil er sah, wie das heilige Gesetz verachtet und gebrochen wurde. Er weinte aus Mitleid mit den Menschen, die dadurch den lodernden Zorn Gottes auf sich zogen. Seinen Gram konnte er fast nicht in Worte kleiden; seine Tränen waren keine Kummertropfen, sondern Leidensströme. Darin glich er dem Herrn Jesus, der beim Anblick der Stadt Jerusalem über sie weinte, und dem HERRN selbst, der kein Gefallen am Tod des Sünders hat, sondern dass er zu Ihm umkehre und lebe. Niemand wird so von himmlischen Dingen gefesselt wie solche, die eifrig das Wort Gottes studieren, wodurch sie die Wahrheit und das Wesen der Dinge kennen lernen. Fleischliche Menschen fürchten sich vor roher Gewalt und weinen über Verluste und Elend; aber geistliche Menschen empfinden heilige Furcht vor dem Herrn selbst und klagen besonders, wenn sie sehen, wie man Seinen heiligen Namen entehrt.

Zum Nachdenken: Gottesfürchtige leiden sehr wegen der Sünden der Gottlosen. (Robert Leighton)

1. November

Psalm 119,137-144

Weitere Lesung: Daniel 9,3-15

Dieser Abschnitt handelt von der vollkommenen Gerechtigkeit des HERRN und Seines Wortes und spricht von den Kämpfen einer heiligen Seele im Hinblick auf diese Gerechtigkeit. Der Buchstabe, mit dem jeder Vers beginnt, klingt wie das Wort für Gerechtigkeit im Hebräischen. Gerechtigkeit ist auch unser Schlüsselwort.

Der Psalmist hat den Namen des HERRN in dieser langen Dichtung nicht oft gebraucht. Der ganze Psalm zeigt ihn als einen sehr frommen Menschen, überaus vertraut mit den Dingen Gottes, und ein solcher Mensch geht mit dem heiligen Namen Gottes nicht achtlos um und gebraucht ihn überhaupt nicht häufig im Gegensatz zu den Gleichgültigen und Gottlosen. In diesem Fall führt Vertrautheit zu Ehrfurcht. Hier verwendet er den geheiligten Namen bei der Anbetung. Er preist Gott, indem er Ihm vollkommene Gerechtigkeit zuschreibt. Gott tut immer Recht, und Er handelt immer richtig, das heißt, in Gerechtigkeit. Diese Qualität ist bei uns mit der Vorstellung von Gott verbunden. Wir können uns keinen ungerechten Gott vorstellen. Der Psalmist lobt Gottes Wort und auch Seine Gerichte, dass sie gerecht sind, genauso wie ihr Autor gerecht ist. Der HERR sagt und tut das Richtige – und nichts anderes. Das ist in Trübsalzeiten eine starke Stütze für die Seele. Wenn wir hart und heftig angegriffen werden und den Grund für diese Maßnahme nicht erkennen können, dürfen wir auf diese höchst zuverlässige Tatsache zurückgreifen, dass Gott gerecht ist und Sein Handeln ebenfalls. Es sollte unser Ruhm sein, dieses mutige Bekenntnis herauszusingen, wenn alles um uns her das Gegenteil zu beweisen scheint. Die reichste Anbetung ist das, was von unseren

Psalm 119,137-144

gläubigen Lippen aufsteigt, wenn fleischliche Vernunft murrend von unangemessener Härte und Ähnlichem redet.

Zuerst hatte der Psalmist gesagt, dass Gottes Zeugnisse gerecht sind, dann, dass Sein Wort »wohlgeläutert« ist, und hier, in Vers 142, steht, Seine Gerechtigkeit bestehe in Ewigkeit. So gibt er uns einen immer ausführlicheren und detaillierteren Bericht über das Wort Gottes, je länger er sich schreibend damit beschäftigt. Je mehr wir die Heilige Schrift loben, umso mehr dürfen wir sagen und können wir sagen. Ohne Erkenntnis zu leben, heißt, kein menschliches Leben zu führen, sondern lebendig tot zu sein. Nur wenn wir die Dinge Gottes kennen und verstehen, dürfen wir behaupten, das Leben ergriffen zu haben. Je mehr der Herr uns lehrt, die ewige Richtigkeit Seines Wortes zu bewundern, und je mehr Er unsere Liebe zur Richtigkeit Seines Wortes erweckt, umso glücklicher und besser werden wir sein. Wenn wir das Leben lieben und viele Tage erleben wollen, um Gutes zu erfahren, müssen wir nach Unsterblichkeit in dem ewigen Wort streben, das für immer lebt und bleibt. Dann legen wir auch Wert auf die Erneuerung unseres gesamten Wesens, die mit der Erleuchtung unseres Verstands beginnt und weitergeht, bis der ganze Mensch neu geworden ist.

Zum Nachdenken: Hier sehen wir, wie sehr wir des Heiligen Geistes bedürfen, des Herrn und Gebers des Lebens und des Führers der erweckten Seelen, der uns in alle Wahrheit leiten wird. Wie dankbar sind wir für die Heimsuchungen der Gnade in dieser wunderbaren Zeit! (C.H. Spurgeon)

2. November

Psalm 119,145-152

Weitere Lesung: 2. Petrus 1,16-21

Dieser Abschnitt ist der Erinnerung an Gebete gewidmet. Der Psalmist beschreibt die Zeiten und die Art seiner Andachten und bittet Gott um Erlösung von seinen Sorgen. Wer mit Gott im Kämmerlein war, wird spüren, dass Gott bei ihm im Feuerofen ist. Wenn wir gerufen haben, wird uns Antwort werden. Verzögerte Erhörungen mögen uns dazu bringen, immer aufdringlicher zu werden; aber wir dürfen nie das letztendliche Ergebnis fürchten, denn Gottes Zusagen sind nicht ungewiss, sondern »gegründet auf ewig«. Der ganze Abschnitt zeigt uns, wie der Psalmist betete (Vers 145), was er betete (Vers 146), wann er betete (Vers 147), wie lange er betete (Vers 148), auf was er sich stützte (Vers 149), was geschah (Vers 150), wie er gerettet wurde (Vers 151) und welches Zeugnis er über das Ganze abgab (Vers 152).

Er rang aus ganzem Herzen mit Gott; all seine Liebe, all seine Wünsche, alles wurde dem lebendigen Gott vorgetragen. Es ist gut, wenn ein Mensch etwas Ähnliches von seinen Gebeten sagen kann, weil zu befürchten steht, dass viele ihr Leben lang nie aus ganzem Herzen zu Gott geschrien haben. Solche Gebete mögen nicht schön oder redegewandt und nur schlicht im Ausdruck, mit wenig Tiefgang in der Lehre und mit grammatischen Fehlern behaftet sein; doch wenn das ganze Herz darin liegt, werden sie den Weg zu Gottes Herzen finden. Der Psalmist erbittet von dem HERRN, seine Schreie möchten nicht ungehört verhallen, sondern Gott wolle auf sie Acht haben. Wahre Beter sind nicht zufrieden, wenn sie ihr Gebet gesprochen haben, sie wollen etwas damit erreichen, und sie warten auf eine Erhörung. Wenn Gott keine Gebete erhört, beten wir umsonst. Das

Psalm 119,145-152

hier im Original verwendete Wort für »erhören« kann auch einfach »hören« bedeuten, aber auch Aufmerksamkeit und Zur-Kenntnis-nehmen ausdrücken. Gott hört jedes Geräusch auf Erden und jeden Wunsch aus jedem Herzen; aber der Psalmist meinte hier mehr: Er begehrte ein freundliches, mitfühlendes Zuhören – so, wie ein Arzt einem Kranken zuhört, der ihm seine Leidensgeschichte erzählt. Der Psalmist bat, der Herr möge sich ihm zuwenden und freundlich auf die Stimme seines Klagens lauschen, um ihm Mitleid zu zeigen und ihm zu helfen.

Er wusste von Anfang an, dass die Lehren des göttlichen Wortes festgelegt waren, bevor die Welt begann, dass sie sich nie geändert haben und sich unter keinen Umständen je ändern werden. Er hatte angefangen, indem er auf einen Felsen baute, weil er die Zeugnisse Gottes »gegründet« und als feste und stabile Grundlage erkannte, und das auch im Blick auf alle zukünftigen Zeitalter mit allem, was auch kommen mag. Weil der Psalmist das wusste, betete er mit solcher Zuversicht und hielt so hartnäckig darin an. Es ist wunderschön, unveränderliche Verheißungen einem unveränderlichen Gott vorhalten zu können. Das war es, woraus der Psalmist Hoffnung zu schöpfen lernte. Von einem wechselhaften Freund kann ein Mensch nicht viel erhoffen; er darf aber großes Vertrauen auf einen Gott setzen, der sich nie verändern kann.

Zum Nachdenken: Gottes Verheißungen sind unveränderlich und ewig wie die Eigenschaften ihres großen Autors und können niemanden im Stich lassen, der in Zeit und Ewigkeit auf sie baut. (George Horne)

3. November

Psalm 119,153-160

Weitere Lesung: Habakuk 3,1-7

In diesem Abschnitt scheint der Psalmist Gott noch immer näher zu kommen, um seinen Fall darzustellen und mit noch mehr Mut und Erwartung göttliche Hilfe herbeizurufen. Er führt in diesem Abschnitt viele Argumente für sich auf, und das Schlüsselwort heißt »Sieh!«. Mit großem Freimut bringt er die innige Verbundenheit mit der Sache des Herrn als Grund ins Spiel, weshalb ihm geholfen werden sollte. Die besondere, von ihm begehrte Hilfe, ist persönliche Belebung. Danach ruft er wieder und wieder.

Das Anliegen des Schreibers ist gut, wenn es auch schmerzlich ist, und er ist bereit, ja, er drängt darauf, sich dem göttlichen Schiedsspruch zu unterwerfen. Er ist im Recht, und er ist bereit, dies vor den höchsten Gerichtshof zu bringen. Er macht es wie einer, der sich am Thron sicher fühlt. Doch sieht man keine Ungeduld; er bittet nicht um hastiges Eingreifen, sondern um Anhörung. Es ist, als riefe er: »Sieh meinen Schmerz und urteile, ob ich nicht davon befreit werden muss. Ausgehend von meiner traurigen Lage, veranlasse die richtige Zeit und die Art und Weise meiner Rettung!« Der Psalmist begehrt zwei Dinge, und diese sollten miteinander verknüpft sein: erstens eine volle Berücksichtigung seiner Schmerzen, zweitens Befreiung; und dann sollte diese Befreiung unter voller Berücksichtigung seiner Anfechtung kommen. Es sollte das Verlangen jedes angefochtenen begnadeten Menschen sein, dass der Herr auf seine Bedürfnisse schaut und sie auf eine Weise stillt, die am meisten zur Verherrlichung Gottes und zum Wohl des Bittenden ausschlägt.

»Belebe mich!« Dies bittet er dreimal mit denselben Worten. Wir können verstehen, dass sich der Psalmist fühlte wie ein

Psalm 119,153-160

von den Schlägen des Feindes halb Betäubter, der sich wegen der unablässigen Bosheit schon fast aufgegeben hat. Was er brauchte, war Belebung, Wiederherstellung, Erneuerung; darum bat er um mehr Leben: »O Du, der Du mich erwecktest, als ich tot war, belebe mich aufs Neue, dass ich nicht zu den Toten zurückkehre! Belebe mich, dass ich die Schläge meiner Feinde, die Schwachheit meines Glaubens und die Ohnmacht meines Kummers überlebe.« Das dritte Mal sagt er nicht: »Belebe mich nach Deiner Zusage oder nach Deinen Bestimmungen«, sondern: »Nach Deiner Gnade, HERR, belebe mich!« Da fährt er zum Schluss ganz großes Geschütz auf. Es ist sein ultimatives Argument; wenn das nicht zum Erfolg führt, muss er aufgeben. Schon lange hat er an die Tür der Gnade gepocht; aber mit dieser Bitte holt er zum heftigsten Schlag aus. Als David in große Sünde gefallen war, lautete seine Bitte: »Sei mir gnädig, o Gott, nach Deiner Gnade.« Hier, wo der Psalmist in großem Kummer ist, flüchtet er sich in die gleiche wirkungsvolle Argumentation. Weil Gott Liebe ist, wird Er uns Leben schenken; weil Er freundlich ist, wird Er die himmlische Flamme in uns wieder entfachen.

Zum Nachdenken: Wir brauchen nicht nach mehr Erweckung zu verlangen, als zu welcher Gottes Barmherzigkeit uns erwecken will. (Matthew Henry)

4. November

Psalm 119,161-168

Weitere Lesung: 1. Samuel 30,16-31

Die Ehrfurcht des Psalmisten vor Gottes Wort vertrieb nicht seine Freude daran. Seine Gottesfurcht war nicht von der Art, die durch die vollkommene Liebe ausgetrieben wird, sondern von der Art, die sich davon ernährt. Er bebte vor dem Wort des Herrn, und doch freute er sich darüber. Er vergleicht seine Freude darüber mit einem, der lange im Krieg war und zum Schluss den Sieg errang und nun die Beute verteilt. Der Gewinn, den er beim Forschen in der Bibel erzielt hatte, war größer als alle Siegestrophäen. Auch wir müssen für die göttlichen Wahrheiten kämpfen, jede Lehre kostet uns Kampf; doch wenn wir sie nach persönlichen Kämpfen voll verstanden haben, wird sie uns doppelt kostbar. In unseren Zeiten müssen Gottesfürchtige sehr viel für das Wort Gottes kämpfen; möchten wir doch als Siegesbeute in dem unschätzbaren Wort Gottes festen Fuß gefasst haben! Es ist allerdings auch möglich, dass der Psalmist jubelte wie einer, der auf einen verborgenen Schatz stieß, um den er nicht gekämpft hatte. In solchem Fall gleicht er dem Mann Gottes, der beim Bibellesen großartige, gesegnete Entdeckungen macht, die ihn staunen lassen; denn er hatte gar nicht nach solchem Schatz gesucht. Entweder wir gelangen an den Schatz als Finder oder als kämpfende Krieger, in beiden Fällen sollte uns der himmlische Schatz gleich lieb und wert sein. Mit welch stiller Freude schleicht sich der Pflüger mit seinem goldenen Fund heim! Wie laut rufen Sieger beim Verteilen des Beuteguts! Wie froh sollte der Mensch sein, der in den Verheißungen der Heiligen Schrift sein Erbteil entdeckt und es nun genießen kann, weil er durch das Zeugnis des Heiligen Geistes weiß, dass es alles ihm gehört!

Psalm 119,161-168

Sämtliche Hoffnungen des Psalmisten waren auf Gott gerichtet, nur von Ihm erwartete er seine Errettung, und so mühte er sich mit allem Ernst, die Gebote des Gesetzes zu erfüllen. Wer sich am wenigsten auf seine guten Werke verlässt, vollbringt häufig am meisten davon; denn dieselbe göttliche Belehrung, die uns vom Vertrauen auf unsere eigene Leistung befreit, führt uns dazu, zur Ehre Gottes in jedem guten Werk überströmend zu werden. In Zeiten des Kummers sind zwei Dinge zu tun: Das Erste ist, auf Gott zu hoffen, und das Zweite ist, das zu tun, was recht ist. Das Erste ohne das Zweite wäre bloße Einbildung; das Zweite ohne das Erste wäre reiner Formalismus. Es ist gut, wenn wir im Rückblick behaupten dürfen, wir hätten so gehandelt, wie der Herr es befohlen hat. Wenn wir richtig vor Gott gehandelt haben, können wir uns sicher sein, dass er freundlich mit uns verfährt.

Zum Nachdenken: Je mehr wir unseren Geist mit himmlischen Wahrheiten füllen, umso mehr werden wir sie lieb haben. Je mehr wir den alles übersteigenden Reichtum der Bibel erkennen, umso mehr wird unsere Liebe in unaussprechlicher Weise jedes Maß sprengen. (C.H. Spurgeon)

5. November

Psalm 119,169-176

Weitere Lesung: Judas 20-25

Der Psalmist ist ans Ende des Psalms gekommen, und seine Bitten werden immer stärker und drängender; es scheint, als breche er in den innersten Kreis der Gemeinschaft mit Gott ein und liege direkt zu Füßen des großen Gottes, um dessen Hilfe er fleht. Diese Nähe schafft die niedrigste Selbsteinschätzung und bringt ihn dazu, in tiefster Erniedrigung die Hände vors Gesicht zu schlagen und zu betteln, er möge gesucht werden wie ein verlorenes Schaf.

Der Psalmist möchte die Aufmerksamkeit des Herrn ganz fest und bewusst auf sein Gebet ziehen. Er gebraucht eine Sprachfigur, durch die er sein Gebet personifiziert. Wir möchten sein Gebet vergleichen mit Ester, die sich in die königliche Gegenwart traut und um eine Audienz bittet und schließlich darum, Gnade in den Augen des gepriesenen und einzigen Herrschers zu finden. Es ist eine sehr kostbare Sache, wenn ein Beter sicher weiß, dass sein Gebet zur Audienz vorgelassen wurde, nachdem es über das kristallene Meer in den Thronsaal gegangen und an den Fußschemel des herrlichen Thrones gelangt ist, um den herum Himmel und Erde anbetend knien. Das Gebet ist mit erbebendem Ernst an Jahwe, den Gott Israels, gerichtet, dessen Namen unsere Übersetzer in heiliger Ehrfurcht mit »der HERR« wiedergegeben haben. Wir rufen niemand sonst um eine Audienz an, weil wir niemand sonst vertrauen. Ein Mensch ist passend gemacht, um Gottes Hand um Hilfe zu bitten, wenn er seine eigene Hand ausschließlich dem Glaubensgehorsam geweiht hat. Gottes Gesetz, enthalten in den Zehn Geboten, erfreut die Gläubigen. Gottes Gesetz, d.h. das gesamte Wort Gottes, ist eine sprudelnde Quelle der Tröstung und Freude für

Psalm 119,169-176

alle, die es annehmen. Wenn wir auch noch nicht die Fülle unserer Errettung erreicht haben, finden wir in dem Wort Gottes doch so viel über unsere gegenwärtige Errettung, dass wir jetzt schon überglücklich sind.

Oftmals hat der Psalmist seine eigene Unschuld in diesem Psalm gegen übel wollende Ankläger verteidigt; doch wenn er in die Gegenwart des HERRN, seines Gottes, kommt, ist er bereit, seine Übertretungen zu bekennen. Er fasst nicht nur die Vergangenheit, sondern auch sein gegenwärtiges Leben in dem Bild des Schafs zusammen, das aus der Weide ausgebrochen ist, die Herde verlassen und sich selbst in eine schreckliche Wildnis gebracht hat, wo es gänzlich verloren war. Das Schaf blökt, und der Psalmist betet: »Suche Deinen Knecht!« Nun, wenn Gottes Gnade unser Herz befähigt, liebend der Gebote Gottes zu gedenken, wird sie uns sicherlich auch zu praktischer Heiligung erneuern. Der Leser sollte beim Lesen des letzten Verses an den ersten dieses Psalms denken: Die größere Seligkeit liegt nicht darin, von Verirrungen wiederhergestellt zu sein, sondern auf vollkommenem Weg bis ans Ende erhalten zu werden. Möge der Herr uns bis zum Ende bewahren! Doch auch dann werden wir uns nicht mit dem Pharisäer rühmen können, sondern werden immer noch mit dem Zöllner beten: »Gott, sei mir, dem Sünder, gnädig!« – oder mit dem Psalmisten sprechen: »Suche Deinen Knecht!«

Zum Nachdenken: Die Gottesfürchtigen fallen nicht so tief, dass nichts mehr von der Gnade in ihnen bleibt, welche die Hoffnung auf heilende Medizin aufrechterhält – so auch der Psalmist hier. Obwohl er einige Gebote übertreten hatte, fiel er nicht in völlige Vergesslichkeit ihnen gegenüber. (William Cowper)

6. November

Psalm 120

Weitere Lesung: Markus 14,43-50

Es hat wenig Sinn, unsere Mitmenschen anzuflehen, die Verleumdungen zu unterlassen; denn je mehr wir daran rühren, umso mehr breiten sie sich aus. Es ist zwecklos, an das Ehrgefühl der Verleumder zu appellieren, denn sie haben keins, und das mitleiderweckendste Betteln um Gerechtigkeit wird ihre Bosheit nur noch steigern und sie zu neuen Beleidigungen ermutigen. Genauso gut könnten wir mit Leoparden und Wölfen verhandeln wie mit diesen finsteren Übelrednern. Außerdem macht es uns nur schwächer, wenn wir Menschen anflehen, wir gewinnen aber Kraft, wenn wir uns Gott zuwenden. Wen sollten Kinder bitten, wenn nicht ihren Vater? Kommt nicht sogar aus dieser schmutzigen Sache, dieser Falschheit, etwas Gutes, wenn sie uns vor Gott auf unsere Knie zwingt? Der HERR hört. Er ist der lebendige Gott, und darum ist das Gebet zu Ihm vernünftig und nützlich. Der Psalmist erinnerte sich daran und berichtete dieses Beispiel von Gebetserhörung, das ihn offensichtlich stark beeindruckt hatte, und jetzt erzählt er zur Ehre Gottes und zum Nutzen für die Brüder erneut davon.

Leute, die katzbuckeln und schmeicheln und dabei beständig Feindschaft im Herzen tragen, sind schreckliche Menschen; sie sind Kinder des Teufels, und er wirkt in ihnen auf seine verführerische Weise. Es ist besser, auf wilde Tiere und Schlangen zu treffen als auf Betrüger; es sind Ungeheuer, die aus der Tiefe geboren sind und deren Ende noch viel tiefer sein wird. Es sollte eine Warnung an alle Lügner und Betrüger sein, dass alle guten Menschen gegen sie beten und dass sich sogar böse Menschen vor ihnen fürchten. Für den Gläubigen gibt es hier gute Gründe zum Beten. »Erlöse uns vom Bösen!« müsste in diesem

Psalm 120

Zusammenhang wohl lauten: »Von Menschen, die Klatsch und Gerüchte verbreiten, und von allen Lügnern erlöse uns, guter Herr!«

Von Gott begnadete Menschen ärgern sich über die Unterhaltungen der Gottlosen. Unser Poet fühlte sich zwischen seinen lügnerischen Nachbarn so unwohl, als wohnte er unter wilden Menschenfressern. Die Verräter um ihn her waren so schlimm, dass er rief: »Wehe mir!« Ihre Sünden erregten ihn, und ihre Feindschaft vergällte ihm das Leben. Wer den Gerechten schmäht, ist schlimmer als ein Kannibale; denn die Wilden fressen einen Menschen erst, wenn er tot ist; aber diese Elenden fressen ihn lebendig auf. Mögen sich alle, die bei einer so unerträglichen Gesellschaft wohnen, mit dem Gedanken trösten, dass sowohl der Psalmist als auch sein Herr die gleiche Drangsal durchmachen mussten. Es ist das Los der Heiligen, selbst unter ihren Hausgenossen Feinde zu finden. Außer David wohnten auch andere am Ort der Drachen, und außer Daniel wurden auch andere in Löwengruben geworfen. Inzwischen sollten alle, die stille, ruhige Orte und friedsame Wohnungen genießen, von Herzen dankbar für ein solch behagliches Leben sein. Gott hat uns diese Ruhe gewährt. Möchten wir doch in keinem Fall das über andere bringen, wovor wir bewahrt werden!

Zum Nachdenken: Gottes Hilfe trifft zur rechten Zeit ein; sie kommt, wenn wir sie brauchen. (R. Mayhew)

7. November

Psalm 121,1-4

Weitere Lesung: 2. Thessalonicher 3,1-5

Es ist weise, den Starken um Kraft zu bitten. Der Heilige, der hier ein wunderbares Lied singt, blickte von den Verleumdern, die ihn quälten, zu dem HERRN auf, der von Seinem erhabenen Platz aus alles sieht und bereit ist, Seine Hilfe über Seinem ungerecht behandelten Knecht auszuschütten. Hilfe kommt den Heiligen nur von oben, woanders hinzuschauen ist zwecklos. Lasst uns unsere Augen voller Hoffnung, Erwartung, Verlangen und Zuversicht nach oben lenken! Satan wird versuchen, unsere Augen auf unsere Sorgen gerichtet zu halten, damit wir beunruhigt und entmutigt werden. Darum müssen wir fest entschlossen nach oben schauen; denn da werden unsere Augen erfreut, und wer seine Augen zu den ewigen Bergen erhebt, dessen Herz wird auch bald aufgerichtet werden. Die Absichten Gottes, die göttlichen Eigenschaften, die unveränderlichen Verheißungen, der in allen Dingen festgelegte und sichere Bund, die Vorsehung, die Prädestination und die erprobte Treue des Herrn – das sind die Berge, zu denen wir unsere Augen erheben sollen; denn von dort muss unsere Hilfe kommen. Wir haben uns entschlossen, uns nicht fesseln und unsere Augen nicht verbinden zu lassen, sondern wir wollen sie aufheben.

Was wir brauchen, ist Hilfe, machtvolle, wirksame und beständige Hilfe. Wir brauchen dann Hilfe, wenn wir in Nöten sind. Welche Gnade, dass wir sie in unserem Gott haben! Unsere Hoffnung richtet sich auf den HERRN; denn unsere Hilfe kommt von Ihm. Der HERR, der alles erschaffen hat, kann auch jeder Not begegnen; Himmel und Erde stehen dem zu Gebote, der sie gemacht hat. Lasst uns also sehr froh über unseren un-

Psalm 121,1-4

begrenzten Helfer sein. Eher wird Er Himmel und Erde zerstören als zulassen, dass Seine Leute umkommen, und die beständigen Berge selbst werden eher einstürzen, als dass Er, dessen Wege ewig sind, zuschanden werden könnte. Wir sind gehalten, über Himmel und Erde hinweg auf den zu blicken, der sie gemacht hat. Es ist umsonst, auf Geschöpfe zu bauen; doch es ist weise, dem Schöpfer zu trauen. Sind auch die Pfade dieses Lebens gefährlich und schwierig, wir werden fest stehen; denn der HERR wird nicht erlauben, dass unser Fuß wankt. Und wenn Er es nicht duldet, werden wir es nicht erdulden müssen. Ist unser Fuß aber auf solche Weise bewahrt, können wir sicher sein, dass auch unser Kopf und unser Herz bewahrt bleiben.

Wenn rings um uns Gefahren erwachen, sind wir doch sicher; denn unser Erhalter wacht ebenfalls und wird nicht erlauben, dass man uns unversehens überfällt. Unser Gott kann weder durch Erschöpfung noch durch Müdigkeit einschlafen; Seine wachsamen Augen sind nie geschlossen. Es mag auch der Anmerkung wert sein, dass der Herr in Vers 3 als persönlicher Wächter des Einzelnen und in Vers 4 als Hüter aller betrachtet wird, die zu Seinem Volk gehören – hier mit »Israel« beschrieben. Die einem Einzelnen erwiesene Gnade ist ein Pfand des Segens für sie alle. Wie glücklich sind die Pilger dran, denen dieser Psalm ein sicherer Leitstern ist; sie können ihren Weg zur himmlischen Stadt furchtlos gehen.

Zum Nachdenken: Gott verschließt niemals Seine Augen vor dem Zustand Seines Volkes in den Nöten dieser Welt. (Albert Barnes)

8. November

Psalm 121,5-8

Weitere Lesung: Johannes 10,22-30

Hier wird der Hüter, von dem schon in den beiden vorhergehenden Versen die Rede war, direkt mit Namen genannt: Der HERR ist dein Hüter. Welch reiche Fundgrube liegt darin verborgen: Der Satz ist wie ein Goldbarren, und wenn er geprägt und mit des Königs Namen gesiegelt wurde, reicht er für alle unsere Bedürfnisse aus, von unserer Geburt an bis zu unserer himmlischen Ruhe. Hier finden wir eine herrliche Person – den HERRN, der ein gnadenvolles Amt innehat und es in Seiner Person auch ausübt. »Der HERR ist dein Hüter«, das gilt für jeden Geliebten persönlich – »dein«; und wir finden eine feste Versicherung der Offenbarung, dass dies bis zu dieser Stunde gilt – »der HERR ist dein Hüter«. Können wir diese göttliche Erklärung auf uns anwenden? Wenn ja, dann dürfen wir ohne Furcht weiterziehen, hinauf nach Jerusalem, und fürchten auch im Tal des Todesschattens kein Unheil.

Hier finden wir zwei Personen, die in sehr beglückender Weise miteinander verbunden sind. Der HERR behütet den Gläubigen, nicht ein Abgesandter, sondern Er selbst, und die behütete Person wird genau bezeichnet mit dem Wörtchen »dein«. Gott bewacht nicht unseren Besitz oder unseren Namen, sondern uns selbst. Um das noch deutlicher zu machen, wird ein weiterer Satz hinzugefügt: »Der HERR wird dich behüten vor allem Unheil, Er wird dein Leben behüten.« Das Leben zu behüten, ist das Wesentliche des Behütens. Wenn das Leben behütet wurde, ist alles behütet. Die Bewahrung des Größeren schließt das Kleinere mit ein, sofern es für das Größere von existenzieller Bedeutung ist. Soll der Kern behütet werden, muss dies auch mit der Schale geschehen. Gott ist der einzige Hüter der

Psalm 121,5-8

Seele. Und unsere Seele wird vor der Herrschaft der Sünde bewahrt, vor der Ansteckung durch die Irrtümer, vor dem Würgegriff der Mutlosigkeit und vor dem aufblähenden Stolz. Sie wird vor der Welt, dem Fleisch und dem Teufel bewahrt; sie wird für heiligere und größere Dinge bewahrt, in der Liebe zu Gott, für das ewige Reich und die Herrlichkeit. Was kann einer Seele geschehen, die von dem HERRN bewahrt wird?

Wenn wir morgens zur Arbeit gehen und abends nach Hause kommen und uns ausruhen, wird der HERR uns behüten. Wenn wir in der Jugend ins Leben hinausgehen und am Ende sterben, erleben wir dieselbe Behütung. Dreimal finden wir den Ausdruck: »Der HERR (oder: Er) wird ... behüten.« Es ist, als habe die heilige Dreieinigkeit das Wort versiegelt, um es für uns gewisser zu machen. Welche Angst könnte diese dreifache Verheißung überdauern? Die Bewahrung ist ewig und hält von diesem Augenblick ununterbrochen an, bis in Ewigkeit. Die gesamte Gemeinde ist also in ewiger Sicherheit, und die herrliche Unsterblichkeit der Gläubigen ist damit garantiert. Niemand ist so sicher wie die von Gott Beschützten, und niemand ist so sehr in Gefahr wie die Selbstsicheren. Ruhm sei dem Hüter Israels, den wir unter diesem Titel lieb gewonnen haben, seitdem das wachsende Bewusstsein von unserer Schwachheit uns die Notwendigkeit, behütet zu werden, immer deutlicher empfinden lässt.

Zum Nachdenken: Er hat mich nicht so freundlich geführt, um mich dann vor dem Tor des Himmels zu verlassen. (Adoniram Judson)

9. November

Psalm 122,1-5

Weitere Lesung: Epheser 4,1-6

Davids Herz lebte in der Anbetung Gottes, und so war er froh, anderen zu begegnen, die ihn einluden, dorthin zu gehen, wo seine Wünsche längst weilten: Es facht die Inbrunst der Inbrünstigen an, wenn sie von anderen zu heiligem Dienst eingeladen werden. Es hieß ja nicht: »Geh!«, sondern: »Wir gehen« im Sinne von: »Lasst uns gehen.« Darum fand das Ohr des Psalmisten doppelte Freude daran. Er freute sich um der anderen willen; froh, dass sie selber gehen wollten, und froh, dass sie den Mut und die Freiheit hatten, andere einzuladen. Er wusste: Das würde ihnen gut tun. Nichts Besseres kann Menschen und ihren Freunden geschehen, als wenn sie den Ort lieben, an dem Gottes Ehre wohnt. Wenn wir uns freuen, von anderen zu unseres Vaters Haus gerufen zu werden, wie viel froher sind wir dann, selbst dorthin gehen zu dürfen. Wir lieben unseren Herrn, und darum lieben wir Sein Haus, und uns plagt ein heißes Verlangen, bald in den ewigen Wohnungen Seiner Herrlichkeit zu sein. Wenn wir uns an dem Gedanken allein freuen, im Haus des Herrn zu sein, sagt das etwas über unser Wesen aus und ist das eine Weissagung in Bezug auf das Glück, das wir eines Tages im Haus des Vaters droben erfahren werden. Welch ein schöner Sabbatpsalm ist das! Bei dem Gedanken an den Tag des Herrn und all dem Heiligen, das damit verbunden ist, jubelt unsere Seele. Wie gut lässt sich das also auch auf die Gemeinde anwenden! Wir sind glücklich, wenn wir so viele Seelen sehen, die bereit sind, sich mit dem Volk Gottes zu vereinen. Der Prediger freut sich besonders, wenn viele nach vorne kommen und ihn um Hilfe bitten, in die Gemeinschaft der Gemeinde einzutreten. Nichts hört sich für ihn

Psalm 122,1-5

schöner an als die demütige Bitte: »Lasst uns in das Haus des HERRN gehen!«
David schaute in einer Vision, wie die Stadt gebaut wurde, wie sie nicht mehr eine kahle Stelle, nur eine Ansammlung von Zelten oder eine Stadt auf dem Papier war – angefangen, aber nicht vollendet. Und Gott sei gedankt, Jerusalem wurde erbaut: Der Herr hat Sein Zion durch Seine herrliche Erscheinung errichtet. Die Gemeinde ist eine dauerhafte und bedeutende Einrichtung, auf einen Felsen gegründet und in Weisheit geordnet. Eine der prächtigsten Eigenschaften der Gemeinde ist die Festigkeit und Geschlossenheit ihrer Einheit: »ein Herr, ein Glaube, eine Taufe«. Eine Gemeinde sollte eins im Glauben und eins im Herzen sein, eins im Zeugnis und eins im Dienst, eins in der Hoffnung und eins in der gegenseitigen Wertschätzung. Wer Trennwände in der Gemeinde errichten will, schadet ihr sehr; sie braucht Zusammenhalt, nicht Trennungen. Es bedeutet keine Freude, in eine Gemeinde zu gehen, die innerlich zerrissen ist. Die Freude heiliger Menschen wird erregt durch die Verbindung in der Liebe, die Einheit im Leben; sie würden sehr traurig, sähen sie, dass die Gemeinde ein in sich zerstrittenes Haus ist. Einige christliche Gemeinschaften scheinen von Zeit zu Zeit in Stücke zu fliegen, und kein gottbegnadeter Mensch möchte dabei sein, wenn sich eine solche Explosion ereignet. Die Stämme ziehen nicht dahin hinauf; denn Streit und Zwietracht haben keine Anziehungskräfte.

Zum Nachdenken: Ins Haus des Herrn zu gehen bedeutet ... zusammenzukommen, wo Gott gegenwärtig ist, wo wir Sein Wort hören, Seinen heiligen Namen anrufen und Hilfe und Unterstützung für unsere Bedürfnisse empfangen. (Martin Luther)

10. November

Psalm 122,6-9

Weitere Lesung: Philipper 2,1-11

Jerusalems Name bedeutet »Frieden«. Betet, dass die Bedingungen dort diesen Namen rechtfertigen. Wohnung des Friedens, Friede sei mit dir! Es gab wirklich Grund genug zum Jubeln bei dem Gedanken, zum Haus des Herrn hinaufzugehen, weil dort die Bundeslade, der Thron Gottes, im Zentrum eines Gebietes des Friedens stand; und Israel tat gut daran, um Beständigkeit dieses Friedens zu bitten. In der Gemeinde sollte der Friede ersehnt, erwartet, gefördert und genossen werden. Wenn wir auch nicht sagen dürfen: »Frieden um jeden Preis!«, so dürfen wir gewisslich sagen: »Frieden um den höchsten Preis!« Wer täglich durch Schreckensmeldungen aufgescheucht wird, freut sich, wenn er in heiliger Gemeinschaft einen Ruheort gefunden hat, um darin zu bleiben. In der Gemeinde ist eine wesentliche Voraussetzung für erfolgreiche Arbeit der innere Frieden; Streit, Argwohn, Parteigeist und Trennung wirken tödlich. Wer den Frieden in der Gemeinde zerstört, verdient es, darunter zu leiden, und wer ihn erhält, gewinnt daraus großen Segen. Der Friede in der Gemeinde sollte unser tägliches Gebet sein, und wenn wir so beten, bringen wir auf uns selbst Frieden herab.

Es gereicht ganz Israel zum Vorteil, wenn in Jerusalem Frieden herrscht. Es ist für jeden Christen, ja, für jeden Menschen gut, wenn es in der Gemeinde Frieden und Wachstum gibt. In diesem Punkt unterstützt unsere Humanität und unsere gewöhnliche Menschenfreundlichkeit unser gläubiges Gebet. Von einer blühenden Gemeinde werden sicher unsere Kinder, unsere Nachbarn und alle unsere Landsleute gesegnet. Außerdem können wir gar nicht anders, als für etwas zu beten, womit un-

Psalm 122,6-9

sere liebsten Verwandten und besten Freunde beschäftigt sind; wofür sie sich einsetzen, dafür müssen und wollen wir beten. David betet wegen Zion für Jerusalem, und wir beten für die Gemeinde, damit sie alles rings um sie her salzt und würzt. Die Gegenwart des HERRN, unseres Gottes, macht uns jeden Ort lieb und wert, an dem sich Seine Herrlichkeit offenbart. Wir haben allen Grund, Gutes für solche zu suchen, in deren Mauern Gott wohnt, der allein gut ist. Wir sollen für die Sache Gottes leben und müssen bereit sein, für sie zu sterben. Zuerst lieben wir sie (Vers 6), dann wirken wir für sie, zuerst sehen wir ihr Gutes, dann suchen wir es. Können wir nichts anderes tun, so können wir doch für sie betend eintreten. Unsere Bundesbeziehungen zu dem HERRN, unserem Gott, binden uns, für Sein Volk zu beten – es ist »das Haus des HERRN, unseres Gottes«. Wenn wir Gott ehren, begehren wir das Wohl der Gemeinde, die Er sich zur Wohnung erwählt hat. So freut sich der Dichter über die Einladung, sich mit den anderen im Dienst für den Herrn zu vereinen. Er geht mit ihnen und jubelt, und dann wandelt sich seine Freude in Anbetung, und er verwendet sich für die Stadt des Großen Königs. O Gemeinde des lebendigen Gottes, wir wünschen deinen Versammlungen Heil, und mit gebeugten Knien bitten wir, du mögest Frieden und Glückseligkeit haben. Möge unser HERR dies geben! Amen.

Zum Nachdenken: »Heil sollen haben, die Dich lieben.« Das Umgekehrte ist auch wahr: Niemand riss einen Stein aus dem Tempel, dem nicht der Staub in die Augen flog. (Jüdischer Spruch)

11. November

Psalm 123

Weitere Lesung: Nehemia 9,32-38

Gott ist; Gott ist im Himmel; Er residiert an einem Ort, den wir benennen können, und Gott ist ewig derselbe, darum will ich zu Ihm aufschauen. Wenn wir zu keinem Helfer aufzublicken vermögen, der auf unserem Niveau steht, ist es das Klügste, nach oben zu blicken, ja, wenn wir auch tausend solche Helfer hätten, sollten wir auf den Herrn schauen. Je höher der Herr ist, umso besser ist es für unseren Glauben, weil Höhe Macht, Herrlichkeit und Vollkommenheit bedeutet, und all das wird unseretwegen eingesetzt. Wir müssten für geistliche Augen sehr dankbar sein; die blinden Menschen dieser Welt, wie viel menschliche Weisheit sie auch besitzen mögen, können Gott nicht wahrnehmen; denn in himmlischen Dingen ist ihnen die Sicht verwehrt. Wir müssen unsere Augen aber entschlossen gebrauchen; denn sie richten sich nicht von selbst nach oben zu dem Herrn. Nehmen wir uns daher fest vor, es an dem Aufblick zum Himmel nicht fehlen zu lassen! Wenn wir Gott nicht sehen können, sollten wir wenigstens zu Ihm aufschauen. Gott wohnt im Himmel als König in Seinem Palast; dort offenbart Er sich, wird angebetet und verherrlicht. Von dort aus blickt Er auf die Welt und sendet Seinen Heiligen alle Hilfe, die sie brauchen, darum sollten wir aufblicken, selbst wenn unsere Schmerzen so groß sind, dass wir weiter nichts zu tun vermögen. Von Gottes Seite ist es eine große Güte, dass Er uns erlaubt, die Augen zu Seinem herrlichen und hohen Thron zu erheben, ja vielmehr, dass Er uns einlädt, es uns sogar gebietet. Wenn wir hoffnungsvoll zu dem Herrn aufblicken, ist es gut, dies auch durch Gebet auszudrücken. Der Psalmist gebraucht seine Stimme genauso wie seine Augen.

Psalm 123

Beachtet den Bundesnamen »der HERR, unser Gott«; es ist schön, wenn man auf einen Bundesgott vertrauen kann. Wegen Seines Bundes wird Er uns Gnade erweisen; doch wir müssen auf Ihn warten. Gott bestimmt Zeit und Stunde, und wir müssen warten, bis es so weit ist. Um unseren Glauben zu prüfen, mag Er eine Weile zögern; doch am Ende wird sich erfüllen, wonach wir ausgeschaut haben. Gnade ist es, was wir brauchen, wonach wir ausblicken und was der Herr uns offenbaren will. Auch solche, die auf den Herrn mit einem so geheiligten Blick schauen, wie es hier beschrieben wird, brauchen Gnade, und weil sie keinen Rechtsanspruch geltend machen können, warten sie, bis es der souveränen Gnade gefällt, ihnen ihre Bitten zu gewähren. Gesegnet sind jene Knechte, die der Herr in dieser Haltung findet. Auf den Herrn zu warten, ist eine Haltung, die für die Erde und für den Himmel passend ist; ja, überall ist dies die richtige Einstellung, die ein Knecht des Herrn haben soll. Wir dürfen diese Haltung, mit Hilfe der Gnade im Reich der Gnade zu wohnen, nie aufgeben. Es ist eine große Gnade, auf Gnade warten zu können.

Zum Nachdenken: Er, der zuvor seine Augen zu den Bergen aufhob, hat jetzt die Augen seines Herzens zu dem Herrn selbst erhoben. (Beda Venerabilis)

12. November

Psalm 124,1-5

Weitere Lesung: Apostelgeschichte 12,1-11

Der Eingangssatz reißt abrupt ab und bleibt unvollständig. Durch eine solche Einführung wird sowohl unsere Aufmerksamkeit erregt als auch unser Empfinden angesprochen; so wirkt poetisches Feuer immer – seine Flammen brechen sich unvorhersehbar Bahn. Der herrliche HERR wurde unser Verbündeter; Er stellte sich auf unsere Seite und schloss mit uns einen Pakt. Wäre der HERR nicht unser Beschützer, wo wären wir dann? Nichts als Seine Macht und Weisheit konnte uns vor der List und Bosheit unserer Feinde bewahren; deshalb soll Sein ganzes Volk es auch aussprechen und Ihm die Ehre für Seine bewahrende Güte geben. Hier finden wir zwei »Wenn«, und doch ist nichts Fragliches an der Sache. Der HERR war auf ihrer Seite und tritt auch heute noch für uns ein und wird es auch weiterhin tun, bis in Ewigkeit. Lasst uns mit heiligem Vertrauen diese froh machende Tatsache rühmen! Wir sind zu träge, unsere Dankbarkeit zu zeigen, darum dieser Ausruf: »So soll Israel sagen.« Murren können wir, ohne dazu aufgefordert zu sein; aber Dankbarkeit braucht einen Anstoß, und es ist gut, wenn einige warmherzige Freunde uns auffordern, zu sagen, was wir empfinden. Stellt euch vor, was geschehen wäre, hätte der HERR uns verlassen, und dann bedenkt, was uns tatsächlich geschehen ist, weil Er uns die Treue gehalten hat! Sind da nicht alle Zutaten zu einem Lied vor uns ausgebreitet? Lasst uns deshalb dem HERRN singen!

Wenn sich alle Menschen zusammenrotten und das gesamte Menschengeschlecht darauf gerichtet zu sein scheint, das Haus Israel auszulöschen, was würde geschehen, wenn der Bundesherr nicht eingriffe? Wenn sie sich selbst aufstachelten

Psalm 124,1-5

und vereinten, einen Anschlag auf unseren Frieden und unsere Sicherheit auszuüben, was könnten wir gegen ihren Aufstand tun, wenn der Herr nicht ebenfalls aufgestanden wäre? Niemand, der uns helfen konnte oder wollte, war in der Nähe; doch der entblößte Arm des Herrn genügte, um die Seinen vor den vereinten Heeren der Feinde zu bewahren. Es gibt keinen Zweifel darüber, wer uns errettet hat, wir können unsere Errettung keiner zweiten Ursache zuschreiben; denn keine sonst hätte der Gefahr wehren können. Nichts Geringeres als die Allmacht und Allwissenheit konnte unsere Rettung bewirken. Wir weisen jede andere Ursache ab und rühmen, dass der Herr auf unserer Seite war. Wäre Gott nicht mit uns gewesen, unsere hochmütigen Feinde hätten uns zunichte gemacht, sie wären über uns hergefahren wie ein Sturzbach, der von den Bergen herabrauschend alles mit sich fortreißt. Sie hätten nicht nur unser Hab und Gut weggenommen, sondern auch unsere Seelen; unseren Mut und unsere Hoffnung hätte der ungestüme Angriff unserer Widersacher zugrunde gerichtet und unter ihren Beleidigungen begraben.

Lasst uns hier einhalten und angesichts dessen, was hätte geschehen können, die bewahrende Macht anbeten, die uns in dieser rasenden Flut und über diese Flut hinaus erhalten hat. In den schrecklichen Stunden der Gefahr hätten wir verderben müssen, hätte nicht unser Bewahrer für unsere Sicherheit gesorgt.

Zum Nachdenken: Wir werden belehrt, wie wir über vergangene Sorgen und Anfechtungen denken sollen, damit das Verständnis und das Gefühl für Gottes Gnade nicht aus unserem Gedächtnis schwindet. (Martin Luther)

13. November

Psalm 124,6-8

Weitere Lesung: Apostelgeschichte 12,12-24

Der HERR wird hier von Herzen gepriesen. Er hatte nicht erlaubt, dass Seine Diener verschlungen wurden, als sie im Rachen der schrecklichen Menschen waren. Daraus erkennen wir: Uns kann niemand schaden, solange der Herr es nicht will. Wir können ihnen nicht zur Beute werden, solange es der Herr nicht zulässt, und das wird unser liebender Herr nie tun. Bis zu diesem Augenblick hat Er jedem Feind die Erlaubnis verweigert, uns zu vernichten. Gepriesen sei Sein Name! Je drängender die Gefahr, umso größer ist die Gnade, die nicht erlaubt, dass die Seele verdirbt. Gott sei für immer gepriesen, dass Er uns vor dem Fluch bewahrt hat. Der HERR sei gelobt, weil er die Wut des Feindes dämpfte und die Seinen errettete.

Vers 6 liest sich, als wäre es nur eine Bewahrung vor Negativem; aber keine Wohltat kann positiver und kostbarer sein. Er, der uns Seinem Sohn Jesus gegeben hat, Er wird uns nie den Feinden ausliefern. »Gepriesen sei der HERR«; viele von uns können aus diesen Noten eine freudige Musik machen. »Unsere Seele ist entronnen«, entronnen aus der Sklaverei der sündigen Natur, entronnen aus der Schuld, der Erniedrigung, der Gewohnheit und der Herrschaft der Sünde, entronnen aus den Verführungen und nichtigen Verblendungen Satans; entronnen aus allem Zerstörerischen; wir empfinden wahrlich große Freude. Welch ein Wunder der Gnade ist das! Welch ein wunderbares Entrinnen bedeutet es doch, dass es uns, den so leicht Verführbaren, erlaubt wurde, nicht in der Hand des schrecklichen Vogelstellers zu sterben. Der Herr hat das Gebet, welches Er uns zu sprechen lehrte, erhört und uns von dem Bösen errettet.

Psalm 124,6-8

»Unsere Hilfe«, unsere Hoffnung für die Zukunft, der Grund unserer Zuversicht in allen gegenwärtigen und kommenden Trübsalen »ist im Namen des HERRN«. Der offenbarte Charakter des HERRN ist der Grund unserer Zuversicht, Seine Person ist die sichere Quelle unserer Kraft. Unser Schöpfer ist auch unser Erhalter. Er ist unermesslich groß in Seinem Schöpfungswerk; Er hat nicht nur einige kleine Dinge geschaffen, sondern der Himmel und das ganze Erdenrund sind Seiner Hände Werk. Wenn wir unseren Schöpfer anbeten, lasst uns unser Vertrauen auf Ihn als unseren Tröster vermehren. Hat Er doch alles geschaffen, was wir sehen, sollte Er uns dann nicht auch bewahren vor allem Bösen, das wir nicht sehen? Gepriesen sei Sein Name! Er, der uns gebildet hat, wird auch über uns wachen; Er hat es wahrlich schon getan und uns Hilfe im Augenblick der Bedrängnis gesandt. Er ist unsere Hilfe und unser Schild, Er allein. Er wird am Ende jede Schlinge zerreißen. Er hat den Himmel für uns gemacht, und Er wird uns für den Himmel bewahren; Er hat die Erde gemacht, und Er wird uns auf ihr helfen, bis die Stunde unseres Abschieds kommt. Jedes Werk Seiner Hand predigt uns die Pflicht und die Freude, uns auf Ihn allein zu verlassen. »Vertraut auf den HERRN für immer; denn in Jah, dem HERRN, ist ein Fels der Ewigkeiten.« »So ermuntert nun einander mit diesen Worten!«

Zum Nachdenken: Nun befehlt eure eigenen Seelen ebenfalls demselben treuen Schöpfer an! (Thomas Manton)

14. November

Psalm 125

Weitere Lesung: Galater 6,11-18

Zion kann nicht ins Wanken gebracht werden, und es wankt auch nicht. So kann auch Gottes Volk weder passiv noch aktiv erschüttert werden, weder durch äußere Kräfte noch durch eigene Wankelmütigkeit. Der Glaube an Gott ist eine verankernde und stabilisierende Tugend. Der durch Seine Kraft die Berge gründet, erhält durch dieselbe Kraft alle aufrecht, die ihr Vertrauen auf Ihn setzen. Und diese Standhaftigkeit dauert an »von nun an bis in Ewigkeit«. Wir können daher sicher sein, dass Gläubige weder im Leben noch im Tod umkommen werden, weder in der Zeit noch in der Ewigkeit. Wir trauen auf den ewigen Gott; darum ist auch unsere Sicherheit eine ewige.
Obwohl die Berge keine Ringmauer um die heilige Stadt bilden, sind sie doch zu Wächtern ihrer Tore bestellt. Gott schließt Sein Volk nicht in Festungswällen und Bollwerken ein, wodurch Er dessen Stadt zum Gefängnis machen würde; aber Er richtet es in Seiner Vorsehung so ein, dass Seine Heiligen so sicher sind, als wohnten sie in der stärksten Festung. Welch eine doppelte Sicherheit stellen uns diese Verse vor! Zuerst werden wir auf sichere Grundlagen gestellt, und dann verschanzt Er uns, indem Er uns innerlich festigt und bewahrt. Wir sind wie ein Berg gegründet, und dann werden wir wie von Bergen bewacht. Das ist auf keinen Fall nur poetische Rede, es ist in Wirklichkeit so. Es ist auch nicht nur ein vorübergehendes Vorrecht, sondern es wird ewig so bleiben. Wir können den Termin festsetzen: »von nun an bis in Ewigkeit«. Der HERR umgibt Sein Volk. Blickt so weit ihr wollt, Sein Schutz reicht bis in die Ewigkeit. Beachtet, dass es nicht heißt, die Macht und Weisheit des HERRN verteidigt die Gläubigen, nein, Er selbst ist rings um Sein Volk her;

Psalm 125

sie haben Seine Person zum Schutz, Seine Göttlichkeit ist ihr Wächter. Wir lernen hier, dass die Leute des HERRN solche sind, die auf Ihn vertrauen; denn so werden sie in den ersten Versen beschrieben. Glaube und Gnade reichen gleich weit, die auf den HERRN vertrauen, sind auch die Auserwählten des HERRN. Beide Verse zusammen beweisen die ewige Sicherheit der Gläubigen: Sie müssen da bleiben, wohin Gott sie gesetzt hat, und Gott muss sie für immer vor allem Übel bewahren. Eine größere Sicherheit als die hier beschriebene ist nicht vorstellbar.

Wenn die Gottlosen das Zepter schwingen, verwenden sie Macht und Einfluss dazu, die Gerechten in die Irre zu führen oder sie zu vertreiben, doch dürfen die Gottesfürchtigen dies nicht als Entschuldigung ansehen und dem bösen Druck nachgeben. Vielmehr müssen sie mit aller Kraft widerstehen, bis es Gott gefällt, der Gewalttätigkeit der Verfolger Einhalt zu gebieten und Seinen Kindern Ruhe zu geben. Hier verspricht der Herr, dies zu Seiner Zeit zu tun. Wenn Gott die Ungläubigen zerschmettert, wird die Getreuen kein Schlag treffen. Die Auserwählten des HERRN werden nicht nur wie Salem sein, sondern sie werden Salem, den Frieden, besitzen. Wer den Frieden Gottes besitzt, darf mit allem in Frieden sein. Verbinden wir doch den ersten mit dem letzten Vers! Israel vertraut auf den HERRN (Vers 1), und Israel hat Frieden (Vers 5).

Zum Nachdenken: Wie groß, fest und sicher ist die Glückseligkeit des Gläubigen! (John Trapp)

15. November

Psalm 126

Weitere Lesung: 1. Korinther 15,50-58

Die Heiden vernahmen die Lieder Israels, und die Besseren unter ihnen errieten bald den Grund von Israels Freude. Der HERR war ihnen als Gott Israels bekannt, und Ihm schrieben die anderen Völker die Befreiung Seines Volkes zu, wobei ihnen bewusst war, dass es keine Kleinigkeit war, was der HERR da für Israel getan hatte. Denn es war nirgends und niemals geschehen, dass ein verschlepptes Volk an seinen früheren Wohnort zurückgebracht wurde. Diese Fremden waren keine Träumer; wenn sie auch nur Zuschauer und nicht Teilhaber an dieser überraschenden Gnade waren, so sahen sie doch deutlich, was geschehen war, und schrieben dies zu Recht dem großen Geber aller guten Gaben zu. Es ist etwas Wunderbares, wenn Heilige die Sünder dazu bringen, von der Barmherzigkeit Gottes zu reden, und genauso segensreich ist es, wenn Heilige, die sich in der Welt verlaufen haben, davon hören, was der Herr an Seiner Gemeinde getan hat, um sich danach zu entschließen, ihre Gefangenschaft zu verlassen und sich mit dem Volk Gottes zu vereinigen. Ach, mein lieber Leser, der HERR hat tatsächlich wunderbare Dinge an Seinen Auserwählten getan, und dieses »Große« wird unter allen intelligenten Geschöpfen das Thema ewigen Lobgesangs sein.

So wie der HERR nach langer Trockenheit Wasserfluten in die trockenen Betten morgenländischer Flüsse sendet, so kann Er unsere verdorrten und müden Geister mit Fluten heiliger Freude füllen. Der HERR kann das für jeden von uns tun, und Er kann es sofort tun; denn für Ihn ist nichts zu schwer. Es ist gut für uns, wie in Vers 4 zu beten und unsere Sache dem vorzutragen, der uns über alle Maßen segnen kann. Lasst uns die

Psalm 126

Vergangenheit nicht vergessen, aber angesichts unserer gegenwärtigen Nöte lasst uns zum Herrn fliehen und Ihn bitten, das für uns zu tun, was wir unmöglich selbst für uns tun können und was auch keine andere Macht für uns tun könnte. Israel kam tatsächlich aus Babylon zurück, und es war, als ergösse sich eine Flut von Menschen nach Zion. Plötzlich füllten die Menschen wieder die Vorhöfe des Tempels. In den letzten Tagen werden alle in Strömen in ihr eigenes Land zurückkehren und es wieder bevölkern. Gleich mächtigen reißenden Wassern werden die Nationen am Tag Seiner Gnade zu dem Herrn strömen. Möge die vom Herrn festgesetzte Zeit bald da sein! Das gegenwärtige Herzeleid muss nicht als Dauerzustand betrachtet werden; es ist keinesfalls das Ende, sondern führt das Ende herbei. Tränen sind unsere Aussaat; Jubel wird unsere Ernte sein. Gäbe es keine Tränensaat, würde es auch keine Jubelernte geben. Lasst uns an der Arbeit bleiben in der Zeit des Säens und Kraft in der hier so klar gegebenen Verheißung finden. Die Verheißung ist allen gleich sicher, den Arbeitenden, den Wartenden und den Weinenden. Alle können sicher sein, dass es so kommen wird: »Zu Seiner Zeit werden wir ernten.«

Zum Nachdenken: Der Herr verwandelt Gefangenschaft in Jubel und Verbannung in Glückseligkeit. (C.H. Spurgeon)

16. November

Psalm 127

Weitere Lesung: Kolosser 3,18-25

Das Wort »vergebens« ist hier das Schlüsselwort, und wir hören es dreimal deutlich erklingen. Menschen, die bauen wollen, wissen, dass sie arbeiten müssen, und darum setzen sie all ihre Tüchtigkeit und Kraft ein; aber sie sollten daran denken: Wenn der HERR nicht mit ihnen ist, werden sich ihre Pläne als Fehlschläge erweisen. Mose war treu in seinem ganzen Haus; und solange der HERR mit diesem Haus war, hatte es Bestand und Erfolg; als Er es aber verließ, wurden die Bauleute töricht, und ihre Arbeit war vergeblich. Sie versuchten die Mauern des Judentums aufrechtzuerhalten, doch war es umsonst. Sie überwachten alle Zeremonien und Traditionen; aber ihre Wachsamkeit führte zu nichts. Das Gleiche gilt für jede Gemeinde, für jedes religiöse Gedankengebäude. Wenn der Herr nicht darin ist und Er dadurch nicht geehrt wird, geht das gesamte Konstrukt hoffnungslos zugrunde. Menschen können viel schaffen, sie können arbeiten und wachen; aber ohne den Herrn bekommen sie nichts Dauerhaftes fertig, und ihre Wachsamkeit kann das Unheil nicht abwenden.

Kinder sind ein Erbe, das der HERR selbst geben muss, sonst bleiben die Menschen kinderlos, und dementsprechend bleibt das Haus ungebaut. Gott gibt Kinder, nicht als Strafe oder als Last, sondern als Gunst. Sie sind ein Zeichen Seiner Güte, wenn die Menschen wissen, wie man sich um sie kümmert und sie erziehen soll. Wo eine Gesellschaft in Ordnung ist, werden Kinder nicht als Belastung, sondern als Erbteil betrachtet, und man nimmt sie nicht mit Seufzen an, sondern als Belohnung. Unser höchster Besitz sind unsere lieben Nachkommen, für die wir Gott täglich danken. Wenn Söhne und Töchter Pfeile sind,

Psalm 127

ist es gut, seinen Köcher mit ihnen gefüllt zu haben; aber wenn sie nur krumme Stöcke und unnütz sind, dann heißt es: Je weniger, umso besser. Während solche gesegnet sind, deren Köcher gefüllt ist, bleibt es außer Zweifel, dass auch viele gesegnet sind, die gar keinen Köcher haben. Für ein ruhiges Leben braucht man eine solche kriegerische Waffe nicht. Andererseits mag der Köcher klein und doch gefüllt sein; dann hat man den Segen ebenfalls erlangt. Auf jeden Fall dürfen wir uns sicher sein, dass eines Menschen Leben nicht nach seinem Kinderreichtum zu beurteilen ist.

Wer ein Vater einer Schar geistlicher Kinder ist, darf sich zweifellos glücklich schätzen. Er kann seine Widersacher zum Schweigen bringen, indem er auf die Seelen verweist, die durch seinen Dienst gerettet wurden. Bekehrte sind vor allem ein Erbe vom Herrn und der Lohn der Seelenkämpfe des Predigers. Von ihnen wird unter der Leitung des Heiligen Geistes die Stadt Gottes aufgebaut und bewacht, und der Herr wird dadurch verherrlicht.

Zum Nachdenken: Es ist wahr: Solange die gute Hand Gottes nicht auf uns ruht, können wir nicht erfolgreich einen Ort der Anbetung Seines Namens aufrichten. Bevor wir nicht Seinen Segen erlangt haben, können wir auch für uns nicht ohne große Nöte ein Heim errichten. Und wenn Sein Segen nicht auf unseren Kindern ruht, kann man zwar ein Haus (die Familie) gründen; aber anstatt dass es ein Haus Gottes ist, wird es eine Synagoge des Satans. Alle Ehen, die nicht unter dem Segen Gottes stehen, werden zu einem privaten und öffentlichen Fluch. (Adam Clarke)

17. November

Psalm 128

Weitere Lesung: 1. Timotheus 6,6-10

Der vorige Psalm endete mit einer Seligpreisung; denn der letzte Vers fängt mit dem Wort »glücklich« an, genau demselben Wort, mit dem dieser Psalm beginnt. Beide Lieder haben also dasselbe Stichwort. Auch die Themen sind eng miteinander verwandt. Die Furcht Gottes ist die Grundlage allen Glücks. Wir müssen dem »allein seligen Gott« zuerst Ehrfurcht entgegenbringen, bevor Er uns selig machen kann. Einige meinen, dieses Leben sei etwas Böses, eine Bürde, etwas, auf dem ein Fluch ruht; aber das stimmt nicht. Der Gottesfürchtige lebt unter einem gegenwärtigen, auf ihm ruhenden Segen. Er ist jetzt schon glücklich; denn er ist das Kind eines »seligen Gottes«, des lebendigen HERRN; und er ist hier schon ein Miterbe Christi, dessen Erbteil nicht Elend, sondern Freude ist. Das gilt jedem gottesfürchtigen Menschen unter allen Umständen und zu allen Zeiten; jeder, jeder Einzelne, ist ein Gesegneter. Ihre Glückseligkeit mag von fleischlicher Vernunft nicht immer erkannt werden; doch ist sie immer Tatsache; denn Gott selbst erklärt, dass dies so ist. Und wir wissen: Alle, die Er segnet, sind wahrhaft gesegnet. Lasst uns diese heilige, kindliche Furcht des HERRN kultivieren, die das Wesen wahrer Frömmigkeit ausmacht, jene Furcht, die besteht aus Ehrfurcht, aus Furcht, Ihn zu beleidigen, aus Eifer, Ihm wohlzugefallen, aus absoluter Unterordnung und aus Gehorsam. Diese Gottesfurcht ist die wahre Quelle geistlichen Lebens. Ohne sie suchen wir vergeblich nach wirklicher Heiligung; denn nur wer in der Furcht des Herrn wandelt, kann in Seinen Wegen gehen. Das religiöse Leben, welches Gott »gesegnet« nennt, muss praktisch und mit dem Herzen ausgelebt sein. Es ist törichtes Geschwätz, von

Psalm 128

der Furcht des Herrn zu reden, wenn wir uns so benehmen wie solche, denen es einerlei ist, ob es Gott gibt oder nicht. Gottes Wege werden unsere Wege, wenn wir aufrichtige Ehrfurcht vor Ihm haben. Ist unser Herz mit Gott verbunden, werden auch unsere Füße Ihm auf den Fersen folgen.

Wer Gott fürchtet, kann alle andere Furcht fallen lassen; denn wenn wir auf Gottes Wegen gehen, stehen wir unter Seinem Schutz, unter Seiner Fürsorge und Seinem Wohlgefallen. Gefahr und Verderben dürfen uns nicht nahen; denn alles wirkt zu unserem Guten mit.

In Gottes Augen wäre es nicht gut, wenn wir ohne Anstrengungen lebten und darauf angewiesen wären, Brot zu essen, das wir nicht verdient haben. Der glücklichste Stand auf Erden ist der, in dem wir etwas zu tun haben, in dem wir stark genug sind, etwas zu tun, und fair für die geleistete Arbeit entlohnt werden. Das ist außer dem göttlichen Segen alles, was wir wünschen sollten, und reicht für jeden Menschen aus, der den Herrn fürchtet und Habgier verabscheut.

Zum Nachdenken: Die Furcht des Herrn ist der innere Grundsatz; aber wenn sie im äußeren Leben keine Entsprechung findet, welchen Grund gibt es dann für die Annahme, dass sie überhaupt vorhanden ist? Beachtet also: Es gibt keinen Wandel auf den Wegen des Herrn, wenn nicht zuvor Seine Furcht im Herzen aufgerichtet wurde. Es kann keine echte Tugend ohne Gottesfurcht geben. Aber wie kann ein Mensch Gott gehorchen, wenn keine Liebe zu Gott vorhanden ist? (N. M'Michael)

18. November

Psalm 129,1-4

Weitere Lesung: Jesaja 10,5-14

Das Lied beginnt ohne Einleitung. Die Trübsale der Gemeinde wiederholten sich immer wieder, unzählige Male; dieselben Angriffe wurden auf uns so verübt wie auf unsere Väter. Jakob fand schon damals, dass seine Tage wenige und böse waren. Jeder Israelit ist oft gepeinigt worden, und Israel als Ganzes kam von einer Drangsal in die andere. »Oft« sagt Israel nur, weil es nicht angeben kann, wie oft. Es nennt seine Angreifer nur »sie«, weil es unmöglich wäre, ihre Namen aufzuschreiben oder auch nur zu nennen.

Die Folterer zerrissen das Fleisch, wie Pflüger das Feld durchfurchen. Diese wenigen Worte sind überraschend bildhaft. Das angefochtene Volk war sozusagen von seinen Peinigern so grausam ausgepeitscht worden, dass jeder Schlag lange rote Striemen oder gar blutende Wunden auf den Rücken der Israeliten, auf ihren Schultern hinterließ, vergleichbar den Furchen, durch die der Boden von einem Ende des Feldes bis zum anderen aufgebrochen wird. Viele Herzen sind in einer solchen Lage, weil sie von solchen gemartert und schwer verletzt wurden, die mit der Geißel der Zunge zuschlugen. Sie wurden so zugerichtet, dass ihr ganzes Wesen schweren Schaden erlitt, weil die Verleumdungen unerträglich waren. Die wahre Gemeinde hatte zu aller Zeit Gemeinschaft mit ihrem Herrn in Seiner grausamen Geißelung gehabt. Seine Leiden waren eine Weissagung in Bezug auf das, was sie von da an zu ertragen berufen sein sollte, und die Vorhersage hat sich erfüllt. Zion ist in diesem Sinn wie ein Acker gepflügt worden. Latimer hat zu Recht gesagt, es gebe auf der Welt keinen eifrigeren Pflüger als den Teufel. Mögen viele auch kurze Furchen pflügen, er tue es

Psalm 129,1-4

nicht. Mögen viele auch zurückschrecken und sich drücken, er sei gründlich, in allem, was er tut. Mögen viele bei Sonnenuntergang die Arbeit beenden, er tue es nie. Er und seine Kinder pflügten wie geübte Pflüger, doch zögen sie es vor, ihr heimtückisches Werk hinter dem Rücken der Heiligen zu treiben, weil sie genauso feige wie grausam sind.

Die Menschen mögen sein, wie sie wollen, der HERR bleibt gerecht; Er wird daher Seinen Bund mit Seinem Volk halten und den Unterdrückern nach Gerechtigkeit vergelten. Dann kehrt sich die Sache um, dann kommt der Wendepunkt im Elend Israels. Der HERR hat die langen Furchen der Gottlosen ertragen, dann aber wird Er sie ganz sicher aufhören lassen zu pflügen, bevor Er mit ihnen abrechnet. Früher oder später wird der gerechte Gott eingreifen, und wenn Er das tut, wird Er es sehr gründlich tun. Er löst den Strick der Gottlosen nicht auf, den sie bei ihrem Werk des Hasses verwendeten, sondern Er schneidet ihn durch. Nie hat Gott ein Volk benutzt, um Sein Israel zu züchtigen, ohne dieses Volk zu vernichten, nachdem die Züchtigung zu Ende war. Er hasst alle, die Sein Volk antasten, obwohl Er zulässt, dass ihr Hass für eine Weile triumphiert, um Seinen Absichten zu dienen. Wenn jemand will, dass sein Strick durchschnitten werden soll, der gehe hin und pflüge Gottes Ackerfeld mit Verfolgungen. Der kürzeste Weg zum Untergang ist es, sich mit den Heiligen einzulassen. Die göttliche Warnung lautet: »Wer euch antastet, tastet Meinen Augapfel an.«

Zum Nachdenken: Gott versäumt nicht, Segen in die Furchen zu säen, welche die Pflüger in den Rücken der Gemeinde pflügen. (Jeremy Taylor)

19. November

Psalm 129,5-8

Weitere Lesung: Jesaja 10,15-23

Es ist nur gerecht, wenn solche, die die Guten hassen, peinigen und verletzen, am Ende umkommen. Wer Recht und Unrecht verwirrt, sollte verwirrt werden, und wer sich von Gott abwendet, von dem sollte sich Gott auch abwenden. Loyale Untertanen wünschen denen nichts Gutes, die sich gegen ihren König verschwören. Wie könnten wir denen Erfolg wünschen, die das zerstören, was uns das Liebste ist? Das gegenwärtige Zeitalter ist so dreist, dass es Menschen, die den Heiland lieb haben, als Fanatiker beschimpft, und wer die Mächte des Bösen hasst, wird als Eiferer bezeichnet. Was uns betrifft, stimmen wir trotz aller Widersacher von Herzen den Wünschen in Vers 5 und 6 zu und würden gern die alte Praxis von Ebal und Garizim wieder beleben, wo die gesegnet werden, die Gott gehorchen, und alle verflucht werden, die sich selbst zum Fluch machten. Die Gemeinde ist so nützlich, so schön, so schuldlos, so voller guter Dinge, dass alle, die ihr Böses tun, der gesamten Menschheit schaden und verdienen, als Feinde des Menschengeschlechts behandelt zu werden. Lest einmal ein Kapitel aus dem *Buch der Märtyrer* von Fox und achtet darauf, ob ihr nicht Lust hättet, einen Rachepsalm über Bischof Bonner oder die »blutige Maria« zu lesen. Es mag sein, dass einige verdrehte, gefühlsduselige Menschen euch dafür tadeln werden; wenn sie das tun, lest ihnen ebenfalls einen!

In der Erntezeit segnen die Menschen einander im Namen des HERRN; aber im Wandel und Verhalten der Gottlosen ist nichts, was zum Schenken oder Empfangen eines Segensspruches Anlass geben könnte. Überschauen wir das Leben eines Sünders, sind wir eher zum Weinen als zum Freuen geneigt, und wir füh-

Psalm 129,5-8

len uns gedrungen, ihm eher Versagen als Erfolg zu wünschen. Weil wir nicht wagen, fromme Ausdrücke nur als Komplimente auszuteilen, dürfen wir bösen Menschen nicht Gottes Segen wünschen, weil wir uns dadurch zu Teilhabern ihrer schlechten Taten machen. Wenn Verfolger die Heiligen quälen, können wir nicht sagen: »Des HERRN Segen über euch!« Wenn sie die Frommen verleumden und der Lehre vom Kreuz widerstehen, wagen wir nicht, sie im Namen des HERRN zu segnen. Es wäre eine Schande, den Namen des gerechten HERRN zu entehren, indem wir Gottes Segen auf Unrechtstaten legen.

Seht, wie die Gottesfürchtigen roh von ihren Feinden »gepflügt« werden, und doch kommt eine Ernte daraus hervor, die Segen trägt und Segen schafft. Die Gottlosen haben zwar für eine Weile Gedeihen und rühmen sich völliger Unangreifbarkeit und meinen, außerhalb der Reichweite des Kummers zu leben, doch bald wird man feststellen, dass sie dahin sind, ohne eine Spur hinterlassen zu haben. Herr, zähle mich zu Deinen Heiligen. Lass mich an ihren Schmerzen teilhaben, wenn ich auch ihre Herrlichkeit genießen darf. In dieser Weise mache ich mir diesen Psalm zu Eigen und erhebe Deinen Namen; denn Deine Angefochtenen sind nicht verloren, und Deine Verfolgten sind nicht verlassen.

Zum Nachdenken: Die Getreuen durchstehen und überwinden ihre Leiden; aber die gottlos Handelnden werden überwunden und gehen elend zugrunde, wie die Geschichte aller Zeiten und Zeitalter klar bezeugt. (Martin Luther)

20. November

Psalm 130,1-4

Weitere Lesung: Jona 1,17 - 2,10

Je stärker wir angefochten sind, umso großartiger ist der Glaube, der tapfer auf den Herrn vertraut und sich deshalb an Ihn wendet, an Ihn allein. Gute Menschen mögen in großen Schwierigkeiten sein; doch gute Menschen blicken in solchen Fällen allein auf ihren Gott und rufen sich selbst auf, anhaltender und ernsthafter zu beten als zu anderen Zeiten. Die Tiefe ihres Elends erschüttert die Tiefen ihrer Existenz, und vom Grunde ihres Herzens steigt ein überaus starkes und bitteres Geschrei zu dem einzig lebendigen und wahren Gott auf. Wenn der Herr nur auf uns hört, wollen wir es Seiner höheren Weisheit überlassen, ob Er uns erhören will oder nicht. Hätte der Herr ein uneingeschränktes Versprechen gegeben, alle unsere Bitten zu erhören, wäre das eher ein Fluch als ein Segen für uns; denn das legte die Verantwortung für unser Leben auf uns selbst, was uns in eine höchst beängstigende Lage brächte. Doch nun hört der Herr unsere Wünsche, und das ist genug. Wir möchten nur, dass Er sie erfülle, wenn Seine unumschränkte Weisheit erkennt, dass dies gut für uns ist und Seiner Verherrlichung dient.

Wenn JAH, der alles sieht, in strikter Rechtsprechung jeden Menschen für jeden Mangel an Übereinstimmung mit Seiner Gerechtigkeit zur Verantwortung zöge, wo blieben wir dann allesamt? Es stimmt, Er nimmt alle unsere Übertretungen wahr; trotzdem handelt Er nicht dieser Erkenntnis entsprechend, sondern verschiebt das Gericht darüber auf einen künftigen Tag. Würden die Menschen nach keinem anderen Maßstab als dem der Werke gemessen, wer von uns könnte sich vor dem Richterstuhl Gottes verantworten und hoffen, rein und frei-

Psalm 130,1-4

gesprochen daraus hervorzugehen? Der HERR, der auch unser Herr ist, wird ganz sicher alle unsere Gedanken und Worte und Werke richten, die nicht genau mit Seinem Gesetz übereinstimmen. Wäre es nicht um des Herrn Jesu willen, worauf hätten wir zu hoffen? Wagen wir es, an dem schrecklichen Tag auf dem Grundsatz von Recht und Billigkeit vor Ihn zu treten? Doch liegt in der Hand des Großen Königs die freie, volle, souveräne Vergebung; es ist Sein Vorrecht zu vergeben, und Er tut es mit Freuden. Weil Sein Wesen Barmherzigkeit ist und weil Er ein Opfer für die Sünde schon bereitgestellt hat, darum gibt es bei Ihm Vergebung für jeden, der zu Ihm kommt und seine Sünden bekennt. Die Kraft zu vergeben, steht Gott jederzeit zur Verfügung, und Er ist stets zum Vergeben bereit. Würde der Herr mit allen nach Gerechtigkeit verfahren, bliebe niemand übrig, der Ihn fürchten könnte, und ständen alle unter der Furcht vor dem verdienten Zorn, würde die Verzweiflung sie gegen jede Gottesfurcht verhärten. Es ist die Gnade, die uns zu einer heiligen Betrachtung Gottes anleitet und zu der Furcht, Ihn zu betrüben.

Zum Nachdenken: In der Welt herrscht allgemein der Irrtum vor, wir dürften ruhig dreister sündigen, wo Gott doch so barmherzig ist; aber, o meine Seele, hüte dich vor diesem Irrtum; denn Gottes Barmherzigkeit ist so nicht zu verstehen. Sie ist nicht dazu da, uns frech zu machen, sondern lässt uns Ihn fürchten, und je größer Seine Gnade ist, umso größer sollte unsere Furcht sein; denn deshalb ist Gnade bei Ihm, dass man Ihn fürchte! (Sir Richard Baker)

21. November

Psalm 130,5-8

Weitere Lesung: Lukas 2,25-35

Wenn ich damit rechne, dass der Herr in Liebe zu mir kommt, hoffe ich still auf Sein Erscheinen. Ich hoffe in meinem Dienst vertrauensvoll auf Ihn. Auf Gott hoffe ich, auf Ihn allein. Wenn Er sich offenbart, brauche ich auf nichts weiter zu hoffen; doch bis Er mir zur Hilfe erscheint, muss ich auf Ihn warten und selbst in der Tiefe auf Ihn hoffen. Dies, mein Warten, ist kein formaler Akt, meine ganze Seele ist daran beteiligt: »Meine Seele hofft.« Ich hoffe und ich harre – achtet auf die Wiederholungen! »Meine Seele hofft« und dann wieder: »Meine Seele harrt« – um deutlich zu zeigen, welche Mühe dieses Harren macht. Es ist gut, mit dem Herrn so eindringlich zu reden. Solche Wiederholungen sind das Gegenteil gedankenlosen Repetierens. Wenn der HERR uns warten lässt, dann lasst es uns mit ganzem Herzen tun; denn gesegnet sind alle, die auf Ihn harren. Das Warten selbst ist segensreich für uns; es erprobt den Glauben, trainiert die Geduld sowie die Unterordnung und macht den kommenden Segen umso kostbarer. Das Volk des Herrn war immer ein wartendes Volk; es wartete zuerst auf das erste Kommen Jesu, jetzt wartet es auf das zweite. Es wartete darauf, Vergebung zu erfahren, und nun wartet es auf völlige Heiligung. Es wartete in der Tiefe, und es gibt auch jetzt das Warten nicht auf, wo es in glücklicheren Umständen ist. Es hat gerufen, und es wartet immer noch, und vielleicht unterstützt das Beten in der Vergangenheit ihr gegenwärtiges Ausharren. Wer nicht hofft, kann nicht warten; doch wenn wir erhoffen, was wir nicht sehen, so warten wir mit Ausharren. Gottes Wort trifft bestimmt ein; doch manchmal verzögert sich die Erfüllung. Wenn wir wahren Glauben besitzen, werden wir auf den

Psalm 130,5-8

Zeitpunkt des Herrn warten. Ein Wort des Herrn ist Nahrung für die Seele der Gläubigen, und gestärkt davon durchstehen sie die Nacht des Kummers und erwarten die Morgendämmerung der Befreiung und der Freude. Wartend erforschen wir das Wort Gottes, glauben wir dem Wort, hoffen auf das Wort und leben in dem Wort – und alles deshalb, weil es »Sein Wort« ist, das Wort dessen, der nie etwas Ungewisses spricht. Das Wort des HERRN ist ein fester Grund, auf dem eine wartende Seele Ruhe finden kann.

Gott hält für Seine Leute große Dinge bereit; sie sollten riesige Erwartungen haben. Lasst uns von unserer Armut weg auf den HERRN und Seine Reichtümer der Gnade blicken. Er kann und will Seine Leute aus allen ihren vielen und großen Kümmernissen erlösen; nein, ihre Erlösung ist bereits erwirkt worden und liegt für sie bereit, so dass Er den vollen Segen Seiner wartenden Schar zu jeder Zeit geben kann. Das Wesen der Gnade und die Tatsache der Erlösung sind zwei höchst ausreichende Gründe, auf den HERRN zu hoffen, und der Gedanke, dass es nirgendwo sonst Gnade und Erlösung gibt, sollte unser Herz wirkungsvoll von aller Abgötterei fern halten.

Zum Nachdenken: Sind nicht diese tiefen Dinge Gottes ein großartiger Trost für alle, die aus der Tiefe rufen? Ist es nicht besser, mit dem Psalmisten in der Tiefe zu sitzen und auf Gottes Gnade zu hoffen, als auf Bergeshöhen zu sein und sich etwas auf die eigene Gerechtigkeit einzubilden? (C.H. Spurgeon)

22. November

Psalm 131

Weitere Lesung: Sprüche 16,16-24

In diesem Psalm geht es um den HERRN. Es ist ein Privatgespräch mit Ihm, nicht eine Rede, bei der Menschen zuhören. Es reicht völlig aus, wenn wir mit dem HERRN allein reden, wir können dann vieles sagen, was vor den Ohren der Menschen zu sagen unangebracht wäre. Der heilige Mann bringt seine Rechtssache vor den HERRN, der allein das Herz kennt. Ein Mensch sollte so etwas nicht vorschnell tun, weil mit dem HERRN nicht zu spaßen ist; und wenn jemand wagt, in dieser Weise an Gott zu appellieren, sollte er sich seiner Sache sicher sein. David beginnt mit seinem Herzen; denn das ist das Zentrum unseres Wesens, und wenn sich dort Stolz befindet, wird alles dadurch verunreinigt, wie eine schlammige Quelle alle sich aus ihr ergießenden Flüsse schmutzig macht. Es ist etwas Großartiges für einen Menschen, wenn er sein Herz kennt, so dass er darüber mit dem Herrn reden kann, weil es so trügerisch ist und verderbter als alles und unheilbar; wer mag es kennen? Wer könnte es kennen, bevor er durch den Heiligen Geist belehrt wurde? Etwas noch Größeres ist es, wenn ein Mensch nach sorgfältiger Prüfung vor dem Allwissenden feierlich behaupten darf, sein Herz wolle nicht hoch hinaus, das heißt, es habe weder eine stolze Selbsteinschätzung anderen gegenüber, noch sei es selbstgerecht vor dem Herrn; auch rühme es sich nicht der Vergangenheit, noch sei es stolz wegen der Gegenwart, und auch in Zukunft wolle es nicht hoch hinaus. Es tut einem Menschen gut, wenn er sich richtig einzuschätzen weiß. Wer seine Fähigkeiten kennt, wird nicht so töricht sein, sich unerreichbare Ziele zu stecken, wobei er sich übernehmen und sich selbst Schaden zufügen würde. Es gibt aber viele, die

Psalm 131

so eitel sind, Arbeiten für unter ihrer Würde zu halten, die sie schaffen könnten, und die nur Dienste übernehmen wollen, zu denen sie nie berufen wurden und für die sie überhaupt nicht die Voraussetzungen mitbringen. Welch hochmütiges Herz muss der haben, der Gott gar nicht dienen will, bevor Er ihm wenigstens fünf Talente anvertraut hat! Der hat wahrhaft hochfahrende Augen, der es verschmäht, seinen armen Freunden und Nachbarn hier unten als ein Licht zu leuchten, sondern fordert, als Stern erster Größe geschaffen zu sein, um in der höheren Gesellschaft zu glänzen und von den staunenden Massen angestarrt zu werden. Es ist von Gott her gesehen richtig, wenn solche, die alles sein wollen, am Ende zu nichts werden.

Gesegnet sind solche Anfechtungen, durch die unsere Begehrlichkeiten überwunden werden und die uns von der Selbstzufriedenheit abbringen, die uns zu christlicher Männlichkeit erziehen, die uns Gottes Liebe zu erkennen lehren, nicht nur wenn Er uns tröstet, sondern genauso wenn Er uns auf die Probe stellt. Recht hat der heilige Poet, wenn er das Bild von dem entwöhnten Kind wiederholt; es ist der Bewunderung und Nachahmung wert. Es ist doppelt wünschenswert, aber schwer zu verwirklichen. Solche Entwöhnung vom eigenen Ich entspringt sanfter Demut, und teilweise besteht sie darin. Wenn der Stolz verschwunden ist, folgt die Unterordnung von selbst, und andererseits, wenn der Stolz ausgetrieben werden soll, muss das Ich ebenfalls verschwinden.

Zum Nachdenken: Dein Leben kann niemals außerhalb der Reichweite der göttlichen Macht und Gnade liegen. (Adam Clarke)

23. November

Psalm 132,1-10

Weitere Lesung: 1. Chronik 17,1-15

Der Bund wurde mit David geschlossen, und darum berief man sich wegen seiner Nachkommen und wegen des Volkes, das durch seine Dynastie gesegnet werden sollte, auf seinen Namen. Der HERR, der ewig Unveränderliche, wird niemals einen Seiner Knechte vergessen oder Seinen Bund auflösen; trotzdem sollen wir Ihn darum bitten, dies auch nicht zu tun. Auch das, von dem wir sicher wissen, dass der Herr es tun wird, muss trotzdem ein Gebetsanliegen bleiben. Die Bitte lautet, der HERR möge »gedenken«, und dieses Wort ist sehr bedeutungsvoll. Wir wissen, dass der HERR Noahs gedachte und die Flut versiegen ließ; er dachte an Abraham und sandte Lot aus Sodom; er gedachte der Rahel und der Hanna und gab ihnen Kinder; er gedachte Seiner Barmherzigkeit gegenüber Israel und erlöste Sein Volk. Der Bitte um Segen für das Haus Davids wird dadurch Nachdruck verliehen, dass Gott es um Davids willen tun möge. Wie viel stärker ist unser Hauptargument bei unseren Gebeten, Gott möge uns um Jesu willen wohltun! David hatte keine persönlichen Verdienste; der Anspruch bestand einzig durch den Bund, den Gott in Gnaden mit ihm geschlossen hatte; aber Jesus hat selbst erworbene Verdienste von grenzenlosem Wert – und diese dürfen wir ohne Zögern vor Gott geltend machen. Wenn Gott auf den regierenden Fürsten zornig war, rief das Volk: »HERR, gedenke Davids!«, und wenn sie einen besonderen Segen benötigten, sangen sie wieder: »HERR, gedenke Davids!« Das war ein gutes Argument; doch war es nicht so gut wie das unsrige, das so lautet: »Herr, gedenke Jesu und Seiner Mühsal!«

Man kommt nicht umhin, daran zu erinnern, dass der heilige Entschluss Davids dem Ort und dem Haus viel mehr Bedeu-

Psalm 132,1-10

tung beimaß, als der Herr selbst solchen Dingen zuerkennt. Es fällt deutlich auf, dass in Israel wahre Frömmigkeit nie schöner blühte als vor dem Tempelbau und dass seit den Tagen der Errichtung dieses großartigen Gebäudes der Geist der Frömmigkeit abnahm. Gottes Leute mögen auf ihren Herzen Anliegen tragen, die ihnen höchst wichtig erscheinen, und Gott mag ihnen erlauben, sie auszuführen, und doch kann es sein, dass Er es in Seiner unendlichen Weisheit für besser hält, sie von der Ausführung ihrer Pläne abzuhalten. Gott bemisst die Handlungen Seiner Leute nicht nach deren Weisheit oder dem Mangel daran, sondern ob ihre Pläne dem aufrichtigen Verlangen entsprungen sind, Ihn zu verherrlichen.

In den Versen 8-10 haben wir ein Gebet für den Tempel, die Bundeslade, die Priester, die Leviten, das Volk und den König. In jeder Bitte steckt eine Fülle an Bedeutung, die sorgfältiger Betrachtung wert wäre. Wir können beim Beten nicht genug in Einzelheiten gehen; der Fehler bei den meisten Gebeten ist ihre Unbestimmtheit. In Gottes Haus und im Gottesdienst bedarf alles des Segens, und jede Person, die damit verbunden ist, hat ihn ununterbrochen nötig. Wie David schwor und betete, als er der Bundeslade eine Behausung schaffen wollte, so wurde nun dieses Gebet fortgesetzt, als der Tempel eingeweiht war und der Herr sich herabließ, um ihn mit Seiner Herrlichkeit zu erfüllen.

Zum Nachdenken: Wir sind so lange mit dem Beten nicht fertig, wie wir mit unseren Nöten nicht fertig sind. (C.H. Spurgeon)

24. November

Psalm 132,11-18

Weitere Lesung: Apostelgeschichte 13,22-37

Jetzt kommen wir zu einem großartigen Appell an Gottes Bundestreue, die bei dem HERRN immer Gehör findet. Wir können Gott zu nichts drängen, was nicht Seinem eigenen Wort und Schwur entspricht. Der HERR schwört, damit unser Glaube dadurch starke Zuversicht erhält. Er kann sich selbst nicht widerrufen. Er hat in Treue geschworen (siehe Fußnote 46 rev. Elberfelder), denn Er meint jedes Wort so, wie Er es sagt. Menschen mögen meineidig werden; aber niemand wird so ruchlos sein, so etwas von dem Gott der Wahrheit anzunehmen. Der HERR ist kein wechselhaftes Wesen. Er wendet sich nie von Seinen Vorsätzen ab, viel weniger von Seinen mit einem Eid feierlich bestätigten Verheißungen. »Nicht ein Mensch ist Gott, dass Er lüge, noch der Sohn eines Menschen, dass Er bereue.« Auf welch einem Felsen stehen doch alle, die den unwandelbaren Eid Gottes als Grundlage haben! Wir wissen, dass dieser Bund in Wirklichkeit mit Christus geschlossen wurde, dem geistlichen Samen Davids; denn Petrus zitiert dies zu Pfingsten. Christus sitzt für alle Ewigkeit auf einem festen Thron und sieht, dass dieser Bund eingehalten wurde, und durch Ihn kam der Segen auf Zion, dessen arme Bewohner in Ihm gesegnet sind. Jesus entstammte dem Geschlecht Davids; diese Mitteilung ist den Evangelisten sehr wichtig. Er war »aus dem Haus und Geschlecht Davids«. Jetzt ist Er der König der Juden, aber der HERR hat Ihm auch die Heiden zum Erbteil gegeben. Er muss herrschen, und Seines Reiches wird kein Ende sein. Gott selbst hat Ihn auf den Thron gesetzt, und keine Rebellion der Menschen oder der Teufel kann Sein Reich erschüttern. Die Ehre des HERRN ist mit Seiner Herrschaft verknüpft; darum ist sie

Psalm 132,11-18

niemals in Gefahr, weil der HERR selbst dafür sorgt, dass Sein Eid stets erfüllt wird.

Gott will bei denen bleiben, die Er mit ewiger Liebe geliebt hat, und wir wundern uns nicht darüber, denn auch wir begehren die Gemeinschaft mit denen, die wir lieben. Es ist ein doppeltes Wunder, dass Gott solche auserwählt und liebt, die so armselige Geschöpfe sind wie wir. Gott ist in der Gemeinde – das erregt Staunen im Himmel, bleibt ein ewiges Wunder und gereicht zur Herrlichkeit der ewigen Liebe. Er nennt Zion »Meine Ruhestätte«. Hier bleibt Seine Liebe und offenbart sich mit Wohlgefallen, und das tut sie »für immer«. Er wird sich keinen anderen Ruheort suchen, noch Seiner Heiligen müde werden. In Christus ist das Herz der Gottheit zufrieden gestellt, und um Seinetwillen ist Er auch mit Seinem Volk zufrieden und wird es in Ewigkeit bleiben.

Die erhabenen Worte aus Vers 14 beschreiben eine eindeutige Wahl – *dies* und nichts anderes; eine deutliche Wahl – *dies*, was Mir gut bekannt ist; eine gegenwärtige Wahl – *dies*, was im Augenblick hier vorhanden ist. Gott hat Seine Wahl von alters her getroffen und nicht verändert, und sie wird Ihn nie gereuen: Seine Gemeinde war Seine Ruhestätte und ist es immer noch. Wie Er sich nie von Seinem Eid trennen wird, so wird Er sich auch nie von Seiner Wahlentscheidung abwenden.

Zum Nachdenken: Ach, möchten wir doch in Seine Ruhe eingehen, möchten wir ganz und gar zu Seiner Gemeinde gehören und durch unseren liebenden Glauben das Herz dessen erfreuen, der Wohlgefallen an denen hat, die Ihn fürchten, an denen, die auf Seine Gnade hoffen. (C.H. Spurgeon)

25. November

Psalm 133

Weitere Lesung: Johannes 17,20-26

»Siehe!« Es gilt, ein seltenes Wunder zu betrachten, darum seht her! Es ist aber vorhanden, denn es ist für wahre Heilige kennzeichnend – darum versäumt nicht, es zu untersuchen! Gott blickt mit Wohlgefallen darauf, darum betrachtet es aufmerksam! »Wie gut und wie lieblich ist es, wenn Brüder einträchtig beieinander wohnen!« Niemand kann die außerordentliche Vortrefflichkeit solchen Verhaltens beschreiben; und so gebraucht der Psalmist das Wort »wie« zweimal – »Siehe, wie gut« und »wie lieblich«. Er versucht weder das Gute noch die Lieblichkeit zu messen, sondern lädt uns nur ein, sie selbst zu betrachten.

Sie sollten wie Brüder im Geist in der Gemeinde zusammen wohnen und Gemeinschaft pflegen; und ein wesentlicher Bestandteil dieser Gemeinschaft ist Einigkeit, Einheit im Leben, in Wahrheit und Wandel, Einheit in Christus Jesus, Einheit in Ziel und Geist – all dies müssen wir haben, sonst sind unsere Versammlungen eher Synagogen des Streits als Gemeinde Christi. Je enger die Einigkeit ist, umso besser – denn umso mehr Gutes und Liebliches wird dort zu finden sein. Christliche Einigkeit ist an sich schon gut, gut für uns selbst, gut für unsere Brüder, gut für die Bekehrten, gut für die Welt draußen. Und ganz gewiss ist sie lieblich; denn liebende Herzen müssen daran Gefallen haben, anderen zu gefallen, die mit ihnen wesensmäßig verwandt sind. Eine Gemeinde, über Jahre in eifrigem Dienst für den Herrn Jesus vereint, ist eine Quelle der Güte und der Freude für alle, die um sie her wohnen.

Christliche Liebe findet ihre Grenzen nicht in der Ortsgemeinde, in der Volkszugehörigkeit oder einer Altersstufe. Ist der

Psalm 133

Mensch ein Christus-Gläubiger? Dann gehört er zu dem einen Leib, und ich muss ihm mit bleibender Liebe begegnen. Brüderliche Liebe geht von dem Haupt aus; aber sie fällt bis auf die Füße herab. Sie bewegt sich abwärts. Sie »fließt herab«; Bruderliebe lässt sich zu den Geringsten herab; sie bläht sich nicht auf, sondern ist demütig und bescheiden. Das ist kein geringer Teil ihrer Vortrefflichkeit. Öl kann nicht salben, wenn es nicht herabfließt, genauso wenig kann die Bruderliebe ihren Segen entfalten, wenn sie sich nicht herablässt. Wo Liebe regiert, regiert Gott. Wo Liebe Segen wünscht, befiehlt der HERR den Segen. Hätten wir doch mehr von dieser raren Tugend! Wir brauchen nicht Liebe, die kommt und geht, sondern eine, die wohnen bleibt; nicht einen Geist, der trennt und spaltet, sondern einen, der zusammenwohnen lässt, nicht einen Kopf, der nur debattieren und Unterschiede deutlich machen will, sondern einen, der nach bleibender Einheit trachtet. Nie werden wir die volle Kraft der Salbung erfahren, bevor wir nicht ein Herz und ein Geist geworden sind. Niemals wird der heilige Tau des Heiligen Geistes in seiner ganzen Fülle auf uns herabkommen, bevor wir nicht ganz einig und eines Sinnes sind; niemals werden die verheißenen Segnungen von unserem Gott und Herrn ausgeschüttet werden, bevor es nicht wieder heißt: »ein Herr, ein Glaube, eine Taufe«. Herr, führe uns in diese überaus kostbare geistliche Einheit, um Deines Sohnes willen! Amen.

Zum Nachdenken: Wenn Gott Einer ist, sollen sich alle, die sich zu Ihm bekennen, eines Sinnes und eines Herzens sein und so das Gebet Christi erfüllen: »... damit sie alle eins seien!« (Thomas Watson)

26. November

Psalm 134

Weitere Lesung: Lukas 2,36-40

Die Wörter »preisen« und »segnen« charakterisieren diesen Psalm. Die ersten zwei Verse rufen uns auf, den HERRN zu preisen, und im letzten Vers wird der Segen des HERRN auf das Volk herabgerufen. Ach, möchten wir überfließen von Lob und Preis! Mögen »preisen« und »segnen« die beiden Worte sein, die unser Leben kennzeichnen. Lasst die anderen ihren Genossen schmeicheln oder ihre Sterne preisen oder sich selbst. Wir aber, wir wollen den HERRN preisen, von dem aller Segen kommt. Ein Knecht des HERRN zu sein, ist eine unschätzbare Ehre, ein unbeschreiblicher Segen. Ein Knecht in Seinem Tempel, ein Diener in Seinem Hause zu sein, ist noch größere Freude und Herrlichkeit. Wenn solche, die immer bei dem HERRN sind und in Seinem eigenen Tempel wohnen, den Herrn nicht preisen, wer dann? Wir können gut verstehen, wie die heiligen Pilger ein wenig neidisch auf die Geweihten blickten, die den Tempel bewachten und während der Nachtstunden die zu erfüllenden Pflichten versahen. Zu der Stille und Feierlichkeit der Nacht kam die Ehrfurcht gebietende Herrlichkeit des Ortes, den der HERR für die Anbetung bestimmt hatte. Gesegnet waren die Priester und Leviten, die zu diesem erhabenen Dienst eingesetzt waren. Nichts war angemessener, als den HERRN während ihrer heiligen Nachtwachen zu preisen. Das Volk erwartete das von ihnen und dass sie es nie daran fehlen lassen sollten. Doch durften sie es nicht rein mechanisch tun, sondern mussten ihr Herz in alle ihre Pflichten legen und während ihrer ganzen Dienstzeit Gott in Geist und Wahrheit anbeten.
Wie die Engel Gott tagein, tagaus preisen, so müssen es auch Seine Knechte in der Gemeinde zu gelegener und ungelegener

Psalm 134

Zeit tun. Das ist ihre Hauptbeschäftigung. Sie sollen die Menschen mit ihrer Belehrung segnen; aber noch mehr müssen sie den HERRN mit ihrer Anbetung preisen. Zu viele denken bei den öffentlichen Gottesdiensten nur an den Nutzen für die Menschen, doch ist das andere von noch höherer Bedeutung: Wir müssen darauf achten, dass der Herr angebetet, erhoben und mit Ehrfurcht behandelt wird.

Die Seligpreisung kommt von der Stadt des Großen Königs her, aber durch die dazu bestimmten Diener und durch die Wirksamkeit des Bundes, darum heißt es: »von Zion aus«. Bis zum heutigen Tag segnet der Herr einen jeden aus Seinem Volk durch die Gemeinde, durch das Evangelium und die Ordnungen Seines Hauses. Es ist die Gemeinschaft der Heiligen, durch die uns unzählige Wohltaten zukommen. Wenn doch jeder von uns immer mehr von diesen Segnungen empfinge, die letztlich von dem Herrn selbst ausgehen. Zion kann uns nicht segnen; die heiligsten Diener können uns nur Segen wünschen; nur der HERR selbst kann und will jeden Seiner Leute segnen, der auf Ihn wartet. So möge es auch in dieser Stunde sein. Haben wir Verlangen danach? Lasst uns dann den Herrn preisen, lasst es uns nochmals tun; dann können wir beim dritten Mal zuversichtlich auf Segen hoffen; wir sind dann bewusste Empfänger des Segens, der von dem ewig Gepriesenen ausgeht. Amen.

Zum Nachdenken: Alle Menschen stehen unter dem Fluch, bis Gott sie in die Gemeinschaft Seiner Gemeinde bringt und ihnen nach Seinem Wort Segen zuspricht. (David Dickson)

27. November

Psalm 135,1-7

Weitere Lesung: Römer 11,33-36

Es genügt nicht, wenn wir selbst Gott preisen, wir sind viel zu schwach für ein solches Werk; lasst uns unsere Freunde und Nachbarn zusammenrufen, und wenn sie zu träge für solchen Dienst sind, wollen wir sie mit liebenden Ermahnungen in Bewegung bringen. Sorgt dafür, dass Seine Eigenschaften durch euch groß gemacht werden, und macht alles, was Er euch über sich offenbart hat, zum Inhalt eures Gesangs; denn all das ist mit »Seinem Namen« gemeint.
Die Größe Gottes ist genauso wie Seine Güte ein Grund für unsere Anbetung, wenn wir einmal mit Ihm versöhnt wurden. Gott ist groß, Gott ist größer, Gott ist am größten – »über al e Götter«. Davon war der Psalmist persönlich fest überzeugt. Er sagt schlicht: »Ich habe erkannt…« Das ist wahrlich eine wertvolle Erkenntnis. Er wusste das durch Beobachtung, Inspiration und Erfahrung. Er war kein Agnostiker, kein Unwissender, er war sich seiner Sache völlig sicher; denn er kannte nicht nur die Größe des HERRN, sondern auch, dass Er als der »Adonai«, als »unser Herr«, allen ausgedachten Gottheiten der Heiden und allem, was sich selbst für groß hält, unendlich überlegen ist.
Sein Wille geschieht im ganzen Weltall. Des Königs Befehle laufen in jeden Winkel des Universums. Die Heiden hatten dieses große Herrschaftsgebiet aufgeteilt; doch Jupiter regiert nicht im Himmel und Neptun nicht im Meer, auch Pluto nicht in der großen Tiefe; der HERR aber regiert überall. Seinen Dekreten kann sich niemand widersetzen, Seine Absichten werden nicht durchkreuzt; in keinem Punkt kommt Sein Wohlgefallen nicht zur Ausführung. Das Wort »alles« in Vers 6 umschließt alle Dinge, und die vier Orte, die genannt werden (Himmel, Erde, Meer

Psalm 135,1-7

und Tiefe) umschließen das gesamte All. Darum kennt der Inhalt dieses Textes weder Grenzen noch Ausnahmen. Der HERR handelt nach Seinem Willen; es gefällt Ihm zu wirken, und Er führt die Taten aus. Niemand kann Seiner Hand widerstehen. Welch ein Unterschied zu den von den Heiden ersonnenen Göttern! Sie waren allen Enttäuschungen, Fehlern und Leidenschaften der Menschen unterworfen! Welch ein Kontrast besteht auch zu den modernen Gottesvorstellungen, die Ihn dem Willen des Menschen unterwerfen und die Seine ewigen Ratschlüsse zum Spielball menschlicher Launen machen. Unsere Theologie lehrt uns nicht solche degradierenden Ansichten über den Ewigen, als könne Er von den Menschen hinters Licht geführt werden.»Alles, was dem HERRN wohlgefällt, tut Er.« Kein Gipfel ist Ihm zu hoch, kein Abgrund zu tief, kein Land zu fern und kein Ozean zu weit für Seine Allmacht. In Seinem ganzen Reich wird Sein göttliches Wohlgefallen sofort ausgeführt und Seinen Befehlen alsbald gehorcht.

Alles in der materiellen Welt steht unter der unmittelbaren Leitung und Kontrolle des Herrn des Alls. Beachtet, wie der Psalmist uns das persönliche Handeln des Herrn vorstellt:»Er lässt Nebelschwaden aufsteigen ... Er macht Blitze ... Er führt den Wind heraus.« Überall bewirkt der Herr alles, und keine Macht entzieht sich Seiner Oberhoheit. Und das ist gut für uns: Wenn eine böse Macht durch das Reich des Herrn zöge und Seiner Herrschaft trotzen könnte, würden sich Furcht und Schrecken in allen Provinzen Seines Reiches verbreiten.

Zum Nachdenken: Gottes deutlich erkennbare Gnade sollte Seine Auserwählten dazu bringen, viele demütige, freudevolle und dankbare Herzen zu Ihm zu erheben. (John Trapp)

28. November

Psalm 135,8-14

Weitere Lesung: Josua 12,7-24

Die Nationen Kanaans vereinten sich zum verzweifelten Widerstand, zu dem ihre Könige sie aufforderten, und so wurden sie geschlagen, während ihre Könige als Rädelsführer im Kampf getötet wurden. Gott hat die Mittel, um an denen Rache zu nehmen, die sich Seinen Plänen widersetzen. Wer träumen sollte, der Gott Israels sei viel zu sanft, um zuzuschlagen, hat sich sehr getäuscht. Er war willens, dies durch Sein erwähltes Volk ausführen zu lassen, und von dieser Absicht konnte Ihn niemand abbringen. Koste es, was es wolle: Er würde das Licht der Wahrheit, welches Er entzündet hatte, bewahren, auch wenn das Blut ganzer Völker zu dessen Verteidigung vergossen würde. Die Kriege gegen die kanaanitischen Stämme waren der Preis, der bezahlt wurde, um ein Volk aufzurichten, das für die Welt die lebendigen Aussprüche Gottes bewahren sollte. Von alters her hatte Gott das Land Abraham und seinem Samen mit einem Salzbund gegeben; aber Er hatte den Amoritern und anderen Stämmen erlaubt, dort zu wohnen, bis ihre Ungerechtigkeit erfüllt wäre. Dann aber gebot Er Seinem Volk, sein Land aus der Hand derer zu nehmen, die es besetzt hielten. Kanaan war Israels Erbteil, wie Israel Gottes Erbteil war, und nun gab Er es den Israeliten wirklich, weil er es ihnen schon längst in Seiner Verheißung gegeben hatte.

Die Auserwählten des Herrn haben auch jetzt ein Erbteil, von dem sie niemand fern halten kann. Bundessegnungen von unschätzbarem Wert sind ihnen zugesichert, und so wahr es einen Gott gibt, wird Sein Volk dieses Erbteil einnehmen. Sie bekommen es geschenkt, obwohl sie darum kämpfen müssen. Es geschieht oft, dass wenn sie eine Sünde besiegen oder ei-

Psalm 135,8-14

ner Schwierigkeit Herr werden, sie dadurch bereichert werden; denn für sie wirkt auch das Böse zum Guten mit, und Drangsale stellen ihren Triumph sicher.

Gottes Name ist ewig und wird sich nie ändern. Sein Ruhm und Seine Ehre bestehen ebenfalls in Ewigkeit. In dem Namen Jesu wird immer Leben und Freundlichkeit und Tröstung sein. Über wen der Name des Herrn genannt ist, der ist wirklich und wahrhaftig durch ihn geschützt und wird bis ans Ende der Welt vor dem Bösen bewahrt.

Das Gedenken an Menschen vergeht; aber das Gedenken an den Herrn bleibt ewig. Welch ein Trost ist das für verzagte Gemüter, die Angst um das Zeugnis des Herrn haben. Dieser Text muss im Zusammenhang gelesen werden, dann lehrt er uns, dass die durch die Überwindung der mächtigen Feinde errungene Ehre und Herrlichkeit des HERRN nicht untergehen wird. Noch lange erntete das Volk Israel Nutzen aus dem Ansehen, das die göttlichen Siege bei den Heiden bewirkt hatten. Darüber hinaus, indem der Herr den mit Abraham geschlossenen Bund hielt, seinem Samen das Land zu geben, machte Er ganz deutlich: Er wird Sein aus Verheißungen und Bundesschluss bestehendes Gedenken nie untergehen lassen. Sein Name besteht in seiner ganzen Vertrauenswürdigkeit; denn die Besetzer des Landes Israel wurden ausgetrieben, damit die wahren Erben dort in Frieden wohnen könnten.

Zum Nachdenken: Gott ist für Seine Gemeinde immer ein gnädiger, treuer, Wunder wirkender Gott – und wird dies auch immer bleiben; und Seine Gemeinde ist und wird genauso für Ihn ein dankbares und lobendes Volk sein. So bleibt Sein Name auf ewig bestehen. (Matthew Henry)

29. November

Psalm 135,15-21

Weitere Lesung: Jeremia 10,1-10

Es ist der Gipfel der Unvernunft, metallene Gegenstände anzubeten. Wenn auch Silber und Gold für uns nützlich sind, falls wir sie richtig anwenden, so ist doch nichts daran, was Ehrfurcht und Anbetung rechtfertigte. Wüssten wir nicht, dass die beklagenswerte Tatsache nicht zu leugnen ist, schiene es uns unvorstellbar, dass sich intelligente Menschen vor Stoffen niederbeugen, die sie zuvor selbst aus Erz heraus geschmolzen und in eine Form gegossen hatten. Man sollte es für weniger absurd betrachten, wenn sie ihre eigenen Hände angebetet hätten als das, was diese Hände erschufen. Welche großen Werke können solche Scherzgötter für Menschen tun, die doch selbst das Werk eines Menschen sind? Götzen sind eher Spielzeuge, wie Puppen für kleine Kinder, als ein Gegenstand der Anbetung für erwachsene Menschen. Man gebrauchet seine Hände besser, wenn man mit ihnen die Götzen zerbricht, als wenn man damit etwas anfertigt, was so unsinnigen Zwecken dient.

Die Götzenanbeter sind genauso schlecht wie die Götzenmacher; denn gäbe es niemand, der sie anbetet, bestände kein Markt für so schandbare Machwerke. Götzendiener sind geistlich tot, sie haben nur die Gestalt von Menschen; das Beste an ihnen ist ihnen abhanden gekommen. Ihre Münder beten nicht wirklich, ihre Augen erblicken die Wahrheit nicht, ihre Ohren vernehmen nicht die Stimme des Herrn, und das Leben Gottes ist nicht in ihnen. Wer an seine eigenen religiösen Erfindungen glaubt, verrät damit große Torheit und die völlige Abwesenheit des lebendig machenden Heiligen Geistes. Begnadete erkennen, wie unsinnig es ist, den wahren Gott zu verlassen und Ri-

Psalm 135,15-21

valen an Seine Stelle zu setzen; aber wer solche Verbrechen begeht, denkt nicht so. Im Gegenteil rühmen sie sich ihrer großen Weisheit und prahlen mit ihrer »Fortschrittlichkeit« und ihrer »modernen Kultur«. Möchten wir vor solcher Nachäffung des göttlichen Werkes bewahrt bleiben, damit nicht auch wir wie unsere Götzen werden.

Das Haus Israel umschließt den gesamten auserwählten Samen; dann kommen wir in Vers 19 zu einem kleineren, aber zentraleren Kreis, zu dem Haus Aaron, der dann wieder zu dem ganzen Stamm Levi erweitert wird. Mögen Ehrfurcht und Anbetung von einem zum anderen überspringen, bis die ganze Menschheit davon angesteckt ist. Das Haus Levi hatte ausgezeichnete Gründe, Gott zu preisen. Man braucht nur in der Geschichte der Leviten nachzulesen und bedenken, dass alle Leviten zum heiligen Dienst ausgesondert waren und von den Stämmen versorgt wurden, denen sie zugeteilt waren. Darum standen sie mehr als alle anderen in der Ehrenpflicht, den HERRN mit Freuden anzubeten. Wer Gott fürchtet, braucht keine weitere Qualifikation zum geheiligten Dienst. Gottesfurcht beweist, dass wir in den Bund mit Israel, in die Priesterschaft Aarons und in Levis Dienst für den Herrn eingeschlossen sind. Kindliche Ehrfurcht, wie sie die Heiligen dem Herrn gegenüber empfinden, hindert sie nicht an ihrem Loben und Preisen, im Gegenteil, sie ist die wichtigste Quelle ihrer Anbetung.

Zum Nachdenken: Götzendienst ist eine betäubende Sünde, die den Götzendiener des rechten Gebrauchs seiner Sinne beraubt. (David Dickson)

30. November

Psalm 136,1-9

Weitere Lesung: 2. Chronik 7,1-7

Die Ermahnung ist furchtbar ernst gemeint. Dreimal heißt es: »Preist den HERRN!« Aber das gilt dann für alle 26 Verse dieses Psalms. Dank ist das Wenigste, was wir opfern können, und darum sollten wir wirklich freigebig damit sein. Der inspirierte Schreiber ruft uns auf, den HERRN für alle uns erwiesene Güte und für die Größe Seiner Macht zu preisen, Seine Auserwählten zu segnen. Wir danken unseren Eltern, lasst uns unseren himmlischen Vater preisen; wir sind unseren Wohltätern dankbar, lasst uns dem Geber aller guten Gaben danken. Lasst uns Ihm danken, dass wir gesehen, erfahren und geschmeckt haben, dass Er gut ist. Er ist gut, weit mehr als alle anderen. In Wahrheit ist Er im höchsten Sinn der einzige Gute. Er ist die Quelle des Guten, das Gute von allem Guten, der Erhalter des Guten, der Vollender des Guten und der Belohner des Guten. Dafür gebührt Ihm ununterbrochen der Dank Seines Volkes. Der HERR ist der konkurrenzlos große Wunderwirker. Niemand ist mit Ihm zu vergleichen. Er allein kann wirklich Wunder tun; denn Er ist der Schöpfer und Wirker alles wirklich Erstaunlichen, mit dem verglichen alle anderen bemerkenswerten Dinge nur Kinderspielzeug sind. Seine Werke sind alle wunderbar groß, auch wenn die Abmessungen manchmal klein sind. Tatsächlich nehmen wir bei den winzigen Objekten unter dem Mikroskop genauso große Wunder wahr, wie sie uns das Teleskop offenbaren kann. Alle Werke Seiner unvergleichlichen Kunstfertigkeit hat Er selbst geschaffen, Er ganz allein und ohne Hilfe, und darum gebührt Ihm auch die ungeteilte Ehre. Niemand von den Göttern und Herren half dem HERRN bei der Schöpfung oder bei der Erlösung Seines Volkes. Seine starke

Psalm 136,1-9

Hand und Sein heiliger Arm wirkten für Ihn diese Großtaten. Was haben die Götter der Heiden vollbracht? Wenn die Frage mit Taten beantwortet wird, ist der HERR tatsächlich »allein«. Es ist völlig unbegreiflich, dass Menschen Götter anbeten, die nichts zu tun vermögen, und darüber den HERRN vergessen, der allein große Wunder tut. Selbst wenn der HERR Menschen als Werkzeuge gebraucht, tut Er doch allein die Wunder; lasst uns daher nicht auf Menschen vertrauen, noch sie vergötzen oder vor ihnen zittern.

Der HERR muss gepriesen sein, »denn Seine Gnade währt ewig«. Die Gnade des Wunders ist das Wunder der Gnade, und die Beständigkeit der Gnade ist das zentrale Wunder des Wunders. Der Herr bringt uns oft dazu, dass wir uns voller Staunen hinsetzen, um uns anzuschauen, was Seine Gnade für uns gewirkt und vorbereitet hat. Er ist es, »der große Wunder tut, Er allein«. In der Tat sind diese Wunder groß und unerforschlich. Welche Freude, dass es Gnade gibt, Gnade bei dem HERRN, beständige Gnade, Gnade, die bleibt bis in Ewigkeit. Sie reicht sehr weit, hält lange an und umschließt alle. Gnade leuchtet in jedem Lichtstrahl auf. Wir haben sie immer nötig, gebrauchen sie, beten um sie und empfangen sie; darum lasst uns sie ewig besingen! O, welche Tiefe! Verherrlicht sei Sein Name, jetzt und in Ewigkeit!

Zum Nachdenken: Welche Werkzeuge dem Herrn auch gefallen mögen, um sie für Sein wunderbares Werk zu gebrauchen, Er allein ist der Werkmeister, und Er wird Seine Ehre mit keinem Geschöpf teilen. (David Dickson)

1. Dezember

Psalm 136,10-16

Weitere Lesung: 2. Mose 15,1-10

Wir haben nun von der herrlichen Erschaffung der Welt gehört; jetzt sollen wir den HERRN für die Erschaffung Seines auserwählten Volkes preisen, indem Er es aus Ägypten führte. Weil der König von Ägypten den gnädigen Plänen des Herrn im Wege stand, wurde es nötig, dass der Herr mit ihm ins Gericht ging; die eigentliche Absicht aber war, Israel Gnade zu erweisen – und durch Israel den folgenden Zeitaltern und der ganzen Welt. Die letzte und schwerste Plage traf Ägypten ins Herz. Der Schmerz und der Schrecken, den sie in dem ganzen Volk verbreitete, waren beinahe unbeschreiblich. Vom König bis zum Sklaven wurden alle an der empfindlichsten Stelle verwundet. Die Freude und Hoffnung jedes Hauses wurde in einem Augenblick zerstört, und in jeder Familie war nichts als Wehklagen. Die vorhergehenden Plagen hatten ihr Ziel im Vergleich zu dieser verfehlt, doch diese »schlug Ägypten«. Die Ägypter hatten den Erstgeborenen des Herrn lange unterdrückt, doch nun erfüllte der Herr Seine Drohung: »Ich werde alle Erstgeburt im Lande Ägypten schlagen.« Die Gerechtigkeit wartete lange; doch am Ende schlug sie entscheidend zu.

Die Stämme waren über das ganze Land zerstreut und wurden offensichtlich mit harter Faust festgehalten, die nie locker ließ; doch der Herr bewirkte ihre Befreiung und trennte sie von ihren Zwingherren. Niemand von ihnen blieb in Knechtschaft. Der Herr brachte sie heraus, als die Stunde Seiner Verheißung gekommen war. Er brachte sie heraus, brachte sie alle heraus, obwohl sie unter die Ägypter gemengt waren. Er brachte sie heraus, um sie nie wieder zurückkehren zu lassen. Nicht nur die Tatsache als solche, sondern auch die Art und Weise Sei-

Psalm 136,10-16

nes Handelns sollte Grund zum Preisen sein. Wir sollten das »Wie« Seiner Taten bedenken und Ihn dafür preisen. In dem Auszug kann man die große Kraft und Herrlichkeit des HERRN sehen. Er zerschlug die Feinde mit Seiner Rechten. Er führte Sein Volk nicht auf klägliche Weise oder in Heimlichkeit heraus, sondern Er bahnte eine Straße über den Meeresboden und ließ die geteilten Wasser wie Mauern an beiden Seiten aufragen. Die Menschen leugnen Wunder; aber wenn es einen Gott gibt, kann man leicht daran glauben. Die Streitwagen stürzten, und die Rosse kamen um. Der König und seine Krieger wurden ebenfalls überwältigt; sie wurden aus ihren Wagen geschleudert, wie Heuschrecken vom Wind verweht werden. Ihre Macht war zerbrochen, und der Stolz Ägyptens war dahin. Der HERR hatte den Feind völlig überwunden.

Die Gnade des Herrn gegenüber Seinem Volk blieb bestehen. Das ging so weit, dass ein ganzes Volk die Rache des Herrn zu spüren bekam. Er ist langsam zum Zorn, und Gericht zu üben, liegt Ihm fern; doch wenn die Gnade gegenüber den Menschen schwere Strafen erfordert, wird Er Seine Hand nicht von der nötigen Züchtigung zurückhalten. Was bedeuteten alle Erstgeborenen Ägyptens gegenüber jenen göttlichen Gnadenabsichten für alle Geschlechter der Menschheit, auf die sich die Erlösung Seines auserwählten Volkes noch auswirken sollte?

Zum Nachdenken: Lasst uns, selbst wenn die Gerichte des Herrn über diese Erde gehen, nicht aufhören, Seine unversiegbare Gnade zu besingen! (C.H. Spurgeon)

2. Dezember

Psalm 136,17-26

Weitere Lesung: 4. Mose 21,21-31

Gottes Handeln ist voller Geheimnisse; es muss aber gerecht sein, eben weil es Sein Handeln ist. Die Israeliten kannten den Weg ganz und gar nicht, doch wurden sie geführt; es gab dort weder Straßen noch Spuren; aber weil sie von irrtumsloser Weisheit geleitet wurden, verliefen sie sich nie. Der sie aus Ägypten gebracht hatte, führte sie auch durch die Wüste. Als sie ihr Erbland schon sehen konnten, traf Israel auf mächtige Feinde. Könige, die man wegen ihrer Heere für groß hielt, versperrten ihnen den Weg. Doch bald verschwand diese Schwierigkeit; denn der Herr schlug ihre Feinde, wobei ein einziger Schlag für ihre Vernichtung ausreichte. Was half ihnen ihre Berühmtheit? Als sie dem Herrn entgegentraten, wurden sie eher berüchtigt als berühmt. Ihr Tod aber machte den Ruhm des Herrn unter den Heiden groß, während ihr Ruhm schändlich zugrunde ging. Sihon hatte Moab geschlagen; aber Israel konnte er nicht besiegen, weil der Herr ihn schlug. Er war tapfer und mächtig, also auf bestem Weg, groß und berühmt zu werden; doch als er sich entschieden weigerte, den Israeliten freien Durchzug zu gewähren, und in seiner Bosheit ihnen den Krieg erklärte, blieb keine andere Wahl, als ihn in das Verderben rennen zu lassen, das er herausgefordert hatte. Sein Fall war plötzlich und endgültig, und das auserwählte Volk wurde davon so ergriffen, dass es seinen Untergang in seinen Volksliedern besang. Auch die Festungen Basans boten keinen Schutz vor dem HERRN. Og wurde schnell aus seinen Burgen vertrieben, als »der Oberste des Heeres des HERRN« gegen ihn in den Krieg zog. Das Volk des Herrn wurde aufgerufen, gegen ihn zu kämpfen; aber es war Gott, der den Sieg errang. Als Herr der

Psalm 136,17-26

ganzen Erde übertrug Er Sein Landgut von einem Pächter auf den anderen. Das Land ging nicht in den Besitz der Israeliten über, weil sie es mit Schwert und Bogen erstritten hätten, sondern sie erhielten es als Thronlehen. Dies war das große Ziel, das nun endlich erreicht war; von Ägypten waren sie an den Jordan gelangt. Der Sein Volk herausführte, brachte es auch hinein. Er, der das Land dem Samen Abrahams verheißen hatte, achtete darauf, dass dieser Schenkungsvertrag nicht nur ein totes Papier blieb. Der Herr ist Gott in den höchsten Örtern und über allen himmlischen Wesen. Sein Thron ist erhaben über alles und in Herrlichkeit aufgerichtet und außer Reichweite irgendwelcher Feinde, und von dort aus überblickt Er das Universum. Er, der die Raben und die Sperlinge versorgt, ist doch der glorreiche Gott in den höchsten Himmeln. Engeln gereicht es zur Herrlichkeit, Seine Herrlichkeit in allen Himmelsbereichen zu proklamieren. Seht doch die Größe Seines Wesens, die Tiefe Seiner Erniedrigung und die Weite Seiner Liebe. Achtet auf den einzigen Grund Seiner Güte: »Seine Gnade währt ewig.« Alles hat Er nur aus diesem Grund getan; und weil Seine Gnade niemals aufhört, wird Er fortfahren, Seine Liebestaten bis ans Ende der Zeiten zu vermehren. Lasst uns mit allen Kräften unseres Herzens und unserer Zunge dem heiligen Namen des HERRN in Ewigkeit danken!

Zum Nachdenken: Wäre nicht das Ende einer Gnade der Anfang einer nächsten, wären wir verloren. (Philip Henry)

3. Dezember

Psalm 137,1-6

Weitere Lesung: 2. Chronik 36,11-21

Froh, die lauten Straßen hinter sich gelassen zu haben, suchten die Gefangenen das Flussufer auf, wo es schien, als könnten die strömenden Wasser ihren Tränen Mitgefühl entgegenbringen. Es war ein kleiner Trost, die Menschenmengen los zu sein und ein wenig Raum zum Atemholen zu finden, und so setzten sie sich nieder, um ein wenig auszuruhen und sich über ihren Kummer zu trösten. Sie saßen in kleinen Gruppen und klagten gemeinsam, wobei sich ihre Erinnerungen mit ihren Tränen mischten. Alles erinnerte Israel hier an die Verbannung von der heiligen Stadt, an ihre Knechtschaft im Schatten des Bel-Tempels und an ihre Hilflosigkeit gegenüber einem grimmigen Feind. Und darum saßen die Söhne und Töchter Israels da in ihrem Kummer. Nichts sonst hätte ihren tapferen Geist bezwungen; aber die Erinnerung an den Tempel ihres Gottes, an den Palast ihres Königs und an das Zentrum ihres völkischen Lebens konnten sie nicht ertragen. Alles, was sie erfreute, war völlig zerstört, und darum weinten sie – die starken Männer weinten, die lieblichen Sänger weinten! Sie weinten nicht, wenn sie an die Grausamkeiten Babels dachten; die schreckliche Unterdrückung ließ ihre Tränen versiegen und machte ihre Herzen glühend vor Zorn; aber wenn ihnen die geliebte Stadt ihrer hohen Festfeiern in den Sinn kam, konnten sie die Tränenflut nicht zurückhalten. Wahre Gläubige trauern auf gleiche Weise, wenn sie erkennen, wie verdorben die Gemeinde ist, und sie sich außerstande sehen, ihr zu helfen. Wir können alles andere besser ertragen als das. In dieser unserer Zeit verwüstet das Babylon des Irrtums die Stadt Gottes, und die Herzen der Getreuen sind schwer verwundet, wenn sie sehen, wie

Psalm 137,1-6

die Wahrheit in den Straßen stirbt und der Unglaube unter den bekennenden Knechten des Herrn überhand nimmt. Wir protestieren dagegen; aber es scheint vergeblich zu sein; denn die Menge ist wie toll hinter ihren Götzen her. Wir sollten im Stillen über die Wunde Zions weinen; es ist das Wenigste, was wir tun können. Vielleicht wird es sich zeigen, dass es das Beste ist, was zu machen war. Wir sollten uns auch hinsetzen und ernstlich überlegen, was wir tun können. Auf jeden Fall sollten wir Herz und Sinn auf die Gemeinde Gottes richten, die uns so teuer ist, und ihrer gedenken. Die Leichtfertigen mögen das vergessen; aber uns ist Zion ins Herz gegraben, und ihr Wohlergehen ist unser Hauptanliegen.

Die Sänger verwünschen sich, ewiges Schweigen möge über ihren Mund kommen, wenn sie je vergessen sollten, Jerusalem Babylon vorzuziehen. Die Zitherspieler und die Sänger waren eines Sinnes: Die Feinde des Herrn sollten weder ihr fröhliches Spiel noch ihre Lieder hören. Der heiligen Stadt, der Königin ihrer Seelen, sollte stets ihr erster Gedanke gehören. Eher wollten sie verstummen, als ihre geweihten Hymnen zu entehren und ihren Unterdrückern Anlass zu geben, sich über ihren Gottesdienst lustig zu machen.

Wenn das die Haltung der verbannten Juden ihrer Heimat gegenüber war, wie viel mehr sollten wir die Gemeinde Gottes lieben, deren Kinder und Bürger wir sind. Wie eifersüchtig sollten wir über ihrer Ehre wachen, wie begeistert sollten wir auf ihr Wohlergehen bedacht sein!

Zum Nachdenken: Ein gottesfürchtiger Mensch nimmt sich das Elend der Gemeinde zu Herzen. (Thomas Watson)

4. Dezember

Psalm 137,7-9

Weitere Lesung: Hesekiel 25,1-14

Der Fall bleibt in der Hand des Herrn. Er ist ein Gott, der vergilt, und Er wird unparteiisch Recht ausüben. Wir können sicher sein, dass jede Unrechtsmacht zum Untergang verdammt ist und dass vom Thron Gottes aus alle gerichtet werden, deren Gesetz die Gewalt, deren Maßstab die Selbstsucht und deren Handlungsweise Unterdrückung ist. Glücklich ist der Mensch, der helfen wird, das geistliche Babylon zu zerstören, das trotz allen Reichtums, aller Macht »zu vernichten ist«. Glücklicher noch sind diejenigen, die sehen werden, wie es gleich einem Mühlstein in der Flut versinkt, um nie wieder aufzutauchen. Was das geistliche Babylon ist, braucht niemand zu fragen. Es gibt nur eine Stadt in der Welt, die diesen Namen verdient.

Die Herzen der Juden brannten; sie hatten gesehen, wie die geliebte Stadt in ein schreckliches Schlachthaus verwandelt wurde. Und so sprachen ihre Herzen ein ähnliches Urteil über Babylon aus. Diese Stadt sollte mit ihrer eigenen Drahtpeitsche gezüchtigt werden. Der Wunsch nach gerechter Vergeltung entspricht eher dem Geist des Gesetzes als dem des Evangeliums – und doch lodert in Augenblicken gerechten Zorns das alte Feuer wieder auf. Und weil die Gerechtigkeit in der Menschenbrust immer noch lebendig ist, wird es nicht an Feuer bei den vielen Tyranneien fehlen, die es heute noch gibt. Wir sollten so weise sein, diese Stelle als Weissagung zu betrachten. Die Geschichte lehrt uns, dass diese sich buchstäblich erfüllte: In ihrer Angst willigten die Babylonier ein, ihre eigenen Kinder umzubringen, und die Männer meinten gut davonzukommen, wenn sie ihre Frauen und Kinder dem Schwert überlieferten. So schrecklich, wie das alles war, so kann man auch froh darüber

Psalm 137,7-9

sein, wenn man das Wohl der weiten Welt bedenkt; denn Babylon, der gewaltige Räuber, hatte jahrelang viele Völker gnadenlos hingemordet, und Babels Fall war für viele Menschen der Beginn eines freieren und sichereren Zustands. Die Ermordung unschuldiger Kinder kann nie genügend beklagt werden; es gehörte aber zur orientalischen Kriegsführung, und die Babylonier hatten nie darauf verzichtet; darum wurden auch sie nicht verschont. Die Vergeltung der Vorsehung mag lange warten, doch kommt sie bestimmt; auch sehen solche, die Gottes gerechtes Handeln darin erkennen, keinen Grund, sich darüber zu ärgern. Es ist etwas Abscheuliches, dass ein Volk einen Scharfrichter nötig hat; doch wenn der Mensch Mord begeht, sind die Tränen für die Opfer angebrachter als für die Meuchelmörder.

Die Gefangenen in Babylon machten keine Musik; stattdessen stießen sie ihre gerechten Verwünschungen aus, die weit besser mit ihrem Umfeld übereinstimmten als Lachen und Gesang. Wer das Volk des Herrn schmäht, wird mehr empfangen, als er haben möchte, und das zur eigenen Verwirrung. Sie werden für wenig Vergnügen sehr viel Herzeleid bekommen. Sollten die Despoten die Tugend unter ihren eisernen Stiefeln zertreten, ohne jemals bestraft zu werden? Die Zeit wird es zeigen.

Zum Nachdenken: Das Gefühl, alle zu lieben, ist wunderbar; aber es muss mit einem klaren Rechtsbewusstsein einhergehen. (C.H. Spurgeon)

5. Dezember

Psalm 138,1-3

Weitere Lesung: Jesaja 42,21-25

Sein Herz ist so von Gott erfüllt, dass er Seinen Namen gar nicht erwähnt; für ihn gibt es keinen anderen Gott, und der HERR steht so deutlich vor ihm und ist ihm so vertraut, dass der Psalmist nicht daran denkt, Seinen Namen zu nennen, wie wir es auch nicht tun, wenn wir mit unserem Vater oder einem Freund sprechen. Er schaut Gott mit den Augen seines Herzens und redet Ihn einfach mit »Du« an. Er hat sich vorgenommen, den Herrn zu preisen – und das aus allen Leibeskräften, ja, mit ganzer Seele.

Er wollte Gott auf Gottes Weise anbeten. Der Herr hatte dazu ein Zentrum eingerichtet, wo sie zusammenkommen sollten, einen Ort des Opfers, ein Haus, in dem Er wohnen wollte; und David nahm diese durch Offenbarung vorgeschriebene Weise der Anbetung an. Genauso darf der aufrichtige Gläubige von heute nicht dem eigenwilligen Gottesdienst des Aberglaubens verfallen oder dem undurchsichtigen Gottesdienst der Skeptiker, sondern muss den Herrn ehrfürchtig anbeten, wie Er es vorschreibt. Die Götzen hatten ihre Tempel; aber David wendet sich von ihrem Glanz ab und blickt mit ganzem Ernst auf den Ort, den der Herr für Sein Heiligtum erwählt hatte. Wir sollen nicht nur den wahren Gott anbeten, sondern dies auch so tun, wie Er es vorgeschrieben hat. Die Juden blickten zum Tempel, wir blicken auf Jesus, den lebendigen Tempel der Gottheit. Lobpreis war der Hauptbestandteil von Davids Gottesdienst. Der Name und der Charakter Gottes waren die großen Gegenstände seiner Lieder, und was er besonders pries, waren die Gnade und die Wahrheit, die so offensichtlich aus dem Namen des Herrn hervorleuchteten. Die Person Jesu ist der Tempel der

Psalm 138,1-3

Gottheit, und in Ihm erblicken wir die Herrlichkeit des Vaters, »voller Gnade und Wahrheit«.

Das dem David gegebene Verheißungswort war in seinen Augen herrlicher als alles andere, was er von dem Allerhöchsten geschaut hatte. Die Offenbarung durch das Wort Gottes übertrifft die Schöpfung an Klarheit, Eindeutigkeit und Fülle an Belehrung. Man kann den Namen des Herrn in der Natur nicht so deutlich lesen wie in der Bibel, die eine Offenbarung in menschlicher Sprache darstellt und besonders auf den menschlichen Geist abgestimmt ist. Sie begegnet dem menschlichen Bedürfnis nach einem Erretter, der Mensch geworden ist, um die Menschheit zu erlösen. Himmel und Erde werden vergehen, aber das göttliche Wort wird nicht vergehen, und vor allem in dieser Hinsicht ist es allen anderen Offenbarungsformen überlegen. Außerdem verbürgt sich der Herr mit allem anderen, was Seinen Namen groß macht, für Sein Wort: Seine Weisheit, Macht und Liebe und alle Seine anderen Eigenschaften vereint Er, um Sein Wort zu erfüllen. Dieses Wort ist es, das erschafft, erhält, belebt, erleuchtet und tröstet. Als Befehlswort hat es oberste Gewalt, und in der Person des Fleisch gewordenen Wortes ist es über alle Werke Seiner Hände gesetzt. Lasst uns den Herrn anbeten, der durch Sein Wort und durch Seinen Sohn zu uns gesprochen hat; und in Gegenwart der Ungläubigen lasst uns Seinen heiligen Namen und Sein Wort erheben!

Zum Nachdenken: Gott misst den Worten Seines Mundes größere Bedeutung zu als den Werken Seiner Hände: Himmel und Erde werden vergehen, aber nicht ein Jota oder Strichlein dessen, was Er gesagt hat, wird zu Boden fallen. (Ebenezer Erskine)

6. Dezember

Psalm 138,4-8

Weitere Lesung: Philipper 1,3-11

»Groß ist die Herrlichkeit des HERRN.« Diese Herrlichkeit wird alle Größe und Herrlichkeit irdischer Könige überstrahlen; diese werden bei ihrem Anblick nicht anders können, als zu gehorchen und anzubeten. Ach, würde doch die Herrlichkeit des HERRN jetzt, in diesem Augenblick, erscheinen! Ach, dass die blinden Augen der Menschen sie nur einmal sehen könnten, dann würden sich ihre Herzen Ihm unterwerfen und Ihn freudig anbeten! David rief unter dem Eindruck der Herrlichkeit des HERRN aus: »Ich will Dich preisen!« (Vers 1), und hier sagt er von den Königen, sie machten es genauso.

In Größe, Erhabenheit und Kraft steht der HERR weit über allem. Sein Wesen überragt alles Verständnis Seiner Geschöpfe, ja, Seine Herrlichkeit übertrifft alles, was menschliche Vorstellungskraft ersinnen könnte. Er betrachtet »die Niedrigen« mit Wohlgefallen, denkt fürsorglich an sie, hört auf ihre Gebete und bewahrt sie vor dem Bösen. Weil sie wenig von sich halten, hält Er viel von ihnen. Sie sind niedrig in ihren eigenen Augen, doch Er misst ihnen großen Wert bei. Er braucht sich den »Hochmütigen« nicht zu nähern, um ihr gänzliches Nichts zu erkennen. Ein Blick von ferne offenbart Ihm ihre Hohlheit und ihre Widerlichkeit. Er hat keine Gemeinschaft mit ihnen, sondern betrachtet sie aus der Ferne; Er lässt sich trotz ihres Prahlens nicht täuschen. Er hat keine Achtung vor ihnen, stattdessen verabscheut Er sie aufs Äußerste. Unsere Widersacher gehen unter, wenn der Herr sich mit ihnen beschäftigt. Er macht kurzen Prozess mit den Feinden Seines Volkes – mit einer Hand vertreibt Er sie. Sein Zorn wird ihren Zorn schnell auslöschen; Seine Hand wehrt ihrer Hand. Die Gegner mögen

Psalm 138,4-8

zahlreich und boshaft und mächtig sein, doch unser herrlicher Beschützer braucht nur Seinen Arm auszustrecken – und ihre Heere sind dahin. Der »liebliche Sänger« wiederholt die Versicherung, dass er errettet wird, und besingt sie vor den Ohren des Herrn, indem er Ihn vertrauensvoll anspricht. Er wird errettet werden – sehr bald, gründlich, göttlich errettet werden. Daran zweifelt er nicht. Gottes rechte Hand kann ihre Fähigkeiten nicht vergessen. Jerusalem ist Seine größte Freude, und Er wird Seine Auserwählten nicht aufgeben.

Gott interessiert alles, was Seine Knechte beschäftigt. Er wird dafür sorgen, dass nichts, was ihnen kostbar ist, nicht vollendet wird: Ihr Leben, ihre Kraft, ihre Hoffnungen, ihre Gnadengaben, ihr Pilgern, alles und jedes soll zur Vollkommenheit gelangen. Der HERR selbst wird darauf achten, und darum ist es ganz sicher. Weil es in unsere Herzen geschrieben wurde, dass Gott Sein Werk in uns vollendet, und wir es auch in der Bibel geschrieben finden, dass Gottes Gnade sich nie verändert, darum bitten wir in heiligem Ernst, dass wir nicht aufgegeben werden. Wenn irgendetwas Gutes in uns ist, so durch Gottes eigene Hände, und wird Er so etwas aufgeben? Warum hat Er so viel an uns getan, wenn Er uns wieder loslassen will? Es wäre reine Kraftverschwendung. Er, der so viel und so weit mit uns gegangen ist, wird uns auch bis ans Ende bewahren. Unsere Hoffnung auf endgültige Bewahrung der Gläubigen ruht auf dem endgültig bewahrenden Gott der Gläubigen.

Zum Nachdenken: Gott hört nicht auf, bevor Er fertig ist. (Alexander Maclaren)

7. Dezember

Psalm 139,1-6

Weitere Lesung: Sprüche 8,22-36

Wenn jemand etwas erforscht, weist das auf ein gewisses Maß an Unwissenheit hin, die man durch Beobachtung beseitigen möchte. Das gilt natürlich nicht für den Herrn. Der Psalmist will uns sagen, dass der Herr uns so genau kennt, als habe Er uns gründlich durchforscht und in die heimlichsten Ecken unseres Seins geschaut. Diese unfehlbare Kenntnis hat immer bestanden: »Du hast mich erforscht«, und sie besteht auch heute noch, weil Gott nicht vergessen kann, was Er einmal wusste. Es gab nie eine Zeit, in der wir Gott unbekannt waren, und es wird auch nie einen Augenblick geben, in dem wir nicht unter Seiner Beobachtung stehen. Seht her, wie der Psalmist diese Lehre auf sich persönlich anwendet. Er sagt nicht: »Gott, Du weißt alles«, sondern: »Du hast mich erkannt.« Es ist stets weise, eine Wahrheit auf uns selbst anzuwenden. Wie wundersam ist doch der Unterschied zwischen dem Beobachter und dem Beobachteten! Der HERR und ich! Doch diese innige Verbindung besteht, und darin liegt unsere Hoffnung. Der Leser sollte einen Augenblick still sitzen und sich die beiden Pole dieser Aussage vor Augen führen – der Herr und der arme winzige Mensch –, dann hat er viel zu bewundern und zu bestaunen.

Ich werde beobachtet, wenn ich still liege, und man sieht mich, wenn ich aufstehe. Meine gewöhnlichsten und zufälligsten Handlungen, meine nötigsten und unerlässlichsten Bewegungen werden von Dir bemerkt, und Du kennst die innersten Gedanken, die das alles steuern. Obwohl meine Gedanken den Blicken verborgen sind und ich mir auch selbst ihre Gestalt nicht vorstellen kann, so nimmst Du sie doch wahr und verstehst sie und ihre Ursprünge, ihre Ziele und Ergebnisse. Mein

Psalm 139,1-6

Wandeln und mein Liegen, mein Laufen und mein Ausruhen sind ebenfalls in Deinem Blickfeld. Du bist um mich wie die Luft, die alles Lebende umgibt. Ich bin von den Mauern Deines Seins umgeben; ich bin völlig von Deinem Wissen umschlossen. Wachend oder schlafend bin ich stets unter Deinen Augen. Du bist mit allem vertraut, was ich tue, nichts ist vor Dir verborgen, noch überrascht es Dich, auch missverstehst Du nichts. Unsere Wege mögen gewohnt oder zufällig, öffentlich oder geheim sein, doch der Höchste ist mit ihnen vertraut. Das sollte uns mit Schrecken und Ehrfurcht erfüllen, damit wir nicht sündigen, aber auch mit Mut, damit wir uns nicht fürchten, und mit Freude, damit wir nicht murren.

Können wir uns je Seine Macht, Seine Weisheit und Seine Heiligkeit vorstellen? Unser Verstand verfügt über keine Maßstäbe, den Unendlichen zu messen. Geraten wir dadurch in Zweifel? Nein, vielmehr glauben wir und beten Ihn an. Es wundert uns nicht, wenn der Verstand des Höchsten alles weit überragt, was unser Verstand je zu erfassen vermag. Im Gegenteil: Es muss so sein, weil wir nur arme, beschränkte Wesen sind. Auch wenn wir uns auf die Zehenspitzen stellen, reichen wir nicht bis an die unterste Stufe des Throns des Ewigen.

Zum Nachdenken: Wie erstaunlich groß ist die Erkenntnis Gottes verglichen mit unserer armseligen Erkenntnis. (Henry Duncan)

8. Dezember

Psalm 139,7-12

Weitere Lesung: Amos 9,1-6

In diesem Text geht es um die Allgegenwart, eine Wahrheit, die sich aus der Allwissenheit ergibt. »Wohin sollte ich gehen vor Deinem Geist?« Nicht, dass der Psalmist sich von Gott entfernen oder der göttlichen Kraft ausweichen wollte, vielmehr stellt er diese Frage, um deutlich zu machen, dass niemand dem alles durchdringenden Sein Gottes und der Beobachtung durch den großen unsichtbaren Geist entkommen kann. Beachtet, wie der Schreiber dies auf sich persönlich bezieht: »Wohin sollte ich gehen?« Es wäre gut, wenn wir alle diese Wahrheit zu unserer Angelegenheit machten. Jeder täte klug daran zu sagen: »Der Geist des HERRN umgibt *mich*; der HERR ist *mir* allgegenwärtig. Wenn ich von Furcht erfüllt versuchte, der Nähe Gottes zu entfliehen, weil Er mich erschreckte, wohin sollte ich mich wenden?« »Wohin … Wohin?« Er wiederholt diesen Schrei, doch er bekommt keine Antwort. Die Antwort auf das erste »Wohin?« ist nur dessen Echo – ein zweites »Wohin?« Von Gott her gesehen, kann sich David nicht verbergen; aber das ist nicht alles; denn er kann sich nicht einmal der unmittelbaren, aktuellen, beständigen Gegenwart Gottes entziehen. Wir müssen, ob wir wollen oder nicht, Gott so nahe bleiben, wie die Seele unserem Körper nahe ist. Das macht die Sünde zu einer schrecklichen Tat; denn wir beleidigen den Allmächtigen unter Seinen Augen und begehen direkt an den Stufen Seines Throns unsere Verrätereien. Ihm entgehen, vor Ihm »fliehen« können wir nicht, weder durch vorsichtiges Absetzen noch durch hastige Flucht entkommen wir der alles umgebenden Gottheit. Sein Geist ist in unserem Geist; Er selbst ist in uns; unsere Gegenwart ist Seine Gegenwart.

Psalm 139,7-12

»Auch Finsternis würde vor Dir nicht verfinstern.« Dieser Satz scheint alles Vorausgehende zusammenzufassen und schließt auch die leiseste Hoffnung aus, sich im Schutz der Nacht verbergen zu können. Die Menschen meinen das wohl, zumal es einfacher und müheloser ist, sich in der Finsternis zu verbergen, als eine Reise an einen einsamen Ort zu unternehmen. Darum wird hier dieser törichte Gedanke zunichte gemacht, indem auf verschiedene Weisen solche Hoffnungen gründlich zerschlagen werden. Doch die Gottlosen werden immer noch durch ihre schändlichen Gottesvorstellungen irregeführt und fragen: »Wie sollte Gott wissen?« Sie müssen sich einbilden, Er habe genauso beschränkten Durchblick wie sie selbst. Wenn sie nur einen Augenblick nachdächten, würde ihnen klar, dass jemand, der im Dunkeln nichts sieht, kein Gott sein kann. Und wenn Er nicht überall gegenwärtig ist, wie wäre Er dann der allmächtige Schöpfer?

Ganz gewiss: Gott ist zu jeder Zeit an allen Orten, und es ist unmöglich, irgendetwas Seiner Beobachtung und Seinem alles umfassenden Geist vorzuenthalten. Der Große Geist umschließt in sich alle Zeiten und Räume, und doch ist Er selbst unendlich viel größer als diese – oder auch als alles andere, was Er gemacht hat.

Zum Nachdenken: Ein heidnischer Philosoph fragte einst: »Wo ist Gott?« Der Christ antwortete: »Wo ist Er nicht?« (John Arrowsmith)

9. Dezember

Psalm 139,13-18

Weitere Lesung: Hiob 10,1-12

Wer kann ein anatomisches Modell des menschlichen Körpers ohne Staunen und Ehrfurcht betrachten? Wer könnte einen Teil des menschlichen Körpers sezieren, ohne dessen Feinbau zu bewundern und ohne Angst wegen seiner Zerbrechlichkeit zu empfinden? Der Psalmist hatte wohl kaum hinter den Vorhang geschaut, der Nerven, Sehnen und Blutgefäße gewöhnlich vor unseren Blicken verbirgt, war ihm doch die Wissenschaft der Anatomie gänzlich unbekannt. Trotzdem hatte er so viel gesehen, dass seine Bewunderung über das Werk und seine Ehrfurcht vor dem Werkmeister geweckt wurden. Diese Einzelteile meines Körpers sind alle *Dein* Werk; und obwohl sie alle zu mir gehören und ich sie direkt betrachten kann, sind sie im höchsten Grad bewundernswert. Sie sind Werke, aus denen ich bestehe, und doch kann ich sie nicht begreifen; aber sie gleichen so vielen Wundern göttlicher Kunst und Macht. Um staunen zu können, brauchen wir nicht ans Ende der Welt zu reisen, nicht einmal über die Haustürschwelle zu treten; es gibt mehr als genug in unserem eigenen Körper. Als das Gefäß noch auf der Töpferscheibe war, erkannte es der Töpfer schon. Der Herr kennt nicht nur unsere Gestalt, sondern weiß auch, woraus wir bestehen; das ist wahrlich eine gründliche Kenntnis. Gott sah uns schon, als wir noch nicht zu sehen waren, und Er schrieb über uns, als es noch nichts zu schreiben gab. Als noch keines unserer Glieder bestand, standen sie alle schon vor Gottes Blicken und waren in das Skizzenbuch Seiner Vorsehung und Prädestination eingetragen.

Wenn wir daran denken, dass Gott an uns von aller Ewigkeit her gedacht hat, ohne Unterbrechung unser gedenkt und an uns

Psalm 139,13-18

denken wird, bis es keine Zeit mehr geben wird, können wir wahrlich ausrufen: »Wie gewaltig sind [die] Summen« Deiner Gedanken über mich! Diese Gedanken sind ganz natürlich für den Schöpfer, den Erhalter, den Erlöser, den Vater, den Freund und fließen ohne Aufhören aus dem Herzen des Herrn. Es sind Gedanken des Verzeihens, der Erneuerung, des Aufrechterhaltens, der Unterstützung, der Erziehung, der Vollendung, zusammen mit tausend anderen Gedanken, die dauernd im Geist des Höchsten sind. Es sollte uns mit bewundernder Anbetung und staunender Ehrfurcht erfüllen, dass der unendliche Geist Gottes so viele Gedanken auf uns Unbedeutende und so sehr Unwürdige verwendet! Die Gedanken Gottes sind ganz und gar unzählig; denn sie übertreffen noch die unermessliche Zahl der Sandkörner an allen Stränden der großen Ozeane und all ihrer Randmeere. Mit der Aufgabe, die Liebesgedanken Gottes zu zählen, wäre man nie zu Ende. Selbst wenn wir die Sandkörner an den Küsten zählen könnten, wären wir nicht in der Lage, die Gedanken Gottes zu zählen; denn sie sind »zahlreicher als der Sand«. Das ist keine dichterische Hyperbel, keine Form der Übertreibung, sondern solide Tatsache einer inspirierten Aussage. Gott denkt ohne Ende über uns nach; das Schöpfungswerk hat ein Ende, nicht aber die Macht der göttlichen Liebe.

Zum Nachdenken: Eine gottesfürchtige Seele sollte in Gottes Armen so ruhig einschlafen können wie ein Kind im Schoß seiner Mutter. (Thomas Horton)

10. Dezember

Psalm 139,19-24

Weitere Lesung: Judas 12-23

Verbrechen, die unter den Augen des Richters geschehen, bleiben vermutlich nicht ungestraft. Wenn Gott durch die Anwesenheit des Bösen betrübt wird, ist selbstverständlich zu erwarten, dass Er sich diese Beleidigung aus den Augen schaffen wird. Gott sieht jedes Übel, und Er wird jedes Übel zerstören. Unter irdischer Herrschaft mögen Sünden wegen Mangel an Beweisen ungestraft bleiben, oder das Gesetz mag wegen der Gleichgültigkeit des Richters nicht angewendet werden; aber das wird bei Gott, dem lebendigen Gott, nie geschehen. Er trägt das Schwert nicht umsonst. Seine Liebe zur Heiligkeit und Sein Hass gegen das Böse sind dergestalt, dass Er mit denen in tödlicher Feindschaft lebt, deren Herz und Leben böse ist. Gott wird nicht für immer gestatten, dass Seine schöne Schöpfung durch die Anwesenheit der Bösen verdorben und besudelt wird. Wenn eins sicher ist, dann dies: Er wird an Seinen Feinden alles Unrecht rächen. Allen Menschen mit Wohlwollen und Liebe zu begegnen, ist unsere Pflicht; doch einen selbstgefälligen Gottlosen zu lieben, wäre ein Verbrechen. Einen Menschen um seinetwillen zu hassen oder wegen des Bösen, das er uns angetan hat, wäre falsch; aber einen Menschen zu hassen, weil er der Feind alles Guten und ein Gegner der Gerechtigkeit ist, wäre nicht mehr und nicht weniger als unsere Pflicht. Je mehr wir Gott lieben, umso unausstehlicher werden uns solche, die Ihm ihre Zuneigung verweigern. Der loyale Untertan darf kein Freund eines Verräters sein. Weil Gott überall ist, kennt Er auch unsere Gefühle gegenüber den Ungläubigen und Gottlosen, und Er weiß, dass wir nicht nur solche Menschen ablehnen, sondern dass ihr bloßer Anblick unseren Augen wehtut.

Psalm 139,19-24

David ist kein Komplize der Verräter. Er weist sie grundsätzlich ab, und nun spricht er vor Gott aus, dass er auch die geringste Spur von Gemeinschaft mit ihnen verabscheut. Er will von Gott selbst erforscht werden, und zwar gründlich, bis jeder Punkt seines Wesens bekannt und gelesen und verstanden ist; denn er ist sich sicher, dass selbst bei einer solchen Untersuchung keine Verbindung mit gottlosen Menschen entdeckt würde. Er fordert die strengste, bis ins Innerste gehende Erforschung; er muss wirklich ein aufrichtiger Mensch gewesen sein, wenn er sich freiwillig einem solchen Schmelztiegel aussetzt. Doch auch jeder von uns sollte eine solche Durchforschung begehren, weil es ein schreckliches Unglück bedeutet, wenn in unseren Herzen unerkannte und unentdeckte Sünden zurückbleiben.

»Sieh nach, ob in meinem Herzen, meinem Leben, eine mir unbekannte böse Haltung ist. Wenn Du so etwas findest, nimm es von mir. Es ist einerlei, wie lieb mir der falsche Weg geworden ist, auch wie sehr mich zu dessen Gunsten meine Vorurteile getrieben haben. Lass es Dir gefallen, mich von allem zu befreien, und zwar gründlich und jetzt gleich, dass ich nichts dulde, was Deinem Geist widerspricht. So wie ich die Wege der Gottlosen hasse, so möchte ich auch alles gottlose Wesen in mir selbst hassen.«

Zum Nachdenken: Ich möchte dich warnen, mit diesem Gebet vorsichtig zu sein. Man kann Gott sehr leicht verhöhnen, indem man Ihn bittet, Er möge dich erforschen, während du wenig unternommen hast, dich selbst zu erforschen, und vielleicht noch weniger entsprechend einer solchen Untersuchung gehandelt hast. (Henry Melvill)

11. Dezember

Psalm 140,1-6

Weitere Lesung: Micha 2,1-5

David redet hier vor Gott nicht so sehr gegen einen Einzelnen, als vielmehr gegen diejenigen, die durch ihn repräsentiert werden, nämlich solche, die man am besten als »böse Menschen« beschreibt. Davon laufen viele herum; in der Tat werden wir keinen nichtwiedergeborenen Menschen treffen, der nicht in gewisser Weise ein böser Mensch ist, wenn auch nicht alle gleich schlecht sind. Es ist gut für uns, dass unsere Feinde böse sind; denn es wäre katastrophal, hätten wir die Guten gegen uns. Wenn sich der »böse Mensch« gegen den Frommen wendet, ist er schrecklich wie ein Wolf oder eine Schlange oder wie der Teufel selbst. Grimmig, unversöhnlich, gnadenlos, unerbittlich und skrupellos interessiert ihn nichts, als seiner Bosheit freien Lauf zu lassen. Der Verfolgte wendet sich im Gebet zu Gott, und nichts Klügeres könnte er tun. Wer anders könnte dem »bösen Menschen« entgegentreten und den Gerechten in Sicherheit bringen als der HERR allein, dessen unendliche Güte allem Bösen im ganzen Weltall überlegen ist? Wir selbst haben der List des Feindes nichts entgegenzusetzen; aber der Herr weiß die Heiligen zu erretten. Er kann uns aus der Reichweite des Feindes bringen, Er kann uns stützen, wenn wir in der Gewalt der Feinde sind, Er kann uns retten, wenn unser Schicksal besiegelt scheint; und auf jeden Fall rettet Er uns von dem Bösen, wenn Er uns auch manchmal nicht vor Menschen schützt. Sollten wir im Augenblick irgendwie von Gottlosen gequält werden, ist es besser, Gott die Verteidigung zu überlassen, als diese selbst zu versuchen.

Davids Feinde waren so gewalttätig, wie sie böse waren, und so listig, wie sie gewalttätig waren, und so hartnäckig, wie sie

Psalm 140,1-6

listig waren. Es ist schwer, mit Menschen umzugehen, die sich nur in ihrem Element fühlen, wenn sie einem Schwierigkeiten machen können. Eine solche Situation schreit nach Gebet, und das Gebet ruft nach Gott. Der Herr kann uns durch Vorsehung und Gnade vor der Macht der Gottlosen bewahren. Er allein kann das tun; denn weder unsere eigene Wachsamkeit noch die Treue unserer Freunde kann uns gegen die Schlangenangriffe der Feinde absichern. Wir müssen sowohl vor den weichen, als auch vor den rauen Händen der Gottlosen behütet werden, vor ihren Schmeicheleien genauso wie vor ihrer Verleumdung. Ihr schlechtes Vorbild kann uns verunreinigen und uns damit mehr Schaden zufügen als ihre Unterdrückung. Der HERR muss unser Bewahrer sein, sonst richten böse Hände aus, was böse Herzen ersonnen und böse Lippen angedroht haben. Das ist ein starkes Argument, um zu Gott zu beten. Er ist der Beschützer der Heiligkeit, und wenn das reine Leben Seines Volkes in Gefahr ist, verloren zu gehen, dürfen wir erwarten, dass Er eingreift. Die Frommen sollten das Beten nie vergessen; denn es ist eine Waffe, der auch der entschlossenste Feind nicht standhalten kann.

Zum Nachdenken: Gute Menschen leben durch das Gebet. Wer zum Thron der Gnade kommt, ist von der Wolke der Herrlichkeit bedeckt, durch die hindurch uns bei Tage keine Sonne und bei Nacht kein Mond stechen kann. (William Swan Plumer)

12. Dezember

Psalm 140,7-14

Weitere Lesung: Hebräer 13,1-6

Als der Psalmist von den Menschen gejagt wurde, wandte er sich an Gott. Oft geht es uns am besten, wenn wir möglichst wenig mit unseren Feinden, dafür umso mehr mit unserem besten Freund sprechen. Wenn wir etwas sagen, sollten wir es dem HERRN sagen. David freute sich darüber, dass er bereits gesagt hatte, der HERR sei sein Gott; er war damit zufrieden, sich Ihm ausgeliefert zu haben, und er hatte kein Verlangen, dies rückgängig zu machen. David hatte sich freiwillig entschieden, dass der HERR sein Gott sein sollte, und darauf hatte er mit Freuden sein Siegel gedrückt. Die Gottlosen verwerfen Gott; doch die Gerechten nehmen Ihn als den Ihren an, als ihren Schatz, ihre Freude, als ihr Licht und ihr Heil. Die Gebete der Heiligen sprechen in ihnen, sie sind ein deutliches Flehen, selbst wenn sie nur wie unartikuliertes Stöhnen klingen. Der HERR kann die Stimme unseres Klagens verstehen, und Er kann und will darauf hören. Weil Er Gott ist, kann Er uns hören; weil Er *unser* Gott ist, *wird* Er uns hören. Solange der Herr uns hört, sind wir zufrieden – die Antwort mag nach Seinem Willen ausfallen; aber wir bitten darum, gehört zu werden. Eine betrübte Seele ist jedem dankbar, der so freundlich und geduldig ist, ihrer Geschichte zu lauschen; aber besonders dankbar ist sie für eine Audienz bei dem HERRN. Je mehr wir uns Seiner Größe und unserer Unbedeutendheit, Seiner Weisheit und unserer Torheit bewusst sind, umso mehr wird es uns mit Lob erfüllen, wenn der HERR auf unser Schreien achtet.

In dem ganzen Psalm hält der Psalmist ein mutiges Vertrauen aufrecht und spricht von Dingen, über die er keine Zweifel hat. In der Tat, kein Psalm widerlegt in großartigerer Weise alle

Psalm 140,7-14

Verleumdungen. Der verleumdete Heilige kannte die Fürsorge des HERRN für die Angefochtenen; denn er hatte selbst praktische Beweise davon erhalten. Welches Vertrauen sollte das in verfolgte und durch Armut geplagte Herzen bringen! Wer Wohlleben und Reichtum hat, kann sich selbst helfen; wem es aber schlechter geht, der wird entdecken, dass Gott denen hilft, die sich selbst nicht helfen können. Viele meinen, die Armen hätten keine Rechte, die zu beachten wären; aber früher oder später werden sie ihren Irrtum feststellen, wenn der Richter der ganzen Erde sie zur Verantwortung ziehen wird. Der vorige Psalm sprach auch in Glaubensgewissheit; aber dieser ist erfreulicher. So wahr Gott die Gottlosen schlagen wird, wird Er die Unterdrückten retten und ihre Herzen und Münder mit Lobpreis erfüllen. Mögen andere auch schweigen, die Gerechten werden Dank darbringen; und was sie auch erleiden mögen, die Sache wird so zu Ende gehen, dass sie die Drangsal überleben und dem HERRN für Seine erlösende Gnade preisen werden. Wie hoch hat uns dieser Psalm emporsteigen lassen: Zuerst wurden wir von bösen Menschen gejagt, jetzt wohnen wir in der Gegenwart Gottes; so erhebt der Glaube die Heiligen aus den untersten Tiefen bis in die Höhen friedvoller Ruhe.

Zum Nachdenken: Die einzige Sicherheit für schlichte und ungebildete Menschen ist bei Angriffen durch die listigen Argumente der Ketzer und Ungläubigen nicht das Streitgespräch, sondern das Gebet; es ist eine Waffe, die von den Gegnern nur selten benutzt wird und mit der sie nicht umgehen können. (Bruno of Aste)

13. Dezember

Psalm 141,1-6

Weitere Lesung: Offenbarung 8,1-6

Wie ein Rauchopfer sorgfältig vorbereitet, mit heiligem Feuer entzündet und demütig vor Gott dargebracht wird, so möge mein Gebet sein. Wir sollten das Gebet nicht als eine leichte Arbeit ansehen, die wenig Nachdenken erfordert; denn es muss »stehen«, und was noch bedeutsamer ist, es muss vor dem HERRN stehen, dass heißt, im Bewusstsein Seiner Gegenwart und in heiliger Ehrfurcht vor Seinem Namen. Auch dürfen wir nicht meinen, alle Bitten seien Gott in gleicher Weise angenehm. Sie müssen vor Gott wie ein »Rauchopfer stehen«. Bei solchen Opfern waren Regeln zu beachten, sonst hätte Gott sie abgewiesen. Welche Gestalt das Gebet auch annehmen mochte, wichtig war ihm, dass es von Gott angenommen wurde.

Gebete werden manchmal ohne Worte, nur durch die Bewegungen unseres Körpers dargebracht: Gebeugte Knie und erhobene Hände sind Zeichen ernsten, erwartungsvollen Betens. Natürlich ist unsere Arbeit, oder wenn wir bei der Arbeit die Hände erheben, ein Gebet, wenn wir sie in Abhängigkeit von Gott und zu Seiner Verherrlichung tun. Es gibt ein Beten mit den Händen und ein Beten mit dem Herzen, und wir begehren, es möge dem Herrn wohlgefallen wie ein »Speisopfer am Abend«. Heilige Erwartung, das Aufheben schlaffer Hände, ist auch eine Art Anbetung – möge es Gott allezeit wohlgefallen.

Der Psalmist hat eine mutige Bitte: Er will, dass sein demütiges Rufen genauso von dem HERRN angenommen wird wie das von Ihm eingesetzte Abendopfer an heiliger Stätte.

Wohin das Herz sich neigt, dahin wendet sich auch bald der Wandel: Böses Begehren zieht böse Taten nach sich. Wird aber die Quelle des Lebens rein erhalten, wird auch der Strom des

Psalm 141,1-6

Lebens unbesudelt bleiben. Leider liegt im Umgang, den wir pflegen, eine große Macht; selbst gottesfürchtige Menschen sind durch schlechte Gesellschaft mitgerissen worden, daher rührt unsere Furcht, wir könnten Böses tun, wenn wir mit Übeltätern zusammen sind. Wir müssen uns mühen, sie zu meiden, damit wir nicht mit ihnen sündigen. Es ist schlimm genug, wenn ein Herz den bösen Weg allein geht, schlimmer noch, wenn ein Leben allein auf bösen Bahnen verläuft; aber es führt bald zu schrecklichster Gottlosigkeit, wenn ein Rückfälliger auf seinem Weg nach unten von einer ganzen Horde von Sündern umgeben ist. Unser Alltagshandeln gereicht uns zum Verderben, wenn es böse ist. – Es macht unsere Sünde nur schlimmer, anstatt als Entschuldigung zu gelten, wenn wir sagen: »Das tue ich nur aus Gewohnheit, so bin ich nun mal.« Es ist Gottes Gewohnheit, alle zu bestrafen, die aus Gewohnheit Unrecht tun. Gute Menschen erschrecken bei dem Gedanken, so wie andere zu sündigen; die Furcht davor treibt sie auf die Knie. Ungerechtigkeit ist Mangel an Gerechtigkeit, und davon sollten wir uns fern halten, wie man einer ansteckenden Krankheit aus dem Weg geht.

Zum Nachdenken: Gebet ist bewusste Arbeit, gläubige Arbeit, denkende Arbeit, erforschende Arbeit, demütigende Arbeit und nichts wert, wenn nicht Herz und Hände daran beteiligt sind. (Thomas Adam)

14. Dezember

Psalm 141,7-10

Weitere Lesung: Ester 4,13 - 5,5

Davids Fall schien hoffnungslos; Gottes Sache glich in Israel einem Toten oder einem Skelett, das zerbrochen und verrottet wieder aus dem Grab geschaufelt wurde und nun wie Staub zu Staub zerfiel. Es war, als gäbe es kein Leben, keine Verbindung, keine Gestalt, keine Ordnung oder Führung unter den Frommen in Israel. Saul hatte alles zugrunde gerichtet und in alle Winde zerstreut, so dass es als organisiertes Ganzes nicht mehr bestand. David selbst war wie einer dieser verdorrten Knochen, und den übrigen Frommen ging es ähnlich. Der heilige Same schien ohne Lebenskraft und Einigkeit zu sein und stand kurz davor, gänzlich zu sterben. Wie oft haben gute Menschen so von der Sache Gottes gedacht! Wohin sie auch blickten, starrte sie nichts als Tod, Spaltung und Verderben an. Zerrissen, zertrennt und hoffnungslos entzweit! Zerstreut, wahrhaft zerstreut bis an des Scheols Rand! Aufgespalten wie Holz fürs Feuer! So schien es um Gottes Sache und um die Wahrheit zu stehen. Irdisch betrachtet war es ein elender Anblick: Die Gemeinde glich einem gepflügten Acker, der überall geeggt und durchwühlt wurde, oder einem Kahlschlag, auf dem alles zum Untergang bestimmt ist. Wir haben Gemeinden in solchem Zustand gesehen, und es hat uns das Herz gebrochen. Welche Gnade ist es, dass es immer einen Ort über der Erde gibt, zu dem wir aufblicken können! Dort wohnt Einer, der Seiner Sache eine Auferstehung und eine Wiedervereinigung Seines getrennten Volkes schenken will. Er wird die toten Gebeine vom Rand des Scheols heraufbringen und das Verdorrte wieder zum Leben erwecken. Lasst uns den Psalmisten nachahmen und auf den lebendigen Gott blicken. Er schaute nach oben und hielt seine Augen dorthin gerichtet.

Psalm 141,7-10

Er hielt seine Pflicht für wichtiger als die Umstände; er dachte mehr an Gottes Verheißung als an die äußerlichen Umstände; er erwartete von Gott mehr als von den Menschen. Er schloss nicht aus Gleichgültigkeit oder Verzweiflung die Augen, noch wandte er sie den Geschöpfen in törichtem Vertrauen zu, sondern er blickte nur auf seinen Gott; jetzt erblickte er keine Gefahr mehr. Der HERR, sein Gott, war seine Hoffnung. Thomas nannte Jesus »Herr und Gott«, und David spricht hier von dem HERRN als seinem Herrn.

Diese Übeltäter suchten David in dessen Worten und Werken zu fangen. Das war an sich schon etwas Böses; aber es stimmte mit ihrer übrigen Haltung überein. Selbst waren sie schlecht, und darum wollten sie, David sollte so werden wie sie – oder wenigstens so erscheinen. Wenn sie den Guten auf die eine Weise nicht fangen konnten, versuchten sie es auf eine andere Weise. Netze und Fallen würden sie genügend bauen; denn sie wollten ihn auf jeden Fall erledigen. Niemand konnte David bewahren als nur der Allwissende und der Allmächtige, der auch uns bewahren will. Es ist schwierig, Netzen aus dem Weg zu gehen, die man nicht sieht, und Fallen zu entkommen, die man nicht entdecken kann. Da hat der viel gehetzte Psalmist wohl Grund zu rufen: »Bewahre mich!«

Zum Nachdenken: Wenn dein Geist auf das Gebet gerichtet bleibt, habe auch Acht auf deine Augen. Viel Torheit dringt durch das Auge in uns ein. (Thomas Watson)

15. Dezember

Psalm 142

Weitere Lesung: Daniel 6,10-23

Beachtet, wie das Gebet des Psalmisten fortschreitend Gestalt annimmt: Zuerst lässt er nur seinem natürlichen Begehren freien Lauf, er »schreit«. Dann rafft er all seinen Verstand zusammen, ordnet seine Gedanken und »schüttet sein Anliegen vor Ihm aus«. Wahre Gebete mögen sich in ihrer Ausdrucksweise unterscheiden, nicht aber in ihrer Zielrichtung. Ein Stoßgebet, ein Schrei, muss genauso wie eine vorher zurechtgelegte Bitte zu demselben, die Gebete erhörenden Gott aufsteigen, und Er wird beides mit derselben Bereitschaft annehmen. Beachtet: Das persönliche Gebet war dem Psalmisten sehr bedeutsam; er freute sich, wenn andere beteten; aber er war nicht zufrieden, wenn er selbst schwieg. Seht, wie oft er in der ersten Person spricht: »Ich schreie ... mit meiner Stimme ... mit meiner Stimme ... ich schütte mein Anliegen aus.«
Dass der Mensch ihn unbeachtet ließ, trieb ihn zu dem HERRN, seinem Gott. War nicht auf diese Weise aus Verlust ein Gewinn, aus Misserfolg ein großer Reichtum geworden? Alles, was uns dahin bringt, zu Gott zu schreien, ist ein Segen. In diesem ganzen heiligen Gesang finden wir eine Art Steigerung bei den Wiederholungen: Erst »schrie« er, doch nachher »erzählte« er. Sein Schreien war bitter; aber sein Erzählen geschah in Ruhe; sein Schreien war kurz und heftig, sein Erzählen dagegen ausführlich und vollständig. Es erfreut einen Gläubigen sehr, wenn er an seine eigenen Glaubenszeugnisse denkt. Sein ungläubiges Murren möchte er wohl gern vergessen; aber die Triumphe der Gnade, die einen lebendigen Glauben in ihm wirkten, wird er unter keinen Umständen aus dem Gedächtnis verlieren. Welch ein grandioses Glaubensbekenntnis war dies! David sprach zu

Psalm 142

Gott und über Gott: »Du bist meine Zuflucht«, nicht: »Du hast mir eine Zuflucht bereitet«, sondern: »Du, Du selbst bist meine Zuflucht.« Er floh zu Gott selbst; er barg sich unter den Flügeln des Ewigen. Er glaubte das nicht nur, sondern sprach es auch aus und handelte danach. Und das war noch nicht alles; denn während er von seinem Erbteil im verheißenen Land verbannt war und man ihm seinen rechtmäßigen Besitz vorenthielt, fand er in Gott sein »Teil«. Ja, wahrlich, Gott war sein Erbteil. Das galt nicht nur für seinen zukünftigen Status, sondern auch hier schon, unter den jetzt lebenden Menschen. Es ist manchmal leichter, an ein Erbteil im Himmel zu glauben, als an eines hier auf Erden; wir könnten leichter sterben als leben, wenigstens meinen wir das. Aber es gibt kein Leben im Lande der Lebendigen, das mit einem Leben mit dem lebendigen Gott zu vergleichen wäre. Für den Gottesmann bedeutete es sehr viel, so kostbare Dinge in der Stunde seines schrecklichen Elends auszusprechen. Es ist leicht, heldenhaft zu reden, wenn man keine Schwierigkeiten hat; aber in Anfechtungen zuversichtlich zu sprechen, ist etwas völlig anderes.

Zum Nachdenken: Werde in deinem stillen Gebet sehr konkret und nenne einzeln alle Sünden, Wünsche und Gnadenerweise ... Schäme dich nicht, alle deine Bedürfnisse offen zu legen. (Samuel Lee)

16. Dezember

Psalm 143,1-6

Weitere Lesung: Galater 3,1-14

Den vorigen Psalm begann David damit, dass er uns sagt, er habe zu dem HERRN geschrien; hier bittet er, der HERR, der lebendige Gott, möge seiner in Gnaden gedenken, weil man Ihn als den treuen Erhörer von Gebeten kennt. Heilige möchten erhört und gehört werden; sie möchten erleben, dass der Herr zu Seinen Verheißungen steht und in Gerechtigkeit die Sache des Rechts verteidigt. Welch ein Glück ist es, dass wir sogar wegen unserer Erlösung mit Gerechtigkeit rechnen dürfen. Das können wir aufgrund des Evangeliums tun; denn »wenn wir unsere Sünden bekennen, ist Er treu und gerecht, dass Er uns die Sünden vergibt«. Selbst die ernsten Eigenschaften Gottes stehen aufseiten des Menschen, der demütig vertraut und sein Vertrauen zu einem Gebet macht. Sind Gottes Treue und Gerechtigkeit auf unserer Seite, werden wir zur Rechten wie zur Linken bewahrt. Beides sind aktive Eigenschaften, und sie reichen völlig aus, allen Wünschen zu entsprechen, deren Erhörung Gott für richtig hält. Bitten, die nicht eine von diesen beiden Eigenschaften ansprechen, dienen nicht zur Ehre Gottes; denn sie müssen Wünsche nach Dingen enthalten, die entweder nicht verheißen oder unrecht sind.

Niemand kann vor Gott aufgrund des Gesetzes bestehen. Gott durchschaut und beurteilt alles. Er sieht das kleinste Versagen und richtet es; darum nützen Vortäuschung und Lippenbekenntnis nichts; denn Seine Augen lesen alle Geheimnisse des Herzens. David proklamierte die Lehre von der universalen Verdammung durch das Gesetz lange bevor Paulus die Feder aufnahm, um dieselbe Wahrheit aufzuschreiben. Bis zum heutigen Tag gilt sie in gleichem Maß wie in Davids Tagen; auch

Psalm 143,1-6

heute noch darf kein Mensch es wagen, sich dem Gericht vor dem Thron des Großen Königs zu präsentieren, weil er das Gesetz erfüllt hätte. Unser törichtes Zeitalter hat Exemplare von so hochfahrendem Stolz hervorgebracht, dass Menschen zu behaupten wagen, im »Fleisch« Vollkommenheit zu erlangen; aber diese ruhmredigen Prahler sind keine Ausnahme von der hier vorgestellten Regel. Sie sind nur Menschen – und armselige obendrein. Untersucht man ihr Leben, so stellt man häufig fest, dass es fehlerhafter ist als das von demütigen und bußfertigen Menschen, vor denen sie mit ihrer Überlegenheit geprahlt haben.

Sauls Feindschaft trieb David dazu, wie ein unruhiger Geist in Höhlen und Löchern zu hausen; nur nachts konnte er hinausgehen, tagsüber musste er sich verbergen wie ein unseliger Geist, dem die Ruhe des Grabes seit langem verwehrt wurde. Armer David! Er war berufen, das Haus der Lebenden zu segnen, wurde aber gezwungen, ein Genosse der Toten zu sein! So mag es auch uns ergehen, trotzdem sind wir dem Herrn sehr teuer. Eins ist sicher: Der Herr, der zulässt, dass wir in Dunkelheiten und bei den Toten stecken, wird uns gewiss ans Licht bringen und dafür sorgen, dass wir bei denen wohnen, die das ewige Leben genießen.

Zum Nachdenken: Weit davon entfernt, mich für meine Sünden verantworten zu können, vermag ich nicht einmal für meine Gerechtigkeit geradezustehen. (Bernhard von Clairvaux)

17. Dezember

Psalm 143,7-12

Weitere Lesung: Jakobus 1,1-8

Der angefochtene Beter verzagt und ist bereit zu sterben. Sein Leben versiegt, jeder Augenblick ist wichtig; schon bald wird für ihn alles vorüber sein. Kein Argument für Eile könnte mächtiger sein. Wer wird nicht laufen und einem helfen, der in Lebensgefahr ist? Gott versagt nicht, wenn unser Geist schwach wird, im Gegenteil, Er wird eilen und auf den Flügeln des Windes zu uns kommen. Die Gemeinschaft mit Gott ist einem aufrichtigen Herzen so wertvoll, dass der Entzug das Gefühl erweckt, man werde augenblicklich sterben und gänzlich umkommen. Wenn Gott sich zurückzieht, versinkt das Herz in Verzweiflung, und den Geist verlässt sämtliche Kraft. Dazu kommt, dass Gottes Abwesenheit den Feinden erlaubt, sich ungehemmt auszutoben, und so ist der Verfolgte ein zweites Mal dem Verderben nahe. Sehen wir Gottes Angesicht, so leben wir; kehrt Er uns aber den Rücken zu, so sterben wir. Blickt der Herr wohlgefällig auf unser Bemühen, haben wir Gedeihen; verweigert Er uns aber Sein Angesicht, so ist alle Arbeit umsonst.

Was uns zu Gott fliehen lässt, mag ein böser Wind sein, aber er bläst uns zur Besserung. Solch eine Flucht ist keine Feigheit, sondern großer, heiliger Mut. Gott kann uns aus der Reichweite des Kummers bringen, ja sogar aus dessen Sichtweite. Gott ist unser Bergungsort, Jesus hat sich selbst zu einer Zuflucht für Seine Leute gemacht. Je eher und je entschiedener wir zu Ihm fliehen, umso besser ist es für uns. Unter der Karmesindecke der Versöhnung durch unseren Herrn sind die Gläubigen völlig geborgen. Lasst uns dort bleiben und zur Ruhe kommen.

David wollte unter den Frommen sein, in einem anderen Land als dem, in welches man ihn vertrieben hatte. Er sehnte sich

Psalm 143,7-12

nach den Bergwiesen der Gnade, nach den Hochflächen des Friedens, nach den fruchtbaren Ebenen der Gemeinschaft. Selbst konnte er sie nicht erreichen, er musste dorthin geleitet werden. Gott, der gut ist, kann uns am besten in dieses gute Land bringen. Es gibt kein Erbe, das dem Teil im Land der Verheißung gleicht, dem Land der göttlichen Gebote, dem Land der Vollkommenheit. Er, der uns belehrt, muss uns führen und zu Seiner eigenen Wohnung im Land der Heiligkeit bringen. Der Weg ist weit und steil, und wer ohne göttlichen Führer geht, wird unterwegs umkommen; aber mit der Hilfe des HERRN ist es eine Freude zu folgen, und dann gibt es weder Straucheln noch Abirren. David war schwer angefochten. Da war nicht nur Kummer in seiner Seele, nein, seine Seele versank in einem Meer von Kummer, war wie in einem Kerker eingeschlossen. Gott konnte seine Seele und auch seinen Geist aus beidem herausbringen, und – das ist das Besondere – Er konnte beide auf der Stelle aus dem Sumpf ziehen. Das Gebet ist drängend, und der Appell an Gott ist mutig. Wir können sicher sein, dass der Kummer bald vorüber war, als der Herr solch ein Gebet erhört hatte.

Zum Nachdenken: Wir suchen bei Gott vergeblich nach zeitlichen Befreiungen, wenn uns geistliche Segnungen gleichgültig sind, die wir viel nötiger hätten. (Archibald Symson)

18. Dezember

Psalm 144,1-8

Weitere Lesung: Epheser 6,10-20

Wenn das Herz richtig steht, muss es Gott preisen; es kann daran nicht gehindert werden. Was es hervorbringt, gleicht den Wassern einer lebendigen Quelle, die sich ihren Weg bahnen. Mit all seinem Vermögen lobt David den Gott der Gnade und Stärke. Einen so großen Schatz an Kraft, dem Bösen zu widerstehen, die Wahrheit zu verteidigen und den Irrtum zu überwinden, dürften wir nicht annehmen, ohne zu wissen, wer ihn uns geschenkt hat, und ohne Ihm dafür Ehre zu geben. Der HERR gibt den Heiligen nicht nur Kraft, nein, Er *ist* ihre Kraft. Gott ist lauter Kraft, und Er wird die Kraft derer, die Ihm vertrauen. David war zum Kriegsmann berufen, und er war unerhört erfolgreich in seinen Feldzügen; doch führt er das nicht auf seine strategischen Fähigkeiten oder seinen Mut zurück, sondern darauf, dass Gott ihn bei Krieg und Kampf belehrte und stärkte. Wenn der Herr sich herablässt, in so ungeistliche Werke wie das Kriegführen einzugreifen, wird Er gewiss dabei helfen, das Evangelium zu verkündigen und Seelen zu gewinnen, und dann wollen wir Seinen Namen mit noch größerer Herzensinbrunst preisen. Wir wollen Schüler sein, und Er soll unser Lehrer sein, und wenn wir jemals etwas schaffen, wollen wir unserem Unterweiser herzlich dafür danken.

David vertraut auf Gott und findet in Ihm alles, blickt er aber auf die Menschen, erkennt er, dass sie nichts sind, und dann wundert er sich, wie sich der Herr so herablassen und auf solche Häufchen von Torheit und Hinterlist achten kann, wie wir Menschen es sind. Gott ist ein verzehrendes Feuer, und wenn Er die Gipfel der Alpen berührt, brennen sie, und Rauch steigt von ihnen auf. Würde der HERR sichtbar erscheinen, könnte

Psalm 144,1-8

nichts vor Ihm bestehen; denn wenn die mächtigen Berge bei Seiner Berührung rauchen, muss alle Macht der Sterblichen, die sich Ihm widersetzt, in Rauch aufgehen. Wie langmütig ist er gegenüber Seinen Feinden, die Er so leicht verzehren könnte! Eine Berührung reichte. Gottes Flammenfinger würden die Berge entzünden und jede Opposition verbrennen. Die Artillerie des Himmels jagt jeden Feind in die Flucht, ein einziges Geschoss lässt dessen Heere in Panik hin und her rennen. Der HERR verfehlt nie Sein Ziel; Seine Pfeile sind tödlich, wenn Er gegen Seine Feinde vorgeht.

Es war kein gewöhnlicher Glaube, der den Dichterkönig damit rechnen ließ, dass der Herr Seine Blitze zugunsten eines Einzigen jenes Geschlechts einsetzen würde, das er gerade selbst als »Hauch« bezeichnet hatte. Wer an Gott glaubt, darf, ohne eingebildet zu sein, erwarten, dass der allmächtige Gott seinetwegen alle Vorräte Seiner Weisheit und Macht einsetzt, um Seine Auserwählten zu verteidigen, selbst wenn die schrecklichsten Mächte des Unheils gegen ihn in Marsch gesetzt wurden. Wenn wir erst die größere Schwierigkeit überwunden haben, zu glauben, dass der Herr überhaupt Interesse an uns hat, dann ist es ein Kleines zu erwarten, dass Er auch Seine Kraft für uns einsetzt.

Zum Nachdenken: Der Ewige kann Seine Blitze fliegen lassen, wo immer Er will, und Seine Absichten augenblicklich durchsetzen. (C.H. Spurgeon)

19. Dezember

Psalm 144,9-15

Weitere Lesung: Apostelgeschichte 9,20-31

David wollte seine besten Musikinstrumente genauso wie den Gesang einsetzen; das Beste ist immer noch zu ärmlich für einen so großen Gott, und darum sollten wir es nicht an unserem Besten fehlen lassen. In seinen vielen Kriegen wäre David längst untergegangen, wenn ihn nicht allmächtige Fürsorge bewahrt hätte. Er hatte durch seinen Mut Israel Rettung verschafft; doch legt er den Ruhmeskranz seinem Herrn und Beschützer zu Füßen. Wenn irgend Menschen Rettung nötig haben, so sind es Könige, und wenn sie diese bekommen, ist das etwas so Erstaunliches, dass es einen Vers in diesem Lobpsalm verdient hat. David führt sein Entkommen vom Tod auf Gottes Retterhand zurück. Beachtet: Er spricht in der Gegenwart – »entreißt« –, denn hier handelte es sich um eine Tat, die für sein ganzes Leben galt. David erwähnt hier seinen eigenen Namen: Er erkennt ohne Zögern die ihm erwiesene Gnade an, beschreibt sich selbst als Knecht des Herrn und nimmt dies als den höchsten Titel an, den er bekommen und begehren konnte.

Besonders im Hinblick auf das kommende Wohlergehen und den Frieden sucht David die Erlösung von den Gottlosen und andererseits die gnädige Gegenwart des Herrn. Die Verschonung seines Lebens würde Frieden und Glück für das ganze Volk bedeuten. Wir vermögen kaum zu ermessen, wie viel Glück vom Segen des Herrn gegenüber einem einzelnen Menschen abhängen kann. Unter dem Alten Testament erhielt Israel gegenwärtige, irdische Belohnung für seinen Gehorsam; wenn der HERR sein Gott war, dann wurde das Volk reich gesegnet, und es gedieh. Alle diese zeitlichen Gaben sind Teil

Psalm 144,9-15

dieses Glückes; doch das Glück des Herzens und der Seele des Volkes liegt darin, in rechter Beziehung zu Gott zu stehen und Ihn ganz zu besitzen. Wer den glückseligen Gott anbetet, wird ein glückseliges Volk. Uns sind nun keine zeitlichen Segnungen versprochen; aber wir haben etwas Besseres. Das Silber der Erde besitzen wir nicht, dafür aber gehört uns das Gold des Himmels, was weit besser ist. In etwa können wir diese Verse auch auf eine blühende Gemeinde anwenden, in der die Bekehrten an Schönheit zunehmen, das Evangelium reichlich vorhanden ist und das geistliche Wachstum alle Herzen erfreut. Da sind die Diener und Mitarbeiter voller Tatkraft, und das Volk ist glücklich und einig. Möge der Herr dies allen Gemeinden zu aller Zeit geben!

In diesem Psalm schreibt David seine eigene Macht über das Volk und den Wohlstand, den seine Regierung begleitet, allein dem HERRN zu. Welch Glück für ein Volk, von Ihm regiert zu werden. Es ist glücklich mit seinem König, in seinen Familien, in seinem Wohlstand und weil es in Frieden lebt; vielmehr jedoch, weil es wahre Frömmigkeit genießt und den HERRN anbetet, den einzig lebendigen, wahren Gott.

Zum Nachdenken: Gott ist der Schöpfer allen wahren Glücks; Er ist der Geber allen wahren Glücks; Er ist der Erhalter allen wahren Glücks, und Er ist das Zentrum allen wahren Glücks; und darum: Wer Ihn zum Gott und als sein Erbteil hat, ist der einzig glückliche Mensch auf dieser Welt. (Thomas Brooks)

20. Dezember

Psalm 145,1-7

Weitere Lesung: Jesaja 38,9-20

David hatte sich vorgenommen, mit seinem Lobgesang Gott zu erheben. Mit allen seinen Geisteskräften wollte er den Namen und das Wesen Gottes preisen, und das bis in alle Ewigkeit. Er gebraucht das Wort »preisen« nicht nur zur Abwechslung, sondern, weil er damit dem Inhalt des »Erhebens« einen tieferen und schöneren Sinn geben will. Wenn man Gott preist, tut man das aus persönlicher Liebe zu Ihm, man wünscht dem Gepriesenen alle Ehre. Das zu tun, fällt einem immer leichter, je weiter man in der Gnade gewachsen ist. David erklärt, er wolle Gott in jeglicher Form Lobpreis darbringen, durch alles, was er ist und hat.

Die Anbetung sollte ihrem Gegenstand entsprechen – einem großen Gott geziemt ein großes Lob. Es gibt nichts in der Großartigkeit des HERRN, das nicht eines großartigen Lobpreises würdig wäre. Lobpreisung kann als großartig bezeichnet werden, wenn sie von großen Dingen redet, wenn die Herzen, die sie hervorbringen, brennen und große Scharen sich zu diesem Jubellied vereinen. Das Loben soll sich fortpflanzen; die Menschen sollen es weitergeben und Wert darauf legen, die nachfolgenden Geschlechter in dieser heiligen Übung zu unterweisen. Lasst uns darauf achten, Gott vor unseren Kindern zu preisen, und niemals den Eindruck erwecken, Gott zu dienen, sei etwas Freudloses. Den Herrn zu loben, macht das Herz weit, und wenn das Lob über uns hinauswächst, wächst auch unser Geist mit ihm. Gottes Werke, Seine Güte und Seine Machttaten bilden einen Gegenstand, der in allen Äonen der Menschheitsgeschichte nicht erschöpfend zu loben ist. Ein Gott lobendes Herz ist verbunden mit den guten Menschen aller Jahrhun-

Psalm 145,1-7

derte. Und wir haben keine Sorge, dass der Weihrauch auf dem Altar des HERRN zur Neige gehen könnte; die Priester sterben, aber die Anbetung wird fortgesetzt. Erfüllt von Seiner großen Güte werden die Erlösten des Herrn sich glücklich daran erinnern und oft bewegt werden, diesen Erinnerungen Ausdruck zu verleihen. Nicht zufrieden mit nur oberflächlicher Erwähnung solcher bewundernswerten Liebe, werden sie überschwänglich diese überschwängliche Gnade besingen. Es wird ihnen Freude bereiten, miteinander darüber zu reden, was Gott an ihnen getan hat, und ihre Erfahrungen zu vergleichen. Gott hat niemals geknausert; alle Seine Güte ist großartige Güte, alles ist des Erinnerns wert, alles ein Thema für heilige Gespräche. Wovon singen sie? Sie singen von der Gerechtigkeit, vor der die Sünder erschrecken und die selbst gute Menschen nur mit tiefem Ernst erwähnen. Die Gerechtigkeit, wie sie das Evangelium uns offenbart, ist in Wahrheit die geheime Grundlage der Hoffnung des Gläubigen. Gottes Gnadenbund ist unser starker Trost, da Er, der ihn gestiftet hat, gerecht ist und ihn nicht brechen wird. Weil Jesus als unser Stellvertreter starb, erfordert und sichert ebendiese Gerechtigkeit die Errettung aller Erlösten. Diese Eigenschaft Gottes ist unser bester Freund, und darum besingen wir sie.

Zum Nachdenken: Alle Ehre sei Ihm, der alle Generationen hindurch derselbe Herr bleibt! (C.H. Spurgeon)

21. Dezember

Psalm 145,8-16

Weitere Lesung: Apostelgeschichte 14,8-18

So blickt der HERR auf alle lebenden Menschen: Er ist gnädig, das heißt, voller Güte und Großzügigkeit. Er behandelt Seine Geschöpfe mit Freundlichkeit, Seine Untertanen mit Aufmerksamkeit und Seine Heiligen mit Gunst. Seine Worte und Seine Wege, Seine Verheißungen und Seine Gaben, Seine Pläne und Seine Absichten, alles offenbart Seine Gnade, Seine große Wohlgesinntheit. Bei dem HERRN findet sich weder Argwohn noch Vorurteil, weder Verdrießlichkeit noch Tyrannei oder Unnahbarkeit – Er lässt sich stets zu uns herab und ist immer freundlich.

»Der HERR ist gut gegen alle.« Niemand, nicht einmal Seine wütendsten Feinde können das leugnen; denn diese Unaufrichtigkeit wäre zu offensichtlich, ist doch selbst die Existenz der Ihn verleumdenden Lippen der Beweis, dass es eine Verleumdung ist. Er gestattet Seinen Feinden zu leben, ja, Er versorgt sie mit Nahrung und ebnet ihnen den Weg durch manche Vergünstigung; denn die Sonne scheint über ihnen so klar, als seien sie Heilige, der Regen bewässert ihre Felder so reichlich, als seien sie vollkommene Menschen. Ist das nicht Güte gegen alle? In unserem Land erschallt das Evangelium in den Ohren aller, die nur hören wollen, und das ärmste Kind hat die Möglichkeit, in der Bibel zu lesen. Es wäre eine böswillige Schriftverdrehung, diesen Ausdruck auf die Auserwählten zu beschränken, wie einige es zu tun versuchen. Wir lieben die erwählende Liebe; aber trotzdem freuen wir uns über die herrliche Wahrheit: »Der HERR ist gut gegen alle.«

Davids Überlegungen haben ihn nahe zu Gott gebracht und Gott nahe zu ihm. So spricht er Ihn anbetend an und verändert

Psalm 145,8-16

das Fürwort »Er« zum »Du«. Er schaut den großen König und wirft sich vor Ihm nieder. Es ist schön, wenn unsere Andacht das Tor zum Himmel öffnet, in das Portal eintritt und mit Gott von Angesicht zu Angesicht spricht, wie ein Mann mit seinem Freund redet. Worauf sich die Gedanken des Psalmisten richten, ist die Ewigkeit des göttlichen Throns. Das Reich des HERRN hat keinen Anfang, keine Unterbrechung, keine Grenzen und kein Ende. Bei Ihm gibt es keinen Thronverzicht, noch wird Er jemand anderen berufen, das Reich mit Ihm zu teilen. Niemand kann Seine Macht überwinden oder Seiner Herrschaft entkommen. Weder dieses Zeitalter noch das kommende, noch irgendein Zeitalter der Zeitalter wird Ihn veranlassen, Seiner Souveränität zu entsagen. Hier findet der Glaube Ruhe. Menschen kommen und gehen, gleich Schatten an der Wand; aber Gott regiert bis in Ewigkeit. Wir unterscheiden Könige gemäß ihrer Aufeinanderfolge, indem wir sie den I. oder II. nennen, doch dieser König ist der HERR, der Erste und der Letzte. In der ersten Generation wusste Adam, dass sein Schöpfer der König war, und der Letzte unseres Geschlechts wird es genauso wissen.

Der HERR wird wegen Seiner gnädigen Fürsorge gegenüber den Menschen und den anderen Geschöpfen angebetet; das ist angemessen, da Seine Königswürde proklamiert wurde; denn hier sehen wir, wie Er Sein Reich regiert und für Seine Untertanen sorgt. Diese Verse beziehen sich auf die irdische Versorgung; aber man kann sie auch genauso gut auf die Vorräte der Gnade anwenden, weil derselbe Gott König in beiden Bereichen ist. Die Gnadenhand ist nie verschlossen, solange der Sünder lebt.

Zum Nachdenken: Selbst die schlimmsten Menschen schmecken Gottes Gnade, sogar wer gegen Gottes Gnade ankämpft, schmeckt sie; ja, auch die Gottlosen erhalten einige Krumen vom Tisch der Gnade. (Thomas Watson)

22. Dezember

Psalm 145,17-21

Weitere Lesung: Offenbarung 15,1 - 16,1

In diesen Versen sehen wir unseren Gott, wie Er auf der Ebene der freien Gnade Seinem gläubigen Volk wohltut. Seine Wege und Seine Werke sind es beide wert, gepriesen zu werden. Der HERR kann nicht ungerecht, kann nicht unrein sein. Mag Er tun, was Er will, in jedem Fall ist Er gerecht und heilig. So bekennt es der Fromme, der Seinen Wegen folgt, und der Begnadigte, der Sein Werk betrachtet. Was immer Gott ist oder tut, es muss gerecht sein. In der Errettung Seines Volkes ist Er genauso gerecht und heilig wie in jedem anderen Seiner Wege und Werke. Nie hat Er Gnade auf Kosten von Gerechtigkeit erzeigt, vielmehr hat Er durch den Tod Seines Sohnes Seine Gerechtigkeit vermehrt. Er lässt Beter und solche, die Seinen Namen bekennen, nicht allein mit der Welt kämpfen, sondern steht ihnen allezeit zur Seite. Diese Gunst gilt nicht nur einigen wenigen, die Ihn anrufen, sondern Seiner ganzen frommen Schar. Alle, die sich hinter dem Schild Seines herrlichen Namens bergen, indem sie sich nach Ihm benennen und sich flehend zu Ihm wenden, werden erfahren, dass Er eine Hilfe ist, »reichlich gefunden in Drangsalen«.

Gottlosigkeit ist eine Beleidigung aller heiligen Wesen, und darum müssen alle, die sich entschieden haben, darin zu verharren, vertilgt werden. Wie gute Hygienegesetze alles entfernen, was Pest oder andere Seuchen hervorruft, so hat die moralische Regierung Gottes alles Böse zur Vernichtung bestimmt; es kann in der Gegenwart eines vollkommen heiligen Gottes nicht geduldet werden. Was für Jammergestalten werden die Gottlosen häufig schon in diesem Leben! Welche Denkmale des Zorns werden sie in der zukünftigen sein! Wie Ninive und Babylon

Psalm 145,17-21

und andere zerstörte Orte werden sie nur weiterexistieren, um deutlich zu machen, wie gründlich Gott Seine Drohungen erfüllt.

Alle Menschen aller Rassen, aller Stände, aller Generationen sollten sich zusammentun, um Gott zu verherrlichen. Niemand braucht zu meinen, er werde abgewiesen, wenn er mit seinem persönlichen Lob zu Gott kommt. Alle sind zugelassen, eingeladen, ja, ermuntert, den Herrn zu erheben. Seine Heiligkeit sollte vor allem bewundert werden; denn sie ist Seine Krone und in gewisser Weise die Zusammenfassung aller Seiner Eigenschaften. Nur heilige Herzen werden den heiligen Namen und das Wesen des Herrn preisen. Ach, wäre doch alles Fleisch geheiligt, dann wäre auch die Heiligkeit Gottes die Freude aller! Wenn einmal der Gesang begonnen hat, wird er kein Ende mehr finden. Gäbe es zwei Ewigkeiten oder zwanzig, sie würden alle gebraucht, um den ewig lebenden, ewig segnenden, ewig gepriesenen HERRN zu erheben. Ja, ewig sei der HERR dafür gepriesen, dass er uns Seinen Namen offenbart hat, und gepriesen sei dieser Name, wie Er ihn so offenbarte. Wahrlich, Er sei gepriesen, weit mehr, als wir wissen, denken oder aussprechen können. Unsere Herzen jubeln vor Freude, Ihn zu preisen. Unser Mund, unser Geist, unsere Lippen und unser ganzes Leben, alles soll dem HERRN gehören, jetzt, in dieser sterblichen Hülle, und auch, wenn es keine Zeit mehr gibt.

Zum Nachdenken: Beachtet den stets wiederkehrenden Gedanken, dass die Bewahrung der Guten die Vernichtung der Bösen bedeutet. (A.S. Aglen)

23. Dezember

Psalm 146,1-5

Weitere Lesung: Sprüche 3,1-6

»Halleluja!« oder »Preist den HERRN!« Es ist traurig, daran zu denken, wie dieses majestätische Wort in der letzten Zeit in den Dreck gezogen wurde. Es unehrerbietig zu gebrauchen, ist ein besonders ernstes Beispiel dafür, den Namen unseres Gottes zu missbrauchen. Wir hoffen nur, dass es von ungehobelten Menschen in ihrer Unwissenheit getan wurde; aber große Verantwortung liegt bei den Leitern, die diese Blasphemie gutheißen und sogar selbst nachmachen. Lasst uns das Wort »Halleluja« mit heiliger Ehrfurcht aussprechen und uns und alle anderen auffordern, damit den Gott der ganzen Erde zu rühmen. Die Menschen müssen aufgefordert werden, Gott zu preisen; es ist wichtig, dass sie es tun, und es gibt viele Gründe dafür, es jetzt gleich zu machen. Lasst alle, die das Wort »Halleluja« hören, sofort in heiligen Lobpreis ausbrechen!

Die Menschen sind immer allzu geneigt, sich von den Großen der Erde abhängig zu machen, und dabei vergessen sie den wahrhaft Großen über ihnen; diese Haltung ist eine fruchtbare Quelle für Enttäuschungen. Solltest du dir aus der Menge der Menschen einen auswählen und meinen, er sei anders als alle anderen und du könntest dich fest auf ihn verlassen, so irrst du dich. Es gibt keinen, dem du trauen kannst, auch nicht einen. Adam fiel, darum stütze dich auf keinen seiner Söhne. Der Mensch ist ohne Gott ein hilfloses Geschöpf; darum suche in dieser Richtung keine Hilfe. Alle Menschen sind wie die wenigen, die zu Fürsten wurden, alle haben mehr Schein als Sein, sie versprechen mehr, als sie halten, sind mehr geneigt, sich selbst zu helfen als anderen. Wie viele haben sich tief verletzt von Menschen abgewandt, auf die sie sich verlassen hatten!

Psalm 146,1-5

Das ist einem, der dem Herrn glaubte, niemals geschehen. Er ist immer »als Beistand in Nöten reichlich gefunden«. Der Gott Jakobs ist der Gott des Bundes, der Gott der ringenden Beter, der Gott der geprüften Gläubigen; Er ist der einzige lebendige und wahre Gott. Der Gott Jakobs ist der HERR, der Mose erschien und die Stämme Jakobs aus Ägypten und durch die Wüste führte. Wer Ihm vertraut, ist glücklich dran, weil er nie beschämt oder in die Irre geführt wird. Der Herr lügt niemals, noch gehen Seine Pläne verloren, nein, Seine Gnadenabsichten überdauern alle Generationen. Halleluja! Wer seine Zuversicht ganz auf den HERRN setzt, der durch einen Salzbund sein Gott geworden ist, darf mit der gegenwärtigen Hilfe zufrieden sein und hat Hoffnung für die Zukunft. Er ist glücklich, während andere verzweifeln, und am allerglücklichsten wird er in der Stunde sein, wenn andere sich der Tiefe ihres Verlorenseins bewusst werden. Welch eine gesegnete Sache ist es, Gott als unsere gegenwärtige Hilfe und unsere ewige Hoffnung zu kennen! Diese völlige Sicherheit ist mehr als »der Himmel in Knospenform«, die Blüte hat sich schon zu öffnen begonnen. Wir würden nicht mit Caesar tauschen; sein Zepter ist ein Spielzeug, während unser Glück ein wahrer Schatz ist.

Zum Nachdenken: Dieser Psalm schildert kurz zusammengefasst das Evangelium des Vertrauens. Er prägt uns ein, was Glaube, Hoffnung und Dankbarkeit bedeuten. (Martin Geier)

24. Dezember

Psalm 146,6-10

Weitere Lesung: Johannes 9,6-7.35-41

Der den Himmel schuf, kann auch für uns einen Himmel bereiten und uns für den Himmel passend machen. Der die Erde schuf, kann uns auch bewahren, solange wir auf Erden sind, und uns helfen, sie gut zu gebrauchen, solange wir auf ihr verweilen. Der das Meer und alle ihre Geheimnisse schuf, kann uns über die wegelosen Abgründe der Sorgen des Lebens geleiten und einen Weg für Seine Erlösten bereiten, damit sie hindurchkommen. Dieser Gott, der sich immer noch um diese Welt kümmert, indem Er sie erhält, ist ganz gewiss in der Lage, uns für Sein ewiges Reich und Seine Herrlichkeit zu bewahren. Die Erschaffung der Welten ist der bleibende Beweis für die Macht und Weisheit des großen Gottes, auf den wir vertrauen. Es gereicht uns zur Freude, dass Er nicht nur die Himmel, sondern auch das Meer gemacht hat, nicht nur die hellen, gesegneten, sondern auch die schwierigen und dunklen Dinge. Im Hinblick auf alle unsere Umstände können wir mit der Gegenwart des HERRN rechnen.

Der die Augen schuf, kann sie auch öffnen, und wenn Er es tut, ist es zu Seiner Ehre. Wie oft sind die Augen des Verstands von moralischer Finsternis umgeben! Und wer könnte dieses traurige Ergebnis des Sündenfalls beheben als nur der allmächtige Gott? Und dieses Wunder der Gnade hat Er myriadenfach vollbracht, und jedes Mal ist es ein Thema höchsten Lobpreises. Der HERR richtet die Gebeugten auf, Er erfreut die Geschlagenen, erquickt die Verzagten, macht den Verzweifelten Mut. Alle Niedergebeugten sollten Ihn anrufen, und Er wird sie bald aufrichten. Das dient sehr zu Seiner Verherrlichung. Alle, die das unschätzbare Vorrecht genießen, von Ihm

Psalm 146,6-10

geliebt zu sein, sollten Seinen Namen mit jubelnder Freude erheben.
Der HERR ist König, und Sein Reich hat kein Ende. Weder stirbt Er, noch dankt Er ab, noch verliert Er Seine Krone durch Gewaltanwendung. Ehre sei Seinem Namen! Sein Thron steht niemals in Gefahr. Weil der HERR ewig lebt, wird Er auch ewig regieren. Zions Gott, der Gott Seines anbetenden Volkes, Er ist es, der in allen Zeitaltern regiert. Es wird immer ein Zion geben, und Zion wird immer den HERRN zum König haben; denn Er wird stets beweisen, dass Er in großer Kraft regiert. Was sollten wir in der Gegenwart eines so großen Königs anderes tun, als in Seine Vorhöfe mit Lobgesang einzutreten und Ihm mit Freuden zu huldigen? »Halleluja! Preist den HERRN!« Immer wieder rufen sie: »Halleluja!« Immer wieder steigt der köstliche Duft aus den goldenen Gefäßen voller Narde. Sind nicht auch wir bereit, laut jubelnd zu singen? Sagen wir nicht auch: »Halleluja!«?
Hier endet dieser froh machende Psalm. Aber hier endet nicht unser Lob für den HERRN, das bis in alle Ewigkeit aufsteigen wird. Amen.

Zum Nachdenken: Wir sollten nicht übersehen, dass hier der Name »der HERR« fünfmal in fünf Zeilen vorkommt, um uns deutlich zu machen, dass es die Allmacht des HERRN ist, die angewendet und eingesetzt wird zur Befreiung der Unterdrückten, und dass es genauso zur Verherrlichung Gottes gereicht, die Elenden zu unterstützen, wie unter Seinem Namen JAH einherzufahren [Psalm 68,5]. (Matthew Henry)

25. Dezember

Psalm 147,1-6

Weitere Lesung: Lukas 1,68-79

Der Fluss des breiten Stromes des Buches der Psalmen mündet in einen Katarakt von Lobpreis. Dieser Psalm beginnt und endet mit »Halleluja!« Der HERR und glücklicher Lobgesang sollten in den Köpfen der Gläubigen immer miteinander verbunden sein. Jupiter wurde gefürchtet, der HERR aber wird geliebt. Für einen jeden, der zum wahren Samen Israels gehört, ist der Psalmist der Dirigent, der laut ruft: »Preist den HERRN!« Solche Ermahnung sollten tatsächlich alle auf sich anwenden, die der Gunst Gottes irgendetwas verdanken, und wer von uns wäre nicht davon betroffen? Vergelten können wir Ihm nichts; aber preisen wollen wir Ihn, nicht nur jetzt, sondern immer.

Gott tritt sowohl in der materiellen als auch in der geistlichen Welt als der Schöpfer und Baumeister auf, und dafür ist Er zu preisen. Seine Gnade, Macht und Weisheit werden alle in der Gestalt und der Einrichtung Seines von Ihm erwählten Anbetungsortes geschaut. Einst war es eine materielle, ummauerte Stadt, jetzt ist es eine Gemeinde, die aus geistlichen Steinen besteht. Der HERR ist aber nicht nur ihr Baumeister, sondern auch ihr Arzt; Er heilt zerbrochene Herzen genauso wie zerbrochene Mauern. Sein tiefstes Mitempfinden gegenüber den Betrübten ist ein besonderes Zeichen Seiner Güte. Nur wenige wollen mit den Verzagten zu tun haben; doch der HERR sucht ihre Gesellschaft und bleibt bei ihnen, bis Er sie mit Seinen Tröstungen geheilt hat. Er neigt sich herab zu zerbrochenen Herzen und macht sie gesund; Er selbst kremt sie mit Salbe der Gnade ein und legt ihnen die sanften Bandagen der Liebe an und verbindet so die blutenden Wunden derer, die sich ihrer Sünden bewusst sind. So sieht das Mitempfinden Gottes aus.

Psalm 147,1-6

An wem Er so gnadenvoll gehandelt hat, der darf Ihn wohl preisen. Der HERR heilt und verbindet immerzu. Es ist Ihm nichts Neues, Er hat es von alters her getan, und es ist keine Sache aus der Vergangenheit, der Er jetzt überdrüssig wäre; denn noch immer heilt und verbindet Er. Kommt, zerbrochene Herzen, kommt zu dem Arzt, dem keine Heilung misslingt, deckt eure Wunden vor dem auf, der sie sanft verbindet! Unser Herr und König ist groß – voll Erbarmen, unendlich, unfassbar herrlich. Niemand kann Seine Majestät beschreiben oder Seine Großartigkeit und Vollkommenheit ermessen. Sein Handeln offenbart einiges von Seiner Macht; doch das meiste davon bleibt verborgen; denn bei Gott sind alle Dinge möglich, selbst was den Menschen unmöglich erscheint. Er ist grenzenlos in Seinem Sein, in Seiner Macht und in Seiner Erkenntnis, wie wir aus den Versen 4 und 5 leicht erkennen können. Und doch – wie sehr erniedrigt Er sich! Denn Er ist es, der die Kranken so liebevoll pflegt und so gnädig auf die Sünder wartet. Er wendet Seine grenzenlose Macht und unendliche Weisheit an, um menschliches Elend zu lindern, damit wir es ertragen können und damit wir geheiligt werden. Wegen all dieser Gründe soll Sein Lob laut erschallen. Selbst wenn es unendlich wäre, würde es nicht ausreichend sein. Indem Er Seine Gemeinde baute und Seelen errettete, zeigte Er uns all Seine Größe, Macht und Weisheit. Wir wollen Ihn für jede dieser Eigenschaften erheben!

Zum Nachdenken: Gott ist so groß, dass für Ihn nichts groß ist, und Er erniedrigt sich so sehr, dass nichts für Ihn zu klein ist. Darum bringt Seine unendliche Majestät ganz von selbst die Hochfahrenden nach unten und die Niedrigen nach oben. (C.H. Spurgeon)

26. Dezember

Psalm 147,7-11

Weitere Lesung: Jesaja 62,1-9

In diesem Abschnitt wird der im ersten Teil dieses Psalms dargestellte Kontrast noch durch eine weitere Betrachtungsweise erweitert: durch den Blick auf die Natur und die Vorsehung. Alles, was Gott tut, tut Er in Gnaden, jede Bewegung Seiner Hand ist Güte; darum lasst unsere Herzen mit Dankbarkeit und unsere Lippen mit einem Lied antworten. Unser Leben sollte eine Erwiderung Seiner göttlichen Liebe sein. Der HERR ist stets mit dem Geben beschäftigt. Lasst uns Ihm Dank darbringen. Er ist »unser« Gott, und das ist eine ganz besondere Freude bei unserem Gesang. Wir haben Ihn erwählt, weil Er uns erwählte, und wir erkennen in Ihm Besonderheiten, die Ihn von allen Gottheiten derer unterscheiden, bei denen wir wohnen. Er ist »unser« Gott, der in ewiger Bundesbeziehung zu uns steht, und Ihm gebührt unser Lob in jeder uns möglichen Weise.

Er wirkt überall, sowohl oben als auch unten. Wolken entstehen nicht aus sich heraus, sondern werden von Gott selbst in der vorgesehenen Ausdehnung und Dichte geschaffen, um das Blau des Firmaments zu verbergen. Ein Wolkenbild mag als zufällige Ansammlung von Nebeln erscheinen, doch ist das nicht so: Des großen Künstlers Hand bemalte mit den Wolken die Leinwand des Himmels. Indem Gott das Gras auf den Bergen wachsen lässt, speist Er die Rinder. Gott sorgt auch für die unvernünftigen Geschöpfe. Menschen zertreten das Gras unter ihren Füßen, als sei es nichts, aber Gott lässt es wachsen. Nur allzu oft behandeln die Menschen ihr Vieh auf grausame Weise, der Herr aber füttert es. Der große Gott ist zu gut und wahrlich zu groß, um das Verachtete zu übersehen. Größe, die sich mit kleinen Dingen befasst, ist eines der Hauptthemen dieses

Psalm 147,7-11

Psalms. Sollten wir nicht alle eine besondere Freude daran finden, den zu preisen, der auf so besondere, bemerkenswerte Weise für die Bedürftigen und Vergessenen sorgt? Sollten nicht auch wir auf den HERRN vertrauen? Der die Rabenkinder füttert, wird doch sicher die Gotteskinder versorgen! Preist diesen HERRN, der die Raben füttert und die Sterne regiert! HERR, welch ein Gott bist Du! Welch eine Erniedrigung bedeutet es für den HERRN, dass Seine Majestät an den unbedeutenden Geschöpfen Seiner Hand Gefallen findet! Wie ein Vater sich an seinen Kindern erfreut, so vergnügt sich der Herr an denen, die Er liebt und deren Kennzeichen ihrer Wiedergeburt Furcht und Hoffnung sind. Sie fürchten sich, weil sie Sünder sind, und sie hoffen, weil Gott gnädig ist. Gott freut sich an ihnen, wenn sie sich fürchten und wenn sie jubeln. Ist das nicht reichlich Anlass, diesen besonderen Zug des göttlichen Wesens zu preisen? Wie Menschen daran erkannt werden, was ihnen Freude macht, so erkennt man den HERRN an der gesegneten Tatsache, dass Er an Gerechtigkeit Wohlgefallen findet, selbst wenn sie erst in ihren Anfangsschritten, in Furcht und Hoffnung, zu erkennen ist.

Zum Nachdenken: Ein ernsthafter Christ ist an zwei Dingen zu erkennen: Er fürchtet Gott, indem er beständig Seinen Geboten gehorcht, und er zeigt Zuversicht, Vertrauen und Abhängigkeit gegenüber Seiner Gnade. (Thomas Manton)

27. Dezember

Psalm 147,12-20

Weitere Lesung: Philipper 4,1-7

Welch großen Wert legt der Dichter auf das Loben! Er ruft: »Rühmt!« ... »Lobt!«, so als sei das die wichtigste Aufgabe überhaupt. Ein besonderes Volk sollte besonderes Lob darbringen. Die Stadt des Friedens sollte die Stadt des Lobens sein, und der Tempel des Bundesgottes sollte von Seinen Herrlichkeiten widerhallen. Wenn auch nirgends sonst, in Zion müsste es freudige Anbetung des Gottes Zions geben. Beachtet, dass wir den Herrn in unseren eigenen Häusern in Jerusalem genauso rühmen sollen wie in Seinem Haus in Zion. Die heilige Stadt umgibt den heiligen Berg, und beide sind sie dem heiligen Gott geweiht, darum sollten beide voller Hallelujas sein.

Glück im Herzen ist genauso sehr Gottes Gabe wie die äußerliche Sicherheit. Wenn der Herr »deine Kinder gesegnet hat in deiner Mitte«, dann bist du, Zion, erfüllt von glücklichen, eifrigen, geistlich wachsenden und heiligen Menschen, die in Gemeinschaft mit Gott stehen und in die Freude ihres Herrn eingehen. Wenn Gott eure Mauern zur Rettung macht, müssen eure Tore ein Loblied sein. Es würde sich kaum lohnen, eine elende, verhungernde Stadt zu befestigen; doch wenn die Mauern stark gemacht wurden, ist es eine umso größere Freude, die Einwohner mit allen guten Gaben gesegnet zu sehen. Wie sehr haben unsere Gemeinden eine augenblickliche und eine bleibende Segnung nötig! Die Ruhe erstreckt sich sogar bis zu den Landesgrenzen; keine Feinde streiten sich mit den Grenzbewohnern. Wenn dort Frieden herrscht, können wir sicher sein, dass überall Frieden ist. »Wenn der HERR an den Wegen eines Mannes Wohlgefallen hat, lässt Er selbst seine Feinde mit ihm Frieden machen.« Frieden kommt von dem Gott des

Psalm 147,12-20

Friedens. Angesichts der unterschiedlichen Beschaffenheiten, Bedingungen, Geschmäcker und Ansichten der Menschen ist es das Werk Gottes, wenn in großen Gemeinden jahrein, jahraus ununterbrochen Frieden herrscht. Und es ist ein genauso großes Wunder, wenn Weltlinge, anstatt die Frommen zu verfolgen, sie mit erkennbarem Respekt behandeln. Er, der Zion baut, ist auch ihr Friedensstifter.

Die Methoden des HERRN in der natürlichen Welt sind einfach, aber wirkungsvoll; das gilt auch für die im geistlichen Reich verwendeten. Wenn der Hauch des Heiligen Geistes froststarre Herzen anbläst, fließen aus ihnen Ströme der Buße und der Liebe. Wir sollten den Herrn vor allem dafür preisen, dass Er sich uns auf eine Weise offenbart, von der die Welt nichts weiß. Welchen Teil Seines Denkens Er uns eröffnet, sei es ein Wort der Unterweisung, ein Richtungshinweis oder eine Zurechtweisung, immer haben wir dem Herrn dafür zu danken. Er, der den Sommer veranlasst, die Stelle des Winters einzunehmen, entfernte auch durch die Kraft Seines Wortes die Kälte und den Tod aus unseren Herzen, und das ist ein mehr als ausreichender Grund, Seinen Namen zu besingen.

Zum Nachdenken: Wenn die Gottesfürchtigen sterben, »gehen sie ein zum Frieden« (Jesaja 57,2); aber während ihres Lebens muss der Frieden zu ihnen eingegangen sein. (Thomas Watson)

28. Dezember

Psalm 148,1-6

Weitere Lesung: Psalm 19,1-6

Hört, wie der Psalmist das Wort »Lobt!« hinaustrompetet. Wohl neunmal kommt es in den ersten fünf Versen dieses Liedes vor. Wie Salutschüsse erschallen diese wunderbaren Ermahnungen mit gewaltiger Kraft: »Lobt! Lobt! Lobt!« Die Trommeln des Großen Königs dröhnen auf demselben Ton rund um die Welt: »Lobt! Lobt! Lobt!« All dieses Lob gilt allein und persönlich dem HERRN. Lobt nicht Seine Knechte, noch Seine Werke, sondern lobt IHN! Ist Er nicht jedes erdenkliche Lob wert? Schüttet es in ganzer Fülle vor IHM aus, vor Ihm allein! Lebende Intelligenzen, vollkommen in Wesen und Glückseligkeit, spielt für euren Gott eure Instrumente so laut ihr könnt, jeder von euch! Kein noch so erhabener Geist ist von diesem geweihten Dienst ausgenommen. Wie viele ihr Engel auch sein mögt, ihr seid alle *Seine* Engel, und darum seid ihr alle zusammen verpflichtet, eurem Herrn zu dienen. Ob ihr Gabriel oder Michael heißt und welchen Titel ihr auch tragen mögt, lobt den Herrn! »Preist Ihn, alle Seine Heerscharen!« Das schließt die Engel-Heerscharen ein, aber auch alle anderen himmlischen Körper. Obwohl sie unbeseelt sind, die Sterne, die Wolken und die Blitze, haben sie doch ihre Weise, den HERRN zu loben. Jeder aus den unzähligen Legionen des Herrn der Heerscharen soll Seine Herrlichkeit verkünden; denn die zahllosen Heere gehören Ihm; Er hat sie erschaffen und erhalten, darum sind sie Ihm verpflichtet. Diese Sätze fordern ein einstimmiges Lob von allem, was sich in den höheren Regionen befindet, alles ist aufgerufen zusammen mit »allen Seinen Engeln ... allen Seinen Heerscharen«. Dieselbe herzliche Einigkeit muss das gesamte Orchester der Lobenden durchziehen; denn weiter le-

Psalm 148,1-6

sen wir von allen leuchtenden Sternen, von allen Urfluten, von allen Zedern und allen Völkern. Obwohl das Konzert beginnt, wenn die Engel und himmlischen Heerscharen die ersten Noten spielen, sollten unsere Herzen doch sogleich ebenfalls ihren Part spielen. Der Schöpfer sollte durch Seine Werke geehrt werden, sie sollten »Sein« Lob verkünden, und darum sollten sie Seinen »Namen« loben, der Sein Wesen darstellt. Der Name des HERRN ist lesbar auf Seine Werke geschrieben, so dass Seine Macht, Weisheit und Güte und andere Eigenschaften nachdenkenden Menschen offenbar werden, die dann Seinen Namen loben. Das höchste Lob Gottes ist, wenn wir verkünden, was Er ist. Wir selbst könnten nichts erfinden, um den Herrn zu erheben; wir können Ihn nicht besser ehren, als wenn wir Seinen Namen immer wiederholen, das heißt, Sein Wesen beschreiben. Der Herr muss erhöht werden, weil Er alles Seiende erschaffen hat, und das nur durch das einfache Mittel Seines Wortes. Er schuf durch Befehl; welche Kraft liegt darin! Da können wir wohl erwarten, dass alle, die Ihm ihr Dasein verdanken, Ihn loben. Evolution braucht Gott nicht; aber die Lehre von der Schöpfung erfordert logischerweise, Ihn zu loben. Und darum: Wie der Baum an seiner Frucht erkannt wird, erweist er sich selbst als gut. Alle, die auf Befehl erschaffen wurden, stehen unter dem Befehl, ihren Schöpfer anzubeten.

Zum Nachdenken: Die Stimme, die einst sprach: »Es werde!«, sagt jetzt: »Es lobe!« (C.H. Spurgeon)

29. Dezember

Psalm 148,7-14

Weitere Lesung: Jesaja 43,14-21

Der Gesang steigt zu uns herab, dahin, wo wir zu Hause sind.

Der HERR ist nicht nur auf der Erde zu loben, sondern auch »von der Erde her«, so, als ob die Gottesverehrung von diesem Planeten überflösse, um sich mit der Anbetung des gesamten Universums zu vereinen. Im ersten Vers kam der Gesang »von den Himmeln her«, hier geht er »von der Erde« aus. Die vom Himmel herabkommenden Lieder sollen sich mit den von der Erde aufsteigenden mischen. Mit der »Erde« ist hier der ganze Globus mit Land und Wasser gemeint; er soll überall von Lob erklingen. Jede Stimme hat ihren Platz in diesem Konzert: Fruchtbäume und Mädchen, Zedern und junge Männer, Engel und Kinder, Oberste und Richter – alle können sich in diesem Oratorium vereinen. Auf niemand darf verzichtet werden; denn zu diesem vollkommenen Psalmengesang muss das ganze Universum zur Anbetung angeregt werden, und alle Teile der Schöpfung müssen ihren Part bei diesem Gottesdienst übernehmen.

Alles, was in dem Namen oder Wesen des HERRN enthalten ist, ist lobenswert, und alle Gegenstände Seiner schöpferischen Fürsorge sind zu wenige, um Seine Vollkommenheit ausdrücken zu können. Sein einzigartiger Name sollte das Monopol auf diesen Lobpreis haben. Seine königliche Großartigkeit übertrifft alles, was Erde und Himmel ausdrücken können. Er selbst ist die Krone von allem, Seinetwegen ist die Schöpfung so vorzüglich. Er ist die Herrlichkeit der Heiligen, Ihm sind sie Lob schuldig, und Er gibt ihnen durch Seine Gnade immer neue Ursache zum Loben und höhere Gründe für ihre Anbetung. Er ist ihr Gott, und sie sind Seine Heiligen; Er macht sie

Psalm 148,7-14

zu Gesegneten, und sie preisen Ihn dafür. Der Herr kennt, die Sein sind. Er kennt den Namen dessen, mit dem Er einen Bund schloss, und weiß, wie er zu diesem Namen kam und wer seine Söhne sind.

In Vers 11 werden alle Völker aufgerufen, den Herrn zu loben; aber hier richtet sich der Aufruf besonders an Sein auserwähltes Volk, das Ihn besser als alle anderen kennt. Es ist ein Volk, das »Ihm nahe ist«, nahe verwandt, nahe durch Seine Fürsorge, nahe durch Offenbarung und nahe durch Zuneigung. Das ist eine höchst ehrenvolle Beschreibung des von Ihm geliebten Geschlechts und gilt noch viel deutlicher für die heutige Gemeinde. Diese Nähe sollte uns zu ununterbrochener Anbetung führen. Die Auserwählten des Herrn sind die Kinder Seiner Liebe, die Höflinge Seines Palasts, die Priester Seines Tempels. Darum sind sie mehr als alle anderen verpflichtet, mit Ehrfurcht Ihm gegenüber erfüllt zu sein und sich an Ihm zu erfreuen. »Preist den HERRN!« oder »Halleluja«. Das sollte das Alpha und das Omega des Lebens eines guten Menschen sein. Lasst uns Gott in diesem Sinn in alle Ewigkeit loben! Das Feld des Lobes, das in diesem Psalm vor uns liegt, wird am Anfang und am Ende durch zwei Grenzsteine in Gestalt von Hallelujas eingefasst, und alles, was dazwischen liegt, jedes Wort, gereicht dem HERRN zur Ehre. Amen.

Zum Nachdenken: Ich wünschte sehr, unser aller Leben würde enden wie dieses Buch der Psalmen, in Lob und Preis gegenüber dem allmächtigen Gott. (Thomas Cheshire)

30. Dezember

Psalm 149

Weitere Lesung: Offenbarung 7,9-17

Heilige sind kostbar, und eine Versammlung von Heiligen ist ein Schatzhaus voller Juwelen. Gott ist mitten unter Seinen Heiligen, und darum sollte es uns sehr darum gehen, bei ihnen zu sein. Sie sind so voller Lob, dass wir uns bei ihnen zu Hause fühlen, wenn wir auch voller Lob sind. Das Heiligtum ist das Haus des Lobes wie auch das Haus des Gebets. Alle Heiligen preisen Gott; sie wären keine Heiligen, wenn sie es nicht täten. Ihr Lob ist echt, passend, angebracht und annehmbar. Persönliches Lob gefällt Gott; aber gemeinschaftliches Lob gefällt Gott um ein Vielfaches mehr. Wenn sich heilige Menschen treffen, beten sie den Heiligen an. Heilige kommen nicht zusammen, um sich Musik anzuhören, nicht, um sich gegenseitig zu erhöhen, sondern dazu, um demjenigen Lobgesang darzubringen, dessen Heilige sie sind. Eine Versammlung von Heiligen ist Himmel auf Erden; sollte nicht der HERR, der Herr der Heiligen, alles Lob empfangen, das eine solche Gemeinde hervorbringen kann?

Wenn es unser Amt ist, Ihm wohlzugefallen, lasst es uns ausfüllen! Welche Erniedrigung vonseiten des HERRN liegt doch darin, Seine Erwählten wahrzunehmen, sie zu lieben und sich an ihnen zu erfreuen! Wahrlich, an unserer Person oder unseren Werken ist nichts, was diese Freude bei dem ewig Gepriesenen hervorrufen könnte, wenn Er sich nicht um Seiner selbst willen zu uns Menschen herabließe. Der Gedanke, dass der Herr sich über uns freut, ist eine Goldmine, die unerschöpflich ist. »Die Demütigen« sind nicht stolz, sie wissen, dass sie errettet werden müssen, und Er ist gnädig und schenkt ihnen das. Sie beklagen ihre Hässlichkeit, und Er bekleidet sie mit ausgesuchter

Psalm 149

Schönheit. Er rettet sie, indem Er sie heiligt, und so tragen sie die Schönheit der Heiligkeit und die Schönheit der Freude, die einer vollkommenen Errettung entspringt. Er macht Sein Volk demütig, und dann macht Er die Demütigen schön. Hier finden wir ein großartiges Argument dafür, den Herrn anzubeten und Ihn aufs Höchste zu erheben. Ihm, der solches Wohlgefallen an uns hat, müssen wir mit den Zeichen der allergrößten Freude begegnen. Ein demütiger und stiller Geist wird ein »Schmuck« genannt, und ganz sicher ist das die Schönheit der Heiligkeit. Wenn Gott selbst einen Menschen schön macht, wird er wahrhaftig schön – und er wird für immer schön bleiben. Alle Gottesfürchtigen hatten teil an dem Triumph des Herrn, wenn Er Israels Feinde schlug. Uns wird eine ähnliche Ehre zuteil, wenn auch durch Siege anderer Art. Alle Heiligen sind als Boten ihres heiligen Herrn ausgesandt. Die in diesem Psalm beschriebenen Ehren gelten der gesamten Familie der Gnade; und ein solcher Dienst ist, wie der Herr deutlich macht, jedem, ohne Ausnahme, aufgetragen. Der Herr ehrt hier alle Seine Auserwählten, und Er wird sie auch verherrlichen; diese Regel gilt ohne Ausnahme. Gewiss haben wir somit die besten Möglichkeiten, den Herrn zu verherrlichen, und so beenden wir diesen Psalm mit einem weiteren Halleluja, »Preist den HERRN!«

Zum Nachdenken: Der vorige Psalm war eine Lobeshymne auf den Schöpfer, dieser ist eine Lobeshymne auf den Erlöser. (Matthew Henry)

31. Dezember

Psalm 150

Weitere Lesung: Offenbarung 5,8-13

Halleluja! Diese Aufforderung gilt allen Dingen auf Erden und im Himmel. Sollten sie nicht alle die Herrlichkeit dessen verkünden, zu dessen Ehre sie sind und geschaffen wurden? Der HERR, der einzige Gott, sollte auch der einzige Gegenstand unserer Anbetung sein. Irgendeinem anderen auch nur den kleinsten Teil dieser Ehre zu geben, ist schändlicher Verrat; sie Ihm zu verweigern, ist herzloser Raub. In Seiner Gemeinde hier unten und in Seinen himmlischen Höfen sollte Ihm ohne Unterlass »Halleluja« gesungen werden. In der Person Jesu findet Gott einen heiligen Wohnort, ein Heiligtum, wo Er über alles zu preisen ist. Man kann auch sagen, Er wohne in Heiligkeit; denn alle Seine Wege sind gerecht und gut; dafür sollten wir Ihn mit unseren Herzen und unseren Stimmen erheben. Wann immer wir uns zu heiligen Zwecken versammeln, sollte unsere Hauptbeschäftigung darin bestehen, den Herrn, unseren Gott, zu preisen. Welche Ausdehnung sehen wir in der grenzenlosen Feste, dem Firmament göttlicher Macht! Möge das alles mit Lob erfüllt sein! Mögen die Himmel, so groß und stark sie sind, widerhallen von dem Lob gegenüber dem dreimal heiligen HERRN, während die Heiligtümer auf Erden den Allmächtigen erhöhen!

Ruft das Volk mit den lautesten, klarsten Tönen zusammen. Alle Menschen sollen wissen, dass wir uns nicht schämen, den Herrn anzubeten. Der Klang der Posaune ist mit den großartigsten und feierlichsten Ereignissen verbunden, wie etwa der Verkündigung des Gesetzes, der Ausrufung des Jubeljahres, der Krönung der jüdischen Könige und dem Aufruf zum Krieg. Wir dürfen dabei auch an das Zweite Kommen unseres Herrn und

Psalm 150

an die Auferstehung der Toten denken. Nie dürfen wir zu unserer eigenen Ehre vor uns her posaunen, sondern wir sollten all unser Posauneblasen für die Verherrlichung Gottes aufsparen. In unserem heiligen Glauben finden wir genug, was ein Höchstmaß an jubelnder Begeisterung bewirkt und rechtfertigt. Wenn Menschen dem Herrn, unserem Gott, kaum Ehre darbringen, handeln sie nicht in Übereinstimmung mit dem Wesen unseres christlichen Glaubens.

»Alles, was Odem hat«, das sind alle Lebewesen. Er gab ihnen den Odem, darum sollen sie ihn zu Seinem Preise verwenden. Im Hebräischen besteht Gottes Name fast nur aus gehauchten Lauten (JHWH), um zu zeigen, dass aller Atem, aller Hauch von Ihm kommt – verwenden wir ihn also für Ihn! Alles Lebende soll in den ewigen Gesang einstimmen. Ob du der Größte oder der Kleinste bist, halte dein Loblied nicht zurück. Welch ein Tag wird das sein, wenn alles an allen Orten vereint sein wird, um den einzig lebendigen und wahren Gott zu verherrlichen! Das wird der endgültige Triumph der Gemeinde Gottes sein. »Halleluja!« und wieder: »Preist den HERRN!« Der Psalm ist von Hallelujas eingerahmt, und darum schließt das Buch der Psalmen mit einem Wort, das vor Anbetung glüht. Lieber Leser, willst du nicht an dieser Stelle ein wenig innehalten und den HERRN, deinen Gott, anbeten? Halleluja!

Zum Nachdenken: Wenn wir alles gesagt haben, was wir zum Preise Gottes sagen konnten, müssen wir nur wieder von vorn beginnen – denn das wird uns durch die Wiederholung der Ermahnung am Ende etlicher Psalmen gelehrt, wie auch hier am Ende aller Psalmen: »Preist den HERRN!« (David Dickson)

clv C.H. Spurgeon
Hast du mich lieb?

Hardcover

288 Seiten
ISBN-13: 978-3-89397-301-9

Diese packenden Botschaften über Texte aus dem Neuen Testament zielen seelsorgerlich auf die Herzen und Gewissen der Christen. Der begnadete Erweckungsprediger ringt darum, die Gläubigen zur »ersten Liebe« in einem Leben der Hingabe an den Herrn zurückzuführen. Die Themen sind: »Hast du mich lieb?«, »Was er euch sagt, das tut«, »Die Wasserkrüge zu Kana«, »Dankbarkeit«, »Christi Vertreter«, »Das verlorene Geldstück«, »Das verlorene Schaf«, »Die Annahme des Sünders«, »Jesus wusste, was er tun wollte«, »Der Verrat«, »Die Wiederherstellung des Petrus«, »Arbeite für Jesus«, »Joseph von Arimathia«, »Der Tod des Stephanus«, »Eine geschäftsmäßige Berechnung«.

clv

C.H. Spurgeon
Alles zur Ehre Gottes

Hardcover

376 Seiten
ISBN-13: 978-3-89397-335-4

Auch in dieser Autobiographie versteht es Spurgeon, seine Leser sowohl durch seine praktische und humorvolle Erzählweise als auch durch seine Konzentration auf das, was ihm allein wesentlich war, zu fesseln: »Gottes Ehre ist unser Ziel. Wir suchen sie, indem wir uns bemühen, die Heiligen zu erbauen und die Sünder zu retten.« Das schärfte der »Fürst der Prediger« seinen Studenten ein und lebte es selbst. Wir lernen Spurgeon als den Erweckungsprediger kennen, dem die Massen zuströmten, als Gründer eines Predigerseminars und eines Waisenhauses sowie als kämpferischen Theologen und Schriftsteller, dessen Bücher längst zu den Klassikern christlicher Literatur gehören.

clv C.H. Spurgeon
Der gute Kampf

Hardcover

240 Seiten
ISBN-13: 978-3-89397-302-6

Spurgeon dokumentiert mit seinen Auslegungen alttestamentlicher Texte, dass Kämpfen allein nicht genügt, sondern dass es dabei recht zugehen muss, wie die Bibel sagt. Der feurige Prediger entlarvt mit klarer Sprache Sünde als Sünde und nennt Gnade Gnade. Ob er gegen Irrtum und Lauheit oder für die Wahrheit streitet: Seine Waffenrüstung ist jeden Herzschlag lang das Wort Gottes. Themen dieses aufrüttelnden Buches sind u.a.: »Noahs Arche und die Flut«, »Moses Entscheidung«, »Familienreform oder Jakobs zweiter Besuch zu Bethel«, »Keine Schonung«, »Der Mann, dessen Hand erstarrte« und »Gereifter Glaube – dargestellt durch die Opferung Isaaks«.

CLV C.H. Spurgeon
Wachet und betet

Hardcover

240 Seiten
ISBN-13: 978-3-89397-304-0

Unter dem Eindruck der Selbstzufriedenheit, Müdigkeit und Verweltlichung der Gemeinde Jesu Christi hat Spurgeon diese Predigten gehalten. Sie behandeln sehr eindringlich vor allem die Themen Wachsamkeit und Gebet anhand von Texten des Alten und Neuen Testaments. Die Themen sind: »Die Niederlage zu Ai«, »Samuel, der Beter«, »David aber blieb in Jerusalem«, »Vermischung«, »Hiskia und die Gesandten«, »Satan hat Acht auf die Heiligen«, »Tapferes Harren«, »Vor Tagesanbruch mit Christus«, »Beten und nicht müde werden«, »Eine ernste Frage und eine richtige Antwort«, »Das Verlassen der ersten Liebe«, »Die Zucht der Liebe«.

dlv

C.H. Spurgeon
Gehe in den Weinberg

Hardcover

272 Seiten
ISBN-13: 978-3-89397-306-4

Zu keiner Zeit war dieser Ruf in den Dienst für Gott nötiger als heute, wo Weltförmigkeit, Gleichgültigkeit und Ichbezogenheit unter uns Christen immer mehr um sich greifen und andererseits so viele offene Türen da sind. In diesem Buch lässt Spurgeon auf zu Herzen gehende Weise die Herausforderung deutlich werden, die in den Gleichnissen Jesu liegt. »Gehe in den Weinberg«, »Unnütze Knechte«, »Handelt, bis ich komme«, »Ein Prediger aus den Toten«, »Wer liebt am meisten?« u.v.a. sind Themen dieser Predigten. Wenn man die aufrüttelnden, anspornenden Betrachtungen Spurgeons liest, ist es fast so, als höre man die silbernen Trompeten des Alten Bundes zum Aufbruch mahnen.